現代日本経済の景気変動

村上和光著

御茶の水書房

はしがき

私が、——「年寄りの冷や水」をも省りみずに——この年齢になって、日本経済に関するこのような大部の著作を取りまとめようと思い立ったについては、図式的にいって、概ね以下のような背景があると自覚している。もっとも、著作に関する特定の「思い込み」がまず前提的にあり、しかる後に、その意図にしたがって著作の内容を事後的に完成させる——などという「プロの芸当」が、この私に出来るはずはないから、ここで書き記すのは、あくまでも、「後出しジャンケン」に類するいわば評論家的言辞に過ぎないが、「自分の著作をも自己の外部に存在する客観的な一つの物体として扱う」というのが「研究者の習い性」であるとすれば、そのような「研究者のクセ」に免じて、以下のような、私の「結果論な言い方」に対しても、一定のお許しがいただけるのではないか。

そこで、その背景のまず第一は、現代資本主義を、「グローバル資本主義」などという「安直な鋳型」に流し込めようとする「支配的潮流」への強い拒否感だといってよい。周知のように、一九八〇年代以降」、「グローバル資本主義」論が一世を風靡し、現代経済の基本動向を、もっぱらこの「グローバル視角」に過度のアクセントを配して分析する風潮が強まった。そしてこの傾向は、一方で「資本主義評価」の面では、「グローバル資本主義」を「新時代の資本主義」として賛美する方向を強めたとともに、他方で「分析方法」面では、その反作用で、「現代資本主義・各国分析」としての「日本経済分析」をそれだけ軽視する指向性にこそ帰結したようにも思われる。しかし、「グローバル資本主義」とは、「現代資本主義」が八〇年代の特殊条件下で強制された、いわば特定の発現形態以外ではなく、したがって「資本主義の新たなステージ」などではない以上、「各国・現代資本主義分析」をこの「グローバル資本主義」へと融解することは決して許されないだけでなく、目指すべき、それこそ「グローバルな世界的変化運動」のためにもこそ、その基本条件をなす、「各国・資本主義分析→各国・変革」という見通しこそが不可欠なのではないか。私は、以上のような不満を強く感じてきたが、試行錯誤の果てに、結局は、「この風潮を批判するヒマがある位なら むしろ自分で『日本型現代資本主義分析』を実行した方が話が早い」という結論に辿り着く以外にはなかった。自分で「現代日本経済分析」を開始するに至った所以である。

しかし第二にそれだけではない。私は、同時に研究を進めているいくつかの論稿を通して、「現代資本主義」は、八〇年代以降、明白なその「行き詰まり」に直面していると理解している。というのも、「現代資本主義」とは、「資本蓄積促進策・階級宥和策」の「二方向」を駆使した、「資本主義の体制的危機」克服を目指した「反革命体制」だと定式化されてよいが、この「二方向」の実現が、いずれも、八〇年代以降、「新自由主義型資本主義の横行」に起因した、「国家債務膨張・社会保障削減・労働基本権空洞化・国際的テロ激発」などを通して、いまや明らかに「袋小路」に入り込んでいる——からに他ならない。まさに「現代資本主義自らによる『墓穴掘り』」が進行していると判断する以外にないが、かかる状況は、いうまでもなく「日本型現代資本主義」にももちろん共有されている。したがってそうであれば、このような全般的な「現代資本主義の体制的ピンチ」状況を日本資本主義に即してまず正確に分析＝確定してその「限界」を見極めつつ、ついでそれに立脚して、そこから、「日本型現代資本主義の『変革』」可能性を導出するためには、現代日本資本主義の現実的運動過程をまさに体系的に考察することが何よりも必要になろう。こうして、「現代資本主義の『墓穴掘り』」という「現代資本主義論の最前線」状況こそが、「現代日本資本主義分析」を私に強く要請して来る。要するに「現代資本主義—変革可能性」の方向性が私を強く揺さぶったといってよく、「現代日本資本主義分析・体系化」に立脚した「現代日本資本主義・変革」の指向性を改めて強く自己確認することを迫られた。それこそまさに経済学研究者の責任ではないのか――と。

そのうえで第三の背景としては、――多少思い出話に傾くが――大内秀明先生との邂逅が重なってくる。私は、早稲田における学生運動の中で、マルクス経済学の創造的発展体系としての宇野経済学に出会い、そして幸運にも、まことに覚束ないその独学過程を通して、大内先生の『価値論の形成』(東大出版会、一九六四年)を知ることになった。それは、新刊書としてではなく、早稲田の、とある乱雑な古本屋の一冊としてであったが――そんなことはどうでもよいが――、結局は、学生運動の経験とこの『価値論の形成』の論理的魅力とが、私を、大内先生がいる東北大大学院へと進ませることになる。当時の大内ゼミは、原論・帝国主義論・現代資本主義論などを幅広く研究素材に取るのが常であったと記憶するが、これらのゼミ・テーマとは別に、私が先生のゼミに参加したこの七〇年代前半は、丁度、先生が日本経済論の作品を浩瀚に発表され始めるまさにその画期に当たっていたようにも思う。今、本棚から取り出して確かめてみると、『転機に立つ日本資本主義』(現代評論社)が一九七〇年、『多極化のなかの日本経済』(河出書房新社)が七二年、そして『日本資本主義の再編成』(現代評論社)が七四年になっているから私の記憶通りだが、そのような中で、日本経済研究に関して、先生はいつもこう言われていた。「村上君、現状分析(特に日本経済分析)は若いうちにやらないとダメだよ」と。そして先生のこの言葉はそれ以来私の中に絶えず残ったが、その能力と準備とが整わず、それから実に四〇年間、手付かずのままここまで来てしまった。もちろん明らかにもう「若くはない」し、しかもここにきてその能力が急に高まったはずはないが、いわば「見切り発車」の形で、いまようやく自分なりの日本経済分析を取りまとめるに至った。これこそ、本書をあえて出版しよう思い立った第三の背景であり、まさに「清水の舞台からパラシュートなしで飛び降りる」心境だが、事ここまで来てしまったら、もはや何を弁解しても止むを得まい。以上、「はしがき」の場を借りて本書出版の動機を書き連ねてみた。

要するに、本書に対しては、「四〇年遅れの、期限切れのレポート」という表現がまことに相応しい。それでも、「たとえどんなに遅れたレポートであっても、出さないよりは出した方がよい」――というのが、いつもは学生に対して「えらそうに」言っている、一応は大学教師の端くれである「私の慰め」だが、それに対する「指導教員・大内先生」の評点に大きな期待はとても持てない。いうまでもなく「優や良」の判定は望むべくもないとはしても、辛うじて「可」だけでもが頂ければ嬉しいのだがと強く思っている。

「はしがき」に託けた個人的な思いはもう終わりにしよう。最後に、以下の三人の方に改めて感謝の気持ちを述べさせていただきたい。まずお一人はいうまでもなく大内秀明先生である。私は先生から、「人間としての生き方」と「コーヒーの香り」を、そしてもちろん「経済学の全て」とを学んだ。若き日に、早稲田のあの鄙びた古本屋で『価値論の形成』に出会い、そしてそれを機縁に、その後、先生に直接教えを受けることができた幸運を――本当にありがたいと思わざるを得ない。先生の、これからのご自愛とご健康とを強くお祈りしている。

そして次は、御茶の水書房社長・橋本盛作氏に他ならない。橋本さんにお世話になるのは本書で四冊目だが、全く採算の合わないこんな私の著書を、今回も御茶の水書房から出版させていただけるのを私はまことに有り難く思う。「氷河期」が依然として続く専門書出版状況の中で、橋本さんの情熱と努力とは、我々研究者にとって、まさに「最後の灯台」にも等しい。お体に留意されて、活発な出版活動をこれからも続けられることを心から願っている。

最後に。私事になるが妻・悠子にもこの機会にお礼を言いたい。おそらくこの著作が私の最後の本になると思われるので、この場を借りて、――お金の必要としない最も「安上がり」な、言葉によるプレゼントを通して――あなたにも感謝の気持ちを届けたい。必ずしも平穏とはいえない波乱に満ちた人生を、毎日、共に走ってくれているそんなあなたに、心を込めてエールを送ろう。

二〇一〇年八月　盛夏　私の心にいつも喜びを満たしてくれるモーツアルトを聴きながら

村上和光

現代日本経済の景気変動　目次

目次

現代日本経済の景気変動

第一章　戦後再建と景気変動過程

はじめに

筆者は別の機会[1]に、戦間期および戦時統制経済期における日本資本主義の構造分析を試みた。その試行を前提にして、本書はその考察の延長線上にある。つまり、まず極めて大雑把にいえば、第二次大戦終了後からバブル崩壊後五〇年間を対象に設定して、日本資本主義の構造分析を目指したものこそ、本章をスタートとする本書の体系構成だといってよいが、いうまでもなく、このようないわゆる「戦後日本資本主義分析」はそれこそ汗牛充棟という以外にはない。したがって、従来の「戦後日本資本主義分析」に対して一定のオリジナリティーを確保できるためには、何らかの新たな「考察切り口」の提示が不可欠だが、その新基軸としては、例えば以下の三論点こそが特に強調可能なように考えられる。

すなわち、まず第一はその「課題」に関してであって、「戦後日本資本主義分析」の主要課題は何よりも「日本型『現代資本主義』」の分析に設定される必要がある。つまり、すでに前著『日本における現代資本主義の成立』において確定したように、日本資本主義は、満州事変を契機とする三〇年代の「高橋財政型政策体系」を条件として「現代資本主義」への転換を遂げたが、こうして「成立」をみた「日本型現代資本主義」の、その後の「確立・変質」過程としてこそ、「戦後日本資本主義」が位置づけられねばならない。要するに、「戦時統制経済期」[2]に媒介された——「統制経済」と「現代資本主義」との相互関連考察が不可欠だが——、日本型現代資本主義の「成立↓確立↓変質」プロセスに連動させて「戦後日本資本主義」を分析していく点——にこそまさに本書の基本課題があるといってよい。

ついで第二にその「視点」に移ると、取りわけ「景気変動視点」への焦点化が重視されるべきであろう。その場合、このような処理の理由は二つあって、まず一つには、——ごく一般的にいって——資本主義運動過程の「現実的メカニズム」が「景気変動過程」の中でこそその最も具体的姿態を表出させる点が、まず当然のこととして指摘できる。しかしそれだけではない。次に二つ目に、これもほぼ周知の通り、現代資本主義の本質の「一面」が、国家の「資本蓄積促進策」を通す「経済的危機の克服＝景気変動機構の調節」にこそ求められるかぎり、「日本型『現代資本主義』」の「戦後局面」として位置づけられるこの「戦後日本資本主義分析」の、その「分析視点」の中核に、「景気変動視点」が置かれざるを得ないことは——いわば当然だと思われる。まさに「景気変動の焦点化」といってよい。

こう考えると、第三に「戦後日本資本主義分析」の「分析局面」は、その「現代資本主義分析としての把握」および「景気変動視点の焦点化」とを両輪として、概ね以下のように設定可能であろう。すなわち、「戦後再建（景気循環パターン回復）期↓第一・二次高度成長期↓低成長期↓バブル経済期↓ポスト・バブル経済期」これであって、本章をスタート・ラインとしつつ、以後、この基本ラインに沿って考察を進行させていくことにする。

そこで、本章ではまず最初に「戦後再建と景気変動」にその考察テーマが置かれていく。

Ⅰ　資本蓄積——自立的蓄積軌道の生成

［1］非軍事化　全体の初めに、「戦後日本資本主義」展開の基本枠組みを形成したいわゆる「戦後改革」(3)から考察を始めよう。周知のように「一五年戦争」は一九四五年八月一五日の敗戦＝ポツダム宣言受諾によってその終止符を

打たれ、このポツダム宣言による対日管理方針に従って日本は連合国の占領下に入ったが、その場合、日本占領の特質が、一つには、それが全体として事実上の「アメリカ単独占領」であった点、そしてもう一つには、占領軍によるその管理が――「間接方式」という形で――日本の統治機構を利用して遂行された点、にあったことはよく知られていよう。そこで、このアメリカ占領体制の理念的バックボーンが問題になるが、その点は、対日占領に関する「基本的指令」（四五年一一月三日）のうちの「日本にたいする軍事占領の基本的目的」の項において、「連合国の窮極目的は、日本が再び世界の平和および安全にたいする脅威とならないことを最大限保障する」という方針に即してこそ提示をみた。つまり、いわゆる「講座派的＝『半封建的』戦前日本経済理解」[4]に立脚しつつ、「軍事的脅威」の温床となった「戦前型・日本資本主義」の「解体」を「目的」にしてこそ対日占領政策が発動された――といってよいのであり、したがってそこから、「占領政策の実現過程としての『戦後改革』」の基本的目標が、日本の「非軍事化と民主化」に置かれていくのも当然であった。そして結果的には、まさにこの「戦後改革」こそが、「戦後型・日本現代資本主義」形成の基本的枠組――自立的蓄積軌道の生成――をなしていったわけである。

このような視角を前提としつつ、次にまず第一に（一）「非軍事化」政策の具体的展開に立ち入っていこう。そこで「非軍事化」政策の最もダイレクトな発動として①「戦時型統治機構」の解体が当然指摘されてよい。この点は深入りを避けるが、例えば（a）「日本陸海空軍の武装解除および全ての軍事機構の廃止」、（b）「戦争犯罪容疑者の逮捕指令」（四五年九月）、（c）「極東軍事法廷設置指令」と「戦犯の追及」（四六年一月）、などが矢継ぎ早に進められた。

しかし決定的に重要なのは、いうまでもなく次の「財閥解体」と「集中排除政策」とであるが、まず②「財閥解体」[5]からみよう。そこで一つ目に（a）その「背景」を確認していくと、占領軍によるこの財閥解体の背景には、占領軍の「戦前期日本資本主義」に対する「講座派型理解」があった。すなわち、戦前期日本資本主義の中枢を支配していた財閥こそ「半封建的経済構造」の上に聳立する「日本軍国主義」の経済的基盤だ——という認識に立脚してこそ、この財閥解体が「非軍事化政策」の基軸として打ち出されたわけであり、まさにその意味で、財閥解体発現背景の、その非軍事化的性格がまず明瞭といってよい。これを受けて一九四七年八月にはその実施機関として「持株会社整理委員会」が設立され（五一年七月解散）、総司令部の代表者も加わったこの委員会が——司令部の意志を強烈に反映しながら——、これ以降、財閥解体の任務をかなり広範囲かつ強力に展開していく。

このような背景を前提にして、次に二つ目に（b）財閥解体の「展開内容」に移ると、その基本骨格は以下のように整理可能である。つまり、（A）持株会社八三社および財閥指定者五七名から譲り受けた株式の処分、（B）「財閥本社型」持株会社三二社および「事業会社型」持株会社五一社の整理（解散・再編成など）、（C）過度経済力の集中の禁止・排除・制限、（D）三井・三菱・住友系七一一社への「財閥商号および財閥標章の使用禁止」指令、これである。一見して明瞭なように、かなり徹底した解体の実行という以外にはなく、したがってこのような措置を通して、「持株会社のほぼ完全な解体」・「財閥家族の企業支配力の排除」・「株式所有の分散化」が明確に進行した点が確認できる。その点で、財閥解体政策のドラスティックな実現が検出できるといってよく、こうして、戦前期日本資本主義の中枢を支配してきた財閥は、この財閥解体によってほぼ完全に解体されたというべきであろう。

そうであれば、最後に三つ目として（c）財閥解体の「体制的意義」はどう総括できるだろうか。その場合、この点に正しく答えるためには概略として以下の三論点を正当にふまえておく必要がある。すなわち、まず第一は、（A）占領軍は、日本「軍国主義」の「軍事的基盤」をなした、「半封建的」本質をもつ「家族主義的封鎖体制」として自ら理解した財閥を、何よりも「『非軍事化』の視角」から「解体」に追い込んだという点であって、その結果、財閥という「家族主義的封鎖体制」型「資本組織」の「解体」がほぼ完全に実現したことはいうまでもない。したがってその点で、財閥解体が、占領軍によって「理解された」「戦前型・日本独占資本」が有する二つの特質のうち、まず「家族主義的封鎖体制」の払拭に成功した事実が評価されるべきなのは当然であろう。しかしそのうえで第二に、（B）戦前型・日本独占資本たる財閥が「半封建的」性格をもっていた——という占領軍の認識は決定的な「誤解」である。この問題はすでに繰り返し指摘され続けてきたテーマでありこれ以上詳述する気はないが、「家族主義的封鎖体制」という性格を発現させた財閥とは、世界的にはすでに帝国主義段階に入っていた時期に資本主義化をスタートさせた「後進国型・日本資本主義」が、まさしく一定の必然性の下に形成させた、いわば「日本型・金融独占資本組織」なのであって「半封建的」なものでは決してあり得ない。そうであれば、この財閥解体は一面では占領軍の大きな「誤解」に立脚していたと把握される他ないのであり、それ故、財閥解体を「半封建制解消→近代化実現」とする認識ほどヨリ大きな誤りはないわけである。

このように考えてよければ、最後に第三として、（C）財閥解体の「意義」[6]は結局以下のように整理可能ではないか。つまり、財閥解体が、まず一方で、戦前型日本独占資本体制におけるその「家族主義的封鎖体制」を消滅させたとともに、次に他方で、そのような戦前体制が決して「半封建的」なものではなく独占組織におけるいわば「日本型バリエーション」以外でなかったとすれば、この財閥解体こそ、日本の独占資本を、「資本結合・資本動員・資本流動化」などの点で、重化学工業化・資本集中集積化・資本蓄積高度化などの経済構造にヨリよく対応可能なシステムへと再編成させるという、まさに体制的な役割を果たしたのだ——と総括できる。その点で、戦前型・日本資本主義を、——満州事変以降の重化学工業化進展に対応してすでにある程度進行しつつあった——「現代資本主義」に適合した新たなパラダイムへと「造形化し直す」機能をこそ、そこに検出すべきであろう。

そのうえで「非軍事化」の第三柱をなす③「集中排除政策」はどうか。そこでまず一つ目として（a）その「背景」から入ると、この集中排除政策は「独占禁止法」と「過度経済力排除法」とからなるが、これらがいずれも、すでに検討した財閥解体と同じ占領軍の意図から現実化した点が目に付く。つまり、「半封建的」な財閥を日本軍国主義の「経済的基盤」と把握しその「解体」によって「非軍事化」を遂行しようという占領軍の狙いの別表現こそ、この「集中排除政策」に他ならず、財閥解体を「経済力の過度集中排除」という側面から補完する点に、何よりもこの「集排政策」の眼目があると理解されてよい。

このような方向から占領軍は、「公然たるカルテルの禁止」を掲げながらこれ以後数次の後退を余儀なくされていく周知の「独占禁止法」を四七年六月に、ついで「集排政策」のメーンをなす「過度経済力集中排除法」を四七年一二月に、それぞれ日本政府に制定せしめた。そのうち集排法は、財閥関係企業であろうとそれ以外の企業であろうと、同一部門で過度に事業が集中していると判断された企業をいくつかに分割し、それを通してその独占力を排除する点に狙いが定められていた。その場合、これら両法の相互関連が問題だが、確かに独禁法によっても経済の過度集中排除は可能ではあったものの、初期占領軍における、「経済力の分散→日本軍国主義の経済基盤破壊」という方針の強烈性にまさに規定されて、独禁法に加えてこの集排法もが制定をみた――と整理されてよい。この意味で、独禁法および集排法が、財閥解体を補完する役割を担って非軍事化の一環として進行していく。

ついで二つ目に、（b）特に集排法に焦点を当ててその「展開内容」をフォローしてみよう。さて、以下に辿るようにこの集排政策は見事な「竜頭蛇尾」の結末に終わるが、さし当りそのプロセスを「出発→転換→結果」の三局面に即して追っていこう。そこでまず「第一局面」の（A）「出発ステージ」から入ると、この「集排法」は四七年一二月九日に国会を通過した後、同月一八日公布、即日施行され、前述の持株会社整理委員会を担当機関にして直ちに動き出した。まず同委員会は四八年二月一日に、同法第六条に立脚して「鉱工業部門における過度の経済力集中に関する基準」を公示するとともに、それに従って鉱工業二五七社を「第一次指定企業」として指定・公示した。ついで二月二二日には、「配給業・サーヴィス部門」に関する「基準」が公示されて指定対象部門が拡大し、「第二次指定企業」として、配給業およびサーヴィス業の六七社が指定されていく。その結果、計三二五社、その資本金合計、公称二三七億円、払込二〇〇億円が分割対象に挙げられたのであり、それは、四七年現在の全国株式会社払込資本金合計の実に六五・九％に相当したといってよい。

しかも他方で、同委員会は「過度経済力集中排除法に基く手続規則」を定めて、これら指定企業の企業活動の一切にわたる拘束支配権を掌握して内部審査にも着手したから、この集排法は、出発時点では、各部門の大企業のほぼ全部に対して絶大な決定権を確保した。

しかし、この集排法が作動し始めるとたちまち（B）「第二局面」＝「転換ステージ」に直面してしまう。というのも、この頃からアメリカ側の集排政策に変化が顕著になってくるからであって、「日本を『全体主義』の防波堤にするためには日本経済の弱体化は避けねばならない」という「お馴染みの論理」が浮上してくる。まさにこのラインに沿いつつ、具体的には「三月ストライク報告↓四月ドレーパー使節団訪日↓九月『五人委員会』調査報告」という経過を経て、「当該会社が独自に重要企業を営み、他の企業の活動を阻害し、あるいは競争を阻害することが歴然たる場合以外は、集中排除法にもとづく命令は出さないこと」という基本方針が確定をみた——といってよい。要するに、集排法の規定基準をできるだけ厳格にすることによって、解体企業を最小限にしようとするものに他ならない。

こうして、一度指定された企業が次々にその解体指定を取り消されていくことになった。そこで「第三局面」が（C）「結果ステージ」として帰結する。つまり、一連の取消プロセスが続いた後、結局最後まで残って分割指令を受けたのはわずか一八社に止まった。しかもその内訳をみると、うち九社は財閥系持株会社として指定を受けたもの、また四社は保有株式の処分で足りるもの、さらに三社は一部の工場の処分で済むものであった以上、ここには、集排法の現実的な適用限界性が何よりも如実に表面化しているというべきであろう。

そこで最後に三つ目として、(c)「集排政策」の「体制的意義」が総括されねばならない。さてこれまで具体的にフォローしてきた通り、集排政策はまさに「換骨奪胎」の連続だったという以外にないが、それを「体制的意義」の点から解析すると以下の二側面に振り分けて位置付け可能である。つまり、まず第一側面としては、独禁法・集排法によって公然たる「独占」に一定の制限を課すことは、社会主義からの体制的圧力を受けつつ労働者・中間層・農民を体制内部に包摂＝組織化することを課題とする現代資本主義にとって、大きな重要性をもつ。したがって、戦後日本資本主義がまさしく「現代資本主義」としてこそ復興・再建していくための、その不可避的な政策系として、——どんなに「竜頭蛇尾」なものであるとはいえ——この「集排政策」はその成立必然性を明確にもっていよう。

しかしそのうえで第二側面として、そこには明瞭な「限度」[7]が要請される。すなわち、「現代資本主義」が重化学工業に立脚した巨大企業体制でのみ展開可能な点が明白であるかぎり、集排政策が余りにも強固に実施されてその土台を破壊することになれば、戦後日本資本主義の「現代資本主義」としての再建は不可能になるといってよい。こう考えると、まさにこのような「中途半端」な「竜頭蛇尾」型「集排政策」こそ、その「必然性」と「限度」を兼備した「日本型」だったというべきであり、その点こそが注視されねばならないであろう。

[2] 民主化政策　続いて第二に「民主化政策」の展開に目を転じるが、その最も直接的な帰結はいうまでもなく①「憲法体制の構築」[8]だといってよい。本章の課題からしてこの問題に深入りできないのは当然だが、この論点はいうまでもなく憲法改正＝日本国憲法の成立を焦点としている。さて、マッカーサーはいち早くすでに東久邇内閣末期

に憲法改正を示唆していたともいわれるが、まもなく幣原内閣が成立すると、首相に対して「憲法の自由主義化」を正式に伝達するに至った。そこで幣原は、松本烝治国務相を委員長とする「憲法問題委員会」を設置して最終的には――まったく保守的・守旧的な――政府の「憲法改正四原則」なるものを作らせた。しかし総司令部に提出されたこの「松本案」を、マッカーサーはいうまでもなく不適当だとし、これに代わって、総司令部で作成された「新憲法案」を政府に手交したうえで、この草案を最大限に考慮するように勧告した。その際、この総司令部勧告は「天皇の身体的保障」をいわば「交換条件」としていたため、これに驚愕した政府は、結局は総司令部案を大部分取り入れた「憲法改正草案」を作成することになる。

そしてその後は、「四六年四月総選挙―幣原内閣総辞職―五月吉田内閣成立―第九〇臨時議会提出――一〇月七日成立――一月三日公布―翌四七年五月三日施行」という経過を経た。こうして従来の天皇制中心の明治憲法は破棄され、ここに「国民主権主義・基本的人権の尊重・平和主義」を三大基本原理とした日本国憲法が成立をみる。まさにこの新憲法に対応してこそ、国家機構・行政組織・地方自治制度・教育制度・司法制度などに関しても「民主化」が進行したのは当然であって、それらが、「内閣法・行政官庁法・国会法・裁判所法・地方自治法・教育基本法・学校教育法」などの成立となって実現したのは周知のことといってよい。

このような「憲法体制の構築」に関してはこれ以上触れる余地はないが、ただ一点、この「新憲法体制の体制的意義」についてだけは一言しておきたい。言葉を極端に節約していえば「新憲法＝『現代資本主義』的憲法」という定式化の重要性であって、この新憲法こそ日本資本主義を「現代資本主義」として再編成するための、その最も適合的な憲法体制に他ならない――という理解が不可欠である。なぜなら、この新憲法は、一面では、私的所有権を明確に法定した「『資本主義』憲法」以外ではもちろんないが、しかし他面では、「労働基本権・社会権・生存権・公共福祉規定」などを——たとえプログラム規定としてではあれ——多面的に貫徹させた——「ワイマル憲法」やニューディール体制とも通底する——「『現代』憲法」そのものである以上、この「新憲法」がもつ、単なる「近代資本主義憲法・帝国主義型憲法」を超えた「現代資本主義憲法」としての「本質」を否定することは不可能だからである。こうして、戦後日本資本主義を「日本型・現代資本主義」として展開可能にしていく、まさにその「体制枠組」がこの新憲法として保障されたといってよい。

ついで「民主化政策」の次の柱こそ②「労働改革」[9]であろう。そこでまず一つ目に（a）その「背景」はどうか。さて、占領軍は社会主義的政治活動や労働運動を弾圧する諸法制を撤廃して労働運動の展開に門戸を開いたが、そのようなスタンスから、日本政府に対して、「労働組合結成の促進＝搾取と酷使から労働者を保護し、かつ生活水準の向上のため有力な発言権をうるための威信を獲得し、また児童労働のごとき弊害を矯正するに必要な措置を講ずること」を指示した。こうした情勢の中で、労働組合法の制定が不可避と判断した政府は、司令部と接触しながら審議会を設置して法案作成にあたり、その成案を第八九議会に提出して制定化に辿り着く。周知の通り、労働組合法は、戦前期に何度か試みられながら結局制定に至らなかったが、以上のような経過を経て四五年一二月にようやく成立をみた（翌年三月施行）。まさにこの労組法成立こそ労働改革の出発点をなすといってよい。

この結果、日本の労働組合は法律によって一定の権利を保障された存在になったが、この労組法を基礎的枠組みとしつつ、その土台上にさらに、「労働争議調整法制＝労働関係調整法」と「労働保護法制＝労働基準法」とが制定されて、「労働改革」の全体像が発現をみる。要するに、「民主化」政策の重要な一環としての労働改革が明瞭だというべきであろう。

そこで次に二つ目として（b）その「展開内容」を概観しよう。まず第一に（A）労組法から入ると、その基本的軸点としては、よく知られているように（イ）「労働組合の法認」（ロ）「団結権・団体交渉権の保障」（ハ）「労働行政の警察行政からの分離」（ニ）「不当労働行為の禁止」（ホ）「労働委員会の設置」、などが直ちに指摘できる。その点で、――二・一スト以降特に公務員スト権剥奪などを中心にその改悪＝空洞化が進むが――少なくとも「原型・労組法」については、占領軍の縛りもあって、その「進歩的」内容が否定できない。

次に第二に（B）「労働関係調整法」（四六年九月公布）はどうか。周知のように、同法は、「争議の調停・仲裁などの手続規定」と「公益企業の争議制限」との「二つの規定」を含んでいるが、まず前者に関しては――戦前期の「労働争議調停法」と比較して――例えば以下の点に特徴がある。つまり、（イ）調停実施の範囲が原則公益事業からすべての労働争議へ拡大されたこと、（ロ）調停方法が「斡旋・調停・仲裁」の三段階に区分されたこと、（ハ）調停に関わる事務が行政官庁専決から労働委員会へ移管されたこと、（ニ）調停措置の発動には当事者からの請求が不可欠になったこと、（ホ）「仲裁」は当事者を拘束するが「斡旋・調停」には強制力はないこと、これであって、調停手続の細分化と権力からの「開放化」が進んだ。そのうえで後者の「公益事業の争議制限」に移ると、概略として以下の三点がポイントとみてよい。すなわち、（イ）調停申請後三〇日を経過しなければ争議行為をなし得ない点（第三七条）、（ロ）労働委員会の職権による強制的な調停措置がある点（第一八条）、（ハ）警察官・消防職員・刑務所職員・現業を除く国及び地方の公務員の争議行為を禁止した点（第三八条）、に他ならず、四七年以降に強まる、公務員等の争議制限措置がすでに始まっている。

そして最後に第三は（C）「労働基準法」（四七年四月公布）である。周知の通り、戦前期でも例えば一九一六年施行の工場法を嚆矢として一連の労働者保護立法が実施されてきたが、この労基法に、それらを決定的に超える特質が検出可能なことはいうまでもない。ざっとその特色を指摘すれば、（イ）ほとんど全種類の労働領域および全ての労働案件に適用可能な、その「統一的・普遍的・包括的性格」、(ロ)労働者への「取り締まり法」的性格から脱却した、労働者権利の法認に基づく「労働基準」の要求体系化、(ハ)「労働時間・休憩・休暇・有給休暇・賃金・労働契約・安全・衛生」などに関する、広範かつ緻密な「労働者保護内容の拡充」、(ニ)使用者の「無過失責任制」の導入、(ホ)「労働省―労働基準監督署―監督官」から構成される「監督機構の拡大・強化」、などが直ちに明瞭だといってよく、そこに、この労基法のもつ、労働者保護規定の「戦後段階」型進展が確認されるべきであろう。

以上を前提として三つ目に(c)「労働改革」の「体制的意義」が集約されねばならない。しかしこの論点のロジック構成は比較的透明であって、それは以下の二側面から示し得る。つまり、まず第一側面として、労働改革によって「労働三権」が基本的に法認されたことに関し、――すでに繰り返し検討してきた通り――「現代資本主義」が、「労資同権化」を中軸とした「階級宥和策」をその一方の本質的条件としているかぎり[10]、この「労働改革」が「戦後日本資本主義」を「現代資本主義」として運動させていく、まさにその労資関係的「基本枠組」以外ではない点は――何よりも否定のしようがない。したがって「労働改革＝現代資本主義化条件」という命題はまず自明だが、それに加えて第二側面が、特に労調法において、「公共の福祉」維持を名目とする「労働運動規制」として発現してくる。すなわち、「現代資本主義国家」がその基本課題とする「体制組織化」作用が、「資本主義再建過程における労働運動激化」という特殊局面では、労働基本権の「一定レベルへの封じ込め」という形で現れる以外になかったのであり、それは、占領体制に規制された「戦後日本型・現代資本主義」としては、なお不可避的な制約だった――と整理されるべきであろう。

続いて「民主化政策」の第三軸こそ③周知の「農地改革」[11]である。そこで最初に一つ目に(a)その「背景」を追うと、その背景に関して他の戦後改革とやや相違するのは、少なくてもその出発が日本側の発議によって画された点である。すなわち、すでに幣原内閣の松村農相の下で占領軍の正式指示に先立って準備されていたのであり、それが四五年一二月には農地調整法改正法案として成立をみる。これがいわゆる「第一次農地改革」に他ならないが、これは占領軍の承認を得られなかったから、ここから占領軍の主導性が表面化する。

その場合、占領軍内部にも様々な方針の違いが多く、ソ連案・イギリス案・アメリカ案などの間で熾烈な議論が展開されたが、結局占領軍は対日理事会のイギリス案に立脚した「勧告」を日本政府に提示し、それにもとづいて政府は第九〇臨時議会に、自作農創設特別措置法案および農地調整法改正法案を提出した。そしてそれは四六年一〇月に通過・成立し直ちに実施に移されたが、これこそ「第二次農地改革」と呼称されるものだといってよい。

この農地改革によって自作農創設と小作関係の調整とが進行していくが、占領軍はこれを通して、日本軍国主義の農業基盤たる『「半封建的」日本農業』の根底的解体――もちろんこの占領軍理解は基本的な錯誤を含んでいるが――を意図した点は明瞭である。まさにこの意味で、農地改革が「民主化政策」の一環であったことは自明だと判断されてよい。

ついで二つ目に（b）その「展開内容」の基本は何か。そこで農地改革の内容をフォローしていくと、それは「自作農創設」と「小作関係の調整」の両面からかなりラディカルに実行されていった。まず（A）「自作農創設」からみると、そのポイントは以下のように集約できる。すなわち、（イ）開放対象――不在地主所有の全貸付地及び一定面積（北海道平均四町歩、それ以外平均一町歩）以上の在村地主所有の貸付地、（ロ）実行方式――国が地主から強制的に土地を買収しこれを小作人に売渡すといういわゆる「直接創定方式」、（ハ）買収価格――水田＝賃貸価格の四〇倍、畑＝四八倍という「無償に近い」低価格、であって、その極めて強い徹底性が目に付く。次に（B）「小作関係の調節」に関しては、例えば（イ）物納小作料の「金納化・公定化」、（ロ）小作料率の水田二五％畑一五％の超過禁止、（ハ）小作地取り上げの制限強化（農地委員会の承認必要化）、（ニ）小作契約の文書化と農地委員会への届出制、が指摘可能であり、この方向からも、その改革水準の徹底性が同様にみて取れよう。

このように把握すると、三つ目として（c）農地改革の「体制的意義」[12]は以下のように総括されてよい。すなわち、さし当り三面から総括可能であるが、まず第一に総体的にいって、（A）国家による「農民組織化」の「直接化」が重要だと思われる。いうまでもなく「現代資本主義」とは、「資本主義の体制的危機」に直面して国家が「体制組織化」の主体にならざるを得ないような「資本主義の存立状況」に他ならないが、戦前期にあっては、「組織化の主体」たる「国家」と、「組織化の対象」たる「農民」との間に、一定の質的規定性をもつ寄生地主が存在し続けたため、国家の農民・農村・農業への「組織化作用浸透度」にはなお制約が大きかった。したがってそこに「『戦前期』現代資本主義」の限界が確認できるのに対し、この農地改革による寄生地主制の撤廃によって「国家による農民層の直接的把握」＝「組織化の浸透」が実現したため、「現代資本主義」的再編成がそれだけ促進されたとみてよい。

次に第二として（B）政治面から立ち入ると、農地改革を通した農民の「体制的包摂」深化が指摘できよう。すなわち、自作農創設によって農民の土地所有が進んだが、それは、「基本的」には、農民のプチ・ブル観念を刺激して「社会主義への防波堤」作用を一層強化するとともに、「現実的」には、対地主闘争として発現してくる農民運動を事実上解体に追い込んだ。その場合、周知の通り「現代資本主義」は、反体制運動を体制内に封じ込めて「反革命体制」を構築するという「階級宥和策」をその一つの柱としている点――に注意すれば、この点で、農地改革が「現代資本主義」的再編たる意義を発揮したことは明白なのである。

さらに第三に（C）経済面から意味付けると、農地改革の「資本蓄積促進策」への効果も軽視できない。というのも、農地改革によって農家所得はいうまでもなく増加し、それを通じて、一面では、農業用機械・肥料・農薬などの投下を条件とした農業生産性上昇が実現しただけでなく、他面では、何よりも耐久消費財を中心とした国内市場の拡大に連動したのは当然であった。まさにこの点で、この農地改革は、「資本蓄積促進策」をもう一つの柱とする「現代資本主義」に対して、その大きな促進化作用を発揮したと結論されてよい。こうして、総じて、農地改革の「現代資本主義」的再編成機能は一目瞭然なわけである。

〔3〕意義――現代資本主義的再編　以上のような個別的検討に立脚して、「戦後改革」の「総括的意義」を手短に集約しておきたい。さて、「新憲法体制―財閥解体―労働改革―農地改革」という基本構図からなる「戦後改革」の個別的意義に関しては、そのそれぞれについてすでに具体的に指摘した通りだが、それを「戦後改革」という総体的視点からもう一歩大づかみに整理すると、「総体的意義」は以下の三点から図式化可能であろう。

つまり、まず（一）第一に――すでに別著で詳細に考察したように――日本資本主義は「昭和恐慌―満州事変―高橋財政」という新動向の中で、「管理通貨制成立→赤字公債膨張→現代的フィスカルポリシー発動→国家による体制組織化」というロジックに立脚して「資本主義の現代化」を実現した。その点で、三〇年代日本資本主義は、「反革命体制」構築を目的として国家が「体制組織化の主体」になるという「現代資本主義」へと転換したといってよい。[13]

まずその点に疑問の余地はないが、その現代資本主義化の内容にもう一段踏み込むと、次に（二）第二に「現代資本主義化の『日本型』」特質も無視できない。すなわち、「現代資本主義化」の二本柱たる「階級宥和策・資本蓄積促進策」のうち「前者」が著しく弱いのであって、「労働組合法・小作立法・労働基本権」などに関する極端な遅れは周知のことであろう。しかもそれに加えて、「日華事変→太平洋戦争」の過程で日本経済は「統制経済」化を余儀なくされるから、一旦成立をみた「現代資本主義化」はその内実を転換してしまう。

まさに以上のプロセスの延長線にこそ「戦後改革」が位置づくのであるから、最後に（三）第三として、この「戦後改革」が日本型現代資本主義の「『再編』」促進過程」として機能した点——はもはや一目瞭然ではないか。すなわち、この「戦後改革」こそ、三〇年代に「成立」した日本型現代資本主義を、——戦時期「統制経済」としての「逸脱」を解消させつつ——特に（労働改革による）「階級宥和策の確立」を決定的跳躍台にして「本格的確立」へと誘導した、まさに画期的な「変革体系」であったのであり、その点にこそ、「戦前→戦後期」を接続する、この「戦後改革」のヨリ歴史体制的な意義[14]が存在するように思われる。そしてそうであれば以下の点も同時に明白なのであって、まさにこの「戦後改革」を通してこそ、「自立的蓄積軌道」もその「生成」を実現化されていくのである。

Ⅱ　国家政策——再建政策体系の進展

［1］金融政策　ではこの「戦後改革」による戦後型枠組形成の上にどのような政策対応が進展したのだろうか。そこで第一に（一）まず金融政策[15]からみていくが、全体の基礎として最初に①「日銀信用」にふれると、いうまでもなく日銀券増発の激しさが目を打つ。そこで一つ目に（a）その「背景」を探ると、——後に確認する「臨時軍事費」関係を除けば——それが主に、預金の引出しに直面して危機に遭遇した大銀行や資金繰りが困難になった大企業の救済を直接の目的にしていたことは当然であった。言い換えれば、それは、敗戦によって生じた社会的・経済的混乱を契機として解体の危機に瀕した資本主義体制を維持するための、まさに緊急避難的な資金放出だったのであり、たとえそれがインフレという副産物を必然化させるのは必至だとはしても、およそ回避できるものではなかったのである。

そのうえで二つ目として（b）その「推移」を追えば、例えば次のような顕著な激増数値を刻む。すなわち、「日銀券発行残高」（億円）は四五年＝五五四→四六年＝九三三→四七年＝二一九一→四八年＝三五五二→四九年＝三五五三→五〇年＝四二二〇と動くから（**第1表**）、敗戦直後に倍増を示しつつ四七年には一段の増勢を強めた後、

——後に関説する——「経済安定九原則—ドッジ・ライン」が実施される四八‐四九年になってようやく発券水準増加が鈍化していく。こうして、朝鮮戦争ブームに関係する五〇年を別としても、日銀券発行残高は、四五‐四九年の五年間で実に六倍増を遂げているのであって、これがインフレの基盤を形成したのは当然のことであろう。

第1表　日本銀行券発行高

（億円）

		発行高	指数	
1945	Ⅶ	284	100	
	Ⅷ	423	149	
	Ⅹ	431	152	
	Ⅻ	554	195	100
46	Ⅰ	585		106
	Ⅲ	233		42
	Ⅳ	427		77
	Ⅸ	644		117
	Ⅻ	933	100	168
47	Ⅲ	1,157	124	
	Ⅵ	1,363	146	
	Ⅸ	1,676	180	
	Ⅻ	2,191	234	100
48	Ⅲ	2,187		99
	Ⅵ	2,305		105
	Ⅸ	2,795		128
	Ⅻ	3,552	100	162
49	Ⅲ	3,125	88	
	Ⅵ	3,006	85	
	Ⅸ	2,982	84	
	Ⅻ	3,553	100	100
50	Ⅲ	3,113		88
	Ⅵ	3,111		88
	Ⅸ	3,287		93
	Ⅻ	4,220		118

（日本銀行『本邦経済統計』による。）

ついで三つ目に（c）この発券増加のルートはどう把握したらよいだろうか。そこでいまさし当り、四七年と四八年の両年に代表させて「日銀券発行の経路」を追跡すると、以下のような構図が手に入る。つまり、まず四七年度では日銀券増加が一〇三〇億円であるが、そのうち「政府関係」が七二九億円（七一％）、「復金関係」三九九億円（三九％）であるのに対して、「対民間」は九八億円減（一〇％）となるし、次に四八年度ではそれぞれ、九三八億円、八七五億円（九三％）、三九六億円（四二％）、三三三億円減（三六％）という数値が描かれる（**第2表**）。したがって、この時期における日銀券増大の基本要因は何よりも——以後で検討する——「財政赤字」と「復金債引受」にあるのは明白であって、日銀の対民間信用による信用膨張はなお決して大きくはない。

次に、一定の重要性がすでに示唆された②「復興金融公庫」[16]の動向はどうか。あらためていうまでもなく、三〇年代高橋財政において成立した管理通貨制は戦後期・金融政策の基本的前提をもなしたが、この管理通貨制に立脚してこそ復金が作動可能になった点は自明といってよい。そこでまず一つ目に（a）この復金の「背景」から確認していくと、周知

第２表　日本銀行券発行の経路　（1947、48年度）

		銀行券増（△減）		対政府 政府預金減（△増）	対政府 政府貸出増（△減）	対政府 国債 政府短期証券増（△減）	対政府 その他増（△減）	対政府 計	
			%						%
1947年度	第Ⅰ　四半期	206	(100)	59	44	11	9	100	(49)
	第Ⅱ　四半期	201	(100)	7	282	76	8	220	(109)
	第Ⅲ　四半期	627	(100)	△17	56	599	18	656	(105)
	第Ⅳ　四半期	△4	(100)	△55	52	137	△108	247	(6,175)
	計	1,030	(100)	△7	434	376	△74	729	(71)
1948年度	第Ⅰ　四半期	118	(100)	32	120	6	63	208	(176)
	第Ⅱ　四半期	315	(100)	△2	58	321	△2	375	(119)
	第Ⅲ　四半期	932	(100)	△39	73	1,404	△62	1,375	(148)
	第Ⅳ　四半期	△427	(100)	△6	△71	555	△452	△1,083	(254)
	計	938	(100)	△16	180	1,165	△454	875	(93)

（前掲、楫西他『没落』Ⅵ　1559頁。）

（億円）

		対復金債 復金債増（△減）		対民間 国債 政府短期証券増（△減）	対民間 民間預金減（△増）	対民間 民間貸出増（△減）	対民間 代理店預金増（△減）	対民間 その他増（△減）	計	
			%							%
1947年度	第Ⅰ　四半期	74	(36)	85	△2	△49	0	△3	32	(16)
	第Ⅱ　四半期	134	(67)	△21	△50	△103	2	19	△154	(△77)
	第Ⅲ　四半期	90	(14)	△94	△44	△44	11	53	119	(△19)
	第Ⅳ　四半期	△101	(△2,525)	△83	27	284	△14	△71	142	(△3,550)
	計	399	(39)	△114	△69	88	△2	△1	△98	(△10)
1948年度	第Ⅰ　四半期	89	(75)	△129	25	△58	8	△26	△179	(△152)
	第Ⅱ　四半期	3	(1)	△130	△65	120	13	△1	△63	(△20)
	第Ⅲ　四半期	△197	(△27)	△197	△4	△122	△20	87	△246	(△26)
	第Ⅳ　四半期	500	(△117)	△274	△6	160	10	265	△156	(△37)
	計	396	(42)	△729	△51	111	12	325	△333	(△36)

の通り復金は、戦時補償の打切りによる大資本の打撃を金融面から緩和しつつ復興促進に必要な資金の供給を任務として、四七年一月に設立された政府金融機関である。その場合、最初は資本金一〇〇億円（当初払込四〇億円）の全額政府出資で発足したが、その後の増資によって四八年には一四五〇億円（払込は四八年で二五〇億円）にまで資本金を拡大させた。そして重要なことは、未払込資本額から債務保証額（引受を含む）を差し引いた額だけ「復興金融債券」を発行できることになっていた点であって、事実、復金の活動は、払込資本が少なかったため、その大部分がこの債券発行による資金で実行されたこと――は後にみる通りである。

そのうえで二つ目として（b）その「機能＝融資」内容に立ち入ると、何よりもその融資額の大きさが目立つ。例えば、四七年度には全国銀行貸出が四六八億円に止まっているのに対して復金のそれは五三五億円にも達している他、さらに設備資金融資に特に焦点を合わせると、銀行と比較した復金貸出の圧倒的伸張度は一層明瞭である。つまり「設備資金供給高」は、まず四七年度では、復金＝二三二億円（一〇〇％）、全国銀行＝三三億円（一四％）、株式・社債＝五八億円（二五％）となるし、また銀行資力が回復してきた四八年度ですら、それぞれ六八三億円（一〇〇％）、一八八億円（二三％）、二〇九億円（三一％）という数値を刻む（**第3表**）から、一般金融機関の融資が停滞する中で、この復金のみが顕著な伸びを示したと整理できよう。ついで、このような復金の設備融資を業種別に細分すると、その八割あまりが石炭・鉄鋼・肥料・電力・海運・繊維の六部門に集中しており、――逆にみると――これら六部門の設備資金融資額の八四・五％が復金融資からなっていた。いくつか数字を拾えば、復金融資への依存度は石炭＝九八・一％、電力＝九二・九％、

第3表　復金、全国銀行、株式および社債による設備資金供給高推計　（百万円）

	1947年度		48年度	
		%		%
復　金	23,232	(100)	68,302	(100)
全国銀行	3,277	(14)	18,816	(23)
株式および社債	5,754	(25)	20,945	(31)

（前掲、楫西他『没落』Ⅵ　1566頁。）

鉄鋼＝七三・四％となる以上、この復金融資が、独占資本の基礎をなす重要産業部門へ潤沢な資金を供給して、生産再開を強力に推進したのは当然なのである。

では三つ目に（c）このような復金の融資資金の源泉は何か。周知の如くその主要源泉を占めたものこそ「復興金融債」に他ならないが、いくつかのその関連数字を追うと、まず復金債の発行高は四六年度＝三〇億円→四七年度＝五五九億円（償還三〇億円）→四八年度＝一〇九一億円（同五五九億円）という経過を辿る。その結果、四八年度末にはその残高は一〇九一億円に達したから、それは復金の当初資本金の実に一〇倍にも上ったわけである。したがってそうなれば、この巨額の復金債の消化が直ちに問題となるが、周知の通り、その大部分が日銀引受に依存したのはいうまでもない。すなわち、復金債の消化に関する「日銀―市中金融機関」の比率を検出してみると、四六年度＝日銀二八億円（九四％）、市中金融機関二億円（六％）→四七年度＝四二五億円（七六％）、一三四億円（三四％）→四八年度＝七〇三億円（六四％）、三八八億円（三六％）、という図式となり、総計では一一五六億円（六九％）対五二四億円（三一％）となっている。確かに、民間金融機関の資金力回復につれて民間比率の上昇がみて取れるが、この「管理通貨制に立脚した復金債の日銀引受」[17]こそが、一方でインフレを加速させながら、他方で、独占資本への潤沢な資金供給という復金機能の土台を形成した点――は否定のしようがないことであろう。

以上のような「公的資金」の供給の下で、③「銀行制度」はどのように動いただろうか。さて後に詳述するように、四九年のドッジ・ラインにより復金融資は停止に至るが、これを契機として産業資金供給における民間金融機関のウエイトが増加していく。そしてそのような動向の中からいわゆる「間接金融システム」も定着をみるが、生産の本格的再開に必要な資金供給を課題としながら――日銀信用膨張に支えられて――、民間銀行貸出を通した「銀行―企業」間の融資パイプ再開が進む。そこでまず一つ目に（a）「貸出増加」を「全国銀行の使途別貸出額」に即して追っていくと、最初に貸出総額の著増が明瞭であって、例えばその総額（一〇億円）は四八年＝九二五→四九年＝二三四〇→五〇年八月迄＝二一四八と動く（**第４表**）。したがって特に四八年以降における民間銀行機能の回復・拡張が一目瞭然だが、それだけではない。ついでその内訳（一〇億円）にまで立ち入ると、いわゆる「事業貸出」の急膨張が目立ち、それは四八年＝七六九（賃金給与六四）から四九年＝一九六四（一三八）となり、「賃金給与」向け貸出に比べて質・量ともに圧倒的な比重を構成した。その点で、この時期における民間銀行貸出の急増が――生産回復に対応して――鉱工業中心の事業融資として発現したことがわかるが、この傾向は、五〇年八月迄の運転資金融資のうち、対「鉱工業」が一〇九三千億円であるのに対して対「商業」が七七〇千億円に止まる事実からも十分に裏づけ可能だとみてよい。

ついで二つ目として注目されるのは（b）「大銀行の伸張」であろう。その場合、この側面は現実的には「都市一一大銀行―地方銀行」間の格差に反映してくるが、例えば、四九‐五〇年にかけて、地方銀行の貸出残高が一二三七億円から一九九五億円へと一・六倍増を示すのに比較して、都市銀行のそれは二三〇五億円→四三二五億円へと一・九倍にもなっている。まさにここから、都市大銀行――その中心はいうまでもなく旧来の財閥銀行に他ならない――が、日本経済の生産回復に見事に対応して、その基盤を大きく伸張させていること

第４表　全国銀行新規使途別貸出額（百万円）

	総額	賃銀給与	事業費			その他
			建設勘定	原材料その他	計	
1948	925,365	68,442	768,565		768,565	88,350
49	2,339,794	138,103	80,263	1,883,796	1,964,059	37,618
Ⅰ～Ⅷ	1,335,404	85,687	41,898	1,088,736	1,130,634	139,035
Ⅺ～Ⅻ	984,390	52,416	38,365	795,060	833,425	98,565
	総　額	設備資金	運　転　資　金			
			鉱工業	商　業	その他	計
50　Ⅰ～Ⅷ	2,148,165	65,707	1,092,762	769,928	218,768	2,082,458

（前掲『財政金融統計月報』、第11号による。）

がみて取れよう。しかもこのような動向を通して、旧財閥系企業と大銀行との系列関係が「回復・深化」したことも容易に想像されるのであるから、金融機関が貸出を通してこそ系列下の独占資本を支配網に組み込む――という「戦後型・金融資本の再編成」が始動し始めたのだといってよい。

そのうえで最後に三つ目に（c）「日銀信用依存体制＝オーバーローン体制」(18)が重要である。つまり、簡単にフォローしてきた通り、――新たな「戦後型」の――「『間接金融』型・対大企業融資システム」始動によって「銀行の産業支配」が復活したのは確かだが、銀行がそれを独立の能力で実行することはなお不可能であった。例えば、その側面は、預金吸収力の伸び悩みを端的に反映しているとみてよく、その点を「全国銀行主要勘定」から探ると以下のような軌跡が描かれる。つまり、「預金―貸出金」（億円）のバランス（**第５表**）は、四九年一月＝五〇一二―三八一二→同七月＝六一五四―四九〇七→五〇年一月＝七六九七―六七九一→同七月＝八八八〇―八一六二と推移するのであるから、この期間に貸出が二・一倍へと急増しているのに対して預金増は一・七倍に止まっている。まさに、貸出拡張に比較した銀行預金吸収力の未回復によって、いわば「オーバーローン」状態に接近し始めているのであるが、この傾向は、ついで「借入金」の動向からも直ちに裏づけが可能といってよい。事実、全国銀行の「借入金」は五七一→五四二→九〇五→一〇六四という軌道を走るのであるから、特に五〇年に入っ

第５表　全国銀行主要勘定　（百万円）

	預　金	借入金	貸出金	コールローン	有価証券	（内国債）	預け金	現　金
1949　Ⅰ	501,226 (100)	57,124 (100)	381,201 (100)	2,937 (100)	120,674 (100)	75,085 (100)	20,948 (100)	70,352 (100)
Ⅶ	615,422 (123)	54,177 (95)	490,661 (129)	5,212 (178)	119,784 (99)	84,002 (99)	20,703 (99)	76,089 (108)
50　Ⅰ	769,701 (153)	90,496 (158)	679,131 (178)	5,834 (199)	106,731 (89)	61,890 (73)	22,573 (107)	106,994 (152)
Ⅶ	887,980 (177)	106,423 (187)	816,159 (214)	9,008 (307)	115,981 (96)	43,659 (51)	22,580 (108)	121,635 (173)

（前掲『財政金融統計月報』、第11号による。）

てからの急膨張が著しい。その結果、四九年一月から五〇年七月までの一年半の間に一・九倍にも増加したことになるが、――銀行間融通としての「コールローン」は「借入金」とは別扱いであるため――この「借入金」の大部分は日銀借入金と判断する以外にない以上、これらの現象は、結局「都市銀行の日銀信用への依存」体制をビビッドに説明する――ことになっていよう。

要するに、管理通貨制を土台とした、「政府→日銀→市中銀行→企業」というルートが検出可能なのであり、そこにも「現代資本主義再編化」の一側面が確認されるべきではないか。

〔2〕 財政政策　次に第二に（二）財政政策[19]へと視角を転じよう。そこで最初に再建初期の①「財政赤字膨張動

第6表　1947・48年度一般会計歳入歳出予算　（百万円）

	区分	1947年度			1948年度		
		当初予算	最終予算	比率	当初予算	最終予算	比率
歳入				%			%
	所得税	41,348	69,044	32.2	146,371	183,468	38.8
	法人税	2,087	6,300	2.9	13,000	18,056	3.8
	酒税	14,105	23,870	11.1	45,776	45,776	9.7
	織物消費税	1,329	2,117	1.0	8,060	10,090	2.1
	物品税	3,336	7,845	3.7	17,508	17,508	3.7
	取引高税	…	…	…	21,400	21,400	4.5
	専売益金	22,658	51,265	23.9	95,571	94,353	20.0
	公債および借入金	4,873	0	…	0	0	…
	その他とも合計	114,503	214,256	100.0	414,462	473,145	100.0
歳出	終戦処理費	27,000	64,121	29.9	92,600	107,062	22.6
	産業経済費	14,849	25,750	12.0	53,523	58,241	12.3
	価格調整費	10,000	23,225	10.8	51,500	62,500	13.2
	公共事業費	9,500	14,746	6.9	43,517	49,517	10.5
	地方財政費	11,203	25,136	11.7	40,909	51,043	10.8
	行政部費・同共通費	7,951	15,907	7.5	38,948	41,248	8.7
	政府出資金	7,100	7,124	3.3	18,573	18,573	3.9
	その他とも合計	114,503	214,256	100.0	414,462	473,145	100.0

（前掲、楫西他『没落』Ⅵ　1560頁。）

向」から入ると、この財政赤字の基本土台として何よりも一つ目に（a）「経費支出」（**第6表**）推移が確認されねばならない。いま一般会計歳出に注目すると、まず四七年度では当初予算は一一四五億円で四六年度の一一九〇億円を下回っていたが、急増する復興事業とインフレ昂進の影響を受けて実に一五回もの補正予算編成に追い込まれた結果、最終的には二一四二億円にまで膨張した。しかしそれだけではない。ついで四八年度に入ると四七三一億円となって四七年度当初予算の四倍を超過していくし、さらに四九年度＝七〇四七億円はその実に七倍に接近している。こうして戦後混乱の中で政府は、他に選択手段を見出せないまま、取りあえず経費支出急増という形で事態への対応を迫られたとみる以外にない。

この点を視野に入れたうえで「歳出構成」に目を向けると、いうまでもなく「戦後処理費」の比重が大きく、その構成比は四七年＝二九・九％→四八年＝二二・六％→四九年＝一八・六％となって断然第一位を占める。もちろん戦後復興の進捗とともにその比率を減じているのは当然だが、終戦直後の体制的課題がまず第一義的にこの「戦後処理」にあった点は自明といってよい。それに対して、復興に対応して四七－四八年度にかけて増加軌道を動くのは、例えば「産業経済費」＝二五七億円（構成比一二・〇％）→五八二億円（一二・三％）、「価格調整費」＝一三三一億円（一〇・八％）→六二五億円（一三・二％）、「公共事業費」＝一四七億円（六・九％）→四九五億円（一〇・五％）、「政府出資金」＝七一億円（三・三％）→一八五億円（三・九％）、などに他ならず、いずれも独占資本の再建を直接・間接的にサポートする経費であった。その中でも特に、基礎物資生産企業への「価格補給金」たる「価格調整費」が最も特徴的だが、いずれにしても、この局面から、「経費膨張」の性格が「戦後処理」から「生産再開」へとその舵を切り替えたことがよくわかる。

ではこのような経費膨張はどう工面されたのか。その場合、戦後混乱の過程で税収窮迫が当然であった以上、二つ目に（b）経費膨張は赤字国債で処理される以外になかった。そこでまず四六年度だが「公債金および借入金」は四四五億円に上り歳入全体の実に三七・四％を占めた。ついで四七－四八年度では、インフレに対する計算上の配慮もあって一応均衡予算が組まれているが、それは、「食管特別会計・国鉄事業特別会計・通信事業特別会計」に対して「赤字を押し出している」からに他ならず、これらの特別会計では膨大な赤字が発生している。例えば、四七年度にはその赤字は九〇四億円となり、そのうちの六九三億円（七七％）が公債・借入金に依存したし、さらに四八年度でも一二二四億円（当初予算）の赤字のうち八四六億円（七〇％）が国債に依拠していたといわれる。しかもこの国債の大部分には日銀引受という方式が取られた以上、まさにここから、「財政ルートによるインフレ」が加速されたのは明瞭であった。

したがってそうであれば、三つ目として（c）「インフレの昂進」は一目瞭然であろう。いま「物価騰貴率」（前年末基準）の概略をフォローすると、「小売物価」―四六年＝三六→四七年＝二三四→四八年上半期＝一九→同下半期＝一三〇、「消費財ヤミ」―七三→一五一→三七→四〇、「卸売物価」―二九八→二八三→一二→一三五（**第7表**）、と図式化できる。したがってここからは、一つには、生産に直結する卸売物価の騰貴率が取り分け巨大なこと、そしてもう一つは、――四八年上期に一時テンポが落ちてはいるが――基本的に四八年段階まで大幅な物価騰貴が継続していることが明瞭なのであって、要するに「インフレの昂進」は余りにも明白という以外にない。

第7表　物価騰貴率　（前年Ⅻ月基準）

	消費財ヤミ	小売物価	生産財ヤミ	卸売物価	公定価格にたいするヤミ値の倍率
1946	73	36	−	298	18.6倍
47	151	234	205	283	5.4倍
48（上半期）	37	19	15	12	6.7倍
48（下半期）	40	130	20	135	2.8倍

（『朝日経済年史』，1949年版，195頁。）

その場合、このインフレの直接的要因が——先に指摘した——日銀券の圧倒的な膨張に帰着するのは当然だが、問題はこの日銀券増発の「ルート」にこそあろう。しかしこの点もこれまでの検討からすでに明らかであって、まず一面では、「救済融資—復金債・国債の日銀引受—対民間銀行オーバーローン」などからなる「日銀＝金融ルート」が重要であるとともに、他面では、「臨時軍事費—資本再建諸経費—財政赤字累積」という構成を示す「政府＝財政ルート」が決定的であった。そうであれば結局、この局面での「インフレ昂進」は、「管理通貨制→日銀の赤字公債引受→日銀信用創造膨張→赤字財政展開→体制的危機への対処」という、まさに「現代資本主義」[20]的編成機能の帰結だったのであり、この断面にも、「日本型・現代資本主義」の「戦後性」が色濃く反映されているという以外にない。

といっても「インフレ昂進」が放置され続けるわけにはいかない。というのも、このインフレ膨張が、一方で「物価騰貴→実質賃金切下げ」を通して「資本利潤の保障」には有利に作用したものの、しかし他方では、「通貨過剰・資金不足」という「不均衡」をもたらして結局は（特に鉱工業部門の）生産再開を阻害せざるを得なかった——からである。

第８表　1948・49年度総合予算収支表　（億円）

		1948年度	49年度
歳入	一般会計	4,731	7,049
	特別会計	11,975	25,050
	政府関係機関	…	13,140
	合計	16,707	45,240
	純計	9,273	25,362
歳出	一般会計	4,731	7,047
	特別会計	11,969	24,769
	政府関係機関	…	13,140
	合計	16,701	44,957
	純計	10,161	23,795
差引純計		△887 （△1,149）	1,567

（前掲、楫西他『没落』Ⅵ　2868頁。）

そこで四九－五〇年期の②「財政緊縮動向」へ転換しなければならない。いうまでもなくこの「緊縮型」は――後に詳述するように――いわゆる「ドッジ・ライン」によって「強制」されたものだが、まず何よりも一つ目に（a）その「緊縮構図」をみておこう。いま「四九年度予算」＝「ドッジ予算」（百億円）によれば、まず歳入が、「一般会計」＝七〇、「特別会計」＝二五一、「政府関係機関」＝一三一、合計＝四五二となるのに対して、他方の歳出はそれぞれ七〇、二四八、一三一、四四九という数値を示す。そしてこれから重複勘定を差引いた「純計」予算として集計すれば、最終的には「歳入」＝二兆五千億円に比較して「歳出」＝二兆三千億円という構図になる。こうして二千億円近くの「差引歳入超過＝黒字」に結果した**（第8表）**のであり、この「ドッジ予算」において、「一般・特別両会計」を通じて完全に赤字のない予算が組まれることによって「総合予算の真の均衡」化が初めて実現をみた――と結論されてよい。

ついで二つ目として次に、（b）この「均衡予算」の構造へと立ち入っていこう。そこでまず経費支出の特徴を探ると、全体的な「財政均衡化」にもかかわらず経費総額が大幅に増大している点が見落とされてはならない。つまり、総額は四八年の四七三一億円から四九年には七〇四九億円へと一・五倍に伸長しているのであるから、この「ドッジ予算」は決して「縮小予算」ではなく、むしろ「財政均衡化」を通した「生産再開＝資本投資活動促進」の貫徹こそが何よりも注目に値する。そのうえで、経費内訳にまで立ち入ると、例えば「価格調整費」三・三倍（四八年＝六二五億円→四九年＝二〇二二億円）、「出資・投資」二・二倍（一八六億円→四一九億円）、「社会労働施設費」一・八倍（一四七億円→二五六億円）**（第9表）**などの拡大が大きい。このうち最大の絶対値および伸び率を示した「価格調整費」は、――先に指摘したように――独占的大企業のコスト関係サポートに関連する経費項目だが、これが、他面での「ドッジ予算」のスローガンである「竹馬の片足」撤去の「代償」という役割で、その「暫定的補完策」として活用されることになった。さらに、「出資・投資」および「社会労働施設費」に関しても、それらが、独占的大企業が中心を占める基幹的重化学工業への融資・基盤整備を指向する経費に他ならない以上、経費構造が、全体として——もはや戦後処理段階を終えて——独占資本体制の再建・再編成へとその方向性が転換しつつある点は明白であろう。

こうしてまず経費面から、「経費拡張型・均衡財政」の一断面が検出可能だが、そうであれば、この「均衡化」を担保した国家収入の特徴は何か。繰り返し指摘した通り、復金債・国債の停止・抑制が進められてもはや国家債務への依存が絶たれた以上、歳入の確保は税収拡大に向けられる以外になかった。事実、「租税・印紙収入」は四八年＝三一六一億円↓四九

第９表　1948・49年度の一般会計予算　(億円)

		1948年度	49年度
歳入	租税・印紙収入	3,161	5,147
	官業・官専財産収入	1,041	1,309
	うち専売益金	962	1,210
	雑収入	491	484
	特別収入	0.2	79
	前年度剰余金	39	31
	合計	4,731	7,049
歳出	行政部費	197	380
	司法警察費	103	166
	教育文化費	205	347
	社会労働施設費	147	256
	保健衛生費	48	66
	産業経済費	582	675
	公共事業費	495	519
	価格調整費	625	2,022
	地方財政費	510	615
	年金・恩給	8	30
	出資・投資	186	419
	国債費	99	136
	終戦処理費	1,701	1,252
	その他とも計	4,731	7,047

(前掲、楫西他『没落』VI　2868頁。)

年＝五一四七億円（構成比七三％）へと一・七倍に増加しているのであり、絶対額・構成比の両面からして国民の租税負担の急上昇がみて取れよう。要するに、「財政均衡化」の「裏側」で「国民負担増大―資本蓄積促進」政策の進行が明白であるが、その過程で、「超均衡化―復金融資停止―増税」の「三本柱」に起因した「デフレ加速―産業資金枯渇」が表面化してくる。

まさにこのような「産業資金欠乏」危機への対処策こそ、三つ目の（c）「見返資金」に他ならなかった。周知のようにこの「見返資金特別会計」は四九年四月からスタートするが、その基本的仕組みは、アメリカ対日援助物資の販売代金を貿易特別会計からの繰入金の形で受け入れつつ、それを、通貨の安定・輸出の促進などを始めとする経済再建に必要な使途に当てる――という点にあった。その場合、当会計の資金は四九年の一四〇〇億円を振り出しに五二年三月に至るまで総額三〇四二億円にも達したが、その具体的運用方法をみると、産業資金支出機能としてはなお基本的な限界を免れ得なかった。というのも、確かにその支出先は電力・海運・石炭などの――独占資本が掌握する――基礎部門に重点化されて資本蓄積の促進が目指されたが、例えば以下の点では小さくない不十分性が指摘可能だからである。すなわち、いま四九年度の「同資金運用実績」（億円）に即してそのポイントの検出を試みると、（A）「債務償還」が六二四（四二・三％）となって最大のウエイトを占めること、（B）「短期証券・預金」などの「短期運用」が一五二（一一・八％）にも上ること、（C）「公企業」が二七〇（二〇・八％）なのに比較して「私企業」が二四六（一九・一％）と下回ること、（D）「公共事業」が全く実現されなかったこと（「計画」＝九〇）、などが目立つのであり、したがって、「見返資金」システムに立脚した、「民間基礎的部門への長期資金供給」機能はなお十分とはいえなかった。

要するに、「ドッジ予算―均衡予算」による資金供給上の制約を、アメリカ援助を原資としたこの「見返資金」システムを通して克服しようという目論見は、結局成功しなかった。そしてそれへの対処策こそ「財政投融資」制度（五一年四月）に他ならないが、いずれにしても、「ドッジ予算―見返資金」の過程でデフレ効果は一層厳しさを増したといってよい。

最後に財政政策の集約点として③「シャウプ税制」[21]についても関説しておこう。そこでまず一つ目に（a）その「背景」から確認していくと、それは、すでにみた「ドッジ均衡予算」に連関するその「租税版」だと理解してよい。すなわち、四九年五月に来日した「シャウプ税制使節団」はドッジ方針に立脚した税制改革に着手するが、それに先立って、やがて作成する税制改革勧告案の目標として以下の五点をまず提示した。具体的には、（A）――後に述べる――「経済九原則」にそって日本経済の安定の達成をはかること、（B）今後数年間変更を要しない安定的税制を確立すること、（C）現行税制の大きな不公平を是正すること、（D）地方自治の強化に財政面から支援を与えること、（E）税務行政の改善と徴税の励行をはかること、に他ならず、端的にみて、「戦後混乱処理型財政からの脱却」に基づく「長期安定型税制の構築」という方向性が明瞭であろう。その意味で、「ドッジ予算」と連携しつつ、戦後型・日本現代資本主義への軌道設定を税制面から目指したものだ――と想定可能である。

この「背景」を念頭においてさらに二つ目として（b）その「展開内容」へ進むと、すでにみた「勧告目的」と対応して、例えば以下の諸点が特徴的といってよい。つまり、（A）基本理念――「法人擬制説」に立脚して法人を担税単位とは認めないこと、（B）総合課税――株式配当は個人所得に総合化して課税すること、（C）直接税中心主義――各種消費税の大幅整理を通した所得税・法人税の基軸化、（D）地方税制の整理・強化――付加税制度の全廃・課税自主権確保・地方財政平衡交付金制度導入、（E）高所得者層の負担軽減――累進税率の整理による高所得者への減税、などこれである。したがって、「ドッジ均衡予算」に連動しつつ再建型・戦後経済の租税的枠組の形成が指向され、その結果、戦後日本資本主義を税制面から条件付ける、その現代資本主義型構図の始動が検出されるべきだと思われる。

そこでこの点を、シャウプ税制による「租税負担の変化」という方向から探ってみると、――地方税制一定の強化の下での――「租税負担の低下」現象が現出してくる。つまり、四九‐五〇年（一〇億円）にかけて、国民所得が二七三七→三三八一へと増加する中で、国税＝六三六→五七〇（六五減）、地方税＝一四二→一八八（四五増）となって、税額総計は七七八から七五九へと縮小をみている。そしてその帰結として、「租税負担率」はこの間に二八・五％から二二・四％（**第10表**）へと低下したのであるから、その意味で、シャウプ勧告の主眼の一つである地方財政強化への配慮とともに、「資本蓄積促進」にも連結しうる租税負担の低下も一応は確認可能といってよい。

しかし最後に三つ目として、（c）このようなシャウプ税制の原型がそのまま無傷だったわけではない。換言すれば、シャウプ税制の「限界」もまた明白であって、それは取り分け以下の二側面から明瞭だと考えられる。そこでまず第一側面として、このシャウプ税制の基本理念であった「課税公平の原則」が、その後に導入される「資本蓄積促進的な優遇措置」によって大きく掘り崩されていく点が大きく、それは、具体的には五三年度の税制改正によって事実上の解体に追い込まれる。まさにその側面で、資本蓄積との関係における、シャウプ税制の「限界」が検出されてよい。次にそのうえで第二側面は、「地方財政窮乏の持続」に他ならず、特に都道府県は、住民税・

第10表　租税負担の変化（十億円，百万円）

		1949	50	増減
国民所得（十億円）		2,737.3	3,381.5	644.2
租税（百万円）	国税	636,406	570,850	△65,556
	地方税	142,441	188,281	45,840
	計	778,847 (28.5)	759,130 (22.4)	△19,717

（大蔵省『財政統計』、1964年版、280頁による。国税には専売益金をふくむ。）

地租・家屋税などの有力な税種を市町村に奪われたため、平衡交付金・地方分与税に大幅に依存する傾向を強めざるを得なくなった。そしてその傾向が、国の地方への統制力を強化する作用を発揮したのは当然であるから、地方財政強化というシャウプ構想は――「中央による地方の組織化」を特質とする「現代資本主義型財政調整制度」にも対応して――結局、形骸化を重ねる以外になかったのである。

［3］産業政策　以上のような「金融・財政政策」を前提として、第三に（三）「産業政策」へ入っていこう。その場合、この産業政策の課題はいうまでもなく戦後日本資本主義の再生産軌道の再構築以外ではなく、さらに端的に表現すれば「生産の本格的再開」に他ならなかったが、その最初の試行こそ①「傾斜生産方式」[22]の採用であった。そこでまず一つ目として（a）その「背景」からみていくと、周知の通り、四五－四六年期での経済混乱の過程で生産縮小はそのボトム水準を脱し得なかったが、その停滞の基本要因として、「石炭を中心とした基礎資材生産の顕著な低調」と「軍需資材の転用・手持資材の食いつぶしに立脚した消費財生産の上昇」との間の「不均衡」拡大が特徴的であった。まさにそれに制約されて、基幹産業部門における「平時産業への転換困難」と「生産停滞」とが持続的に進行したわけである。したがって、このような不均衡の悪循環が「縮小再生産」を招来させたのは当然であり、事実四六年一杯は、本格的な再生産軌道の設定は不可能だったといってよい。

そしてその場合、各産業が共通して最大の入手難としていた生産資材こそ石炭であり、それに次ぐものが鋼材であった。しかも、この二つは互いに連動していた点がさらに問題であって、まず一方で、石炭の不足が鉄鋼生産の再開にとって基本的な隘路であるとともに、逆に他方で、鉄鋼の不足こそが石炭生産の大きな障害を形成していた。まさにこの基本構図上でこそ、このような「相互隘路連関」打開策として傾斜生産方式が浮上してくる。

そこで次に二つ目に（b）「傾斜生産方式」のメカニズムへと進もう。さて、このような状況にあって政府は、まず四六年一一月に、主要生産資材を指定してその横流れを防止するための強力な配給統制を実施するとともに、在庫調査を実行して残存資材の全面的活用を目指したが、このような環境整備に立脚して、次に、四七年一月からスタートする「物資需給計画」の策定に現実的に着手した。その場合、計画の力点は、四七年度の出炭目標を三千トンに設定しつつそこを起点として――まさに「石炭・鉄鋼連関」重視を通じて――経済危機の克服を試行する点に置かれたが、そのメカニズムの基本は以下のように図式化できる。

すなわち、(A) 輸入重油と石炭の鉄鋼部門への最重点配当を実施する➡ (B) これによって増産した鉄鋼を石炭部門に集中的に投入する➡ (C) 石炭部門はその鋼材によって出炭施設を整備して増産に努力する➡ (D) 増産された石炭は鉄鋼部門への増配に充当し、これを通して再び鉄鋼の増産を促進しつつこの増産分をまた石炭部門へ配給する➡ (E) このような操作を繰り返して鉄・石炭の「循環的増産」を実現する――という方式、これである。まさにこの「循環的増産」方式こそ、周知の「傾斜生産方式」であることはいうまでもない。

そのうえで (c) この「傾斜生産方式」の成果はどうか。さてこのプランが構想通りに作動すれば一年で戦前の五〇%水準に生産が復帰すると期待されたが、当初は様々な制約があって目標よりかなり低い成果に止まった。それでも四八年に入ると、いくつかの諸対策に補完されて傾斜生産方式はようやく順調に機能を開始し、生産指数は四八年末には戦前の六〇%に接近してくる。さらに特徴的なのは「生産財―消費財」の伸び率関係であって、四八年第Ⅲ四半期以降は生産財の回復が消費財のそれを上回るに至る。したがって、この面で傾斜生産方式の「効果」は一応確認可能だが、しかし他面で、以下の点はなお残された「限界」であった。つまり、(A) 生産資材配分における「独占・大企業―中小企業」間の圧倒的格差・不均衡、(B) 老朽施設の維持・蘇生に立脚した、技術の質的改善を欠落させた「量的生産回復」、(C)「価格差補給金・復金融資・対日援助・物資統制」に支えられた「非自立的」な生産回復、などが直ちに指摘でき、「新たな矛盾」を帰結させたといってよい。まさにそこからこそ、「安定一〇原則」→「ドッジ・ライン」が不可避になっていくのは周知のことであろう。

そこで次に②「経済安定一〇原則」・「九原則」へ移ろう。まず一つ目に（a）「経済安定一〇原則」から入ると、この「一〇原則」（四八年七月）は、総司令部が芦田内閣に内示した結果、閣議決定をみたものであるが、その（A）「契機」は、アメリカが従来の「ガリオア資金」に加えて「エロア資金」援助を新たに実施することになった新局面に求められる。そして、これは後に続く「九原則」指令の「先駆け」をなすものといえたが、——司令部の意図を反映して——「単一為替レートの設定」や「通貨措置」にはまだふれられていない点が特に目立つ。そこで（B）その「骨子」をざっとなぞると以下のように整理できる。すなわち、（Ⅰ）生産の増強（Ⅱ）割当配給制度の強化（Ⅲ）食料供出の効率化（Ⅳ）公定価格の厳守（Ⅴ）賃金安定方策の実施（Ⅵ）徴税の強化（Ⅶ）増税と税負担の公平化（Ⅷ）特別会計の赤字減少（Ⅸ）貿易管理の改善と日本政府機関による外国為替管理（Ⅹ）融資統制の強化、であって、まだまだ経済改善努力の「一般的なメニュー」が羅列的に並ぶ。したがってその実効性は弱いという以外にないが、ただそれでも（C）その「意味」として以下の二点だけは一応確認されてよい。つまり、まず一方で日本政府に対しては、「ガリオア・エロア資金援助」を受けるためには強力なインフレ収束策実施が不可欠なことを示すとともに、他方アメリカ政府に向けては、為替レートの早期設定を拒否しつつ独自の経済安定策の続行を主張していること——これであり、「一挙安定論」ではなく「中間安定論」の方向性が明瞭であろう。

そのうえで二つ目として（b）「安定九原則」[23]（四八年一二月一八日）はどうか。最初にこの「九原則」の（A）「背景」だが、その力点は次の点にあった。つまり、「一〇原則」が総司令部の芦田内閣への「勧告」だったのに対して、この「九原則」は、アメリカ政府の総司令部に対する中間指令をマッカーサーが吉田首相宛書簡をもって日本政府に提示したものである――というポイントであり、したがってその重要性は「一〇原則」よりはるかに大きい。

この論点を念頭に置いて（B）その「内容」に進むと、何よりも、これら「九原則」は「安定計画開始後三ヵ月以内に単一為替レートを設定することを目標にして推進される」（第三項）とする点が焦点であって、この枢要点が以下の九項目を質的に規定していく。そこで「九原則」の骨子を列挙すれば、（Ⅰ）総合予算の均衡（Ⅱ）徴税の強化（Ⅲ）融資の制限（Ⅳ）賃金安定計画の確立（Ⅴ）価格統制の強化（Ⅵ）貿易・外国為替管理の日本政府移管（Ⅶ）輸出拡大のための割当配給制度の改善（Ⅷ）生産の増強（Ⅸ）食料供出の効率化、となり、項目順序が一部変わってはいるものの、その内容に基本的な相違はない。したがって、「九原則」の主眼はその項目自体ではなく、あくまでも――九項目を支える――「単一為替レート設定」を可能にする「日本経済の自立化」にこそある点に、くれぐれも注意が必要だと思われる。

そうであればこの「九原則」の（C）「意義」はこう集約されてよい。すなわち、「九原則」の基本的狙いは、総体的にいって「日本経済の自立化の促進」にこそ設定されたと把握可能であり、しかもこの「自立化」の意味が以下の「二論点」に即して「具体的」に提示されたこと――これである。つまり、第一に、日本経済が統一された為替レートによって国際経済に結びつけられつつ正常な貿易を実行し得ること、第二に、日本がアメリカの対日援助なしに経済を維持していけるようになること、の「二条件」に他ならず、まさにこの視点に立脚してこそ、ついでこの後、「単一為替レート」と「ドッジ・ライン」とを土台にしつつ、「合理化投資」への基盤整備が進行していくのはもはや周知のことであろう。

以上を前提にして、三つ目に（c）「安定一〇・九原則」の「全体的意義」が総括されねばならない。そこでそれを三論点に即して集約すれば、まず第一に（A）その「前提」として、この両「原則」とも、すでに検討した「傾斜生産方式」に支えられた「再生産軌道」の一応の定置をその出発点にしている点が注目されねばならない。つまり、この「一〇・九原則」の発動は、戦後直後期の混乱を脱却して、「再生産軌道」が本格的に運行を開始するという、そのような条件確保を待って始めて可能になったこと――が何よりも重要であろう。そのうえで第二に、(B)両「原則」の「相違」が無視できず、その項目はほぼ同じだとしても、特に以下の違いは決定的だと思われる。すなわち、「一〇原則」においては明瞭でなかった「単一為替レート」[24]設定の不可避性が、「九原則」においてはむしろ全体の基調に置かれつつ、まさにそれを可能にするためにこそ「原則の実現」が強制されたといってよい。その点で、「九原則」こそが「一〇原則」を超えて、「日本経済の自立化」に対してその決定的な促進剤となっていったわけである。そうであれば結局第三として(C)「帰結」的にいえば、これら両「原則」は――以上のような位置関係において――、すでに始動しつつある「再生産軌道」の上で、「インフレ収束―単一為替レート設定」を実現しつつ「合理化投資」を目指していく、そのような路線を、日本経済に強制したのだ――と整理されてよい。その意味で、「傾斜生産方式」と「ドッジ・ライン」とのまさに結節点をなしたのである。

最後に、産業政策の集約をなす③「ドッジ・ライン」を点検しておきたい。まず始めに一つ目に(a)その「背景」を固めておく必要があるが、その基本動向に関しては、先に「ドッジ予算」[25]に関連させてすでに示した。そこで簡潔に指摘するに止めるが、その「背景」として重要なのは、いわゆる冷戦が強まるにつれて、アメリカの対日政策に変化が目立ってきた点であって、資本主義体制の維持を図るために、アメリカは、西欧諸国ならびに日本の資本主義の再建に対してその援助拡大へと舵を切り替え始めた。具体的にいえば、日本についても、「傾斜生産方式→経済安定九原則」を経ていまや生産の一応の復興をみるに至ったので、それを条件にして、「資本主義としての自立」と「国際経済への再参加」が日程に上がってきたわけである。まさにそれこそ「ドッジ・ライン」といってよかった。

ついで二つ目として（b）その「内容展開」に入ると、その基本骨格は以下のように集約可能である。すなわち、（A）「国内総需要の抑制」――「超均衡財政」・「復金融資停止」・「価格補給金減廃」を通す国内需要抑制によって過剰購買力を削減し、それを通じてインフレ収束と輸出伸長をはかること、（B）「市場メカニズムの機能回復」――「単一為替レート設定」・「輸出入補助金廃止」・「経済統制縮小」によって市場メカニズムを回復させ、それを条件として「合理化促進」を目指すこと、（C）「投資資金供給ルートの整備」――「政府貯蓄＝財政黒字」と「見返資金制度＝対日援助」とを民間投資資金の基本的供給ルートに設定し、それによって「生産拡大」と「合理化進展」とを促進すること、これである。

要するにつづめていえば、この「ドッジ・ライン」(26)の全体構図は、まず第一に、財政面では超均衡財政実施と価格補給金廃止、金融面では復金の活動禁止と復金債停止、を実現し、それを通じて第二に、「インフレと国家資金による資本蓄積方式」から「正常な資本自身による蓄積方式」への転換を図りつつ、最後にその土台の上で第三として、各企業の合理化進展促進と、国際競争力確保＝世界経済の一環への編入を可能にする――と整理可能であろう。まさにその点で、「日本経済の自立化」にこそその枢軸点があるとみてよい。こうして「再建政策体系の進展」が進む。

最後に三つ目に（c）その「帰結」はどうか。その場合、まず一面で、このドッジ・ラインの強行実施によって日本経済の再建に一応の終止符が打たれたのは当然である。というのも、それによって、戦時・戦後のインフレが収束をみたとともに、各種の経済統制が廃止されつつ国際経済への復帰が達成されたからであるが、しかし他面、ドッジによる緊縮財政が五〇年度予算にも継続された他、同年の総司令部によるオーバー・ローンへの警告――引締め型金融政策への転換――なども重なって、「金づまり」・失業増加などが強まっていく。その点で、「ドッジ・ライン」が深刻な不況を惹起させたのは当然だったのである。

Ⅲ　景気変動――景気循環機構の再構築

［1］安定恐慌期　以上ここまでで、戦後日本経済の再建期を「戦後改革＝体制枠組形成」と「財政・金融・産業政策＝政策体系」とに即して考察してきたが、最後にその二つを土台として、再建期・日本資本主義の現実的展開を「戦後再建期の景気変動」[27]として動態化してみよう。そこで最初に第一に（一）「安定恐慌期」から入っていくが、まずその前提として①「混乱期」を概括しておかねばならない。この局面はほぼ一九四五－四七年期に当たるが、その特徴が「生産枯渇―通貨膨張―インフレ加速」というトリアーデにあったことは当然であった。そして、そのそれぞれをもたらした要因に関してはすでに指摘した通りなので、ここではその数字的確認に作業力点を限定すると、まず一つ目に（a）「生産動向」面では、「実質国民総生産」・「一人当たり実質国民総生産」・「鉱工業生産指数」に関して、それぞれ、一九七〇年＝一〇〇として、三四－三六年平均＝一七・七↓四六年＝一〇・九↓四七年＝一一・四、一七・〇↓一四・九↓一五・二、八・六↓二・四↓三・〇、という数値が刻まれる。したがって戦前期のおおよそ半分水準で呻吟を続けるから、いうまでもなく敗戦の混乱によって「生産の決定的枯渇」が発現していく。そのうえで二つ目に（b）「通貨膨張」傾向に目を転じると一見して凄まじい増発基調が進行し、日銀券増加（億円）は、まず四六年度では第Ⅰ四半期＝二四〇↓第Ⅱ＝二一七↓第Ⅲ＝二九〇↓第Ⅳ＝二二三（四六年度計九六九）という膨張軌道を走る。さらに翌四七年度に入っても二〇六↓二〇一↓六二四↓△四（一〇三〇）**（第2表）**となって増勢を持続するといってよいから、すでに確認した「生産枯渇」とは逆ベクトルの関係で、「通貨膨張」の加速化がいまや検出されざるを得ない。

したがってこうなれば三つ目に（c）「インフレ高騰」が進展するのは当然であろう。すなわち、このような「生産縮小―通貨膨張」に規定されて、例えば「卸売物価・対前年上昇率」は四六年＝三六四・六↓四七年＝一九二・七**（第**

11表）と動くから、いずれにしてもインフレの昂進は激しさを強めた。そしてそれがまた生産停滞に逆作用したのも自明であったから、「生産停滞―インフレ加速」は互いに悪循環を描きながら、まさにこの「混乱期」を制約したわけである。

　続いて、四八年を画期にして②「インフレ収束―生産再開」期に移行する。つまり、すでに詳述した「傾斜生産方式―安定九原則」を条件として日本経済の安定化が始動していくが、その点を一つ目に（a）「生産面」（**第11表**）からみていくと、四八－四九年の過程でまず「鉱工業生産指数」が、三・九（対前年上昇率三〇・三%）→五・一（三〇・八%）と顕著な上昇に転じる。その際、三〇%を超過するこの年上昇率は高度成長期にも匹敵する目立った数値だと判断すべきだが、単にそれだけではない。さらにこの上方転換を土台として次に、それが、「実質国民総生産」＝一三・四（一七・五%）→一四・四（七・〇%）と「一人当たり実質国民総生産」＝一七・四（一五・二%）→一八・二（五・〇%）との拡張にも連結していったから、「生産拡大→所得上昇」という循環連鎖の形成が一応は検出可能といってよい。こうして四八年を分水嶺として「生産再開＝拡大」が発現してくる。

第11表　主要経済指標

	実質国民総生産		1人当たり実質国民総生産		鉱工業生産指数		卸売物価	消費者物価
	(1970年価格)	対前年度上昇率	(1970年価格)	対前年度上昇率	(付加価値ウェイト)	対前年上昇率	対前年上昇率	対前年上昇率
1934－36平均	17.7	－	27.0	－	8.6	－	－	－
1946	10.9	－	14.9	－	2.4	－	364.6	－
47	11.4	5.0	15.2	1.0	3.0	25.0	192.7	115.6
48	13.4	17.5	17.4	15.2	3.9	30.0	166.7	74.5
49	14.4	7.0	18.2	5.0	5.1	30.8	63.1	25.4
50	15.6	8.7	19.4	6.3	6.3	23.5	18.2	△6.9
51	17.5	12.0	21.4	10.4	8.6	36.5	40.2	15.9
52	19.5	11.7	23.6	10.1	9.3	8.1	2.0	4.2
53	21.0	7.7	25.0	6.1	11.3	21.5	0.7	6.5
54	21.6	2.8	25.4	1.7	12.3	8.8	△0.7	6.5
55	23.9	10.8	27.9	9.6	13.2	7.3	△1.8	△1.1

（前掲、鈴木他『資本主義と不況』146－7頁。）

それに比較して二つ目に（b）「通貨量」動向はどうか。結論的にいえば、別の箇所でも指摘したように、日銀券増発はこの局面でも決して縮小に転じているわけではない。例えば「銀行券増」（億円）は、四八年度において、第Ⅰ四半期＝一一八→第Ⅱ四半期＝三一五→第Ⅲ四半期＝九三二→第Ⅳ四半期＝△四二七（**第2表**）という数値を刻む以上、その増勢が衰えたとは決して結論し難いが、しかし第Ⅳ四半期からは「ドッジ・ライン」の洗礼をあきらかに受けて大幅減に向かっているし、トータルで計測しても四七年＝一〇三〇億円は四八年＝九三八億円へと縮小をみせている。したがって、「通貨量」増加の一服傾向だけは否定できないように思われる。

そうであれば、これらの「生産拡大基調─通貨量膨張鈍化」傾向が、三つ目として（c）「インフレ収束」へ帰結していくのは当然であろう。その点を例えば「卸売物価」と「消費者物価」との対前年上昇率に即してフォローすると、その両者はそれぞれ四八年＝一六六・七→四九年＝六三・一および七四・五→二五・四（**第11表**）として経過する。みられる通り、特に「卸売物価」上昇テンポの大幅下落が一目瞭然だから、「生産─通貨量」の不均衡是正進行に対応した、卸売物価の安定化基調が検出可能といってよい。そして、他面、企業生産動向を左右するこの卸売物価におけるインフレ収束傾向がさらに生産拡大を誘導したのは当然であって、──四五‐四七年段階におけるその「悪循環連関」とは逆に──この四八‐四九年局面では、「インフレ─生産」間のむしろ「好循環連関」[28]の現出こそがあきらかに目立ってきたとも考えられよう。

もちろん、この全体的改善トレンドは、ドッジ・ラインに起因する次の「安定恐慌」局面で一時的には暗転する。しかし、このような「蓄積軌道の上方転換趨勢」は、その後も基本的には持続されるのであって、この時期の画期性は決して無視されてはならない。

そこで、ドッジ・ラインにともなう③「安定恐慌」局面に進もう。さて、先に確認した通り、ドッジ・ラインは、「超均衡財政・復金融資停止・対外援助削減・単一為替レート設定・統制撤廃」などを通じて「日本経済へのデフレ圧力強制」を実施したが、日本経済はそれによって五〇年春から「安定恐慌」に陥った。そこでまず一つ目に（a）「安定恐慌」(29)への突入「背景」から追っていくと、さし当り以下の三点が特に注目に値しよう。すなわち、まず第一は（A）いま指摘した上記の「基本的デフレ要因」であって、――すでに具体的に検討を終えているので、ここではその詳述は省略するが――何よりも、日本経済に対するこの「デフレ圧力」こそが「安定恐慌」の土台を形成した点はいうまでもない。そのうえで「具体的要因」へ進むと、第二として、（B）ドッジ・ラインが帰結させた「企業経営へのミクロ的作用」が重視されてよい。やや立ち入っていえば、ドッジ・ラインによる「統制撤廃」措置により、それまでの買取機関による製品引取りが消失したから、その結果、企業は滞貨の増大に直面せざるを得なくなった。そのため、この過剰在庫の累積が売掛金・未払金の膨張を余儀なくさせて、企業経営を圧迫しつつ採算の悪化をもたらした。こうして、「デフレ圧力」の下での企業収益低落が、「安定恐慌」の発生に連結したのは当然であろう。

ついで「具体的要因」のもう一つとして、第三に（C）「ディス・インフレ政策の転換」(30)が無視できない。すなわち、ドッジ・ライン進行が派生させるであろうデフレ圧力を懸念して、政府は四九年六月頃から、主として金融面から――「デフレ『打ち消し＝緩和』」策としての――いわゆる「ディス・インフレ」政策を展開し始めていた。換言すれば、「ドッジ予算」による財政黒字という、「大枠の範囲内」においてではあるが、その限界内で――むしろ逆に――、日銀による、「貸出・買オペ」を通した資金撒布が実施されつつあったといってよい。しかし、このような意図を持つこの「ディス・インフレ」政策が、五〇年春に総司令部によりその転換を要請されるに至ったのであって、日銀は止むを得なく四月から五月にかけて、金融政策の「緊縮的」転換を余儀なくされた。具体的には、工業手形の再割引措置停止・国債買オペの抑制化・日銀融資斡旋の消極化などの「構想」に他ならないが、要するに、この「転換」によって、「安定恐慌」はその現実的深化を不可避的にしていく。

そのうえで二つ目として、(b) この「安定恐慌」の「実態」**(第11表)**へと進むと、次の三側面がとりわけ目立つ。すなわち、まず第一は(A)「生産水準の維持」であって、――先にも示唆した通り――この期間において生産水準はむしろ増加を続けている。簡単な数値を提示すると、「実質GNP」と「鉱工業生産指数」とは、四八年・四九年・五〇年の三ヵ年においてそれぞれ、一三・四(対前年度上昇率一七・五%)→一四・四(七・〇%)→一五・六(八・七%)、三・九(三〇・〇%)→五・一(三〇・八%)→六・三(二三・五%)という経路を進むから、この「安定恐恐」の過程でも生産の減退は基本的には確認できない。その点で、「安定恐慌」を挟んでも、――すでに指摘した――「生産回復」型トレンドが貫徹し続けたという構図の、その大きな修正は必要があるまい。そしてこのトレンドは、次に第二に(B)「物価動向」に関してもほぼ同様だとみてよく、例えば「卸売物価対前年上昇率」に関しては、四八年＝一六六・七%→四九年＝六三・一%→五〇年＝一八・二%→五一年＝四〇・二という数値が得られる。したがって、「安定恐慌」本番期の五〇年には確かに若干の低下が検出できるものの、数年間スパンでみると趨勢的には、「物価上昇の継続性」は決して消失してはいない。その意味で「安定恐慌」が物価下落を帰結させたという兆候はない。

それに対して、顕著な特徴は第三に(C)「失業の増大」に現れてくる。事実、「失業者数」(千人)は四八年七月＝二六〇→四九年六月＝三六〇→同七月＝三四〇→五〇年六月＝四三〇と推移していく。明らかに、持続的な失業者増大が一目瞭然だとみてよいが、これに対応して、「雇用指数」(四九年四月－五〇年六月)が全産業で一〇%、製造業で一一%の低下を記録した他、「失業保険受給者」もこの期間に八・二倍もの激増を示した。その結果、完全失業者は、四八年平均の二四万人に比較して五〇年八月のピーク時には五四万人にも達したのであり[31]、まさにその意味で、この「安定恐慌」の影響は、「生産―価格―企業」の側面よりは、むしろ「雇用―失業―労働者負担」の面においてこそ極めて集中的に発現した——と理解される他はない。

最後に以上を前提として三つ目に、(c) この「安定恐慌」の「帰結」はどのように集約可能であろうか。その場合、その特徴的帰結は、概略として以下の三点に整理可能だと思われるが、まず第一は (A) その「歴史的総括性」に関わろう。もう一歩立ち入っていえば、戦後混乱期以来、「インフレと援助」によって辛うじて支えられてきた戦後・日本資本主義のその「矛盾」が、「インフレ収束—援助停止」という、ドッジ・ラインによるいわば「外的・強制的」作用によって暴露されるに至った——というその「歴史的」な「総括性」にこそ、この「安定恐慌」の「本質」[32]があった。その意味で、日本経済が混乱期に負った「ツケ」の、いわばその「清算過程」だったと考えられる。そのうえで第二に、(B)「大企業基盤の確立」が「結果的」に促進された点が指摘されてよい。換言すれば、この「安定恐慌」を通して——生産・物価は低落することなしに——「過剰雇用」が大きく整理されて失業増大が進行したのであるから、その結果、他方での、「企業の淘汰と集中」の実現とも相まって、資本投資条件の整備・再編・好転が進捗したのはいうまでもない。まさに、労働者状態の悪化を土台にしてこそ、資本蓄積体制の整備・促進が発現していったわけである。

これらを前提として第三として、(C)「産業合理化」への接続化が注目に値しよう。すなわち、この「安定恐慌」は、日本経済に対して、まず一方で、——すでに指摘した通り——「過剰雇用の整理」＝「失業者増大」を招来させたが、それだけではなく他方で、「労働時間延長」や「労働強化」・「労災増加」などの「産業合理化」をも強制したといってよく、その結果「労働生産性」は、例えば五〇年六月には戦前基準（三七‐四一年水準）の約七〇％にまで回復したともいわれている。もちろん、「設備の近代化」を伴わないこのような「合理化」にはその基本的限界が免れ得ないとしても、「安定恐慌」が、「産業合理化」発動のその出発点たる意義を有した点だけは——決して軽視されてはならないように考えられる。

［2］朝鮮戦争ブーム期　そのうえで第二に（二）「朝鮮戦争ブーム期」[33]へ進むが、まず最初に①「戦争勃発＝ブーム開始過程」を押さえておきたい。そこで一つ目に（a）「輸出動向」から入ると、五〇年六月二五日に勃発した朝鮮戦争は、それまで「安定恐慌」下で国内市場の停滞に呻吟していた日本経済に対して、輸出急増をもたらした。その場合、その原因が戦争関連の「特需」にあった点はいうまでもないが、この「特需契約高」（百万ドル）は例えば五〇年＝一九一↓五一年＝三五四↓五二年＝三〇七↓五三年＝四四四↓五四年＝二三九（**第12表**）と動く。一見して、巨額な特需収入の発生が明瞭だが、しかも、それが戦争終了後も[34]一定期間にわたって安定的に継続したことが特徴的であって、輸出拡大に果たしたこの特需効果の大きさが推測可能であろう。そのうえで輸出急増そのものに目を向けると、「輸出総額」（億円）は四九年＝一六九八↓五〇年＝二九八〇↓五一年＝四八八八↓五二年＝四五八二↓五三年＝四五八九という数値を記録するから、この五年間で実に二・七倍増を示したことになる。もちろん、他方で輸入の増加も著しいから、貿易収支は赤字基調を続ける[35]以外になかったが、ただ瞬間風速的にいえば、五〇年下期には一時的に僅少の貿易黒字に転じた程であった。こうして「戦争勃発↓特需増大↓輸出拡大」という論理が生じたが、それは次に、「生産拡張」へと当然連結していく。

このような「特需―輸出」に主導されて、五〇年秋以降、日本経済は一種の「ブー

第12表　特需契約高　（百万ドル）

	総　額	物　資	サーヴィス	累　計　額
1950	191.4	127.3	64.0	191.4
51	353.6	254.5	79.1	545.0
52	306.6	185.9	120.7	851.6
53	451.6	261.5	190.1	1,295.5
54	255.5	122.9	132.6	1,534.1
55	177.9	66.8	111.1	1,706.6

（総理府統計局『日本統計年鑑』1955・56年版，266頁。）

ム」へ転換するが、その点は次に二つ目に（b）「生産拡張」となって現出する。いま「鉱工業生産指数」（一九五五年＝一〇〇）で戦争期間中の動向を追うと、四九年＝三八・七→五〇年＝四七・七→五一年＝六五・五→五二年＝七〇・二→五三年＝八五・七（**第13表**）という数値が刻まれて、五三年には四九年の二・七倍にまで伸びている。そしてこの成長過程の中で、五一年には鉱工業生産が戦前水準を超過していくのであるが、「朝鮮戦争ブーム」の内実はそれだけではない。それに加えて以下の三側面での伸長も無視できないのであり、まず第一に（A）「操業率」（各産業業種平均）が、四九年の五六・五から五〇年の七二・三へと大幅に上昇している。[36]ついで第二に（B）「国民所得」（一〇億円）の増加も注目に値し、四九年＝二七三七は五三年には五七四七にも達して実に二倍を超過するに至った（**第14表**）。そのうえで第三として（C）「国内市場」（一九三四－三六年＝一〇〇）の拡大も顕著であって、四九年の六七・二は五三年には一六〇・八（**第15表**）にまで成長を実現したから、それを通じて「国内市場の実質規模」は約二・四倍もの膨張を遂げたと考えてよい。その点でまさに「生産拡張ブーム」であろう。

以上を前提にして、三つ目に（c）「戦争ブーム」の「性格」はどう整理可能であろうか。いま簡単に指摘したように「戦争ブーム」の中で操業率の上昇が進んだが、この操業度の向上は主としてまず現存設備のフル回転に

第13表　鉱工業生産指数　(1955=100，付加価値ウェイト)

	鉱工業	鉱　業	製造業	鉄鋼業	機械工業	化学工業	石油・石炭製品	繊維工業	食料品工　業
1935	63.6	82.7	61.1	44.5	31.5	46.2	29.7	112.9	74.3
40	100.2	119.1	97.0	74.0	87.7	75.4	54.2	102.7	74.9
46	18.0	41.7	16.1	9.9	17.4	12.1	6.6	14.6	23.0
49	38.7	77.3	90.2	48.4	40.2	30.7	15.2	29.9	28.7
50	47.7	81.2	44.7	52.2	41.6	42.0	27.9	42.5	43.3
51	65.5	93.3	63.1	70.5	67.5	55.6	45.2	60.3	55.3
52	70.2	96.4	68.0	71.7	69.1	61.6	58.6	68.6	56.9
53	85.7	103.3	84.2	85.4	87.7	75.9	74.9	82.5	75.4
54	92.2	99.5	92.4	89.5	98.8	86.5	87.1	89.6	82.2

(一橋大学経済研究所編『日本経済統計』による。)

よってこそ確保された。まさにこの点にこそ「戦争ブーム」の目立った「性格」がみて取れるといってよく、確かに一面では、操業率上昇に対応して従来の老朽過剰設備の更新が開始されていったものの、他面その多くは、短期間で可能な能力増加を目指す「継ぎ足し」型の更新に止まったこと——は否定できない[37]。したがって、「旧来設備のフル動員」による「操業拡大」という点にこそ、この「戦争ブーム」の顕著な「性格」があった。まだ「近代化投資」の開始とは規定できないのである。

ついで局面は②「ブーム後退期」へと転換していく。すなわち、五一年春以降、各国の日本に対する戦略物資買い付けは「一巡化」の様相を呈し、それに制約されて国際製品価格は弱含みに転じ始める。まさにこの価格軟化状況を契機にしてブームは後退を示すが、その点はまず一つ目に（a）「輸出動向」に関して明瞭といってよい。そこでいくつかの数値を点検すると、最初に第一に（A）「特需契約高」（百万ドル）は五一年＝三五三・六→五二年＝三〇六・六（**第12表**）となってこの時期に一旦は減少に向かう。ついで第二としてそれが（B）「輸出」（億円）に反映して、やはり五一年＝四八八八から五二年＝四五八二へと下落を経験しただけではなく、他方での、先に大量契約した分の入荷とも相まって輸入在庫の増大にも見舞われた。こうして「特需減→輸出減」が発現するが、それは最終的には（C）「鉱工業生産の停滞」に帰着せざるを得ない。事実「鉱工業生産指数」に着目すると、五月以降は停滞気味に転換し、その結果として結局五一年＝六五・五→五二年＝七〇・二（**第13表**）という微少な増加に止まったから、「生産拡張ブーム」は明らかに一頓挫をきざす。こうして「輸出—生産」停滞の表面化はまず否定できない。

しかしこの「生産停滞」の反面で、二つ目として（b）「投資・企業収益」はその活発性を持続させる。何よりもこの局面でも、一つには、「国民所得」（一〇億円）が五一年＝四五二五・一→五二年＝五〇八四・九（**第14表**）と引き続き拡大したし、二つには、それを条件として「国内市場規模」も五一年＝一一八・六から五二年＝一三八・六（**第15**

第14表　国民所得の変動　(十億円)

	国民所得	物価指数 1934～36=1.0	実質国民所得
1935	14.4	1.01	14.3
40	31.0	1.93	16.1
46	360.9	43.5	8.3
49	2,737.3	230.3	11.9
50	3,381.5	241.7	14.0
51	4,525.2	293.4	15.4
52	5,084.9	300.5	16.9
53	5,747.7	321.7	17.9
54	6,015.9	327.1	18.4
55	6,681.4	327.4	20.4

(一橋大学経済研究所編『日本経済統計』による。)

第15表　国内市場の実質規模　(1934～36=100)

	国内市場	消費財市場	生産財市場
1946	41.5	70.9	22.1
47	42.5	70.4	24.9
48	50.9	80.4	32.6
49	67.2	89.0	56.1
50	71.0	96.5	84.1
51	118.6	100.1	115.1
52	138.6	119.0	134.5
53	160.8	128.2	167.5

(農村市場問題研究会編『日本の農村市場』36頁、第30表より計算。)

表)へと拡張したから——であるが、その結果として、民間企業の収益状況はいぜんとして好調といえた。[38] そしてこの過程で、特に重化学工業部門の設備老朽化が深刻になっただけでなく石炭不足・電力欠乏・運輸難などが生産拡大のボトル・ネックとなったから、まさにその打開に向けて、企業の投資意欲も以下のようにその旺盛さを維持した。すなわち「設備投資総額」(億円)は五〇年＝三八九九(対前年増加率三五・一%)→五一年＝六〇九九(五六・四%)→五二年＝七一二六(一六・八%)という上昇軌跡を描く(**第16表**)のであって、特に五〇－五一年期には五六・四%という大幅拡張を実現している。要するに「輸出—生産の停滞」の反面で「投資好調」が持続し

第16表　設備投資の推移　（億円）

年度	国民総生産	設　備　投　資		
		総　　額	対GNP比率	対前年比
			%	%
1950	39,467	3,899	9.9	135.1
51	54,442	6,099	11.2	156.4
52	61,180	7,126	11.6	116.8
53	70,848	8,007	11.3	112.6
54	74,657	7,601	10.2	86.3

（国民所得統計による。『日本開発銀行十年史』61頁より。）

たが、その場合、それを支えた特有な政策展開が特に重要といってよい。

そこで三つ目に（c）その「対策―帰結」[39]を集約すれば、最初にまず第一は（A）「インフレ対策」が焦点化してくる。というのも、いまみた投資の好調が五一年半ば以降もブームの後退を食い止めていたが、ブーム進展に起因する国内的インフレ要因の加速によって、輸出関連商品価格の国際的割高問題が表面化したから――に他ならない。そしてその場合、このインフレ要因としては、「国際収支好調―外為会計散超」や「外為貸付制度」実施（五〇年九月）などによる通貨膨張基調が注視されるが、こうして戦争ブームの帰結としてまずインフレ対策に着手されていく。やや具体的に指摘すれば、「公定歩合引上げ」・「高率適用制度強化」・「外為貸（乙種）廃止」（五一年）などの金融引締め政策と、「外為特別会計へのインベントリー・ファイナンス増額」・「法人税徴収額の増加」という緊縮型財政政策が特に目立つが、その結果、世界経済の不況[40]とも連動して、五二年には日本経済はデフレ基調に転じた。

事実、五二年春を境にして第二に（B）「デフレ基調」が進行する。すなわち、緊縮型補正予算の成立を具体的契機にして、三月には鉱工業生産指数が前年同月比僅か七%増に落ち込んだ他、在庫急増も表面化しつつ過剰生産傾向が濃厚化していった。それに対応して他方では雇用動向も悪化し、完全失業者はドッジ・ライン期を超えて五三万人にも達した。

しかしデフレはそれ以上の深刻化を免れた。なぜなら、第三として（C）「積極的財政金融政策」が直ちに発動をみたからに他ならない。つまりまず「財政政策」面では、五二年度当初予算規模の拡大が進められただけでなく、補正予算もヨリ積極性を増したといってよく、その結果、財政収支における「総合的な均衡方式」という、「ドッジ予算」以来の鉄則は完全に放棄されることになった。(41)まさに「財政システム」の方向転換が明確に出現していく。

それに加えて「金融政策」の面でも五二年に入って緩和基調への転換を明確にし、例えば以下のような手が相次いで打たれる。すなわち、五一年のブーム後退期にすでに着手されていた「滞貨融資」や「救済融資」が継続された他、「別口外為貸付制度」創設（五二年二月）や設備合理化を目指した「同外為貸出」適用拡大（同四月）などが実施に至った。その一方で、同年後半以降にも低金利政策が継続・促進されたから、特に五二年における金融緩和傾向の進捗動向が目立つといってよい。しかもそれだけではなく、さらに五三年に移っても金融緩和策は一層の強化をみるのであって、「政府指定預金の市中金融機関への放出」（五三年三月）などの特例措置さえもが具体化していく。このような金融緩和政策推進の結果、銀行貸出の膨張とオーバー・ローン現象(42)とが顕著化したのは当然であるが、日銀は、この「不足資金の日銀追加信用による補完」を通してこそ、景気急落の阻止を試みたわけであろう。

以上の帰結として③「ブーム継続期」が出現する。つまり、このような積極的財政金融政策の発動により、五二年に景気が浮上した後、五三年にかけても好況は持続する。そこでまず一つ目に（a）この「再上昇」を確認しておけば、その傾向は例えば以下のいくつかの指標の好転によって如実に判定可能といってよい。つまり、五二－五三年の過程で、「国民所得」（一〇億円）・「国内市場規模指数」・「鉱工業生産指数」・「設備投資」（億円）がそれぞれ、五〇八四→五七四七、一三八・六→一六〇・八、七〇・二→八五・七、七一二六→八〇〇七（**第11～16表**）、という拡大状況を示しているから、五二－五三年期での「再増加＝ブーム継続」の図式は一目瞭然というべきであろう。その場合、上記の数値動向からも明瞭な通り、この景気継続を牽引した有効需要拡大要因の中心に、「国民所得増→国内市場拡大」に連動する——具体的には繊維消費需要拡張を起点とした——「国民消費水準の著増」要因が検出可能な点は極めて特徴的だと思われる。まさにこの方向から、この「景気上昇—継続」がいわば「消費景気」[43]と称されていくのも周知のことであろう。

そのうえで以上のような経過の中でもう一つ顕著な点は、二つ目として（b）「設備投資の動向」に他ならない。すなわち、「ブーム」過程におけるこの設備投資の増加傾向数値に関してはすでに指摘した通りだが、その内容についてさらに注意が必要なのは、五一年局面での「いわゆる四大重点産業」中心から、五三年局面になると、その他一般産業部門設備投資もが並行して拡大基調にのった——点であろう。その意味で、従来の基礎産業への投資拡大が他部門へも波及するという一定の「連動性」が明らかに検出可能なのであり、したがってそうであれば、ここから、以下のような極めて重要な意義が導出されてくるように思われる。すなわち、この段階で、「戦後初めて」しかも「産業全体にわたって」、「旧来型老朽設備の更新」と「新規需要開発指向的な投資拡大」とが現実化した——のだと。しかも技術面からしても、今次の設備投資拡大では、——全体的には、技術流出元ではすでに使い古された技術であったという限界はもちろん否定はできないものの——積極的に外国技術を導入するという性格も特徴的であって、その点で、まさに「近代化投資の開始」[44]だともいえた。

では最後に、このような「朝鮮戦争ブーム期」は三つ目に（c）総体的にみてどのように「総括」可能であろうか。しかし、この点は明白であってもはや多言は要しまい。なぜなら、この段階での「景気拡大」を支えた根底的条件が膨大な「特需収入」（一〇〇万ドル、五一年＝三五四→五二年＝三〇七→五三年＝四四四→五四年＝二三九）以外でなかった点はあまりにも明瞭だからであり、その方向からして、この「ブーム」が「特需ブーム」と規定されるべきことは当然であろう。事実、一面で、特需が「ブーム」の開始契機を与えただけでなく、他面では、「五一年での一時的景気停滞」と「五二‐五三年での景気持続」とを支えた「積極的財政金融政策」発動は、まさにこの「巨額特需の継続→国際収支の制約緩和」という連関があってこそ初めて可能だったのである。要するにこの点に、「朝鮮戦争ブーム」の「特需依存性」が集約されていよう。

［3］一九五四年不況期　最後に取り急ぎ第三に（三）「一九五四年不況期」に入ろう。そこで最初に①「契機」からフォローしていくと、何よりもまず一つ目として（a）「国際収支の悪化」が表面化してくる。いうまでもなく前述の通り、五三年に入っても――終戦ショック緩和を目的とした――積極政策が継続されたからであって、それに起因して国際収支（経常）赤字幅は急速に拡大に転じる。つまり、まず「貿易出入超額」（億円）が五一年＝△二四八四→五二年＝△二七二一→五三年＝△四〇八五となり五三年を画期としてその赤字幅を激増させたが、ついでそれが「国際収支」（百万ドル）にも反映して、五一年＝三二九→五二年＝二二五→五三年＝△二〇五という軌跡を描きつつ一転して赤字に陥った。その点で、「積極政策拡張→価格割高→輸出後退→国際収支悪化」という論理が発現して、世界的景気後退の中での国際収支困難が拡大した。

そうであれば、そこから二つ目に（b）「金融引締め」[45]が発動されるのはいうまでもない。事実、五三年秋から、この国際収支悪化を原因として金融引締め政策への転換が現実化するといってよく、それは例えば以下のような経過を踏んだ。すなわち、「高率適用強化」・「輸入金融の抑制」（一〇月）、「高率適用制度基準の改正」・「金利引上げ」（五四年一月）、「別口外為貸付制度の廃止」・「輸入決済手形の貸付期間短縮」・「スタンプ手形の原則的廃止」・「工業手形全廃の決定」（三月）という一連の強化プロセスに他ならず、金融引き締め効果の浸透が目指された。一見して極めて強力かつ広範な緊縮化であって、その効果は大きかった。

他方三つ目に、五三年度には――一般会計決算額が一兆一七二億円にまで膨張して――依然として膨張気味であった財政も、五四年度に入るとようやく（c）「緊縮予算」へと転換していく。つまり具体的には、「五四年度予算の圧縮」（九九九五億円）・「財投当初予算の減額」（対前年度実績比一六・四％減）・「外貨予算の削減」（一五億円→一一億円）、という図式さえもが描かれた。したがって、「金融引締め」に接続・加重してさらに「財政緊縮化」もが深化したのである。

こうした緊縮政策強化によって、一九五四年初頭には景気後退が明確になる。つまり「五四年不況」に他ならないが、そこで次に②その「実態」はどうか。いま「五三－五四年」に関するいくつかの指標（**第11～16表**）を簡単に拾い出すと、例えば「実質国民総生産」一二・〇→二一・六、「鉱工業生産指数」一一・三（対前年上昇率二一・五％）→一二・三（八・八％）、「卸売物価上昇率」〇・七→△〇・七、「製造業実質賃金」四一・六（七・五％）→四一・八（〇・五％）、などとなる。まさに、「生産低迷・物価下落・賃金横ばい」という「不況基調」が一目瞭然といってよいが、その結果、雇用動向も極めて悪化したのは当然であり、完全失業者は前年度の七五万人が九二万人へと激増し、最終的に五五年三月には実に一二三万人にまで達した。こうして景気後退は「五四年不況」として定着する。

最後に、③この「五四年不況の性格」[46]を全体的に総括しておきたい。そこで、この「五四年不況」の特質を大きく集約すると、それが、「朝鮮戦争に立脚した『特需ブーム』の『整理＝沈静化』過程」として意義付け可能なこと――は明白であろう。もう一歩立ち入っていえば、この「五四年不況」は、五四年以降特需収入が減少に向かう中で、ブーム過程での貿易収支悪化に起因する「引き締め政策」強化を契機にして発生したと整理されてよく、したがってその意味で、まさに「朝鮮戦争の『戦争要因』消滅」をこそ根拠にした不況であった。しかしそれだけではない。他面でもう一つの特質も無視されてはならない。

というのも、この「性格」を裏側から意義付ければ、「特需ブーム」を通して日本資本主義はその再建過程をすでに完了させていたともいえるからであり、したがってこの側面を重視すれば、この「五四年不況」こそは、その脱却の先に、高度成長期にまで連結した、日本資本主義の「新たな段階」を準備する、まさに「過渡的な不況過程」に他ならなかった――とも構造化可能である。要するにこの「二面性」にこそ「五四年不況」のその本質がある。

おわりに

全体の集約として二点の総合的概括を提起しておきたい。まず第一点は（Ⅰ）「日本型現代資本主義の再編」に関わる論点であって、具体的にフォローしてきた、「戦後改革→戦後復興→ドッジ・デフレ→安定恐慌→朝鮮戦争ブーム→五四年不況」という「一連の過程」は、日本資本主義の歴史的展開という大きな視角から把握すれば、「日本型・現代資本主義」としての「再編成」を意味する――という論点に他ならない。つまり、別著で詳細に検討したように、日本の「現代資本主義」は一九三〇年代の「高橋財政型政策体系」に立脚して成立をみたが[47]、それが、「戦時統制経済」[48]期の変質局面を経由して、この戦後期に新たな再編成を遂げたと位置づけられてよい。要するに、戦後日本経済の復興・再建は――無規定的なものではなく――何よりも「現代資本主義」としての再建であることに注意しておきたい。

次に第二点は（Ⅱ）「景気循環の自律性回復」という論点が重要である。というのも、上記の「一連の過程」は、それを「景気循環パターン」の視角からみれば、「過剰投資→物価上昇→輸出価格の割高性→国際収支悪化→引締め政策発動→不況発生」という、いわば「正常な景気循環形態」の発現を意味するのであり、したがって、それまで「特需ブーム」に支えられてきた「外部依存的要因」が解消されて「景気循環の自律性」[49]が回復したのだとも考えられる

――からである。要するに、「景気循環パターンの正常化」＝「景気循環機構の再構築」こそが確認可能であろう。まさに日本資本主義は戦後再建を完了しつつ高度成長を開始し得る段階に到達したのである。

（1）拙著『日本における現代資本主義の成立』（世界書院、一九九九年）。
（2）すでに、拙稿「日本における戦時統制経済の展開」上・中・下（『金沢大学教育学部紀要』第四三・四四・四五号、一九九四・九五・九六年）において若干の考察を加えた。
（3）この「戦後改革」の背景・内容・意義について詳しくは、何よりも東大社研編『戦後改革』1－8（東大出版会、一九七四年）が参照されなければならない。
（4）この点をも含めて「占領政策の歴史的意義」については、例えば楫西・加藤・大島・大内『日本資本主義の没落』V（東大出版会、一九六五年）一四七〇－八五頁をみよ。
（5）財閥解体に関しての詳細は、前掲、東大社研編『戦後改革』7を参照のこと。
（6）財閥解体の意義については、前掲、楫西他『日本資本主義の没落』V 一二四四－五一頁をみよ。
（7）この「限度」に関しては、前掲、楫西他『日本資本主義の没落』V 一三〇三－一一頁を参照せよ。
（8）「憲法体制」を含めて、戦後改革の「政治過程」について詳しくは、前掲、東大社研編『戦後改革』Ⅲをみられたい。戦後改革を巡る政治力学が鮮明に浮かび上がってくる。
（9）労働改革について詳しくは、前掲、東大社研編『戦後改革』3が何よりも参考になる。
（10）このような「労資同権化」を接点とする「現代資本主義―現代国家」の本質的関係については、加藤栄一『ワイマル体制の経済構造』（東大出版会、一九七三年）の他、拙稿「現代資本主義の構造と動態」（『金沢大学経済学部論集』第二七巻第二号、二〇〇七年）をみられたい。さらに、拙著『資本主義国家の理論』（御茶の水書房、二〇〇七年）および『現代資本主義の史的構造』（御茶の水書房、二〇〇八年）をも参照のこと。

(11) この農地改革の詳細は、前掲、東大社研編『戦後改革』6をぜひ参照のこと。

(12) 「農地改革の体制的意義」について詳しくは、前掲、楫西他『日本資本主義の没落』Ⅴ 一四〇八‐七〇頁をみよ。そこではその論争過程をも含めて極めて優れた論理が展開されている。

(13) この「転換」の内容については、前掲、拙著『日本における現代資本主義の成立』をみよ。

(14) このような理解は、基本的には大内力氏の卓越したロジックを前提にしている。例えば、大内力「戦後改革と国家独占資本主義」（前掲『戦後改革』1、一九七四年、所収）を参照のこと。

(15) この時期の金融政策について詳しくは、例えば、大島・榎本『戦後日本の経済過程』（東大出版会、一九六八年）、大島清監修『総説日本経済』2（東大出版会、一九七八年）、が参考になる。

(16) この「復金」の成立背景および融資動向に関する詳細は、例えば前掲、楫西他『日本資本主義の没落』Ⅵ 二八五一‐六九頁などを参照せよ。

(17) この「管理通貨制に立脚した復金債の日銀引受」という点にも、戦後日本資本主義の再建が「何よりも『現代資本主義』としての再建に他ならない」ことの証左が発現している。

(18) この時期における「オーバー・ローン」体制のいわば「早期的展開」の内実・本質に関して適切な指摘をしているのは、前掲、大島・榎本『戦後日本の経済過程』二四二‐五一頁である。

(19) 財政政策について詳しくは、鈴木武雄『現代日本財政史』第一巻（東大出版会、一九五二年）、和田八束『日本財政論』（日本評論社、一九七九年）の他、前掲、大島監修『総説日本経済』2をも参照のこと。

(20) なぜなら、「金本位制の終極的廃止＝管理通貨制への体系的移行」を条件としつつ、有効需要調節をルートとして、「階級宥和策」および「資本蓄積促進策」を通して「資本主義体制の組織化」を追求する体制こそ、「現代資本主義」に他ならないからである。その詳細に関しては、前掲、拙稿「現代資本主義の構造と動態」を参照のこと。

(21) シャウプ税制について詳しくは、例えば和田八束『現代租税論』（日本評論社、一九七〇年）をみよ。そこでは「租税特別措置」の形成過程についても有益な叙述が展開されている。

(22) この傾斜生産方式の詳細に関しては、例えば前掲、楫西他『日本資本主義の没落』Ⅵ 一六二一―二四頁の他、有沢広巳監修『昭和経済史』(日本経済新聞社)二八六―九頁をもみよ。

(23)「安定九原則」についても、前掲、楫西他『日本資本主義の没落』Ⅵ 一五七三―八二頁をみよ。

(24)「IMF―単一為替レート」問題を含めて、日本経済を外枠から規定していくことになる戦後世界経済の基本動向に関しては、例えば、大島清編『戦後世界の経済過程』(東大出版会、一九六八年)、楊井・石崎編『現代世界経済論』(東大出版会、一九七三年)、などを参照のこと。

(25) この「ドッジ・四九年度予算」の詳細は、前掲、鈴木『現代日本財政史』をみられたい。

(26) ドッジ・ラインの基本構図に関しては、例えば、三和良一『概説日本経済史 近現代』(東大出版会、一九九三年)一七二―七八頁において明快な整理が展開されている。

(27)「戦後再建期の景気変動」を扱った文献は――この局面では明確な景気循環パターンが喪失されている以上――決して多くはない。その中にあって、鈴木・公文・上山『資本主義と不況』(有斐閣選書、一九八二年)第一〇章「戦後再建期の景気変動」(上山邦雄執筆)は、この時期の景気変動を正面から考察していて貴重である。その他に、武井・岡本・石垣編著『景気循環の理論』(時潮社、一九八三年)三〇〇―〇二頁も多少は参考になろう。

(28) もちろん、この「好循環連関」は、後の「高度成長期・景気変動」タイプで検出される、「生産拡大→物価安定→消費拡大→投資刺激→利潤増加→投資・生産拡大」という――「本来の意味」での――「好循環連関」とは大いに異なる点には十分な注意が必要であろう。

(29) この「安定恐慌」の「背景・契機・実状」について詳しくは、例えば、前掲、鈴木他『資本主義と不況』一五一―五二頁をみよ。

(30) この「ディス・インフレ政策」の具体的発動に関しての詳細は、例えば吉野俊彦『わが国の金融制度と金融政策』(至誠堂、一九五四年)二三七―三八頁などを参照のこと。

(31) これらの数値は、前掲、鈴木他『資本主義と不況』一五一―五二頁に拠った。

(32)「安定恐慌の本質」については、前掲、楫西他『日本資本主義の没落』Ⅵ 一六〇九－一二頁をみよ。

(33) この「朝鮮戦争ブーム」の展開に関して詳しくは、この局面における「財政金融政策」の発動をも含めて、前掲、鈴木他『資本主義と不況』一五三－五七頁などを参照のこと。

(34) いうまでもなく朝鮮戦争は五〇年六月に勃発し、翌五一年七月に一応の「休戦会議」に至った後、五三年七月には「朝鮮休戦協定」が成立している。したがって、この経過からして、特需契約高が五四年まである程度の高水準を維持した点は、特異な意味を有していよう。

(35) ちなみに、この局面での「入超額」(億円)は五〇年＝五〇一→五一年＝二四八四→五二年＝二七二一→五三年＝四〇八五→五四年＝二七七二となるから、赤字基調の基本的継続が軽視されてはならない。

(36) 前掲、鈴木他『資本主義と不況』一五三－四頁。

(37) この点は、例えば、五〇年の機械輸入は「戦前昭和九－一一年平均に比べて数量的に四％に過ぎない」(『経済白書』昭和二六年度版、八三頁)といわれる事実からも明らかであろう。

(38) 前掲、鈴木他『資本主義と不況』一五四頁。

(39) 以下のような「対策―帰結」の具体的展開に関して詳しくは、前掲、鈴木他『資本主義と不況』一五四－五六頁を参照のこと。本章もそれに基本的に依拠した。

(40) この「不況動向」をも含めて、四〇－五〇年代の世界経済については、例えば前掲、大島編『戦後世界の経済過程』三－七三頁などを参照のこと。

(41) このような「総合的均衡財政」の解体過程について詳しくは、前掲、和田『日本財政論』一八－二〇頁をみよ。例えば、「昭和二八年度予算は、それまでの総合的均衡財政が放棄されたという意味で、ドッジ均衡財政の終結をなすものであり、戦後財政の第二の転換点にあたるといえる」(二〇頁)と明確にされている。

(42)「オーバー・ローン現象」の「役割・意義」に関しては、例えば前掲、大島他『戦後日本の経済過程』四一－四七頁および一七〇－七三頁などをみよ。

(43)「設備投資も前年に引き続き好調であったが、有効需要増大の原因は『財政で二千億円、国民消費で六千億円ふえた』(昭和二八年度版『経済白書』一〇頁)ことにあるといわれたように、繊維を中心とした国民の消費水準の著しい上昇がその特徴とされ、『消費景気』と称された」(前掲、鈴木他『資本主義と不況』一五六頁)。
(44)「近代化投資」については、その「展開・成果・限界」を含めて、前掲、鈴木他『資本主義と不況』一五六-五七頁の他、前掲、大島他『戦後日本の経済過程』八〇-九九頁を参照のこと。
(45) 以下の「金融・財政引締めプロセス」についての詳細は、前掲、鈴木他『資本主義と不況』一五七-五八頁をみよ。
(46) この「五四年不況の性格」に関しては、前掲、鈴木他『資本主義と不況』一五八頁を参照せよ。
(47) 前掲、拙著『日本における現代資本主義の成立』終章を参照されたい。
(48) 例えば、前掲、拙稿「日本における戦時統制経済の展開」上・中・下をみよ。
(49) 前掲、鈴木他『資本主義と不況』一六一頁。

第二章　第一次高度成長と景気変動過程

はじめに

前章(1)では、戦後再建期（一九四五－五四年）を分析対象に設定して、その再建過程が、基本的に、「日本型・現代資本主義の再編」および「景気循環パターンの復活」という二論点を焦点として考察された。すなわち、「戦後混乱↓ドッジ・ライン↓朝鮮戦争ブーム↓戦後恐慌」という展開プロセスを経て、ほぼ一九五四年段階において日本資本主義の戦後再建が完了し、まさにその土台の上に「日本型・現代資本主義の再編」と「景気循環機構の復活」とが現出した――と総括でき、まさにその点でこそ、「戦後日本資本主義の再建完了」が検出可能になったといってよい。要するに「現代的景気変動過程」のまず「第一局面」が分析された。

このような理解を前提として、次に、分析射程はさらに以下のように転回していく。すなわち、周知の通り概ね一九五五年を画期として、日本資本主義はいわゆる「第一次高度成長」段階に入るからであって、「日本型・現代的景気変動過程」はいわば「第二局面」を迎える。そこで本章では、一九五五－六五年をカヴァーするこの「第一次高度成長」過程を、主として以下の「三枢要点」に立脚して考察していきたい。すなわち、まず第一は（一）「成長実現条件」解明であって、この第一次高度成長を可能にした条件の検出作業に他ならないが、その場合、「戦後性・後進性」という、周知の有力な「大内力仮説」を前提にしつつ、さらに、そこではやや軽視されていた「国家政策の有効性」にも大きな力点を配していきたい。ついで第二として（二）「日本型現代資本主義の確立」分析が指摘されてよく、具体的には、この「第一次高度成長過程」が——日本資本主義の歴史的展開局面という広いスパンからすれば——「日本型『現代資本主義』の『確立過程』」以外ではない点の体系的抽出こそが、その主題となってこよう。そのうえで最後に第三に（三）「景気変動機構の特殊性」析出が必要となり、すでに一定の確定化が完了している「第一次高度成長＝『民間設備投資主導型』」という図式を、「神武景気→なべ底不況→岩戸景気→転型期」というこの時期の「現実的な景気循環運動機構」に即して、「統一的・総合的」に確証・論理化することが不可欠だと考えられる。まさにこの「三枢要点」こそ、本章の考察基準だといってよい。

以上のようにいってよければ、本章の分析課題は、結局次のように整理可能だと思われる。つまり、その「実現条件」を体系的に検出・確定することによって「第一次高度成長」の展開基盤をまず明確にしつつ、次に、その図式確認を前提にしたうえで、この「第一次高度成長過程」を具体的な「景気循環運動機構」に即して総合化することを試み、まさにそれらの作業を通して最終的には、「『第一次高度成長期』日本資本主義」を「日本型・『確立期』現代資本主義」として体制的に総括すること——これである。つづめて表現すれば、前章「戦後再建と景気変動」に連続して、「第一次高度成長と景気変動」分析こそが本章のテーマに他ならない。まさに「現代日本資本主義の景気変動」の「第二局面」を構成しよう。

I　資本蓄積——民間設備投資の拡張連関

［1］投資構造　周知の通り、この「第一次高度成長」は——後に体系的に総括するように——文字通り「民間設備投資主導型」経済成長という以外にはないが、そうであれば、経済成長の「原動力」がまず何よりも第一に（一）「民

間投資」[2]にあったことはいうまでもない。そこでまず、この民間投資を主導した①「設備投資」動向が見定められねばならないが、一つ目として（a）その「動向」を前提的に確認しておこう。このような方向から最初に（イ）その「概況」に目を向けていくが、その場合、設備投資拡大の現実的な「契機」としては、何よりも、五〇年代中葉における、「世界の工業諸国における技術革新進展→世界的設備投資ブーム→（船舶・鉄鋼を中心とした）日本輸出の急上昇→日本の生産拡大→日本・個人消費支出の着実な増加」、という連鎖が注目に値する。つまり、一九五三年に終息した朝鮮戦争ブームを画期として、五一年以降ある程度進行してきた「設備合理化投資」は下降に転じ、その後五四―五五年にかけて設備投資はむしろ低迷を余儀なくされていたが、このような停滞動向が、まさに五五‐五六年段階で「近代化投資」の爆発的増加に転じたわけである。

ではその「設備投資増大規模」のテンポはどうか。いま「民間産業の設備投資額」（生産者耐久施設、百億円）の推移を追うと、一九五五年＝七八がまず翌五六年には一三七へとほ

第１表　民間企業の投資額の推移　（10億円）

	民間企業投資		生産者耐久施設		在庫品増加	
		対前年度比		対前年度比		対前年度比
		（％）		（％）		（％）
昭和26年度	1,181	55.8	610	56.4	571	54.9
27	1,108	△6.1	713	16.8	395	△30.7
28	1,209	9.9	801	12.4	408	3.1
29	1,024	△14.7	760	△5.1	264	△35.2
30	1,229	22.9	777	2.3	452	71.2
31	2,067	68.1	1,373	76.6	694	53.4
32	2,178	3.7	1,693	23.4	485	△30.1
33	1,667	△24.2	1,650	△2.6	17	△64.7
34	3,013	86.4	2,170	31.6	843	391.7
35	3,931	31.0	3,073	41.2	858	1.8
36	5,415	40.3	4,087	33.0	1,328	54.7
37	4,407	△18.4	3,828	△6.3	579	△56.4
38	5,512	25.3	4,149	8.4	1,363	135.3

資料：『国民所得白書』（昭和38年度版）より作成。

ぼ倍増を示した後、その後も五八年＝一六五→六〇年＝三〇七→六三年＝四一五となるから（**第1表**）、――国際収支悪化にともなう引締め政策に起因した五八年での一時的停滞を除けば――この局面における設備投資膨張の驚くべき加速化がみて取れる。その結果、六三年には五五年の実に五・四倍にまで達しているのであって、その点で、まさに「設備投資の爆発」という以外にないであろう。

そのうえで、もう一歩分析深度を深めて（ロ）その「特徴」にまで進むと、この巨大な設備投資膨張を主導したセクターが、一つは何よりも「新産業＝新製品生産分野」[3]であり、そしてもう一つは主に「技術革新促進分野」[4]だった点が浮上してくる。すなわち、まず前者からみると、その代表例としては、家庭電機・乗用自動車などの耐久消費財や電子産業、さらには合成繊維・合成樹脂などの石油化学関連産業などがまず列挙できるが、これらの諸産業はほぼ以下のような展開軌跡を描いた。つまり、五三年段階＝合成樹脂・合成繊維の企業化→五五年段階＝それら部門での「新製品」開発と量産体制化による設備拡充→五六年段階＝これら新産業への原料供給部門としての石油化学工業の本格的企業化→五五年以降段階＝（すでに量産体制に入っていた電気洗濯機・電気掃除機に加えて）テレビ・トランジスタ・ラジオ等の電子機器の本格的生産化――というプロセスであって、それを通じて、その「企業化→生産化→量産化→設備拡充」が進んだと図式化されてよい。まさにまず何よりも、この「新製品・新産業」進展過程が巨大な設備投資拡張を誘導したわけである。

それに対して後者には、――新産業とはいえないが――戦後に急速な技術革新の洗礼を受けることによって顕著な発展と輸出拡大＝生産拡大を実現した分野が入る。その場合、その典型的例として鉄鋼と造船が注目される点に異論はあり得ないが、まず造船業では、戦前からの技術的土台の上に戦後には製艦技術から移転した新技術が応用されることによって、その目覚ましい発展が実現された。その結果、鋼船竣工量は、五四年＝四四五千総トンから六二年＝

二二九三千総トンへと七年間に実に五・二倍増を遂げたし、それを条件として、この期間に輸出は一八四→九五二へとやはり五・二倍に伸びたといってよい。また鉄鋼業の発展は、急拡大した「新産業」や造船業などの機械工業からの刺激的作用を条件としているが、例えば「大型高炉・酸素上吹転炉・ストリップミル」という世界最新技術の導入によって、以下のような急膨張をみせた。すなわち、粗鋼生産量は、五四年に七七五〇千トンとなって四三年の戦時中最高水準を超えた後、六二年には二七五四六千トンに達して五四年の三・五倍にまで伸張していく。そうであればこうして、「新技術導入・応用→生産膨張→輸出拡大」という経路で急上昇を実現したこれら部門が、設備投資拡大のもう一つの主導部門を担ったのは当然であった。

これらを前提にして最後に、（ハ）設備投資連関におけるその「波及ルート」が注目されてよい。すなわちいま検出した通り、設備投資膨張の軸点はまず「新産業部門・技術革新促進部門」にこそあったが、ここを起点として、以下の「二経路」を通じた「波及連関」の形成をみた点がさらに重要である。そこでまず「第一ルート」は、「新生産部門」の代表である重化学工業と「技術促進部門」の典型をなす「基礎部門」との間の相互関連ルートであって、例えば「重化学工業の投資・生産拡大→石油・電力というエネルギー産業における投資・生産・刺激拡大→鉄鋼・造船という基礎部門における投資・生産・刺激拡大→建設・機械・金属・電機など関連部門の投資・生産・刺激拡大→重化学工業における投資・生産の一層の拡大」、という図式が進行した。まさしく「投資が投資を呼ぶ」というプロセスが確認可能だといってよく、この過程を媒介としてこそ、「重化学工業」と「基礎部門」とは、設備投資拡張に関するその「相互関連的波及連鎖」関係を継続し続けたわけである。

そのうえで「第二ルート」は「国民所得増大―新産業部門」間の相互関連ルートに他ならず、総体的にみて以下のような軌跡が描かれていく。すなわち、「設備投資拡大→国内生産増大→国民所得増加→消費需要拡張→新産業型消費財部門拡大→新産業部門の設備投資拡大」、という連関構図であって、その結果それを条件にして、次々に出現する新産業部門は、新市場の開拓と新製品の開発・増産を可能にしていくことになった。まさにこの「消費―生産」を巡る好循環連鎖を通じても、設備投資の継続的拡大が進行したといってよい。

以上のような設備投資動向を前提にしたうえで、次に二つ目に（b）設備投資の「内容」にもう一歩立ち入っていこう。最初に（イ）「業種別動向」だが、――これまでの考察からして――いうまでもなく「化学工業」と「機械工業」および「金属工業」とがその中心を占めたことは当然といってよい。そこで「主要産業設備投資実績」（億円）をざっと解析すると、まず第一に「化学工業」関連の中では、ほとんどゼロからスタートした「石油化学」の伸長が何よりも突出しており、その絶対額は五五‐六一年平均で二七〇となり五一‐五四年平均の実に二七〇倍になっている。同様に「合成樹脂・合成繊維」の拡張も顕著で、それぞれ九五（五・六倍）および二五一（五・八倍）に達しているから、総じて、これら「『新産業・新製品型』化学工業」における設備投資膨張は一目瞭然という以外にない。この点にまず異論はあり得まい。

ついで第二は「機械工業」であるが、その内訳では、「自動車」三八四（九・〇倍）、「電機」三六八（七・四倍）、「電子」一七〇（六・三倍）となる以上、いわゆる「耐久消費財・家電製品」に連関した「新製品部門」での設備投資激増が手に取るようにわかろう。その点で、すでに概略的に前述した、「新製品部門」による「投資牽引的役割」が、まさしく数字的にも実証可能なのである。そのうえで第三として、「金属工業」の代表として「鉄鋼」が指摘されてよいが、その設備投資額は以下のような数値を刻む。つまり、五五‐六一年平均の絶対額は一三一四という大規模なものとなり全体の実に一五・二％をも占めるから、その巨大性にまず目を見張らされるが、それだけではない。しかもその伸長度に関しても五一‐五四年平均の四・三倍増を記録しているかぎり、この「鉄鋼」が設備投資増加ブームの一つの牽引力を構成した点は明白であって、「技術革新・促進部門」の典型といえるこの「鉄鋼」部門の役割は大きかった。

こうして、設備投資の業種別動向に関しては、「化学・機械・金属」からなる「重化学工業」部門の主導性が明瞭に確認可能だが、その場合、それを支えた「技術的基盤」が（ロ）「外国技術の導入」であったことはいうまでもない。というのも、繰り返し指摘してきた通り、設備投資主導部門が「新産業・新製品・技術革新促進」部門であった以上、それは、極言すれば従来は国内に存在しなかった技術・生産方法・設備に依存した設備投資拡大以外ではなかった――ということになるから、そこに「外国技術導入問題」が必然的に発現してくる。そこで「外国技術導入」状況に目を向けると、まず総数の推移では五五年の七二から始まって五七年＝一一八→五九年＝一五三となるから五〇年代後半から着実な増加傾向を呈するが、しかし顕著な急上昇に転じるのはむしろ六〇年代に入ってからである。つまり、六〇年以降は六〇年＝三二七→六二年＝三二八→六三年＝五六四と経過して、年々三〇〇件を超過する活発性を示すから、先に確認した、六〇年代前半での設備投資急拡大が、まさにこの「外国技術導入」増加に立脚していた点が明瞭といってよい。そしてその結果、五五－六四年間の導入件数総計は二六一六件にまで達した

第２表　高度成長期の外国技術導入状況　（件）

	総　　数	うち 電　機	輸送機	その他機械	科　　学	金　　属
1955	72	17	8	16	17	7
56	144	21	12	19	46	18
57	118	28	2	26	30	11
58	90	26	6	23	11	12
59	153	39	6	31	33	25
60	327	99	17	71	77	19
61	320	59	24	101	59	27
62	328	82	17	94	83	22
63	564	122	4	272	93	16
64	500	81	5	202	95	40
合　計	2,616	574	101	855	544	197

資料：経済企画庁調査局編『経済要覧』による。

のであり、要するにこの一〇年間で約七倍に拡張したことがわかる(**第2表**)。

ではこのような「外国技術導入」増加を主導したのはどのような部門だったのか。そこで産業部門別にやや立ち入ると、主要産業における五五‐六四年間の導入総数は例えば以下のような分布を描く。すなわち多い順に、「その他機械」=八五五、「電機」=五七四、「化学」=五四四、「金属」=一九七、「輸送機」=一〇一という構図だといってよく、ここからは、一つには「石油化学・家電・自動車」などの「新産業・新製品」部門と、もう一つには「鉄鋼・造船」などの「技術革新促進」部門とが、「外国技術導入」の主軸を担っている点――が明白に検出可能だと思われる。つづめて言えば、この間の導入総件数二六一六のうち、いわゆる「重化学工業」部門で二二七一件を占めたのであり、それは全体の実に八七%を構成したことになる。

したがって以下のように集約できよう。つまり、一方で、設備投資拡張の土台的基盤が「外国導入技術」にこそあったこと、そして他方では、その導入の主導部門が何よりも「重化学工業」であったこと、これである。まさに設備投資拡張の日本型特質以外ではない。

以上を前提として最後に、このような「『外国技術導入』型設備投資拡張」の(ハ)「特徴」を特に「生産システム」の面から総括しておこう。さて、ここまでで確認できたように、六〇年代日本工業の設備体系は、輸入技術に立脚した設備投資拡張によって急角度の近代化を進めたが、その近代化設備の特徴は、何よりも「アメリカ式の大量生産方式」を実現した点にこそあった。すなわち、単に機械設備の大型化が進展しただけではなく、一面でまず、各生産工程および生産工程間に関して設備機械の系列・連結化が形成されたとともに、他面でそれを基盤にして次に、生産工程全体の自動化・連続化が実現されたのであって、これらの統一的作動による「大量生産方式」のまさに機構的確立――こそが、その枢軸点をなす。しかもこの時期の後半になると、生産工程のこのオートメーション化がコンピュー

第３表　生産物単位当り所要労働時間指数

	昭和30年	34年	36年	38年
鉄精錬業	100.0	72.3	58.6	49.2
鉄圧延業	100.0	74.4	57.7	54.5
綿紡績業	100.0	83.5	76.4	73.7
毛紡績業	100.0	80.6	66.5	59.0
化学繊維業	100.0	75.7	62.3	53.2
パルプ製造業	100.0	68.6	53.2	45.2
紙・板紙製造業	100.0	75.3	61.5	51.4
自動車製造業	100.0	42.6	30.0	25.1
電動機製造業	100.0	62.9	57.5	47.3
硫安製造業	100.0	63.0	51.0	37.0
セメント製造業	100.0	61.8	47.0	41.8
タイヤ・チューブ製造業	100.0	83.3	63.3	51.1
カーバイド製造業	100.0	66.7	52.8	44.9
ソーダ工業	100.0	70.3	58.2	49.4
14業種計	100.0	74.3	60.9	53.3

資料：労働省『労働生産性調査』より。

ターによって管理・制御される段階にまで到達したから、それを通じて、「大量の製品生産」と「コスト切り下げ」が一層進んだ。まさに「高度成長」の基礎基盤に他ならない。

したがってこう総括できる。つまり、この「大量生産―価格低落―大量消費」という「自立的循環」を創出した点にこそ、「設備投資拡大の本質的機能」が求められてよい――と。

以上のような設備投資実態をふまえて、三つ目として（c）その「成果」が集約されねばならない。そこで最初に（イ）「労働生産性の向上」が顕著に目立つ。すなわち、高度成長過程で進行した設備近代化投資は労働生産性の著しい向上を惹起させ、それは「労務費縮減」を通して「生産コストの低下」をもたらしたが、その点をまず「生産物単位当たり所要労働時間数」動向によって確認しよう。そこで、いくつかの代表的業種に関してこの「所要労働時間指数」（五五年＝一〇〇）を拾い上げれば（**第３表**）、一九五五－六三年間で、「鉄精錬業」＝四九・二、「鉄圧延業」＝五四・五、「化学繊維業」＝五三・二、「硫安製造業」＝三七・〇、「自動車製造業」＝二五・一、「電動機製造業」＝四七・三、が得られる。これら

第１図　新製品の量産と価格低下

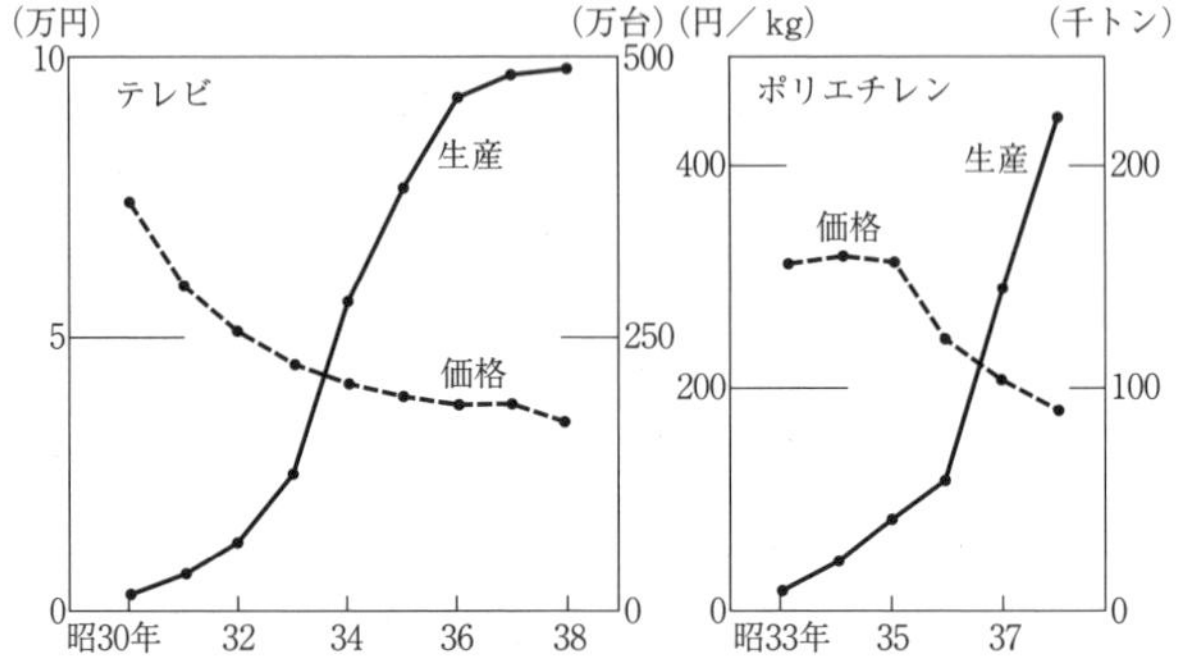

資料：稲葉・大来・向坂監修（日本経済の現状と展望）（『講座日本経済』Ⅰ）69頁より。
前掲、大島他『経済過程』139頁。

はいずれも「重化学工業」の典型的業種だが、所要労働時間数は、この期間に、各業種とも押しなべてほぼ半減をみせた。特に自動車は実に四分の一にまで激減している他、他方、従来型の代表といえる「綿紡績業」が七三・七に止まっている点などを考えても、重化学工業での「労働生産性向上」は明瞭といってよい。

こうして、設備投資進展が、生産規模拡張・原材料素材高度化・製法転換などを通じて技術進歩を可能にし、そこからまさに、「労働生産性の大幅向上」が帰結したわけである。

そのうえで、この「労働生産性上昇」が次に（ロ）「製品価格の低下」に連動したのは当然であった。というのも、総体的にいって、量産効果の大きい、例えば新製品（合成繊維・合成樹脂など）や耐久消費財（自動車・家電など）における「量産化によるコスト低下作用」は極めて大きかったからであり、この効果作用が、特に「新製品・耐久消費財価格」の顕著な低下を実現したと判断してよい。いま簡単な例を指摘すると、まず「工業品・卸売物価指数」（五五－五七年＝一〇〇）が六四年には九〇・九にまで下がっていることに加えて、例えば、家電の代表であるテレビ価格は五五年の七・五万円水準から六三年には約四万円台にまで低下したし、また合成樹脂の典型をなすポリエチレン価格（kg当たり）

第４表　戦後輸出増加の国際比較（数量指数）

	日本	アメリカ	イギリス	西ドイツ	フランス	イタリー	世界（資本主義圏）
1938	100	100	100	100	100	100	100
51	35	224	173	118	184	109	125
58	94	258	192	287	230	194	169
63	186	322	226	447	372	401	233
輸出増加率							
1951～63	15.6	5.2	2.2	13.8	7.3	12.1	6.7
1958～63	13.2	1.7	2.1	8.7	9.3	14.0	5.5

資料：日本銀行『国際比較統計』による。

は五八年＝約三〇〇円レベルから六二年には二〇〇円台を切っている（**第１図**）。その点で、特に新製品・耐久消費財価格の低下が目立とう。

要するに、「設備投資拡大→量産化→生産性上昇」というロジックが、最終的にはこの「価格低下」効果となって結実したことがわかる。そしてこの価格引下げこそ新製品・耐久消費財普及の刺激条件であったが、それがまた逆に、量産体制のさらなる進展を支えることになった。まさに「生産—所得—消費」を巡る「好循環」の展開とみるべきであろう。

以上のような「製品価格の低下」が、最後に（ハ）「国際競争力の強化」につながったことはいうまでもない。もちろん「国際競争力」水準の判定は必ずしも単純ではないが、一応——結果的にみて——「輸出増加＝貿易収支黒字化」がその一つの有力な証明であることは疑い得ないであろう。そこで、この時期の「輸出—貿易」[5]関係を簡単に追えば、まず第一に「輸出動向」（数量ベース）は一九三八年＝一〇〇→五一年＝三五→五八年＝九四→六三年＝一八六（**第４表**）という軌跡を描き、五八年段階でほぼ戦前水準に回復した後、高度成長期には戦後期五一年の実に五倍を超えている。しかもその増加率も顕著であって、「輸出増加率」は「五一‐六三年」＝一五・六％、「五八‐六三年」＝一三・二％となるから、日本の輸出増加テンポは欧米先進諸国（アメリカ＝一・七％、イギリス＝二・一％、西ドイツ＝八・七％）よりも圧倒的に大きい（世界輸出シェアー、五五年

第５表　商品類別輸出構成比率の変化　（％）

	1953	59	61	63	64
総額	100.0	100.0	100.0	100.0	100.0
（重化学工業品）	(37.5)	(40.5)	(44.3)	(54.1)	(57.8)
機械類	14.9	23.6	26.1	31.0	34.0
金属・同製品	15.1	11.8	13.4	7.3	18.0
化学品	5.7	5.1	4.8	5.8	5.8
（軽工業品）	(64.3)	(59.5)	(55.7)	(35.4)	(42.2)
食料品	9.4	7.3	5.9	5.3	4.8
繊維・同製品	36.1	29.8	27.3	22.9	21.4
非金属鉱物製品	4.9	4.1	4.0	3.9	3.6
その他	14.0	18.3	18.5	13.3	12.4

資料：『通商白書』1962、64年度版による。

＝二・四％→六三年＝四・〇％）。こうしてまず、高度成長期には、「設備投資拡張→量産化→生産性上昇→製品価格下落」という論理が働いて、何よりも「輸出激増」が出現した。

では第二に、この輸出増大を促進したその「内訳」はどうか。いま輸出品目を「重化学工業品」と「軽工業品」とに区分してその構成比率推移をフォローすると、例えば「後者」が五三年＝六四・三％→六一年＝五五・七％→六四年＝四二・二％となって明確に低下傾向を辿るのに比較して、「前者」（うち「機械類」）は三七・五％（一四・九％）→四四・三％（二六・一％）→五七・八％（三四・〇％）という極めて着実な上昇軌道を走る。したがって、輸出増加の中軸を担ったのが「重化学工業品」（とりわけ「機械類」）であった点は一目瞭然といってよく、ここにも、「設備投資拡大—設備近代化—重化学工業化」の成果が見事に発現しているが、このような輸出伸張の結果、重化学工業品増加分は、六〇－六三年間における輸出増加額のうちの八〇％をも占めるに至った（**第５表**）。

以上のような「輸出拡大」が、第三として「国際収支図式」に反映していくのは自明といってよい。そこでこの時期の「国際収支構造」を概観すると、何よりも「貿易収支」の黒字化が注目に値する。すなわち、五〇年代における貿易収支動向（年平均）を大筋で追えば、まず「五一－五四年局面」ではまだ四億八千万ドルの大幅赤字であったものが、次に「五五‐五八年局面」に入ると赤字額は五五〇〇万ドルにまで減少していく。そのうえで「五九‐六二年局面」にはとうとう一億一八〇〇億ドルの黒字に転化しているのであって、ほぼこの第一次高度成長期末期に至って、戦後長きに亘って宿願とされてきた「貿易収支の均衡化」が実現されたと判断してよい。そしてその場合、この「黒字化」の背景に、すでにみた、「設備投資拡張↓生産性向上↓価格低下↓輸出増大」を起因とする「国際競争力上昇」要因がある点は自明であるが、これらの結果、最終的には二億四五〇〇万ドルの総合収支黒字に到達した。

もっとも、この総合収支黒字化にはなお注意が必要であって、例えば「五九‐六二年局面」においてさえ、三億八九〇〇万ドルの「軍関係＝特需」と三億二七〇〇万ドルの「資本収支黒字＝資本流入」とが、総合収支均衡化の支点となっていた。その点で、日本の国際収支がなお脆弱性を脱し得ていないことは否定できないとしても、ただ、設備投資拡張の「成果」による「貿易収支黒字化」の画期性だけは、決して軽視できないというべきであろう。

そこで、「設備投資拡張」というこの前提条件に立脚したうえで、次にその土台上で展開した②「生産・成長率」の動向へと進もう。最初に（a）「生産」から入ると、まず「実質国民総生産」（千億円）は五五年＝八二↓六一年＝一七七↓六三年＝二二五と急激な増加を示して、この期間に二・七三倍増を遂げている。まさに著しい伸びといわざるを得ないが、それは次に「工業生産指数」（六〇年＝一〇〇）でみても同様であって、四七・七↓一二四・六↓一五一・二と動くから、六三年は五五年の実に三・一七倍にも膨張している。この結果、「実質一人当たり国民所得」（万円）の拡大に帰結したのも当然であって、事実八・二六↓一四・二〇↓一六・四三と伸び続けたから、結局この期間に一・九九倍もの伸張を実現した。こうしてまず、各側面からする「生産拡張」の実態は明白といってよい。そのうえで、生産拡大のこの急激性を支えた基盤は何か——が興味深いが、その点を（b）「蓄積率」に即して検証すると、その

第6表　高度成長期の国民総支出構成比　（%）

	個人消費支出	国内民間総資本形成	うち設備投資	うち在庫投資	政府の財貨・サービスの購入	うち資本形成
1934～36年平均	65.4	15.8	9.9	4.6	18.7	3.2
51～54年平均*	60.2	20.2	11.6	6.6	18.1	7.8
55	61.3	16.9	9.0	6.2	20.1	9.2
56	60.3	21.2	13.5	5.7	18.3	8.6
57	58.2	27.4	16.7	8.5	16.2	6.4
58	62.1	16.4	16.2	△2.1	19.4	8.3
59	55.7	24.3	16.2	5.9	18.7	9.3
60	53.4	27.5	20.2	5.0	18.6	9.0
61	49.9	34.4	23.1	8.8	17.7	9.1
62	52.4	27.2	20.8	3.7	20.4	11.2

資料：『国民所得白書』（1963年度版）より作成。（*は1951～54年の各年の構成比の単純少をしめす。）

秘密が「民間設備投資」拡大にあることはすでに自明であろう。というのも、いま例えば「国民総支出構成比」（%）をみると、まず戦前期（三四－三六年平均）では、個人消費支出＝六五・四、民間総資本形成＝一五・八（うち設備投資＝九・九）、政府資本形成＝三・二であったが、ついで「五一－五四年平均」にはそれぞれ六〇・二、二〇・二（一一・六）、七・八へと転形しつつ、最終的に当面の六一年段階では、四九・九、三四・四（二三・一）、九・一——という構図を呈していく（**第6表**）。もはや一目瞭然であろう。つまり、「蓄積率」は、戦前期には二〇％以下であり戦後再建期にようやく二〇％を上回るレベルであったのが、この六〇年局面になると、個人的消費が国民総生産の半分を下回るのに対して、「蓄積に回される分」はとうとう全体の三分の一を超えるに至った。しかも民間設備投資だけですでに二〇％を超過しているし、それに政府固定資本形成をも加味すれば、「蓄積率」の驚異的な高さが直ちに目に飛び込んでくる以外にない。要するに「民間設備投資」を動因とした「蓄積率」の高さが分かろう。

そこで最後に、以上の動向が（c）「成長率」の側面から総括されねばならない。いま「名目経済成長率（実質）」（%）の数字

第７表　工業生産の部門別年増加率　（％）

	1951～55年	55～61	61～64
工業生産総合	12.3	21.3	12.2
鉄　　鋼	9.1	23.6	11.1
非鉄金属	8.6	23.2	10.3
機　　械	10.4	35.3	14.2
窯　　業	9.0	17.5	10.8
化　　学	15.9	18.1	16.3
石油製品	22.2	24.9	15.3
紙・パルプ	16.2	17.1	8.2
繊　　維	12.9	11.7	9.2
製　　材	△0.2	7.4	4.4
食　　品	16.0	6.9	8.0
資　本　財	7.8	30.6	14.8
建設資材	5.5	16.7	10.1
耐久消費財	22.9	46.1	11.6
非耐久消費財	15.0	9.6	9.3
生　産　材	9.4	19.7	11.4

（稲葉・大来・向坂監修「日本経済の現状と展望」〔『講座日本経済』 Ⅰ〕17頁。）
資料：前掲、楫西他『没落』2150頁。

を年次毎に拾うと、以下のような典型的な上昇軌跡を描く。すなわち、五九年＝一二・二（九・二）→六〇年＝一九・九（一四・一）→六一年＝二三・四（一五・六）→六二年＝一〇・八（六・四）→六三年＝一五・四（一〇・六）→六四年＝一七・九（一三・三）となるから、平均してこの期間に連年一〇－二〇％という凄まじい高成長が驀進したことになる。その場合、他の先進諸国の成長率（五四－六二年平均）が例えばアメリカ＝二・八％、イギリス＝二・五％、西ドイツ＝七・四％であったことを念頭に置けば、日本（九・四％）の高度成長のいわば「異常性」があらためて手に取るように理解されよう。

この「異常性」についてはこれ以上の贅言は必要ないが、成長率上昇の「担い手」を確認するために、「工業生産部門別・成長率」（**第７表**）にだけはもう一歩立ち入っておきたい。まず「工業生産総合」の増加率（％）をみると「五五－六一年平均」＝二一・三％→「六一－六四年平均」＝一二・二％となり、その結果五五－六三年間で三・二倍となるし五四－六二年の年平均増加率に

第８表　製造工業における労働分配率の推移　（賃金・俸給÷純付加価値）（％）

	労働分配率		労働分配率
昭和元年	43.0	昭和30年	54.4
5	44.5	31	47.0
10	38.1	32	50.0
		33	55.4
		34	49.6
25	65.6	35	46.1
26	63.7	36	46.3

資料：金子精次『日本経済の成長と構造』95頁より。
前掲、大島他『経済過程』120頁。

して一四％という飛び抜けたテンポを呈している。その点で工業の拡張性がいうまでもなく明瞭だが、そのうえで部門別に立ち入ると、周知の鉄鋼（一三・六→一〇・三）、非鉄金属（一三・一→一〇・三）、機械（三五・三→一四・一）、石油製品（一四・九→一五・三）という重化学工業部門の飛躍性が目に付くから、繰り返し指摘してきた「重化学工業の主導性」は当然のことといってよい。それを念のため「生産物の種類別」区分に即して瞥見すれば、予想通り「資本財」（三〇・六→一四・八）と「耐久消費財」（四六・一→一一・六）とが極めて高い数値を刻んでいて、「新分野・技術促進分野」の牽引力がやはり顕著であろう。

では、このような「異常な」経済成長の過程で③「企業収益」はどのような動きをみせただろうか。そこで、最初に（a）「労働分配率」（製造業、賃金・俸給÷純付加価値、％）の推移から追うと、例えば一九五〇年には六五・六であったものが特に六〇年代に入ってからは顕著な低落傾向に移り、その後五八年＝五五・四→五九年＝四九・六→六〇年＝四六・一→六一年＝四六・三という「見事な」低下軌跡が描かれる（**第８表**）。先にチェックした「労働生産性の向上」が、こうして、「労資関係における資本配分の増加」という「配分関係」となって帰結しているわけであろう。

そうであれば、それは次に（b）「利益率」の上昇となって反映せざるを得ない。この点をまず一つ目に（イ）「製造業利益率」（総資本利益率、％）でフォローす

第9表　製造業利益率の推移　（総資本利益率、昭和30年上期～37年下期）（％）

		製造業利益率
昭和30年	上期	4.0
	下期	4.9
31年	上	6.2
	下	6.5
32年	上	8.0
	下	5.6
33年	上	4.2
	下	4.2
34年	上	6.2
	下	7.7
35年	上	8.1
	下	7.3
36年	上	7.3
	下	6.7
37年	上	5.8
	下	4.7

資料：大蔵省『法人企業統計季報』より。

れば、一九五五年＝四・〇から五六年＝六・二→五七年＝八・〇→五九年＝六・二→六〇年＝八・一→六一年＝七・三（**第9表**）という推移を辿る。したがって、傾向的趨勢としては明らかに上昇基調を提示しているし、しかもその絶対的水準としても、ここでの数値は、売上利益から支払利子などの金融費用や租税などを控除したいわば「純利益率」に他ならないから、おおむね六～八％というこの時期のレベルはかなり高いと判断せざるを得ない。そのうえで二つ目に（ロ）「主要企業利益率」（総資本純利益率、％）の数字をも拾っておくと、例えば五五年＝六・〇八→五六年＝八・三五→五七年＝九・八五→五八年＝六・〇五→五九年＝八・六四→六〇年＝一〇・三八→六一年＝九・六七、という図式が手に入る。みられる通り、「製造業ベース」よりも一層顕著な「利益率の高位性」が把握可能なのであって、この面からも、「生産性上昇→労働配分率低下」に起因した「企業利益率」の高水準がみて取れる。

このような「企業収益の高位性」は、さらに三つ目として（ハ）「企業利潤量」において取り分け明瞭といってよい。

第10表　主要企業利益率の国際比較　(総資本純利益率)

	日　本	アメリカ	イギリス	西ドイツ
1955年	6.08	12.28	10.59	2.53
56	8.35	12.03	9.50	3.02
57	9.85	10.68	8.93	3.44
58	6.05	8.30	8.86	3.57
59	8.64	10.17	10.17	4.28
60	10.38	8.97	9.80	5.00
61	9.67	8.70	8.34	5.39

資料：日本銀行『日本経済を中心とする国際比較統計』(昭和41年版) より。

例えば日銀調べによると、「主要製造工業企業」(三四〇～六一社) の「税引後純利益額」は、五五－六一年の間に一一六〇億円から三八八〇億円へと実に三倍以上にも激増したとされているから、企業利潤の絶対額の著増も一目瞭然であろう。しかも、「減価償却率」がこの局面では相当程度高まっており、例えば、戦前ではせいぜい二～五％程度だったものが一九五五年段階以降は一一％水準にも達しているといわれるから、ここで表面的に把握された企業の利潤レベルは、実はヨリ一層高いに違いない――というべきであろう。

最後に、以上で確認した「企業利益率の高位性」を（c）「国際比較」(総資本純利益率、％) で検証しておこう。そこでアメリカとドイツを比較対象に置くと、それぞれ五五年＝一二・三、二・五→五八年＝八・三、三・六→六一年＝八・七、五・四という数値が得られる **(第10表)** 以上、日本主要企業の利益率は、ドイツよりは明瞭に高く、アメリカとはほぼ同水準だと結論されて大過ない。要するに、日本型高度成長は企業収益にヨリ高い比重を傾けながら進行した点が明白であろう。

[2]　資金調達　ここまでで、第一次高度成長を何よりも実体的に牽引した「企業投資」の展開構造を検出し終えた。そうであれば次に焦点をなすのは、第二に、このような「爆発的投資」を可能にしたその（二）「資金調達」[6]構造に他ならない。そこで最初は①「公的資金」の動きであるが、その場合、重要産業への公的資金供給の基軸として何よりも重要なのは財政投融資である。周知のように、この財投は

第11表　財政投融資の性格別内訳　（億円、%）

	1955年度	56	57	58	59	60	61
Ⅰ　民間への資金供給	1,215 (41)	1,267 (39)	1,890 (48)	2,057 (48)	2,836 (50)	2,988 (48)	4,044 (49)
a　大企業向け	408 (14)	323 (10)	491 (12)	563 (13)	886 (16)	1,025 (16)	1,482 (18)
b　中小企業、農林漁業	432 (14)	484 (15)	844 (21)	834 (20)	1,153 (21)	1,124 (18)	1,566 (19)
c　民生向け	375 (13)	460 (14)	555 (14)	660 (16)	797 (14)	839 (13)	997 (12)
Ⅱ　国営、準国営事業	618 (21)	766 (23)	930 (23)	883 (21)	1,126 (20)	1,379 (22)	1,542 (19)
Ⅲ　公共的事業	34 (1)	80 (2)	88 (2)	229 (5)	363 (6)	300 (5)	506 (6)
Ⅳ　地方公共団体	1,131 (38)	1,130 (35)	1,060 (27)	1,048 (25)	1,286 (23)	1,574 (25)	2,201 (27)
Ⅴ　その他	－ (－)	25 (1)	－ (－)	35 (1)	10 (0)	10 (0)	10 (0)
合計	2,998	3,268	3,968	4,252	5,621	6,261	8,303

資料：前掲、楫西他『没落』2120頁。

五〇年度前半での設備合理化過程において産業政策のいわば主役を演じたが、この高度成長期にはその色彩を変化させていく。その点をまず（a）「財投実績推移」（億円、%）からみていくと、まず高度成長期に入る前の五三年に三三五八（対国民総支出比四・七%）を記録してそれまでのピークを打った後、五五年には二九九八（三・六%）となって一時減少するが、それ以降は明確な増加基調に転じて、五六年＝三二七八（三・五%）→五八年＝四二五二（四・一%）→六〇年＝六二五一（四・三%）→六一年＝八三〇三（四・七%）という数値が刻まれる。したがって、五四－五五年を境に一旦は縮小したものの高度成長期を迎えると再度膨張に転換した軌跡が明瞭に検出可能であり、その結果、六一年には実に八三〇〇億円の巨額に達して五三年の二・五倍（**第11表**）になったとともに、国民経済における比率も再び四・七%台を回復した。

こうして、財投を窓口とした、公的資金の対産業企業融資規模の大きさが依然として明瞭といってよい。しかし注目されるのは、以下にみるようにむしろその「意義」の変化であ

第12表　開銀の業種別新規貸付高　（億円、％）

	電　力	海運（外航）	石　炭	鉄　鋼	その他	合　計
1955年度	224（45）	159（32）	36（7）	1（0）	74（15）	494（100）
56	177（39）	155（34）	38（8）	17（4）	68（15）	455（100）
57	297（47）	187（29）	40（6）	25（4）	87（14）	636（100）
58	250（42）	167（28）	66（11）	16（3）	97（16）	596（100）
59	247（36）	188（27）	51（7）	12（2）	189（28）	687（100）
60	210（32）	131（20）	61（9）	9（1）	241（38）	652（100）
61	211（25）	180（21）	91（10）	9（1）	371（43）	862（100）

資料：前掲、楫西他『没落』2122頁。

る。

そこで次に、この変化を知るために（b）「財投内訳」にまで立ち入ろう。まず大枠として、財投全体における「対民間資金融資」（%）の比率は五五年＝四一→五七年＝四八→五九年＝五〇→六一年＝四九とほぼ一定であるが、その構成内訳には変化が顕著であって、以下の三点には注意を要する。最初に一つ目は（イ）「民生向け資金供給」の急上昇であって、五五年以前は五‐七%に過ぎなかったものが高度成長期に入って一二‐一六%へと目立って増加しているし、また二つ目に（ロ）「中小企業・農林漁業向け」もほぼ同型の変化（一四%→二一%→二一%→一九%）を示した結果、構成比における最大比重項目に躍り出た。これらに比較して停滞傾向に下落したのが三つ目の（ハ）「大企業向け」に他ならず、二四%→一二%→一六%→一八%という二〇%を割る停滞的水準で経過しつつ、ようやく六〇年段階に至って五五年レベルを超えたに過ぎない。

しかも、この「社会資本の充実＝補完」という傾向変化は「大企業向け資金供給」の内容自体に即しても検出可能であって、例えば大企業融資の基本ルートとみてよい「開銀の業種別新規貸付高」（億円、%）を概観すると以下のような特徴が目立つ。すなわち、まず

第13表　主要企業資金需要内訳

		社　数	設備資金	運用資金	合　　計
日本（億円）	1957	521	9,251（62）	5,614（38）	14,865（100）
	58	519	8,427（89）	1,074（11）	9,501（100）
	59	517	10,057（51）	9,745（49）	19,802（100）
	60	516	14,628（52）	13,476（48）	28,104（100）
	61	510	19,164（52）	17,637（48）	36,801（100）
	62	507	17,700（57）	13,654（44）	31,353（100）

資料：前掲、楫西他『没落』2139頁。

第一に（イ）総額は五五年＝四九四↓五七年＝六三六↓五九年＝六八七↓六一年＝八二六（**第12表**）となって、企業資金調達における公的資金の拡大傾向は依然として否定はできないが、そのうえで第二として（ロ）業種別構成比に立ち入ると明瞭な性格変化が浮上してくる。つまり、「電力」（四五％↓四七％↓三六％↓二五％）や「鉄鋼」（〇↓四％↓二％↓一％）などの「四重点産業」の比重が低落しているのに対して、「その他」が一五％↓一四％↓二八％↓四三％と急上昇を示す——という変化が無視できない。しかも第三に（ハ）この「その他」の中身がさらに問題であって、その大宗としては、旧来の「一般産業」が後退しつつ、それに替わって、「石油化学・電子工業・特定機械」という「新産業」や、「社会資本充実型・産業関連施設」および「停滞産業」などのウエイトが高まっている。したがってこの点からも「社会資本充実」の重視は明瞭であろう。

そうであれば、この時期に「公的資金」融資が示した（c）その「性格変化」は結局次のように総括可能だといってよい。すなわち、一方で対「新産業」融資が引き続き継続されるとともに、他方で、様々な「経済的不均衡・矛盾」の是正を通して民間投資の円滑な進行・維持を目指した、いわば「社会資本重視型」融資への質的変化が確認できる——と。

しかし、以上のような「公的資金」を上回る規模と方式で、高度成長期における巨額な企業投資資金需要を充足させたのは、いうまでもなく②「民間資金」以外ではなかった。そこでその大前提として、最初に（a）「企業の資金需要」動向を確認しておかなければならないが、まず（イ）「資金需要総額」（百億円、％）の推移はどうか。いま主要企業五〇〇社の資金需要に着目すれば五七年＝一四七↓五九年＝一九八↓六一年＝三六八（**第13表**）という数値が刻まれるから、この五年間で一兆五千億円から三兆七千億円へと約二・五倍にも膨らんでいる。例えば、他の先進国におけるこの間の増加率が、アメリカ＝一・四倍、イギリス・西ドイツ＝一・三倍などであったことを考えると、「民間設備投資」に牽引された、日本の「異常な」高度成長が、何よりも、特に大企業による「巨大な資金需要」に立脚していたことがあらためて明確になろう。

しかしそれだけではない。ついで、この資金需要を（ロ）さらに「設備資金―運転資金」に区分してその推移を追うと、その比率は、五七年＝設備資金六二％―運転資金三八％↓五九年＝五一％―四九％↓六一年＝五二％―四八％↓六二年＝五七％―四三％という図式となる。したがって、五七年時に一旦は後退したものの、その後の高度成長の本格化局面では「設備資金」の優位性とその持続的拡大が明瞭に検出できる以上、この巨額の資金需要発現が取り分け「設備投資拡張」によって主導された点はまず明確だ――と理解されてよい。まずこの点はいうまでもなく重要だが、その点に加えてもう一つ見過ごされてはならないポイントは、日本の場合他国と比較して、「運転資金需要規模」の拡大率が有意に大きいことであろう。事実五七‐六一年における日本の「運転資金」増加率が三・一倍であるのに対して、イギリスと西ドイツとはそれぞれ一・二倍、〇・七倍に止まっているのであるから、日本のケースでは「運転資金」の増大テンポがあきらかに顕著なのである。そしてその理由が、日本の場合、従来みられなかった重化学工業化こそが投資資金需要の主動力であり、しかもその過程が、これまで未開拓であった「国内市場の拡大」を随伴しつつ展開したこと――という、いわば「日本型・高度成長の構造的特質」にこそ帰結させ得るのは、もはや自明であろう。

第14表　産業資金源泉別構成比　（%）

	1952年度	53	54	55	56	57	58	59	60	61
内部資金	22.0	31.8	39.3	38.3	30.8	33.4	30.2	34.2	33.5	35.2
社内留保	11.7	18.1	16.2	17.4	16.2	13.8	9.2	15.2	16.9	16.2
減価償却	10.3	13.7	23.1	20.9	14.6	19.6	21.0	19.0	16.6	19.0
外部資金	76.1	67.8	59.5	56.1	648	68.1	67.3	61.4	62.0	60.8
財政資金	6.8	7.7	11.6	7.7	4.2	6.8	6.7	5.5	4.0	4.2
民間資金	69.3	60.1	47.9	48.4	60.6	61.3	60.6	55.9	58.0	56.6
株式	9.6	12.2	11.8	6.5	9.3	9.9	8.5	9.1	9.2	14.6
社債	3.0	2.4	1.4	2.4	2.9	1.5	3.3	3.8	6.3	2.6
貸出	56.7	45.5	34.7	39.5	48.4	50.0	48.8	43.0	42.5	39.4
外資	1.9	0.4	1.2	5.6	4.4	△1.5	2.5	4.4	4.5	4.0
合計	100.0	100.0	100.0	100.0	100.0	100.0	100.0	100.0	100.0	100.0

資料：庄司竜一郎『産業資金』、付録、表１－２による。
前掲、楫西他『没落』2141頁。

そうであれば最後に、「資金需要構造」の（ハ）「特質」は結局次のように集約可能であろう。すなわち、高度成長期日本における「産業資金需要」の増大はまず何よりも「設備資金需要」を基軸にしていたのは当然だが、しかしそれだけではなく、巨大な資金需要は、諸外国に比較しても相対的に大きな、まさに「運転資金需要」からも発生した――のだと。

それでは、このような巨額で急激な投資資金は（b）どのような「内訳構成」に即して調達されたのであろうか。一般的にいって、企業の投資資金調達は「内部資金」と「外部資金」とから構成されるが、これまでにフォローしてきたような高度成長期の巨大な資金需要を、「社内留保金・減価償却費」からなる「内部資金」によって充足することはほぼ不可能であった。そこでこの事実を（イ）主要企業五〇〇社の「産業資金源泉別構成比」（%）によって確認すると、「外部資金」比率は五三年＝六七・八%→五五年＝五六・一%→五七年＝六八・一%→五九年＝六一・四%→六一年＝六〇・八と動く（**第14表**）から、「外部資金」は継続的に全体の約六～七割を占め続けた。その点で、この間の巨額な資金需要は何よりもまず「外部資金」によってこそ充足された事実が明瞭だが、ここでの対象企

第15表　設備資金にたいする内部資金の比率　(%)

	日　本	アメリカ	イギリス	西ドイツ
1955			118.4	
56			91.2	67.0
57	37.0	82.1	92.2	87.6
58	35.0	105.7	96.2	69.6
59	44.8	121.8	118.6	79.0
60	40.1	80.5	102.7	68.0
61	38.4	99.4		61.1
62	40.4	106.1		64.1

資料：日本銀行『国際比較統計』による。

業が、相対的には「自己資本」保有状況が良好な大企業であったことを考慮すれば、全体ではこの「外部資金」比率はさらに一層上回るに違いない。

ついでもう一歩焦点を絞って、(ロ)「設備資金」に限定した「内部―外部資金」比率に目を向けてもほぼ同型の傾向が発現してくる。通例は、「設備資金」は――その充用期間の長期性からして――「内部資金」によって充足される比率が高いはずだが、ここではどうか。いま「設備資金に対する内部資金の比率」(%)の数値を拾うと、例えば以下のような軌跡を描く。すなわち、五七年＝三七・〇%→五九年＝四四・八%→六一年＝三八・四%→六二年＝四〇・四%(**第15表**)という図式であって、概ね四〇%程に過ぎない以上、「設備資金」に関してさえ、その半分以上は「外部資金」に依存して始めて調達可能だったわけである。その特質に注意したい。

このようにみてくると、(ハ)「資金調達内訳構成」動向に関しては以下の三点が特に目立とう。まず一つ目は「対戦前比較」であって、戦前における「内部資金比率」は、例えば不況局面に当たる一九三一－三三年で九八%、好況局面といえる三四－三六年ですら五一%だったとされるから、この高度成長期の低率性が一見して顕著といってよい。ついで二つ目に「国際比較」に目を凝らすと、設備投資膨張の活発な西ドイツでさえその六〇～八〇%は「内部資金」によって充足されているし、いわんやアメリカ・イギリスは実に一〇〇%水準をも超過する程

第16表　産業資金（外部資金）源泉別調達内訳　（%）

		合計（十億円）	株式	社債	借入金計	民間金融機関	うち全国銀行	政府金融機関	外為貸・外資*
総額	1952	1,021	12.0	3.6	84.4	〔78.0〕	(57.1)	〔 9.2〕	〔△ 3.0〕
	53	1,063	15.6	3.9	80.5	〔69.2〕	(48.3)	〔 8.6〕	〔 2.7〕
	54	612	23.2	3.0	73.8	〔66.2〕	(34.6)	〔19.0〕	〔△11.4〕
	55	677	14.1	3.9	80.5	〔68.9〕	(36.5)	〔14.4〕	〔△ 1.3〕
	56	1,417	12.5	4.1	83.4	〔76.8〕	(57.8)	〔 7.3〕	〔△ 0.7〕
	57	1,798	15.9	2.9	81.2	〔73.4〕	(53.3)	〔 8.0〕	〔△ 0.2〕
	58	1,631	14.3	3.5	82.2	〔72.4〕	(46.7)	〔 9.8〕	〔 − 〕
	59	2,156	10.9	6.7	82.4	〔71.3〕	(44.2)	〔 8.7〕	〔 2.4〕
	60	2,966	15.9	5.2	78.9	〔70.3〕	(44.7)	〔 7.4〕	〔 1.3〕
	61	4,233	21.9	9.1	69.0	〔62.1〕	(35.8)	〔 1.4〕	〔 1.4〕
	62	4,290	18.6	2.1	78.3	〔69.3〕	(37.4)	〔 7.1〕	〔 2.0〕
	63	5,860	10.1	2.8	87.1	〔79.8〕	(49.1)	〔 1.0〕	〔 2.3〕
うち設備資金	1952	299	27.6	11.0	61.3	〔27.2〕	(15.8)	〔31.2〕	〔 3.0〕
	53	364	28.1	9.7	62.2	〔34.5〕	(21.1)	〔24.3〕	〔 3.3〕
	54	318	26.4	5.1	68.4	〔38.2〕	(18.4)	〔29.6〕	〔△ 0.6〕
	55	217	28.1	10.3	61.7	〔33.6〕	(8.7)	〔32.2〕	〔△ 4.2〕
	56	430	24.4	11.7	63.9	〔48.8〕	(27.1)	〔17.3〕	〔△ 2.2〕
	57	747	29.6	6.5	63.8	〔48.2〕	(26.6)	〔16.0〕	〔△ 0.4〕
	58	724	25.2	7.6	67.3	〔49.0〕	(24.2)	〔18.3〕	〔 − 〕
	59	987	18.9	14.2	66.9	〔45.3〕	(18.2)	〔16.4〕	〔 5.2〕
	60	1,392	26.1	10.8	63.1	〔47.6〕	(20.7)	〔12.6〕	〔 2.8〕
	61	2,127	33.8	18.1	48.1	〔36.6〕	(14.1)	〔 8.6〕	〔 2.9〕
	62	1,839	33.0	7.2	59.8	〔43.1〕	(15.2)	〔12.0〕	〔 4.7〕
	63	2,108	19.9	7.8	72.4	〔56.1〕	(20.4)	〔11.0〕	〔 5.3〕

資料：日本銀行『本邦経済統計』より算出。（*1957年までは日銀の外為貸付、以後外資。）
前掲、楫西他『没落』2142頁。

であった。したがって「国際比較」の面からも日本の「低率性」に疑問の余地はあり得ないが、そうであれば結局三つ目として、高度成長期・日本における「企業投資資金の『外部資金依存性』」がいかに高かったか——が、まさに一目瞭然だというべきであろう。

　ここまでを前提にしつつ、この「外部資金内訳」をさらにその（c）「主要源泉別」にまで具体化して検討しよう。そこで最初に、（イ）この「外部資金総額」を「源泉」に即して大区分（%）すると「株式—社債—借入金」という区分からなるが、例えばそれは以下のような図式を描く。つまり、五六年＝一二・五－四・一－八三・四↓五八年＝一四・三－三・五－八二・二↓六〇年＝一五・九－五・二－七八・九↓六三年＝一〇・一－二・八－八七・一という数字を示すから、まず何よりも、「借入金」比率の圧倒的高さが明白だといってよい（**第16表**）。この「借入金」が全体のおおむね八〇％以上を継続的に占めているのであるが、いうまでもなくそれは、市中銀行を中心とした金融機関からの「借入金」によるものであろう。それに対して、資本市場からの直接金融による「株式・社債」のウエイトははるかに小さく、「前者」がほぼ一〇～二〇％に止まる他、「後者」はさらにわずかで三～九％に過ぎない。こうして、産業資金における「外部資金」からの調達のほとんどが、ほぼ「金融機関借入」によって充足された――と集約しても決して大げさではなかろう。

ついで（ロ）この「借入金」の内訳にまで立ち入ると、その大部分が「全国銀行」に他ならない点もみえてくる。いま、「借入金」のうちの「民間金融機関（うち全国銀行）」割合の数値（％）を拾えば、例えば七六・八（五七・八）↓七二・四（四六・七）↓七〇・三（四四・七）↓七九・八（四九・一）という構図が得られる。したがってここからは、一つには、「民間金融機関借入金」が、「資金供給総額」および「借入金総額」のそれぞれ約七〇％および九〇％を占めていることが検出できるとともに、もう一つとして、そのうちさらに「全国銀行」が、それぞれの四〇～五〇％および五〇～七〇％にも達している点が理解可能だといってよい。まさに顕著な基本傾向ではないか。

最後に以上のような「基本傾向」を（ハ）「設備資金」に関しても確認しておこう。周知のように、商業銀行としての全国銀行は本来「短期運転資金」供給を主要業務にしている以上、設備資金に限定すると全国銀行のウエイトは低下するはずだが、その程度はどうか。そこで「設備資金」に限定して「民間金融機関（うち全国銀行）」の融資割合（％）を追えば、おおむね五六年＝四八・八（二七・一）↓五八年＝四九・〇（二四・二）↓六〇年＝四七・六（二〇・七）↓六三年＝五六・一（二〇・四）という基調で経過する（**第16表**）。したがって、「設備資金」供給に関しても、まず「民間金融機関」は全体のほぼ四〇から五〇％を占めて最大の供給部門となっているし（「株式」＝二－三割、「社債」＝一〇％前後）、さらに特に「全国銀行」に限っても、それは「民間金融機関」のおおよそ半分を構成していることがみて取れよう。まさにこの点で「設備資金供給」においても「全国銀行」の重要性は極めて高いといってよく、「全国銀行」の「長期信用『親和性』」が読み取れる。

要するに、高度成長期日本における産業資金の調達が――「設備資金」という長期資金をも含めて――、「民間金融機関」（取り分け「全国銀行」）からの「長短の借入金」に決定的に依存してのみ実現可能であったことがいまや明白である。まさにこの点にこそ、日本企業蓄積方式における「借入金優先主義」＝「間接金融の典型性」の、その決定的根拠があろう。

そのうえで、以上のような「全国銀行」の③「資金形成・供給メカニズム」[7]に目を転じよう（**第17表**）。まず最初に「資金運用」の源泉を構成する（a）「負債」状況から入ると、一つ目として（イ）「負債全体」（百億円）の推移は大枠で以下のようになる。つまり、一九五六年＝四二八→六一年＝九八八→六四年＝一四八七という数字が拾えるから、その激増ぶりには驚かされる以外にはない。この一〇年足らずの間に実に三・五倍にも膨張しているのであって、これまでに検出してきた企業への大量資金融資を可能にするための、都市銀行・資金源泉の急増がまず確定されてよい。そのうえで次に、この「負債激増」の内容を知るために二つ目に（ロ）「負債構成比」（％）にまで立ち入ると、そのポイントは「預金・借用金・コール」の三者からなり、その比率は以下のような推移を示す。例えば、この三項目の「構成比」はそれぞれ七三・六－四・六－二・一→六三・七－一三・五－一・九→六六・三－九・〇－三・七という図式で経過すると理解されてよく、したがってこの軌跡からは、「預金の中軸性」・「借入金の急増化」・「コールによる補完性」という三つの基本点が導出可能だと考えられる。要するにまず「預金の重要性」が明白だといえよう。

表17　都市銀行の主要負債・資産残高構成

	昭和5年末（5大銀行）		昭和31年末		昭和36年末		昭和39年3月末	
〔負債〕　(1)	100万円	%	10億円	%	10億円	%	10億円	%
預金	3,187	77.3	3,149	73.6	6,293	63.7	9.852	66.3
借用金	21	0.5	195	4.6	1,332	13.5	1,324	9.0
コール・マネー	－	－	91	2.1	190	1.9	553	3.7
外国為替	49	1.2	61	1.4	428	4.3	577	3.9
未決済為替借	25	0.6	45	1.1	82	0.8	92	0.6
支払承諾	20	0.5	458	10.7	950	9.6	1,549	10.4
諸引当金			72	1.7	153	1.5	224	1.5
資本金	477	11.6	55	1.3	120	1.2	159	1.1
諸準備金	266	6.5	33	0.8	41	0.4	46	0.3
利益金	30	0.7	85	2.0	177	1.8	125	0.8
その他負債	47	1.1	34	0.8	114	1.2	346	2.3
合計	4,124	100	4,280	100	9,880	100	14,865	100
〔資産〕								
預金	204	4.9	592	13.8	1,010	10.2	1,638	11.0
預け金	91	2.2	5	0.1	147	1.5	235	1.6
コール・ローン	127	3.1	13	0.3	4	0	1	0
有価証券	1,279	31.0	373	8.7	1,152	11.7	1,373	9.2
貸出金	2,009	48.7	2,441	57.0	5,553	56.2	8,592	57.8
外国為替	119	2.9	199	4.6	552	5.6	806	5.4
未決済為替貸	20	0.5	20	0.5	53	0.5	116	0.8
動産・不動産	81	2.0	66	1.5	116	1.2	168	1.1
支払承諾見返その他資産	38	0.9	571	13.0	1,293	13.1	1,936	13.0
(未払未済資本金)	154	3.7						

(1)　預金には債券・掛金を含む。
資料：日本銀行『本邦経済統計』より。

この基本的側面に立脚したうえで、三つ目に（ハ）この「預金」と「外部負債」との相互関係に対してもう一歩立ち入ったメスを加えてみよう。そのために、いま「実質預金」（一〇億円）［A］（預金－小切手・手形）の動向をフォローしながら、それと「外部負債」［B］（借用金＋コールマネー）および「日銀借入」［C］との比率を摘出すると、おおむねつぎのような構図が描かれる。すなわち、五六年＝［A］二五八六、［B／A］一一・一％、［C／A］四・五％→五八年＝三四一九、一六・九％、九・八％→六〇年＝四八〇九、一六・九％、九・〇%→六二年＝六一・九〇、二八・五%、一九・二%という軌道上を動くのであって、このような動向からは、結局以下のような特徴が導出可能だと思われる。つまり、まず第一は「実質預金の激増」であり、先に「預金」全体の急増加をすでに確認したが、それが――「小切手・手形」を控除した――「実質預金」サイドからも極めて顕著にみて取れるということに他ならない。ついで第二は「外部負債」の動きだといってよく、特に六〇年代に入ってからの膨張が目立つ。その点で、企業からの巨大な資金需要が「外部負債」に依存して始めて可能だったことが明白だが、第三にその「依存先」として「日銀借入」が重要な位置を占めており、具体的には二〇%にも迫りつつある。いうまでもなく「オーバー・ローン―日銀信用への依存」構造の一端だが、これについては後に詳述しよう。

そのうえで（b）都市銀行の「資産」状況はどうか。そこで最初に一つ目に（イ）「資産全体」（百億円）の推移を辿ると――いうまでもなく先に掲げた「負債総額」と一致するが念のため再掲すると――五六年＝四二八→六一年＝九八八→六四年＝一四八七と動いた。つまり、五〇年代後半から六〇年代にかけてまず倍増した後、六〇年代前半期でも凄まじい伸びを呈しており、この方向からも、都市銀行における「資金運用」の著増は一目瞭然といってよい。したがって直ちに二つ目として（ロ）「資産内訳構成」（%）へ進むと、比較的ウエイトが高いのは「貸出金・現金・有価証券」の三項目に絞られるので、この三つの推移を追うと以下のようである。すなわち、この三つはそれぞれ、五六年＝五七・〇－一三・八－八・七→六一年＝五六・二－一〇・二－一一・七→六四年＝五七・八－一一・〇－九・二（**第17表**）という数字を刻むから、「現金」はともかくとして、都市銀行・資産構成に関しては、「貸出金」が七割に迫る程の圧倒的な大きさを継続的に示す。次に二位として「有価証券」が続くがそれは一〇%内外に過ぎず、戦前期のほぼ三割水準からは激減を遂げている（さらに戦前期・資金運用の主要手段であった「コール」も「資金出し手」としては〇・三→〇→〇となりゼロである）。要するに、「貸出金」比重の圧倒性が特徴的であろう。

第18表　都市銀行のオーバー・ローンと外部負債の規模　(%)

年　　末	貸出＋有価証券 実質預金	借用金＋コール・ローン 実質預金	日銀借入 実質預金
昭和10年	98.1	0	0
25	124.9	20.8	19.0
26	128.8	26.3	22.6
27	127.1	21.1	16.8
28	126.7	22.2	17.4
29	123.5	17.9	13.1
30	105.3	7.7	1.4
31	108.2	11.1	4.5
32	123.8	24.7	18.3
33	117.3	16.9	9.9
34	117.2	16.3	7.2
35	116.9	16.9	9.0
36	124.9	28.3	22.7
37	126.7	28.5	19.2
38	119.4	23.0	13.3

資料：日本銀行『本邦経済統計』より作成。
前掲、大島他『経済過程』215頁。

そのうえで三つ目に、この「貸出金」比重の大きさを確認するために、(八)「実質預金に対する貸出金比率」(一〇億円、%)をフォローしてみよう。そうすると、五六年＝「実質預金」二四四一、「貸出金／実質預金」九四・四%→五八年＝三四五五、一〇一・一%→六〇年＝四七〇四、九七・八%→六二年＝六五一一、一〇五・二%、という軌跡が描かれるから、まずこの「貸出金」の激増が明瞭であり、例えば六二年には五六年の二・三倍にまで膨張を遂げた。そしてその動向の中で、「貸出金の、実質預金『超過現象』」が発生してきているのであって、その「超過率」は六二年にはついに「一〇五・二」にまで到達している。周知の「オーバー・ローン現象」の顕在化に他ならない。

そこで、以上で点検した「負債—資産」バランスが(c)「オーバー・ローン現象」(8)として総括されねばならない。このオーバー・ローンの一般的傾向については簡単な数字をすでに示したが、ここではもう一歩細かな数値を利用してオーバー・ローンの内実に迫ってみよう。そこでそのために、いま「貸出＋有価証券／実質預金」と「日銀借入／実質預金」という二つの指標（％）の推移を辿る（**第18表**）と以下のようになる。すなわち、まず一九五四年から五六年にかけては、五四年＝一二三・五（一三・一）↓五五年＝一〇五・三（一・四）↓一〇八・二（四・五）と一旦は減少に向かいオーバー・ローンの改善がみられるが、しかし、高度成長の本格化によって企業からの資金需要が激増するのに対応して、オーバー・ローン基調も再び強化に転じる。事実その後は、五七年＝一二三・八（一八・三）↓五九年＝一一七・二（七・二）↓六一年＝一二四・九（二二・七）↓六二年＝一二六・七（一九・二）↓六三年＝一一九・四（一三・三）という軌道上を走るのであるから、総体的には、「投資の対実質預金比」でほぼ一二〇％水準また「日銀借入の対実質預金比」で約二〇％水準に達しているとみてよい。まさに、高度成長にともなった、見事な「貸出超過」＝「オーバー・ローン現象」が摘出されざるを得ない。

その点を逆からいえば、都市銀行は、高度成長が惹起させた巨大な資金需要を、あくまでも――日銀借入を主軸とする――「外部負債」に依存して始めて供給可能だったわけであり、まさしくその典型的表現形態こそ「オーバー・ローン」以外ではなかったのである。

［3］雇用動向　ここまでで、高度成長の基礎基盤を形成した「投資―資金調達」構造を位置づけたが、ではこの基礎構造は次に第三に、（三）「雇用動向」[9]へとどのように連関しただろうか。そこで最初に①「雇用推移―労働力人口」の動きから入ると、まず（a）「労働力状態」を総体的に概観しておく必要があるが、この高度成長過程におけるその着実な増加がいうまでもなくみて取れる。つまり、「労働力人口＝就業者数」（万人）は五六年＝四一九七↓五八年＝四三二四↓六〇年＝四五一一↓六二年＝四五七四と推移する以上、この間の投資・蓄積・生産の急拡大に対応して、――投資膨張に比してその増加率はかなり小さいとはいえ――全体としては労働力人口の持続的な増加がまず確認されてよい。まずこの点に疑問はなかろう。

第19表　産業別規模別従業員増減率　（%）（1954／63）

	総　数	鉱山業	建築業	製造業	卸・小売業	金融・保険・不動産業	運輸・通信・公益事業	サーヴィス業
1人	△1.1	△7.2	△0.2	△14.1	△1.3	200.0	△31.6	△8.8
2～4	21.5	33.0	35.0	5.2	27.1	55.9	34.2	15.0
5～9	38.0	30.5	97.0	23.1	58.5	0.0	119.0	14.1
10～29	52.1	46.9	107.5	47.5	90.0	2.5	173.9	△1.0
30～99	94.9	6.5	114.0	96.2	233.5	93.5	180.2	△6.0
100～499	125.7	△11.5	105.0	115.0	291.0	146.5	157.0	112.1
500～	50.7	△26.7	53.1	91.1	205.0	77.0	△51.2	126.1
計	54.5	△22.3	85.0	69.3	62.0	59.0	48.8	10.5

資料：総理府『事業所統計調査報告』より作成。
前掲、楫西他『没落』2276頁。

では、労働人口のこの着実な増加はどのような部門で吸収されたのであろうか。そこで（b）「産業別動向」にまで進むと、（イ）最初に「第一次―第二次―第三次」の構成比（%）は、三八・五－二四・六－三七・〇→三五・一－二六・八－三八・一→三二・四－二七・七－三九・九→二九・九－三〇・四－三九・七という図式で推移するから、「第一次産業の衰退」・「第二次産業の飛躍」・「第三次産業の持続」といういわば常識的な傾向が表出してくる。この中では「第二次」が三割を超えた点が重要だが、そのうえで（ロ）「産業部門」にまでもう一歩立ち入ると、「一九六三年／五四年増加率」に関して以下のような図柄が手に入る（**第19表**）。すなわち、「総数」＝五四・五%であるのに対して、鉱山業＝△二二・三%、建設業＝八五・〇%、製造業＝六九・三%、卸・小売業＝六二・〇%、金融・保険・不動産業＝五九・〇%、運輸・通信・公益事業＝四八・八%、サーヴィス業＝一〇・五%などとなるかぎり、何よりも「建設・製造業」の拡張規模が突出していよう。その意味で、（ハ）「民間設備投資主導」型「重化学工業中軸」という、日本型・高度成長のその蓄積パターン性格がよく反映されている。

最後に、以上のような「労働力人口」動向を（c）「労働市場」構造の面から総括しておきたい。そこでまず（イ）「求職・求人」状況だが、いま、

第20表　労働市場の状況　（千人）（月平均）

	一般				
	求職数	求人数	求人倍率	就職者	就職率
1955	1,283	353	0.27	158	12.3
56	1,199	458	0.38	188	15.7
57	1,180	572	0.48	207	17.5
58	1,407	547	0.39	212	15.0
59	1,341	680	0.51	229	17.1
60	1,191	881	0.74	229	19.2
61	1,139	1,093	0.96	219	14.1
62	1,414	1,947	1.37	235	16.5

資料：『日本の経済統計』、下、42頁。月平均数。

「求職者―求人数―求人倍率」（月平均、千人、％）三項目の推移を追うとそれぞれ次のような数値が拾える。つまり、五六年＝一一九九‐四五八‐〇・三八倍→五八年＝一四〇七‐五四七‐〇・三九倍→六〇年＝一一九一‐八八一‐〇・七四倍→六二年＝一四一四‐一九四七‐一・三七倍（**第20表**）、となるのであって、ここからは以下の三点が取り分け目立つ。最初に第一は「求職動向」に関してであり、局面に応じて上下しつつも、明瞭な増加基調とはいえずむしろ安定傾向で推移を続ける。その点で「求職状況の安定化＝失業者状況の好転」が伺えるが、それに対して第二に明らかな拡張傾向に転じているのは「求人数」だとみてよく、六二年には二百万人にまで接近して五六年の実に四倍を超えていく。したがってそうであれば、その結果「求人倍率」が顕著に増加していくのは当然であり、六二年にはとうとう一倍を超えて「労働力需要超過」が発現するに至った。事態は新たな局面を迎えた。

この点をさらに（ロ）「新卒者求人倍率」に即してみると、「人不足」状況は一層際立ってくる。すなわち、「中卒―高卒」に区分してその軌跡を辿ると、それぞれ、五六年＝一・〇‐〇・八→五八年＝一・二‐一・一→六〇年＝一・九‐一・五→六二年＝二・九‐二・七→六四年＝三・六‐四・〇、という見事な急上昇運動をみせる。こうして、この一〇年足らずの間に、求人倍率は一倍を切るレベルから四倍を超過する水準へとまさに「うなぎ上り」状態なのだから、「労働力不足」は何よりも新規学卒者に関してヨリ典型的であることがわかろう。要するに、この「労働市場」動向については結局次のような（ハ）「総括」を導出可能だといってよい。すなわち、高度成長期に入って、戦後長きにわたって継続されてきた「労働力過剰」現象に一つの構造的変動が訪れたのであり、特に新規学卒者に関して次第に「労働力不足」が強まってきたこと――これである。もちろん、年齢別・男女別・業種別・規模別・地域別などの個別要因が厳存するから、単純には断定はできないものの、しかし、高度成長にともなう企業の強蓄積過程の帰結として、「労働力不足」化への構造変化が進行し始めた点だけは、もはや否定はできない。

では、この「労働力需給構造変化」は次に②「賃金動向」へはどのように連関作用したのだろうか。そこで最初に（a）「平均賃金」の変化を視野に収めておく必要があるから、まず「産業総合」に即して、その「平均賃金額」（千円）と「（実質）現金給与総額指数」（一九六〇年＝一〇〇）とを追いかけてみると以下のようになる（**第21表**）。つまり、五五年＝一八・三（指数八二・一）→五八年＝二二・二（九二・四）→六一年＝二六・六（一〇五・七）→六四年＝三五・八（一一九・〇）という推移をみせるのであり、この一〇年において賃金額で一万七千円、指数にして三七ポイントの上昇が実現している。その点である程度確実な賃金上昇が確定されてよいが、ただしなお注意が必要なのは、先にフォローした通り、他方でこの期間において、「労働生産性の急上昇」（例えば五五－六三年にほぼ倍増）と、それから帰結する「労働分配率の低下」（五〇年＝六五・六→六一年＝四六・三）とが顕著に進行した事実に他ならない。そして――この点もすでに検出したが――これらの結果として企業利潤もかなりの上昇を示したのである以上、いま確定した「賃金の実質的上昇」も決して「利潤率の削減」を惹起させるほどの水準ではなかった――ことが重要といってよい。要するに、利潤は賃金上昇と同時に上昇したわけであり、逆からいえば、賃金上昇は、あくまでも「利潤率上昇の範囲内」において「のみ」達成されたのだとこそいうべきであろう(10)。

第21表　平均賃金額と賃金指数

	平均賃金額（千円）		現金給与総額指数（1960年=100）			
			産業総合		製造業	
	産業総合	製造業	名　目	実　質	名　目	実　質
1955	18.3	16.7	76.1	82.1	74.4	80.4
56	20.0	18.3	81.8	88.0	81.4	87.5
57	21.3	19.3	85.6	89.3	84.1	87.8
58	21.2	19.2	88.2	92.4	86.1	90.3
59	22.6	20.8	93.6	97.0	92.6	95.9
60	24.4	22.6	100.0	100.0	100.0	100.0
61	26.6	24.8	111.3	105.7	111.5	105.9
62	29.5	27.3	122.7	109.1	122.0	108.5
63	32.7	30.2	135.8	112.2	134.6	101.4
64	35.8	33.1	149.4	119.0	148.9	118.6
65	39.4	36.1	163.7	121.1	161.8	119.8
66	43.9	40.5	181.3	127.6	180.6	127.2
67	48.7	45.6	202.8	137.3	204.4	138.4
68	55.4	52.7	230.4	148.1	234.8	151.0
69	64.3	61.8	266.4	162.7	273.3	167.1
70	74.4	71.4	311.5	176.2	321.6	181.6
71	85.1	81.0	357.3	190.6	366.2	195.1
72	98.5	93.6	414.0	211.1	423.5	215.7
73	120.4	116.3	503.7	229.9	523.6	238.6

資料：安藤編『近代日本経済史要覧』178頁。

ついでこの「賃金上昇」を、（b）特に（高度成長の基幹部門である）「製造業」に焦点を当ててチェックしてみよう。そこで先の「産業総合」の場合と同様に、「平均賃金額」（千円）と「（実質）給与額指数」を拾ってみると、一六・七（八〇・四）→一九・二（九〇・三）→二四・八（一〇五・九）→三三・一（一一八・六）という図式が手に入る。一見して「産業総合」のケースと同じレベルの数値が表れているが、しかしやや詳細に踏み込むと、――意外なことに――この「製造業」の方が押しなべて各ポイントに関して一―二ポイント下回る構造が無視できない。まさに、高度成長の基軸部門たる「製造業」においてこそ、賃金上昇は一定の「遅れ」を随伴させていたという以外にないが、この「遅れ」こそが「製造業部門利潤率」にむしろ「有利」に作用しつつ、「製造業」を高度成長基幹セクターに押し上げた

第22表　実質国民総支出の推移　（指数）（昭和９～11年=100）

年度	国民総支出	個人消費支出	政府の経常支出	国内総投資	
					うち民間設備投資
昭和26	109	101	78	155	103
27	122	118	92	155	123
28	129	128	96	176	138
29	135	133	101	164	141
30	148	143	103	197	144
31	160	151	111	251	217
32	172	159	120	270	269

資料：経済企画庁調査局編『経済要覧』（1959年版）34頁より。

その「一つの理由」だったのかも知れない。

そのうえで、以上で検出した「賃金上昇」基調は（c）「個人消費支出」へとどのように波及しただろうか。そこでこの「個人消費支出」（一〇〇億円、指数一九五五年＝一〇〇）推移を辿ると**（第22表）**、五五年＝五一二（一〇〇）→五七年＝五九八（一一三）→五九年＝六八八（一二八）→六一年＝八九二（一五二）→六三年＝一一八六（一七八）という数値が刻まれる。みられる通り、「個人消費支出」はこの一〇年足らずの期間に一・八倍に増加しているから、決して小さな規模ではなく「賃金上昇」の波及効果がもちろんみては取れるが、しかし他方、この間の「国民総支出」の他の項目と比較すると、むしろ「個人消費支出」の相対的小ささこそが目立つ。というのも、この間の「国民総支出」全体の伸び率さえ二一九であるし、いわんや「国内民間総資本形成」の指数は三八七にも達しているからに他ならない。しかも、「個人消費支出」構成比でみても、三四－三六年平均＝六五・四％→五一－五四年平均＝六〇・二％→六一年＝四九・九％となって顕著に低下し続けているかぎり、「個人消費支出」を過大評価はできない。したがって、賃金増加に裏付けられた「個人消費」もある程度の確実な伸びを確かに実現したとはしても、それは、「資本形成」の高々半分程度の水準にしか過ぎなかったし、しかも経済全体の拡大規模にさえ劣るというレベルのものであった。

第23表　労働力状態

	1955	1960	1965	1970	1974
	%				
生産年齢人口比率	66.5	69.9	74.3	76.1	75.5
労働力率	70.8	69.2	65.7	65.4	63.5
有業率	47.1	48.4	48.8	49.8	47.3
完全失業率	2.5	1.7	1.2	1.1	1.4

資料：総理府統計局「労働力調査報告」による。

つづめて言えば、この高度成長はあくまでも「民間投資主導」型以外ではなかったし、したがって、「賃金上昇」もやはりネーベンなものに止まったと結論するしかないであろう。最後に、以上のような「雇用動向」を③「失業者」推移の点から総括しておきたい。最初に（a）「完全失業者」（万人）の推移を追うと、五五年＝一〇五→五八年＝九〇→六一年＝六六→六三年＝五九となって、完全失業者はこの期間に端的にいってほぼ半減している。繰り返し指摘されるように、日本の場合には「失業概念の不適切性」や「失業統計の不備」などが明瞭だから、これらの数値を鵜呑みにはできないとしても、高度成長期に入って「失業者の急減」が生じた点までをも否定する必要はなく、投資拡張にともなう「失業減少」はまず明白といってよい。いうまでもなく、表面化しつつある「労働力不足」の逆表現に他ならない。

そのうえで、この現象を（b）「失業率」の面から把握するとどうか。その場合、失業率に関してはヨリ一層正確な数値は期待し得ず、ラフな数字に拠るしかないが、例えば以下の数値だけは拾える。すなわち、「完全失業率」は一九五五年＝二・五％→六〇年＝一・七％→六五年＝一・二％→七〇年＝一・一％（**第23表**）と経過するから、「一％台」という絶対的水準についてはなお信憑性が持てないにしても、失業率が「趨勢的」に低下しつつあるその傾向線だけは確認可能だと考えてよい。その点で、高度成長期での「失業者―失業率低下傾向」は一応明らかであろう。

要するに、「投資膨張→労働力不足→失業低下」＝「民間設備投資の拡張連関」という基本ラインの貫徹がみて取れる。

Ⅱ　国家政策――高成長枠組の体系的整備

［1］産業政策　取り急ぎ、（一）高度成長期「国家政策」の発動過程に進むが、まず第一は①「産業政策」に他ならない。周知の通り、「産業政策」という概念はある意味で日本に固有なものであり、そのこともあってその「包括エリア」は明瞭とはいえないが、ここではさし当り「産業構造・基盤への組織化作用」として大まかに括っておきたい。そうであれば、この「産業政策」のまず一つ目の柱として（a）「企業政策」が指摘可能なのはいうまでもない。そこで最初に（イ）「財投の性格変化」[11]が興味深い。すなわち、この財投が民間資本投資におけるその重要な資金源泉を構成し、その側面において、財投が、「高度成長型産業構造構築」という「産業政策」機能を果たした点はすでに詳述した通りだが、ここでさらに付け加えておくべき側面は、この財投が「社会資本充実＝社会的不均衡是正」という新たな機能においてもその「産業政策」作用を発揮したことである。この点に関してはすでに立ち入った検討を済ませたが、例えば「財投の性格別内訳」において六一年時点では、「大企業向け」が一八％なのに対して「中小企業・農林漁業向け」＝一九％、「民生向け」＝一二％となり、したがって、財投の主眼は「大企業向け資金融資」からすでに離脱を開始したとみてよい。

そうであれば、この「財投の性格変化」の意義はこう理解できよう。すなわち、民間投資急膨張が惹起させる「矛盾ないし不均衡」＝「高度成長のゆがみ」の是正を通して、この「矛盾・不均衡」が民間投資の継続的進行・拡大の阻害要因に転化しないように調整・補完すること――これである。まさに、「新局面」に対応した「産業政策」の一環であろう。

ついで「産業政策」の次の側面として、（ロ）国家の設備投資促進に関する、その「介入形態の変化」が指摘されてよい。これは二つのエリアで注目されるが、まず一つは「開銀融資」場面であって、その対象部門が、従来の「戦略的重要部門」からいわば「斜陽・停滞部門」（石炭・硫安・海運など）への切り替えが進みつつある。つまり、これまでの集中的資金融資を土台としてこの時期までにすでに自主的な資金調達能力を確保し終わった部門から、そのような産業の「周辺部門」や依然として停滞を余儀なくされている部門へと、開銀融資の重点が変化を開始したわけであろう。そのうえでもう一つは「輸銀融資」のケースに他ならず、例えば、「プラント輸出における生産金融」としてカテゴリー化される、これまでの事実上の「設備資金供給」そのものに代わって、むしろ「輸出促進」を周辺からサポートする、いわば「条件整備」へ向けた融資こそが目立ってくる。具体的には、その主目的は、貿易・為替管理制に立脚した「輸入制限」を維持しつつ、プラント輸出に関する「延払金融」を中軸とした、大企業の海外（特に後進国）への輸出促進へと変化していく。したがってここからも、「基軸部」から「周辺部」への転換という「新基軸」がみて取れる。

まさにこのような「新型・産業政策」理念は、具体的には（ハ）いくつかの「特殊立法」として結実していった。そしてその立法の中に、「政府による資金の確保」が条文化された例が多いが、その主要なものは以下の通りである。つまり、「機械工業振興臨時措置法」（五六年六月）、「日本合成ゴム株式会社法」（五七年六月）、「電子工業振興臨時措置法」（五七年六月）、「航空機工業振興法」（五八年五月）、「中小型鋼船造船業合理化法」（五九年四月）、などに他ならず、みられる通り、「戦略産業」から「斜陽産業」までを網羅した広範な「国家による産業組織化」の束が確認できよう。まさしく「日本型・産業政策」の表面化だといってよい。

続いて「産業政策」の第二の柱は（b）「中小企業政策」[12]である。さていま「企業政策」でその基本性格が確認できたように、この局面における「産業政策」の一つの重要な力点は「高度成長の『歪み』是正」＝「持続的高成長条件の確保」に求められるが、そのような方向性はついで「中小企業政策」にも基本的には貫徹している。そこでまず、政策発動の前提をなす（イ）「中小企業の基礎動向」を概観しておくと、日本経済全体に占める中小企業の圧倒的ウエイトはいぜんとして揺るがない。いま例えば「従業員規模別事業所数」（千）の変化を追うと、規模「一－四人」・「五－二九人」・「三〇－九九人」事業所数構成比（％）は、それぞれ、五四年＝八〇・一－一七・八－一・七→五七年＝七七・五－二〇・〇－二・〇→六〇年＝七六・六－二〇・六－二・二→六三年＝七五・一－二一・六－二・六という構図を描く。すなわち、「一－四人」という最下層が若干減少しつつ「三〇－九九人」クラスが微増しているから、わずかな規模拡大の兆候は確かに否定はできないものの、最下層の減少分はそっくり次の「五－二九人」層に吸収されているに過ぎない以上、一〇〇人以下で全体の実に九九％以上を占める現実に何ら変化は検出できまい。その点で、「膨大な中小企業の大海の中に少数の大企業がそそり立っている」という全体構造はなお貫徹し続けている。

したがって、高度成長がこのような中小企業の基本構造に特殊な作用を及ぼしたことは自明であり、その中で、中小企業の「再編成」が進んだことは十分に予測可能であろう。

では高度成長が中小企業に与えた（ロ）「影響」はどう整理可能であろうか。いうまでもなくその「影響」は多面的だが、いまその基本軸だけを取り上げれば概略として以下の三点が特に重要だと思われる。すなわち、まず一つ目は（A）「系列化」であり、大量生産方式の採用に規定されて、これまでの「下請形態」から、生産面での技術的連結性をヨリ緊密化させた「系列化」への転換が進みつつ、その中で、「技術高度化＝合理化の強制」・「親企業による介入の強化」・「親企業からの資本と技術の援助」などが発生していく。ついで二つ目が（B）「大企業との競争激化」だといってよく、「労賃上昇による中小企業競争力低下」・「大企業による流通末端の支配強化」・「オートメ化を基盤とした中小企業存在意義の低下」・「大量生産商品への消費指向の変化」、などを通して、中小企業分野への大企業の参入と蚕食が強化される。こういってよければ最後に三つ目として、(C)「中小企業の分化促進」が帰結したのはいうまでもない。特に、高度成長による「技術の発展」・「労賃の騰貴」は中小企業に対して「生産性の上昇」を強制したから、その結果、それに対応できた少数部分の地位向上と、それに対応不可能な一定部分の没落・解体とが同時進行したのは当然であった。こうして、高度成長は中小企業に対して、解決困難な特有な影響を与えたわけである。まさにこのような「困難性の増大」に立脚してこそ、中小企業政策が発現していく。

この点をふまえつつ、「中小企業政策」の最も典型的なタイプとして(ハ)「中小企業金融政策」を取り上げてみよう。というのも、これまで確認してきたように、高度成長の中で中小企業は設備投資の拡大を「強制」されたが、そのための資金調達こそが中小企業にとっての最大の難問をなした――からに他ならない。その場合、「中小企業金融政策」の発動はさし当り「中小企業向政府金融機関」の対応として現象するから、例えば「規模別・借入先別構成」(製造業、一九六二年、%)の動きを辿ると、以下のような数字が拾える。つまり、この「中小企業向政府金融機関」(商工中金・国民金融公庫・中小企業金融公庫)からの「借入金残高」は、「平均」が三・六%なのに対して、規模「一―三人」・「四―九人」・「一〇―一九人」・「二〇―二九人」・「三〇―四九人」はそれぞれ一九・二―一六・二―一四・一―一四・六―一四・三となるから、「中小企業向政府金融機関」の融資残高が、企業規模別にみて「小→大」へ向けて見事な「傾斜比率図式」を作っている点が検出できる。換言すれば、企業規模が小さければ小さい程この「中小企業向政府金融機関」への依存が増加する――という傾向に他ならず、その意味で、「中小企業向政府金融機関」が「中小企業向け融資」に果たした役割の効果は大きい。ちなみに「一〇〇〇人以上」規模企業では、その八一・二%が「一般金融機関」借入なのに比較してこの「中小企業向政府金融機関」からのそれは〇・二%であることからも、その効果は、逆の面から実証できよう。

このように理解できれば、ここから、「高度成長拡大波及→中小企業設備投資強制→設備資金調達困難→中小企業金融政策発動」というロジックの発現が明瞭に確定されてよい。まさに「対中小企業向け」の固有な「産業政策」展開以外ではないが、それを通して「高度成長の歪み」是正が追求されつつ、高度成長の円滑な持続が目論見られたのであろう。

最後に「産業政策」の第三の柱こそ（c）「農業政策」[13]に他ならない。というのも、当面の「産業政策」の焦点は何よりも「高度成長『歪み』の是正」にこそあるが、「農業政策」もこの「是正」の一環に位置づけ可能だからである。そこで最初に「農業政策」発動の実体的基盤をなす（イ）「農業構造」の基本特徴を押さえておくと、高度成長過程を直接に反映して以下の三点が顕著だといってよい。つまり、（A）「農業人口の流出」――「農家人口増減」（千人）が五八年＝△三二七・四→六〇年＝△四六一・六→六二年＝△七八九・七と激減し続けること、（B）「農業技術の発展」――例えば「動力耕運機」（千台）使用が五五年＝八九→五八年＝二二七→六〇年＝五一四→六二年＝一四一四と急上昇し、その結果「農業生産指数」（農業総合、一九五五年＝一〇〇）も九四・五→一〇三・〇→一一〇・五→一一九・〇と伸張したこと、（C）「兼業化拡大」――「専業・一兼・二兼」の構成比（％）が五五年＝三四・七－三七・九－二七・四→六〇年＝三三・七－三四・一－三二・二→六五年＝二〇・五－三七・二－四二・三と変化して、「二兼」の比率拡張が顕著なこと、これである。要するに、高度成長に起因した「労働力流出＝農業人口縮小」と、その帰結たる、「農業技術向上―生産性上昇」の一定の進行であって、まさにその帰着点としてこそ「兼業増加」が発現してくる――と整理可能であろう。

では、このような「農業構造変質」は次に（ロ）「農家経済」へとどのように作用しただろうか。そこで農家経済の一端を把握するために、「農業所得―家計費」（千円）のカヴァリッジ・バランス（％）を追うと、以下のような軌跡を描く。すなわち、五六年＝二三一・四－三一八・五（六九％）→五八年＝一九一・六－三二一・二（五九％）→六〇年＝二一三・〇－三六六・七（五八％）→六二年＝二六三・七－四五七・六（五七％）というラインであるが、一方での、農業経営全体の縮小傾向に制約された「農業所得の伸び悩み」と、他方での、高度成長に連動した「機械化・消費増加」にともなう「家計費の著増」とに挟撃されて、「農業自立力」を示すカヴァリッジは明らかに低落傾向を余儀なくされている。

こうして、高度成長期農業は、一面で、高度成長に起因した「農業外」諸条件の拡張に連動して「数量的拡大」過程を辿りつつも、他面では、高度成長のまさに「歪み」を受けてその「自立的発展力」を著しく減退させつつあった。まさしく「農業政策」発動の所以である。

そこで、この局面における「農業政策」の典型として、（ハ）周知の「農業基本法」（一九六一年）が成立をみるが、この「農基法」は大まかにいって以下の三論点を柱にしている。すなわち、まず第一論点は（Ⅰ）「生産政策」であって、その主眼はいわゆる「選択的拡大の促進」に置かれた。やや立ち入って整理すれば、政府が農産物の需給に関して長期的な見通しを立てたうえで、将来需要の伸びが予想できるような農産物についてはその生産を刺激・増大させ、逆にそれが伸びない農産物の場合にはその生産を抑制ないし転換させる――というものに他ならない。したがって、これが、高度成長がもたらした「外部条件変化」、すなわち「農産物消費構造の激変」に対する、その政策的対応であることは当然であろう。

次に論点の第二として（Ⅱ）「価格・流通政策」が指摘可能である。換言すれば、「農産物価格に対する安定施策の拡大強化」だといってよいが、その具体的内容としては、「輸入農産物の数量・価格調整」をも含めて、――単なる価格水準の支持・維持ではなく――「農産物価格の効果的な変動抑制＝『安定化』」こそが目指されていると考えるべきであろう。いうまでもなく、高度成長の、「農業への価格面での撹乱」抑止こそがその目的なのである。

そして最後に第三論点こそ（Ⅲ）「構造改善政策」であり、ここでは、農業経営主体に関するその「性格・構成変革」が展望されていく。すなわち、この方向からは、一方では、「自立経営」――家族経営の下で完全就業が可能であるとともに、農業所得が他産業従業者所得と「均衡」するような経営――の育成を図ると同時に、他方では、協業経営による生産性の向上を目的として、そのような「経営の組織化」を援助・助成すべきことが強調された。まさにその点で、高度成長に起因した、「農業人口減少―農業技術革新強制―資金調達困難化」として表面化した「農業空洞化」への、その政策対応だとみるべきであろう。

以上、農基法の骨格をざっと概観したが、ではそれは高度成長期の「産業政策」としてどのように「総括」できるだろうか。しかしそのポイントは、農基法が抱えていた「三論点」の内容からしてすでに明瞭であろう。つまり、その「三論点」のいずれもが、日本農業が高度成長の奔流に巻き込まれていくことから生じる「農業面での『歪み』」に対する、国家政策的「是正策」以外ではないかぎり、この農基法が、「高度成長の持続を目的とした、農業面における、農業基盤再構築のための『産業政策』」だ――と総括可能なのは当然といってよい。したがってこの意味で、農基法は、「高度成長を裏から補完する」という、「産業政策としての農業政策」の特質を、いわば最も端的に表現していると位置づけられる。

［2］財政政策　そのうえで、国家政策の第二として②「財政政策」[14]へと視角を転回しよう。そこでまず前提的に、この高度成長期における（a）「財政の比重」を全体的に概観しておく必要があるが、最初に（イ）「一般会計歳出」（百億円、％）は以下のように動く。つまり、五五年＝一〇一（対前年増加率△一・一％）→五六年＝一〇六（五・〇％）→

第24表　国民経済に占める財政の比重　（億円、％）

	国民総支出(A)	一般会計歳出(B)		財政投融資実績(C)		(B)/(A)	(C)/(A)
		実　額	対前年増加率	実　額	対前年増加率		
1950	39,467	6,332	△9.5	1,339	−	16.0	3.4
51	54,442	7,498	18.4	2,311	72.6	13.8	4.2
52	61,180	8,739	16.6	2,886	24.9	14.3	4.7
53	70,848	10,171	16.4	3,358	15.8	14.3	4.7
54	74,657	10,407	2.3	2,893	△13.8	13.9	3.9
55	82,335	10,181	△2.2	2,998	3.6	12.4	3.6
56	92,929	10,692	5.0	3,268	9.0	11.5	3.5
57	101,498	11,876	11.1	3,968	21.4	11.7	3.9
58	103,947	13,315	12.1	4,252	7.2	12.8	4.1
59	125,725	14,950	12.3	5,621	32.2	11.9	4.5
60	146,714	17,431	16.6	6,251	11.2	11.9	4.3
61	177,405	20,635	17.4	8,303	32.8	11.6	4.7

資料：大蔵省主計局『財政統計』による。

五八年＝一三・三（一二・一％）→六〇年＝一七・四（一六・六％）→六一年＝二〇・六（一七・四％）となるから、まず一見して財政規模の一般的拡張は否定の仕様がない（**第24表**）。そのうちでも、高度成長が軌道に乗り始める、特に五六－五七年を画期としてその増加テンポが高まるとみてよく、その結果五五－六一年のわずか六、七年の間に実に倍増を遂げたし、また増加率そのものとしても一六－一七％という顕著な数字を記録し続けた。

　ではこのような一般会計歳出の拡大は、（ロ）「国民経済に占める比重」という点ではどのような姿をみせるのか。そこで例えばいま「一般会計歳出／国民総支出」（％）の割合に注目すると、以下のような数値が手に入る。すなわち、五六年＝一一・五％→五八年＝一二・八％→六〇年＝一一・九％→六一年＝一一・六％（**第24表**）という構図であるが、戦後日本における財政ウエイト動向の中でこの数字は決して大きいとはいえない。というのも、戦後初期にあってはこの数値は五〇年＝一六・〇％→五二年＝一四・三％→五四年＝一三・九％などと経過するからであって、高度成長期に入ると「国民経済における財政の比重」は明らかに低下傾向へ移る。そこで以上の（イ）（ロ）二つのポイントをやや

第25表　財政支出の規模　（兆円、％）

	国民総生産 (A)	政府の財貨・サーヴィス購入 (B)	(B)／(A) (％)
1951年度	5.44	0.96	17.7
52	6.12	1.16	18.9
53	7.08	1.41	19.9
54	7.47	1.44	19.3
55	8.24	1.60	19.5
56	9.29	1.63	17.5
57	10.15	1.82	18.0
58	10.39	2.00	19.3
59	12.58	2.29	18.2
60	14.68	2.68	18.3
61	17.74	3.31	18.6
62	19.29	4.09	21.2
63	22.38	4.70	21.0
64	25.67	5.47	21.3

資料：経済企画庁調査局編『経済要覧』1966年版による。

総合化していえば、結局、この高度成長期の財政動向は、次のような二面を複合化した運動を展開したと整理できよう。つまり、経費支出としてはかなり大規模ではあったが、国民総支出がさらに大きく拡張したため、その構成ウエイトとしては決して大きくはなかった――と。いわば「相対的な『小さな政府』」現象に他なるまい。

しかしむしろ注意すべきは（ハ）「財政の『質的役割』」にこそある。そこで、特別会計・政府関係機関・地方政府などを合算した「政府の財貨・サーヴィス購入」（A）全体に着目してみると、単なる「小さな政府」とはまた相違する相貌が現出してくる。いま例えば、それと「国民総生産」（B）との比率を検出してみると、「A／B」（％）は五六年＝一七・五％→五九年＝一八・二％→六二年＝二一・二％→六四年＝二一・三％（**第25表**）という軌跡を描く以上、高度成長期以降での明瞭な上昇基調こそがみて取れよう。したがって、国民経済における政府部門の「財・サーヴィス購入者」としての役割はむしろ顕著に拡大しているのであって、「財政の『量的役割』の停滞」という現象の背後で、その「質的

第26表　国民総支出中政府部門の占める割合の国際比較　（%）

	一般政府消費支出	国内総固定資本形成	うち政府部門		（参考）一般政府消費支出・総固定資本形成
			公社・政府企業	一般政府	
日本　55～62年度	9.8	27.6	3.1	5.3	15.1
日本　63年度	9.7	33.0	4.4	6.8	16.5
アメリカ	18.3	16.6	0.4	2.4	20.7
カナダ	14.5	23.7	2.8	3.9	18.4
イギリス	16.9	15.5	5.1	1.4	18.3
フランス	13.5	18.9		2.3	15.8
西ドイツ	13.5	23.2		3.1	16.6

資料：『国民所得白書』1963年度版による。

役割の拡大」は大きく伸張しているといわざるを得ない。

要するに、総体的には、「財政『絶対規模』の増大―『量的役割』の停滞―『質的役割』の拡大」という「高度成長期財政の『三位一体』性」こそが重視されるべきだと思われる。

このような「一般的基調」を押さえたうえで、次に（b）「公共投資」作用にもう一歩深いメスを入れてみよう（**第26表**）。そこで最初に（イ）「対外比較」を試みると、「国民総支出における比率」に関して、日本の場合が、まず「消費支出」においては五五－六二年＝九・八％→六三年＝九・七％、また「固定資本形成」においては八・四％→一一・二％であるのに比較して、アメリカがそれぞれ一八・三％と二・八％、またイギリスがそれぞれ一六・九％と六・五％となる。したがって、日本は、アメリカ・イギリスに較べて「政府消費支出」に関してはその比率が低いものの、「政府固定資本形成」においては一転して両国より著しく高率を維持して世界最高である。まずその点で、日本型公共投資の中軸が何よりも「固定資本形成」にあるのは明瞭だといってよい。

以上の特質をふまえつつ、次に（ロ）この「政府総資本形成」（兆円、％）の推移をフォローすると、おおむね以下のような図式となる。つまり、五六年＝〇・六九（対民間総資本形成比三〇・六％）→五八年＝〇・九三

第27表　民間総資本形成と政府総資本形成　（1934〜36年百万円、その他兆円、％）

	(A) 民　間 総資本形成	(B) 政　府 総資本形成	(B)／(A)
1934〜36年平均	2,642	534	20.2
1950年度	0.82	0.19	23.1
52	1.20	0.47	39.4
54	1.16	0.59	51.2
55	1.37	0.72	52.1
56	2.26	0.69	30.6
57	2.40	0.81	33.7
58	1.90	0.93	48.7
59	3.29	1.12	33.9
60	4.27	1.34	31.4
61	5.86	1.72	29.4
62	4.95	2.23	45.1

資料：『財政統計』より作成。総資本形成には在庫品増加をふくむ。
前掲、楫西他『没落』2134頁。

（四八・七％）↓六〇年＝一・三四（三一・四％）↓六二年＝二・二三（四五・一％）と経過する（**第27表**）から、一つにはその絶対的水準の着実な増勢と、もう一つには対民間資本形成に対する比率の高位性とが一目瞭然という以外にはない。例えばこの「比率」は戦前期一九三四－三六年平均では二〇・二％程度であったから、高度成長期には実にその二倍にまで膨張しているのであり、その結果、「政府資本形成」は「民間資本形成」の半分近くにまで接近したというべきであろう。まさにこの側面からも、日本型公共投資の「資本形成偏重型」特質が手に取るように分かる。

　これらを前提にして最後に、この「公共投資」の（ハ）「内訳」にまで目を向けてみよう（**第28表**）。いま「行政投資」をさし当り「産業基盤（うち「道路」）」・「生活基盤」とに区分しつつその絶対額（億円）と構成比（％）とを追うと、以下のような構図となる。すなわち、まず一方で「生活基盤」が、五七年＝七五〇（一三・一％）↓五九年＝九一二（一一・四％）↓六一年＝一五二〇（一二・一％）↓六二年＝二〇九五（一二・五％）となって——実額はもちろん増加するが——その「構成比」は停

第28表　行政投資の推移（億円、％）

	1957年	58	59	60	61	62
産業基盤	1,825 (32.0)	2,169 (32.3)	2,717 (33.8)	3,138 (32.8)	4,529 (36.1)	5,833 (35.1)
道路	1,147 (20.1)	1,401 (20.8)	1,793 (22.4)	2,055 (21.5)	3,161 (25.2)	4,302 (25.9)
港湾	142 (2.5)	169 (2.5)	270 (3.4)	305 (3.2)	422 (3.4)	511 (3.1)
農林水産	536 (9.4)	599 (8.9)	654 (8.1)	778 (8.1)	946 (7.5)	1,020 (6.1)
産業立地	– (–)	– (–)	– (–)	(8) (0.1)	(10) (0.1)	(12) (0.1)
生活基盤	750 (13.1)	825 (12.3)	912 (11.4)	1,068 (11.2)	1,520 (12.1)	2,095 (12.5)
国土保全	991 (17.0)	1,091 (16.2)	1,392 (17.4)	1,960 (20.5)	2,213 (17.6)	2,694 (16.2)
その他	2,135 (37.4)	2,269 (39.2)	3,015 (37.5)	3,404 (35.5)	4,300 (34.2)	6,006 (36.2)
計	5,701 (100,0)	6,714 (100.0)	8,036 (100.0)	9,570 (100.0)	12,562 (100.0)	16,628 (100.0)

資料：島恭彦・林栄夫編『日本財政の構造』〔『財政学講座』3〕104頁。（実数のカッコは他の項目に配分された額。1962年度の数値は試算値。）
前掲、楫西他『没落』2135頁。

滞気味であるのに対して、他方の「産業基盤」は、一八二五（三二・〇％）［うち「道路」二〇・一％］→二七一七（三三・八％）［二二・四％］→四五二九（三六・一％）［二五・二％］→五八三三（三五・一％）［二五・九％］となる。したがって、この「産業基盤」は、まず絶対額でも増加の規模は著しくこの期間に三倍を優に超えているだけでなく、さらにその構成比からみた全体に占める比重も、三〇％台という高いレベルで持続的に上昇していよう。まさにその点で、高度成長期における「公共投資」の枢軸が何よりも「産業基盤」向けにこそあることが明瞭だが、その傾向は、例えば「道路」への投資だけで全体の四分の一超を占めながら増え続けていること――にも如実に反映している。

　このように整理できれば、「財政政策」が高度成長に果たしたその作用は、結局以下の二側面において総括可能だと考えてよい。つまり、まず「第一側面」は、財政支出が主に「固定設備・施設」に向けられたことを通して、一方で民間投資を刺激・促進すると同時に、他方でそれに対する有利で安定した「購買力＝消費＝市場」を保障した――という役割であり、まさに高度成長に対するいわば「積極的な加速作用」だと位置づけられる。ついで「第二側面」は、高度成長の結果「生産の隘路」として表面化してくる「社会資本の不足」を充足しつつ、「産業基盤」整備を通じて、民間投資の阻害条件を除去した――という役割に他ならず、その意味で高度成長に対するいわば「消極的な補完作用」という位置に立つ。

ここまでが「財政政策」の「経費支出機能」だが、それと並んで指摘しておく必要があるのは、（c）「租税特別措置」という「租税機能」であろう。いうまでもなく、「利潤のコスト化」による企業優遇策以外ではないが、そのまず一つ目は（イ）「非課税準備金および引当金」である。その場合、高度成長期に入ってからの新設はなかったものの、成長にともなう企業規模および利潤の急増の結果として、この「非課税型の準備金・引当金」もいわば「自然増」の形で累積・増大したのは当然であった。しかも年々の純増加額も増大する傾向を示し、例えば、これら「各種準備金・引当金」合計額は五四年度＝三千億円から六〇年度＝九八〇〇億円へと三倍増をみたし、また年間増加額も、五三－四年度の一〇〇〇～一一〇〇億円レベルから五九－六〇年度には一二五〇～一三五〇億円レベルへと大きく増大している。ついで二つ目はお馴染みの（ロ）「特別償却制度」に他ならないが、この方向での措置としては、すでに「重要機械などの三年間五割増特別償却」・「合理化機械などの初年度二分の一特別償却」・「試験研究用機械設備などの特別償却」などが進行していたが、それに加えて、五八年には「新技術企業化用機械設備の特別償却」が新設されて、新産業の開発を促進・容易化するうえで大きな効果を発揮した。そしてその結果、これら「特別償却」によって内部留保化された「非課税利潤額」が顕著に増加したのはいうまでもなく、具体的には、五四年＝一三八億円→六〇年＝一四五七億円となって実に一〇倍増を遂げているし、さらに年増加額でみても、この期間に、五〇～六〇億円水準から三〇〇億円水準へと激増をみせたといってよい。

そして最後に（ハ）「一般的な免税制度」がくる。いうまでもなくこの制度は、特定の政策的考慮にもとづいて特定収益に対する課税を一部免除するものだが、五四年には「増資配当免除所得」・「特別法人の非課税留保」などが創設された他、この時期に、従来の「重要物産免税所得」および「輸出所得の特別控除」のエリアに、「石油化学製品」を始めとする新産業製品もがさらに加えられていった。したがって、新産業育成の政策的意図が明瞭といってよいが、それらの結果、「免税所得合計」はこの間に、五四年度＝四二二億円から六〇年度＝三五〇七億円へと三千億円以上も増大したのであり、企業利潤削減効果は極めて大きい。

要するに、以上のような「租税特別措置」を通じて企業内部に「非課税のまま」留保された金額は、総計で五四年度の三六〇〇億円から六〇年度には一兆四千億円にまで激増したことがわかる。実にこの六年間で一兆円以上の拡張をみたわけであるが、これらの「利潤の『コスト化』」が、資本蓄積をさらに促進させつつ高度成長を加速化したことはいうまでもない。

［3］金融政策　このような「財政政策」を前提にしつつ、国家政策の第三として③「金融政策」[15]へ入ろう。そこで最初に（a）「日銀信用」動向が注目されねばならないが、いま例えば「日銀貸出金」（都市銀行分、億円、％）の推移を追えば以下のような軌跡が描かれる（**第29表**）。すなわち、五六年＝一三九九（割引手形一七・〇％－貸付金八三・〇％）→五八年＝三七九四（一五・三％－八四・七％）→六〇年＝五〇〇二（一四・八％－八五・二％）→六二年＝一二八五二（九・一％－九〇・九％）と動くから、ここからは次の三点が直ちに読み取れよう。まず第一点はいうまでもなく貸出金総額の極めて巨大な増加であり、ここ六－七年において実に九倍にまで膨張していることからして、高度成長期の日銀信用が、民間銀行融資をいかに強力に支えたかが手に取るように分かる。そして、このようにして

第29表　日銀貸出の動向　（都市銀行分）（億円、％）

	貸出総額（残高）	割引手形		貸付金	
			比率		比率
昭和28年	2,988	1,785	59.7	1,203	40.3
29	2,434	536	22.0	1,898	78.0
30	319	142	44.2	178	55.8
31	1,399	254	17.0	1,145	83.0
32	5,520	571	10.3	4,949	89.7
33	3,794	503	15.3	3,290	84.7
34	3,379	627	18.6	2,752	81.4
35	5,002	741	14.8	4,261	85.2
36	12,846	1,188	9.2	11,658	90.8
37	12,852	1,164	9.1	11,687	90.9
38	11,557	1,438	12.9	10,118	87.1

資料：日本銀行『本邦経済統計』より作成。

日銀信用に補完された都銀が、そのうえで――すでに繰り返し確認した通り――企業融資を爆発的に増大させて「オーバー・ローン」状態を発現させた以上、結局、「オーバー・ローン」現象を根底的に条件付けたのは、まさしくこの「日銀信用」であったといっても決して過言ではない。換言すれば「オーバー・ローンの震源地としての日銀信用」という論点である。

ついで第二点は「貸付金」比率の顕著な高まりに他ならない。その場合、この貸付については、一面では、担保はあるものの、そこで創出される資金は既存の取引を直接には反映しない新しい投資資金の供給を意味するとともに、他面では、手形割引とは異なって、取引の決済につれて比較的短期間に回収されるという動きをみせない――という性格を免れない。したがって、貸付のもつその「固定的・累積的」傾向が特有な制約に結びついていく。そのうえで第三点は「貸付の、限界調節的機能」に注意が必要であろう。すなわち、日銀貸出増減と貸付金増減との間には一定の相関関係が検出可能なのであって、比較的コンスタントな動きをみせる手形割引に対して、「日銀信用の増減」は主にこの「貸付金の増減」によってこそ「限界的」に調節されたのだと判断できる。まさに「調節弁」であった。

こうして「日銀信用」は、この「貸付金」をこそ「調節器」としながら都銀中心に巨額の資金供給を実行し、まさにそれを通して「都銀の対企業向けオーバー・ローン」を基盤的に補完したといってよい。その点で『成長資金供給』の最終的裏づけ」だったわけである。

ではこのような「日銀信用の拡張」は、次に（b）「日銀券発行および公定歩合」動向へとどのように反映したのだろうか。そこでまず（イ）「発券量」（増減分、億円）から立ち入ると、いまみた「日銀信用膨張」を反映して発券量拡張が顕著であって、例えば以下のような数字が拾える。つまり、五五年＝五一七→五七年＝五二三→五九年＝一三八五→六一年＝二四六〇→六二年＝一六五八**（第30表）**と激増を遂げるのであり、結局五五－六二年計で実に一兆一二三八億円の純増にまで達した。ちなみに五〇－五四年間の純計が二六六八億円だったことを勘案すれば、この期間での日銀券膨張は極めて膨大だという以外にはない。すでに確認した「日銀信用拡張」の当然の帰結であろう。

ついで（ロ）「公定歩合」への作用はどうか。ここで詳細には指摘はできないが、総体的にいって見事な「低金利状態」が持続・安定的に続く。例えば五七年五月に八・四％のピークを記録した後、その後は五八－五九年をほぼ七％レベルで推移しつつ、六〇年代に入っても最終的に六五年段階に至るまでは概ね六％台での固定化を辿った。ほぼ「安定的」に経過した。

したがって（ハ）こう「集約」が可能であろう。つづめて言えば、明瞭な「低金利政策」が取られたわけであり、その結果日銀は、「質・量両面」からする潤沢な資金供給を実行したといってよく、まさにその点で「高度成長型金融政策」の展開が一目瞭然である――と。

最後に、以上を前提として（c）「日銀資金供給メカニズム」の体系的役割を全体的に総括しておきたい。まず一つ目に（イ）その「メカニズム」をあらためて総体的に図式化しておけば以下のようになる。最初にこの「メカニズ

第30表　資金需給実績　(増減)（億円）

年	日銀券	財政資金	一般財政	外為会計	日本銀行信用	貸出	債券売買	その他
昭和25年	667	(1) 42	(1) △1,172	(1) 999	575	259	316	50
26	844	(1) △ 244	(1) △ 929	(1) 947	1,222	1,086	136	△ 134
27	700	(1) 690	(1) △ 34	(1) 342	23	3	20	△ 13
28	534	(1) △ 125	(1) 571	(1) △ 517	788	755	33	△ 129
29	△77	(1) 844	(1) 1,489	(1) △ 458	△ 651	△ 554	△ 2	△ 270
(25～29年計)	2,668	1,207	△ 75	1,313	1,957	1,549	503	△ 496
30	517	2,887	1,219	1,668	△2,415	△2,114	△301	45
31	1,110	△ 195	701	506	1,439	1,079	360	△ 134
32	523	△3,372	△1,104	△2,268	4,152	4,121	31	△ 257
33	539	2,424	396	2,028	△1,780	△1,726	−	△ 105
34	1,385	2,208	471	1,737	△ 374	△ 414	3	△ 449
35	2,046	536	△1,352	1,888	1,638	1,622	−	△ 128
36	2,460	△3,610	△2,153	△1,457	7,845	7,844	−	△1,775
37	2,658	1,258	340	918	1,001	6	995	399
(30～37年計)	11,238	2,136	△2,884	5,020	11,506	10,418	1,088	△2,404
	100	19.0	△ 25.7	44.7	102.4	92.7	9.7	△ 21.4

(1)数字の合計欄と内訳欄が一致しないが、原表通りである。
資料：日銀『本邦経済統計』より作成。

ム」発動の（A）まず「起点」は、いうまでもなく「設備投資」を中軸とした「企業投資の激増」にある。そしてこれが、「高蓄積→生産拡大→所得増加→消費上昇→投資膨張」というサイクルを生み出して「高度成長」を出現させたのはいうまでもない。その場合、企業のこのような投資激増を支えた（B）「条件」は、――日本企業における内部資金の低位性特質からして――いうまでもなく「都市銀行からの借入金需要」以外ではなかった。まさにこれこそ「オーバー・ローン」現象に他ならず、これが都市銀行の構造的特徴をなしていくが、この企業貸出は預金水準をはるかに超過するレベルで進行したため、都市銀行は「日銀信用」依存を強める結果となった。つまり、都市銀行におけるこの「資金需給不均衡」の（C）「補完」は、最終的には、「借入金」を焦点とした「日銀貸出」によって処理されたのであり、日銀こそその最後のサポーターとして作用していく。要するに「日銀→都銀→企業」というチャンネルで資金供給が進んだ。

そうであれば、(ロ)この「メカニズム」が発揮した「現実的機能」はどこに求められるのか。その場合、いわずもがなの「前提」をふまえておけば、当面の「日銀信用」は——一九三〇年代高橋財政および戦時中の四二年「日銀法」に立脚して——いうまでもなく「管理通貨制」に基づいているが、まさにこの「管理通貨制」[16]を根拠にして、高度成長に必要な「成長通貨」を安定的に供給可能にした点にこそ、このような「メカニズム」の現実的機能があった。換言すれば、都銀に対して、その供給能力を超過した水準でまず「対企業融資」を可能にさせつつ、そのうえでその超過分を、「管理通貨制」に立脚した「日銀信用」によって自ら補完しながら、高度成長に不可欠な、潤沢な設備投資資金を「安定的かつ機構的」に供給する——という機能を果たしたわけである。したがって、日銀が、「高度成長資金」をいわば「先取り的」に「資金創出」した行動にこそ、その枢軸が求められてよい。

こうして最後に、(ハ)この「メカニズム」の「帰結」が登場しよう。以上のようにして、「金融政策」がまさに高度成長の枢軸的基盤をなした構造がみて取れたが、しかしそのことを他面から把握し直せば、この「金融政策」は同時に高度成長に対する「チェック・抑止」手段でもある——ということに他ならない。なぜなら、高度成長を促進させたこの「日銀資金供給」作用は、それが一転して「資金供給縮小」へ向かえば、今度は直ちに、景気抑制作用を強力に発揮せざるを得ないのは当然だからである。そして、この「金融政策の『二面性』」こそ、高度成長期の景気変動過程に対して特有な形態を付与したその根拠であった。要するに、この過程を通して「高成長枠組の体系的整備」が強力に進行していった。

Ⅲ　景気変動――「金本位制」型循環機構の定置

［1］神武景気

全体の最後に、この高度成長過程を第三に（三）「景気変動」[17]の視点から現実的に総括していこう。そこで最初は①「神武景気」であるが、まず（a）その「背景」から入ると、その前提的過程としては（イ）一九五五年からのいわゆる「数量景気」の進行が注目される。すなわち、すでに前章でふれたように、日本経済は五五年半ば以降「インフレなき経済の拡大」＝「数量景気」を迎えるが、その場合の特徴は、何よりも「稼働率」が上昇しない下での「生産拡大」という点にあった（「稼働率」、五四年三月＝七九・七→五五年三月＝七九・四→同九月＝七九・三→同一二月＝七七・五）。そしてその理由が、五二―三年の投資がようやく能力化したり遊休設備が再稼動されたことなどにあったのは当然だが、いずれにしても、五六―七年での本格的な景気上昇のまず「序曲」として、五五年後半からの「数量景気」が出現した。

そこで（ロ）その「内容」へ進むと、この「数量景気」の過程では、設備投資はまだ活発化しなかったものの、それでも他面で「在庫調整進展→設備能力上昇→生産拡大」というプロセスはそれなりの進行をみせた。その結果、企業の売上高増加によって利益率の上昇も実現し、例えば「全産業総資本収益率」は五四年下期＝三・四六％→五五年上期＝三・八二％→同下期＝四・三三％と着実に回復を続けていく。他方、「企業収益回復＝資金繰り好転」にともなって「オーバー・ローン」現象の「一時的解消」も進み、日銀貸出残高は、具体的には、五四年三月の四三七四億円をピークとして五六年三月には二七三億円にまで激減したといってよい。

要するに（ハ）その「成果」は次のように集約可能であろう。すなわち、この五五年の「数量景気」は単なる不況回復ではなく、一方では、「特需依存脱却」を意味する「国際収支改善」をもたらしたとともに、他方では、金融構造上の「脆弱性」を示す「オーバー・ローンの（一時的）解消」をも帰結させたのであり、その点で、この後ほぼ一五年にもわたって持続する「高度成長」のその開始を意味した。いわば景気循環の「新段階」に到達したのである。

続いて（b）「神武景気」[18]の「展開」に移ろう。まず（イ）その「移行」だが、この「数量景気」は、五五年秋以降になると次第に設備投資の本格的な盛り上がりへと向かった。その場合に、設備投資全面化を導いたその「投資波及ルート」図式が興味深く、それはおおむね、「輸出拡大↓輸出関連企業の投資拡大↓国内需要への波及↓消費財需要増加↓生産財需要の点火↓投資の全面化」という「誘導経路」、これであった。しかも、この進行過程はやがて鉄鋼・電力という基礎部門での「隘路化」を発現させたから、そのボトルネック打開のためにこそさらなる投資増大が刺激された。まさに「投資が投資を呼ぶ」構造に他ならない。

そのうえで（ロ）このいわゆる「神武景気」（一九五五年〜五七年六月）の「実態」はどうか。各種の数値はすでにみた通りだが、当局面での投資拡張の大きな特質は、それが、一つは石油化学・合繊・合成樹脂・家電・自動車などの「新産業・新製品」分野において実現したこと、そしてもう一つは、鉄鋼や造船におけるような「技術革新―近代化工場」体制確立に即して展開したこと――であった。その点で「中軸部門―設備体系」の典型性が目立つ。

しかし、好況継続はやがて（ハ）「転換」に直面せざるを得ない。つまり、「好況進行↓原料・資源輸入増加↓国際収支赤字拡大↓外貨準備急減」という過程が進行したからであり、その結果、五七年五月にはついに「金融引締め」に転換する。例えば、公定歩合は三月（日歩一厘）に続いてこの五月にも再度引き上げられて二厘になった他、「窓口規制」が強化されたし、さらに六月にはコール・レートの急上昇も発生した。金融逼迫に他ならない。しかも他方で「財政揚超」も加わったから、引締め効果が浸透して景気は下降に転じた。

こうして「神武景気」は（c）「帰結」を迎える。そこで（イ）景気後退の「実態」を探ると、まずその契機はいうまでもなく「国際収支悪化を条件とした『引締め政策』」にこそあった。つまり、それによって企業は「資金繰り悪化」に直面したためそこから「在庫投資の圧縮」と「設備投資の減退」とが発生し、「神武景気」が消滅して景気後退に取って代わられた。しかし、この不況は当初は長期化が予想され「なべ底不況」[19]と称されたものの、その観測に反して、実際はわずか一年の後退を経験しただけで、その後は急速な「V字型」景気回復を実現していく。その場合、この「回復の短期性」には二要因が指摘可能であるが、まず一つ目は「在庫循環的性格」に他ならない。つまり、今回の景気落ち込みのその主要ポイントが「在庫投資の下落」にあったのは明瞭だが、したがってそれ故に、「在庫調整」が完了すれば直ちに急速な景気回復も実現する——という構図にこそあったわけである。要するに「在庫循環」型サイクルが顕著に検出可能といってよい。ついで二つ目は「個人消費の堅調性」であって、例えば「実質個人消費支出」は、その「寄与率」(%)で五七年=五三・八%↓五八年=七五・二%と大幅増をみせた他、その「増加率」としても、五七年第Ⅱ四半期から翌年第Ⅱ四半期にかけて四半期毎に、一・九%↓〇・八%↓三・六%↓〇・四%↓三・〇%という着実な増加を記録している。その点で、個人消費が景気収縮を小幅に食い止めた事実が明白であろう。

そのうえで、(ロ)「神武景気↓なべ底不況」過程の演じたその「性格」が明確にされねばならない。そのような視角からすると、「景気調整作用」に果たす、「財政・金融政策」のその決定的重要性が浮上してくる。すなわち、まず第一に「財政政策」は、一面で五七年五月の「引締め局面」では、公定歩合引上げと歩調を合わせつつ「財投を中心とする『繰り延べ』」を実施して「景気抑制策」として機能したし、ついで他面で五八年の「景気刺激局面」では、「財投繰り延べ『解除』」・「財投純増(四二五二億円、七・二%増)」・「一般会計歳出増(一兆三二一六億円、一二・四%増)」を行って逆に「景気刺激策」として作用した。こうして「財政政策」は、景気変動に対する、まさに「反循環政策」として展開されたといってよい。

ついで第二に「金融政策」に関してもその基本性格は同型であった。先に指摘した通り、一面で五七年五月の「引締め局面」を発現させたそもそもの主役が「公定歩合引上げ・窓口規制強化」であった以上、いうまでもなく「景気抑制策」として作用したのは自明だし、他面でその後の「景気刺激局面」においては、「公定歩合の継続的引下げ（五八年六・九月、五九年二月）」・「窓口規制緩和＝銀行貸出促進化（五八年＝七八八一億円増）」などを実行して「景気刺激策」として有効性を発揮した。まさに明確な「反循環政策」だというべきであろう。

以上をうけて（ハ）その「移行」も押さえておこう。こうして、「なべ底不況」は財政・金融政策を中心とした「景気刺激策」によって急速に回復に向かった。つまり、財政・金融面からのサポートを土台にして「在庫調整」＝「過剰資本解消」が進んだが、それと同時に他方では、不況下における「輸入激減」を条件として「国際収支の改善」が実現した。まさに、「在庫調整の完了」と「国際収支の改善」というこの二条件に立脚してこそ、「民間設備投資主導型」の好況過程が再び始動していく。いわゆる「岩戸景気」の開始である。

［2］岩戸景気　そこで②「岩戸景気」[20]（一九五九〜六一年）へ進むが、まず（a）その「背景」から入ろう。さてすでに確認した通り、「在庫調整の完了」と「国際収支の改善」とを契機に、「なべ底不況」は五八年六月を底として回復に転じ、さらに「景気刺激型財政・金融政策」の発動を足場として、同年秋以降から景気は本格的な上昇に向かう。そしてその後は一九六一年三月に至るまで大型好況を持続させて、すでにみた「神武景気」を上回る高成長を実現することになる。その結果、この五九‐六一年にかけて実質GNPは年率一〇％を超過する膨張を示した――それに関する具体的数値はすでに別の箇所で指摘した通りなのでここでは触れないが――が、その点から、「神武」をも超えるという意味で「岩戸景気」と命名された。

ついで（b）この「岩戸景気」の「内容」へ移ると、何よりも、この高成長を主導したセクターとしての「民間設備投資膨張」が特徴的といってよい。この論点に関しても本章のⅠで詳述した如くだが、いまその骨組みだけを摘出すれば以下の点が特に重要であろう。

すなわち、最初に（イ）その「特徴」だが、この高成長をリードしたのが「機械・鉄鋼・化学・自動車・家電」など「重化学工業」および「新産業」部門での「設備投資急増」であったことは、まずいうまでもない。その点で、この「岩戸景気」も、「技術革新」的な「近代化投資」を通じた、「産業構造高度化＝重化学工業化推進」の延長線上にあり、したがってそれが、「神武景気」と同型なその存立構造に立脚している事実はなお否定できない。

そのうえで次に、（ロ）「神武景気」との「相違性」[21]が無視されてはならないのも当然である。すなわち、「神武景気」の局面では、鉄鋼業や石油コンビナートなどの一部産業になお限定されていた「新工場建設」が、この「岩戸景気」局面には他産業へと大きく波及していった側面が特徴的であって、それがこの「岩戸景気」の「新基軸性」だったといってよい。まさにそれだからこそ、「岩戸景気」の規模が一層大規模になったのであるが、このような「新工場建設」の例としては、例えば以下のようなケースが指摘可能であろう。つまり、（A）「鉄鋼」――「第二次合理化計画」の完了と「第三次合理化計画」への着手、（B）「石油化学」――「第一期計画」段階から「第二期計画」段階への移行、（C）「自動車」――五八年＝トヨタ元町第一工場、六〇年＝日産追浜工場、いすゞ藤沢工場、プリンス村山工場、六一年＝トヨタ元町工場第二工場、などという日産一万台以上の量産能力工場の新設が続いた。

そうであれば結局、（ハ）その「意義」はこう集約可能だと思われる。すなわち、この「岩戸景気」は、「神武景気」段階の、技術革新的「近代化投資」に立脚しつつも、さらに、「重化学工業・新産業部門」起点からほぼ全産業部門への波及を実現しながら、それを、「投資が投資を呼ぶ」という「投資の全面的波及・拡大過程」として成し遂げたのだ――と。

しかし景気上昇が永続するはずはないのであり、この「岩戸景気」にも（c）その「帰結」が到来する。そこでまず（イ）その「契機」に目を凝らすと、この「岩戸景気」の進行過程とともに五九年五‐六月頃から変調が訪れる。つまり、景気拡大による企業の資金需要増加によって銀行貸出の増勢が強まったため、日銀は七月頃から「窓口規制」を通して貸出を抑制し始めた。それを契機として「引締めスタンス」が濃厚となり、その後は、九月には五七年に導入された「預金準備制度」に初めて「準備率」が設定された他、一二月には公定歩合の引き上げさえもが実行されていく。こうして、景気過熱を防止するための予防的「景気調整策」が発動されたといってよい。明らかに「景気の変調」に直面したわけである。

そこでこの「予防策」の（ロ）「効果」だが、この「景気調整策」によって確かに「景気の過熱化」は一応は阻止された。その点で、景気が過熱化することなくむしろ景気上昇は継続したし、それに加えて、六〇年には為替自由化に伴って短期外資の大量流入がもたらされることになった。その結果、六一‐六二年の短期資本取引は九億ドルの黒字をさえ記録したから「国際収支の天井」が高まり、この方向からも、景気がなお一層押し上げられていく。

こうして（ハ）「結末」に到達する。まさに皮肉なことに[22]、「景気過熱予防」を意図した「景気調整策」が、――「国際収支天井」の一時的上昇にも引きずられて――むしろ投資拡張を誘導する結果となり、それによって、六一年に入ると国際収支は急速な悪化に転じる。まさにここから「本格的」な「引締め政策」が発動されたといってよく、それによって「岩戸景気」はその幕を閉じた。

［3］転型期

まさにこの「岩戸景気」の歴史的所産としてこそ③「転型期」[23]が位置づく。周知の通り、一九六二年から六五年に至る局面は、それまでの「神武―岩戸」と続いた景気循環過程とはその色彩を異にしており、一括して通常「転型期」と呼ばれる。そしてこの「転型期」も一色ではなく「六二年不況―オリンピック景気―六五年不況」[24]という三局面から構成されるが、最初に(a)「六二年不況」から入ろう。そこでまず(イ)その「契機」だが、それは、先にも指摘したように、六一-六二年における経常収支赤字への急転であった。つまり、六〇年には一四三百万ドルの黒字だったものが、六一年には実に九八二百万ドルの赤字に急転化し、その結果、総合収支も六〇年=一〇五→六一年=△九五二へと急速に逆調化を辿る。そして、この逆調化が金融引締めを惹起させたのは当然であって、まず年度半ばには、六一年五月=「窓口規制」強化→七月=公定歩合引上げ→九月=「輸入担保率」引上げ、という一連の引締め過程が進行する。しかもそれだけではなく、さらに九月末には「公定歩合再引上げ」・「預金準備率引上げ」・「高率適用制度強化」なども実施されたから、結局、事態は本格的な「引締め政策」の発動となって現実化した。こうして「六二年不況」の発生をみたといってよい。

ついで(ロ)その「実態」だが、この「引締め」による景気下落はかならずしも決定的ではなかった。というのも、この景気調整策実施に対応して在庫投資はすばやく削減に向かった(「民間在庫品増加率」六一年=二一・七%→六二年=△六一・七%)ものの、「工業生産指数」(六〇年=一〇〇)は上昇を続けた(六一年=一二四・六→六三年=一五一・二)し、「設備投資」(一〇億円)も決して減少はしなかった(六〇年=一二六〇→六一年=一五九九→六二年=一四三九)——からに他ならない。その意味で、景気転換はマイルドな形で進んだが、それでもやはり六一年一二月を境に下降に転じていく。

したがって最後に、(ハ)その「帰結」は以下の三点に即して集約可能であろう。すなわち、(A)「不況のマイルド性」——「鉱工業生産・設備投資・雇用」などの側面で不況としての「落ち込み」が緩やかだったこと、(B)「輸出増加の回復寄与性」——六二年夏からの「経常収支回復=国際収支均衡化」に果たした、「輸入減少」に比較しての、「輸出増加」「寄与度」が大きかった(約五〇%)こと、(C)「不況の短期性」——急速な国際収支改善によって約一〇ヵ月という短期間のうちに景気回復へ向かったこと、これである。こうして、六二年一〇月には引締め政策は解除されるのであり、景気は上昇へと転換することになった。

この結果、一九六二年一〇月から六四年一〇月までは（b）「オリンピック景気」が出現する。そこで最初に（イ）その「背景」を検出していくと、景気上昇の契機が、何よりも数次に及ぶ「金融緩和」にあったことは明白といってよい。すなわち、六二年不況脱却を目指して、まず同年秋に二度にわたって公定歩合が引き下げられたのを嚆矢として、ついで翌年に入っても三月・四月と連続的引き下げが続いたのであり、結局、公定歩合は五・八四％という超低水準にまで至った。これは、高度成長がスタートした一九五五年以降では初めて、それ以前のレベルにまで下がったことを意味したが、このような低金利政策の強力な推進を伴う「金融緩和政策」に立脚してこそ、民間銀行の企業向け貸出も拡大可能になったのはいうまでもない。

まさにこの銀行貸出増加を条件として、次に、「企業投資―生産拡大」が促進されたのは当然であって、そこから、鉱工業生産も六三年初頭から上昇に転じた。それとともに、企業売上高も好転したから、「六二年不況」はついで「オリンピック景気」へと接続していった。

そのうえで（ロ）その「実態」に注目すると、以下のようないくつかの「特異性」に目を奪われざるを得ない。すなわち、――「神武→岩戸景気」とは質的に異なって――、（A）「民間設備投資の寄与度」が低下して「民間設備投資主導型・成長パターン」に変調がみられること、（B）電力・鉄鋼・機械などの投資拡大主導部門において投資額の停滞が確認できること、（C）企業売上高の増大にもかかわらず「利益率の回復」ははかばかしくなく「好況感なき企業経営」が進行したこと、これである。まさに「景気パターンの変調」である。

要するに、この「オリンピック景気」は設備投資の本格的な盛上がりを欠落させた不安定なものであり、したがって決定的な好況を出現させ得なかったと整理する以外にはない。

そして最後は（ハ）この「オリンピック景気」の「帰結」である。いま確認した通り、好況の盛行は決して大きくはなかったが、しかしそれでも、景気の進行はやがて国際収支の悪化を招来させた。具体的には、六三年下半期から、景気上昇に起因するもの以外にも、貿易自由化進展・食糧品や羊毛などの輸入品価格上昇・麦類の凶作、などによって輸入の急増が進んだ他、貿易外収支赤字幅の拡大もが加わって、国際収支は急速に悪化していった。

このような事情が一連の「金融引き締め措置」を余儀なくさせた（六三年一二月＝預金準備率引上げ↓六四年一月＝日銀・市中貸出増加抑制↓同三月＝公定歩合引上げ）のは当然だが、しかしその場合に特徴的なのは、この引締め策実施にもかかわらず鉱工業生産が容易には縮小しなかったことである。それどころかむしろ他方で、「輸入減少↓六四年半ば＝貿易収支黒字化↓黒字幅拡大↓国際収支改善↓六四年一二月＝預金準備率引下げ↓六五年一・四・六月＝公定歩合連続一厘下げ」、という連鎖が進行したから、結果的には「引締め解除」という景気対策こそが発現して、六四－五年においては――東京オリンピック開催に付随した公共投資中心の財政拡大などがさらに加わって――生産拡大は逆に継続してしまうことにもなった。

要するに、景気調整策が発動されても生産減退には直結しない――という別の側面での「変調」がみて取れるが、その「清算のツケ」は「六五年不況」としてこそ発現していく。

そこで（c）「一九六五年不況」[25]である。まず（イ）その「背景」から確認すると、皮肉なことに「不況の激化」はむしろ――いま直前に指摘した――六五年春における「金融引締め解除」後にこそやってきた。といっても、その景気抑制効果自体は目立たなかったとはいえ、六四年前半に実施された景気調整策によって、経済過程の底流的基礎においては「原材料↓流通↓仕掛品」の順ですでに在庫投資の減少が始まっていたし、それにともなってついで秋以降には、さらに生産者製品在庫に関しても供給過剰感増幅と「生産調整」とが開始されていた。それに加えて、六四年後半以降も「横這い」を持続して容易には下落しなかった鉱工業生産が、以上のような「供給過剰化」発現によって、むしろこの「引締め解除」措置後の六五年春局面になって「ようやく」縮小に転じる。まさに、六四年前半の「景気抑制政策」が、六五年春の「抑制策解除」を契機にして初めてその「景気調整作用」を発揮した――という「異常な」過程以外ではないが、こうして六五年春から「六五年不況」が進行していく。

そのうえで（ロ）その「実態」にまで進むと、不況の深刻性が顕著で「戦後最大の不況」とまで呼ばれた。そこで「深刻性」のポイントを探ると、まず第一は（A）「企業収益の急落」であって、例えば製造業の「総資本収益率」は六三年度下期＝五・五五％→六四年上期＝四・八六％→同下期＝四・二六％→六五年上期＝三・五四％→同下期＝三・五八％となるから、異常ともいえる収益率の連続的低下が続いた。次にその打撃を受けて、第二に（B）「負債増加―倒産激増」が進行していく。まず「負債総額」（億円）が六三年＝一六九五→六四年＝四六三一→六五年＝五六二四と膨張するが、ついでそれに対応して「企業倒産件数」も一七三八件→四二一二件→六一四一件と激増に見舞われた（六五年五月山一證券の破綻）。そしてその結果、最後に（C）「設備投資の純減」も発生するといってよく、これまで増勢を続けてきた「民間設備投資」が、六四年＝一五三三百億円→六五年＝一五二五百億円となって初めて絶対額でもマイナスに転じた。しかも、その絶対額は転型期を通じて六一年水準を超えることはなかったのであり、したがってその点で不況の深刻性がよくわかろう。

以上を前提として、最後に（ハ）その「帰結」はどのように集約可能であろうか。そこでその総体的帰結を大づかみに整理すると、以下の三点が特に重要だと思われる。すなわち、まず第一点は（A）「生産調整―不況カルテル」の実施であって、「六五年不況深刻性」の一つの結末として、六五年七‐九月に粗鋼の一割減産が行われた他、多数の業種で「生産調整」が進行した。しかも、この不況への対処として「不況カルテル」（「独占禁止法」第二四条適用）結成もすすみ、その適用業種は六五年三月末の二業種から六六年三月末の一六業種へと大幅に拡大をみたから、この不況は戦後最大の不況カルテル形成を帰結させたといってよい。

ついで第二点として（B）「構造的不況」という性格が無視できない。というのも、――すでに具体的に指摘したように――この「六五年不況」は単なる短期的な「在庫循環」とは異なる諸側面を発現させたからであるが、例えば「景気調整策発動における『タイミングと効果のズレ』」や「引締め政策の国際収支改善への『作動間隔』の変化」・「景気変動に及ぼす政策実施作用の間接化」などの「異常性」[26]が目立った。その点で、「六五年不況」は、日本経済がこの局面で生み出した、その「基調変化」を端的に示しているといえよう。

そして第三点こそ（C）「転型期の意義」に他ならず、それはこう総括されてよい。すなわち、「六五年不況」を到達点とするこの「転型期」こそ、「民間設備投資主導型」の「第一次高度成長」が――特に「労働力不足」[27]という制約に直面して――自らの「限界」を暴露させて発現させた、「景気変動の、一つの『踊り場』」だったのであり、換言すれば、「労働力不足」という「制約」に対応しつつ、「高度成長の再現」を図るための、その「調整過程」以外ではなかったのだ――と。まさにそのための、「資本蓄積上の転型」だったわけである。

おわりに

全体の最後に、本章の到達点を三点指摘しておきたい。まず第一は、［Ⅰ］一九五五－六五年にかけて「典型的」な「高度経済成長過程」が進行した点が確認でき、それは、「民間設備投資主導型」の「第一次高度成長」として位置づけ可能であろう。そしてその運動過程は、これ以前の「再建・復興期」ともまたこれ以後の「第二次高度成長期」

とも区別される、日本資本主義における、一つの独自な経済運動過程であったこと――が重要だと思われる。

次に第二は、［Ⅱ］この「第一次高度成長期」が、同時に「日本型・現代資本主義」のいわば「展開期」に相当しているという点に他ならない。すなわちこの局面では、一方で、「戦後・労働改革」の基盤のうえに、「春闘体制」[28]による「生産性上昇→賃金上昇」サイクルを作動させて、「階級宥和策」が展開されるとともに、他方で、「管理通貨制」に立脚した景気調整作用の下で、「日銀信用拡張→財政・金融政策→高度成長への促進・補完機能」を全面稼動させて、「資本蓄積促進策」が展開されたのであり、したがってその意味で、「日本型・現代資本主義」の、――「再編期」を超えた――その「展開期」だったのだといえよう。

そして最後に第三として、［Ⅲ］「日本型・現代資本主義の『展開期』」たる、この「第一次高度成長過程」において、独特な「景気変動パターン」が出現した点が重要といってよい。つまり、「成長継続→投資拡大→原材料輸入増大→国際収支悪化→引締め政策発動→景気下落→投資縮小→国際収支改善→引締め解除→景気回復」という――「金本位制の自動調節作用」と見間違うような――、「見事な」景気変動パターンが進行した。まさにこの「金本位制」型「景気変動パターン」の定着こそ、「国家政策」の実質的基盤において（その意味でまさに「現代資本主義」という特質に規定されつつ）、日本資本主義がその「再建・復興期」を脱して、「現代資本主義」として確立・展開したことの、その何よりもの証明だというべきであろう。

（1）拙稿「戦後再建と景気変動過程」（『金沢大学経済学部論集』第二八巻第一号、二〇〇七年）。

（2）この時期における「民間投資」の具体的展開については、全体として、何よりも大島清・榎本正敏『戦後日本の経済過程』（東大出版会、一九六八年）が参照されるべきである。

（3）（4）この「新産業＝新製品生産分野」および「技術革新促進分野」に関しての詳細は、楫西・加藤・大島・大内『日本資本主義の没落』Ⅷ（東大出版会、一九六九年）二〇八八－九八頁をみよ。

（5）「輸出—貿易」関係をも含めてこの時期の国際収支について詳しくは、前掲・楫西他『没落』Ⅷ、二一五九－六七頁を参照のこと。「高度成長」と「貿易構造」との対応関係がよくわかる。

（6）この「資金調達」図式に体系的な照明を当てたのも、前掲、大島・榎本『経済過程』の成果だといってよく本章もそれに依拠した。また前掲、楫西他『没落』Ⅷ、二二三八－四八頁もみよ。

（7）第一次高度成長期の金融構造について詳しくは、大島清監修『総説日本経済』2（東大出版会、一九七八年）、武田・林編『現代日本の財政金融』（東大出版会、一九七八年）を参照のこと。

（8）オーバー・ローンの意義に関しては、前掲、大島・榎本『経済過程』第二章第三節をみよ。

（9）この局面の雇用動向一般については、前掲、大島監修『総説日本経済』3が参考になろう。

（10）この「仕組み」に関する詳細は、前掲、大島監修『総説日本経済』3、第五章を参照のこと。

（11）財投の基本動向については龍昇吉『現代日本の財政投融資』（東洋経済新報社、一九八八年）をみよ。またその「性格変化」に関しては、前掲、楫西他『没落』Ⅷ、二二一八－二二三頁を参照せよ。

（12）この時期の中小企業問題については、前掲、楫西他『没落』Ⅷ、第七章第四節が詳しい。

（13）農業に関しては、大内力編著『現代日本経済論』（東大出版会、一九七一年）第六章、大内『日本農業論』（岩波書店、一九七八年）後編の他、前掲、楫西他『没落』Ⅷ、第七章第六節をみよ。

（14）財政政策に関して詳しくは、前掲、大島監修『総説日本経済』2、前掲、武田・林編『財政金融』の他、和田八束『日本財政論』（日本評論社、一九七九年）第一部第二章を参照のこと。

（15）金融政策の立ち入った展開については、前掲、大島監修『総説日本経済』2、前掲、武田・林編『財政金融』に加えて、田中生夫『日本銀行金融政策史』（有斐閣、一九八〇年）もみよ。

（16）例えば、拙著『日本における現代資本主義の成立』（世界書院、一九九九年）一六一－六五頁をみよ。

(17) 高度成長期の景気変動を分析した作品はそう多いとはいえない。その中で、鈴木・公文・上山『資本主義と不況』(有斐閣選書、一九八二年) 第一二章および武井・岡本・石垣編著『景気循環の理論』(時潮社、一九八三年) 第三篇第二章は、極めて貴重な成果だといってよい。
(18) この「神武景気」について詳しくは、前掲、鈴木他『資本主義と不況』一九六‐九七頁をみよ。
(19)「なべ底不況」に関しては、前掲、鈴木他『資本主義と不況』一九七‐九九頁を参照のこと。
(20)「岩戸景気」の詳細については、前掲、鈴木他『資本主義と不況』一九九‐二〇頁をみよ。
(21) これら「二つの好況」の相違は興味深い論点だが、例えば、前掲、鈴木他『資本主義と不況』一九九‐二〇〇頁の他、前掲、武井他編著『理論』三〇四‐〇八頁が参考にされてよい。
(22) このような「皮肉な」進行過程の含意に関しては、前掲、鈴木他『資本主義と不況』二〇三‐〇四頁の叙述が興味深い。さらに、前掲、大内編著『現代日本経済論』二一‐一〇頁における説明も参考になるが、要するにここに、景気変動パターン変化の兆候が検出されるべきであろう。
(23) この「転型期」に関しては――「第二次高度成長」への転換とも関連して――比較的多くの議論が提出されている。例えば、前掲、鈴木他『資本主義と不況』二〇〇‐〇五頁、前掲、武井他編著『理論』三〇八‐一三頁の他、前掲、大内編著『現代日本経済論』一八‐二七頁をみよ。
(24)「六二年不況―オリンピック景気」の立ち入った内容に関しては、前掲、鈴木他『資本主義と不況』二〇一‐〇四頁を参照のこと。この過程においても、「景気の変調」が目立ってくる。
(25)「六五年不況」について詳しくは、前掲、鈴木他『資本主義と不況』二〇四―〇五頁を参照せよ。
(26) この「異常性」は、「転型期」を挟んで次の「第二次高度成長期」において、明確な景気変動形態変化として発現してくるが、その解明は、「第一次―第二次高度成長」の相互比較分析という視点からする、「第二次高度成長期」を対象とした次章の課題に他ならない。
(27) この「労働力不足」については、すでに本章「I (三) ①c」において詳述した。

(28)「春闘体制—賃金システム」に関しては、前掲、大島監修『総説日本経済』3、第五章第二節をみよ。なおこの「生産性—賃金」連動サイクルについては次章で検討されていこう。

第三章　第二次高度成長と景気変動過程

はじめに

前章[1]では、いわゆる「第一次高度成長」期を対象にして、日本資本主義の展開過程とその現実的運動機構をなす景気変動プロセスとが分析された。そしてその考察を通して、①その成長パターンが「民間設備投資主導型」であったこと、②その過程が「景気上昇→輸入拡大→国際収支悪化→景気引締め発動→景気下落」という特有な景気変動メカニズムを発現させたこと、③まさにこの運動に立脚してこそ「日本型・現代資本主義」がその「展開」段階に到達したこと、これらが明らかとなった。要するに、「日本・現代資本主義」がその「再編期」をようやく脱して、その本格的な展開を始動させた点――こそが解明されたといってよい。

そうであれば、そこから本章の課題が次のように提起可能なことはいうまでもない。すなわち、日本資本主義はこの後、一九六五年から七〇年代初めにかけて新たな経済成長過程に乗るが、そうであれば、「転型期」による「第一次高度成長」の「変形と挫折」という、前章で確認した結論は一体どうなるのであろうか――という問題提起に関わる。その場合、結論先取り的には、周知のように、日本資本主義は、「転型期」を媒介項にして「第一次高度成長」の「限界」を克服しつつ、その土台の上で、「第二次高度成長」という「新たな成長機構」を構築したといってよいが、こう整理できれば、そこからは以下のような論点が直ちに浮上してこよう。そしてその論点こそが本章の課題に相当することはいうまでもない。

そこで、その課題は次のように集約可能であろう。つまり、①「転型期」はどのような意味で「第一次高度成長」の「限界」を意味したのかをまず明確にしつつ、次に、②その「限界」がどのような「新たな機構」によって打破されたのかを検出し、最後に、この「新機構—制約克服」の基盤上で、③いかなる「パターン」の「資本蓄積—景気変動」が展開したかを解明すること——これである。そしてまさにこの点の明確化を根拠にしてこそ、この「第二次高度成長」期が、「日本型・現代資本主義」における、その「確立期」に他ならない、というやや広い歴史段階的な把握も始めて現出してくるように思われる。

要するに、「第一次高度成長と景気変動過程」という、前章の分析に直接的に接続して、「第二次高度成長と景気変動過程」を分析する点にこそ、本章の課題が設定されてよい。

I 資本蓄積——成長促進システムの構造転換

［1］投資構造 この「第二次高度成長」の——何よりも「第一次高度成長」と区別される——特質を明確にするために、まず第一に（一）その「投資構造—民間投資」[2]の動向を追求していこう。そこで最初に民間投資の中軸を担う①「設備投資」が問題となるが、まず（a）その「基本動向」から入ると、次のような（イ）「一般的推移」（千億円）がみて取れる。すなわち、五八年＝一七→六一年＝四二→六五年＝五〇→六八年＝九九→六九年＝一二九（**第1表**）と動くから、「転型期—六五年不況」で一時停滞した後は七〇年代に至るまで首尾一貫して増大を続けている。その結果、六九年の一二・九兆円は六一年の実に三倍を意味するのであり、したがって、民間企業の設備投資が、——「転型期」での一時的鈍化を挟んで——「第一次高度成長」期から連続して、いぜんとして持続的な拡大路線上

第１表　国民総支出と資本形成の推移（十億円、％）

	実数					割合				
	1958	61	65	68	69	58	61	65	68	69
	十億円					%				
個人の消費支出	7,200.2	10,518.3	18,469.0	27,478.2	31,607.2	61.1	53.0	56.5	52.1	50.5
政府の財貨・サーヴィス経常購入	1,124.7	1,666.6	3,037.8	4,408.6	5,083.6	9.5	8.4	9.3	8.4	8.1
国内総資本形成	3,293.5	8,024.4	10,731.8	20,285.3	25,209.5	27.9	40.4	32.9	38.4	40.2
民間総資本形成	2,403.4	6,401.3	7,593.6	15,349.7	19,708.7	20.4	32.2	23.2	29.1	31.4
企業設備	1,734.7	4,227.4	5,012.5	9,903.3	12,850.4	14.7	21.3	15.4	18.8	20.5
在庫増加	262.4	1,354.5	698.0	2,072.7	2,520.6	2.2	6.8	2.1	3.9	4.0
政府総資本形成	890.2	1,623.1	3,138.3	4,935.6	5,500.7	7.5	8.2	9.6	9.4	8.8
輸出と海外からの所得	1,326.5	1,904.8	3,682.4	5,829.0	7,176.8	11.3	9.6	11.3	11.0	11.4
国民総支出	11,785.0	19,852.8	32,650.4	52,780.3	62,720.6	100.0	100.0	100.0	100.0	100.0
国民純生産	9,616.1	15,755.1	25,955.1	42,143.0	49,283.6	100.0	100.0	100.0	100.0	100.0
純投資	2,143.8	5,858.5	6,535.9	13,326.3	16,754.3	22.3	37.2	25.2	31.6	34.0
減価償却	1,249.7	2,165.9	4,195.9	6,959.0	8,455.2					

（出典）経済企画庁『改訂国民所得統計』、1969年、日銀『経済統計月報』、1971年２月号による。

を進行している点はまず疑い得ない。まさにこの側面にこそ、「転型期」を「乗り越えて」次に発現してくる「第二次」期の基盤が求められてよいが、しかし他面ここで注意すべきは、「第一次」期と比較すると、その拡張テンポに一定の「落ち着き」が検出できることであって、この点は、例えば「国民総支出」における設備投資の「割合」から端的に確認することができる。つまり、まず「第一次」期では、「個人消費支出」が五八年＝六一・一％→六一年＝五三・〇％と著減するのと逆相関的に「企業設備」が一四・七％→二一・三％に激増するという図式となって、まさに、個人消費支出を犠牲にしてでも設備投資を拡大させるという――いわば「無理をした」設備投資拡張動向が明白なのに対して、この「第二次」期には基調の変化が無視し得ない。というのも、個人消費支出が六五年＝五六・五％→六八年＝五二・一％→六九年＝五〇・五％と安定的に経過するのとほとんど平行して、設備投資も一五・四％→一八・八％→二〇・五％（**第１表**）と――六一年のピークを下回りつつ――一応は「落ち着いた」軌跡を辿るから、に他ならない。明らかに設備投資拡大エネルギーは低

第2表　大企業の設備投資額とその資金調達　（億円、％）

	調達純増総額		株式	社債	借入金				自己資金		企業数
	実数	割合			政府金融機関	民間金融機関	外資	計	計	うち減価償却	
	億円	%	%	%	%	%	%	%	%	%	社
1957	7,281	100.0	10.3	4.4	4.6	33.3	2.9	40.8	43.3	28.2	799
58	7,043	100.0	13.8	8.2	4.3	31.0	7.5	42.8	35.2	28.8	1,077
59	8,720	100.0	14.9	12.0	3.7	24.5	3.2	31.4	41.6	32.4	1,070
60	12,772	100.0	14.3	20.9	2.3	25.5	2.1	29.9	34.9	28.1	1,129
61	16,223	100.0	23.5	8.8	2.4	21.4	3.0	26.8	40.9	30.7	1,140
62	14,553	100.0	18.3	6.3	4.3	24.0	4.9	33.2	42.2	36.2	1,160
63	14,038	100.0	12.1	8.3	3.6	24.3	3.7	31.6	48.0	41.3	1,147
64	15,608	100.0	12.9	7.3	3.6	20.5	3.3	27.4	52.4	44.4	1,189
65	15,652	100.0	7.0	11.2	3.6	20.3	△2.3	21.6	60.2	50.1	1,245
66	15,871	100.0	6.7	8.6	3.0	4.2	△2.4	4.8	79.9	61.5	1,286
67	21,765	100.0	4.8	6.3	2.9	18.2	1.0	22.1	66.8	50.4	1,226
68	29,706	100.0	6.4	7.7	2.7	24.6	4.6	31.9	54.0	42.4	1,334
69	37,079	100.0	6.3	6.7	2.4	29.9	1.7	34.0	53.0	40.9	〃
70	46,892	100.0	5.3	7.1	4.1	34.9	1.5	40.5	47.1	37.3	〃

（出典）通産省『主要産業の設備投資計画』、1959～70年版、による。
69、70年度の数字はそれぞれ実績見込み、計画である。

下をみていよう。

そのうえでこの設備投資動向を、（ロ）特に「大企業」（資本金五千万円以上、一二〇〇～一三〇〇社）に焦点を絞ってもう一歩立ち入ってみるとどうか。その場合、この範疇には製造業の代表的な企業が含まれるが、その「調達純増総額」（百億円）は、六一年＝一六二をピークとして「転型期」の中で六三年＝一四〇→六五年＝一五七と一旦は伸び悩んだ後、ようやく六七年以降になって六七年＝二一八→六九年＝三七一（**第2表**）と盛り返すという構図を描く。その結果、七〇年には四・七兆円となって六一年の二・九倍に達するから、確かにその規模の巨大性が一目瞭然だが、しかし他方、この事実経過が示している通り、その増加テンポが必ずしも着実ではない点も決して無視はできない。こうして、この大企業カテゴリーに即して判断しても、この「第二次」期の設備投資動向には、一面での規模上の「莫大さ」とともに、他面での一定の「落ち着き」さが並存していると考えてよく、そこには何らかの「状況変化」が予想できよう。

このような「状況変化」をいわば裏側から傍証するものとして、次に、「民間設備投資」以外の（ハ）「民間在庫投資」と「政府資本形成」との動きも注目に値する。そこでまず一つ目に（A）「政府資本形成」だが、先に確認した「民間設備投資」の「落ち着き」を補完する形で、有意に重要性を増していく。例えばその構成比は、五八年＝七・五％→六一年＝八・二％→六五年＝九・六％→六八年＝九・四％→六九年＝八・八％（**第1表**）となって明らかに上昇基調に乗るから、――後に詳述するように――「第二次」期の成長パターンの「変質」を示唆すると同時に、すでにふれた、「民間設備投資」の「落ち着き」を側面から証明することにもつながっていよう。

ついで二つ目は（B）「民間在庫投資」の推移だが、それを具体的に追うと、二・二％→六・八％→二・一％→三・九％→四・〇％という数値が拾える。したがって、「第一次」期の末にピークを打った後、「転型期」において著減しつつ「第二次」期に入って一応は回復に向かうものの、その水準はいぜんとして大きくはない――点がわかる。そうであれば、この事実を通して、一つとして、何度も指摘した「設備投資」の「落ち着き」とも相まって、企業の総投資が（「第一次」期と比較して「質的」に）「控え目」になった事情があらためて補足されるとともに、もう一つには、――別の箇所で後に検討する如く――「転型期」を契機として、企業の「在庫管理システム」が格段に合理化されつつある側面が、明瞭に発現してくるといってよい。

以上をふまえて、次に（b）「産業別」の特質にも目を向けると、大枠として以下のような性格がみて取れる。すなわち、前章で立ち入って考察したように、「第一次高度成長」期にあっては、設備投資増加の牽引車的役割を担った部門は、何よりも、「自動車・石油化学・家電」といった、いわば「新産業・新製品生産」部門に他ならなかった。まさにこのような「新産業部門」における設備投資拡張が、「投資が投資を呼ぶ」という形で、全社会的な「投資―

第３表　法人企業の設備投資実績（昭和35～45年度）（単位：億円、％）

	昭和35年度	36	37	38	39	40	41	42	43	44	45
総　計	20,345	26,178	24,317	25,079	29,750	27,496	29,813	42,397	53,580	66,222	81,364
	(100.0)	(100.0)	(100.0)	(100.0)	(100.0)	(100.0)	(100.0)	(100.0)	(100.0)	(100.0)	(100.0)
製造業	11,631	15,425	13,531	13,275	15,917	13,896	15,004	24,182	31,371	38,372	47,593
	(57.2)	(58.9)	(55.6)	(52.9)	(53.5)	(50.5)	(50.3)	(57.0)	(58.5)	(57.9)	(58.5)
うち化学工業	1,649	2,470	2,146	2,245	2,772	2,325	2,389	3,266	4,741	5,886	7,187
	(8.1)	(9.4)	(8.8)	(9.0)	(9.3)	(8.5)	(8.0)	(7.7)	(8.8)	(8.9)	(8.8)
鉄鋼業	2,636	3,229	2,594	2,280	2,347	2.428	2,699	4,441	5,526	7,302	9,034
	(13.0)	(12.3)	(10.7)	(9.1)	(7.9)	(8.5)	(9.1)	(10.5)	(10.3)	(11.0)	(11.1)
機械工業	2,740	4,106	3,422	3,106	3,979	3,132	3,745	6,812	8,926	10,770	12,950
	(13.5)	(15.7)	(14.1)	(12.4)	(13.4)	(11.4)	(12.6)	(16.1)	(16.7)	(16.3)	(15.9)

（出典）経済企画庁『法人企業投資実績統計調査報告』。
　　㈟　資本金1,000万円以上の法人。

生産―所得―消費」拡大の「好循環サイクル」を生み出したといってよかったが、この「第二次」期になると、そのスタイルは一定の変質を余儀なくされる。いま例えば、「設備投資実績額」の「部門的構成比」を追えば、「化学工業・鉄鋼業・機械工業」はそれぞれ、六〇年＝八・一％・一三・〇％・一三・五％→六二年＝八・八％・一〇・七％・一四・一％→六四年＝九・三％・七・九％・一三・四％→六六年＝八・〇％・九・一％・一二・六％→六八年＝八・八％・一〇・三％・一六・七％（**第３表**）、と経過する以上、「第一次」期から「転型期」にかけて設備投資拡張の牽引車となったこれら「三大業種」が、「転型期」以降は、――コンピューター・カラーテレビで補われた「機械工業」はやや特殊だが――急増加からむしろ安定化基調に移っている様子が明瞭といってよい。つまり、これら「新産業」の設備投資比重はその拡大余地を狭めたとみる以外にはなく、コンピューターやカラー・テレビなど若干の例外を除いて、「新製品」部門での「設備投資膨張」が急激な投資拡張を誘発させて成長を加速させる――という効果は著しく弱体化する他はなかった。

要するに、設備投資増加における「部門別」構成としては、「第一次」期に検出されたような、「新産業」の主導性が一定の弱まりを表面化させていく。それに代わり、「労働力需給の逼迫」にともなって、この「第

第４表　規模別利益率格差　（単位：％）

	売上高純利益率		総資本純利益率	
	中小企業	大企業	中小企業	大企業
1955	0.9	2.8	2.8	4.6
56	1.2	3.4	4.0	6.1
57	1.9	3.6	6.5	6.3
58	1.5	2.7	4.3	4.3
59	1.6	3.3	4.3	5.3
60	2.0	3.9	6.6	6.3
61	2.3	3.6	7.5	5.4
62	2.0	3.2	5.8	4.2
63	2.0	3.6	4.1	3.9
64	1.9	3.1	3.9	3.5
65	1.9	2.7	3.7	3.0
66	2.0	3.3	3.7	3.8
67	2.2	3.8	4.3	4.4
68	1.4	2.3	2.7	2.7
69	2.8	3.9	5.3	4.6
70	2.6	3.6	4.9	4.2
71	2.1	2.7	4.0	3.0
72	2.5	3.1	4.3	3.4

（出典）『中小企業白書』（昭和38年版、48年版、49年版）による。

二次」期の「設備投資」では、――特定の主導部門が目立つのではなく――「省力化投資型・設備投資」という「新目的」こそが進行していくわけである。その点で、設備投資規模拡大の背後における、その「目的変化」が明瞭だといってよい。

では、（c）このような「設備投資動向」に関する「基本変化」の「原因」[3]は一体何か。そこで「原因」のまず第一は（イ）「企業採算性」の低下であろう。すなわち、「転型期」を経て「第二次」期に入って以降、企業の「収益採算性」が明らかに停滞トレンドに移行した点が重要であって、特に大企業にあっては、投資を拡大してもそれがすぐに利潤拡大に連結しない状況に次第に入りつつあるとみてよく、それが、他方での「価格上昇＝インフレ」を勘案しながら、「設備投資」に関するヨリ「慎重な実行」を帰結させた。もちろん、この「利潤率」については、「労働生産性―賃金コスト」関係に即して後に立ち入った検討を加えることになるので、ここではその結論を「利益率」推移**（第4表）**としてのみ指摘しておくと、以下のように動く。つまり、「第一次」期においては五七年＝六・三％→六〇年＝六・三％と好調に経過するが、その後は、六三年＝三・九％→六五年＝三・〇％という「転型期」での落ち込みを記録し、そこからの回復も、六六年＝三・八％→六八年＝二・七％→七〇年＝四・二％となってはかばかしい上昇はみられない。こうして「第二次」期では、「収益率停滞→設備投資『慎重性』」が目立つ。

ついで第二の「原因」として、(ロ) いわゆる「独占的メカニズム」の整備・強化が指摘されてよい。周知の通り、「第一次」期での、「技術革新をともなう高水準の設備投資実績」および「転型期」に進行した「破産・企業整理・合併・合同・業務提携」の結果として、「資本・生産の集中」と「市場独占化」とが進展したが、それは次の二つの作用を発現させた。すなわち、まず一面では、めぼしい最新技術や新産業がほぼ出尽くしたため、企業の市場への新規参入が著しく困難化するとともにその余地が極度に削減されざるを得なくなった。それに加えて他面で、「市場コントロール—製品価格管理」を駆使しながらむしろ企業間の過当競争を緩和させたから、その結果、企業の投資拡大水準は相対的に抑制に向かう。まさにこの二方向の力学からして、「独占体制強化」に立脚したこの「第二次」期には、重複投資を重ねつつシェアー拡大のために設備投資を膨張させる——という傾向は一服化する。

最後に「原因」の第三こそ（ハ）「国際競争力の強化」に他ならない。前章でも関説したように、「第一次」期における設備投資膨張の主要な理由が、「設備投資拡張→生産性上昇→コスト削減→国際競争力強化→輸出拡大」にあった点は明白だが、「第一次」期の成果によってこの「国際競争力強化」がある程度は実現された以上、国際的輸出競争激化に促された「設備投資拡張」に対して、その相対的な緩和作用が働いていくのは当然であった。

したがってこう集約可能であろう。つまり、「第一次」期を前提的土台として展開したこの「第二次」期にはいくつかの「新動向」が出現したのであり、まさにそれに規定されてこそ、「設備投資増加の『落ち着き＝慎重性』」という、その新しい性格が発現した――のだと。

ついで、この「設備投資」という前提条件の上で進行した②「生産・成長」の動向へと進もう。そこで最初に（a）「生産」から入ると、まず（イ）その「一般動向」はどうか。いま例えば「鉱工業生産指数」（一九六五年＝一〇〇）を追えば「産業総合」は、六五年＝一〇〇・〇→六六年＝一一三・一→六七年＝一三四・八→六八年＝一五八・三→六九年＝一八四・七と経過するから、先にチェックした「『落ち着き型』設備投資増大」を土台とした「生産拡大」はもちろん明白といってよい。その点で、「転型期」脱出後、日本資本主義が再度「第二次高度成長」軌道に乗ったことが理解できるが、そのうえで、この「生産拡大」の内実を知るために、まず大枠として、「生産拡大」の内訳を「財別構成」に即して立ち入ってみよう。そこで、「耐久消費財―非耐久消費財―生産財」に大分類してその数値を拾うと、六六年＝「一二〇・七－一一〇・〇－一一四・一」→六七年＝「一五七・八－一一七・七－一三五・七」→六九年＝「二五三・九－一三六・八－一八三・五」**（第5表）**となる。したがって、その傾向は一目瞭然であって、「耐久消費財」の伸びが最大であり「生産財」がそれに続くから、「自動車・家電」を中心にして「新産業・新製品生産部門」が生産増加をリードした「第一次」期の特徴は、――「製品種類」を変化させながら――ここでも基本的には持続していく。

このような「大枠」を前提としつつ、(ロ)「産業部門」へともう一歩具体化を試みれば、「第二次」期でも「第一次」期と同様に「重化学工業」部門の拡大が顕著なのはあらためていうまでもない。というのも、「繊維工業」（六九年＝一三九・五）や「食料品工業」（一二九・二）などの軽工業が平均を大きく下回っているのに比較して、「鉄鋼業」（六六年＝一一五・六→六八年＝一六八・四→六九年＝二〇二・九）、「機械工業」（一一六・一→一九三・一→二三七・四）、「化学工業」（一一三・〇→一五三・三→一七九・五）などの増加テンポが著しいからに他ならず、これら三業種の主導性は明瞭といってよい**（第5表）**。

第５表　鉱工業生産指数　(1965年＝100)

	産業総合	公益事業	鉱業	製造工業	鉄鋼業	機械工業	化学工業	繊維工業	食料品工業	資本財	建設資材	耐久消費財	非耐久消費財	生産財
1959	46.6	52.1	84.8	45.5	41.7	36.6	46.2	58.5	56.5	35.4	51.5	40.1	56.8	46.9
60	58.0	61.2	92.6	57.1	54.9	50.4	55.7	69.0	59.8	49.0	63.5	53.4	61.9	59.0
61	69.2	71.2	99.1	68.5	69.5	65.1	63.5	74.5	64.6	63.7	73.0	67.2	67.6	70.0
62	74.7	75.9	101.3	74.3	69.2	73.3	72.8	78.6	69.9	70.4	76.9	76.9	74.9	73.8
63	83.2	83.0	100.5	82.9	78.3	80.7	80.5	84.4	86.6	76.0	83.8	90.3	87.6	82.7
64	96.3	93.6	101.4	96.3	97.3	98.5	91.2	93.4	94.1	95.3	97.7	104.2	94.7	95.8
65	100.0	100.0	100.0	100.0	100.0	100.0	100.0	100.0	100.0	100.0	100.0	100.0	100.0	100.0
66	113.1	109.8	105.8	113.4	115.6	116.1	113.0	110.1	109.5	111.6	113.4	120.7	110.0	114.1
67	134.8	124.7	104.3	136.0	149.6	151.0	132.3	120.0	115.1	144.0	133.6	157.8	117.7	135.7
68	158.3	138.2	105.3	160.4	168.4	193.1	153.3	127.2	122.5	179.8	156.7	206.6	126.3	156.4
69	184.7	155.8	104.6	187.8	202.9	237.4	179.5	139.5	129.1	214.5	183.4	253.9	136.8	183.5

(出典)　通産省『通産統計』、各年版による。

要するに、この「第二次」期にあっても、生産拡張の動力はこれら「重化学工業部門」に求められる以外にはなく、その意味で、重化学工業化の持続的進行は当然のことであろう。

以上を受けて、「第二次」期におけるこの「設備投資増大―生産拡大」過程を、(ハ)「成長率」という視点から集約しておこう。そこで、「経済成長率」を「名目」と「実質」の両面からフォローしていくと、まず「転型期」を境にして、六四年＝名目一七・三%(実質一三・三%)から六五年＝一〇・五%(四・六%)へと急落するものの、六六年には直ちに一五・三%(一〇・二%)と回復をみせ、その後は六八年＝一八・六%(一四・二%)→六九年＝一六・七%(一二・一%)→七〇年＝一七・八%(一〇・三%)という驚異的な高成長を持続させる(**第6表**)。まさに、「第一次」期と相い並ぶ高成長という以外にはなく、いま直前で確認した、「設備投資増加→生産拡大」という基盤的連鎖が、最終的にはこの「高・成長率」という形で現実化しているわけであろう。繰り返し指摘したような「基調変化」を明瞭に惹起させながらも、極めて高い「経済成長率」が実現されたのであり、そこに、「第一次」期とは質的に区別される、「第二次高度成長」が検出されてよい。

そのうえで、この「生産拡大」が次に(b)「資本・生産の集中・

第6表　経済成長率

年次	経済成長率		民間設備投資対前年増加率	法人所得	一人当り国民総支出	
	名　目	実　質		国民所得	名　目	実　質
	%	%	%	%	千円	千円
1953	12.6	5.7	15.7	9.1	81.4	128.1
54	11.0	6.1	4.3	9.8	89.1	134.0
55	10.1	9.1	△3.2	7.9	96.9	144.5
56	12.8	8.0	39.0	8.7	108.2	154.5
57	13.9	8.0	25.1	12.1	122.2	165.3
58	4.0	5.4	△4.7	10.5	125.9	172.7
59	12.2	9.2	16.9	10.6	139,9	186.8
60	19.9	14.1	40.9	14.4	166.3	211.4
61	23.4	15.6	36.8	14.4	203.4	242.1
62	10.8	6.4	3.4	13.3	223.4	255.3
63	15.4	10.6	5.3	12.0	255.2	279.4
64	17.9	13.3	20.0	12.3	298.7	314.5
65	10.5	4.6	△6.4	10.6	326.3	325.5
66	15.3	10.2	11.4	11.2	372.6	355.5
67	18.3	13.5	27.0	12.8	436.6	399.5
68	18.6	14.2	27.2	14.4	511.8	451.2
69	16.7	12.1	20.9	14.6	590.2	499.8
70	17.8	10.3	15.4	15.5	687.1	545.1
71	11.7	6.8	3.2	14.0	758.2	575.4
72	14.4	8.9	5.8	13.0	851.5	615.1
73	24.1	10.5	19.3	10.1	1,039.4	668.7

（出典）　経済企画庁『昭和40年基準改訂国民所得統計（昭和26年度～昭和42年度）』、『国民所得統計年報』（昭和49年版）等による。

集積」に連結していったのは当然である。そこで最初に（イ）その「基本動向」はどうか。最初に『工業統計表』に立脚して「事業所」基準で集中の実態を探ると、六一－六七年間に、「事業所数」＝四九・二万→五九・七万（二一％増）、「従業員数」＝八七五万人→一〇五五万人（二一％増）、「出荷額」＝一九・一兆円→四一・二兆円（一一六％増）と増大した中で、「事業所数」で僅か〇・三四％を構成するに過ぎない「従業者五〇〇人以上」の大事業所が、六七年時点で、「従業員数」全体の二四・八％を占めると同時に「出荷額」の実に四一・三％をも集中している——という構図が示される。まさに文字通りの「集中化」だとみてよいが、この状況は、次に「法人企業」基準で見直しても何ら変わらない。いま例えば『法人企業統計年報』に即してみた場合、当面の六一－六八年の間に、「法人数」＝一七・九万社→二四・四万社（三六％増）、「従業員数」＝七四九万人→一〇〇八万人（三五％増）、「固定資産」＝六・六兆円→一七・六兆円（二・七倍）、「売上高」＝一八・六兆円→五四・二兆円（二・九倍）、と拡大した事実がまず読み取れる。そしてそのうえで、「資本金一〇億円以上」大企業に焦点を当てると、まずその数が六一年＝三五五社から六八年＝六三五社へと激増しつつ、しかも全法人数の〇・二六％に過ぎないこの企業群が、「従業員」の二九％、「固定資産」の六三％、「売上高」の四四％をそれぞれ占めている――という現状が浮上してくる。したがってその集中程度の高さがここでも明瞭であろう。

その際、このような「集中の進展」が他面で、（ロ）企業の「合併・合同」の結果である点もまた当然といってよい。そこでまずその前提をなす（A）「倒産状況」から注視すれば、「第一次」期から「転型期」にかけて月平均二〇〇社以下に止まっていた倒産企業数が、六四年以降は激増に移り月平均で五〇〇社を超過するに至り、六八年第Ⅱ四半期には月平均一〇〇〇社という頂点を記録した。まさに「第二次」期の景気上昇局面でも倒産は増加したのである。ついでこの倒産増加が（B）「合併増加」を惹起させたのは自明であって、「合併受理件数」（**第7表**）は六六年＝

第7表　合併受理件数の推移

年	総数	10～50億円未満	50～100億円未満	100億円以上
1955	338	7	1	0
56	381	6	1	0
57	398	9	0	0
58	381	7	1	0
59	413	8	0	0
60	440	9	0	1
61	591	13	3	2
62	715	23	3	3
63	997	28	5	12
64	864	17	4	9
65	894	8	3	3
66	871	23	2	5
67	995	39	4	7
68	1,020	17	2	7
69	1,163	29	5	2
70	1,147	34	3	6
71	1,178	23	9	7
72	1,184	37	1	7
73	1,028	26	3	8

（出典）資本金は合併行為後の金額。『公正取引委員会年次報告』による。

八七一（うち資本金一〇～五〇億円二三）↓六七年＝九九五（二九）↓六八年＝一〇二〇（一七）↓六九年＝一一六三（二九）↓七〇年＝一一四七（三四）という数字を刻むから、倒産件数を反映して、特に六七年以降での「合併増加」が手に取るようにわかろう。しかも、「日本型・二重構造」に規定されて中小企業レベルでの「合併」が特徴的だが、それはともかく、「合併・合同」がまさしく大きく進展をみせた。

まさにこれら「倒産―合併」の到達点としてこそ、（C）「カルテル」形成が進もう。すなわち、いま「カルテル推移」の数値を拾うと、その年次毎の総数は、六五年＝一〇一一件（うち「合理化カルテル」一四）↓六六年＝一〇九三件（一四）↓六七年＝一〇五三件（一三）↓六八年＝一〇一六件（一三）↓六九年＝九六三件（一二）↓七〇年＝八九五件（一〇）という軌道を描く。いうまでもなく六五年不況時がピークをなすが、問題は、その後「第二次高度成長」に移っても極めて高い水準を維持し続ける（**第8表**）ことであって、ここからは、一面で「不況対策」としての緊急避難的動きが当然無視できないとともに、他面、それを契機としつつ、「倒産↓合併↓カルテル」というロジックで「独占の強化」

第8表　カルテルの推移（単位：件）

	独禁法不況カルテル（24条の3）	合理化カルテル（24条の4）	その他適用除外法カルテル	勧告操短	計
1953			53		53
54	0	0	79		79
55	0	0	162		162
56	0	4	244		248
57	1	6	305		312
58	1	6	394	19	420
59	5	8	496	40	549
60	4	9	582	29	624
61	3	9	702	19	733
62	0	11	857	15	883
63	1	11	931	27	970
64	2	14	954	11	981
65	2	14	983	12	1,011
66	16	14	1,049	14	1,093
67	1	13	1,026	13	1,053
68	0	13	990	13	1,016
69	0	12	936	15	963
70	0	10	876	9	895
71	0	13	823	9	853
72	9	10	957	9	985
73	2	10	967	6	985

（出典）『公正取引委員会年次報告』による。

が進行しつつある点が——見事に検出可能だといってよい。その意味で、この「第二次」期の「生産拡大」は、まさに「独占強化」と並行する現象だったわけである。

こうして、「第二次」期の中で「資本・生産の集積・集中」が進んだが、最後にその帰結を、（ハ）「集中度の上昇」という側面から総括しておきたい。そこで、便宜上、いくつかの生産部門における「上位三社累積生産集中度」（％）の摘出を試みれば、以下のような構図が手に入る。すなわち、一九七〇年時点におけるその「集中度」は、ビール＝九五・六％、ナイロン＝六八・八％、ガソリン＝四三・三％、銑鉄＝七三・四％、小型自動車＝九〇・四％、造船＝五三・一％、という数値配列に他ならず、外資系との関連が強いガソリンなどを例外にして、主要産業での「三社集中度」は七〇－九〇％レベルという恐ろしく高い水準にあるといわざるを得ない。またやや性格を異にするが、「大手商社上位五社取扱高・累積集中度」をフォローすれば、六四年＝三八・二％→六九年＝三八・〇％→七〇年＝七一・七％という顕著な上昇が示されるから、「第二次」期の生産拡大が、流通部門における巨大商社ネットワークによって支えられた側面も確認できるが、それだけではない。さらにそもそも、これら「生産・流通面の巨大化」の背景には「企業集団の支配力」自体の巨大性があったのであり、その「巨大性」の一端だけを挙げれば、一九七三年には「三井・三菱・住友・富士・一勧」の六系列計で、「総資産」＝二四・二四％、「資本金」＝二五・〇一％、「売上高」＝二三・六二％という集中割合を占めた以上、ここからも、「第二次」期に進行した、大きな「資本の集積・集中」動向が明瞭に傍証できると考えられる。

さて、ここまでで「生産のマクロ状況」を押さえてきたが、これを枠組みとして最後に（c）「企業巨大化状況」をミクロ的に見定めておきたい。そこでこの視角からすると、「企業巨大化」に関しては、以下の諸点が重要だと思われる。すなわち、（イ）「企業規模の増大」——例えば六一年度第一位の日立製作所の売上高が二六六一・二億円だったのに対して、六九年第一位の新日鉄のそれが一兆一六六五億円へと激増したこと、(ロ)「国際的巨大性」――「世界鉱工業二〇〇社」(売上高、米国を除く)に参入している日本企業が六一年＝一四社→六六年＝一七社→六九年＝一九社と着実に増加していること、(ハ)「重化学工業への集中」――巨大会社分布において機械・化学・非鉄金属関連企業など重化学工業企業の比重が上昇していること、(ニ)「新産業部門の地位上昇」――この重化学工業の中でも取り分け「自動車・家電・電子機器・石油化学」という「新産業」の急速な伸張が目立つこと、(ホ)「輸出との結合化」――これら重化学工業・巨大企業は同時に主要輸出企業でもあること、これである。

要するに「第二次」期には、「企業巨大化―独占化」を軸にして「生産拡大」が進展したわけであり、その点で、「量的拡大」主流の「第一次」期とはその質的区別が検出可能であろう。

そのうえで、以上のような「生産動向」は③「企業収益」へどのように連結していったのだろうか。そこでまず(a)「利益率の基本推移」をみておく必要があるが、「総資本純利益率」(大企業)を追うと、まず「第一次」期において五九年＝五・三％→六〇年＝六・三％→六一年＝五・四％→六二年＝四・三％(**第4表**)という高い水準を記録した後、「転型期」に入って六三年＝三・九％→六四年＝三・五％→六五年＝三・〇％へと一旦は下落し、ついで「第二次」期に移ってようやく回復に転じる。しかしこの「第二次」期を迎えてもそのレベルは決して高いとはいえず、六六年＝三・八％→六八年＝二・七％→七〇年＝四・二％といういわば「停滞状況」が進行していく。この傾向は、「中小企業」を対象にとっても同様だし、また「売上高純利潤率」に即して考えても変化はみられない以上、この「第二次」期の「企業収益」は「第一次」期と比較して明らかに低位に止まった――と結論せざるを得ない。何よりもこの点への理解が不可欠であろう。

この基本傾向を前提にしつつ、次に(b)「利益率の特徴」にまで立ち入ってみよう。このような視角から、以上のような「利益率推移」を、「第一次」期と比較させて検分した場合、例えば以下のような三特徴が直ちに目に入ってくる。すなわち、まず一つ目は（イ）「利益率変動サイクルの『長期化』」であって、「第一次」期では「収益率上位局面」が、「神武景気」フェーズにおける五六～五七年の「二年」、ついで「岩戸景気」フェーズにおける五九～六一年の「三年」であったのに比較して、この「第二次」期でのそれは、六六～六九年の「四年」に延びている。また逆に「収益率低位局面」についても同型であって、「第一次」期の「なべ底不況」期では収益率低落期間が五七～五八年の「二年」で終了したのに比べて、「転型期」での低下は「四年」もの持続を余儀なくされた。まさに「利益率変動周期」の「長期化」といってよい。続いて二つ目は――すでに指摘したが――いうまでもなく（ロ）「利益率の趨勢的低下傾向」に他ならない。総体的にいって、利益率は「第一次」期の「五～六％台」から「第二次」期での「三～四％台」へと落ちてきているのであり、低下基調的長期趨勢がみて取れる。

そうであれば結局、以下のような（ハ）「基本性格」が確認可能となろう。すなわち、「第二次」期の「総資本純利益率」は、短期的・激発的に顕著な高水準を実現した「第一次」期とは異なって、むしろ「持続的・安定的」に比較的高水準を確保した点にこそ、その特質があるのだ――と。そしてこの側面に、この「第二次」期の固有性があるのも当然であろう。

とすれば、「第二次」期におけるこの「特質」――つまり「持続的・安定的ではあるが、その水準は低い」という「特質」――の（c）「根拠」はどこにあるのか。そこで、この点の「要因分析」のために、いわゆる「賃金コスト指数」の時系列的変化に着目してみよう。まずこの「賃金コスト」の（イ）「定義」を設定しておくと、それはいうまでもなく「賃金指数／労働生産性指数」であって、「賃金上昇」を「労働生産性上昇」によってどの程度カヴァーし得ているか――を計測する指標だとさし当りは定義してよい。したがって、それが一〇〇を上回れば、「賃金上昇を労働

第９表　製造業の労働生産性　（1960年＝100）

	産出量指数	労働投入量指数	労働生産性指数	賃金指数	賃金コスト指数
1955	43.0	68.2	64.5	74.4	115.5
60	100.0	100.0	100.0	100.0	100.0
65	173.4	120.6	143.8	161.8	112.5
66	196.8	122.0	162.6	180.6	111.1
67	235.8	125.2	189.4	204.4	108.0
68	278.1	128.1	216.5	234.8	108.4
69	323.4	130.5	245.9	273.3	109.8
70	368.3	134.4	271.3	321.5	118.5
71	378.3	132.0	283.2	366.2	129.3
72	406.3	127.6	314.7	423.5	134.6
73	462.4	119.7	382.1	523.4	138.5

（出典）　安藤良雄編『近代日本経済史要覧』180頁。

生産性上昇によっては『償いきれない』」状態を意味し、その意味で「収益率低下の『実体的根拠』」となるわけだが、それはどう推移したのか。

　この点をふまえて、早速「賃金コスト指数」（**第９表**）の（ロ）「推移」（六〇年＝一〇〇）に目をやると、以下のような数字が刻まれる。つまり、五五年＝一一五・五（労働生産性指数六四・五、賃金指数七四・四）↓六五年＝一一二・五（一四三・八－一六一・八）↓六六年＝一一一・一（一六二・六－一八〇・六）↓六七年＝一〇八・〇（一八九・四－二〇四・四）↓六八年＝一〇八・四（二一六・五－二三四・八）↓六九年＝一〇九・八（二四五・九－二七三・三）↓七〇年＝一一八・五（二七一・三－三二一・五）と経過するのであり、したがってここからは以下の点が検出可能といってよい。まず何よりも、「労働生産性」と「賃金」両者の継続的上昇が一目瞭然だが、そのうえでそのバランスからなる「賃金コスト指数」の変動に注目すると、まず第一に、「第一次」期直前の五五年には一一五となり資本負担の大きさが目立つ以上、景気上昇のスタートにはまだ達していないことが検証されるが、ついで第二に、六〇年には一一五・五↓一〇〇・〇という形で低下に移行し、そこから「第一次」期にともなう利益率上昇が本格的に開始されていく。その後、第三として、「転型期」に直面して六五年には一一二・五という急上昇を経験して大幅な利益率低落に見舞われるが、それを克服しつつ第四に、六七年以降には一〇八台にまで下降して利益率向上を確保することによって「第二次」期が経過していく。しかし第五に、それでもなお「指数一〇〇」を超過するレベルが続くから資本負担はいぜんとして重いうえに、しかも六九‐七〇年にかけて一〇九・八→一一八・五と再び上昇傾向に転じている。したがって、この「賃金コスト指数」の運動軌跡が、利益率推移を経由して景気の「上昇―下降」変動を極めて端的に表現している点――がよくわかるが、逆にそれを通してこそ、「利益率規定要因」もみえてこよう。

こう理解してよければ、この「第二次」期における「利益率低位傾向」の（ハ）「実体的根拠」は以下のように整理可能だといってよい。すなわち、確かに、「第二次」期における「大型投資―合理化―独占強化」の過程で「労働生産性」は大幅な上昇を実現した（六〇年＝一〇〇→七〇年＝二七一・一、二・七倍）が、しかしそれにもかかわらず、他方で、「賃金指数」はそれを大きく凌駕する水準で騰貴した（一〇〇→三二一・五、三・二倍）から、この「実体的関係」動向が、資本の実質的賃金負担を上昇させて結局は「利益率の低位性」を帰結させたのだ――と。

【2】資金調達　ついで第二に、視角を転回させて、以上のような企業の「資本投資」を可能にさせた、（二）その「資金調達」[4]動向に目を向けていこう。そこで最初に大枠として①「企業資金調達の全般的動向」をみておく必要があるが、まず（a）「資金調達合計」（億円）はどう動いたろうか。いま「第一次期―転型期―第二次期」というやや大きなスパンでその推移を追うと以下の通りである。すなわち、一九五七‐六一年＝二四一〇八→六二‐六五年＝四六五四七→六六‐六九年＝六五三五七**（第10表）**という軌跡を描くから、ここからは、まず一つ目として（イ）全体としては著しい企業資金調達の増加が何よりもみて取れる。具体的には、「第一次」期→「転型期」→「第二次」期という経過の中で実に二兆円規模で持続的増加を続けているのであって、企業資金需要の激烈性が否定できない。しかも二つ目に、（ロ）景気の落ち込みが進行した「転型期」にも資金調達がかなり大きく増えている点が特徴的であっ

第10表　法人部門の資金調達　（億円）

	1957～61	62～65	66～69
借入金	16,391（68.0）	36,452（78.3）	56,316（86.2）
市中借入金	15,119（62.7）	33,419（71.8）	50,216（76.8）
銀行借入	10,679（44.3）	21,207（45.6）	30,448（46.6）
その他金融機関	4,440（18.4）	12,212（26.2）	19,768（30.2）
政府借入金	1,272（5.3）	3,033（6.5）	6,100（9.3）
事業債・株式	6,425（26.7）	7,601（16.3）	6,305（9.6）
事業債	1,587（6.6）	1,676（3.6）	2,371（3.6）
株式	4,839（20.1）	5,925（12.7）	3,943（6.0）
対外債務	1,292（5.4）	2,495（5.4）	2,737（4.2）
短期対外債務	742（3.1）	1,123（2.4）	992（1.5）
長期対外債務	550（2.3）	1,371（2.9）	1,745（2.7）
資金調達合計	24,108（100）	46,547（100）	63,357（100）

（出典）日銀『調査月報』、1965年５月、５頁、68年５月、６頁、70年５月、６頁。

て、企業収益の低下は顕著であったものの生産低下がみられなかったこの不況の「特異な」特徴――景気変動パターンの変質――が、そこに端的に反映されていよう。そしてそのうえでこそ三つ目に、（ハ）当面の「第二次」期には企業資金調達がとうとう六兆円という巨大な水準を超過していくのであり、「大型投資」によって性格づけられる「第二次」期の進行が明確に表現されている。

こうして、「第二次」期に入っても、企業による巨額の資金調達傾向が一層明瞭に進展していることが一目瞭然といってよい。まさに「大型投資」のその「実体的基盤」に他ならない。

次に、このような「資金調達のトータル推移」を前提にしつつ、（b）その「源泉内訳・大区分」にまで立ち入ってみよう。そこで最初は（イ）「内部資金―外部資金」構成だが、例えば「産業資金供給実績」によってその概略を押さえると、一九五五－五九年平均＝内部資金四三・九％－外部資金五六・一％→六〇－六四年平均＝三九・八％－六〇・二％となるから、全体として「内部資金割合」は低下傾向を示す。いうまでもなく、この「内部資金比率の低位性」は日本資本主義のいわば体質的特徴であってあらためて驚く必要もないが、「第二次」期もこの趨勢的基調から外れるものではない点だけは慎重に確認しておきたい。

第11表　法人部門の資金調達　（億円）

	1957～61	62～65	66～69
借入金	16,391（68.0）	36,452（78.3）	56,316（86.2）
市中借入金	15,119（62.7）	33,419（71.8）	50,216（76.8）
銀行借入	10,679（44.3）	21,207（45.6）	30,448（46.6）
その他金融機関	4,440（18.4）	12,212（26.2）	19,768（30.2）
政府借入金	1,272（5.3）	3,033（6.5）	6,100（9.3）
事業債・株式	6,425（26.7）	7,601（16.3）	6,305（9.6）
事業債	1,587（6.6）	1,676（3.6）	2,371（3.6）
株式	4,839（20.1）	5,925（12.7）	3,943（6.0）
対外債務	1,292（5.4）	2,495（5.4）	2,737（4.2）
短期対外債務	742（3.1）	1,123（2.4）	992（1.5）
長期対外債務	550（2.3）	1,371（2.9）	1,745（2.7）
資金調達合計	24,108（100）	46,547（100）	63,357（100）

（出典）日銀『調査月報』、1965年５月、５頁、68年５月、６頁、70年５月、６頁。

そうであれば、この六割を占める（ロ）「外部資金内訳」が直ちに問題となるが、いまその内訳を一応「借入金―株式・債券―対外債務」に区分してフォローすると以下のような構図となる（**第11表**）。すなわち、一九五七－六一年＝「六八・〇％－二六・七％－五・四％」→六二－六五年＝「七八・三％－一六・三％－五・四％」→六六－六九年＝「八六・二％－九・六％－四・二％」という図式であって、ここからは、「株式・債券比率の持続的減少」とその裏側での「借入金比率の継続的増加」とが手に取るように検出可能といってよい。この基調も「第一次」期からの一般的傾向だが、「借入金依存」というこのような体質は、「第二次」期にもなお一層拡大して貫徹していよう。その中でも特に「株式」比率の激減が印象的だと思われる。

そして、このような「『借入金』中心の『外部資金』依存」体質が、最終的には（ハ）「企業・自己資本比率の低下」に帰結せざるを得ないのは当然である。事実、「主要企業の自己資本比率」（％）を「製造業総合」に即してフォローすると、一九六五年＝二六・五→六七年＝二四・三→六九年＝二一・三→七一年＝二〇・二（**第12表**）となって連年持続的に下降を遂げつつ「自己資本比率」の低下傾向が明白だし、しかもその結果として、国際比較（六五年）を試みても、アメリカ＝

六〇・八%、イギリス＝五七・二%、西ドイツ＝四四・四%なのに対して、日本は僅か二三・八%に止まる。要するに、「第二次」期における、日本企業の巨大な資金調達とそれを基盤とした「大型投資」とは、まさにこのような「自己資本極小―外部借入中心」方式を通してこそ実現をみたのである。

最後に、企業資金調達の中心を占めるこの「借入金」に関して、さらに（c）「借入金・内訳」にまで踏み込むと、いうまでもなく「銀行借入」の基軸性が目に飛び込んでくる。例えば、この「借入金」は「市中借入金」と「政府借入金」とからなり、そのうえで前者は「銀行借入」と「その他金融機関」とに細分可能だが、この三者の対応関係（%）をチェックすると、取り敢えず以下のような数字が拾える。つまり、五七－六一年＝「市中借入金」六二・七（うち「銀行借入」四四・三）－「政府借入金」五・三→六二－六五年＝七一・八（四五・六）－六・五→六六－六九年＝七六・八（四六・六）－九・三、という軌跡に他ならず、「政府借入金」が増加傾向にあることとともに、「銀行借入」が、量的ウエイトおよび増加基調の二面からして、全体の中軸を支配しているのは明瞭であろう。こうして巨大な資金調達のその依存先は何よりも民間銀行であった。

第12表　主要企業の自己資本比率

（単位：%）

年度下期	全産業総合	製造業総合
昭和35年	28.9	
40	23.8	26.5
42	21.7	24.3
44	19.6	22.3
46	17.6	20.2
48	15.8	19.3
49	15.2	18.3

（出典）　日本銀行『経済統計年報』より。

以上のような「資金調達の一般的動向」を前提としたうえで、次に②「設備投資・資金調達」に特に焦点を合わせてみよう。いうまでもなく成長運動の基本動力こそこの「設備投資」に他ならないからであるが、では最初に（a）「調達総額動向」はどうか。いま例えば特に大企業に代表させて「調達純増総額」（百億円）推移を辿ると、「転型期」の中で六五年＝一五六→六六年＝一五八と一旦は停滞した後、六七年＝二一七からは再度増加に転じつつそれ以降は六八年＝二九七→

六九年＝三七〇→七〇年＝四六八（**第2表**）と大幅な拡大を持続させていく。したがって、「設備投資資金調達」は、「第一次」期→「転型期」→「第二次」期を貫いて全体的に増加し続けたといってよいが、先に検討した「企業資金調達」総体の激増性に比較すると、その増加テンポのマイルド性はなお否定できまい。その点で、繰り返し指摘してきた、「第二次」期・設備投資増加の「落ち着き化」[5]が、この側面にも如実に反映しているように思われる。

そのうえで、このような「設備投資資金」はどのような源泉から調達されたのであろうか。そこでその（b）「調達源泉」の大区分を確かめると、各年度における「株式―社債―借入金―自己資金」の構成比率（%）は以下のような分布を示す。すなわち、六七年＝四・八－六・三－二二・一－六六・八→六八年＝六・四－七・七－三一・二－五四・〇→六九年＝六・三－六・七－三四・〇－五三・〇→七〇年＝五・三－七・一－四〇・五－四七・一（**第2表**）という図式に他ならず、したがってこの軌跡からは、その特徴として以下の三論点が即座に検出可能だとみてよい。まず第一は（イ）「株式・社債比率の小ささ」であって、両者とも「五～七%」というネグリジブルな水準に止まっている。本来、設備投資資金という長期資金は「株・証券」が対象となる資本市場にこそ適合するというのがセオリーだが、周知の通り日本ではその原則は通用しない。ついで第二は（ロ）「借入金ウエイトの大きさ」に他ならず、全体の三割をも占める程だし、しかもその比率は上昇基調にさえある。もっともこの動向もいわば通説だといってよく、――後にも触れるが――様々な方策が駆使されて、都市銀行の短期信用が「ロール・オーバー」操作によって事実上「長期信用」化されている現象が、ここには明瞭に映し出されていよう。最後に第三としては、「自己資金割合の高さ」が大きく目に付く。もちろん、「第二次」期の進行とともに、その構成比は下降してはいるものの、「平均五〇%」レベルで推移していく状況は、やや意外な現象として注目に値する。しかも、すでにチェックした通り、「企業資金調達・全体」の場面では「自己資本比率の極端な低位性」が目立った以上、それとの対比で、この「設備投資資金・調達」における

「自己資本ウエイトの高位性」は取り分け印象深い――わけである。

ついで、一定の大きな比重を示す（c）「借入金」に関して、その内訳構成を探ってみよう（**第2表**）。その場合、この「借入金」は「政府金融機関・民間金融機関・外資」に細分可能だが、その三者の構成比（％）は、先に取り上げた年度についてそれぞれ、「二・九―一八・二―一・〇」→「二・七―二四・六―四・六」→「二・四―二九・九―一・七」→「四・一―三四・九―一・五」と動くから、「財投の生活基盤向けへのシフト」および「資本自由化による外資取り入れ増加」などが一部にみられつつも、総体的にいって、「民間金融機関」比率の圧倒性については疑問の余地はあり得ない。したがって、この設備投資資金に限定しても、「借入金」における市中金融機関への依存度の大きさが目立つのであり、この性格についても「第一次」期からの持続性がみて取れる。

こうして、「第二次」期の「設備投資資金調達」は、以上の三ルートを源泉にして実行されたと判断してよい。そしてそのうちの「二つ」――「証券比率の低さ」と「借入金比重の高さ」――はいずれも日本型・金融のいわば「宿命」に拠る点なので、あらためて考察を深める必要性はないが、「自己資本ウエイトの高さ」論点だけにはもう一歩考察を加えておきたい。そこで③「設備投資における『自己金融力拡大』が問題になるが、いうまでもなくその論理ポイントは、この「第二次」期での、「企業資金調達一般における『自己資本比率の低位性』」と「設備投資資金調達におけるその『高位性』」との「乖離」の原因は何か――という点にこそあろう。そこで、あらためて「設備投資資金」に関する「自己金融力」拡大の事実に目を凝らせば、例えば次のような数値（億円）が手に入る。すなわち、まず「第一次」期に当たる一九五六―六〇年の平均では、「設備投資額」（A）＝八三九〇、「内部資金」（B）＝四〇二四（うち「内部留保」九〇六、「減価償却費」三一一八）、B／A＝四七・九％であったのに対して、六七―七〇年平均というこの「第二次」期に入ると、それぞれ三二五七〇、二三五五九（八八一一、一四七四九）、七二・三％

第13表　主要企業の自己金融力　（単位：億円）

	昭和31～35年平均	42～45年平均	46～49年平均
設備投資額（A）	8,390	32,570	46,925
内部資金（B）	4,024	23,559	36,957
うち｛内部留保	906	8,811	14,572
うち｛減価償却費	3,118	14,749	22,385
B/A（％）	47.9	72.3	78.8

（出典）　日本銀行『経済統計年報』より。

（第13表）へと転位する。したがって「自己金融力」の大幅な上昇が一目瞭然だが、その秘密を解くカギは「内部留保」の激増にこそ求められてよい。というのも、「第一次―第二次」期のスパンで、（A）が約四倍増なのに比較して、（B）の中の「内部留保」が実に九・八倍（「減価償却費」＝四・六倍）になっているからであって、このギャップこそが「自己金融力」向上に帰結しているのはいうまでもない。換言すれば、企業が、実現した「収益」を投資に効率よく再投資し得ない状況――大きく規定すれば「資本過剰」状況――が進行しつつあるといってよいのであり、その意味で、利潤のうち「設備投資」に向けられる部分がそれだけ「相対的」に縮小しつつあるとも考えられる。まさにこのような「新動向」の出現が無視できまい。

こう理解してよければ、「第二次」期における、以上のような「設備投資資金・自己金融力上昇」の本質は、結局次のように集約可能だと思われる。つまりそれは、何よりもこの「第二次」期における、「設備投資増加エネルギーの相対的停滞化」の、その極めて端的な表現以外ではないのだ――と。まさにここにも、「第二次」期の性格が検出可能なのである。

［3］雇用動向　ここまでで、「資本投資」とそれを可能にした「資金調達」動向をみてきたが、このような資本運動は「雇用動向」[6]に対してどのようなインパクトを与えたのだろうか。そこで次に第三として（三）「雇用動向」に目を転じていくが、最初に①「雇用推移―労働力人口」から入ろう。ではまず（a）「労働力状態」に焦点を合わせて（イ）「労働力人口」の増加からフォローすると、六〇年＝四四〇三万人→六五年＝四八二七万人→七〇年＝五二七六万人**（第14表）**となるからこの一〇年間に八〇〇万人の増加を記録したとみてよく、この数字は国勢調査開

始以来最大の増加規模だといわれている。その意味で、この「第二次」期にも豊富な労働力供給が進んだことは明瞭だが、そのうえで、そのような労働力供給増加の大宗が「雇用者」にあった点もまた当然といってよい。すなわち、(ロ)「雇用者」数は六〇年＝二三七〇万人→六五年＝二八七六万人→七〇年＝三三〇六万人と経過するが、各ポイント毎に約五〇〇万人もの増加を辿って、いま直前に指摘した労働力人口増加分の六割以上をも占める。したがって、「労働力人口」増加が何よりも「雇用者」を中心としていた事情が検出可能である以上、「第二次」期にあっても、投資拡大に対応して、企業による労働者吸収が進行した点は自明であろう。

第14表　わが国労働力人口の推移　（単位：100人）

	労働力人口
大正９年	25,587
昭和５年	28,282
15	32,406
25	36,347
30	40,027
35	44,028
40	48,269
45	52,759

（出典）　総理府統計局『国勢調査』。

しかしその点を確認したうえでも、ただ次の側面には注意が必要だと思われる。すなわち、(ハ)「第一次」期との「比較」に他ならず、例えば「第一次」期に相当する一九五五－六五年の間に、「雇用者数」が一〇九八万人増加して約一・七倍になったのと比較すると、六〇－七〇年という「第二次」期をカヴァーする期間には、九三六万人増の約一・四倍化に止まっている――のである。この点で、「第二次」期の労働力吸収テンポは「第一次」期より明らかに減速しているのであって、この「雇用者」動向の側面からしても、すでにしばしば指摘した、「第二次」期における「投資拡大の『落ち着き』化＝相対的『停滞』化」傾向がみて取れよう。

以上のような「労働力一般」状況に立脚したうえで、次に(b)「産業部門別」へもう一歩立ち入ったメスを入れてみよう。そこで最初は(イ)「産業大分類」(千人)だが、六五－七一年の期間で、まず「第一次産業計」が六三二→四六二と

第15表　産業別雇用者数（単位：1,000人、%）

	雇用者数		昭和40～46年の増減	増加寄与率（%）	増加率（%）
	昭和40年	46年			
全産業計	26,816	33,652	6,836	100.0	25.5
第1次産業計	632	482	△150	△2.2	△23.7
第2次産業計	12,311	15,055	2,744	40.1	22.3
鉱業	350	198	△152	△2.2	△43.4
建設業	2,149	3,114	965	14.1	44.9
製造業	9,812	11,743	1,931	28.2	19.7
重化学工業	5,187	6,602	1,415	20.7	27.3
軽工業その他	4,625	5,141	516	7.5	11.2
第3次産業計	13,857	18,111	4,254	62.2	30.7
卸売小売業	4,317	6,068	1,751	25.6	40.6
サービス業	4,044	5,637	1,593	23.3	39.4
その他の第3次産業	5,496	6,406	910	13.3	16.6

（出典）　総理府統計局『就業構造基本調査』。

二二・三%減となったのに対して、「第二次産業計」が一二三一一↓一五〇五五の二二・三%増、さらに「第三次産業計」も一三八五七↓一八一一一の三〇・七%増（**第15表**）を記録している。もちろんこの基本傾向は想定内であって驚く必要もないが、ただ「第二次—第三次」間の増加相対比には注意が不可欠であり、この「第二次」期では「第一次」期と比較して、明らかに「第三次産業」の伸び率の方が大きくなっている。つまり、「第一次」期では、「第二次産業計」＝三六七六千人増（四七・七%増、増加寄与率五八・〇%）、「第三次産業計」＝二九六四千人増（三三・〇%増、四六・七%）だったのが、「第二次」期に移ると、それぞれ、二七四四千人増（二二・三%増、四〇・一%）および四二五四千人増（三〇・七%増、六二・二%）へと変化していく。まさに「雇用者」増加に関する「第三次産業」の主導性が一目瞭然という以外にはなく、「第二次」期では、「第三次産業」の「増加寄与率」が実に六二%にまで上昇しているのであるから、「第二次」期では、労働力吸収のエンジンは「第二↓三次産業」へと明確に転換を遂げた。

そのうえで（ロ）「第二次産業」の内訳はどうか。そこで、「鉱業」・「建設業」・「製造業」に代表させてその増減の検出を試みると（**第**

15表)、六五年から七一年にかけての、この三業種の「雇用者数」(千人)変化は、それぞれ、三五〇→一九八(増加率△四三・四%、増加寄与率△二一・二%)、二二四九→三一一四(四四・九%、一四・一%)、九八二二→一一七四三(一九・七%、二八・二%)となり、そして最後の「製造業」のうちから特に「重化学工業」だけを取り出せば、例えば五一八七→六六〇二(二七・三%、二〇・二%)という数値が手に入る。したがって、まずこのかぎりでは、「第二次期にあっても、「雇用者」に関する「絶対量・増加テンポ・増加寄与率」の中心が、「製造業」なかんずく「重化学工業」にこそある点に疑問の余地はない。まさにそうだからこそ、この「第二次」期も重化学工業中軸の経済成長として進行したのであるから、その方向からしてこの点の確認はいうまでもなく重要である。最初に全体の大前提として、この側面の認識がまず不可欠であろう。

しかしそのうえで、以下の事実も軽視されてはならない。すなわち、「第二次」期における「重化学工業による労働力吸収の鈍化」であって、比較のために、五六－六二年における「重化学工業」の「雇用者数」変化を追うと、二四八三→四六八九(二二〇六増)となり、実に増加率八八・八%を記録しつつしかも増加寄与率も三四・八%に上っていた。したがって、このような対比を一瞥しただけでも事態の転換は明瞭というべきであって、この「第二次」期に入って、「重化学工業」の労働力吸収エネルギーは明らかに低下に転じていよう。そうであれば、ここからも、「第二次」期・資本投資における「停滞基調」の、その一要因が検出可能ではないか。

最後に(ハ)「第三次産業」の内訳にも触れておきたい。簡単にざっとなぞるだけに止めるが、例えば七一年時点では、「卸売小売業」＝六〇六八(対六五年増加数一七五一、増加率四〇・六%、増加寄与率二五・六%)であるのに対して、「サービス業」＝五六三七(一五九三、三九・四%、二三・三%)となるから、「第三次産業」の中心を構成するこの二セクターはほぼ拮抗するウエイトを占める(第15表)。そして、以上のような内容で進行する、この「第三

第16表　各種求人倍率の推移

	新規学卒者		一般労働力			
	中　卒	高　卒	年齢計	19歳以下	26～30歳	41～50歳
昭和30	1.1	0.7	0.2	−	−	−
31	−	−	0.3	−	−	−
32	−	−	0.4	−	−	−
33	−	−	0.3	−	−	−
34	−	−	0.4	−	−	−
35	1.9	1.5	0.6	0.7	0.7	0.3
36	2.7	2.0	0.7	−	−	−
37	2.9	2.7	0.7	−	−	−
38	2.6	2.7	0.7	−	−	−
39	3.6	4.0	0.8	−	−	−
40	3.7	3.5	0.6	1.6	0.6	0.5
41	2.9	2.6	0.7	2.0	1.1	0.8
42	3.4	3.1	1.0	2.6	1.4	1.1
43	4.4	4.4	1.1	3.1	1.5	1.2
44	4.8	5.7	1.3	4.5	1.7	1.4
45	5.8	7.1	1.4	5.1	1.8	1.3

（出典）　労働省『職業安定業務統計』、『年齢別求職求人就職状況調査』。

次産業・雇用者比率の増加現象」が、これまた、「第二次」期・「投資停滞性」の別表現であることは、いうまでもなく一見して明瞭であろう。

それでは、このような「労働力状態」の下で、(c)「労働市場」[7]はどのように展開したのだろうか。そこで最初に、「第一次」期から鮮明になってきていた「労働力不足」状況を判定するために、(イ)「一般求人」動向から立ち入ると、「一般労働力」に関して以下のような軌跡が描かれる。すなわち、「年齢計」でみた「求人倍率」は、六五年＝〇・六（うち「一九歳以下」一・六）→六七年＝一・〇（二・六）→六九年＝一・三（四・五）→七〇年＝一・四（五・一）**（第16表）**と経過していくから、「転型期」での低水準を脱した後、「第二次」期に入ってからは、特に若年層を中心として顕著な増加を継続させていく。ちなみに、すでに「労働力不足」が喧伝されていた「第一次」期のレベルでも——同じ統計上では——「〇・四～〇・七」程度に止まっていた以上、この「第二次」期での「求人倍率」の高水準は取り分け目に付く。したがってここに、「労働力不足」がすでに顕在化していた「第一次」期を超えた、さらなる「労働力不足」の進行がみて取れよう。

しかしそれだけではない。この「求人」状況を（ロ）「新規学卒者」に限定すれば、その逼迫度はさらに一層高まろう。事実、いま特に「新卒者」に焦点を当てて「求人倍率」を追えば、六五年＝「中卒」三・七、「高卒」三・五→六七年＝三・四、三・一→六九年＝四・八、五・七→七〇年＝五・八、七・一（**第16表**）という数字が検出されてくるのであり、そうであれば、この図式からは以下の三点が即座に把握可能だといってよい。つまり、（A）「転型期」にも「対新卒労働力需要」の積極的な低下はみられなかったこと、（B）特に「新卒」に対する「労働力需要」の持続的拡大が進行したこと、（C）「第二次」期に入って、「新卒者」需要の中心が「中卒」から「高卒」へと転換したこと――これである。何よりも、「新規・高卒者需要」の激増が一目瞭然であろう。

こうして、「第二次」期にも「求人倍率上昇」はヨリ一層の進展をみせたが、その（ハ）「帰結」としては以下の二側面が特に重要だと思われる。つまり、まず一つ目は「新規学卒・労働力供給」の「現実的減少」であって、この「労働力供給」（千人）は例えば六五年＝「中卒」六二五、「高卒」七〇〇→六七年＝四四六、九四一→六九年＝三二四、八八二→七〇年＝二七一、八一七（**第17表**）と動くから、中卒・高卒とも顕著な減少過程を続ける。そしてこの「減少傾向」の背景については、「生産性向上＝省力化」

第17表　新規学卒（中高卒）労働力供給の推移

（単位：1,000人）

	中卒	高卒	計
昭和31年	797	390	1,187
34	786	496	1,282
37	652	649	1,301
40	625	700	1,325
41	522	903	1,425
42	446	941	1,387
43	386	943	1,329
44	324	882	1,206
45	271	817	1,087

（出典）　文部省『学校基本調査』。

第18表　労働力不足を訴える大企業（主要企業）の割合　（単位：％）

	製造業	非製造業
昭和41年	6	6
42	18	7
43	16	13
44	18	14
45	26	20

（出典）　日本銀行『主要企業短期観測』（各年６月）。

作用が皆無ではないにしろ、先に確認した「求人倍率」の高騰を勘案すれば、それが、「人手不足→労働力確保の困難化」の帰結以外でないことは当然であろう。むしろ、この「労働力供給減少」こそが企業に対して「合理化投資」を不可避にさせた──と把握されるべきであって、この点も、「第二次」期・投資動向の特質を規定している。

ついで二つ目として、以上のような「労働力供給」の減少は実際に「労働力不足を訴える企業の増加」として表面化している。いま、そのような「訴え」を示す「主要大企業」の割合（％）を検出してみると、六六年＝製造業六％、非製造業六％→六七年＝一八％、七％→六八年＝一六％、一三％→六九年＝一八％、一四％→七〇年＝二六％、二〇％（**第18表**）となる以上、この「第二次」期以降、両グループとも「労働力不足に悩む企業」のウエイトは明確に増加し続けている。したがって、「第二次」期における「労働力不足」の進展は明瞭という以外にはなく、ここからこそ、投資の、「横への拡張」から「タテへの深化」という転換が追求されていくのである。

それでは、このような「雇用動向」は、次に②「賃金動向」へとどのように反映していっただろうか。そこで最初に（a）「平均賃金」の一般的推移をフォローすると、まず（イ）「産業総合・平均賃金額」（千円）は、六五年＝三九・四→六七年＝四八・七→六九年＝六四・三→七〇年＝七四・四と経過し、「第二次」期におけるこの六年間で約三一・五万円の上昇をみている。この上昇の程度を知るために「第一次」期に属する六〇－六五年の六年間をとると、そこでの増額は一・五万円に止まるから、この「第二次」期上昇分はその二倍に相当しよう。その点で、「第二次」期における「平均賃金額」の明確な上昇が否定できず、したがって、繰り返し確認してきた「労働力不足」の、その「賃金

第19表　平均賃金額と賃金指数

	平均賃金額（千円）		現金給与総額指数（1960年＝100）			
			産業総合		製造業	
	産業総合	製造業	名　目	実　質	名　目	実　質
1955	18.3	16.7	76.1	82.1	74.4	80.4
56	20.0	18.3	81.8	88.0	81.4	87.5
57	21.3	19.3	85.6	89.3	84.1	87.8
58	21.2	19.2	88.2	92.4	86.1	90.3
59	22.6	20.8	93.6	97.0	92.6	95.9
60	24.4	22.6	100.0	100.0	100.0	100.0
61	26.6	24.8	111.3	105.7	111.5	105.9
62	29.5	27.3	122.7	109.1	122.0	108.5
63	32.7	30.2	135.8	112.2	134.6	101.4
64	35.8	33.1	149.4	119.0	148.9	118.6
65	39.4	36.1	163.7	121.1	161.8	119.8
66	43.9	40.5	181.3	127.6	180.6	127.2
67	48.7	45.6	202.8	137.3	204.4	138.4
68	55.4	52.7	230.4	148.1	234.8	151.0
69	64.3	61.8	266.4	162.7	273.3	167.1
70	74.4	71.4	311.5	176.2	321.6	181.6
71	85.1	81.0	357.3	190.6	366.2	195.1
72	98.5	93.6	414.0	211.1	423.5	215.7
73	120.4	116.3	503.7	229.9	523.6	238.6

（出典）　第15表と同じ。

への明確な反映」[8]が一目瞭然だと考えられる。ついでやや角度を変えて（ロ）「現金給与総額指数」（六〇年＝一〇〇）からも判定を試みると、「産業総合」で一六三・七↓二〇二・八↓二六六・四↓三一一・五（**第19表**）という数字が刻まれるから、この六年間で一・九倍増を遂げている。ちなみに、「第一次」期に当たる六〇－六五年の上昇率が一・六倍であったから、それに比較すれば、この「第二次」期における「給与総額」の伸びがヨリ一層大きい点がわかろう。

以上の動きを、最後に（ハ）「実質賃金」面からも集約しておけば、以下のような構図が示されていく。いまさし当り「現金給与総額」に即した「実質賃金」を取り上げると、一二一・一↓一三七・三↓一六二・七↓一七六・二と推移してこの間に一・四倍にまで上昇するが、六〇－六五年間の増加率は一・

二倍であったから、その点からも、この「第二次」期・実質賃金上昇率の明瞭さが検出可能といってよい。まさにこの点こそが、「設備投資伸び悩み」の中で、「実質賃金上昇→消費拡大」を通じて、「第二次」期成長を支える、その一つの支柱になったことはいうまでもなかった。要するに、「成長促進システムの構造転換」こそが確認されてよい。

ついでもう一歩視角を集中して、（b）投資拡大の中心を担う「製造業」の実態に目を向けよう。そこでまず（イ）「製造業・平均賃金額」（千円）だが、それは六五年＝三六・一→六七年＝四五・六→六九年＝六一・八→七〇年＝七一・四（**第19表**）という軌道上を動くから、まず何よりも「第二次」期における着実な上昇には何の疑いもない。しかしそのうえで、すぐに気が付くのは、賃金絶対水準におけるこの「製造業」の「相対的低さ」であって、例えば「産業総合」と比較すると例外なく毎年三千円程度は下回る。おそらく、製造業には零細・小規模企業が集中していてそれが賃金レベルに反映しているのであろうが、しかし、次にその「上昇率」に目を転じると、今度はむしろ一転して逆に、この「製造業」における伸び率の大きさの方が目立つ。そこで（ロ）「製造業・現金給与総額指数」によってその「伸び率」を追うと、一六一・八→二〇四・四→二七三・三→三三一・六となるが、いま直前に確認した通り、「産業総合」のそれが六五年＝一六三・七→六七年＝二〇二・八であったから、「製造業」は、六五－六七年時点において「産業総合」の上昇を追い越したことがわかる。そしてその後は一貫して「製造業・伸び率」が上回っていく以上、この「第二次」期全般にわたって、結局「製造業」の賃金上昇率は平均以上であったことになり、したがってその点で、「第二次」期の成長がいぜんとして「製造業」をエンジンにしており、それ故、労働力需要もこの「製造業」で強かったこと――がやはり実証されよう。

最後に、以上の傾向を（ハ）「製造業・実質賃金指数」の面からも確かめておこう。そのために「製造業・現金給与総額」の「実質指数」（**第19表**）チェックを試みると、一一九・八（「産業総合」一二一・一）→一三八・四（一三七・三）

第20表　　消費関連指標

	全国消費水準		消費者家計支出（５万以上都市）円／月	農家現金家計支出（全国）千円／年	百貨店売上高（億円）
	都市	農村			
1955	77.5	84.3	26,786	175.9	2,019
56	81.5	86.8	27,543	183.9	2,362
57	85.1	87.7	28,946	207.3	2,791
58	90.5	89.9	30,638	212.7	3,044
59	95.4	93.4	32,126	232.3	3,430
60	100.0	100.0	35,280	260.5	4,075
61	106.5	107.8	38,223	302.0	5,006
62	112.7	114.7	43,226	342.4	5,818
63	118.3	121.5	48,556	390.6	6,788
64	125.0	130.8	53,616	448.4	7,701
65	126.6	137.5			
65	76.2	68.2	57,938	511.7	8,603
66	82.0	73.2	63,419	575.0	9,563
67	86.4	81.3	69,117	666.6	11,047
68	89.8	85.4	67,402	749.9	12,839
69	95.5	92.0	74,760	859.0	15,142
70	100.0	100.0	84,638	987.7	18,242
71	103.5	107.8	93,745	1,131.6	21,206
72	107.6	118.1	100,763	1,314.7	25,272
73	114.1	122.7	6,431	1,606.3	31,088

1962年以前は28都市、全都市勤労者世帯実支出。
（出典）　第９表に同じ。

↓一六七・一（一六二・七）↓一八一・六（一七六・二）という数値が拾える。したがってここからは、「第二次」期において、「製造業」は、六五－六七年局面での逆転を含みながら、全体の平均値を超過するテンポで、その「実質賃金」を着実に引き上げていった様子がわかろう。

こうしてここまでで、「第二次」期における「労働力不足」が、製造業を中心として「実質賃金」を大きく上昇させた構造を検出したが、ついで問題になるのは、(c)「個人消費＝生活水準」との連動関係に他ならない。そこで最初に、まず（イ）「個人消費」の変化から追跡すると「消費者家計支出」（五万人以上都市、円／月）の推移は以下のようである。すなわち、六五年＝五万八千円↓六七年＝六万九千円↓六九年＝七万五千円↓七〇年＝八万五千円（**第20表**）と上昇を続けて、この六年間で二・七万円の増加を記録しているから、その増加額はかなり大きいといわねばならない。したがって、まず「消費拡大」の基本状況には何の疑問もないが、ついでこの傾向を（ロ）「消費水準」全体の動向からもチェックしておくと、「全国消費水準指数」（七〇年＝一〇〇、都市）に関して、七六・二→八六・四→九五・五→一〇〇・〇（**第20表**）という数値が刻まれるから、消費水準の全般的向上は一目瞭然といってよい。要するに、「消費支出増加」が「生活水準上昇」に明確に連結しているのであって、「第二次」期における、「労働力不足→実質賃金上昇→消費支出増加→生活水準向上」というサイクル連関が、明確に確認されてよい。その際、極めて興味深いのは、この「生活水準の向上」が例えば「百貨店売上高」の顕著な増加に反映されている点であって、この「売上高」（億円）は八六〇三→一一〇四七→一五一四二→一八二四二（**第20表**）と増加を遂げる。みられる通り、この数年間で実に二・一倍を超えているのであるから、百貨店といういわば「高級志向」に裏打ちされた形で、消費拡大が上昇速度を速めつつあるといってもよい。したがって、この「第二次」期における「消費拡大」は明瞭なわけである。

それに加えて、もう一つ確証を付加すれば、このような「消費拡大」状況のなかで、（ハ）「耐久消費財」の「普及率」上昇が急速に進行していった。いま、「耐久消費財」を代表するいくつかの家電製品を取り上げると、その「普及率」（％）は「六〇年－六五年－七〇年」の各時点で以下のような構図を描く。つまり、白黒テレビ＝四四・七－九五・〇－九〇・一、電気冷蔵庫＝一〇・一－六八・七－九二・五、電気洗濯機＝四〇・六－七八・一－九二・一となるから、極めて急速な普及率上昇が目に飛び込んでくる。まさに七〇年段階ではいずれも九〇％水準を凌駕していて、ほぼ完全普及に接近していよう。ただ「乗用車」だけは、その価格からいって普及にはなお時間が必要で、六〇年にはまだ計測値が欠けてはいるものの、その後は六五年＝一〇・五％→七〇年＝二二・六％と急角度の伸張を開始していく以上、

「乗用車」の普及もこの時期が「はしり」だったともいえる。こうして「賃金→消費→生活」を結ぶ好循環が形成されていくのであるが、この「消費促進機構」が「第二次」期成長の一つの支持要因になった——のはいうまでもない。

そうであれば、以上のような「雇用動向」は③「失業動向」に対してどのように反映したのだろうか。そこで最初に（a）「失業者」推移をフォローしていくと、以下のような数値が拾える。つまり、いま「完全失業者数」（万人）は、五五年では一〇五万人でまだ一〇〇万人の大台を上回っていたが高度成長期に入ると六〇年には七五万人へと急減し、その後は六五年＝五七→六七年＝六三→六九年＝五七と減少を続けながら七〇年には五九万人になっている（**第21表**）。したがって、「転型期」克服後は「第二次」期に至るまで低い水準で経過しているのであって、「失業者の減少」は——統計的問題は無視し得ないにしても、趨勢的に判断するかぎり——何としても認めざるを得まい。いうまでもなく、何度も指摘してきたような「第二次」期における「労働力不足」が、この「失業者減」となって的確に反映してきているわけであろう。

しかもこの「失業減少」現象は、ついで（b）「失業率」動向にヨリ一層鋭角的に表現されている。すなわち、「第二次」期における「失業率」（％）の数値を取り出すと、例えば五五年には二・五％を記録して高い水準を余儀なくされたが、高度成長期を迎えて六〇年にはまず一・七％へと急減する。その点で、労働力需要増大に対応した「失業率」低下が明瞭であって、その後も、六五年＝一・二→六七年＝一・三→六九年＝一・一（**第21表**）と推移しつつ、七〇年にも一・一％という極めて低いレベルで安定していく。ちなみに、「第

第21表　完全失業者数（率）の推移

（単位：万人、％）

	完全失業者	失業率
昭和30年	105	2.5
35	75	1.7
36	66	1.4
37	59	1.3
38	59	1.3
39	54	1.1
40	57	1.2
41	65	1.3
42	63	1.3
43	59	1.2
44	57	1.1
45	59	1.1

（出典）　総理府統計局『労働力調査』。

第22表　失業保険給付状況（一般）

（単位：1,000人、％）

	受給者実人員	受給率
昭和30年	469	5.6
35	365	2.9
38	589	3.5
40	592	3.2
42	556	2.8
44	512	2.4

（出典）　労働省『失業保険事業統計』。

一次」期でさえ「一・三」レベルであった点を勘案すれば、この「第二次」期の失業率水準はかってない「超・低位レベル」だと理解する以外にはなく、その意味で、この局面でほぼ「完全雇用」に到達したとも考えられる。

以上までで、「失業減少」については説明し尽くしたといえるが、さらに念のため最後に、（ハ）「失業保険給付状況」にも一瞥を与えておきたい。というのも、「失業減少」は基本的に「失業保険給付者・減少」に連結するに違いないからであるが、この「受給者実人員」（千人）は六三年＝五八九↓六五年＝五九二↓六七年＝五五六↓六九年＝五一二（**第22表**）という軌跡を描く。したがって明らかな減少趨勢が読み取れ、この「失業保険給付者」側面からも「失業縮小傾向」が摘出可能だといってよいが、その傾向は、さらに「受給率」（％）の方向からはヨリ一段と鮮明である。つまり、三・五↓二・二↓二・八↓二・四（**第22表**）という数字が記録されるから、「受給率減少」基調は疑いなく明確であり、「失業減少」現象が最終的に検証されたと判断してよい。

Ⅱ　国家政策――財政金融政策の体制的変質

［1］国際収支　ここからは、以上のような「投資動向」を前提にしつつ、それに「外的枠組」を与えるという作用を果たす「国家政策」へと、その視角を転回させよう。そこでまず第一は（一）「国際収支」[9]動向だが、その点を最初に①「貿易動向」サイドから押さえておきたい。その場合、何よりも（a）「輸出動向」が直ちに前提となるが、この「輸出」状況に関して、さし当り（イ）「輸出量」変化から入ると、周知の通り、当面の「第二次」期の過程で

莫大な伸張を記録していく。つまり、「輸出」（百万ドル）は、六〇年段階には三九七九レベルであったのが「転型期」に当たる六五年には六七〇三に達し、その後はさらに急激なカーブを描いて、六六年＝九六四一→六七年＝一〇二三一→六八年＝一二七五一→六九年＝一五六七九→七〇年＝一八九六九と膨張を続ける。これに先立つ「第一次」期の輸出額がおおむね「二〇－四〇億ドル」水準だったことを考えると、例えば七〇年の「一九〇億ドル」という額がいかに巨大であるかが理解できよう。そのうえで「輸出伸び率」（％）にも目を向けると、「世界貿易伸び率」（％）が六七年＝五・五→六八年＝一一・八→六九年＝一四・八→六九年＝一四・五と変化する中で、日本の「輸出伸張度」は、それをはるかに超過するテンポで、六・八→二四・二→二三・三→二〇・八という数字を刻む。したがって、この「第二次」期における日本の輸出増加の、いわば「異常な」激烈性が一目瞭然であろう。

第23表　世界各国の輸出シェア（単位：％）

	1960	1965	1970	1972
先進国				
アメリカ	17.3	16.1	15.2	13.1
EEC	26.2	29.1	31.6	33.3
西ドイツ	10.1	10.8	12.2	12.4
フランス	6.1	6.2	6.4	6.9
その他西欧	19.6	19.1	17.8	17.4
イギリス	9.4	8.3	6.9	6.5
その他先進国	13.3	14.1	15.9	16.4
日本	3.6	5.1	6.9	7.6
その他	9.7	9.0	9.0	8.8
発展途上国	23.6	21.6	19.4	19.8
アジア	6.8	5.7	5.2	5.4
中南米	7.0	6.1	4.9	4.5
その他	9.8	9.8	9.3	9.9

（出典）　第９表に同じ。

そうであれば、――「輸入構造」は次に詳述するので「先取り」になるが――この「輸入激増」が（ロ）「貿易黒字」に帰結するのはすぐに想像できよう。事実、この「黒字幅」は、「第一次」期に入っても例えば六一年＝△五五八百万ドル→六三年＝△一六六百万ドルという「赤字」を繰り返し、それはようやく六五年になって一九億ドルの「黒字」へと転換するが、その後は、六七年＝一二億ドル→六八年＝二五億ドル→六九年＝三七億ドル→七〇年＝四〇億ドルとなって、巨額の貿易黒字を記録し続けていく。まさにこの点で、「第二次」期においては、「輸出激増」が「貿易黒字膨張」となって連動している連関こそが明瞭に把握可

第24表　日本の輸出商品構成（f.o.b.）（百万ドル）

	1956年～60年平均		61年～65年平均		66年～69年平均	
食料品	223.0	(7.0)	312.1	(5.2)	439.7	(3.6)
原燃料	50.9	(1.6)	95.2	(1.6)	140.6	(1.1)
重化学工業品	1,316.1	(41.7)	3,277.5	(55.1)	8,244.8	(67.0)
機械類	775.3	(24.6)	1,904.9	(32.0)	5,238.7	(42.6)
船舶	318.4	(10.1)	419.3	(7.1)	1,009.4	(8.2)
電気機械	139.7	(4.4)	590.3	(9.9)	1,698.3	(13.8)
自動車	47.7	(1.5)	168.9	(2.8)	610.0	(5.0)
金属・同製品	399.6	(12.6)	1,033.6	(17.5)	2,211.8	(18.0)
鉄鋼	264.7	(8.4)	762.6	(12.8)	1,611.0	(13.1)
化学品	141.2	(4.4)	339.0	(5.7)	794.2	(6.5)
軽工業品	1,562.2	(49.7)	2,260.9	(38.0)	3,483.4	(28.3)
繊維・同製品	1,004.5	(31.8)	1,334.4	(22.4)	1,930.9	(15.7)
非金属鉱物品	121.8	(3.8)	209.8	(3.5)	325.0	(2.6)
その他軽工業品等	477.2	(15.2)	717.6	(12.1)	1,225.1	(10.0)
総計	3,149.2	(100.0)	5,945.8	(100.0)	12,308.4	(100.0)

（出典）　各年『通商白書』より計算。

能であろう。

　そこで最後に、以上でみた輸出拡大の結果、（ハ）「日本の輸出シェア」（%）はどの程度増加したのであろうか。いま「世界各国の輸出シェア」の中に日本を位置付けてそのランク変化のフォローを試みると、以下のような構図が浮かび上がる。すなわち、一九六〇年―六五年―七〇年の三時点を取って各国の数値を拾うと、アメリカ＝一七・三―一六・一―一五・二、西ドイツ＝一〇・一―一〇・八―一二・二、フランス＝六・一―六・二―六・四、イギリス＝九・四―八・三―六・九となるのに対して、日本は三・六―五・一―六・九（**第23表**）として推移する。したがって、トップのアメリカが凋落し西ドイツが台頭する中で、日本は着実にシェアを伸ばしつつ、フランスを抜くとともに、低下傾向にあるイギリスとほぼ並ぶまでに上昇した――という「見取り図」が手に入ろう。こうして「第二次」期は、その過程で、「輸出大国化―黒字国」という新たな変貌をもたらしたのである。

　では、このような輸出増大を可能にした要因はどこにあったのか。そこでこの点を解明するために、（b）「輸出の要因分析」にまで立ち入ってみよう。以上のような「輸出増大」はいうまでもなく国際競争力の強化を条件としているが、その根拠をまず（イ）「輸出製品別」の視点からみてみたい。そこでいま「輸出商品構成」に注目すると、六六－六九年平均で、「軽工業品」が三五億ドル（構成比二八・三％）であるのに比較して「重化学工業品」は八二億ドルに上り、その構成比は実に六七・〇％にも達する（**第24表**）。したがって、この数値だけからも、この「第二次」期における「輸出商品の重化学工業化」定着が明確だが、すでにその基調が開始されていた六一－六五年平均でも、その比率は五五・一％（三三億ドル）に止まっていたから、「第二次」期にはその傾向がヨリ一層進展したことがわかろう。そして、これまでに何度も指摘してきた通り、「第一・二次」期共通に、投資拡大の基軸部門が何よりも「重化学工業」部門であり、しかもその過程で、「投資拡大→大型化→生産性上昇→価格低下→競争力増進」ロジックが明瞭であった以上、「国際競争力上昇＝輸出増大＝黒字増大」の最も根底的な根拠が、まずこの「輸出商品の重化学工業化」にこそ求められるのは当然といってよい。

そのうえで、もう一歩分析の焦点を絞るために、輸出増大の大宗を占めるこの「重化学工業品」（**第24表**）の内訳にまで立ち入ると、六一－六五年平均から六六－六九年平均にかけて、まず「金属・同製品」と「化学品」とが、それぞれ、一〇億ドル（一七・五％）→二二億ドル（一八・〇％）および四億ドル（五・七％）→八億ドル（六・五％）となって、停滞的テンポの増加に止っているのに比べて、顕著な上昇傾向にあるのは「機械類」に他ならない。すなわち、「機械類」は一九億ドル（三二・〇％）→五二億ドル（四二・六％）という急角度の増大を記録しているから、その増加程度は絶対額で三倍以上、構成比で一〇ポイントにも及んでいる。まさにその点で、「第二次」期・輸出増大の中軸が「機械類を中軸にした重化学工業品」にあったことは――いまや明白であろう。

そうであればさらに、（ロ）この「機械類輸出」（**第25表**）の特質が視野に入れられる必要があるが、それについて

第25表　機種別機械輸出　(69年度)　(千ドル)

	輸出額	構成比	対前年伸び率
機械輸出合計	7,670,073	100.0%	24.6
民生用電子機器	1,773,756	23.1	32.2
自動車	1,482,604	19.3	29.0
船舶	1,270,113	16.6	11.1
産業機械	799,531	10.4	31.5
軽機械	384,042	5.0	50.9
軽電気機械	371,616	4.8	28.8
光学機械	350,053	4.6	19.1
重電気機械	266,554	3.0	9.6

(出典)　日本関税協会『貿易と関税』、1970年8月号、51頁より。

は以下の三点が特に重要だと思われる。そこでまず(A)一つ目はその「構成内訳」であり、いま「機種別機械輸出」(六九年度、千万ドル)をみると、「機械輸出合計」＝七六七のうちまずトップは「民生用電子機器」であって、一七七(構成比二三・一%、対前年増加率三二・二%)という内容をなす。いうまでもなくここにはテレビ・ラジオ・テープレコーダーなどが含まれるが、これらの品目が、いわゆる「新産業・新製品」部門型製品として、「第一次・二次」期を通じて極めて顕著な「生産性上昇＝コスト低落」を実現してきた点は――もはや自明であろう。ついで第二位には一四八(一九・三%、二九・〇%)の「自動車」がランクされ、この二つで全体の四〇%を占めるが、この「自動車」も、「新製品型耐久消費財」の代表として、「第二次」期に入って以降アメリカ市場中心に急増した「花形商品」であったこと――は周知であろう。そしてこの両者についで、「船舶」＝一二七(一六・六%、一一・一%)および「産業機械」＝八〇(一〇・四%、三一・五%)が上位にくるが、これら四製品で全体のほぼ七〇%が尽くされていく。

したがって事態は明白であろう。以上のようにして、「第一次・二次」期においてその「得意品目」として競争力を高めた、そのような「新製品型・耐久消費財」を中軸にしてこそ、この「第二次」期での急激な「輸出増加」が何よりも実現されたのだ――と判断してよい。

第26表　日本の輸出市場構成　(f.o.b.)　(百万ドル)

	1956～60平均		61～65年平均		66～69年平均	
北アメリカ	878.6	(27.9)	1,808.6	(30.4)	4,095.9	(33.3)
合衆国	790.5	(25.1)	1,687.0	(28.3)	3,756.5	(30.5)
東南アジア	1,033.5	(32.8)	1,686.8	(28.3)	3,405.4	(27.7)
東南・東北アジア	822.4	(26.1)	1,367.6	(23.0)	3,000.1	(24.4)
南アジア	211.1	(6.7)	319.2	(5.3)	405.3	(3.3)
西ヨーロッパ	343.2	(10.8)	773.7	(13.0)	1,600.5	(13.0)
大洋州	83.0	(2.6)	247.7	(4.1)	511.0	(4.2)
西アジア	121.7	(3.8)	207.6	(3.4)	429.3	(3.5)
アフリカ	221.4	(7.0)	523.7	(8.8)	918.0	(7.5)
ラテン・アメリカ	213.0	(6.7)	403.8	(6.7)	713.6	(5.8)
共産圏	75.9	(2.4)	286.2	(4.8)	617.7	(5.0)
総計	3,149.2	(100.0)	5,945.8	(100.0)	12,308.4	(100.0)

（出典）各年『通商白書』より計算。

ついで（B）二つ目に、逆方向からいえば、これらの上位品目は「輸出比率＝輸出量／生産量」が顕著に高いことをも意味しよう。例えば、「テレビ受像機」および「乗用自動車」に関するその「比率」（％）はそれぞれ、六六年＝三七・〇－一九・三→六八年＝三八・八－二一・三→七〇年＝三八・八－二四・八→七二年＝四〇・八－三七・八と動くから、その比率の絶対的大きさとともにその趨勢的な上昇傾向もが特に目立つ。まさにこの方向からも、「電子機器・自動車」の輸出基軸性が読み取られてよい。

そして最後に（C）三つ目こそ「機械輸出における国際的地位」に他ならない。いま、主要国の機械輸出状況（千万ドル）比較を試みると、六八年段階ではアメリカ＝一四四六、西ドイツ＝一一三五、イギリス＝六二二、日本＝四九三（六四年一九六）、フランス＝三七三、イタリア＝三五一の順で、日本は四位となる。ちなみに六四年は五位であったから上昇基調にある点が推測可能だが、さらに注目に値するのは「機種別ランク」であって、日本は、「電気機械・精密機械・輸送機械」の三つで第三位を占めるに至っている。要するに、「輸出増大」を実現したこの「第二次」期に、日本は主要機械類において欧米主要諸国の水準にほぼ到達したことがわかろう。

そのうえで、「輸出増大の要因分析」の最後に(八)「輸出地域別」(第26表)状況が問題となる。そこで「輸出市場構成」(f・o・b、億ドル)に目を向けると、周知のように、戦後日本の輸出市場はアジア中心の発展途上国が主流であったものが、六五年以降には一定の変質を遂げて、アメリカ市場と欧州市場との増加が著しくなるという傾向をみせてきた。それと連動して、この「第二次」期には工業国市場のウエイトが高まり、六九年には工業国＝四七%、非工業国＝四八%となって、ほぼ拮抗する構成にまで至った。そこでいま六六－六九年平均の「輸出市場構成」に立ち入ると、まず第一位は「北アメリカ」であってそのほとんどは合衆国の四一(構成比三〇・五%)であるから、何といっても合衆国が全体の三分の一を占める。その場合、このアメリカ輸出市場増大の主因が、「第二次」期に輸出競争力を強めた「自動車・家電・電子機器」という新産業製品の対米市場への奔流にあった点に疑問はないが、構成比をみると、五六－六〇年平均＝二五・一→六一－六五年平均＝二八・三と経過してきているから、対米市場は、その輸出絶対額の巨大さのみならずその構成比の一貫した上昇基調に対しても大きな注意が必要だといってよい。

ついで第二位には「東南アジア」三四(二七・七%)がくる。そしてその中では「東南・東北アジア」が三〇(二四・四%)と大部分を占め、インドなどの「南アジア」四(三・三%)は極めて小さい。その際、この「東南アジア」は推移的には戦後期以来首位を担ってきていたもののその後はウエイトを落とし、三一・八%→二八・三%となってアメリカに逆転されている。しかし、一つだけ見落とせない点は、「東南アジア」の内部内訳の変動であって、ビルマ以東の「東南アジア・東北アジア」の構成比は、二六・一%→二三・〇%と一旦は低下しつつ六六年以降には二四・四%と再度上昇に転じている——のである。この側面にこそ「ヴェトナム戦争」の決定的な影響が検出可能だと判断してよく、「ヴェトナム戦争→アメリカ軍事支出増大→東南アジア諸国ドル収入増加→対日購買力拡張→対東南アジア日本輸出増加」という論理の貫徹がそこにみて取れよう。ちなみに、「沖縄プラス東南アジア七ヶ国」への輸出増加率を取り出してみると、六六年＝三八・八％→六七年＝一六・六％→六八年＝二五・二％→六九年＝二五・二％という凄まじい伸び率に驚かされるが、その数字が、この間における総輸出の増加率をまさに大幅に上回っていることはいうまでもない。

こうして、「輸出増加の地域的要因」としては、結局以下の二ポイントが特に重要なことが理解できる。すなわち、まず一つ目は、「第二次」期における、「自動車・家電・電子機器」での競争力強化が特にアメリカ市場への進出を促進した点であって、それが対米輸出の顕著な増加を実現したのである。ついで二つ目こそ「ヴェトナム戦争」関連に他ならず、アメリカによる東南アジアへの軍事的ドル散布が関連諸国のドル収入を増加させつつ、それに条件付けられて、対東南アジア輸出の高まりが定着したと考えられる。まさにその意味で、「第二次」期の国内・国際的条件が「輸出市場構成」を質的に規定したわけであろう。

最後に（c）「輸入市場」に関しても概観しておこう。最初に（イ）「輸入」（億ドル）の一般的経過を確認する必要があるが、すでにみた「輸出増加」に対応して「輸入増加」ももちろん激しい。それは例えば六六年＝七四→六七年＝九一→六八年＝一〇二→六九年＝一二〇→七〇年＝一五〇と動く以上、極めて大きな増加基調にあるといってよく、この数年間では輸出増加率にほぼ匹敵する二倍増を遂げているから、輸出増大の裏付けとしての「輸入増加」現象がまず確認できよう。この点には特に疑問はあり得ないが、では次に（ロ）「輸入商品構成」（c・i・f、百万ドル）にまで立ち入ることによって、その「裏づけ＝対応」関係を一瞥してみたい。さて六六－六九年平均でみると、「商品構成」のうちまずトップにくるのは「原料」の四六五八（構成比三七・九％）であって、「第二次」期の特質がそこに典型的に反映されている（**第27表**）。というのも、ここには「原油」などを除く「重化学工業」の原材料が主として含まれる以上、「重化学工業」化進展を基盤として進行した「第二次」期の性格が顕著に表出している――からに他ならない。そしてこの点は、さらに「原料」の内訳を確かめても明白であり、「繊維原料」九二五（七・五％）に対

第27表　日本の輸入商品構成　(c.i.f.)（百万ドル）

	1956〜60年平均		61〜65年平均		66〜69年平均	
食　　　料	537.9	(14.4)	1,702.0	(15.7)	1,875.0	(15.2)
原　　　料	1,812.5	(48.6)	2,857.2	(41.7)	4,658.1	(37.9)
繊維原料	715.5	(19.1)	859.5	(12.5)	924.8	(7.5)
金属原料	512.3	(13.7)	883.9	(12.9)	1,607.2	(13.1)
鉱物性燃料	581.1	(15.6)	1,243.5	(18.1)	2,440.6	(19.8)
石　　炭	118.3	(3.1)	210.6	(3.1)	474.2	(3.9)
原　　油	345.7	(9.2)	784.9	(11.4)	1,562.3	(12.7)
加工製品その他	795.9	(21.4)	1,682.0	(24.5)	3,325.5	(27.0)
化学品	199.6	(5.4)	372.6	(5.4)	645.0	(5.2)
機械類	266.1	(7.1)	790.1	(11.5)	1,208.8	(9.8)
その他	267.6	(7.1)	522.4	(7.6)	1,471.7	(12.1)
総　　計	3,727.4	(100.0)	6,837.9	(100.0)	12,299.2	(100.0)

（出典）各年『通商白書』による。

して「金属原料」が一六〇七（一三・一％）であるとともに、経過的にも、六一－六五年平均では前者＝一二・五％・後者＝一二・九％であったから、後者ウエイトの急増がみて取れよう。ついで、「重化学工業」化とのつながりが深いもう一つの品目こそいうまでもなく「原油」であるが、それは、五六－六〇年平均＝三四五（九・二％）→六一－六五年平均＝七八五（一一・四％）→六六－六九年平均＝一五六二（一二・七％）という一直線の上昇経路を進むから、ここにも「石油化学工業」進展が明確に表れているといってよい。こうして「重化学工業」化関連輸入の増加がまず目立つ。

それだけではない。何度も指摘した通り、「第二次」期には「合理化・大型化」が進行したが、そのために不可欠な「電子計算機・電気計測器」などの高度ないわゆる「システム工学的機械」は、まだもっぱら輸入に依存する他はなかった。まさにこの「大型投資→高水準機械」という事情が、「加工製品・その他」（三三二六、二七・〇％）のうちの「機械類」輸入に反映しているのは当然であって、それは一二〇一（九・八％）という一定の高い水準にまで到達している。

要するに、「第二次」期における、その「重化学工業的大型投資」型輸入商品構成が明瞭であろう。

そのうえで（ハ）「輸入市場構成」にも簡単にふれておきたい。といっても興味深い点は多くないが、ただ以下の三点だけは注目が必要である。すなわち、（A）「対アメリカ輸入比重の低下」――食料・軽工業原料輸入を主因とするアメリカからの輸入比率減少（構成比三八・七%→三五・七%→三二・三%）、（B）「対東南アジア輸入比率の下降」――米・綿花・ゴムなどの一次産品輸入の縮小に起因した東南アジア輸入市場のウエイト低下（二〇・三%→一七・一%→一五・八%）、（C）「対西アジア輸入構成比の上昇」――いうまでもなく重化学工業用原油を中心とした中近東諸国からの輸入急増（八・九%→一一・二%→一三・一%）、という三点これである。したがってもはや明瞭という以外になく、「重化学工業」型地域構成が目に飛び込んでこよう。

以上のような「輸出・輸入動向」を前提として、その両者の集約である②「国際収支」動向が次に対象とされねばならない。そこで最初に（a）「輸出・入動向」（億ドル）から立ち入ると、――その数値の概略はすでに提示した通りだが――いまあらためて「輸出―輸入」を並べてその推移を再掲すると以下のようになる。つまり、六六年＝輸出九六－輸入七四→六七年＝一〇二－九一→六八年＝一二八－一〇二→六九年＝一五七－一二〇→七〇年＝一九〇－一五〇という図式が描かれるから、輸出・入の両者ともこの間でほぼ二倍増になっていることがわかる。その点で、輸出の激増が輸入増加を引き起こしながらも、その相互関係の中で、両者が、一定の良好なバランスを保ちつつ持続的に増加していった構造――が的確に把握可能であろう。そうであれば、この両者の「安定的拡大傾向」が次に（b）「貿易黒字」の着実な増大となって帰結するのは当然といってよい。事実、貿易黒字は二三→一一→二五→三七→四〇と増加を続けて、七〇年にはついに四〇億ドルの大台に乗っているのである。例えば、「第一次」期においては六一年＝△五五八百万ドルや六三年＝△一六六百万ドルという赤字状態は珍しくなく、「転型期」の終わりの六四年でもようやく三七五百万ドルの黒字という水準であったことを思えば、この「第二次」期における連年「二〇－

三〇億ドルの貿易黒字」という構図は、まさしく「隔世の感」といわざるを得まい。そして——後に詳しく検討するように——この「第二次」期が「貿易主導型・好況」といわれる根拠が、この「貿易黒字」増大にこそあるのは周知のことであろう。

そのうえで、「他項目」をも含めて（c）「総合収支＝金融勘定」をも一瞥すると、六〇年代末になってようやく黒字転換を実現する。というのも、「貿易収支」以外の「他項目」は、七〇年時点でも、「経常収支」のうち「貿易外収支」が△一八の赤字であるとともに「移転収支」も△二である他、「長期資本収支」が△一六を余儀なくされるため、「短期資本収支」の黒字七を加えても、全体として巨額の赤字を記録する——というのが実状だからに他ならない。そしてこの傾向の中には、「特許料・利子・配当支払」に関わる「貿易外収支赤字」と、六〇年代後半からの「資本輸出」から帰結する「長期資本収支赤字」という、やや性格の異なる二面が包含されているが、六〇年代末までは、このような「他項目」赤字が、「貿易黒字」によっては償い得ないという状況が、いぜんとして続いてきていたといってよかった。

しかし、いま直前に確認した通り六〇年代末から「貿易黒字」が激増したため、それによってようやく「他項目の赤字」がカヴァー可能になっていく。事実、「総合収支」（百万ドル）は六七年＝△五七一（外貨準備増減△六九）→六八年＝一一〇二（八八六）→六九年＝二二八三（六〇五）→七〇年＝一三七四（九〇三）と動いて、安定した巨額黒字を実現するに至っている。こうして、「第二次」期には、この「貿易黒字」の巨大化を通して「国際収支黒字化」に転換していったとみてよい。

以上のような「国際収支」状況を前提として、③その「対景気変動作用」を総括しておきたい。そこで最初に（a）「輸出効果」[10]の比重増加が重視されねばならないが、「第二次」期における、「輸出拡大」の、「景気促進」に対する役割比重の大きさは、例えば以下のようないくつかの指標を通して明瞭に判断可能である。そこで最初に（イ）「最終需要に対する輸出比率」だが、それは、「岩戸景気」期にあたる六〇～六一年にはまだ七～八％に止まっていたが、この「第二次」期に入った六八～六九年には一〇～一一％の大台にまで上昇している。その点で、マクロ次元の有効需要構成において輸出が占める構成比の顕著な拡大がまず一目瞭然だが、しかもそれが、全体的な最終需要の、その「増加比率」の重要部門を担っていた点がさらに目を引く。つまり（ロ）その「最終需要増加寄与率」が問題となるが、国内「最終需要増加」における「輸出増大」効果を表示するこの「寄与率」は、「第一次」期の六～七％から実に三倍近い一六％へと激増しているのである。いうまでもなくこの「最終需要」こそ、資本蓄積を誘導しつつ経済成長を促進するそのエネルギーである以上、このような「輸出・増加寄与率」の著しい高まりが、景気上昇に果たす輸出役割向上の端的な表現であること――は当然といってよい。まさに「景気変動パターンの変質」をも招来させていく。

しかしそれだけではない。さらにこの点を裏側からみれば、（ハ）「輸出依存度」の上昇となって発現してこよう。いま「実質貿易依存度」（輸

第28表　鉱工業生産の輸出にたいする依存度（％）

	1960	65	68
鉱工業合計	14.1	17.6	18.0
鉱業	13.2	18.6	18.6
食料品	2.7	2.4	2.8
繊維	27.3	22.5	24.2
紙パルプ	14.1	11.7	14.0
皮革同製品	19.6	18.9	24.0
ゴム製品	21.7	26.9	24.4
化学	17.1	21.4	22.8
石油製品	14.4	16.1	16.3
石炭製品	17.6	29.3	27.6
窯業土石	13.0	12.4	12.3
鉄鋼	19.5	35.4	32.2
非鉄金属	16.7	21.6	20.5
金属製品	12.4	12.5	11.8
一般機械	8.5	15.7	14.5
電気機械	11.4	19.5	19.6
輸送用機械	17.0	21.5	20.4
精密機械	17.9	28.3	40.2
その他	10.5	10.5	10.9

（出典）1970年『経済白書』による。60年、65年は産業連関表により作成。68年は通産省試算による。

第29表　鉱工業輸出上位200社が輸出総額にしめる比重の推移　（百万ドル、％）

	A 輸出総額	B 200社の輸出額	B/A
1963	5,391	2,756	51.1
64	6,704	3,543	52.8
65	8,332	4,697	55.6
66	9,641	5,375	55.7
67	10,231	5,992	58.6
68	12,751	5,319	56.4
69	15,679	9,120	58.2

（出典）　ダイヤモンド･タイム社『プレジデント』、1964～70年のNo. 5 掲載の「主要200社輸出ランキング表」による。

出＋輸入／GNP）の推移を追うと、まず「第一次」期にはおおむね一二～一六％レベルで経過したものが、「転型期」以降には上方転換を強め、六七年段階には二〇～二二％にも達している。したがって、日本資本主義にとって海外市場の意義が急拡大していく過程が理解可能であり、そこからも「輸出拡大」の役割増加が当然検証できるが、この「依存度」をさらに鉱工業生産に焦点を集約すると、そのウエイトの高さは一層際立つ。そこで「鉱工業生産の対輸出依存度」を概観すると、以下のような数値が拾える。つまり、「一九六〇年－六五年－六八年」の三時点を取ってその「依存度」（％）変化の検出を試みると、まず「鉱工業合計」が一四・一－一七・六－一八・〇（**第28表**）であるのに対して、その中軸をなす重化学工業業種でははるかに高い数字が表れてくる。例えばそのいくつかを指摘すれば、「化学」＝一七・一－二一・四－二二・八、「鉄鋼」＝一九・五－二五・四－三二・二、「電気機械」＝一一・四－一九・五－一九・六、「輸送用機械」＝一七・〇－二一・五－二〇・四、「精密機械」＝一七・九－二八・三－四〇・二、という具合であって、何よりも「石油化学・家電・電子機器・自動車」などの業種が目に付こう。要するに、輸出市場は、取り分け「重化学工業」に対してその大きな市場効果を提供したことがわかる。

　そのうえで興味深いのは、この輸出における、（b）「独占的大企業の支配的地位強化」の傾向に他ならない。その点を最初に（イ）「輸出大企業一〇〇社の比重」（百億円）に即して析出すると、まず六五年では、輸出総額三〇四に対してこの「一〇〇社計」が一四九であったから、その集中率は四八・八％であったが、六六年になると、輸出総額

＝三五二の中でこれらが一七二を占めるに至ったからその集中率は四九・〇％へと上昇している。こうしてまず六五－六六年時点での断面図において、「独占的大企業」が握るその輸出比重の巨大性が理解でき、したがってそこから、「第二次」期の経済成長に与えた、この「輸出増大」の絶大な効果が間接的に把握可能だが、この効果は、さらに（ロ）この「集中率」の年次経過を辿ると一層明白になってくる。すなわち、いま例えば「鉱工業輸出上位二〇〇社による占有率」（％）を取り出せば、六四年＝五二・八→六六年＝五五・七→六八年＝五六・四→六九年＝五八・二（**第29表**）という数値が刻まれる以上、事態は明白といってよい。すなわち、「第二次」期の進行とともに輸出における大企業の占める比率が着実に上昇しているのであって、この方向からも、「第二次」期経済成長の、輸出への依存ウエイトの一層の高まり――が明瞭に確認できよう。まさに「輸出効果」の上昇である。

したがっていまや、以下のように（ハ）「総括」可能である。すなわち、この「第二次」期になって重化学工業品輸出がその主流を占めるに至るとともに、独占的大資本による輸出市場の支配化が明瞭になるが、それは同時に、「第二次」期の資本蓄積が輸出市場を自らの不可欠な要因として組み込まざるを得なくなったことをもまさに意味するのだ――と。

最後に、この「対景気変動作用」を（c）「全体的意義」の視点から集約しておきたいが、それを一言で表現すれば「景気変動と国際収支との関係変化」に他ならない。つまり、前章までで具体的に考察してきた通り、戦後日本は四度（一九五三・五七・六一・六三～六四年）の「国際収支危機」を経験してきたが、それはいずれも、「(高成長による)輸入増大→国際収支赤字→外貨危機→金融引締め」という過程を惹起させ、その結果として明瞭な「景気後退」をもたらした。いわゆる「国際収支の天井」に他ならないが、しかし六五年以降の「第二次」期に至って、このような「いわば金本位制型システム」[11]は基本的な変質を余儀なくされていく。

すなわち、ここでは、「輸出激増→外貨保有増」という「新動向」を決定的条件にして、経済の高成長がもはや必ずしも「国際収支危機」を伴わなくなったのであり、したがって金融引締めも、もっぱら「国際収支対策」としてのみ実行されるものではなくなった。換言すれば、「高度成長と国際収支黒字との『両立』」が可能になったということだが、まさにそれによって、「第二次」期型の「息の長い成長」が可能になったことはいうまでもない。

〔2〕財政政策　続いて、取り急ぎ第二に（二）「財政政策」[12]へと視角を転回することにしよう。そこでまず①「財政規模」動向から入るが、最初に（a）「一般動向推移」が当然問題となる。いま取りあえず（イ）「中央財政一般会計」（百億円）の推移を追えば、六五年＝三七二→六六年＝四四六→六七年＝五一一→六八年＝五九四→六九年＝六九二→七〇年＝八一九という推移をみせるから、この「第二次」期に当たる五年程で実に二・二倍に膨張したわけである。その点で、まず大枠として、「第二次」期にあっても、経済成長が大規模な政府支出を土台としてのみ可能であったことは明白といってよい。しかしそれだけには止まらない。その絶対額の大きさに加えて、一層注目に値するのはその「増加程度」であって、次に（ロ）その「伸び率」にまで立ち入ると、極めて高い増加テンポに驚かされる。というのも、いま「一般会計歳出予算伸び率」（%、補正後）の数字を拾うと、六四年＝九・三および六五年＝一二・一と一旦は停滞した後、六六年以降には急激な上昇テンポに移り、一九・六（財政投融資計画一七・〇）→一六・二（一八・二）→一三・七（一一・一）→一七・一（一四・七）→一八・五（一九・二）という凄まじい増加が検出されるからであり、財投も含めて連年二〇%にも迫る膨張を続けたことがわかろう。この水準は――「転型期」をやや例外として――「第一次」期の「七－一三%レベル」を圧倒的に超過する水準である以上、この「第二次」期に至って、「政府支出」の役割に明らかな「変質」が進行しているという以外にはない。

そのうえで、「伸び率」に関するもう一つ興味深いものとして（ハ）「政府財貨サービス購入・伸び率」がある。なぜなら、結局この「政府購入」こそ、民間市場に対する政府サイドからの「実質的有効需要」を形成し、したがってそれを通して、「政府支出」による「景気刺激作用」の主軸を基本的に担うから――に他ならない。そこでその増加率をフォローすると、六六年＝一四・四％→六八年＝一三・五％→七〇年＝一七・九％という軌道上を動くから、やはりこの「政府購入」に即して判断しても極めて高い伸びが確認でき、その意味でまさにここからも、この「第二次」期においては、「政府支出」が、対民間購買力機能の面で、「民間資本蓄積―景気促進」に対して絶大な効果的作用を果たしたことが一目瞭然なわけである。

次に、もう一歩視点を深めて「政府支出」の内的機能を知るために、（b）「財政支出構成」にまで立ち入っていこう。いま「総支出の経済的構成」（百億円）に焦点を合わせると、これは、中央政府の一般会計・特会・政府関係機関の総支出を「経済的機能」別に再分類したものであり、具体的には、先にもふれた「財貨・サービスの購入」、「家計・企業・地方への振替支出・補助金」などからなる「移転的支出」、および「貸付・投資・金外貨純増」などから構成される「貨幣的金融的支出」という三項目に区分されるが、このうち、民間投資に対する直接的機能として特に検討する価値があるのは、いうまでもなく「財・サービス購入」に他ならない。そこで、この「財・サービス購入」に焦点を合わせてその動向を辿ると、最初に（イ）その「推移」としては、六一年＝一一五→六三年＝一五七→六五年＝二二一→六六年＝二四六（**第30表**）となり、六六年段階でみると、最大のウエイトを占める「移転支出」（四一二）のほぼ七三％に当たる。したがって、連年着実な増加を継続しているとともに、絶対的規模としても一定の高い水準に達している点が検出可能だから、「財政支出」の、民間資本蓄積に対するその積極的作用の発動がまず何よりも確認されてよい。そのうえで（ロ）その「構成比」にも着目すると、さし当り以下のような数字が拾えよう。すなわち、二八・四％→二八・〇％→二九・二％→二七・五％（**第30表**）という軌跡に他ならず、おおむね三〇％に迫る高い比率が

第30表　総支出の経済的構成　（億円）

	1961		63		65		66	
財貨・サーヴィスの購入	11,516	(28.4)	15,737	(28.0)	22,183	(29.2)	24,615	(27.5)
政府消費支出	5,274	(13.0)	6,971	(12.4)	9,069	(11.9)	10,328	(11.5)
政府資本形成	6,242	(15.4)	8,766	(15.6)	13,114	(17.2)	14,287	(15.9)
粗固定資本形成	6,432	(15.9)	9,206	(16.4)	12,002	(15.8)	13,027	(14.5)
在庫投資	△190	(△0.5)	△440	(△0.8)	1,112	(△1.5)	1,260	(1.4)
国内への移転的支出	17,684	(43.6)	24,922	(44.3)	34,192	(44.9)	41,211	(46.0)
経常的移転	14,066	(34.7)	19,729	(35.1)	27,797	(36.5)	33,115	(36.9)
家計への振替支出	5,405	(13.3)	7,716	(13.7)	10,358	(13.6)	12,173	(13.6)
企業への補助金	663	(1.6)	1,029	(1.8)	1,500	(2.0)	2,502	(2.8)
地方団体への移転的支出	2.278	(15.5)	8,727	(15.5)	12,326	(16.2)	13,706	(15.3)
支払利子	1,535	(3.8)	1,932	(3.5)	3,237	(4.3)	4,167	(4.6)
資本的移転	3,618	(8.9)	5,193	(9.2)	6,395	(8.4)	8,096	(9.1)
出資	404	(1.0)	739	(1.3)	630	(0.8)	1,006	(1.1)
国内資本勘定への移転	3,214	(7.9)	4,454	(7.9)	5,765	(7.6)	7,090	(8.0)
海外への移転的支出	433	(1.1)	447	(0.8)	771	(1.0)	490	(0.5)
貨幣的金融的支出	10,879	(26.9)	15,152	(26.9)	18,953	(24.9)	23,343	(26.0)
貸付金・有価証券純増	11,099	(27.4)	15,895	(28.3)	19,008	(25.0)	23,394	(26.1)
金外貨の純増	△489	(△1.2)	△708	(△1.3)	△363	(△0.5)	21	(0)
合計	40,512	(100)	56,258	(100)	76,099	(100)	89,659	(100)

（出典）『財政統計』、1965年度、340-341頁、67年度、354-355頁、68年度、358-359頁。
△印は減少、67年以降は資料がない。小項目には、省略がある。

指摘できる以上、このベクトルから判断しても、民間投資活動に果たす「財政支出」の有効需要的作用は明瞭である。

　この点を念頭に置いてさらに（八）その「内訳」にまで立ち入ると、この「有効需要的作用」の内容が一段と鮮明になってくる。なぜなら、この「財・サービス購入」のうちでは、一方の「政府消費支出」（一三・〇%→一二・四%→一一・九%→一一・五%）が顕著に低下傾向を発現するのに比較して、もう一方の「政府資本形成」は一五・四%（うち「粗固定資本形成」一五・九%）→一五・六%（一六・四%）→一七・二%（一五・八%）→一五・九%（一四・五%）となって安定的な高位水準を継続的に続けるから――に他ならない（**第30表**）。まさにこの意味で、「第二次」期の着実かつ高位レベルの「政府支出」は、「政府資本形成―固定資本形成」という側面を強めながら、民間企業の資本蓄積

第31表　政府部門の経費構造の趨勢　（億円）

	消費支出	投資支出	移転的支出	合　計
1951～55	7,599（47.0）	5,407（33.5）	3,153（19.5）	16,159（100.0）
56～60	11,509（43.1）	9,270（34.7）	5,915（22.2）	26,694（100.0）
61～65	23,156（38.7）	23,736（39.7）	12,956（21.6）	59,848（100.0）
66～68	38,948（35.8）	42,993（39.5）	26,802（24.7）	108,743（100.0）

（出典）『国民所得統計年報』、1962年版、34-37頁、70年版、40-41頁、52-53頁。
年度平均。

活動を補完・サポートしたわけであり、「第二次」期・財政におけるその特有な性格がみて取れる。

以上をうけてやや総括的に、このような「政府資本形成」重視型性格を、（c）「政府部門の経費構造趨勢」（百億円）という視角からも実証しておきたい。そこで、中央・地方政府全体（一般・普通会計、特会、政府関係機関など）の経費構造を大きく「消費支出・投資支出・移転的支出」に三区分してその推移把握を試みると**（第31表）**、以下のような図式が浮かび上がってくる。すなわち、「五六～六〇年」＝消費支出一一五（構成比四三・一％）－投資支出九三（三四・七％）－移転的支出五九（二二・二％）→「六一～六五年」＝二三二（三八・七％）－二三七（三九・七％）－一三〇（二一・六％）→「六六～六八年」＝三八九（三五・八％）－四三〇（三九・五％）－二六八（二四・七％）、という構図、これである。したがって、ここからは次のような特徴が直ちに手に入るといってよく、まず一つは「消費支出」比率の低下であって、依然として三五％以上を占めるとはいえその継続的低落傾向は否めない。その点で、「第二次」期における「財政の役割変化」が垣間みられるが、その動きは二つ目に、いうまでもなく「投資支出」ウエイトの上昇となって発現してくる。みられる通り、「投資支出」は、「転型期」以降「第二次」期にかけて「消費支出」を逆転して首位に躍り出つつ四〇％にも上る高い構成比をもつに至った。こうして、「第二次」期での「財政役割の深化」は何よりも「投資支出ウエイト」の高まりという形態でこそ進行した点――が、くれぐれも注意されねばならない。そしてもう一つは「移

第32表　一般会計公共事業関係費の推移

	金額（億円）				平均伸率（%）			構成比（%）			
	昭和30年度	35	40	45	30→35	35→40	40→45	30	35	40	45
治山治水	34	47	121	237	6.8	20.7	14.4	20.4	16.3	16.4	16.8
道路整備	27	99	317	587	29.8	26.3	13.1	16.1	34.0	43.0	41.6
港湾漁港空港	7	20	55	117	24.7	22.1	16.2	4.1	7.0	7.5	8.3
住宅対策	17	13	36	95	△5.6	22.9	21.2	10.4	4.5	4.9	6.8
生活環境施設整備	1	5	23	63	33.7	35.8	22.3	0.7	1.7	3.1	4.5
農業基盤整備	25	39	92	189	9.7	18.8	15.4	14.7	13.4	12.5	13.4
林道工業用水等	5	8	21	35	10.6	20.9	10.5	3.0	2.8	2.9	2.5
調整費	−	1	5	7	−	42.3	10.2	−	0.3	0.6	0.5
一般公共計	116	232	670	1,330	15.0	23.6	14.7	69.3	80.0	90.9	94.3
災害復旧等	51	58	67	80	2.5	2.9	3.6	30.7	20.0	9.1	5.7
合計	167	290	737	1,410	11.7	20.5	13.8	100.0	100.0	100.0	100.0

（出典）　大蔵省『財政金融統計月報』第221号、6頁。
(1)　各年度とも当初ベース。
(2)　44年度までの公共事業関係費には特別失業対策費を含む。

転的支出」比率の上昇に他ならず、——詳述はできないが——「第二次」期以降の、社会保障費増加傾向の一端が反映されているように思われよう。要するに、「政府資本形成」型性格が濃厚に検出できる。

このようにして、「第二次」期・財政の、その「投資型性格」が確認可能だが、この性格をさらに②「公共投資」に即してもう一歩深めて考察しておきたい。そこで最初に(a)「公共事業関係費」の動向をみよう。いま「一般会計公共事業関係費」(億円)を取り上げると、その中で最大の構成を占めるのは圧倒的に「道路整備費」であって、六五年＝三一七(六五－七〇年平均伸び率一三・一%、構成比四三・〇%)→七〇年＝五八七(構成比四一・六%)(**第32表**)となる。その点で、公共事業費のまず四割以上が「道路建設」という形で民間資本投資の基盤形成をなした図式が一目瞭然だが、しかしそれだけではない。というのも、この「道路整備費」に、実際上「産業基盤向け」的機能をもつ「港湾漁港空港費」一一七(構成比八・三%)・「治山治水費」二三七(一六・八%)・「農業基盤整備費」一八九

（一三・四％）・「林道工業用水費」三五（二・五％）、などを加えれば、全体の約八〇％もが「産業基盤向け経費」となるからであって、公共事業費のほとんどが「産業基盤」に集中している実状がわかる。それに対して、「住宅対策」九五（六・八％）・「生活環境施設整備費」六三（四・五％）などの「生活基盤向け」はわずか一割程度に止まるから、公共事業費が極度に「産業基盤向け」に偏重していること――には疑問の余地はあり得ない。

第33表　行政投資の内訳（構成比）（単位：％）

		昭和34～38年度	昭和39～43年度
生活基盤	住宅	5.4	5.7
	環境衛生	3.9	5.2
	厚生福祉	2.7	2.8
	文教	9.8	8.7
	小計	21.8	22.5
産業基盤	道路	26.0	28.8
	港湾	3.5	3.4
	国鉄等	17.9	15.3
	電信電話	14.3	14.3
	農業漁業	7.8	7.6
	国土保全	8.6	8.0
	小計	78.2	77.5
合計		100.0	100.0

（出典）経済企画庁『経済白書』昭和44年版、235頁。

次いで念のため、この「産業基盤」中心的性格を（b）「行政投資」サイドからも重ねて確認しておこう。その場合、この「行政投資」とは「行政ベースで実行される政府の投資活動」を意味するが、その中には公共投資の大部分を占める公共施設関係のほぼ全てが含まれる。この点に注意しつつ「行政投資の内訳」（一九六四－六八年、構成比、％）をフォローすると、まず「生活基盤向け」が住宅＝五・七、環境衛生＝五・二、厚生福祉＝二・八、文教＝八・七（**第33表**）となり、その性格上「文教」がやや目立つもののそれでも合計で二二・五％に止まる。それに比較して大きなウエイトを構成するのは――すでに繰り返し指摘してきた通り――「産業基盤向け」に他ならず、具体的には以下のような内訳になるといってよい。すなわち、道路＝二八・八、港湾＝三・四、国鉄など＝一五・三、電信電話＝一四・三、農林漁業＝七・六、国土保全＝八・〇となって、そのトータルは実に七七・五％にまで達する。ここでも「道路」の突出した高い比率が目立つ。

したがって事態は明白であろう。つまり、この「行政投資」の側面からも「道路」を中心とした「産業基盤向け」の圧倒性は明瞭だといってよく、その意味で、「第二次」期が、「『資本形成的』財政機能」に基本的に補完されながら運動した点がいまや一目瞭然である。

以上のような「公共投資」動向を総括しつつ、最後に（c）その「帰結」を集約しておきたい。すなわち、この「第二次」期においては、「資本形成」型「公共投資」の顕著な役割増加が明瞭に確認可能であり、その点を基軸として、財政の、対民間資本蓄積促進機能の重要化がまずみて取れた。そしてそうであれば次に、まさにこのような「財政の新機能」こそが、――すでに資本蓄積動向に即して検出した――「第二次」期での「民間設備投資の『落ち着き化』」を「補償・補完」することによって、経済成長の継続をさらに可能にしたという関連になろう。周知の「第二次期＝財政主導型」[13]という判断は、この連関をこそ根拠にしている。その点で、財政政策における一定の「体制的変質」が無視し得まい。

こうして「第二次期財政の意義」が確認できるが、しかし、ここから次の問題が生じてくる。つまり、この「財政の新機能」が財政収支不均衡を派生させざるを得ないから――に他ならず、このような脈絡の上で、「第二次」期は「赤字公債問題」に直面していく。

そこで③「公債」動向であるが、最初に、公債発行の基礎条件をなす（a）「政府収入」状況を確認しておく必要があろう。まず（イ）「経常収入」（政府一般部門、百億円）推移をおおまかに辿ると、六一年＝四一九→六三年＝五三七→六五年＝六六九→六七年＝九一一→六八年＝一〇八四（**第34表**）として経過するかぎり、かなり長足の増大が続く。したがって、繰り返し指摘したように一面で財政支出の激増が明瞭だったにしても、他方で、政府の「経常

第34表　政府一般部門の経常収入　（億円）

	1961	63	65	67	68
経常収入	41,881（100）	53,698（100）	66,873（100）	91,077（100）	108,364（100）
個人税・税外負担	6,251（15）	9,693（18）	13,460（20）	17,429（19）	21,372（20）
法人税・税外負担	8,820（21）	10,622（20）	12,253（18）	17,636（19）	21,457（20）
間接税	17,300（41）	20,553（38）	24,955（37）	33,561（37）	40,151（37）
社会保険負担	5,166（12）	7,538（14）	11,412（17）	16,096（18）	18,755（17）
個人から政府へのその他移転	1,988（5）	2,657（5）	3,909（6）	4,926（5）	5,841（5）
海外から政府への移転	24（0）	2（0）	6（0）	32（0）	30（0）
事業所得・財産所得	2,998（7）	3,454（6）	1,982（3）	3,621（4）	3,958（4）
一般政府負債利子（控除）	665（2）	821（2）	1,102（2）	2,259（2）	3,200（3）
経常支出	24,910（59）	34,403（64）	47,303（71）	63,233（69）	72,114（67）
政府経常剰余	16,971（41）	19,295（36）	19,570（29）	27,844（31）	36,250（33）

（出典）『国民所得統計年報』、1970年版、40-41頁。カッコ内は構成比。

収入」が大幅増加した側面も決して軽視されてはならない。この点を一応押さえたうえで、次に（ロ）この「経常収入」の内訳にまで進むと、まず大枠としては、「租税」（個人税・法人税・間接税）のウエイトが傾向的に低下する一方で、「社会保険負担」構成比の上昇がみて取れる（構成比、一二％→一四％→一七％→一八％→一七％）。いうまでもなく、周知の、高度成長期に特有だった、「租税収入の『自然増』→一部『減税』への配分」という操作の帰結だとみてよいが、それを念頭に置いてさらに「租税構成」にまで立ち入ると、以下のような図式が描かれよう。すなわち、「個人税」関係＝一五％→一八％→二〇％→一九％→二〇％、「法人税」関係＝二一％→二〇％→一八％→一九％→二〇％となるから、法人税の明確な低下と個人税の顕著な上昇とが検出されざるを得ない。したがって、企業課税の軽減が指向されることによって資本蓄積への促進機能が図られた点――がいずれにしても否定はできまい。こうして「減税」を織り込みつつも大幅な「収入増加」が進む。

それでは、この環境の中で（ハ）「政府収支バランス」はどう動いたのか。そこで、他方の「経常支出」とこの「経常収入」とを突き合わせてみると、「経常支出」は二四九（対経常収入比五九％）→

第35表　政府の資金過不足　（億円）

	1961	63	65	67	69
政府部門貯蓄	17,932	21,268	22,798	30,617	49,171
政府経常剰余	16,282	19,229	19,427	25,839	42,638
資本減耗引当	1,650	2,039	3,371	4,778	6,533
政府部門投資	15,320	23,517	30,043	41,288	52,984
資金過不足（貯蓄－投資）	2,612	△2,249	△7,245	△10,671	△3,813
政府部門資金過不足	1,668	△3,099	△9,029	△13,490	△9,609
政府一般部門	4,819	2,971	1,145	△2,922	3,815
公社・公団・地方	△3,151	△6,070	△10,174	△10,568	△13,424

（出典）　日銀『調査月報』、1965年５月、８頁、68年５月、２、20頁、70年５月、２、20頁。

三四四（六四％）→四七三（七一％）→六三二（六九％）→七二一（六七％）（**第34表**）として推移する以上、ここでは、「経常収入に対する経常支出の比率」として表現される、その「収支バランス」は、この「比率」の上昇という形で明瞭な「収支悪化」状況として発現してきている。逆からいえば、「政府経常剰余」構成比率が、四一％→三六％→二九％→三一％→三三％というラインで明瞭な縮小過程に乗っているわけであって、「経常支出」増加程度の巨大さが「経常剰余」を「食いつぶし」つつあるというべきであろう。まさに「公債増大」の実質的基盤に他なるまい。

そこでこのような進行状況を、さらに（b）「資金過不足」動向として正面から集約しておこう。いま、「政府部門貯蓄マイナス政府部門投資」の数値に「係数調整」を加えた（イ）「政府部門資金過不足」（億円）の数字を拾うと以下のようになる。つまり、六一年＝一六六八→六三年＝△三〇九九→六五年＝△九〇二九→六七年＝△一三四九〇→六九年＝△九六〇九（**第35表**）となり、「第一次」期においてはまだ黒字基調であったものが「転型期」以降は大幅赤字へと急変し、その後は、「第二次」期の中で巨額マイナスを継続させている。その場合、この巨額赤字化に関しては二点への注意が必要だと思われるが、まず一つは、（ロ）この赤字化の基本要因が――政府「貯蓄」の伸び悩みというよりは――政府「投資」の激増にこそあるという点であり、六一～六九年間に、「貯

第36表　債券発行額（億円）

	長期国債	短期債	地方債	政府保証債
1961	0　（0）	24,951（24,935）	237　（26）	814　（165）
62	0　（0）	25,650（24,790）	307　（99）	1,019　（314）
63	0　（0）	33,066（34,222）	407（123）	1,477　（360）
64	0　（0）	36,563（35,573）	469（153）	1,794　（224）
65	2,000　（0）	54,217（53,587）	618（211）	3,010　（413）
66	6,750　（0）	64,552（63,503）	727（246）	4,349　（737）
67	7,200　（0）	66,059（62,237）	838（295）	4,118　（935）
68	4,710（116）	90,145（86,356）	781（309）	3,232（1,178）
69	4,050（116）	66,059　（－）	822（389）	3,023（1,536）

（出典）　日銀『経済統計年報』、1969年報、153頁。

蓄」が二・七倍と相当な増加を記録しているものの、他方の「投資」が三・五倍という極端な膨張をみせているのである。したがって、「第二次」期における政府資金不足の主因が、公共投資を主軸とした「政府投資」の著しい拡張にある点には、まず疑問はないであろう。

ついでもう一つは、（ハ）「政府一般部門」と「公社・公団・地方」とに区分した場合、後者の赤字分が圧倒的に大きい点に他ならない。というのも、例えば、六七年＝前者△二九二二－後者△一〇五六八→六九年＝三八一五－△一三四二四（**第35表**）となるからであって、事実上、政府資金不足のほぼ全部が「公社・公団・地方」から発生している点が一目瞭然だと結論されてよい。その際、「公共事業―政府資本形成」の主体が、その運用上「公社・公団・地方」に大きく傾斜しているのは周知のことである以上、結局、この「資金不足」の主因が何よりも「政府投資」にこそある側面は、以上のベクトルからしてもあらためて実証可能だというべきであろう。

こうして、「政府投資拡張→政府資金不足」というロジックが明瞭に析出できるとすれば、それが（c）「公債増加」[14]として帰結していくのは自明であろう。そこで最初に（イ）「長期国債」の発行額（億円）を辿ると、六三年＝〇→六四年＝〇と発行ゼロで経過した後、六五年＝二〇〇〇→六六年＝六七五〇→六七年＝七二〇〇（**第36表**）となって、長期国債の発行が始まる。周知のよう

第37表　公債依存度　（単位：億円、％）

年度	一般会計予算（当初）（A）	補正後	
		発行額	依存度
昭和40	36,580	(2,590)	6.9
41	43,143	7,300	16.3
42	49,509	7,310	14.0
43	58,185	4,777	8.0
44	67,395	4,500	6.4
45	79,497	3,800	4.6
46	94,143	12,200	12.6
47	114,676	23,100	19.0
48	142,840	18,100	11.9
49	170,994	21,600	11.3
50	212,888	54,800 (22,900)	26.3
51	242,960		

（出典）大蔵省『財政金融統計月報』各号。
（注）昭和40、50、51年の括弧書きは、特例公債。

に戦後初期を除けばその発行が停止されてきた長期国債が、「六五年不況」に直面していまや戦後初めて発行を余儀なくされたわけである。もっとも、六〇年代後半からの景気回復によってその発行が一時的に抑制されていくのは事実だが、その後七〇年代に本格化する赤字国債激増のその画期がここにこそあった点は、決して軽視されてはなるまい。しかし問題はそれだけには止まらない。というのも、当面の局面では、この「長期国債」以外の債券発行も無視し得ないからであって、いま（ロ）全体的な「債券発行額」（億円）を取り出せば以下のようになる。つまり、六五年＝短期債五四二一七－地方債六一八－政府保証債三〇一〇→六六年＝六四五五二－七二七－四三四九→六七年＝六六〇五九－八三八－四一一八（**第36表**）という図式に他ならないが、そうであれば、ここからは次のように判断可能である。すなわち、先に確認した、「公社・公団・地方」における――資本形成型機能拡大に起因した――「資金不足」が、まさにこの地方債および政保債の著増を帰結させている構造が一目瞭然というべきだと。

したがって最後に（ハ）「公債依存度」（％）が明確にされねばならないが、ここでは以下の二指標に注目してみたい。つまり、まず一つ目は「公債発行額（補正後）／一般会計予算（当初）」であるが、それは六五年＝六・九→六六年＝一六・三→六七年＝一四・〇→六八年＝八・〇→六九年＝六・四→七〇年＝四・六（**第37表**）と動くから、先にもふ

第38表　金融機関の資金調達　（億円）

	60～61		62～63		64～65		66～67		68～69	
銀　行	18,890	(100)	26,505	(100)	31,690	(100)	37,570	(100)	47,068	(100)
預　金	11,680	(61.8)	22,060	(83.2)	23,186	(73.2)	28,370	(75.5)	39,587	(84.1)
当座性預金	146	(0.8)	2,410	(9.1)	1,002	(3.2)	891	(2.4)	150	(0.3)
短期性預金	3,894	(21.6)	8,200	(30.9)	7,685	(24.3)	7,590	(20.2)	15,061	(32.0)
貯蓄性預金	7,640	(40.4)	11,451	(43.2)	14,500	(45.8)	19,889	(52.9)	24,376	(51.8)
金融債	1,837	(9.7)	2,403	(9.1)	3,855	(12.2)	4,739	(12.6)	4,628	(9.8)
日本銀行借入金	4,699	(24.9)	△693	(△2.6)	421	(1.3)	193	(0.5)	2,808	(6.0)
金融機関借入金	△178	(△0.9)	718	(2.7)	894	(2.8)	△100	(△0.3)	804	(1.7)
コール・マネー	78	(0.4)	1,764	(6.7)	1,766	(5.6)	874	(2.3)	1,691	(3.6)
その他	775	(4.1)	252	(1.0)	1,569	(5.0)	3,495	(9.3)	△2,450	(△5.2)

（出典）　前掲、大内編『現代日本経済論』171頁。

れたように、六〇年代後半での景気上昇に伴って確かに低下はしていくものの、「第二次」期前半では一五％レベルという高い依存度水準にあった点が目立つ。次に二つ目の指標は「長期国債および借入金残高／一般会計歳出総額」であって、この方向からはもう一歩広い枠組みからの依存状況がみえてくるが、それは以下のような軌跡を描く。すなわち、二八・一→四一・二→五一・二→五三・九→五二・八→五二・三という推移であるから、その依存割合はすでに五〇％をも超過しており、まさにその意味では、赤字国債発行が本格化する七〇年代以前のこの時期において、すでに「財政の公債依存」は実質的に進行していたというべきであろう。

結局、「第二次」期における、「政府資本形成機能拡大→政府・資金不足進展→公債発行進行」という論理の貫徹が検出可能であって、そこにこそ、政府財政作用のその拡張がみて取れる。

［3］金融政策　最後に第三に（三）「金融政策」[15]へと目を転じていこう。そこで最も基礎的には①「民間金融機関の信用構造」が前提となるが、その点をまず（a）「資金調達」構造からみていきたい。最初に（イ）「資金調達総額」（全国銀行、億円）推移が注目されるが、それは例えば以下のような数値となって表れてくる。つまり、「六四－六五年」＝三一六九〇→「六六－六七年」＝三七五七〇→「六八－六九年」＝四七〇六八（**第38表**）となって、

第39表　金融機関の資金運用　（億円）

	1960～61		62～63		64～65		66～67		68～69	
銀　　　　　行	18,890	(100.0)	26,505	(100.0)	31,690	(100.0)	37,570	(100.0)	47,068	(100.0)
預　　け　　金	687	(3.6)	△240	(△0.9)	362	(1.1)	△70	(△0.2)	410	(0.9)
貸　　付　　金	14,921	(79.0)	23,973	(90.4)	23,195	(73.2)	30,609	(81.5)	39,971	(84.9)
金融機関貸付金	－	(－)	－	(－)	－	(－)	133	(0.4)	276	(0.6)
有　価　証　券	3,352	(17.7)	2,264	(8.5)	7,567	(23.9)	6,540	(17.4)	6,130	(13.0)
政府短期証券	△1	(△0)	－	(－)	－	(－)	－	(－)	－	(－)
長　期　国　債	2	(0)	－	(－)	△78	(△0.2)	2,800	(7.5)	581	(1.2)
地　　方　　債	187	(1.0)	470	(1.8)	467	(1.5)	835	(2.2)	1,194	(2.5)
公社・公団・国庫債	529	(2.8)	154	(0.6)	1,846	(5.8)	136	(0.4)	1,172	(2.5)
金　　融　　債	836	(4.4)	133	(0.5)	3,174	(10.0)	59	(0.2)	276	(0.6)
事　　業　　債	969	(5.1)	719	(2.7)	1,468	(4.6)	1,128	(3.0)	1,224	(2.6)
株　　　　　式	788	(4.2)	774	(2.9)	639	(2.0)	1,599	(4.3)	1,674	(3.6)
投資信託受益証券	44	(0.2)	24	(0.1)	52	(0.2)	△17	(△0)	11	(0)
コール・ローン	70	(0.4)	508	(1.9)	567	(1.8)	491	(1.3)	557	(1.2)

（出典）　第39表に同じ。

この期間で約一・五倍に増加している。その点で、「第二次」期における民間資本蓄積の拡大に対応した、民間金融機関の資力拡張がもちろん確認でき、それが企業投資を支えたことに疑問はない。そのうえでもう一歩深めて（ロ）「資金調達内訳」（**第38表**）にまで進むと、いうまでもなく「預金」構成比が圧倒的であって七三・二%→七五・五%→八四・一%という数字が残る。実に七～八割を占める水準だし、しかも明らかに上昇傾向にあるから、「第一次」期から定着をみた、「資金調達＝預金中心」という「間接金融」型の継続が明瞭に検出されてよい。しかもこの「預金」動向以外でも、（A）「直接金融の未発展」の別表現である「金融債の伸び悩み」（一二・二%→一二・六%→九・八%）、（B）「『新金融調節方式』の開始・限界」に起因した「日銀借入金の減少と再増加」（一・三%→〇・五%→六・〇%）、（C）「間接金融」を背後で支える「コール・マネーの一定の位置」（五・六%→二・三%→三・六%）、という三特徴が把握可能であって、その方向からしても「間接金融」の継続化は明白であろう。

したがってこの「資金調達」の（ハ）「特質」はこう整理できる。すなわち、「第一次」期に定着した、「預金中軸＝間接金融」型調達構造がこの「第二次」期にも引き続き継続した――と。

そのうえで次に（b）「資金運用」構造はどうか。そこで最初に（イ）「資金運用内訳」（全国銀行、億円）から入ると、まず何よりも「貸出金」のウエイトが突出しており、例えば「六四－六五年」＝七三・二％→「六六－六七年」＝八一・五％→「六八－六九年」＝八四・九％（**第39表**）という数値が刻まれる。いうまでもなく、先に「資金調達」について確認した「預金の中軸性」と対になる「間接金融」の主流化に他ならず、したがって改めて驚くには値しないが、しかし、「第一次」期からの継続のみならず、この「第二次」期の過程で一段とその比率を高め続けている――点には目を見張らされよう。この「貸出金」に次ぐのが「有価証券」であるが、その構成比は二三・九％→一七・四％→一三・〇％となって顕著に低下を記録するから、「直接金融」の未発展が明瞭に持続する。

といっても、この「有価証券」の内訳に一定の注意点が存在する点も否定はできない。そこで注意点のまず第一は何よりも「長期国債の登場」であって、△〇・二％→七・五％→一・二％（**第39表**）と動く。確かに、景気回復に伴って数年で国債発行は抑制に向かうから「長期国債」構成比は直ちに一旦は低下するものの、六六－六七年局面では七％をも超える上昇さえみせていく。したがって、すでにフォローした「第二次」期・「財政政策」の転換が如実に反映しているが、それだけではない。ついで第二は「金融債の縮小」に他ならず一〇・〇％→〇・二％→〇・六％と見事に落ち込みが続くが、この原因にも「国債増加」が絡んでいる。というのも、この「金融債」に関しては、「金利面での不利」・「新金融調節方式オペからの除外」などの「欠点」が従来からあったが、さらに加えて、その消化主体を担う都銀が、「過大な国債引受負担」に制約されて「金融債引受」を抑制せざるを得なくなった――からに他なるまい（都銀、資力シェア＝二五～二七％、引受シェア＝四〇～四三％）。最後に第三は「株式の伸び悩み」（二・〇％→四・三％→三・六％）が指摘できるといってよく、「六五年証券恐慌」の余波がなお修復され終わっていない点がここからもわ

第40表　金融機関の貸出増加額　（十億円）

	1961～63	64～65	66～69
貸出増加額	10,255（100）	7,744（100）	25,521（100）
設備資金	2,615（25）	2,109（27）	8,688（34）
運転資金	7,641（75）	5,636（73）	16,834（66）
大企業向け貸出し	6,381（62）	4,622（60）	12,840（50）
設備資金	1,819（18）	1,378（18）	2,284（17）
運転資金	4,561（44）	3,243（42）	8,556（34）
中小企業向け貸出し	3,875（38）	3,121（40）	12,681（50）
設備資金	795（8）	730（9）	4,403（17）
運転資金	3,070（30）	2,391（31）	8,278（32）

（出典）『金融統計月報』、『金融統計半年報』、より作成。

かる。

最後は「コール・ローン」の動向だが、一定の「落ち着き」がみて取れよう。具体的には、一・八％→一・三％→一・二％（**第39表**）という軌跡を描くからであって、その滑らかな低落傾向が確認されてよい。その場合、その原因としては、新金融調節方式導入によって都銀の「オーバー・ローン」に一応の歯止めがかかり、それが、結果的には都銀のコール依存を緩和させた――という変化が重要だと思われる。まさに金融政策の変質が「資金運用」面に端的に反映されていよう。

以上のような「運用基本構図」を前提として、次に、その首位を占めた（ロ）「貸出金の内訳」にまで立ち入ってみたい。そこで「金融機関の貸出増加額」（一〇億円）に即して「貸出金」の使途を探ると、以下のような図式が浮上してくる。すなわち、六四－六五年＝七七四四［設備資金二一〇九（構成比二七％）、運転資金五六三六（構成比七三％）］→六六－六九年＝二五五二一［八六八八（三四％）、一六八三四（六六％）］（**第40表**）という数字が拾えるから、貸出増加額の三分の一は設備投資に廻され、しかもそのウエイトが「第二次」期になってむしろ高まっていることが、明瞭といってよい。これも周知のことだが、短期信用である「間接金融」というルートを通してこそ、「設備金融」という「長期信用」が実施されていった機構が、この「第二次」期にも明確に実証可能であろう。

したがって「資金運用」の（ハ）「特質」はこう総括できる。すなわち、「第一次」期以来の「貸出中軸」型「間接金融」システムが維持されつつも、まさにその「短期信用」を経由してこそ、実質的には、資本投資基盤をなす「設備投資」金融が実施されたのだ――と。

最後に（c）「金融政策の総体的機能」を全体的に集約しておかねばならない。そこで（イ）まず第一点として、「第二次」期における「『間接金融』機能経路の継続」が指摘可能である。つまり、周知の通り「第一次」期の中で「預金―貸出」を中軸とする「短期型・間接金融方式」が定着をみたが、「第二次」期にあってもこの「経路」が基本的には継続されつつ、依然とした「証券市場の未整備＝直接金融の未発展」という金融体制の下では、いわゆる「転がし操作」(16)に媒介されたこの「間接金融経路」は、――「設備投資の落ち着き化」と企業「自己金融」の進展という条件にも規定されて――その「設備資金供給経路」としての役割を十分に果たした。要するに「第二次」期においては、「特有な操作に立脚して事実上は長期信用」として作用する、この「間接金融システム」によってこそ、「設備資金信用」の持続と強化とが着実に進行したと集約されてよい。これがまず「第一機能経路」である。

ついで（ロ）第二点は「国債引受」にともなう「新たな機能経路の創出」が重要であろう。具体的に検出したように、「資金運用」に関して「国債増加と金融債減少」とが表裏一体で進行したが、この現象は、一方ではまず、「金融債引受減少→政府系金融機関資金源泉縮小→政府系（長期）資金供給減少」を確かに意味しているが、しかし同時に、それに起因した資金供給の減少が、他方での、「国債引受増加→財政赤字補完→政府資本形成支出可能化→政府系資金供給の維持」という作用を通して事実上は「補償・代位」される――という図式を端的に表現している。まさに「国債」に立脚した「新・第二機能経路」だといってよい。

第41表　日本銀行信用の増減　（億円）

	貸出	外貨手形 売　　買	債券売買	買戻条件付 売却手形	債券短期 買　　入	合計
1957	3,118	−	−	−	−	3,135
58	△1,759	−	−	△33	−	△1,792
59	134	−	−	32	−	166
60	2,205	−	1	−	−	2,206
61	6,860	−	1,365	−	−	8,225
62	122	−	621	−	−	743
63	△1,520	−	4,842	−	−	3,322
64	1,346	−	△2,163	−	−	△817
65	2,975	−	△1,855	−	−	1,120
66	930	147	5,624	−	−	6,701
67	△1,371	311	8,850	−	−	7,790
68	△169	163	4,098	−	−	4,029
69	4,269	97	4,526	−	586	9,800

（出典）『経済統計年報』1969年報、９－10頁、日銀『経済統計月報』、1970年７月、９－10頁。年度係数。△印は貸出回収、債券等売却を示す。

そうであれば、（ハ）第三点として以下のように結論可能であろう。すなわち、「第二次」期型の「新しい景気促進的『金融機能経路』」が出現をみたと整理されてよく、まさにそれを媒介にして、「第二次」期における「資本蓄積促進＝景気促進」作用が実現したのだ――と。

そのうえで②「日銀信用」に視点を移そう。まず基本的前提として（a）「日銀信用の内訳」動向が当然問題となるが、最初に（イ）その「増減」状況（億円）から入ると、極めて特徴的な動きが目に直ちに飛び込んでくる。すなわち、まず「貸出」が六五年＝二九七五→六六年＝九三〇→六七年＝△一三七一→六八年＝△一六九→六九年＝四二六九（**第41表**）となって、「第二次」期前半にかけて減少傾向を辿るのとは対照的に、「債券売買」は逆に△一八五五→五六二四→八八五〇→四〇九八→四五二六と激増基調が続く。まさに「ミラー現象」が出現するといってよいが、その根拠が、国債発行を基本土台とした「新金融調節方式」の発動にこそあるのは多言を要しまい。したがって、「日銀信用」における力点の移動が析出可能だが、しかしだからといって、（ロ）「信用絶対量」からみて「貸出」が低下

第42表　業態別の平均残高預貸率の推移　（%）

		全国銀行	都市銀行	地方銀行	信託銀行	長期信用銀行
1961	上	94.5	100.1	82.8	96.4	97.8
	下	97.9	105.3	84.5	100.1	98.5
62	上	98.5	107.2	83.4	98.0	98.5
	下	98.0	106.7	83.9	89.6	97.6
63	上	97.2	105.4	84.3	88.5	96.3
	下	98.5	106.7	86.6	89.0	95.6
64	上	98.7	107.6	85.6	89.9	95.6
	下	98.3	106.9	85.6	90.6	95.7
65	上	96.9	106.0	84.2	85.0	93.3
	下	94.5	101.9	84.4	84.4	90.8
66	上	92.3	98.9	83.2	86.2	88.8
	下	92.8	98.5	85.2	90.1	88.0
67	上	92.9	98.8	85.3	91.6	87.9
	下	93.2	98.9	86.2	91.9	87.9
68	上	91.9	97.3	85.0	87.9	88.4
	下	92.0	96.7	85.3	88.9	88.3
69	上	91.6	96.7	84.5	84.8	89.0
	下	92.3	97.2	86.0	82.6	89.4

（出典）　大蔵省『銀行局金融年報』、1966年版、統27頁、70年版、447頁。68年下半期から全国銀行に太陽銀行を、都銀に埼玉銀行、太陽銀行をふくめてある。

したわけでは決してない。というのも、信用発給量自体を追えば、「貸出金」と「国債」とはそれぞれ以下のような数値（百億円）を刻む――からに他ならない。つまり、一六三→一七四→一五二→一五六→一九四および九三→六四→一一四→一四三→一八二となるから、むしろ「貸出金」の方が額は大きく、ようやく七〇年になって初めて二三五・二三八と逆転に転じている。

したがって、いぜんとして巨額な「貸出金」レベルに、「国債」がようやく追い付いたというのが実状だとみてよく、いずれにしても「日銀信用」の拡張は著しいという以外にはない。まさにその点が、最後に（ハ）「増減・合計」となって集計されるが、その総合的な増減（百億円）は、六七→七八→四一→九八というまさに激増となって結果してこよう。こうして、「日銀信用」も――国債発行の受け皿となりながら

――資本蓄積を強力に支えたことがわかる。

したがって、「日銀信用」における「転換のカギ」が（b）「新金融調節方式」[17]にこそある点が明瞭だが、まずその「意図」は次の点にこそあった。すなわち、従来の貸出中心の「日銀信用供給方式」に代えて、「債券オペレーション」を通して日銀信用を発給しようというものであり、換言すれば、債券オペを、単に金融市場調節の手段としてだけではなく、さらに成長通貨の供給をも担うルートとして位置付ける――という新たな金融操作、これである。そしてこの見通しに立脚してこそ、他方の「日銀貸出」に関しては、クレジット・ラインを設定しつつ必要以上の実行を抑制するとされたわけであった。そこで（ロ）その「実績」にふれると、例えば六二年一一月から六四年三月の間に、「買オペ」＝八六八七億円に対して「売オペ」＝二一四四億円となったから、その結果、差引き六五四三億円の「買オペ超過」になっている（同期間に貸出＝一二二〇〇億円減少）。まさに一応の政策効果がみて取れよう。

そのうえで、「新金融調節方式」が発揮した効果の端的な一表現として、（ハ）「銀行預貸率」における一定の低下現象が指摘されてよい。そこでいま「都銀の平均残高預貸率」（各年上期、％）動向を追えば、六五年＝一〇六・〇→六六年＝九八・九→六七年＝九八・八→六八年＝九七・三→六九年＝九六・七（**第42表**）という軌跡が描かれる。一見して「預貸率」の着実な低下傾向が否定できないから、「新金融調節方式」にともなう「資金供給ルートの債券オペへの移行」と関連して、この「第二次」期における、「都銀・預貸率の低下＝オーバー・ローンの消極化」の進行が推察できよう。

以上を総括する意味で、この局面の「日銀信用」機能を象徴する（c）「債券オペレーション」の基本動向をまとめておきたい。この視点から、例えば「無条件債券オペ」（億円）を「国債・政保債・金融債」の三対象に即してその数値を拾えば以下のようである（**第43表**）。すなわち、六五年＝国債〇－政保債一一七一－金融債〇（計一一七一）

第43表　無条件債券オペレーション　（億円）

	1965	66	67	68	69
国　債	－	653	5,640	2,692	849
政保債	1,171	1,691	3,379	2,467	50
金融債	－	934	－	－	－
計	1,171	3,278	9,019	5,159	899

（出典）『財政金融統計月報』、214号、1969年9月、14頁。

↓六六年＝六五三－一六九一－九三四（三二七八）↓六七年＝五六四〇－三三七九－〇（九〇一九）↓六八年＝二六九二－二四六七－〇（五一五九）↓六九年＝八四九－五〇－〇（八九九）という数字が刻まれていくから、全体として、特に六六～六八年にかけてオペの激増がまず指摘されてよい。しかしさらに問題なのはいうまでもなくその内訳であって、政保債が一定の持続的割合を構成する点が目立つとともに、金融債に代わって国債のウエイトが急上昇していく構図が曇りなく目に飛び込んでくる。要するに、「第二次」期にあっては、日銀信用の基本ルートがオペへと大きく切り替わりつつ、「国債立脚型資金供給」の重要性が高まったのだと整理できよう。まさにこの断面にも、金融政策の「体制的変質」が確認されてよい。

とすれば、このような「日銀信用」動向の中で③「通貨量・マネー・サプライ」はどのような連動をみせただろうか。そこで最初にまず（a）「銀行券」（億円）動向から入ると、「発行銀行券」は六五年＝二五六三八（銀行券増減二六四九）↓六六年＝二九一三五（三四九六）↓六七年＝三四一一五（四九八一）↓六八年＝四〇四一九（六三〇四）↓六九年＝四八一一三（七六九四）↓七〇年＝五五五六〇（七四四九）となるから、その増加の勢いは文字通り凄まじいという以外にはない。みられる通り、発行額・増加額とも日銀券はこの数年で実に二倍を超えていることが分かり、まさにこの「国債発行―新金融調節方式―買オペ」という新型の「日銀信用」体制を媒介にして、いかに巨大な信用供給が実行されたかが確認できる。そして、このような「日銀信用拡張―通貨量拡大」が、――輸出増加・財政支出拡

第44表　通貨供給増減と通貨高　（億円、％）

	1966	67	68	69
通貨供給増減	13,125	15,686	18,708	29,812
現金通貨増減	3,458	4,500	4,525	6,821
預金通貨増減	9,667	11,186	14,183	22,921
通貨残高	113,776 (29.8)	129,462 (28.9)	148,170 (28.1)	177,982 (28.4)
現金通貨流通高	22,883 (6.0)	27,383 (6.1)	31,908 (6.0)	38,729 (6.2)
預金通貨残高	90,893 (23.8)	102,079 (22.8)	116,262 (22.0)	139,253 (22.2)

（出典）『経済統計年報』、1970年報、11頁、『経済統計月報』、71年１月、13頁、『国民所得統計年報』、70年版、34－35頁、企画庁『国民経済計算』25号、70年８月、７頁より作成。

張と相まって――有効需要を政策的に創出しつつ「第二次」期を支えたのは当然であるが、念のため「通貨残高／国民総生産」の比率を取っても、例えば六六年＝二九・八％→六七年＝二八・九％→六八年＝二八・一％→六九年＝二八・四％（**第44表**）となって、その持続的な高水準が続く。

以上のような「日銀券」増発が検出できれば、それがついで（b）「マネー・サプライ」増加に帰結するのはいうまでもない。そこで「預金通貨残高」（千億円）推移に注目すると、六五年＝八〇→六六年＝九一→六七年＝一〇三→六八年＝一一六→六九年＝一四〇→七〇年＝一六三（**第44表**）という経過が把握でき、したがってこの「預金通貨」に関しても、先の「日銀券」と同様にこの間にまさしく倍増した点が明瞭だろう。要するに「民間信用供給」自体もその著増が可能になったわけである。さらにこの点を実証するために、例えば「預金通貨残高／国民総生産」バランスを追えば、六六年＝二三・八％→六七年＝二二・八％→六八年＝二二・〇％→六九年＝二二・二％（**第44表**）と動く以上、この預金通貨の側面からしても、「日銀券に立脚した『信用創造』」の重要性が一目瞭然だといってよい。

そこで最後に、この「マネー・サプライ増加」が（c）「市中金利」を最終的にどう規定したか――をフォローしておきたい。その方向から「全国銀行貸出約定平均金利」（％）の軌跡を概観すると以下のようである。

すなわち、六五年＝七・〇八→六六年＝七・四八→六七年＝七・三二→六八年＝七・四六→六九年＝七・四一という数値が刻まれるから、概ね「なだらかな低下基調」こそがみて取れよう。もちろん大幅な金利低下が出現したわけではないが、「第二次」期での「投資拡大→資金需要増加」という環境にもかかわらず、このような「安定的金利水準の継続」が可能になった点はやはり注目に値するという以外になく、その意味で、「第二次」期における、「日銀信用―民間信用」総体の、まさにその「拡張的機能効果」が重視されるべきだと思われる。

Ⅲ　景気変動――高成長循環再現の帰結

【1】展開過程

まず第一に前提として、この「第二次」期・景気変動の（一）「展開過程」[18]を視野に収めておく必要があろう。そこで最初に①「六五年不況からの回復」[19]が問題となるが、景気回復のまず第一要件は（a）「金融政策」だといってよかった。つまり、六五年前半から金融面での強力な景気梃入れ策が採用されていくのであって、六五年六月の公定歩合引下げを序幕としてさらに七月には「日銀窓口規制の解除」と「預金準備率の引下げ」とが連続して続いた。こうして、景気刺激策の第一幕的前提として金融緩和策が発動されていく。

しかしこの金融面からの刺激策だけで景気回復が実現したわけではない。そうではなく、ついで（b）「財政政策」も出動を余儀なくされ、六五年六・七月に「公共事業費および財投の支出促進措置」が採られたことに加えて、六六年一月の補正予算では赤字国債二五〇〇億円の発行が決定されるに至った。さらに六六年度予算も積極型・拡張型で編成され、当初予算から七三〇〇億円の国債収入が計上されつつ前年比一七・九％増の大型予算となった。まさにこの結果、景気に対する財政の役割が増大したのは当然であって、事実、六五年上期に対する下期の「最終需要増加寄与率」は、消費＝六五・九％、政府支出＝二八・五％、民間住宅＝一〇・六％、輸出等＝四・五％、設備投資＝△九・五％

となり、何よりも「政府支出寄与度」におけるその高さが注目に値しよう。

その意味で六五年不況からの回復に果たした財政役割の有効性が確認されてよいが、まさにこの財政発動の結果、六五年一〇月をボトムとして、景気は上昇へと転じていくこととなる。

そのうえで、さらにこの景気上昇を本格化させた重要条件として（c）「輸出」増加も決して軽視されてはならない。というのも、六六年初以降生産は上昇経路に乗るが、この年全体の一一・七％増加のうち、「寄与度」としては輸出等＝三・六％、政府財貨サービス購入＝二・七％となって、この両者でその過半を占めた——からに他ならない。こうして、まさに「財政・輸出」に主導されて六五年不況は本格的な回復へと転換していく。「いざなぎ景気」の開始である。

そこで次に②「いざなぎ景気の展開」に進もう。周知の通り、（a）六五年不況から脱出した後、好況は七〇年七月に至るまで年率一〇％を超える息の長さを示し、その好況持続期間は実に五七ヶ月にも及んだ。しかし「いざなぎ景気」と呼ばれたこの長期好況過程は、決して一直線で進行したわけではなく、その過程で、「六七年・六九年」という二度にわたる「景気調整局面」[20]をもった。

最初にまず（b）「六七年調整局面」から入ると、その「契機」は「まだ」基本的には「国際収支赤字」に起因するものであった。すなわち、六六－六七年にかけて、輸入が急増する中で輸出伸張の鈍化が進んだため貿易収支黒字幅が縮小し、それによって、すでに六六年末から逆調化していた国際収支は六七年に入って極度の悪化に直面した。まさにそれへの対応としてこそ、九月以降に数次の本格的な景気調整策が発動されるのであって、具体的には、九月一日＝公定歩合引上げ・「対都銀貸出増加額規制の復活」、同五日＝三一一二億円の財政支出繰延べ措置、一二月＝貸出増加規制強化、六八年一月＝公定歩合再引上げ、と続いた。さらに六八年度予算編成も予算規模圧縮と公債発行額削減が指向されて、一層の追い討ちが掛かる。

このように景気調整策発動の契機は確かに「国際収支悪化」にあったが、しかしこの「六七年調整局面」では、その後の経過が従来とは大きく異なった。というのも、六八年には国際収支は急速に回復に向かい、そのため、六七年九月から採用されていた景気調整策は、十分に浸透しないうちに六八年夏には緩和された――からに他ならない。その結果、軽微な景気調整に止まったのであるが、その原因が国際収支黒字基調の定着にあったのは当然であろう。

ついで（c）「六九年調整局面」に進むと、従来からの「特異性」は一層顕著となる。すなわち、「六七年調整」を乗り切って長期好況はさらに持続するが、六九年夏以降になるとさすがに景気過熱化の兆候が無視できなくなっていく。そこで日銀は、「国際収支は黒字を続けているが、経済の急速な拡大に伴い、物価の高騰、金融機関貸出の著増等、懸念すべき現象が現れており……この際景気の行き過ぎを未然に防止する措置を採る」（八月三〇日）として、景気調整策に転じた。例えば、公定歩合引上げ、預金準備率引上げ、対都銀資金ポジション強化などが実行されたといってよいが、しかし、実体経済への浸透はなお弱かった。

しかしこの「六九年調整局面」で何よりも目立つのは、「黒字定着下での、景気過熱懸念を目的とした『予防的景気調整策』」だという点であって、その「特異性」は、極めて明瞭であろう。

そして最後は③「七〇年不況への転換」に他ならない。そこで最初に（a）その「転機」から入ると、いま確認したように、六九年の景気調整作用は十分に実体経済へ浸透はしなかったものの、金融面からの引締め効果は決して小さいとはいえなかったから、さすがに七〇年春頃からは、以下のようなポイントで景気の反転が目立ち始めてくる。その結果、七月をピークとして景気下降が進行していくのであり、こうして「いざなぎ景気」はその幕を下ろした。

ついで（b）その「特質」にまで目を向けると、そこには「現象―本質」という「二面性」が否定できない。つまり、まず一面では、この景気後退は、「国際収支の黒字基調」の下で、しかも企業利潤率がかならずしも悪化しない状況で、いわば「予防的なもの」として発現をみた。したがってその点で、資本蓄積レベルでは発現必然性に欠けるという「現象」が強い。しかし他面もう一歩立ち入ってみると、「資本費・人件費」の両コストがすでに増大を余儀なくされており、取り分け「対売上高人件費比率」は、六四～六五年不況をさえ上回る水準に上昇している点が検出されてよい。[21] いうまでもなく「過剰蓄積」の現出以外ではないが、それが、「インフレ激化」と「国際収支黒字」とによって隠蔽されていたに過ぎない。要するに、「過剰投資」という「本質」が「インフレと輸出」によって辛うじて粉飾されたのであって、そこから「現象」的には、「予防的な『政策不況』」としてこそ発現したわけである。

こうして（c）「七〇年不況の総括」がこう提起できよう。すなわち、それを「政策の過誤」による「政策不況」として把握するのは誤りであり、むしろそれは、インフレ激化を避けつつ成長を持続することが困難になった点を示す、まさに「必然的」な景気調整であったのだ――と。

［2］構造　次に第二に、この「第二次」期「景気変動」の（二）「構造」が総体的に図式化されねばならない。そこで図式化の（a）「前提条件」としてはやはり――「第一次」期と連続して――「設備投資拡大」が無視できない。しかしその内容には二つの相違があり、まず一つ目に「拡張テンポの停滞」は否定不可能であって「牽引車エネルギー」は明らかに低下した。そしてもう一つは「大型・合理化投資」としての進行であって、それが、生産部門だけでなく「流通・事務・管理部門」にまで波及して、独占・寡占体制を強めるとともに、「在庫管理能力向上化」と「合理化のシステム化」とを実現した。そしてその結果、原材料輸入の制御・抑制と輸出競争力上昇がいうまでもなく可能になったから、それが「国際収支黒字化」に帰着したのは当然といってよかった。そしてそうであれば、ついで（b）「現実化条件」として「輸出寄与度の増大」が帰結してくるのも明瞭であろう。換言すれば、貿易収支の構造的黒字化が継続化していくわけであるが、それに起因してさらに、そこからは、以下の二連鎖が直ちに進行していくことにもな

る。すなわち、まず第一は、このような貿易黒字が源泉となって「民間設備投資」と「個人消費支出」との増加を支えたという点であり、また第二は、このような国際収支黒字化が従来の「『国際収支の天井』型景気調整パターン」を質的に変化させたという点、に他ならない。そしてそれは、まさしく新たな動向の開始を意味した。

そのうえで（c）「補完条件」だが、以上のような動向変化を「マネタリー面」から支えた要因としては、その「財政金融条件」を決して無視し得まい。つまり、「国債発行」という新局面を接点にした、「国債に立脚した『政府資本形成型』財政支出」と「国債に立脚した『新金融調節方式型』日銀信用」との政策的拡張が重要であって、これら「二つのルート」を媒介にした「新型資金創出」こそが、「第二次」期をまさにマネタリー的に補完したのである。

［3］特質　全体の集約として、この「第二次」期・景気変動の（三）「特質」を手短に総括しておきたい。その方向から、いま①「鉱工業生産増加の最終需要別寄与率」に即してこの「いざなぎ景気」の特質を改めて構図化すると、以下のようなポイントが実証可能である。すなわち、まず五八－六一年の「第一次」期をみると、「輸出」＝八・九％、「財政支出」＝七・四％、「個人消費」＝二六・〇％、「民間設備投資」＝四一・七％、「在庫増」＝一五・九％（**第１図**）となる以上、通説通り「民間設備投資」の主導力が明白であって、その点で、「民間

第１図　鉱工業生産増加の最終需要別寄与率

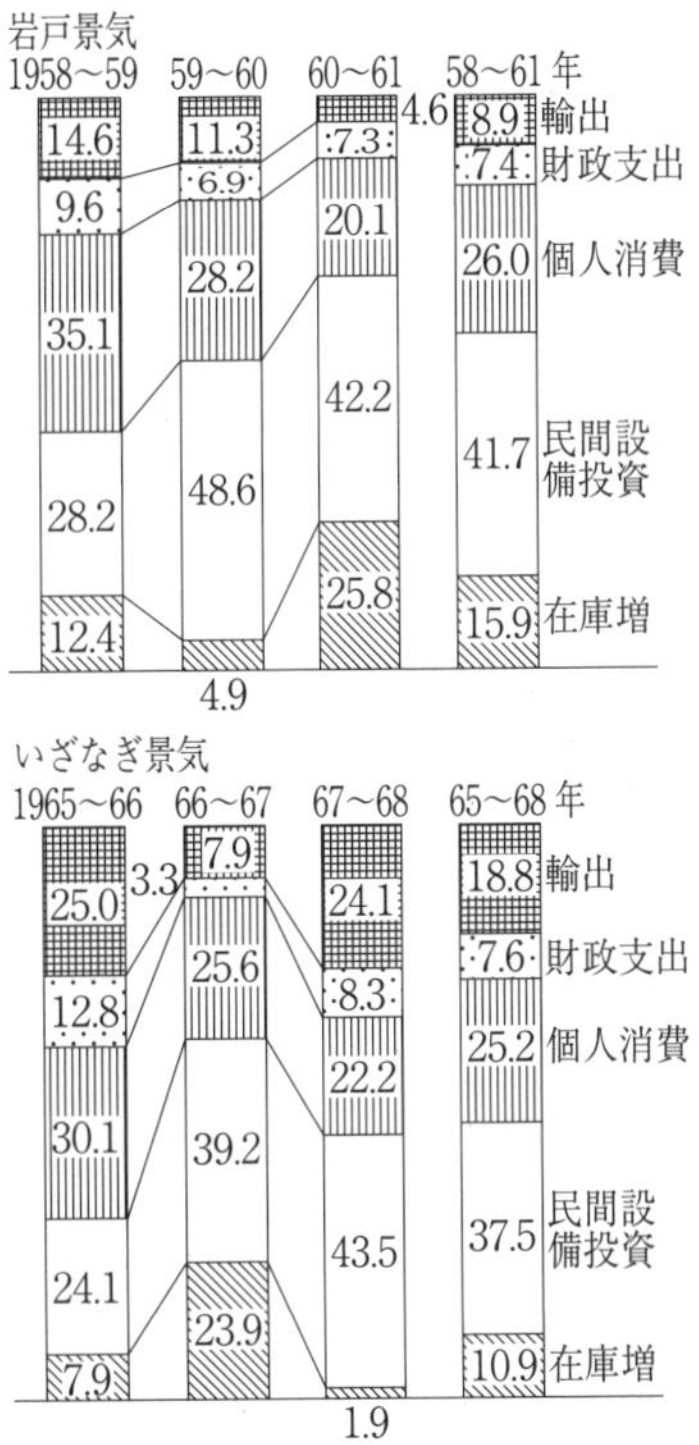

（出典）『経済白書』1970年度版。

設備投資」主導型と命名されるべきことに何らの疑問もない。それに対して、次に「第二次」期に当たる「いざなぎ景気」（六五－六八年）へ目を移すと、ここでは各項目はそれぞれ、一八・八％、七・六％、二五・二％、三七・五％、一〇・九％（**第1図**）と変化するから、（A）「民間設備投資」と「在庫」の一定の減少、（B）「輸出」の著増・「財政」の増加、（C）「個人消費」の持続、という三傾向が検出可能だといってよい。まさに、すでに本章で具体的にフォローしてきた論理が明確に実証されていよう。

そのうえで、この実証を土台にして、「第二次」期における②「輸出―民間設備投資―財政」三者の構図を再確認しておくと、以下のようになる。まず（a）第一に出発点として、「六五年不況」からの脱出が「国債発行に立脚した『財政出動』」によって実現した点が軽視できず、したがって「財政」の「景気・呼び水効果」がみて取れるが、それだけではなく、その後の国債増加が、さらに「財政支出」の基盤となりつつ「いざなぎ景気」を恒常的に支えたことが重要といってよい（「財政→民間設備投資」ルート）。そのうえで（b）第二に、この「財政」に補完された景気回復が次に「民間設備投資」拡張――「第一次」期よりはテンポを落とすが――を可能にして、そこから「大型・合理化投資」が展開していく。その点で、この「民間設備投資」再開・進行が「いざなぎ景気」のやはり「中軸」を担っていくが、しかも、この「大型・合理化・システム化投資」拡大が「生産性向上＝競争力上昇」に帰結して「輸出」急増＝「国際収支黒字化」を実現する（「民間設備投資→輸出」ルート）。しかしそのうえで（c）第三として、この波及関係に「逆作用」が働いた点も無視されてはならず、「輸出」増加が「民間設備投資」にもその逆方向効果を発揮した。つまり、輸出黒字が企業収益増加を媒介にして「国内需要」拡張をもたらし、それを投資源泉にすることによって「民間設備投資」を逆に刺激していったのである（「輸出→民間設備投資」ルート）。

要するに、この「第二次」期にあっては、以上のような「輸出―民間設備投資―財政」三者の間に、このような「固有な連関ルート」が形成されたと構造化可能である。そして、まさにこの相互連関によってこそ、「いざなぎ景気」が長期・安定的に実現されていったのだと結論されてよい。

そうであれば最後に、この「第二次」期・高度成長は結局③こう「タイプ化」できる。つまり、従来の「輸出主導・財政補完」型という定式[22]は、――いま検討した通り――「民間設備投資」の一定の重要性が軽視される点でやや不正確だと思われるのであり、この点をも包含して考えると、最終的には以下のように定式化されるべきだと考えられる。すなわち、「第二次」期・高度成長＝「いざなぎ景気」は、「『輸出』主導・『民間設備投資』中軸・『財政』補完」型という複合的な構造をもった、まさしく「持続的」な「高成長」であったのだ――と。まさにこれこそ、「高成長循環再現の帰結」に他なるまい。

（1）拙稿「第一次高度成長と景気変動過程」（『金沢大学経済学部論集』第二八巻第一号、二〇〇七年）。

（2）投資活動の詳細に関しては、例えば大内力編著『現代日本経済論』（東大出版会、一九七一年）第二章、大島清監修『総説日本経済』３（東大出版会、一九七八年）第二・三章、などを参照のこと。

（3）この「原因」分析について詳しくは、前掲、大内編著『現代日本経済論』二二四‐二二七頁をみよ。

（4）「資金調達」の立ち入った内容・構造に関しては、前掲、大内編著『現代日本経済論』第二章の他、大島清監修『総説日本経済』２（東大出版会、一九七八年）第五章などが参照されてよい。

（5）その場合、この「落ち着き化」という表現には注意を払っておきたい。いうまでもなく、この表現は設備投資の減少などを意味するのではなく、むしろ「第二次」期に入って再び上昇に転じた点が重要であり、したがって依然として景気上昇の「中軸」であることは何ら否定はできない。しかしただその拡張テンポは明らかに落ちてきており、またその「内部自律的循環サイクル」が消失したことも明白であるから、その点を論拠にして「落ち着き化」が指摘できよう。

（6）「雇用」の立ち入った動向については、前掲、大内編著『現代日本経済論』第五章をみよ。
（7）「労働市場」の変貌に関しては、前掲、大島監修『総説日本経済』3、第四章が優れている。
（8）「春闘方式」を含めて「賃金上昇メカニズム」についても、前掲、大島監修『総説日本経済』3、第五章が参考にされてよい。「春闘」と「賃金決定の仕組み」との関連が解明されている。
（9）この「国際収支」動向に関して詳しくは、前掲、大内編著『現代日本経済論』第一章をみよ。
（10）この「輸出効果」をも含めて、「第二次」期・景気変動における輸出の絶大な意義について詳しくは、例えば大内秀明『転機に立つ日本資本主義』（現代評論社、一九七〇年）第二章をみよ。
（11）いうまでもなく、ここで「金本位制型」というのは単なる比喩的な範囲を越え得ない。しかしその含意は重要であって、この局面で、このような「国際収支の天井」型の変質をみたということは、逆からいって、景気変動が「管理通貨制」作用の下に始めて現実的に編成されるに至ったということでもあるから、この局面で、「戦後型・日本現代資本主義」がようやく本格的に展開を始動した——とも位置づけ可能である。こうしたやや大きな視点からも把握できよう。
（12）この「第二次」期の財政構造・政策については「公共投資—赤字国債」連関がその焦点をなすが、その詳細は、前掲、大内編著『現代日本経済論』第二章第一節、前掲、大島監修『総説日本経済』2、第二章の他、和田八束『日本財政論』（日本評論社、一九七九年）などを参照のこと。
（13）このタイプ化に関しては後に立ち入るが、「主導—補完」という連関にまで具体化して細かく定義すると、むしろ「輸出＝主導」に対して「財政＝補完」とこそ規定すべきだと考えられる。
（14）国債発行を巡る多面的諸問題について詳しくは、例えば中島将隆『日本の国債管理政策』（東洋経済新報社、一九七七年）をみよ。さらに林健久『財政学講義』（東大出版会、一九九五年）もみよ。
（15）金融政策に関しては、前掲、大内編著『現代日本経済論』第二章第二・三節、前掲、大島監修『総説日本経済』2、第五章、田中生夫『日本銀行金融政策史』（有斐閣、一九八〇年）、などをみよ。
（16）「この貸付は、表面的には通常三ヵ月期限の短期貸付の形式をとっているが、実際には書きかえをくりかえす、いわゆる『ころがし』によって、直接に長期の設備資金にも……利用できる、それこそ融通『むげ』な貸付であった」（前掲、大島監修『総説日本経済』2、一七〇頁）。

(17) その詳細は、宮田美智也『管理通貨制度と資本蓄積』（晃洋書房、二〇〇五年）五四－五六頁をみよ。

(18) この「第二次」期の景気変動過程に対しては、いわゆる「いざなぎ景気」として考察が加えられてきているが、その体系的な作品はかならずしも多くはない。その中で、例えば、大内力編『現代の景気と恐慌』（有斐閣選書、一九七八年）第六章、鈴木・公文・上山『資本主義と不況』（有斐閣選書、一九八二年）第二章、武井・岡本・石垣編著『景気循環の理論』（時潮社、一九八三年）第三篇第三章は、理論に裏付けられつつ明確な論理構成が確保されていて貴重であろう。

(19) この「回復過程」について詳しくは、前掲、鈴木他『資本主義と不況』二〇六－二〇七頁をみよ。

(20)「景気調整局面」の詳細に関しては、前掲、鈴木他『資本主義と不況』二〇七－二〇八頁をみよ。

(21) このような諸指標に関しては、前掲、大内編『現代の景気と恐慌』二〇六－二〇七頁を参照のこと。

(22) 例えば代表的には、「（昭和）四〇年代の成長（は）……自由化型の輸出（資本）主導・財政補助型の成長パターンにほかならない」（前掲、大内『転機に立つ日本資本主義』八六頁）とされる。

第四章　低成長経済への移行と景気変動過程

はじめに

前章(1)では、いわゆる「第二次高度成長」期に即して、現代日本資本主義の展開過程とその現実的運動メカニズムとしての景気変動機構とが分析対象に設定された。すなわち、この「第二次」期・日本資本主義は、「輸出」に「主導」されつつ「設備投資」がやはり「中軸」的役割を担い、さらにその相互連関が全体的に「財政」によって「補完」される――という運動構造を現出させたといってよく、それが総体的には、「いざなぎ景気」という景気変動機構として展開したのは周知の通りである。そして、まさにこの景気変動システムに立脚してこそ「日本型・現代資本主義の確立」も検出可能になったが、しかしこの「いざなぎ景気」はその必然的帰結として「七〇年不況」を発現させる以外にはなかった。しかもこの「七〇年不況」では、従来の景気変動パターンに無視できない変質が進行し始めていた点が特徴的であって、日本資本主義の展開に対してその構造変化が予知されるに至る。

このような背景の下に七〇年代が幕を上げるが、それは、「インフレ高騰と二度のオイル・ショック」とによって特徴付けられる、まさに「低成長経済」の局面以外ではなかった。その点で、この七〇年代は、「第二次」期とはその「局面構造」を基本的に異にする、新たな「低成長局面」として区分される以外にはなく、したがって、新たな局面分析の試みが必要なことはいわば当然だといってよい。それに加えてこの局面では、「国際通貨危機」と「日本経済の国際化」も他面で進展するから、この「対外面」からする「構造変化」の影響作用も極めて大きい。まさにこのような多面的諸力の作用場としてこそ七〇年代は進行していく。

そうであれば、本章の課題が以下のような三点に集約して整理できるのは自明であろう。すなわち、まず第一点として、何よりも日本経済の「低成長路線」への転換必然性が解明されねばならない。というのも、一九五五～七〇年の長期間にわたって「高度成長」を持続させてきた日本資本主義が七〇年代に入って低成長転換を余儀なくされていくことは、極めて構造的・基本的な変質といわざるを得ないからであって、その転換の内実が、「産業構造—資本蓄積—資金調達」などの連関に即して、体系的に解析される必要があろう。そのうえで第二点は、この「低成長転換」に対応して発動された「財政・金融政策」の現実的・動態的な把握に他ならない。換言すれば、一面ではこの低成長を帰結させたとともに、他面では低成長に対処するために打ち出された、国家の「マネタリー機能」を、この局面で本格化してくる「国際通貨危機—インフレ—国債累積」と関連させつつ、まさに総合的に分析することが不可欠といってよい。そしてこの二点を前提としてこそ、「資本蓄積構造」と「国家政策」との有機的複合システムとして現実化してくる、まさに「低成長型・景気変動」機構がその対象に設定されていく。すなわち、「低成長構造」に規定されたその現実的過程が、「オイル・ショック—需要抑制策—景気刺激策」との交錯の下で具体的に考察されねばならないのであって、いわば「スタグフレーション」型景気変動こそがその基本的問題となろう。

I　資本蓄積——資本投資の構造的停滞

［1］投資動向　さてこの「七〇年代低成長」構造をまず第一に（一）「投資動向」[2]から解析していくが、最初に①「設備投資」の状況はどうか。そこで（a）その「基本動向」から入ると、以下のような（イ）「一般推移」がみえて

第１表　産業別設備投資額　（単位：10億円）

年度	1961－65	1966－70	1971－75	1976－80	1981－85
電力	1,683	2,603	6,181	13,158	16,581
都市ガス	146	327	822	1,237	1,221
石炭	162	220	406	383	362
鉱業	110	224	307	182	206
鉄鋼	1,014	2,216	4,040	3,754	3,995
非鉄金属	203	494	792	531	763
石油	465	1,075	1,841	1,528	1,544
機械	1,493	2,942	4,329	7,127	14,150
電気機械	276	668	1,086	1,960	5,907
自動車	580	1,358	1,874	3,470	5,420
化学	1,082	2,053	2,972	2,451	3,252
石油化学	386	880	1,066	742	844
繊維	457	632	781	500	565
合成繊維	243	304	325	250	300
紙パルプ	221	396	761	787	1,150
窯業	325	448	780	830	984
建材	28	101	293	236	238
雑貨	18	80	224	328	306
卸売・小売	61	400	1,294	1,742	1,943
合計	7,469	14,237	25,762	38,180	57,731
公害防止投資	…	406	2,990	2,117	2,024

（資料）　通産省・経産省『主要産業の設備投資計画』各年版。

くる。つまり、「設備投資額」（一〇〇億円）総計は、「一九六一－六五年」の「第一次」高度成長期七四六から「第二次」期の「六六－七〇年」一四二三へとほぼ倍増した後、七〇年代に入っても、「七一－七五年」＝二五七六↓「七六－八〇年」＝三八一八↓「八一－八五年」＝五七七三（**第１表**）という経過で顕著な拡大が続く。その点で、少なくとも中期的なスパンに関するかぎり、七三・七九年のオイル・ショック局面においても設備投資は増加を持続させたことがわかろう。続いてみるように、オイル・ショックによる他面からの作用として、例えば「合理化推進投資」や「公害防止投資」が逆に著増したことが推察できるが、低成長への転換が特徴的な七〇－八〇年代にも設備投資が増大した点――には注意が必要だと思われる。

　しかし（ロ）その「増加率」に注目してみ

第2表　民間企業の公害防止設備投資（単位：億円）

年度[1]	投資額	設備投資額に対する比率
昭和40年度	297	1.95%
41	268	1.72
42	462	2.98
43	624	2.17
44	1,067	3.11
45	1,637	3.87
46	2,706	5.99
47	3,232	7.47
48	5,147	10.49
49	9,170	15.14
50	10,546	17.28
51	9,788	14.57

（資料）　通産省調。
　1）　47年度までは支払ベース、以降工事ベース。

ると、やはりその増加テンポは落ちていると判断せざるを得ない。というのも、「第一次」期から「第二次」期にかけては約二倍増を遂げたのに比較すると、「第二次」期から「七〇年代前半」へは一・八倍、そこから「七〇年代後半」へは一・五倍、さらに「八〇年代前半」にかけては一・五倍という数字が検出できる以上、七〇年代から八〇年代への転換の中で、設備投資増加程度はさすがに低下基調を辿ろう。したがって、低成長移行の基盤に「設備投資の新動向」が明白に確認可能だと整理できる。

そのうえで、この局面で設備投資減少を食い止めたと考えられる、――七〇年代以降に特徴的な――（ハ）「公害防止投資」にもふれておきたい。そこで「公害防止関連設備投資額」（一〇億円）の数値を拾えば、一九七〇年＝一六三→七二年＝三二三→七四年＝九一七→七五年＝一〇五四→七六年＝九七八（**第1表**）と動くから、まず一見してその激増ぶりには驚かされる。ちなみに、例えば六六年には二六というレベルであったから、過去十数年間にわたる高成長のマイナス帰結としての公害が、この七〇年代に入ってまさに一挙に噴出するに至った経緯が手に取るようにわかるが、しかもさらに目を見張らされるのは、この「公害防止設備投資」の設備投資全体に対する比率の急上昇に他ならない。すなわち、その比率は三・八七%→七・四七%→一五・一四%→一七・二八%→一四・五七%（**第2表**）という数字を刻むのであって、七〇年代後半には、「公害防止設備投資」は「設備投資」全体の実に一五%程度にまで拡大しているわけである。この数値は極めて高い水準だという以外にないが、こうしてこの傾向からは、一つには七〇年代以降の「公害発現」の激しさと、そしてもう一つには――その裏側での――「生産的設備投資」の伸び悩み、とが確認されるべきではないか。まさにこの意味で、七〇年代以降には新たな動向が進行していく。

このような「基本動向」を前提にして、次に（b）「産業別設備投資」**（第1表）**状況へ移ろう。そこでまず（イ）「一般動向」（一〇億円）から入ると、その増減に関して以下のような三グループに分割可能だと判断できる。つまり最初に第一に「拡張グループ」には、「電力」（七一‐七五年＝六一八一→七六‐八〇年＝一三二五八→八一‐八五年＝一六五八二）、「機械」（四三二九→七一二七→一四一五〇）、「卸売・小売」（一二九四→一七四三→一九四三）、が該当し、特に「電力・機械」の伸びが大きい。ついで第二は「停滞グループ」に他ならず、例えば「石油」（一八四一→一五二八→一五四四）、「非鉄金属」（七九二→五三一→七六三）、「化学」（二九七二→二四五一→三二五二）、という三つの「伸び悩み部門」がここに含まれよう。そして第三が「衰退グループ」であって、「鉱業」（三〇七→一八二→二〇六）、「鉄鋼」（四〇四〇→三七五四→三九九五）、「繊維」（七八一→五〇〇→五六五）、の趨勢的下落が無視できない。その点で、一見して、大型装置産業部門が苦戦する一方で、サービス化・ソフト化に立脚した「フットワークの軽い」部門での拡張が検出でき、ここからも、七〇年代を画期とする新状況がみて取れる。

この点を確定するために、従来の経済成長を牽引してきた（ロ）「重化学工業セクター」**（第1表）**内部に着目してみると、この部門でもいわば「二極分解」が進行しているとみてよい。すなわち、いわゆる「重化学工業」のうち、まず一方で、「電気機械」（一〇八六→一九六〇→五九〇七）と「自動車」（一八七四→三四七〇→五四二〇）が一層大きく設備投資実績を伸張させていて、高度成長期以降も依然として活発な拡大を持続させている点がわかる。それに対して次に他方で、「石油化学」（一〇六六→七四二→八四四）と「合成繊維」（三二五→二五〇→三〇〇）とでは明らかな縮小・停滞が否定できず、高度成長期に発現した景気牽引力としてのその勢いはもはやみられない。したがって、「大型装置産業部門」のスローダウンと「サービス・ソフト部門」の拡大という、産業部門・大分類に即した傾向は、この「重化学工業の内部構成」という方向からも確認可能だというべきであり、その点に、七〇年代型投資行動の基調的特質が明瞭であろう。

そうであれば、投資動向に関する七〇年代の（ハ）「性格」は結局以下のように整理可能だといってよい。すなわち、七〇年代に噴出した、石油危機に代表される「資源制約」が、取り分け「大型装置産業部門」に、資源調達およびコストの面でヨリ大きな負担・打撃を与えたため、それが、収益構造に影響を与えつつ、その結果として、設備投資主導部門における、「重厚長大」セクターから「軽薄短小」セクターへの転換を必然化させたのだ——と。

この設備投資動向のまとめとして、最後に（c）「設備投資の効果」を集約しておきたい。いい換えれば、「国民総支出における『企業設備投資』の構成比」に他ならないが、それを、七〇‐八〇年代を通ずるやや長期的なスパンで追うと、以下のような特徴的な軌跡が描かれる。すなわち、この民間設備投資が最も典型的に景気への主導性を発揮したのは周知の通り「第一次」であって、まずこの局面では、六〇年＝一八・二％↓六一年＝二〇・二％↓六二年＝一九・二％などという高い数値レベルにあったが、それは、次の「第二次」期での低下過程と六〇年代末での一時的上昇を経た後、七〇年代を迎えて再び本格的な低落プロセスを辿っていく。具体的に数字を拾うと、七〇年＝二一・〇％↓七三年＝一八・五％↓七六年＝一五・一％↓七九年＝一四・九％↓八三年＝一四・六％となるから、七〇年代から八〇年代前半を貫く、見事な単調減少経過が手に入る。

したがって以上のように位置づけてよいとすれば、七〇年代から八〇年代前半までにおける設備投資動向は、結局次の様に集約されてよいように思われる。つまり、設備投資総額における一定の拡大はなお無視できないものの、その内訳構成には重要な質的転換が濃厚であり、まさにその帰結として、その「景気主導力弱体化」が否定できないのだ——と。その意味で、まさしく「資本投資の構造的停滞」が否定し得まい。

ついで、この「設備投資」という舞台上で進行した②「生産・成長」の運動へと進もう。そこで最初に（a）「生産」から入るが、まず（イ）その「一般動向」はどうか。いま例えば「鉱工業生産指数」（一九八〇年＝一〇〇）をフォローしていくと、七〇年＝六六・九→七三年＝八四・六→七六年＝八〇・四→七九年＝九五・五→八二年＝一〇一・三と動くから、七〇〜八〇年代にかけて総体的には上昇傾向には乗っていよう。もちろんこの期間では七三年と七九年との二度のオイル・ショックを経験しているから、この二局面の変化をもう一歩詳細に点検する必要があるが、よくいわれるようにこの二局面での動きには大きな相違が無視できない。まず七三年の「第一次石油危機」に関しては、七三年＝八四・六の後は七四年＝八一・二→七五年＝七二・三→七七年＝八三・七と大きく落ち込み、再び上昇に転じるのはようやく七八年＝八九・〇になってからだったから、この「第一次石油危機」のダメージはかなり激しかったといえる。それに対して七九年「第二次石油危機」に際しては、七九年＝九五・五以降も、八〇年＝一〇〇・〇→八一年＝一〇一・〇→八二年＝一〇一・三→八三年＝一〇四・九という経過で、わずかとはいえプラス成長を持続させた以上、「第二次石油危機」が招来させた生産への悪影響は、——「第一次」への反省定着・エネルギー依存の抑制効果・「減量経営」の進展などにより——「第一次」のそれよりもはるかに小さかったと整理できよう。

そのうえで次に（ロ）「産業部門別」の生産動向へも目を向けてみよう（**第3表**）。そこで「部門別・鉱工業生産指数」に移ると、ここでも部門間での「二極分解」が明瞭といってよい。すなわち、まず一方では、輸入型原料資源への依存性が大きい産業部門での後退が目立ち、例えば「金属製品」（七〇年＝七一・二→七五年＝七三・四→八〇年＝一〇〇・〇→八五年＝九七・〇）や「石油石炭製品」（七八・八→九八・七→一〇〇・〇→八五・二）などがこれに該当し

第3表　鉱工業生産指数

年次	非鉄金属		機械	輸送機械	窯業	化学	石油石炭製品	紙・パルプ	繊維	製材業	食料品
		金属製品			窯業・土石製品			パルプ・紙・紙加工品		木材・木製品	食料品たばこ
1960	19.8	17.9	10.0	9.9	27.0	15.7	15.6	25.1	44.2	72.3	35.2
65	32.2	29.8	19.8	25.0	43.1	28.1	34.4	41.5	64.0	88.8	58.9
70	66.7	71.2	52.8	56.3	76.3	60.9	78.8	73.1	97.1	117.1	79.3
75	71.1	73.4	60.2	76.9	75.5	70.1	98.7	74.5	92.2	98.7	88.2
80	100.0	100.0	100.0	100.0	100.0	100.0	100.0	100.0	100.0	100.0	100.0
			一般機械								
80	70.3	98.2	72.2	81.4	111.9	50.4	94.2	61.5	194.1	206.6	91.7
85	70.7	95.5	88.8	88.7	107.6	61.3	79.3	68.7	189.3	162.6	93.3
90	91.1	116.0	115.6	108.3	125.4	83.7	84.0	90.6	173.9	170.1	99.7
95	94.6	110.3	99.3	95.0	114.8	94.8	97.6	94.9	133.7	138.3	101.5
2000	100.0	100.0	100.0	100.0	100.0	100.0	100.0	100.0	100.0	100.0	100.0
05	99.9	83.6	107.7	120.7	81.9	101.7	98.4	98.4	66.2	78.4	94.3

（資料）　産業総合は、鉱工業と公益事業（電力・ガス）の総合指数。1960年＝100の系列は、日本銀行『明治以降本邦主要経済統計』、1980年＝100の系列は、通商産業省『昭和55年基準鉱工業生産指数』、2000年=100の系列は、経済産業省『平成12年基準鉱工業生産指数』による。

よう。それに比較して次に他方で、輸出型ないし組立て的性格の強い産業部門ではむしろ大きな拡大が顕著であって、この範疇には、いうまでもなく「機械一般」（五二・八→六〇・二→一〇〇・〇→一二二・二）・「化学」（六〇・九→七〇・一→一〇〇・〇→一二二・〇）・「輸送機械」（五六・三→七六・九→一〇〇・〇→一〇八・六）などが分類可能である。その点で、「原料資源制約」が発揮した極めて色濃い影響作用力が一目瞭然だというべきであろう。

　以上の個別的側面を前提にしたうえで、生産動向を最後に（ハ）「経済成長率」の視点から総括しておきたい。いま例えば「実質経済成長率」（％）の年次別推移を追えば、概略として以下のような軌跡が現れてくる。すなわち、まず六五年不況に直面して五・七％に急落するが、その後は直ちに回復に移って、六六年＝一〇・三→六八年＝一一・九と上昇に転じる。そして次の変局点が七〇年に訪れ、そこから七〇年＝一〇・三→七二年＝八・六と下降し続けた後、オイル・

第４表　わが国の一次エネルギー供給構成の推移（単位：％）

	総量（10^{10}Kcal）	電力	石炭	石油・LPG	天然ガス	その他	国産エネルギー	輸入エネルギー
昭和35年	93,749	15.3	41.5	37.7	1.0	4.5	55.8	44.2
40年	165,614	11.3	27.3	58.4	1.2	1.8	33.8	66.2
45年	310,468	6.7	20.7	70.8	1.3	0.5	16.5	83.5
49年	383,529	6.7	16.6	74.4	2.0	0.3	11.5	88.5

（資料）資源エネルギー庁『総合エネルギー統計』より。
（注）構成比は、総量を100.0としたもの。

ショックの破局の中で七四年＝△一・四％とマイナス成長に落ち込む。しかもその後も捗々しい上昇は到来せず、結局七六年＝四・〇→七八年＝五・四→七九年＝五・六→八一年＝二・八→八三年＝一・九となって極めて低い水準で呻吟せざるを得なかった。その結果、「第一次石油危機」を境にして、日本資本主義が「低成長」へ転化したのは一目瞭然だが、ただ一つ特徴的なのは、「第二次石油危機」に当たる七九年段階では目立った低落は記録されていない――点であって、まさにこの成長率の方向からしても、「第二次オイル・ショック」の特異性は明白であろう。

要するにこうして、七〇年代を画期にして、日本経済は「低成長転換」を遂げていく。このように追跡してくると、結局、この「低成長転換」を余儀なくさせたその基本要因が、「オイル・ショック」に代表される「資源制約」にこそあった点は自明といってよい。そこで、「資源制約」が低成長化に及ぼした影響度の大きさを確認するために、(b)「資源問題」に一定の照明を当ててみよう。まず最初に（イ）「エネルギー供給構成」の推移が注目されるが、いま「一次エネルギー供給構成」（％）をフォローすると、一九六〇年＝電力一五・三―石炭四一・五―石油・LPG三七・七→六五年＝一一・三―二七・三―五八・四→七〇年＝六・七―二〇・七―七〇・八→七五年＝六・七―一六・六―七四・四（**第４表**）という数値が刻まれるから、予想通り「石油・LPG」比率の急速な上昇がみて取れよう。しかも、それを「国産エネルギー対輸入エネルギー」という括りで見直すと、「輸入エネルギー比率」が四四・二％→六六・二％→八三・五％→

第5表　主要先進国における資源消費の伸び率（昭和38年～48年）（年平均）
（単位：%）

	日本	アメリカ	西ドイツ	フランス	イギリス
エネルギー	10.0	4.6	4.1	5.9	1.3
原油	16.0	5.1	11.0	13.5	6.8
粗鋼	13.4	3.9	4.0	5.2	2.2
銅地金	12.8	2.9	5.2	5.4	△0.4
鉛地金	6.8	4.5	1.8	2.3	0.0
亜鉛地金	9.8	3.2	4.6	4.8	1.4
アルミニウム	20.8	8.1	10.5	6.4	4.4
錫地金	9.2	0.5	3.1	△0.3	△1.6
ニッケル地金	17.3	5.0	10.4	6.5	1.3

（資料）　通産省『通商白書』昭和50年版、総論、370頁より。

八八・五％（**第4表**）と急膨張していくのであり、いうまでもなく「輸入石油型」エネルギー構成のまさに圧倒的大きさに目が奪われる。

しかもそれだけには止まらない。ついで、「資源消費の伸び率」（一九六三～七三年、年平均、％）にまで立ち入って主要国との比較を試みると、以下のような姿が発現してくる。つまり、「エネルギー」＝一〇・〇（アメリカ四・六、西ドイツ四・一）、「原油」＝一六・一（五・一、一一・〇）、「粗鋼」＝一三・四（三・九、四・〇）、「アルミニウム」＝二〇・八（八・一、一〇・五）、「ニッケル地金」＝一七・三（五・〇、一〇・四）、という構図に他ならず、一見して、米国・西ドイツに比べて日本の伸び率が極端に高い。その意味で、日本における「資源問題」表面化の確率が大きい点については何の疑念もあり得まい。

そのうえで、――念のため――以上のような「資源依存」のネックを、さらに（ロ）「海外依存度」という側面からも裏付けておこう。そこで「主要鉱物資源の海外依存度」（一九七四年）をチェックしていくと、例えば銅＝九〇・一％、鉛＝八〇・三％、亜鉛＝六四・五％、ボーキサイト＝一〇〇・〇％、錫＝九八・五％、ニッケル＝一〇〇・〇％、鉄鉱石＝九九・四％、石炭（含原料炭）＝七二・二％、原油＝九九・七％（**第6表**）、という具合であって、原油・ボーキサイト・ニッケルなどがほぼ一〇〇％なのは周知としても、石炭でさえすでに七〇％を上回っている状況には驚嘆を禁じ得まい。したがって、（A）

第６表　主要鉱物資源の海外依存度（昭和49年）（単位：％）

	アメリカ	西ドイツ	フランス	イギリス	イタリア	日本
銅	26.1	99.8	99.9	100.0	99.7	90.1
鉛	41.5	88.5	88.2	98.5	88.9	80.3
亜鉛	61.8	70.1	95.3	98.9	61.6	64.5
ボーキサイト	60.9	99.8	0	100.0	91.0	100.0
錫	100.0	100.0	98.2	80.8	100.0	98.5
ニッケル	93.5	100.0	100.0	100.0	100.0	100.0
鉄鉱石	34.1	94.1	8.8	80.3	97.9	99.4
石炭（含原料炭）	0	0	37.2	0	93.5	72.2
原油	26.2	94.3	99.1	99.9	99.2	99.7

（資料）　通産省『通商白書』昭和51年版、総論、107頁より。

全般的に資源の海外依存度が極端に高いという基礎的環境の中で、（B）しかもそれら資源への集中化が進展しつつ、（C）さらにその消費伸び率が上昇し続けているとすれば、そこから、「資源制約問題」が噴出してこざるを得ないのは火を見るよりも明らかなのである。こうして日本経済は、まさに七〇年代に「資源問題」の爆発を必然化させていく。

そうであれば、このような「資源制約」が日本経済へ「コスト上昇」要因として現実化するのは当然であるが、その関連を、最後に（ハ）「資源輸入の増大」という点から総括しておきたい。それについての貿易収支面は後に詳述するので、ここでは、もう一歩大きく「主要資源輸入の世界市場におけるシェアー」（％）**（第７表）**という側面からフォローすると、以下のような数字がみえてくる。つまり、「一九六二－七四年」間において、鉄鉱石＝二六・一→三九・九、銅＝七・〇→二三・二、鉛＝四・四→一三・七、亜鉛＝三・七→一五・六、ボーキサイト＝三・三→一一・一、錫＝九・〇→二一・二、ニッケル＝四・二→一四・三、石炭＝八・四→二九・七、原油＝七・三→一五・四、天然ガス＝〇・〇→四・四、という図式で、それぞれその世界的輸入シェアーを激増させている。ちなみにこの数字は、鉛（七四年一六・〇％）・ボーキサイト（一六・九％）・天然ガス（二〇・三％）の三つを除いて、他の品目は全て西ドイツをも大きく凌駕している以上、おそらく世界最大の規模を占めているといってよい。

第7表　主要資源輸入の世界市場におけるシェア（単位：％）

	日本		アメリカ		西ドイツ	
	1962年	1974	1962	1974	1962	1974
鉄鉱石	26.1	39.9	26.6	12.9	24.3	17.6
銅	7.0	23.2	15.2	9.2	17.1	16.7
鉛	4.4	13.7	32.4	12.6	15.3	16.0
亜鉛	3.7	15.6	30.6	24.2	14.1	12.5
ボーキサイト	3.3	11.1	37.2	14.6	11.2	16.9
錫	9.0	21.2	33.6	27.6	9.4	10.2
ニッケル	4.2	14.3	42.1	28.3	8.0	8.7
石炭	8.4	29.7	0.2	2.1	7.9	4.0
原油	7.3	15.4	15.2	11.3	6.7	6.8
天然ガス	0.0	4.4	91.8	24.6	0.0	20.3

（資料）　通産省『通商白書』昭和50年版、総論、372頁および昭和51年版、総論、278頁より。

したがって、この「資源問題」が「コスト面」から企業投資を基本的に制約したのはいうまでもないから、それを通して、低成長への転換が強制されたのはまさに自明だったのである。

こうして、「資源制約」こそが七〇年代の「低成長転換」を帰結させたと整理可能だが、さらに注目されるのは、そこからこそ（c）七〇年代における「対外投資の増加」が発現した点であろう。換言すれば、この「資源制約」に起因する「調達困難―コスト高」は、企業の国内投資に障害を招来させて一種の「資本過剰化」を帰結させるから、そこから、この「過剰資本処理」の一方策として「海外投資」の追求が強まるのは当然であった。そこでまず確認する必要があるのは、この「資源制約」を反映した（イ）「稼働率」の動向だとみてよいが、いまそれを「製造業の稼働率指数」（一九七〇年＝一〇〇、％）に代表させれば例えば以下のような軌跡が描かれる。最初に「製造工業」全体だが、それは七二年＝九五・〇→七四年＝九一・四→七五年＝八一・二→七六年＝八七・四（**第8表**）と推移するから、基調的には「第一次石油危機」を分水嶺とした傾向的な稼働率低下が否定できない。その点をもう一段深めて検出するために産業別動向にまで立ち入ると、まず何といっても高いレベルを持続させているのは「機械」であって、

第８表　製造業の稼働率指数　（昭和45年＝100）

	昭和40年	45年	46年	47年	48年	49年	50年	51年
製造工業	85.5	100.0	94.5	95.0	100.6	91.4	81.2	87.4
鉄鋼	82.4	100.0	87.8	89.6	101.0	92.8	78.4	79.7
非鉄金属	94.8	100.0	93.1	99.3	110.0	86.4	72.4	86.1
金属製品	72.7	100.0	94.2	96.4	105.8	95.2	72.1	70.7
機械	85.2	100.0	95.6	97.9	102.2	94.3	88.0	96.5
窯業・土石	97.4	100.0	97.5	98.4	109.9	95.9	82.0	89.3
化学	82.7	100.0	91.8	90.1	95.7	89.9	72.6	77.4
石油・石炭製品	…	100.0	95.3	91.0	91.8	84.1	76.8	76.1
パルプ・紙・紙加工品	81.3	100.0	96.5	97.8	94.2	85.8	73.0	80.1
繊維	90.1	100.0	98.8	96.8	101.6	90.7	83.6	82.1
ゴム製品	79.7	100.0	95.9	100.0	102.2	88.8	88.7	85.6

（資料）　通産省調。

例えば「第一次石油危機」を挟んでも七三年＝一〇二・二→七四年＝九四・三→七五年＝八八・〇→七六年＝九六・五と好調が続く。おそらく、輸出に牽引された自動車・家電などのフル生産がその要因だと推測できるが、こうして一方で、「資源制約」からの影響度が小さい「加工・輸出型部門」での生産拡大がまず確認されてよい。しかしそれはやはり例外と判断すべきであって、他方では、「非鉄金属」（七六年＝八六・一）を除けば、他産業は押しなべて低稼働率に遭遇する以外にはなかった。つまり、七六年の数値をとると、鉄鋼＝七九・七、金属製品＝七〇・七、化学＝七七・四、石油・石炭製品＝七六・一という具合で、稼働率は七〇％水準という低迷を余儀なくされたのであり、取り分け海外からの資源輸入に強く依存する部門での落ち込みが著しい。

要するに、「資源制約→生産持続困難→稼働率低下」というロジックが検出可能だが、まさにその帰結としてこそ、「資本過剰→海外投資」という方向が模索されたのは自明であろう。

そこでこの論理を受けて、（ロ）「海外投資許可額」（一〇〇万ドル）へと目を向けてみたい。最初にまず「投資許可総額」を追っていくと、七〇年＝九〇四（うち製造業二三六、構成比二六％）→七二年＝二三三八（五二六、二二％）→七四年＝二三九六（八七九、三七％）→

第９表　海外投資許可額の推移　（単位：100万ドル）

	投資許可額	うち製造業		うち資源開発		うち商業サービス業		投資許可累計額
昭和26〜36年	447	171	38%	199	45%	77	17%	447
37	98	21	21	37	38	40	41	545
38	126	47	37	28	22	51	41	671
39	119	54	45	22	18	43	37	790
40	159	45	28	46	29	68	43	949
41	227	79	35	78	34	70	31	1,176
42	275	77	28	70	25	128	47	1.451
43	557	67	12	171	31	319	57	2,008
44	665	130	20	314	47	221	33	2,673
45	904	236	26	252	28	416	46	3,577
46	858	291	34	244	28	323	38	4,435
47	2,338	526	22	945	40	867	38	6,773
48	3,497	1,516	43	667	19	1,314	38	10,270
49	2,396	879	37	795	33	722	30	12,666
50	3,278	1,088	33	864	26	1,327	41	15,945

（資料）　日銀資料より作成（『海外投資研究所報』昭和51年８月）。

七五年＝三二七八（一〇八八、三三％）となり（**第９表**）、特に「第一次オイル・ショック」局面を画期とした海外投資の急増が直ちに目に入る。例えば「第二次高度成長」期のそれがたかだか一〇〇〜二〇〇レベルだった点を考慮すれば、まさにこの「石油危機」期に、特に製造業を中心にして、「資源制約→稼働率低下→資本過剰化」という論理に立脚した海外投資の増大が始動し始めたことは、一目瞭然というべきであろう。しかもこの「資源制約」に関連して、「海外投資」激増の理由にまで入ってみると、「資源開発」事由の大きさが注目に値する。すなわち、全体のうちこの「資源開発」を目的とするものの比率摘出を試みると、二八％→四〇％→三三％→二六％（**第９表**）という数字が得られるから、「資源制約」への対処方法の一環として、「資源開発」を主目的にした「海外投資」の増加が進んだ側面が端的に想像可能といってよい。ここにも、「資源制約」の影響は明白である。

　こうして、オイル・ショック期に本格的な海外投資激増傾向が始まったと理解してよいが、その結果、「投資許可累計額」は以下のように膨張を遂げた。つまり、三六億ドル→六八億ドル→一二七億ドル→一五九億ドルという凄まじい伸張テンポであって、この時期以降に明瞭となる「債権国」化の出発点が、まさにこの「石油危機」時に画されたことがよく分かる。

以上で確認した推移動向を前提としたうえで、最後に（八）「海外投資の現状」[3]をやや断面図的に整理しておきたい。そこでいま、一九七六年三月三一日現在についての「海外直接投資の業種別許可状況（累計）」（一〇〇万ドル、％）を点検していくと、ここからも、「資源制約→海外投資」連関のその一端が垣間みられる。それをふまえて最初にやや大区分的に捉えると、「製造業」＝五一六四（構成比三二・四％）、「資源開発」＝四四七六（二八・〇％）、「商業・サービス等」＝五七六六（三六・一％）、「支店」＝五三六（三・四％）（**第10表**）、という構成になる。すでにこの区分レベルでも、――この時期にスタートする金融国際化と対応した、「銀行・証券・保険業」の海外展開を主内容とする「商業・サービス」とあい並んで――、「資源制約」との直接的関連で進行する「資源開発」型と、「資源制約→稼働率低下」に起因する「過剰資本処理」型としての「製造業」との比率の大きさがみて取れて、「資源制約」の大きなセクターがその困難処理のために海外投資に向かう――という連関がまず明瞭だが、それだけには止まらない。

ついでそのうえで、「製造業」と「資源開発」の内訳にまで立ち入ると（**第10表**）、その傾向は一層明白になってくる。すなわち、第一に「製造業」内訳に関しては明らかな「二極分解」が確認できるといってよく、まず一方で、「繊維」（一〇一六、六・四％）・「化学」（八八七、五・六％）・「鉄・非鉄」（七八二、四・九％）など「外国資源依存度」の高い部門において海外投資構成比の大きさが目立つ。それに比較して他方で、「機械」（四〇五、二・五％）・「電機」（三六三、二・三％）・「輸送機」（三八八、二・四％）などでは海外投資構成比が小さく、したがって、「資源制約」の影響度が軽微なこれら「加工組み立て・輸出型」部門では、まだ依然として海外投資の不可避性は決して大きくない点が推量できよう。こうして、くっきりとした「二極分解」が発現してくる以上、「海外投資」が「資源制約」を基本

第10表　海外直接投資の業種別・地域別許可状況（累計）（昭和51年３月31日）
（単位：100万ドル）

	北米	中南米	アジア	中近東	欧州	アフリカ	大洋州	合計	%
製造業	832	1,536	2,038	126	255	60	317	5,164	(32.4)
	(16.1)	(29.7)	(39.5)	(2.4)	(4.9)	(1.2)	(6.1)	(100.0)	
食糧	53	69	92	0	32	8	35	289	(1.8)
繊維	52	237	672	2	18	31	4	1,016	(6.4)
木材・パルプ	223	106	107	−	−	0	76	512	(3.2)
化学	46	378	262	58	54	1	88	887	(5.6)
鉄・非鉄	181	265	203	18	34	14	67	782	(4.9)
機械	85	166	85	4	59	−	6	405	(2.5)
電機	129	103	250	4	25	2	9	522	(3.3)
輸送機	27	172	128	3	4	0	29	363	(2.3)
その他	34	42	240	37	29	3	1	388	(2.4)
資源開発	427	653	1,383	395	853	309	456	4,476	(28.0)
	(9.5)	(14.6)	(30.9)	(8.8)	(19.1)	(6.9)	(10.2)	(100.0)	
農・林業	26	57	97	2	0	2	31	215	(1.3)
漁・水産業	17	28	36	0	2	25	22	130	(0.8)
鉱業	384	568	1,250	393	851	282	403	4,131	(25.9)
商業・サービス業等	2,615	689	760	59	1,358	130	154	5,766	(36.1)
	(45.3)	(11.9)	(13.2)	(1.0)	(23.6)	(2.3)	(2.7)	(100.0)	
建設業	40	49	20	2	4	0	1	116	(0.7)
商業	1,555	185	135	3	260	2	82	2,222	(13.9)
金融・保険業	433	251	152	16	428	1	26	1,307	(8.2)
その他	587	204	453	38	666	127	45	2,121	(13.3)
支店	43	4	38	397	51	1	3	536	(3.4)
	(8.0)	(0.7)	(7.1)	(74.1)	(9.5)	(0.2)	(0.6)	(100.0)	
合計	3,917	2,881	4,219	976	2,518	501	930	15,943	100.0
	(24.6)	(18.1)	(26.5)	(6.1)	(15.8)	(3.1)	(5.8)	(100.0)	

（資料）　経済企画庁『経済要覧』昭和52年より。

的立脚点として進行したことにまず疑問はあり得まい。

　ついで第二として、「資源開発」内訳における「鉱業」の突出性が際立っている。というのも、「農・林業」と「漁・水産業」がそれぞれ二一五（一・三％）および一三〇（〇・八％）なのに対して、「鉱業」は四一三一（二五・九％）となって群を抜くからであって（**第10表**）、この「資源開発」がほぼ全て「鉱物資源」を指しているのはいわば当然であろう。まさにその意味で、この「資源開発」項目からも、「資源制約→海外投資」連関が検出可能な点はむしろ自明だといってよい。

では、以上のような「投資―生産」動向の下で、③「企業収益」はどのように動いただろうか。そこでいくつかの側面から企業収益状況を探っていくが、まず最初に、その最もラフな指標として（a）「粗利益量」（一〇〇〇億円）の推移からみておきたい。その場合、ここでは「『付加価値』マイナス『人件費』」によってこの「粗利益量」を定義することにするが、そうすれば、まずこの「粗利益量」によって「企業収益」の外枠的「源泉」水準が以下のように画されることになろう。すなわち、例えば『主要企業経営分析』（日銀）[4]によれば、その推移は、七〇年＝三一↓七一年＝二九↓七二年＝三四↓七三年＝四八↓七四年＝四七↓七五年＝三七↓七六年＝五二↓七七年＝五一↓七八年＝五三↓七九年＝六九、という軌跡で把握できる。したがって、経済環境が大きく変化する七八‐七九年を別にすれば、全体として捗々しい上昇は決して読み取れない。ヨリ直截にいえば、むしろ極めて脆弱な中身だとこそ表現すべきであって、事実、七一年・七四年・七五年・七七年の「四ポイント」においては、その絶対的減少にさえ見舞われているのである。いうまでもなく、「第一次石油危機」によるダメージそのものであろう。

こう考えると、「企業利益『率』」のまず前提をなす「収益『額』」そのものが何よりも「絶対的」に減少する――という事態が発生しているわけであり、その深刻性がみて取れる。

それを確認したうえで次に、（b）「企業利益率」自体へと視点を広げよう。その点から最初に（イ）「経常利益率」はどうか。その際、まずこの指標を（イ）「経常利益／売上高」（％）によって定義したうえでその年次推移をフォローしていくと、七〇年＝四・七四↓七二年＝三・九七↓七四年＝三・五九↓七六年＝二・五〇↓七八年＝三・〇五（**第11表**）という経過を辿る。一見して低い水準での低空飛行が続くというしかないが、その中でも特に七五年にはオイル・ショックのダメージを受けて瞬間風速的には一・二二％にまで落ち込んだ。いずれにしても、高度成長期にはこの指

第11表　経常利益率と人件費率の推移〈製造業〉（単位：％）

	『主要企業経営分析』		『法人企業統計年報』	
	経常利益／売上高	人件費／売上高	経常利益／売上高	人件費／売上高
1960年度	7.28	10.58	5.28	12.65
61	6.52	10.58	5.40	12.15
62	5.22	10.87	4.47	13.18
63	5.83	10.53	4.57	13.06
64	5.22	10.94	3.92	13.16
65	4.28	11.41	3.30	14.19
66	5.35	11.09	4.15	12.55
67	6.09	10.83	4.86	12.97
68	5.87	11.03	4.81	13.70
69	6.23	11.00	5.22	13.36
70	5.42	11.35	4.74	14.05
71	3.73	12.11	3.35	15.17
72	4.54	12.36	3.97	15.45
73	5.94	12.24	5.56	14.61
74	3.33	12.61	3.59	15.35
75	1.05	12.28	1.22	16.63
76	2.92	11.83	2.50	15.72
77	2.88	12.10	2.56	15.81
78	3.49	12.05	3.05	16.15
79	4.53	10.94	4.04	15.07

（注）　1979年度製造業社数、『主要企業経営分析』は353社、『法人企業統計年報』は、374,871社である。
勘定科目の分類は両統計ともに「財務諸表等の用語、様式及び作成方法に関する規則」（1963年大蔵省令第59号）に準拠している。

（資料）　日本銀行調査統計局『主要企業経営分析』、大蔵省証券局『法人企業統計年報』。

標はおおむね「四－五％」が確保されていた以上、この局面での全般的な低位性は如何せん否定し得まい。ついで、この低位性の規定要因を知るために、(ロ)「人件費／売上高」(％)指標のチェックを試みると、この局面での持続的上昇基調が浮かび上がってくる。例えばそれは、一四・〇五→一五・四五→一五・三五→一五・七二→一六・一五**（第11表）**というライン上を進行するかぎり、着実かつ持続的な「人件費比率」の増加傾向がまさに手に取るようにわかる。その場合、この「人件費アップ」動向は「第二次高度成長期」

第12表　総コストの上昇（製造業）（単位：％）

	経常利益／売上高	人件費／売上高	金融費／売上高	減価償却費／売上高	材料費／売上高
1960年度	7.28	10.58	3.61	4.35	55.40
61	6.52	10.58	3.84	4.89	53.58
62	5.22	10.87	4.53	5.15	50.40
63	5.83	10.53	4.55	4.96	51.48
64	5.22	10.94	4.72	5.08	53.82
65	4.28	11.41	5.09	5.04	51.79
66	5.35	11.09	4.60	4.55	52.22
67	6.09	10.83	4.09	4.24	53.54
68	5.87	11.03	4.07	4.22	52.73
69	6.23	11.00	3.97	4.21	53.13
70	5.42	11.35	4.21	4.43	52.67
71	3.73	12.11	4.73	4.78	50.86
72	4.54	12.36	4.37	4.55	48.66
73	5.98	12.24	3.95	3.90	50.75
74	3.33	12.61	4.54	3.48	55.13
75	1.05	12.28	5.09	3.79	53.19
76	2.92	11.83	4.61	3.41	52.65
77	2.88	12.10	4.12	3.32	51.52
78	3.49	12.05	3.50	3.43	49.32
79	4.53	10.94	3.36	3.20	48.44

（資料）　日本銀行調査統計局『主要企業経営分析』。

以来の制約条件であって、あえて指摘する必要もないが、例えばその時期でさえこの「人件費比率」はまだ「一二－一三％」水準に止まっていたから、この局面での「一四－一六％」というレベルは、極めて危機的状況であった点には注意を要しよう。「利益率低位性」に対する「人件費」影響度の高さが、まず確認されてよい。

しかしそれだけではない。この「人件費」と並んで「利益率」に強い影響力を発揮する「コスト要因」としては、他に（ハ）「金融費・材料費」が注目に値する。そこでまず「金融費」だが、それを「金融費／売上高」（％）に即して摘出すると、七〇年＝四・二一↓七一年＝四・七三↓七二年＝四・三七↓七三年＝三・九五↓七四年＝四・五四↓七五年＝五・〇九↓七六年＝四・六一↓七七年＝四・一二（**第12表**）と経過する以上、四％後半から五％

台をうかがうレベルで推移したと理解されてよい。例えば六〇年代後半にあっては、この比率はせいぜい三％から四％前半止まりであったから、この七〇年代に入って企業の金融費用の負担が高まり、それが企業収益を圧迫している断面がよくわかる。しかし「コスト上昇要因」としてさらに比重が大きいのは「材料費」に他ならず、「材料費／売上高」（％）の動向を追えば、以下のような数値が刻まれる。つまり、五二・六七↓五〇・八六↓四八・六六↓五〇・七五↓五五・二三↓五三・一九↓五二・六五↓五一・五二（**第12表**）となり、「第一次石油危機」時にはピークの五五％を記録しつつその後も高止まりが持続していく。その点で、「資源制約↓材料コスト上昇↓利益率低下」という論理が明瞭なのであり、先の「人件費・金融費」に加えてこの「材料費」もが、過剰蓄積の一要因として作用して「利益率低下」を帰結させた。

こうして、「人件費・金融費・材料費」各側面からのコスト上昇が進み、その結果「過剰蓄積」が帰結して、「利潤量・利益率」の両方向において「企業収益のピンチ」が発現した――と考えてよい。そこで最後に、このような「過剰蓄積」傾向を「生産実体」レベルから裏付けるために、（c）「労働生産性―賃金コスト」関連にまで下降してみよう。その場合、この実体連関は三つの水準から解析可能だが、まず（イ）第一水準は「生産実体」側面の動向であって、七〇年＝「産出量指数（七五年＝一〇〇）」九一・三、「労働投入量指数」一二〇・七↓七五年＝一〇〇・〇、一〇〇・〇↓八〇年＝一四二・九、九一・七↓八五年＝一七四・五、八九・一（**第13表**）という記録が手に入るから、一方での「産出量」著増と他方での「労働投入量」著減とが明瞭である以上、まず最初に「労働生産性」の上昇が明らかに推測できる。したがって、それを次に（ロ）第二水準たる「労働生産性指数」側面で確認すると、それは七六・七↓一〇〇・〇↓一五六・六↓一九三・三（**第13表**）と経過して、顕著な急上昇が明白に検出可能だといってよい。こうして第二水準のまず一面として「労働生産性」の上昇が確認できるが、それと対抗関係にある、他面の「賃金指数」

第13表　製造業の労働生産性　（1975年＝100）

暦年	産出量指数	労働投入量指数	労働生産性指数	賃金指数	賃金コスト指数
1955	10.7	61.1	18.3	10.1	55.2
60	24.8	89.6	28.3	13.6	48.1
65	43.3	108.1	40.9	22.0	53.8
70	91.3	120.7	76.7	43.7	57.0
75	100.0	100.0	100.0	100.0	100.0
80	142.9	91.7	156.0	149.9	96.1
85	174.5	89.1	193.3	187.5	97.1
90	219.1	84.3	257.1	225.0	87.5
95	208.4	78.1	264.8	248.0	93.7
2000	219.5	72.4	300.0	257.4	85.8

（資料）　社会経済生産性本部『活用労働統計』より作成（1975年を基準として計算）。

側面はどうか。そこで「賃金指数」をフォローしていくと、四三・七→一〇〇・〇→一四九・九→一八七・五（**第13表**）という数字が拾えるから、「労働生産性指数」と同様に、この「賃金指数」の膨張ぶりにも目を瞠らされよう。

そうであれば最終的には、「賃金指数／労働生産性指数」によって計量される、（ハ）第三水準としての「賃金コスト指数」が決定的な問題となってこざるを得ないが、それは以下のように推移する。すなわち、五七・〇→一〇〇・〇→九六・一→九七・一（**第13表**）という軌道上を進む以上、「第一次オイル・ショック」に直面してまず急上昇を強制され、その後一旦は下降して改善をみせたものの、八〇年代以降には再度上昇に転じて資本効率は低下を余儀なくされ続けている――という全体構図が結論される以外にはない。要するに、この局面での「利益率低落傾向」の基礎には明らかな「過剰蓄積現象」が存在し、まさにその結果としてこそ、企業収益は低迷を続けた。

〔2〕資金調達　ついで第二に、以上のような企業の「資本投資」を支えた、（二）その「資金調達」[5]動向へと視角を転換させよう。そこで最初に全体の外枠として①「企業資金調達の全般的動向」から入るが、まず（a）「部門別資金過不足」（％）状況にあらかじめ注意を払っておきたい。いま（イ）「部門別資金過不足」（％）の推移を大まかに辿ると、周知の通り、「法人企業」部門は首尾一貫してしかも圧倒的な「資金不足」部門を構成し続けてきたが、

第14表　部門別資金過不足の推移　（単位：%）

	昭和34～36年	37～39	40～42	43～45	46～48	49～50
民間部門	－6.1	9.2	44.4	27.7	34.9	46.0
法人企業	－88.7	－74.8	－55.6	－63.5	－55.2	－49.1
個人	82.6	84.0	100.0	91.2	90.1	95.1
公共部門	2.9	－15.4	－37.2	－16.8	－22.0	－50.9
政府	14.2	9.8	－4.3	8.8	9.9	－9.1
公社・公団・地方公共団体	－11.3	－25.2	－32.9	－25.6	－31.8	－41.9
海外部門	3.2	6.2	－7.2	－10.9	－12.9	4.9

（資料）日本銀行『資金循環表』より。
1）－は資金不足。

しかし、その「不足程度」には明らかな縮小傾向がみて取れる。すなわち、この「法人部門」は、まず一九六八－七〇年期にはその資金不足状況が△六三・五％だったものがついで七一－七三年期になって△五五・二％へと縮小し、さらに当面の七四－七五年局面では△四九・一％にまで低下している（**第14表**）。換言すれば、法人企業による調達資金量の減少が七〇年代以降に継続して進行しているわけであって、繰り返し指摘してきた、七〇年代での「過剰投資―投資停滞」基調が、企業を巡るこの資金過不足状況の構図的変化の中に端的に反映されていよう。それに対して、この時期から不足レベルを加速させるのは、いうまでもなく「赤字国債」増加に立脚する「公共部門」（△一六・八％→△二二・〇％→△五〇・九％）（**第14表**）であって、「法人部門」を凌駕していく。

したがってまず最も大枠的図式として、企業による資金需要が特に七〇年代以降には傾向的に低落している点が明瞭である。まさに「七〇年代投資行動の変質」が明白だといってよい。

ついでこの傾向をもう一段深く理解するために、(ロ)「部門別資金過不足」を、「対名目GNP比率」（％）の点からいわば「不足資金絶対量」に即して確認してみよう。そうすると、「公共部門」が七一－七五年＝△四・一→七六－八〇年＝△七・七→八一－八五年＝△六・一（**第15表**）と動いて「資金不足」

第15表　経済各部門別資金過不足（対名目GNP比率）（単位：％）

年度＼部門	個人	法人企業	公共	金融	海外
1966～70	8.5	△6.5	△2.2	1.0	△0.8
71～75	10.2	△6.8	△4.1	1.1	△0.4
76～80	10.0	△2.8	△7.7	0.8	△0.3
81～85	10.2	△2.6	△6.1	0.4	△1.9
86～90	8.9	△5.0	△0.6	0.7	△2.6

（資料）日本銀行編『経済統計年報』各年版。

程度を拡大しているのに比較して、「法人企業部門」は△六・八→△二・八→△二・六となるから、「資金不足」の程度は明らかに縮小し続けている。したがって、「資金不足」の「相対的」レベル低下のみならず、このように「不足の絶対的」水準自体にも低下が検出可能である以上、「七〇年代企業資金需要の停滞傾向」はいまや一目瞭然だというべきであろう。

そうであれば、企業に関するこの「部門別資金過不足」状況については、結局以下のように（ハ）「集約」可能といってよい。すなわち、七〇年代における「企業部門」の「資金不足」レベルは明瞭に縮小傾向にあるのであり、一面で、それは「景気停滞」の別表現であると同時に、他面で、それこそが「景気停滞」を帰結させた、まさにその主要因なのだ——と。

以上のような大枠を前提として、次に（b）「企業資金調達」動向そのものへ進もう。そこで最初に（イ）「部門別資金調達額構成」（％）から入っていくと、全体を「法人企業・個人・公共」の三部門に区分した場合、「法人企業」がその圧倒的部分を占める点はいうまでもないが、問題の焦点はその比率の継続的低下傾向にこそある。実際、例えばいま「法人企業」のウエイト推移を追えば、六八―七〇年＝六四％→七一―七三年＝六〇・七％→七四―七五年＝四八・八％（**第16表**）となるから、縮小基調の下で、「第一次石油危機」後にはとうとう五〇％をさえ割っていく。ちなみに六〇年代には「法人企業」のこの構成比が七〇～八〇％にも上っていたことを勘案すれば、特にこの七〇年代

第16表　国内経済部門の資金調達　（単位：%）

		昭和34～36年	37～39	40～42	43～45	46～48	49～50
部門別	法人企業	80	74	60	64	60.7	48.8
	個　　人	13	13	17	19	21.0	19.7
	公　　共	7	13	23	17	18.2	31.5
形態別	借 入 金	69	74	74	79	80.8	72.3
	（市中借入）	(59)	(63)	(62)	(66)	(68.3)	(52.9)
	（政府借入）	(10)	(11)	(12)	(13)	(12.5)	(19.5)
	証券発行	25	20	25	18	17.5	26.1
	（債　　券）	(9)	(4)	(21)	(14)	(13.3)	(19.9)
	（株　　式）	(16)	(11)	(4)	(4)	(4.2)	(6.2)
	外　　資	6	6	1	3	1.7	1.6

	（36年）	（39年）	（42年）	（45年）	（46年）	（47年）	（48年）	（50年）
資金調達額（A）（億円）	48,390	66,602	101,280	168,869	234,530	299,757	313,985	365,632
（A）／国内総投資	62.4	63.5	62.3	60.2	80.6	90.4	69.1	

（資料）　日本銀行『調査月報』各年５月号より。

に至って、企業が資金需要をいかに減少させているかが手に取るようにわかろう。それに比較して「資金需要」の中心に躍り出たものこそ、いうまでもなく「赤字国債増加」を土台とする「公共」（一七%→一八・二%→三一・五%）（**第16表**）以外ではないが、いずれにしてもこうして、企業・資金調達額の構成比的減少がまず明白だ――と整理されてよい。

そのうえで（ロ）「企業資金調達額」（年平均額、一〇億円）そのものの推移に目を移すと、その概略は以下のようになる。すなわち、六二－六四年が三六六一だったのに対して六五－七〇年には六四四〇へと増加し、その後七〇年代に入っても七一－七四年＝一二五二七（**第17表**）と多額の水準が続く以上、企業の資金調達額が増加を停止したわけではもちろんない。しかし問題はその増加テンポであって、増加率にまで視点を狭めると、企業資金調達額の増加は明らかに停滞・微減基調へと転じている。その点で、七〇年代に差し掛かるとともに、先にみたいわば「相対的」な資金調達比率の低下だけでなく、資金調達絶対額さえもが停滞傾向を余儀なくされた点が理解できる。まさに「七〇年代停滞現象」の資金調達面への明確な反映だというべきであろう。

第18表　主要企業の自己資本比率　（単位：％）

年度下期	全産業総合	製造業総合
昭和35年	28.9	
40	23.8	26.5
42	21.7	24.3
44	19.6	22.3
46	17.6	20.2
48	15.8	19.3
49	15.2	18.3

（資料）　日本銀行『経済統計年報』より。

第17表　主要企業の資金調達額（単位：％）

	昭和32～36年平均	37～39年平均	40～45年平均	46～49年平均
減価償却費	17.3	21.1	20.7	17.9
内部留保	4.8	3.1	5.8	6.3
内部賃金計	(30.3) 22.1	(32.7) 24.3	(38.5) 26.5	(37.6) 24.1
株式	11.7	9.8	3.3	2.0
社債	6.6	3.8	4.1	4.3
借入金	(44.7) 32.6	(49.1) 36.6	(48.7) 32.3	(52.6) 33.8
その他（主に営業債務）	27.0	25.5	33.7	35.7
外部資金計	77.9	75.7	73.5	75.9
総計（年平均額：10億円）	2,182	3,661	6,440	12,527

（資料）　日本銀行『国際比較統計』より。
(1)　カッコ内の数字は、資金調達額から「その他」を除いて計算した内部資金の割合。

以上を前提として、最後に（ハ）「自己資本比率」の現況にもふれておきたい。先にも指摘した通り、「第二次高度成長」期を画期にして、「全般的自己資本比率＝低下」・「設備資金自己資本比率＝上昇」という、やや乖離した動向が進行し始めてくるが、この七〇年代以降はどうか。この点を念頭において、――設備資金については次に検討することにして――いまず「主要企業の自己資本比率」（％）のフォローを試みると、六九年＝全産業総合一九・六％（製造業総合二二・三％）→七一年＝一七・六％（二〇・二％）→七三年＝一五・八％（一九・三％）→七四年＝一五・二％（一八・三％）という軌跡を描くから、「全産業」・「製造業」とも、実に見事な「自己資本比率の低落経過」が浮かび上がってくる（**第18表**）。みられる通り、七〇年代に入ると「製造業」でもとうとう二〇％台を割っている（例えば六五年＝二三・八％、二六・三％）のであって、その低下の著しさが明白だが、この動向に関しては、一方での、六五年「証券恐慌」による「株式発行の一層の不振化」というその原因と、他方での、「金融機関借入の固定化→利子負担の増加」に伴う「経営不安定化」というその「帰結」とが、くれぐれも軽視されて

第19表　企業の資金源泉　（単位：%）

年度＼項目	内部資金	外部資金	うち有価証券	うち借入金	合計
1968	53.9	46.1	4.3	39.6	100
70	48.4	51.6	5.8	43.3	100
73	42.6	57.4	6.5	51.1	100
75	32.8	67.2	11.1	58.8	100

（資料）　日本銀行編『日本経済を中心とする国際比較統計』昭和47年版及び昭和52年版。

はなるまい。

要するに、七〇年代には、「自己資本比率の低下」と、そこから派生する「大企業のオーバー・ボロウイング状態」とは、改善されるどころかむしろ一段と強化されていったわけである。

このような一般的動向を押さえたうえで、次に（c）「調達資金源泉内訳」に目を転じよう。そこで最初にまず（イ）「内部資金―外部資金」構成比（%）に着目すると、そのおおまかな推移は次のようである。すなわち、六八年＝「内部資金」五三・九－「外部資金」四六・一→七〇年＝四八・四－五一・六→七三年＝四二・六－五七・四→七五年＝三二・八－六七・二→七六年＝四三・一－五六・九→八〇年＝五〇・九－四九・一**（第19表）**と動く。したがって一見して複雑な傾向が目に入るが、しかしそれでも、国内・国際的経済環境が大きく変化する八〇年を除けば、「内部資金ウエイトの中期的低下」基調はやはり否定し難い。いうまでもなく、「株式」を接点として、「内部資金―自己資本」の間に分類上の齟齬があるわけだが、大きな傾向としては、先に検出した「自己資本比率低落」という傾向は、この「内部資金―外部資金」関連からも一応は裏付け可能だと判断されてよい。

この点に立脚しながら、ついで（ロ）「外部資金の内部構成」（%）にまで立ち入っていくと、例えば「借入金―有価証券」の内部内訳比率に関して、以下のような数値が拾える。つまり、三九・六－四・三→四三・三－五・八→五一・一－六・五→五八・八－一一・一

第20表　銀行の貸出金及び有価証券保有の対前年増加率　（単位：％）

年＼項目	貸出金		有価証券		うち国債		うち株式	
1975	11.5	10.9	21.6	15.4	159.7	151.0	9.3	8.0
76	11.2	10.5	26.4	25.2	121.2	181.7	10.3	8.8
77	9.6	8.5	20.2	16.0	44.2	39.9	12.9	9.9
78	10.5	9.7	21.5	19.8	45.4	41.7	13.8	10.0
79	6.5	6.1	10.9	5.5	3.3	△5.1	20.5	20.8
80	7.2	7.1	6.8	3.5	△2.1	△13.6	15.3	16.2
81	10.8	10.5	8.4	3.8	2.7	△5.7	15.3	14.7
82	10.9	10.5	5.0	1.6	0.5	△5.7	11.6	11.9
83	11.1	10.7	7.8	8.1	6.8	10.4	10.9	10.4
84	13.0	12.1	7.0	5.0	△1.9	△3.6	13.4	14.1
85	12.7	14.2	10.0	9.8	△1.7	△2.1	10.2	10.8

（注）　各項目の左側は全国銀行、右側は都市銀行の数値。
（資料）　『経済統計年報』昭和57年版及び昭和63年版。

↓四九・三－六・三↓四一・二－五・九（**第19表**）と変動するのであって、ここからは、いわゆる「金融自由化―証券化」進展にともなって七〇年代後半から「有価証券」比率が一定程度は高まるものの、総体的には、いぜんとして「借入金」ウエイトの圧倒性が決して否定はできない。したがって、二つの帰結を導出可能であって、まず第一は、七〇年代全般としては、企業による「外部資金依存」の主たる源泉がなお継続的に「金融機関借入」である点に変化はなく、その意味では「高度成長期型信用構造」の持続が明らかに検出されてよい。そのうえで第二は、しかし「有価証券」比率上昇の「兆し」もやはり無視できず、やがて八〇年代の進行とともに「金融自由化」と対応した「直接金融」が進展していく、その前段階的動向だけはここで十分に注目しておく必要があろう。

　こうして、七〇年代においても、「『借入金』を中軸とした『外部資金』への依存性」構図が確認されざるを得ないが、その「依存性」レベルを、例えば（ハ）「銀行貸出金増加率」（％）によって傍証しておきたい。そこでいま「全国銀行」（「都市銀行」）を対象として「貸出金・対前年増加率」の推移を追うと、以下のような数値が刻まれていく。すなわち、七五年＝一一・五（一〇・九）↓七七年＝九・六（八・五）↓

七九年＝六・五（六・一）→八一年＝一〇・八（一〇・五）→八二年＝一〇・九（一〇・五）（**第20表**）と図式化できるから、おおよそ一〇％台を巡る、かなり高水準での銀行貸出が続いたことになる。その意味では、七〇年代以降も高レベルの「銀行貸出」がやはり明瞭なのである。

要するに、――次にみるように、設備投資・資金調達については確かに「足踏み」が否定できないものの――資金調達全般としてはなお拡大が持続しているのであり、そしてその大部分は、いぜんとして「銀行貸出」によって充足されたのだ――と結論して大過ないように考えられる。

続いて、視点を②「設備投資資金・調達」へと転換してみよう。そうであれば最初にまず（a）「設備資金・調達総額」（億円）推移が前提となるが、ややおおまかな数字を指摘すると以下のような構図が描かれる。すなわち、六七－七〇年平均＝三二五七〇→七一－七四年平均＝四六九二五となるから、七〇年代に入っても設備資金調達額の増加傾向がもちろん検出されてよいが、しかしその増加テンポにまで目を凝らすと、事態はそう単純ではない。というのも、五六－六〇年平均が八三九〇であった点を考慮に入れれば、「第一次高度成長」期→「第二次」期→七〇年代という経過の過程で、設備資金調達の増加スピードが大きく低落しつつあること――は一目瞭然だからに他ならない。この点は、先に設備投資動向そのものに関する「性格変化」に即してすでに指摘した通りであり、その動向の「資金調達」面への直接的な反映に過ぎないが、何よりも、七〇年代「投資動向の変質」を的確に把握しておくことがいうまでもなく肝要であろう。

この点をふまえて次に（b）「設備資金調達の内訳構成」にまで立ち入ってみよう。そこでまず「内部資金」（億円）総額だが、それは六七－七〇年平均＝二三五五九→七一－七四年平均＝三六九五七（**第21表**）と大きく増加を遂げている。したがって、先に確認した、企業の資金調達額全般でみられた「外部資金依存性」の持続・定着・拡大とは一見して異なる動向が予測できるが、では、この内部資金充実はどのような源泉に由来しているのであろうか。その点を探るために、この内部資金を「内部留保」と「減価償却費」とに区分して追いかけると、その両者は八八一一－一四七四九↓一四五七二－二二三八五（**第21表**）となって、明らかに「内部留保」のウエイトが大きい。とすれば、獲得利益のうち再投資に回し得ない資金部分の膨張が進行しつつあるとも判断可能なのであって、それを、いわば「資本過剰化」現象の本格的発現とも理解することが可能であろう。

第21表　主要企業の自己金融力（単位：億円）

	昭和31～35年平均	42～45年平均	46～49年平均
設備投資額（A）	8,390	32,570	46,925
内部資金（B）	4,024	23,559	36,957
うち　内部留保	906	8,811	14,572
うち　減価償却費	3,118	14,749	22,385
B/A（%）	47.9	72.3	78.8

（資料）日本銀行『経済統計年報』より。

したがってまさにこの側面にも、「設備投資資金調達」における、その「一服性＝足踏み化」が否定できまい。要するに、「資本過剰化」が「内部資金充実」としてこそ帰結しているのである。

こう考えられれば、結論的にいって（c）「自己資本比率」の向上が出現してくるはずだが果たしてどうか。そのように意図しつつ、いま「内部資金／設備資金調達額」によって「自己資本比率」の算出を試みると、確かに以下のように図式化できる。すなわち、五六－六〇年平均が四七・九％だったのに対して、六七－七〇年平均＝七二・三％↓七一－七四年平均＝七八・八％（**第21表**）と経過するから、「自己資本比率」の継続的上昇は一点の曇りもなく明瞭といってよい。こうして、先に確認した「資金調達一般における自己資本比率『低下』」とは裏腹に、「設備資金調達におけるその『上昇』」が乖離的に浮上してくる――と集約することが可能であるが、その基本理由が何よりも七〇年代の「資本過剰化」にこそあることが、くれぐれも重要であろう。

念のため最後に、資金調達の「公的ルート」を形成する③「財政投融資」[6]動向にも簡単に関説しておきたい。まず（a）「財投規模」自体の確認が不可欠だが、やや結論先取り的にいえば、「第二次高度成長」期に一旦その重要性を低めたこの財投が、七〇年代に入って再度その重きを増しつつある。したがってこの時期に、資金調達における財投の地位向上が予測できるが、「財政投融資計画」（当初、百億円）は具体的に以下のように推移した。すなわち、一九六六年＝二〇二（対前年度増加率二五・一％）→六八年＝二六九（一三・〇％）→六九年＝三〇七（一四・〇％）となって一旦は明らかに停滞をみせるが、七〇年代を迎えて転換が生じ、七一年＝四二八（一九・六％）→七二年＝五六三（三一・六％）→七三年＝六九二（二八・三％）という顕著な増加基調を示す。さらにその傾向線に立脚して、その後も七五年＝九三二（一七・五％）→七六年＝一〇六一（一四・一％）という高い水準での推移が続いた。ちなみに、この時期の「一般会計予算」や「地方財政計画」の伸び率がおおむね一五～二〇％程度だったことを思えば、財投の拡大テンポがいかに大きかったかがわかろう。

その場合、財投資金は、政府金融機関などを経由して最終的には企業へと支出されていったのは当然である以上、企業は、七〇年代には「財投ルート」を通してもその投資資金を大幅に調達することができた。まさに「公的な資金調達ルート」として機能したのである。

そのうえで、（b）財投の「使途別分類構成比」（％）はどう動いたろうか。このような視点から「構成比」推移を追えば、概略として以下の「三グループ」に分類が可能だと思われるが、最初は（イ）「拡大グループ」であって、具体的には、「住宅」（七〇年＝一九・三→七二年＝二〇・二→七四年＝一九・七→七六年＝二一・七）・「厚生福祉施設」（一一・八→一二・七→一三・一→一三・七）・「中小企業」（一五・四→一四・五→一五・五→一六・六）の三つがここに入ろう。いずれも、いわゆる「民生型」というべきものであり、これを通して、高度成長の「ツケの処理」および「七〇年代型社会的危機」への対処策が追求されたのだと考えてよい。ついで（ロ）「持続グループ」が設定されてよく、例えば「生活環境整備」（一一・六→一四・〇→一六・四→一五・九）・「道路」（八・六→九・四→八・七→七・六）・「地域開発」（四・〇→三・九→三・六→二・八）などがこの範疇にグルーピングされる。まさにこれらこそ、すでにその活動のピークは越えたものの、七〇年代での「新たな政治・経済的危機」発生に遭遇して、さらに継続的な機能続行を求められている諸機能だと——位置づけ可能であろう。そして最後が（八）「縮小グループ」に他ならず、「貿易・経済協力」（一〇・六→九・六→八・八→八・二）・「運輸・通信」（一三・二→一二・二→一三・六→一一・四）・「基幹産業」（五・七→四・七→三・〇→二・八）などに代表される、すでに局面転換がほぼ完了しその任務を終えてしまった、旧・高度成長促進機能がここに区分されよう。したがって、もはやその拡大の余地は失われている。

とすれば、この「構成比」図式は結局次のような含意を提起していることになる。つまり、財投は、七〇年代にその重要性を再度高めて企業資金調達ルートの一環を構成したが、その資金流入先は決して景気刺激領域ではなく、いわば「七〇年代型諸問題の処理」にこそ向けられたのであって、そこにも「七〇年代資本過剰化」の断面が表出しているのだ——と。

最後に、七〇年代財投の重要化を側面から検証するために、（c）「財政投融資／名目国民総生産」（％）の数値変化を摘出しておきたい。そこで年次毎の数字を拾っていくと以下のような軌跡が描かれる。すなわち、例えば六九年にはまだ四・九三％だったものが七〇年代に入ってまず五・〇三％へと上昇をみせるが、その後も、七二年＝六・二三→七四年＝六・四九→七六年＝六・五三→七八年＝六・七〇→八〇年＝七・三四（**第22表**）という着実な上昇経路を進行する。換言すれば、国民経済上における財投の相対的役割がそれだけ向上しつつあると整理可能なのであって、例えば高度成長期の後半をなす六〇年代後半でのその数値がせいぜい五％台前半に止まっていたことを思えば、この七〇年代以降での「財投役割の再増加」については疑問の余地はあるまい。

第22表　財政に関する諸指標（単位：％）

	一般会計歳出／名目国民総生産	財政投融資／名目国民総生産	租税収入／一般会計歳入	国債収入／一般会計歳入
1965年度	11.44	5.39	78.63	5.23
66	11.71	5.36	72.73	14.62
67	11.55	5.44	74.87	13.39
68	11.10	5.10	78.82	7.62
69	11.02	4.93	82.30	5.80
70	11.20	5.03	83.66	4.10
71	11.99	6.02	77.20	11.91
72	13.21	6.23	73.81	15.24
73	14.29	6.32	77.41	10.54
74	14.64	6.49	71.69	10.60
75	14.02	6.90	61.81	24.59
76	14.59	6.53	60.31	28.71
77	15.43	7.03	56.55	32.48
78	16.68	6.70	60.60	30.58
79	17.51	7.14	56.80	35.42
80	17.10	7.34	59.80	33.51

（注）一般会計：1965～78年度は決算、79年度は補正後予算、80年度は当初予算。
　　　財政投融資：1965～78年度は実績、79年度は実績見込、80年度は当初計画。
（資料）大蔵省主計局『財政統計』昭和55年度版。

そしてその場合、財投のこの対GNP比増大が、以下のような二面的意味をもった点にも十分な注意を払っておきたい。すなわち、まず一面で、これが、企業資金調達における「公的ルート」の拡大を意味したのは自明だが、それに加えて他面で、――後に「財政政策」に関して指摘するように――政府による有効需要の追加供給を通す、「インフレ促進作用」の基本要因をも基本的に担っていた点、これである。まさにこの複合性こそが重要であろう。

〔3〕雇用動向　以上のような「投資―資金調達」動向をふまえて、次に取り急ぎ第三に（三）「雇用―賃金」(7)側面へと視角を転回させねばならない。そこで最初に①「雇用動向」から入るが、まず（a）「雇用の一般動向」が前提となろう。いま例えば「製造業常用雇用指数」（一九七五年＝一〇〇）を利用して雇用推移のフォローを試みると、極めて特徴的な動きが手に入るのであって、具体的には以下のような図式をなす。すなわち、「転型期」終了後は

第23表　雇用指数

	実質国民総生産	鉱工業生産	製造業稼働率	製造業労働生産性	製造業常用雇用	完全失業率
	対前年比（%）	対前年比（%）	指　数 1975＝100	対前年比（%）	指　数 1975＝100	（万人）
1965年	4.4	3.7	111.2	3.5	92.0	57
66	10.0	13.1	118.6	13.0	92.5	65
67	13.2	19.5	128.3	16.5	95.5	63
68	14.4	15.5	132.6	13.8	99.4	59
69	12.1	16.0	133.4	13.6	103.1	57
70	11.2	13.8	130.0	10.4	107.0	59
71	4.7	2.6	122.6	4.4	107.7	64
72	9.0	7.3	123.4	11.1	105.7	73
73	8.8	14.9	128.1	17.5	106.0	68
74	△1.2	△4.0	117.3	△0.5	105.5	73
75	2.4	△11.0	100.0	△3.9	100.0	100
76	5.3	11.1	108.3	12.3	98.0	108
77	5.3	4.1	107.5	5.1	97.1	110
78	5.1	6.2	110.7	8.0	94.9	124
79	5.6	8.3	118.9	12.1	94.1	117
80	4.2	7.1	119.6	9.2	94.8	114

（注）　国民総生産1970年以前は1965年価格、1971年以降は1975年価格。
（資料）　経済企画庁『国民経済計算年報』、日本銀行調査統計局『経済統計年報』他。

六八年＝九九・四→六九年＝一〇三・一→七〇年＝一〇七・〇とまず上昇を続け、その結果七一年には一〇七・七のピークを打つ。しかし「石油危機」の以前に早くも七二年＝一〇五・七から下降基調へと転換し、それ以降は、七三年＝一〇六・〇→七四年＝一〇五・五→七五年＝一〇〇・〇→七六年＝九八・〇→七七年＝九七・一→七八年＝九四・九→七九年＝九四・一→八〇年＝九四・八（**第23表**）というパターンで「見事な」縮減傾向が一貫して続く。したがってここからは、七〇年代に入って企業が顕著な労働力吸収の削減に転じたことが明白だが、その場合に注意すべきは、その雇用削減が、二度のオイル・ショックによっていわば緊急避難的に実行された帰結なのではなく、むしろそのショックを引き金にして、構造的な「雇用節約型構造」へと生産・経営システムを転換させた結果であること――に他なるまい。

要するに、七〇年代における企業のなお活発な投資活動は、何よりもこのような「(正規)雇用削減」体制の下で展開された点が明瞭といってよい。いわゆる「減量経営」の発現である。

こうして七〇‐八〇年代にかけて「製造業常用雇用」の縮小が進行したが、その結果、(b)「産業別雇用構成」に一定の変動が生じたことはいうまでもない。つまり「第二次産業」の「雇用構成比」に伸び悩みが派生していくのは当然であって、事実、「第一次産業―第二次産業―第三次産業」間の比率(%)は、以下のように変動をみせた。すなわち、一九六〇年代＝三三‐二九‐三七→七〇年代＝二〇‐三五‐四六→八〇年代＝一一‐三五‐五四という構図であって、第一次産業の構造的衰退はともかく、七〇‐八〇年代にかけての「第二次産業の停滞」が特に目立つ。もちろんこの傾向は、ヨリ大きな方向としては、「産業のサービス化・ソフト化」という地殻変動からする「第三次産業の拡張基調」とも連動しているのは当然だが、七〇年代型「減量経営」に立脚した、「雇用削減システム」の展開と構造的に連関している点は否定できない。

そのうえで最後に、この雇用に関連して最も興味深い論点をなす(c)「産業部門別雇用動向」に目を向けてみよう。そこでいま、七〇年代の中でも特に焦点となる「オイル・ショック後」における、「部門別常用労働者雇用指数」(一九七三年＝一〇〇)をフォローしてみると(**第24表**)、いわば「勝ち組」と「負け組」とのコントラストが鮮明に浮かび上がってくる。まず増加が顕著なのは予想通り「サービス関連部門」であって、――「産業計」が七四年＝一〇〇・二→七五年＝九八・二→七六年＝九六・六である中で――例えば「金融保険業」(九九・六→一〇〇・七→一〇〇・五)・「小売・卸売業」(一〇〇・〇→一〇〇・一→一〇〇・五)・「サービス業」(一〇二・九→一〇五・七→一〇六・八)などが高い伸びを示した。それに対して停滞を余儀なくされたのは、「鉱業」(八五・三→七八・九→七三・六)・「建設業」(一〇〇・一→九四・四→九三・三)・「製造業」(九九・五→九四・二→九一・六)などに他ならず、「資源制約・

第24表　オイルショック後の常用労働者雇用指数の動向[1)]

	昭和46年	48	49	50	51
調査産業計	98.2	100.0	100.2	98.2	96.6
（サービス業を除く）	99.7	100.0	99.7	96.5	94.4
鉱業	147.6	100.0	85.3	78.9	73.6
建設業	91.1	100.0	100.1	94.4	93.3
製造業	101.6	100.0	99.5	94.2	91.6
食料品・たばこ	103.3	100.0	100.3	102.7	107.0
繊維	111.6	100.0	93.9	81.3	78.3
化学	105.3	100.0	99.5	97.7	95.5
鉄鋼	103.8	100.0	101.5	101.0	94.7
金属製品	101.1	100.0	99.5	90.6	86.1
一般機械器具	104.5	100.0	100.5	94.5	88.0
電気機械器具	100.9	100.0	99.4	89.2	89.5
輸送用機械器具	92.8	100.0	102.0	99.8	96.4
卸・小売業	97.3	100.0	100.0	100.1	99.6
金融保険業	95.5	100.0	99.6	100.7	100.5
不動産業	73.8	100.0	96.5	92.8	87.3
運輸・通信業	102.5	100.0	100.5	100.8	99.0
電気・ガス・水道熱供給業	97.1	100.0	101.0	101.6	101.3
サービス業	93.3	100.0	102.9	105.7	106.8

（資料）　労働省『毎月勤労統計調査報告』。
1）　昭和50年基準の指数を、昭和48年＝100として計算したもの。

大規模設備」面でネックを生じさせたセクターでの縮小が特に目に付こう。しかも、「製造業」の中でも取り分け「重化学工業」部門での閉塞感が大きく、例えば七六年時点では「化学」＝九五・五・「鉄鋼」＝九四・七・「金属製品」＝八六・一となって、その落ち込みが有意に大きい。

そう考えれば、いまやこう結論されてよい。つまり、七〇年代には全体として「雇用節約型投資」が進行したが、それは「二極化」パターンを発現させたのであり、何よりも「重厚長大」セクターにおいてこそヨリ加速的な「雇用削減作用」を引き起こした――のだと。

以上ここまでで、七〇年代における「減量経営＝労働力吸収削減」型「雇用動向」の基本線を検出してみた。そうであれば、この「雇用動向」が次に②「賃金動向」[8]へも特有な作用を発揮したのは自明だといってよいが、その点を最

第25表　一般・学卒別新規求人数（単位：1,000人、倍）

	一般新規求人数（新規学卒を除く）		一般求人倍率	新規学卒求人数（中高計）
	産業計	製造業		
昭和45年	510	255	1.4	3,100
46	440	190	1.1	−
47	499	217	1.2	−
48	664	313	1.8	2,307
49	461	176	1.2	2,709
50	323	106	0.6	2,046

（資料）労働省『職業安定業務統計』。

初に大枠として（a）「労働市場」の側面から概観しておこう。そこでいま（イ）「一般新規求人数」（新規「学卒」を除く、千人）を追うと、一九七〇年＝「産業計」五一〇（「製造業」二五五）→七二年＝四九九（二一七）→七四年＝四六一（一七六）→七五年＝三二三（一〇六）（**第25表**）という数値が拾える。みられる通り明瞭な「求人数」の下落であって、何度も確認してきた「雇用削減」現象が手に取るように把握可能だが、しかも、製造業の減少が一層著しいこと、および石油危機を画期とする七四年以降の落ち込みが特に顕著なこと――が取り分け印象深い。明らかに、企業からの労働力需要は大きく縮小に転じている。

そのうえで、その帰結たる（ロ）「一般求人倍率」が問題となるが、その倍率は以下のように動く。すなわち、一・四→一・二→一・二→〇・六（**第25表**）という経過で明瞭な低下基調を示すから、いま検出した企業の労働力需要の低落がこの求人倍率低下となってはっきりと反映されている。したがってその点で、「減量経営→雇用削減→求人倍率低下」という論理が明確に貫徹しているのであって、「七〇年代型雇用動向」の基本構図がみて取れる。そしてこの傾向は、次に（ハ）「新規学卒求人数」（中高計、千人）に絞ってみても同様といってよく、その求人数は例えば七〇年には三一〇〇であったものが、その後は七三年＝二三〇七→七四年＝二七〇九と連年減少を続け、その結果七五年には二〇四六にまで落ち込む（**第25表**）。これまでは、いわば新卒を焦点にしてこそ求人倍率の上昇が進行

第26表　製造業中分類別賃金上昇率

	昭和30～36年	37～40年	41～45年	46～50年
食料品	5.0　(7.4)	11.7	13.5	18.9
繊維	7.2 (10.0)	11.6	16.3	17.0
衣服	7.4　(9.3)	12.5	12.6	19.3
木材	7.5　(6.4)	13.1	14.7	19.1
家具	7.7　(8.0)	12.1	14.0	19.2
パルプ紙	3.5　(7.0)	9.1	14.3	18.3
出版印刷	8.0　(9.0)	11.4	12.9	19.0
化学	7.6　(8.6)	9.3	14.6	18.3
鉄鋼	7.1 (114)	7.6	15.2	17.0
金属製品	5.9 (10.4)	11.4	15.3	18.5
一般機械	8.1 (12.0)	8.8	16.4	17.1
電気機器	3.7 (12.3)	9.1	15.0	19.0
輸送機器	6.7　(9.7)	7.9	13.7	17.3
精密機器	6.2　(9.3)	8.9	14.8	17.6

（資料）　労働省『毎月勤労統計』（30人以上）。

してきたが、七〇年代に入ってからは、むしろ新卒がターゲットになってこそその低下が表面化している。要するに、七〇年代における「雇用節約型動向」が明瞭に確認されてよい。

そこで次の問題は、この「労働力需要停滞」が賃金動向へ与える作用の検出であろう。その方向からまず（b）「賃金推移」を押さえておく必要があるが、最初に（イ）「平均給与額」（千円）推移を追うと、六五年＝三九三→七〇年＝七五六→七五年＝一七七二→八〇年＝二六三三→八五年＝三一七〇と動く。もちろん着実な増加が一応は否定できないものの、例えば六五－七〇年間や七〇－七五年間などに比較すれば、七五－八〇年間および八〇－八五年間での給与の伸びが明らかに停滞していること――は一目瞭然だと思われる。こうして、まず現金給与額に停滞が生じていよう。

さらにこの停滞基調は、次に（ロ）「実質賃金指数」（一九三五年＝一〇〇）からみても明白といってよい。というのも、六五年＝一七一・九→七〇年＝二五三・四→七五年＝三四六・九→八〇年＝三七三・八→八五年＝三八八・三というのがその軌跡である以上、六五－七五年の一〇年間における極めて顕著な伸びに比較して七五年以降には明瞭な停滞に落ち込んでいる――と結論付ける以外にはないからである。したがって、「雇用減少→現金給与停滞」はついでこの「実質賃金停滞」となって帰着する。

要するに、七〇年代での「賃金の伸び悩み」傾向は基本的に否定し得ないが、では、そのような賃金停滞基調を促進させているのはどのような産業部門なのだろうか。そこでそれを知るために(ハ)「産業部門別賃金上昇率」(%)(**第26表**)にまで目を向けてみよう。いま、「調査産業計」のそれが六六－七〇年平均＝一三・八%→七一－七五年平均＝一八・六%であるのに対して、重化学工業を中心とする基幹産業の伸び率は以下のような構図を描く。すなわち、化学＝一四・六→一八・三、鉄鋼＝一五・二→一七・〇、金属製品＝一五・三→一八・五、電気機器＝一五・〇→一九・〇、輸送機器＝一三・七→一七・三、精密機器＝一四・八→一七・六という具合であって、ここからは、好調な家電を中軸とした「電気機器」以外の全重化学工業セクターは、押しなべて、「六六－七〇年期」には平均を上回っていたにもかかわらず「七一－七五年期」にはそれに届かなくなる――という特徴的な図式が浮上してくる。その点で、七〇年代の全般的な「賃金伸び悩み」現象をもたらしたその何よりもの要因が、「資源制約」に直面した「重厚長大」部門の不振であったことは、いまや明白ではないか。まさに「石油危機」が招来させた「資源制約」の影響は極めて大きい。

以上をうけて最後に、この「雇用動向」を(c)「労働分配率」(%)推移の側面からも集約しておきたい。先にもみた通りこの七〇年代では、まず一方で「企業収益の停滞」が明らかだったが、しかし他方ではいま確認した如くに、「賃金の伸び悩み」も決して無視はできなかった。とすれば、この「労働分配率」も流動的に動揺する以外にはないとみるべきであって、事実それは、以下のような拡散過程を続けた。すなわち、六九年＝三四・六九→七一年＝三七・八〇→七三年＝三六・二九→七五年＝四四・二六→七七年＝四一・七〇→七八年＝四〇・五一(**第27表**)と変化していくから、極めて振幅の大きな上下拡散運動が展開されたという他はない。その点で、この七〇年代こそ、「新たな資本―賃労働関係」構築への、その模索過程だったのだと判断すべきであろう。

　このように整理できれば、雇用動向の全体は③「失業率」のサイドから以下のように総括されてよい。まず（a）「完全失業者」（万人）の推移に注目すると、それは、七〇年＝五九↓七二年＝七三↓七四年＝七三↓七六年＝一〇八↓七八年＝一二四↓八〇年＝一一四と動いて、連年持続的に増大を示しながら、七六年以降はついに一〇〇万人の大台を超えるに至った。例えば六〇年代後半にはまだ五〇～六〇万人水準だったから、その増大のレベルはかなり大きいといわねばならない。いうまでもなく、繰り返し確認してきた、七〇年代に生じ始めた「雇用節約型＝減量経営」こそその主因だとみる以外にはないが、この傾向をついで（b）「失業率」で追うとどうか。そこで「失業率」（％）推移に目を移すと、七〇年＝一・一↓七二年＝一・四↓七四年＝一・四↓七六年＝二・〇↓七八年＝二・二↓八〇年＝二・〇↓八二年＝二・四↓八四年＝二・七という軌跡が描かれるから、事態は余りにも明白だといってよい。すなわち、失業率は七〇～八〇年代にかけて、まさに「単調増加型」で上昇傾向を続けているのであって、「失業の継続的拡大」基調は一目瞭然だと思われる。いま直前で指摘した「失業者数」増加はこの「失業率」上昇によって、見事に検証される。

　こう理解できれば、最後にこう（c）「総括」可能ではないか。す

第27表　労働分配率（%）

	剰余価値率	労働分配率
	A/C	D/B
1955年	271.02	40.20
56	272.96	39.57
57	266.61	36.80
58	281.34	40.67
59	294.72	37.07
60	307.01	34.77
61	299.68	34.96
62	293.56	36.86
63	303.26	36.79
64	292.67	36.88
65	283.07	39.11
66	300.66	37.41
67	320.29	34.72
68	319.23	34.93
69	320.04	34.69
70	315.61	34.74
71	295.35	37.80
72	295.90	38.27
73	303.82	36.29
74	266.52	38.13
75	250.08	44.26
76	269.97	41.77
77	273.84	41.70
78	294.24	40.51

（資料）　通産省『工業統計表』。

なわち、七〇年代以降の「生産的投資」停滞に起因する企業の「労働力需要」削減は、一方で、「雇用節約型」構造を進展させることによって「賃金伸び悩み」に帰結したとともに、他方で、「労働力排出」を深化させることを通じて「失業」増大に帰着した――のだと。まさしく「雇用構造」の本質的転換である。

Ⅱ　国家政策――低成長路線への政策的対応

【1】国際収支　次に国家政策に視角を転換させていくが、第一に、国家政策発動の大枠を形成する（一）「国際収支」動向が前提にされねばならない。そこでまず①「貿易動向」[9]から入るが、最初に（a）「輸出入一般推移」（百億円）は以下のように動く。つまり、七〇年＝輸出六九五－輸入六七九↓七二年＝八八〇－七二九↓七四年＝一六二一－一八〇〇↓七六年＝一九九－一九二↓七八年＝二〇五－一六七↓八〇年＝二九三－三一九↓八二年＝三四四－三二六という軌道を走るが、ここからは次の三点が直ちに読み取れる。まず（イ）一つ目に輸出に関しては、文字通り顕著な拡大が印象的で「貿易摩擦」噴出の背景が即座に理解可能だが、ただ、「七一年ドル・ショック＝円高移行」に起因して、「七一－七二年期」にはその伸びの一時的停滞が否定できない。次に（ロ）二つ目として輸入では、「二度の石油危機」に由来する原油輸入価格の高騰によって、「七四・八〇年」での輸入激増がいうまでもなく取り分け目立つ。しかしそのうえで（ハ）三つ目として、このような対外的な衝撃による「一時的な変調」はあるものの、それは数年で調整が完了し、その結果七〇－八〇年代の全体的基調としては、輸出入両者の着実な上昇傾向が実現したと集約できる。

ついで、この動きを（b）「貿易黒字」（百億円）に即して集計すると、それは以下のようになる。すなわち、二五↓一五八↓△一八七↓七一↓三八三↓△二六一↓一七八という極度に波乱含みの経過を辿るが、ポイントを絞ればそれは以下の三点にこそ整理可能であろう。まず（イ）第一は、いうまでもなく「二度の石油危機」にともなって、「七四・八〇年期」に見事な大幅赤字に転落している点であるが、これについては贅言は不要であろう。そのうえで次に（ロ）第二は、しかしその赤字転落はほぼ二年で直ちに修復が終了している点に他ならず、その後は再び黒字基調で進行が継続していった。そして最後に（ハ）第三は、この赤字転落脱却後は、むしろそれ以前を大きく凌駕する貿易黒字額を実現していくという点であって、そこからは、石油危機をまさに「スプリングボード」にしてさらなる企業合理化を推進した過程が浮上してこよう。こうして、石油危機を乗り切る中で、貿易黒字累積は一層の昂進を続けた。

最後に、以上のような「貿易動向」を（c）「国際収支」という総体的アングルからも総括しておきたい。そこでいま特に「経常収支」（億ドル）に注目してその経過をフォローすると、この方向からも「貿易収支」とほぼ同型の図式が手に入る。すなわち、それは一九→六六→△四六→三六→一六五→△一〇七→六八という数値を刻む以上、「オイル・ショックにともなう赤字化」、「短期間での黒字回復」、「石油危機を弾みとした黒字額増加」という特質がここからも検出可能といってよい。その意味で、「国際収支」の方向からもその基本的傾向がよく分かる。

このような一般的基調をふまえつつ、次に、内部構造にまでもう一歩深くそのメスを入れていこう。そこでまず②「商品類別輸出入構成」**（第28表）**が問題となるが、最初に（a）「輸出品構成」（一〇億円、％）からみよう。この方向から、いま「一九六〇 - 六九年平均」と「七〇 - 七九年平均」という二つのスパンを取り出してその間における構成変化のチェックを試みれば、最初に総額が二九八七から一五一六一へと急増する中で、まず最も著しい拡大をとげたのはいうまでもなく「機械」であって、九九二（三三・二％）から七七六五（五一・二％）へと激増して質量ともに圧倒的なウエイトを示す。その場合、この「機械」の中には、高度成長以来日本が得意とする「電気機器・輸送用機

第28表　商品類別輸出入構成（10億円、%）

		総額	食料品	原料品	鉱物性燃料	化学工業品	原料別製品	機械	雑製品	特殊取扱い品
輸出	1951－59	769	57	38	3	34	401	136	96	4
	（%）	(100.0)	(7.4)	(5.0)	(0.4)	(4.4)	(52.2)	(17.7)	(12.5)	(0.5)
	1960－69	2,987	129	79	10	181	1,134	992	444	17
	（%）	(100.0)	(4.3)	(2.6)	(0.3)	(6.1)	(38.0)	(33.2)	(14.9)	(0.6)
	1970－79	15,161	236	233	43	912	4,287	7,765	1,527	157
	（%）	(100.0)	(1.6)	(1.5)	(0.3)	(6.0)	(28.3)	(51.2)	(10.1)	(1.0)
		総額	食料品	原料品	鉱物性燃料	化学工業品	原料別製品	機械	雑製品	特殊取扱い品
輸入	1951－59	1,020	207	508	136	41	46	71	11	1
	（%）	(100.0)	(20.3)	(49.8)	(13.4)	(4.0)	(4.5)	(6.9)	(1.0)	(0.1)
	1960－69	3.167	482	1,265	602	170	263	309	68	9
	（%）	(100.0)	(15.2)	(39.9)	(19.0)	(5.4)	(8.3)	(9.7)	(2.1)	(0.3)
	1970－79	14,592	2,072	3,372	5,540	648	1,162	1,070	606	122
	（%）	(100.0)	(14.2)	(23.1)	(38.0)	(4.4)	(8.0)	(7.3)	(4.2)	(0.8)

（資料）　三和・原編『近現代日本経済史要覧』24頁。

器・精密機器」などが含まれるが、このような内容をもつ「機械」が、いぜんとして低成長期にあっても輸出増大の大宗を構成している点が改めて確認できよう。

それに比較して、「化学工業品」（六・一％→六・〇％）がほぼ横ばいである以外は軒並み低落をみせ、特に「原料品」（二・六％→一・五％）や「原料別製品」（三八・〇％→二八・三％）などの落ち込みが顕著に目立つ。要するに、七〇年段階の「輸出商品構成」は、高度成長期パターンからは大きく離れないと結論でき、その点で「機械」の重要性が何よりも明白だといってよい。

ついで（b）「輸入品構成」（**第28表**）に移ると、このアングルからも同様な性格が浮上してくる。つまり、「機械輸出」激増に対する、輸入面からする反射動向が検出できるのであって、それは、一つには当然まず「鉱物性燃料」の激増（六〇二［一九・〇％］→五五四〇［三八・〇％］）となって表面化していよう。いうまでもなく、「石油危機」に対応した「原油価格の高騰」以外ではないが、しかしそれだけではない。ついで二つ目として、「化学工業品」（五・四％→四・四％）や

第29表　地域別輸出入構成（10ヵ年平均）（単位：百万円、1945年以降十億円）

	年間	価額							構成比（%）					
		総額	アジア州	ヨーロッパ州	北アメリカ州	南アメリカ州	アフリカ州	大洋州	アジア州	ヨーロッパ州	北アメリカ州	南アメリカ州	アフリカ州	大洋州
輸出	1945-49	46.9	23.4	5.8	11.1	0.3	4.6	1.8	49.6	12.4	23.6	0.6	9.7	3.8
	1950-59	722	303	79	192	36	89	23	42.0	10.9	26.6	5.0	12.3	3.2
	1960-69	2,987	1,015	406	1,048	96	239	127	34.0	13.6	35.1	3.2	8.0	4.3
	1970-79	15,161	5,198	2,522	4,723	572	1,184	602	34.3	16.6	31.2	3.8	7.8	4.0
	1980-89	35,484	12,010	6,389	13,389	673	1,291	1,309	33.8	18.0	37.7	1.9	3.6	3.7
	1990-99	44,292	18,037	8,662	15,043	653	744	1,154	40.7	19.6	34.0	1.5	1.7	2.6
	2000-05	55,686	26,474	9,561	15,344	2,251	679	1,375	47.5	17.2	27.6	4.0	1.2	2.5
輸入	1945-49	74.0	14.7	4.3	49.4	0.8	2.9	2.2	19.9	5.8	66.7	1.0	3.9	2.9
	1950-59	953	302	78	425	37	27	82	31.7	8.2	44.7	3.9	2.8	8.6
	1960-69	3,167	975	330	1,185	144	161	279	30.8	10.4	37.4	4.5	5.1	8.8
	1970-79	14,592	6,870	1,352	3,791	464	548	1,263	47.1	9.3	26.0	3.2	3.8	8.4
	1980-89	28,581	14,308	3,336	7,220	873	775	1,838	50.1	11.7	25.3	3.1	2.7	6.4
	1990-99	33,263	15,314	5,780	8,862	885	497	1,926	46.0	17.4	26.6	2.7	1.5	5.8
	2000-05	46,018	26,473	7,001	8,153	1,341	763	2,286	57.5	15.2	17.7	2.9	1.7	5.0

（資料）　日本銀行『明治以降本邦主要経済統計』、『経済統計年報』、日本関税協会「外国貿易概況」により作成。

「機械」（九・七％↓七・三％）などという「重化学工業・完成品」の低落ももちろん進行しているのであり、それが「機械輸出」拡張の、いわば「裏現象」である点には、何の疑問もない。

こうして（c）「原油輸入―機械輸出」という基軸の貫徹が一目瞭然というべきであろう。

最後に③「地域別輸出入構成」（**第29表**）にもふれておきたい。そこで（a）まず「輸出地域構成」（一〇億円、％）から入ると、まずその最も目立つ動向として注意が必要なのは、取り分け「アジアと北アメリカとの地位逆転」だと思われる。というのも、最初に（イ）「アジア」が、六〇－六九年＝一〇一五（三四・〇％）↓七〇－七九年＝五一九八（三四・三％）↓八〇－八九年＝一二〇一〇（三三・八％）となって構成比としては停滞・低下を余儀なくされているのに対して、（ロ）「北米」は、一〇八四（三五・一％）↓四七二三（三一・二％）↓一三三八九（三七・七％）

という経過で八〇年代には首位に躍り出ている――からに他ならない。また（ハ）「ヨーロッパ」も四〇六（一三・六％）↓二五二二（一六・六％）↓六三八九（一八・〇％）という拡大をみせて進境著しいが、なお北米・アジアには届かずいぜんとして三位に止まる。

要するに、日本の輸出は七〇‐八〇年代には特にアメリカへの依存を強めたのであり、まさにその「対米輸出激増」を踏み台にしてのみ、一方では、オイル・ショックからの「急激な回復」を実現したとともに、他方では、アメリカとの深刻な「貿易摩擦」を惹起させていったのである。その点で、「集中豪雨」型対米輸出の膨張が手に取るように理解可能であろう。

そのうえで（b）「輸入地域構成」（一〇億円、％）**（第29表）**はどうか。ここでも全体構図上のロジックは明瞭であって、「石油危機」を焦点にして図柄はきれいに「三分割」されていく。すなわち、（イ）「中東からの原油輸入激増」との関連でまず「アジア」比率の激増がいうまでもない。具体的には、九七五（三〇・八％）↓六八七〇（四七・一％）↓一四三〇八（五〇・一％）と動いて、とうとう全体の半分をも超過するに至った。まさに「オイルショック」の、日本輸入への負荷がいかに大きかったかが実感できよう。それに対して（ロ）比率を低めているのは「北米」（一一八五［三七・四％］↓三七九一［二六・〇％］↓七二二〇［二五・三％］）に他ならず、主にエレクトロニクス製品の国内自給化によってその製品輸入が減少したのだと思われる。そのうえで最後が（ハ）「ヨーロッパ」であるが、ヨーロッパ産・高級機械類の継続的輸入持続に起因して、ここでは、三三〇（一〇・四％）↓一三五二（九・三％）↓三三三六（一一・七％）という安定的な経過が検出できる。したがって、この「輸入地域分布」に関しては事態は簡明といってよく、まさに「原油―中東」関連にこそ尽きよう。

こうして、「七〇‐八〇年代貿易構造」からは、何よりも「『機械類』を中軸とした『アメリカ市場』への『集中豪

第30表　アメリカの対日貿易収支（単位：億ドル）

	対日輸出	対日輸入	対日収支	貿易収支
1961－65	89	81	8	286
1966－70	162	208	－46	69
1971－75	376	505	－130	－75
1976－80	719	1,249	－530	－1,606
1981－85	1,109	2,563	－1,454	－4,233
1986－90	1,859	4,464	－2,605	－6,550
1991－95	2,597	5,388	－2,790	－5,764
1996－2000	3,133	6,361	－3,227	－13,460
2001－05	2,695	6,253	－3,558	－28,300

（資料）　日本貿易振興会『海外市場白書』、同『海外市場白書　貿易編』、同『ジェトロ白書　貿易編』、同『ジェトロ貿易白書』、同『ジェトロ貿易投資白書』各年版より作成。

雨』型『輸出激増』」図式こそが浮かび上がってくるが、それを確認するために、最後に（c）「アメリカの対日貿易収支」（億ドル）を集約しておきたい（**第30表**）。そこで第一に（イ）「対日輸入」だが、それは七一－七五年＝五〇五→七六－八〇年＝一二四九→八一－八五年＝二五六三→八六－九〇年＝四四六四となって、「倍々ゲーム」以上の超スピードで激増を続ける。まさに、日本による「対米『集中豪雨』型輸出激増」の「裏表現」以外ではないが、いうまでもなくこの動きは（ロ）「対日収支」に関するマイナス超の昂進となって帰結しよう。事実、アメリカの「対日収支」は、△一三〇→△五三〇→△一四五四→△二六〇五という凄まじい赤字膨張を辿り続けるのであり、「貿易摩擦」の火種が蓄積されていった。最後に、そのうえで（ハ）アメリカの「貿易収支」そのものを押さえておけば、△七五→△一六〇六→△四二三三→△六五五〇となるから、数字上の算出だけからいうと、アメリカ貿易赤字の実にほぼ三分の一がまさに対日赤字に起因している——という勘定にもなる。ここにこそ「日米貿易摩擦」[10]のその原点があるといってよい。

［2］財政政策　続いて取り急ぎ第二に（二）「財政政策」[11]へと視角を転回させよう。まず①「財政規模」動向が前提になるが、最初は（a）「一般動向推移」である。そこで（イ）「中央財政支出純計」（千億円）からフォ

第31表　財政規模の推移（単位：億円）

年度	政府財貨サービス購入	対GNP比率	政府総支出	対GNP比率
昭和40	61,773 (15.9)	18.8	78,686 (10.3)	24.0
41	70,670 (14.4)	18.4	91,347 (16.1)	23.8
42	81,885 (15.9)	18.1	106,148 (16.2)	23.4
43	92,917 (13.5)	17.4	120,874 (13.9)	22.7
44	103,648 (11.5)	16.6	136,626 (13.0)	21.9
45	122,169 (17.9)	16.7	162,772 (19.1)	22.3
46	147,981 (21.1)	18.1	193,653 (19.0)	23.7
47	179,203 (21.1)	18.9	235,325 (21.5)	24.8
48	210,058 (17.2)	18.2	279,760 (18.9)	24.2
49	270,912 (29.0)	19.9	366,528 (31.0)	26.9
50	311,131 (14.8)	20.9	436,331 (19.0)	29.3
51	350,000 (12.5)	20.8	505,400 (15.8)	30.1

（資料）　経済企画庁編『経済白書』昭和51年版。

ローすると、七〇年＝一三七↓七三年＝二二〇↓七六年＝四〇八↓七九年＝六四五↓八二年＝八三五となり、途中でいわゆる「総需要抑制策」を含みつつも、全体としては明瞭な拡張基調がよく分かる。といっても、一定のスタンス変化はもちろん無視できず、総合的には、「第一次石油危機」への対処に迫られた七三－七六年局面での大幅膨張と、七〇年代末から八〇年代初めにかけての、不況局面における相対的伸び率鈍化とのコントラスト化が印象に残ろう。したがって総合的には、低成長期における財政規模の一層の増加が確認されてよい。

しかし、このような外面的動向だけによっては「財政の質的ウエイト」はなお明確にはならない。そこでこの点をカヴァーするために、次に（ロ）「政府財貨サービス購入」の「増加率」（％）と「対ＧＮＰ比率」（％）との推移変化を取り出せば、以下のようである。すなわち、七〇年＝一七・九－一六・七↓七二年＝二一・一－一八・九↓七四年＝二九・〇－一九・九↓七六年＝一二・五－二〇・八（**第31表**）という数字が拾えるから、一方の「増加率」における、「第一次石油危機局面＝高レベル↓大型不況局面＝停滞」という図式と、他方の「構成比」におけるその「逆の図式」との、明瞭な対比関係――こそがここからは読み取れる。このような一定の相違を含みつつも、七〇年代財政は、「質・

量」ともに拡張しつつ、まさに低成長への対処機能を発揮し続けたわけである。

そうであれば、結果として、「政府支出」が全体として国民経済における比重を高めたのは当然であるが、その側面を、最後に（ハ）「政府総支出の対GNP比」（％）に即して集約しておきたい。そこでその軌跡を追うと、二二・三→二四・八→二六・九→三〇・一**（第31表）**という見事な単調増加型基調が現出してくるから、七〇年代後半にはとうとう三割を超えるに至る。こうして、いくつかの側面から検証しても「財政ウエイトの拡大」は一目瞭然なのであり、したがって、七〇年代財政の、「景気対策指向的」な、その「積極機能型」発現には何の疑問もあり得ない。

それを前提として、次に（b）「主要経費別分類」へ目を移そう。いま、この局面で特に焦点をなす「社会保障費・国債費・公共事業費」三項目に注目して、その「対前年度増加率」（％）と「構成比」（％）との摘出を試みると、以下のようであった。つまり、第一に（イ）「社会保障費」は七〇年＝増加率二〇・五（構成比一四・三）→七二年＝二二・一（一四・三）→七四年＝三六・七（一六・九）→七五年＝五・八（一八・四）となり、全期間において着実かつ顕著な上昇を続けて、七〇年代後半には最大の伸び率を記録するに至った。いうまでもなく、高度成長が帰結させた諸矛盾への対応策的経費以外ではないが、それがこの七〇年代後半以降に、景気対策的経費と重奏して拡大していった点こそが興味深い。続いて第二が（ロ）「国債費」であって、六五年以来増加に転じた赤字国債の元利支払い費用に該当するが、それは具体的には四・三（三・七）→四二・六（四・〇）→二二・四（五・〇）→二〇・六（四・九）と動いた。一見して、まだその「構成比」は低いものの、他方の「増加率」は、七〇年代後半以降になると凄まじい伸び率を明確に呈し始めている以上、この費目が、七〇年代経費膨張におけるその無視し得ない部分を構成したのは当然といえた。

そして最後に第三に（ハ）「公共事業費」がくるが、これに関しては次のような数値が拾える。すなわち、七〇年＝一七・三（一七・七）→七一年＝一八・一（一七・七）→七二年＝二九・〇（一八・七）→七三年＝三二・三（一九・九）

↓七四年＝〇・〇（一六・六）↓七五年＝二・四（一三・七）となるから、特に「第一次石油危機」前後には三〇％を前後する巨大な増加率を示したとともに、構成比としても継続して二〇％に迫るウエイトを占め続けよう。その点で、オイル・ショック局面での「ゼロ成長」危機に対する景気対策としてこの公共事業費が発動された事情が、いうまでもなく明瞭に想定されてよい。

要するに、七〇年代財政膨張の根幹は、まず何よりも、(A)「石油危機不況」対策を目指した「公共事業費」と(B)「高度成長の帰結たる社会的矛盾」対策を主眼とした「社会保障費」との増大にこそあり、そしてそのうえで、(C)両者を収入的に「埋め合わす」ために累積した国債拡大による「国債費」増が、さらにそれを加速させた――と理解可能である。まさしく、「低成長路線への政策的対応」以外ではあるまい。

以上ここまでで、「財政規模」の基本動向をフォローしてきたが、この具体論を下敷きにして、(c)財政発動が発生させる「公的需要のウエイト」変化の点から全体を集約しておきたい。そこで、各年の「国内総支出増加率」(％)における「公的需要増加率」(％)の比率を追跡してみると以下のような図式が浮上してくる。すなわち、七〇年＝国内総支出増加率一〇・三－公的需要増加率一・三（比率一五％）↓七一年＝四・四－一・七（三八％）↓七二年＝八・四－二・二（二七％）↓七三年＝八・〇－一・一（一四％）↓七五年＝三・一－一・九（六一％）↓七六年＝四・〇－〇・七（一八％）↓七七年＝四・四－一・三（三〇％）↓七八年＝五・三－一・九（三六％）**（第32表）**という展開をみせる以上、「ドル・ショック↓石油危機↓ゼロ成長」として連鎖する、特に七〇年代前半における「公的需要の寄与率」の極端な高さが取り分け目立つ。つづめて言えば、「七〇年代低成長期」における「財政比重の高位性」が一目瞭然だと思われ、具体的に点検した諸指標の性格が総体的に論証されよう。

そうであれば、さらに検討を加える必要があるのは、「不況対策」という方向から、このような「財政拡張」の基

第32表　国内総支出の増減寄与度

暦年	国内総支出	政府最終消費支出	公的固定資本形成	公的在庫品増加	輸出	輸入	国内需要	民間需要	公的需要
66	10.2	0.6	1.5	0.1	0.8	－0.7	10.2	8.0	2.2
67	11.1	0.4	0.3	0.2	0.3	－1.4	12.1	11.2	1.0
68	11.9	0.6	1.3	0.0	1.1	－0.8	11.6	9.7	1.9
69	12.0	0.5	0.8	－0.2	1.1	－0.9	11.8	10.7	1.1
70	10.3	0.5	1.1	－0.3	1.0	－1.5	10.8	9.5	1.3
71	4.4	0.5	1.5	－0.4	1.0	－0.5	4.0	2.3	1.7
72	8.4	0.5	1.5	0.2	0.3	－0.8	9.0	6.8	2.2
73	8.0	0.5	0.5	0.1	0.3	－1.9	9.6	8.5	1.1
74	－1.2	0.0	－1.1	0.1	1.4	－0.4	－2.3	－1.2	－1.1
75	3.1	1.2	0.6	0.1	－0.1	1.0	2.2	0.3	1.9
76	4.0	0.4	0.2	0.0	1.2	－0.6	3.3	2.6	0.7
77	4.4	0.4	0.8	0.0	1.0	－0.3	3.8	2.4	1.3
78	5.3	0.5	1.3	0.1	0.0	－0.6	5.9	4.0	1.9
79	5.5	0.4	0.3	－0.2	0.4	－1.1	6.2	5.7	0.6
80	2.8	0.3	－0.5	－0.2	1.4	0.7	0.7	1.0	－0.3
81	3.2	0.5	0.3	0.0	1.2	0.0	2.0	1.3	0.8
82	3.1	0.3	－0.2	0.0	0.1	0.2	2.8	2.7	0.1
83	2.3	0.3	－0.2	0.0	0.5	0.2	1.6	1.5	0.1
84	3.9	0.2	－0.3	0.2	1.5	－0.8	3.1	3.0	0.1

（資料）　前掲、三和・原編『要覧』157頁。

本基軸を構成した、②まさに「公共事業費の内部内訳」に他ならない。そこで最初に（a）「合計額」（百億円、%）の推移を追うと、七〇年＝一四〇（増加率一六・九）→七一年＝一六六（一八・二）→七二年＝二一四（二九・〇）→七三年＝二八四（三二・三）→七四年＝二八四（〇）→七五年＝二九〇（二・四）→七六年＝三五二（二一・二）として経過したから、「総需要抑制策」に絡む七四－七五年を例外として、全体として二〇～三〇%台の顕著な増加テンポを示した点がまず理解可能である。

ついでそのうえで、その（b）「内訳構成」にまで立ち入ると、第一に（イ）その「性格」はどう把握できるだろうか。その場合、公共事業費の合計は、その機能上から「生活基盤整備」と「産業基盤整備」とに一応区分が可能だが、この当面の七〇年代局面では、何よりもその両者が拮抗して拡大していく傾向にこそ、その特徴が求められてよい。その点では、もっぱら「産業基盤整備」に主力が置かれてきた高度成長期とはその色彩を異にしていることに注意すべきであろう。それをふまえて、第二に(ロ)「生活基盤整備」から入ると、この範疇には「住宅対策」と「生活環境整備」とが属するが、まず前者は、七〇年=増加率二〇・一(構成比六・八)→七二年=二九・九(七・〇)→七四年=二〇・七(八・六)→七六年=二三・三(一〇・三)という数値を刻む。したがって、徐々にその構成ウエイトを高めつつしかも連年二〇-三〇%にも及ぶ急激な増加を呈している以上、まずこの「住宅対策」が公共事業費の伸びを全体的に支えている構図は明瞭といってよい。ついで後者だが、特に七一-七三年・景気低落局面での膨張ぶりが取り分け極端であって、七一年=四〇・四(五・三)→七二年=五八・九(六・五)→七三年=六一・四(八・〇)という、六〇%をも超過する異常な症状を呈した。その後七五年には一旦低下するものの、七六年には三一・二(一〇・五)というレベルにまで再度上昇するから、その構成比率の持続的高まりとも相まって、この「生活環境整備」が公共事業費拡張の主因であることに疑問はあり得ない。

要するにこれらは、高度成長の「ツケ」として六〇年代後半から激化してきた「都市問題・公害・環境問題」に対処するための経費増であり、その点で、まさにこの局面で激増する根拠をもっていたわけである。こうして「生活基盤整備」拡充の必然性がみて取れよう。

そのうえで第三は(ハ)「産業基盤整備」だが、その場合、ここにはお馴染みの「道路整備、港湾・漁港・空港、農業基盤整備、林道・工業用水」などがもちろん入る。そこでいまざっとそれらを合算して「産業基盤整備」の構成比を探ると、七一年=六六・二%→七二年=六三・七%→七三年=五九・五%と動くから、若干の低下は確かに否定はできない。しかしそれでも、その比率はなおほぼ六割を占めていることに加えて、その増加率をみても、ピークの七一-七三年においては押しなべて二〇-三〇%にも達している以上、これら「産業基盤整備」がいぜんとして公共事業費の中心であることに何ら変わりはない。したがってその点で、「産業基盤整備」こそがやはり公共事業費拡大の土台なのであって、この側面は特に注目に値しよう。

以上を前提として最後に、（c）公共事業費の「性格」を集約しておきたい。そうとすれば、七〇年代における公共事業費増大には「二条の論理」が複合しているとみてよく、まず（イ）一つ目に、「産業基盤整備」の方向から、「投資基盤創出→資本過剰化軽減→投資促進」が指向されたのは当然であった。しかしそれだけではなく、次に（ロ）二つ目として、「生活基盤整備」の方向から、「社会的諸矛盾への対処→社会資本充実→成長持続化」も追求されざるを得なかった。まさにこのような「二条の論理」に従ってこそ七〇年代の公共事業費拡張が進行していったが、しかしその「二条の論理」は結局以下のような（ハ）「集結点」においてこそ合流する。すなわち、これら「二条の論理」に即していずれも「公的需要＝有効需要創出」が喚起され、それが互いに結びつきつつ、「社会資本充実＝福祉向上」をも前面に掲げながら、まさにそれを通じて、「景気回復と成長持続」とが目指された――のだと。

こうして公共事業費の拡大が続行されたが、しかしそれが、「赤字国債」[12]に依存してのみ可能であったことはもはや周知のことであろう。したがって最後に、③「赤字国債」動向が問題になってくるのは自明といってよい。そこで最初に、（a）一般会計における「公債金」動向（百億円、％）をチェックすれば以下のようである。すなわち、七〇年＝三四（構成比四・二）→七二年＝一九五（一五・二）→七四年＝二一六（一〇・六）→七五年＝二〇〇（九・四）となって推移するから、特に七一年不況と七三年「石油危機」とを画期にして大幅増加につながっていく。その結果、七五年には七〇年の約六倍にも膨張しているのであって、この局面での景気対策がいかに公債によって補完されたかが一目瞭然といってよい。まさに、「景気後退→不況対策→公債増加」という、現代資本主義に特有な、「公債に立脚したスペンディング政策の展開」が特徴的であろう。

第33表　一般会計国債の発行額と依存度の推移（単位：億円、%）

項目	年度	昭和40	41	42	43	44	45
公債発行額	当　初	−	7,300	8,000	6,400	4,900	4,300
	補正後	2,590	7,300	7,310	4,777	4,500	3,800
	実　績	1,972	6,656	7,094	4,621	4,126	3,472
公債依存度	当　初	−	16.9	16.2	10.9	7.2	5.4
	補正後	6.9	16.3	14.0	8.0	6.4	4.6
	実　績	5.2	14.9	13.8	7.7	5.9	4.2

項目	年度	46	47	48	49	50	51
公債発行額	当　初	4,300	19,500	23,400	21,600	20,000	72,750 (37,500)
	補正後	12.200	23,100	18,100	21,600	54,800 (22,900)	
	実　績	11,871	19,500	17,662	21,600		
公債依存度	当　初	4.5	17.0	16.4	12.6	9.4	29.9
	補正後	12.6	19.0	11.9	11.3	26.3	
	実　績	12.4	16.3	12.0	11.3		

（資料）　大蔵省『財政金融統計月報』第289号、6頁より。

この点をふまえて、実際に（b）「国債発行」状況へと進もう。そこで「一般会計国債発行額」（補正後、百億円）の数字を拾っていけば、七〇年＝三八は翌年七一年にはまず一二二へと三倍超に増大するが、しかも次に七二年には二三一となってさらに倍増を遂げる。したがって、最初に、七一‐七二年の「ドル・ショック不況」に直面する中で激増を迫られた事情がよく分かるが、しかしそれだけではない。その後も、七三年＝一八一→七四年＝二一六→七五年＝五四八（**第33表**）という推移で膨張が続くからに他ならず、ついに七六年当初においては七二七という巨額な発行にまで至っている。しかも特に「特例公債」分に注目してみれば、七五年＝二二九→七六年＝五七五となって、それらは発行総額のほぼ半分を占めていく。まさに特筆すべき兆候に違いない。

そうとすれば、先に「歳入における公債金」動向において検出できた傾向が、この「公債発行額」動向からも、その相似形関係において明瞭に検証し得る——と結論されてよい。

以上を集約して、これらの動きを（c）「公債依存度」（補正後、%）という点から総括しておきたい。そこで、「補正後公債発行予定額／一般会計補正後予算」によって算出される「公債依存度」の数値を辿れば、以下のような軌跡が描かれていく。すなわち、四・六→一二・六→一九・〇→一一・九→一一・三→二六・三→二九・九（当初）（**第33表**）と変化する以上、特に「第一次石油危機」以降での依存率上昇が取り分け強く目立つ。まさに、「本格的国債依存体制」の幕開けではないか。

こうして、七〇年代における「公債発行増加＝公債依存度上昇」の明瞭な出現が確認されねばならないが、その構造的基盤に、「七〇年代低成長移行→国債依存型景気対策」という、まさに『現代資本主義』型財政構造」が存在するのは――否定できないことであろう。「低成長路線への政策的対応」と命名可能な所以である。

［3］金融政策　最後に第三は（三）「金融政策」[13]に他ならない。そこで最も基礎的には①「民間金融機関の信用構造」が土台をなすが、その点をまず（a）「資金運用＝資産」構造からみていきたい。最初に（イ）「資金運用総額」（千億円）推移が注目されるが、それは（もちろん負債合計と一致するが）以下のような変動をみせる。すなわち、七〇年＝六三一→七二年＝九四六→七四年＝一二七九→七六年＝一六二一→七八年＝一九三〇→八〇年＝二三〇八となるから、七〇年代を通じた銀行資金運用のその顕著な拡張には何の疑問もない。しかし、その増加率にまで立ち入ってさらに目を凝らすと、七〇年代の進行過程における伸び率テンポの明らかな低下傾向が否定できず、例えば次のような構図があらわれる。つまり、「七〇－七二年間」の増加率が一・五倍、また「七二－七四年間」のそれが一・三倍だったのに比較して、それ以降の「七四－七六年間」・「七六－七八年間」・「七八－八〇年間」の三スパンでは、それが一・二倍へと明白に下降している。いうまでもなく七〇年代低成長の帰結以外ではないが、まずこの増加率基調には注意を要しよう。

この傾向を基本前提としたうえで、次に（ロ）「資産内訳」状況へ進もう。そこでいま、「有価証券」（うち「国債」）

と「貸出金」(うち「手形割引」)を取り上げてその構成比(%)の検出を試みると、以下のような数字が弾き出される。すなわち、七〇年=「有価証券」一一・二(うち「国債」〇・九)、「貸出金」六二・四(うち「手形割引」一八・五)→七五年=一二・五(二・二)、六一・五(一三・〇)→八〇年=一七・二(六・七)、五九・三(一一・六)、という構成になるから、ここからは次のような色彩が浮上してこよう。まず第一は(A)「有価証券」の全体的なウエイト上昇であって、八〇年には一七%を超えている。例えば六〇年代にはせいぜいは一〇%レベルであったから、銀行の対証券業務の進展状況が予想できるが、その点で、この後八〇年代に大きく盛り上がる直接金融ブームの「はしり」が、この七〇年代において徐々に生じ始めていたといってもよい。ついで第二は、もちろん(B)「国債」の目立った増加であろう。この傾向についてはすでに多方面から指摘した通りだが、それが「銀行与信」サイドからも明瞭に確認可能であって、全体として「有価証券」比率が高まる中で、取り分け「国債」投資への構成比向上が目に付く。まさに「七〇年‐七五年‐八〇年」という三観測地点においてそれぞれ倍増をも遂げている。

そのうえで最後に第三として(C)「貸出」の顕著な縮小が否定できず、八〇年にはついに六〇%を割っている。しかも、その中で特に「手形割引」割合の低落基調が明瞭という他ないが、これこそ、先に検出した「有価証券」投資増加の裏面以外ではない。つまり、「商品生産—商品流通」という、いわば『実需』に立脚した取引」から遊離した融資が膨らんでいる結果であって、八〇年代後半から盛んになる「バブル経済」の基盤拡張がみて取れよう。

要するに、「有価証券=ウエイト増」と「貸出金=ウエイト減」という「与信動向」が検出可能になったが、それをさらに両者の(ハ)「増加テンポ」方向からも実証しておきたい。そのために、いま例えば「貸出金・有価証券保有の対前年増加率」(全国銀行、%)の軌跡を追えば以下のようになる。まず一方の「貸出金」が、七五年=一一・五→七六年=一一・二→七七年=九・六→七八年=一〇・五→七九年=六・五→八〇年=七・二と動いて、基本的には明瞭

第34表　銀行の貸出金及び有価証券保有の対前年増加率（単位：％）

年＼項目	貸出金		有価証券		うち国債		うち株式	
1975	11.5	10.9	21.6	15.4	159.7	151.0	9.3	8.0
76	11.2	10.5	26.4	25.2	121.2	181.7	10.3	8.8
77	9.6	8.5	20.2	16.0	44.2	39.9	12.9	9.9
78	10.5	9.7	21.5	19.8	45.4	41.7	13.8	10.0
79	6.5	6.1	10.9	5.5	3.3	△5.1	20.5	20.8
80	7.2	7.1	6.8	3.5	△2.1	△13.6	15.3	16.2
81	10.8	10.5	8.4	3.8	2.7	△5.7	15.3	14.7
82	10.9	10.5	5.0	1.6	0.5	△5.7	11.6	11.9
83	11.1	10.7	7.8	8.1	6.8	10.4	10.9	10.4
84	13.0	12.1	7.0	5.0	△1.9	△3.6	13.4	14.1
85	12.7	14.2	10.0	9.8	△1.7	△2.1	10.2	10.8

各項目の左側は全国銀行、右側は都市銀行の数値。
（資料）『経済統計年報』昭和57年版及び昭和63年版。

にその増加テンポを減じているのに対して、他方の「有価証券」は、二一・六（「国債」一五九・九－「株式」九・三）→二六・四（一二一・二－一〇・三）→二〇・二（四四・二－一二・九）→二一・五（四五・四－一三・八）→一〇・九（三・三－二〇・五）→六・八（二・一－一五・三）というレベルで顕著に高い増加率を示す（**第34表**）。したがって、先にみた「構成比」においてのみならずこの「増加率」方向からしても、「有価証券ウエイトの拡大」[14]基調はいわば曇りなく証明されよう。しかも、さらに立ち入って興味深いのは「国債―株式の相互関係」であって、七〇年代の経過とともに、前者の低下と後者の上昇が目立っており、やがて「バブル経済」へと突入していく、まさにその「前哨的兆候」が垣間みられていく。

そのうえで、「民間信用動向」を次に（b）「資金調達＝負債」構造からも把握していこう。といっても、この「受信面」ではあまり特筆すべき論点はなく、総体的にいって、「借入金ウエイト」の低下が目立つくらいだが、ごく簡単に「負債内訳」（％）をフォローすれば以下の点が一応指摘はできる。まず（イ）「預金」だが、その比率に関しては七〇年＝六五・四→七五年＝六四・三→八〇年＝六六・二という数字が拾えるから、おおむね不変状態である中で若干の上昇をみたといってもよい。その点で、不況環境における企業の資金過剰過程がここに反映している――といえなくもないが、あまり大きな意味は見出し難い。ついで（ロ）「借入金」についてはその比率低下が明瞭である。しかも金額自体も停滞が続くのであって、それは、構成比四・四（金額二八一百億円）↓一・三（二〇〇）↓〇・九（二三一）という図式をなすから、七〇年代全般においては明らかな低下傾向を持続させた。そしてその場合、その原因については、七〇年代低成長に制約された企業投資の停滞が何よりも無視できず、それが、銀行における「資金不足」をそれだけ緩和して、「借入金ウエイト」の低下を結果的に帰結させたのに違いない。

したがってそうであれば、この動向が最終的に（ハ）「日銀借入金」（％、百億円）の低下につながるのは当然であった。事実、それは三・四（二二二）↓一・一（一六〇）↓〇・七（一八三）という経路を進んだから、構成比・金額とも低落基調を辿ったのはまさに一目瞭然であろう。こうして、七〇年代不況が、ここでも「（日銀）借入金依存の低下」という方向から反映しているのである。

以上のような「資産―負債」の基本構造が検出できれば、それに立脚して（c）「オーバー・ローン」状況にも照明が当てられるのはいうまでもない。そこで、この点を以下の三点から検証してみるが、最初に（イ）「預貸率」（％）はどうか。いま「全国銀行」を対象にしてその数値を追うと、七〇年＝九二↓七一年＝九〇↓七二年＝九〇↓七三年＝九三↓七四年＝九四（**第35表**）と動く。したがって、「石油危機」局面での一時的上昇は否定できないものの、六〇年代には一〇〇％をも超過していた事実を考慮すると、この「預貸率」は、七〇年代に入ると明らかに低下傾向に移行したと結論できる。まずこの方向から、「銀行資金不足」の大幅低下が直ちにみて取れるが、そのうえで（ロ）「外部負債比率」（％）もみていくと、次のようになる。すなわち九↓三↓四↓四↓四（ちなみに六〇年代＝八～一〇％台）（**第35表**）という経過が記録される以上、この「外部負債への依存状態」からしても、その程度は基本的

第35表　都市銀行のオーバー・ローンの指標（単位：％）

年　末	預　貸　率		外部負債比率		日銀借入比率	
	全国銀行	都市銀行	全国銀行	都市銀行	全国銀行	都市銀行
昭和36年	96	103	13	22	11	18
38	96	102	10	19	7	12
40	93	99	10	19	5	9
41	92	97	9	17	6	10
42	93	99	8	16	4	8
43	91	96	7	15	4	8
44	91	97	8	16	5	8
45	92	99	9	18 (9)	5	9
46	90	93	3	8 (12)	1	2
47	90	93	4	8 (16)	3	5
48	93	99	4	8 (17)	3	5
49	94	102	4	8	2	3

（資料）　日本銀行『経済統計年報』より。
(1)　カッコ内の数字は売渡手形を含めたもの。

な軽減が確認されてよい。この二指標を土台としてこそ最後に（ハ）「日銀借入比率」（％）がくるが、例えば六一年＝一一↓六三年＝七↓六六年＝六だったのに比較して、この局面では五↓一↓三↓三↓二（**第35表**）などとして進行していくから、「日銀依存性の低下傾向」には何の疑いもあり得ない。こうして、「民間銀行信用構造」における「借入金依存体質」の弱化が明瞭だが、その根底にはまさに「七〇年代低成長化」があった。

続いて②「日銀信用」[15]へと視角を転回させていこう。そこで最初は（a）「日銀信用の増減」（百億円）動向からみていくが、まず（イ）「総計増減」はどうか。そうすればその推移の中に「景気変動との連関」が如実に反映してきているのであって、例えば七〇年＝一一四↓七一年＝△二二七↓七二年＝二〇三↓七三年＝六四五↓七四年＝八一↓七五年＝△九六（**第36表**）という軌道が手に入る。一見して、「ドル・ショック不況」の七一年と「第一次石油危機」に当たる七五年

第36表　日銀信用と国債オペレーション状況（単位：億円）

年度＼項目	日本銀行信用	貸出	債券売買	うち買入国債	買入手形	売出手形
1965	1,120	2,975	△1,855	－	－	－
66	6,701	930	5,624	653	－	－
67	7,790	△1,371	8,850	5,639	－	－
68	4,092	△169	4,098	2,693	－	－
69	9,800	4,269	4,526	2,447	－	－
70	11,444	4,385	8,102	7,018	－	－
71	△21,749	△17,780	△1,501	△1,000	－	△2,000
72	20,373	10,795	△135	△885	7,953	1,875
73	64,510	1,867	26,720	24,962	35,798	125
74	8,176	△2,820	16,017	15,863	△5,021	－
75	△9,601	151	5,701	5,991	△15.453	－

（注）　1）買入国債額は推定。
　　　　2）△は回収、あるいは売却超過を表す。
（資料）　前掲『経済統計年報』昭和53年版：野村総合研究所編『公社債要覧』1976年。

での「回収超過」が明瞭なのであって、「企業投資停滞→銀行与信停滞」を「受動的」に受け止めつつ日銀信用が収縮したこと――がよく分かろう。その限りでは、日銀が景気刺激を目指して意識的に信用供与を拡張させた兆候は検出できないといえるが、ではこのような「縮小基調」は何に起因するのか。それを確認するために、次に（ロ）「貸出増減」にまで立ち入ると、四三→△一七七→一〇七→一八→△二八→二（**第36表**）という数字が拾えるから、やはり、「ドル・ショック期」と「石油危機期」における大幅落ち込みが目立つ。しかも、そのようなクリティカル局面を別にしても、「貸出」は全般的に低落傾向にあると判断する以外になく、その点で、例えば「新金融調節方式発動」や「直接金融拡大」などに立脚して、「日銀信用発現ルートの変質」が進行しつつあるといってよい。まさにバブル型日銀信用への転換点がみて取れよう。

　そのうえで（ハ）「債券売買増減」にも目を凝らすと、以下のように動いた。すなわち、八一（うち「買入国債」七〇）→△一五（△一〇）→△一（△八）→二六七（二四九）→一六〇（一五八）→五七（五九）（**第36表**）として経過したのであり、

第37表　日本銀行主要勘定[1)]（単位：昭和20年まで100万円　昭和25年から億円）

年末	資産					負債	
	貸出金	政府貸上金	国債	その他債券	海外資産	発行銀行券	金融機関預金
昭和年							
10	841	118	729			1,766	112
15	817	2	3,948			4,777	228
20	37,838	11,220	7,156[2)]			55,440	4,159
25	2,690	630	1,367		…	4,220	31
30	447	12	5,536		1,848	6,738	20
35	5,002	−	5,691		3,087	12,341	356
40	16,276	−	9,300	1,571	3,713	25,638	885
45	23,534	−	23,813	4,432	11,232	55,560	2,983
		買入手形					
46	6,808	−	15,430	200	47,979	64,077	2,947
47	21,221	7,159	10,214	759	49,726	83,107	3,735
48	22,195	40,325	22,504	193	37,252	100,991	16,409
49	16,781	41,830	52,501	1,849	34,888	116,678	19,940
50	17,773	23,237	73,945	3,008	35,060	126,171	15,516
51	19,558	25,000	83,642	1,725	36,885	140,200	13,613
52	22,314	30,000	80,911	992	47,860	154,380	12,739
53	26,679	28,500	113,312	440	35,093	177,093	15,400
54	24,421	35,500	132,734	343	24,909	190,686	15,887
55	23,290	32,000	158,351	318	21,893	193,472	26,442

1）昭和10年以前の系列はⅠ－２表を参照。
2）債券を含む。
（資料）『日本金融年表・統計』（東洋経済新報社）197頁。

確かに「ドル・ショック不況期」にはさすがに一旦は減少したものの、その後は直ちに上昇に転じている。しかも、この傾向は、「債券売買」変動の主動力を基本的に担った「国債」についてもほぼ同型とみてよい以上、この局面での「日銀信用」は、取り分けこの「国債オペレーション」を基軸にしてこそ、その増減運動を展開したことが読み取れる。

以上のような基本骨格を押さえたうえで、（b）「日銀勘定・資産状況」（百億円）に進むが、まず（イ）「貸出金」推移は以下のようであった。すなわち、七〇年＝二三五→七二年＝

二二二↓七四年＝一六七↓七六年＝一九五↓七八年＝二六六↓八〇年＝二三二（**第37表**）と動くから、途中で何度か減少を経験しただけではなく、総合的に把握してもその運動テンポは極めて鈍い。その点で、先程から繰り返し指摘している「貸出ルート」の微弱性が改めて確認されるべきであろう。ついで（ロ）「国債」に目を向けると、ここからは、一転してかなり顕著な増加基調が浮上してくる。例えば二三八↓一〇二↓五二五↓八三六↓一一三三↓一五八三（**第37表**）となる以上、「ドル・ショック期」を例外として、総体的にみて極めて大幅な拡張が継続的にもたらされていく。その結果、八〇年には「国債」は「貸出金」の実に六・八倍にもなっているのであり、「国債ルート」の基軸的な定着化がよくわかる。こうして、ここにも「低成長路線への政策的対応」がその顔を覗かせていよう。

しかしその点を認識したうえで、さらに注意が必要なのは、（ハ）「海外資産」の著しい増加という新しい動向に他ならない。いうまでもなく、「金融の国際化」や「通貨危機」[16]あるいは「円切り上げ」などに連関した新しい日銀行動であるが、この「海外資産」は以下のように激しく増加を遂げることになった。つまり、一一二↓四九七↓三四八↓三六八↓三五〇↓二一八（**第37表**）というテンポを発揮するから、八〇年には「貸出金」にまで匹敵するレベルに到達している。まさにこの側面に、「国債」投資と並ぶ「八〇年代日銀信用」の新しい兆候が検出可能といえよう。

それに加えて、「日銀信用」の帰結をなす（c）「銀行券発行」状況にも注意を払っておきたい。最初に（イ）「発行銀行券」（百億円）推移をフォローすれば、例えば次のような軌跡が描かれる。つまり、七〇年＝五五五↓七二年＝八三一↓七四年＝一一六六↓七六年＝一四〇二↓七八年＝一一七〇↓八〇年＝一九三四（**第37表**）として経過するから、確かに大きな増加基調はもちろん否定はできない。しかも、この間で特に伸びが大きいのが七二－七四年という「ドル・ショック不況」局面であることをも勘案すれば、このような銀行券増発が、「不況対策」の一環として「有効需要拡大」との連関を模索された――点も軽視はできないであろう。しかしそのうえで、発券増加率にまで注意を

第38表　マネーサプライ（暦年）（単位：億円）

年末	M_1	現金通貨	預金通貨	M_2＋CD	マネーサプライ末残		
					M_1	M_2＋CD	M_3＋CD
昭和45	213,595	50,978	162,617	542,373	16.8	16.9 （%）	
46	276,931	59,577	217,354	673,982	29.7	24.3	
47	345,261	77,061	268,200	840,405	24.7	24.7	25.0
48	403,115	91,133	311,982	981,885	16.8	16.8	18.8
49	449,512	107,309	342,203	1,094,943	11.5	11.5	13.7
50	499,487	115,786	383,701	1,253,304	11.1	14.5	16.5
51	561,791	128,581	433,210	1,422,487	12.5	13.5	15.4
52	607,867	141,224	466,643	1,580,331	8.2	11.1	13.4
53	689,289	162,590	526,699	1,787,201	13.4	13.1	14.0
54	710,201	170,519	539,682	1,950,129	3.0	9.1	10.8
55	695,727	174,753	520,974	2,089,859	－2.0	7.2	9.5

（資料）　前掲『日本金融年表・統計』173頁。

及ぼせば、七〇年代の過程でその増加率はやはり低下傾向にあるという以外にはないのであって、事実、七〇‐七四年間の伸び率が二・一倍だったのに較べて七六‐八〇年間のそれは一・三倍に落ちているのである。したがって、総合的に整理すれば、七〇年代においても発券量はもちろんかなりの拡大を示して、景気動向への「政策的対処」を確かに遂行はしたが、量的効果としては徐々にその有効性を逓減させつつあった、とこそ集約すべきではないか。

　そこで次に、この「銀行券発行」に立脚する（ロ）「マネー・サプライ」（M_2＋CD、千億円）はどう動いたろうか。いま例えば、その金額推移と対前年比増加率（末残、％）に着目していくと、七〇年＝五四二（一七・〇）→七二年＝八四〇（二四・七）→七六年＝一四二二（一三・五）→七八年＝一七八七（一三・一）→八〇年＝二〇八九（七・二）（**第38表**）という図式が示される。したがって、マネー・サプライ自体としては明らかに継続的増加をみせるとはしても、その増加率運動としては、「ドル危機」遭遇とも連動して七〇‐七二年期に一時急増を実現しつつも、その後は、「石油危機→低成長化」にともなって単調に減少基調を続けざるを得

第39表　資金需給実績（億円）

年	銀行券	財政資金	うち国債	外為資金	日銀信用
昭和45	7,447	−4,865	−6,152	4,466	13,352
46	8,517	23,932	−14,813	43,998	−19,196
47	19,030	−1,101	−15,806	17,397	22,223
48	17,884	−23,224	−12,724	−18,840	57,204
49	15,687	9,585	−13,659	−3,784	16,440
50	9,493	24,010	−31,871	−6,278	−12,078
51	14,029	6,161	−65,930	7,734	12,125
52	14,180	−1,437	−74,488	16,568	18,697
53	22,713	13,302	−112,940	32,369	15,214
54	13,593	8,539	−95,470	−29,645	7,823
55	2,786	19,442	−100,155	609	2,911

（資料）　前掲『日本金融年表・統計』178−9頁。

なかった。そうであれば、マネー・サプライ動向も、結局は銀行券発行とほぼ同型の変動をみせたと判断する以外にはなく、量的水準としては増加を実現しながら、増加テンポは明らかに下降に転じている――と結論する以外にはない。まさに「低成長化」が、「マネー・サプライの伸び悩み」として現象しているわけである。

では、「銀行券―マネー」増加のこのような鈍化を派生させた基盤は何に求められるべきなのであろうか。そこで、その原因の一端を知るために（ハ）「資金需給実績」（百億円）へも一瞥を与えておくと、次のような動向が目に飛び込んでくる。つまり、「財政資金」（うち「国債」）と「日銀信用」とに関してその「散布・引き上げ」超過状況を取り出せば、以下のように動く。つまり、まず一方の「日銀信用」が、七〇年＝一三三→七五年＝△一二〇→八〇年＝二九（**第39表**）というタイプでおおむね「散超」基調なのに対して、「財政資金」は「国債」を中心として巨額の「揚超」で終始し続ける。具体的には、△四八（△六一）→二四〇（△三一八）→一九四（△一〇〇一）（**第39表**）という具合で進行するから、「財政資金」総体としては「散超」に転じた以後も、「国債」発行をルートにして、極めて巨大な「資金引き上げ」が継続していったわけである。

要するに、「国債発行」がまず何よりも大幅な「揚超」をもたらし、それが、結局最終的には、「発券量―マネー・サプライ」を鈍化させた――という図式こそが明瞭ではないか。

最後に、以上のような通貨条件が③「物価動向」[17]へとどのように帰着したかを総合的に集約しておきたい。最初にまず（a）「卸売物価指数」（総平均、一九八〇年＝一〇〇）から追うと、七〇年＝五〇・〇→七二年＝五〇・三→七四年＝七四・三→七六年＝八〇・六→七八年＝八二・九→八〇年＝一〇〇・〇（**第40表**）として経過するから、一見して、「第一次石油危機」を挟む七四年での急上昇と、同じ「第二次石油危機」期に相当する八〇年における騰貴、とが直ちに目に付く。その結果、この一〇年間でちょうど二倍になったことがわかるが、そのうえで、この二年間隔区分毎の上昇率（％）を算出すれば、それぞれ〇・六→四七・七→八・四→二・八→二一・〇という図式になろう。やはり、二度のオイル・ショック期において鋭い騰貴が確認できるのが自明なだけでなく、全体的にみても一定の高い上昇レベルが否定できまい。その点で、例えば六〇年代などとはその様相を異にしているのであって、七〇年代における「卸売物価の上昇基調」には大きな注意を要する。

第40表　物価指数

年	卸　売	消費者
70	50.0	42.3
71	49.5	44.9
72	50.3	46.9
73	58.2	52.4
74	74.3	65.2
75	76.3	72.9
76	80.6	79.7
77	83.3	86.1
78	82.9	89.4
79	87.0	92.6
80	100.0	100.0

（資料）　前掲、三和・原編『要覧』36頁。

ついで（b）「消費者物価指数」（総合、八〇年＝一〇〇）はどうか。まずその推移をフォローすると、四二・三→四六・九→六五・二→七九・七→八九・四→一〇〇・〇（**第40表**）という数値が拾えるから、やはり二度の「石油危機」が消費者物価を大きく押し上げている構図は、卸売物価の場合と変わらない。そこで、もう一歩詳細にその内容を知るために、先ほどと同様に二年間隔の増加率（％）を算出してみると以下のようになる。すなわち、七・六→一〇・八→三九・〇→二二・二→一二・一→一〇・八という数字を呈するのであって、「第一次石油危機」局面での極端な騰貴程度が特に目立とう。その点で、消費者物価の面でも卸売物価とほぼ同型だといってよく、七〇年代での全般的な高水準型継続の中でも、取り分け「石油危機」期での「異常な騰貴状況」がやはり明瞭であろう。

このような「卸売―消費者物価」両者の個別的検出をふまえて、最後に「物価動向」全体を（c）それらの「相互関係」面からも総括しておきたい。そこでまず第一に（イ）「物価上昇根拠」であるが、それは、――先に確認した通り――「ドル・ショック」期対策に立脚した「発券量―マネー・サプライ増加」要因の基盤上に、さらに、「資源制約＝石油危機型コスト上昇」が付加された結果――だとまずいえる。そしてそうだからこそ、「第一次石油危機」後の「総需要抑制策」発動期になると、物価上昇スピードはむしろ落ち着いてくるのであり、物価上昇ピークは越えられていくわけであろう。したがって、物価上昇に果たす、「通貨要因」と「コスト要因」との、その「重層的作用度関連」こそが重要だと思われる。

ついで第二は（ロ）「両物価指数」の「位置関係」に他ならない。その場合、両者のおおまかな位置関係図式化を試みれば、それは、七〇年代前半＝「卸売物価の顕著な上昇」に対して七〇年代後半＝「消費者物価の顕著な上昇」、として構図化可能である。換言すれば、まず「卸売物価」が「先行的」に上昇した後に、次に「消費者物価」が「後追い的」に上昇を始める――という「時間差的運動」こそが進行したといえよう。そうであれば、第三は（イ）その「時間差・根拠」だが、それは以下のように把握可能である。すなわち、「資源制約型コスト上昇」と「マネー増発誘引性」という「基盤的要因」は、何よりもまず、企業レベルでの「生産・流通過程」に作用して、「企業間関係次元」での「卸売物価」に影響を及ぼすのであり、しかる後に始めて、それが次に、消費者レベルでの「購買・消費過程」

において効果を発揮することを通して、最終的には、「企業―消費者関係次元」での「消費者物価」として発現をみる――という把握、これである。まさに「卸売物価↓消費者物価」の連鎖に他ならないが、この構図に即しながら「七〇年代型物価上昇」は進行したといってよく、そこにこそ、「高度成長型」とは区別される、「物価上昇パターン」の新型が検出可能なように思われる。

Ⅲ　景気変動――スタグフレーション型循環の展開

［1］「七一年不況」期　最後に、この七〇年代を景気変動過程[18]に即して動態化しておきたい。そこで第一は（一）「七一年不況」であるが、最初に①その「背景」を視野に収めておこう。

まず（a）その「契機」が問題となるが、周知の通り、六五年不況を脱した後、日本経済は七〇年半ばまでいわゆる「いざなぎ景気」と称される長期好況を持続させてきた。しかし、六九年九月の公定歩合引上げを契機として企業金融の逼迫と企業間信用の拡大が生じ、そしてそれを引き金として、景気上昇は一転しつつそのテンポを緩めることになった。まさにそこから、七〇年夏以降、在庫の急増と稼働率の低下がその進行スピードを速めて生産停滞を強め、その結果、長期好況が終了し、日本経済は不況転換に見舞われていくこととなる。

ついで（b）この「七一年不況」の「特徴」を探ると、以下の三点が目立つことはいわば通説といえよう。すなわち、（イ）「長期持続性」――通常はほぼ一年半程度で終了する不況が、今回は七一～七二年に渡って長期化したこと、（ロ）「深刻性」――景気下落程度が大きく、例えば「鉱工業生産の対前年比増加率」は、六二年不況＝八・四％、六五年不況＝三・七％だったのに比較して、七一年は二・六％に止まったこと**（第1図）**、（ハ）「物価上昇率の上昇」――深い不況と高レベル物価上昇とが並存し、「第二次高度成長期」（年率五・五％）を大きく上回る、七〇年＝七・七％

第１図　景気変動諸指標

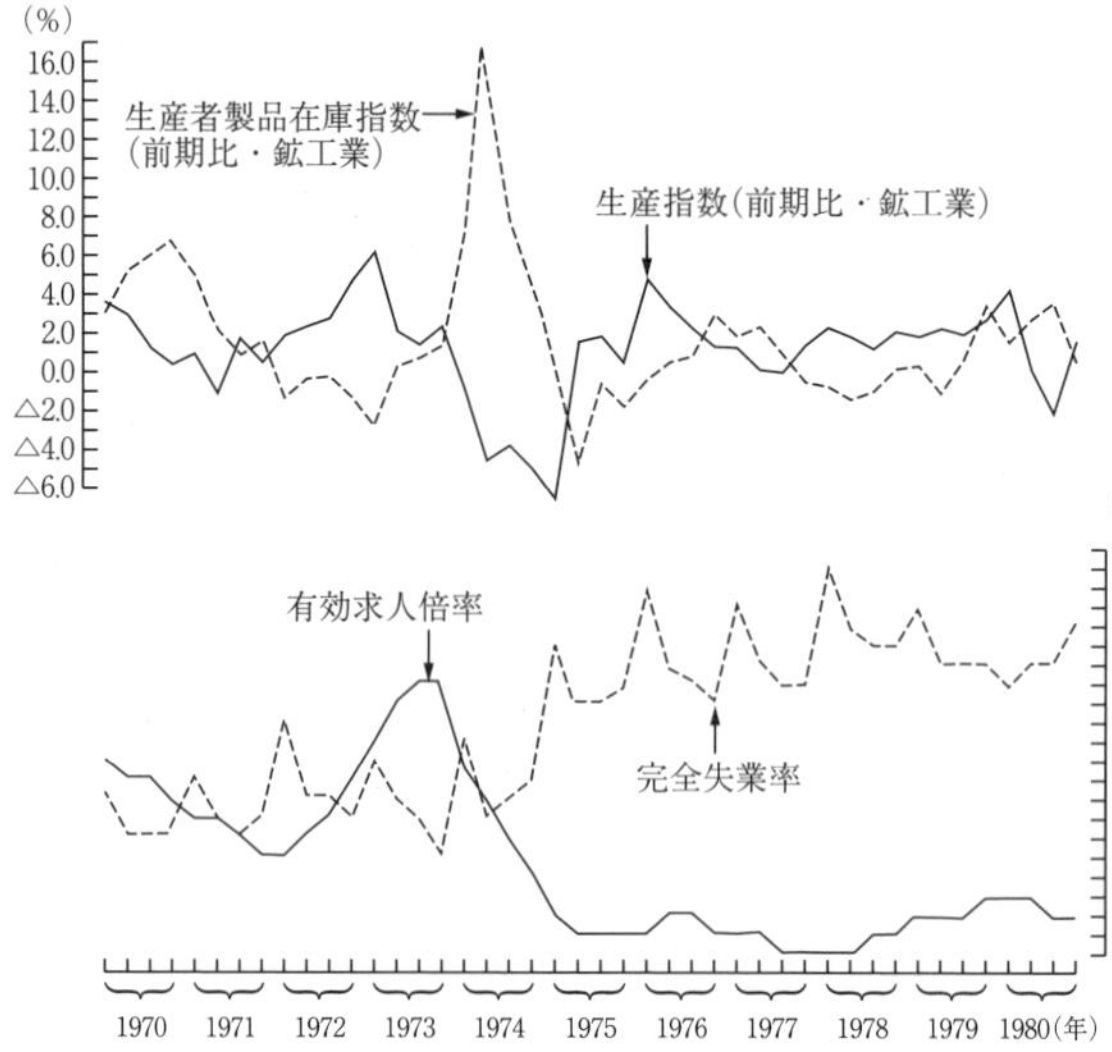

（資料）　経済企画庁調査局編『経済変動観測資料年報』、
日本銀行調査統計局『主要企業短期経済観測年報』。

↓七一年＝六・一％という高い消費者物価騰貴を記録したこと、これである。こうしていくつかの側面に変質が生じて、「七〇年代型の新しい景気変動過程」が出現し始めたとみてよい。

そのうえで（c）「七一年不況」の「原因」はどう整理可能であろうか。まず最初に（イ）その「直接的原因」だが、それが、何よりも先に指摘した「六九年九月の公定歩合引上げ」にあるのはいうまでもない。それは、五・八四％↓六・二五％（**第２図**）という中規模の引上げであって景気転換の基本的引き金をなしたから、その点で「政策不況」ともいわれたが、しかしこの不況の実質的な理由はさらにその深部にこそあった。そこで次に（ロ）その「実質的原因」だが、それが「資本の過剰投資」に求められるのは当然である。この点に関しては繰り返し検討した通りであるが、一方では、労働市場の逼迫が、生産性を上回る賃金上昇＝労務費上昇を生み出

第２図　物価と公定歩合

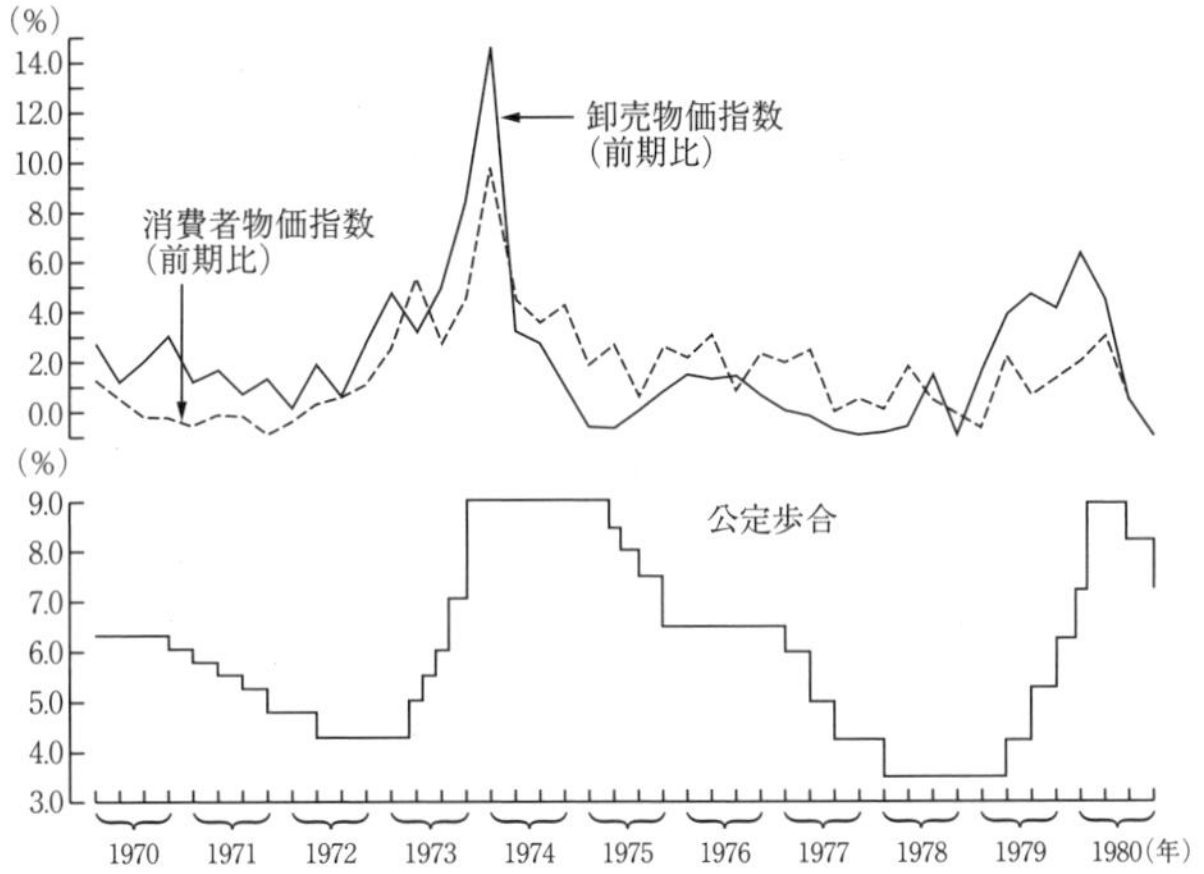

（資料）　日本銀行調査統計局『経済統計年報』。

すとともに、他方では、投資拡大が、「資源制約」とも相まって過剰生産力＝稼働率の低下を必然化させた。そうなれば、まず前者の論理が派生させる「労務費上昇」によって「利潤量・収益率低下」がダイレクトに帰結すると同時に、次に後者の論理が招来させる「稼働率低下」を通して「売上高伸び悩み」が進行していく——のは一目瞭然であった。

そしてこれらをさらに加速するものとして（ハ）「外部的原因」が位置づけられていこう。いうまでもなく「ＩＭＦ体制崩壊に起因する輸出停滞」であるが、「ドル・ショック＝円切り上げ」にともなって七一年後半に輸出停滞が発現し、それが加速的な不況要因を形成した。

こうして、「七一年不況」は、「累積的過剰蓄積」という「構造的要因」と、「ＩＭＦ崩壊」という「戦後世界枠組要因」との、まさに「体系的複合性」に立脚してこそ発生した不況であった。その点で、不況脱出は単なる景気刺激策によってはもはや困難というしかなかった。

以上の構図を前提として、次に②「内容展開」へと移ろう。そこでまず（ａ）その「性格」を提示しておけば、この「七一年不況」に直面して、「企業」と「国家」とは、不況脱出に向けてかなりドラスティックな方策の追求・実施に動く。(19)というのも、いま指摘した通りこの不況が「体系的複合性」に起因している以上、その克服に際しては、七〇年代型の「新基軸」が進行する以外にないからであり、それが七〇年代型「景気変動の形態変化」に接合する。

では最初に（b）「企業の対応」はどうか。さて、このような複合的性格をもつ「七一年不況」に対して企業は概略として以下のような対応行動を取った。すなわち、第一は（イ）「独占的操作行動」であって、不況カルテルの認可・延長が広範に実行されるとともに、そこから、生産制限と価格引上げとが強力に追求されていった。そのうえで第二は（ロ）「設備投資の現実的抑制」に他ならず、いまみた生産調整の実体的土台として設備投資の実際的な抑制が図られていく。そうであれば、それが他面で（ハ）「雇用調整」**（第1図）**に結びつくのは当然といってよく、事実、「常用雇用指数増減」は七一年＝〇・七％→七二年＝△一・九％→七三年＝〇・三％となってマイナスに転じている。要するにいわゆる「減量経営」といわれる企業対応形態以外ではないが、この局面で、企業がかなりラジカルな対応に踏み切ったことが分かろう。

そのうえで次に（c）「国家の対応」に目を移すと、いわゆる「調整インフレ政策」がその基軸をなす。その場合、ここでの「調整インフレ政策」とは、一面での「不況対策」と、他面での「円切り上げ回避策」との合成効果を指向する政策系を意味するが、それは概ね以下の三側面からなる断面図をもつ。つまり、（イ）「日銀券拡張」――「金・ドル交換停止」にともなう大量のドル流入とその円交換が進んだ結果、例えば七一年には「外貨資金」の項目から実に四兆三九九八億円もの日銀券が発行されたといわれる。ついで、この動向の上に（ロ）「公定歩合の引下げ」が実行される。具体的には、公定歩合は、七〇年一〇月（六・二五％→六・〇〇％）から七二年六月（四・七五％→四・二五％）に至るまで六次にわたって引下げられたのであり**（第2図）**、その結果、「ドル流入―円転換」とも相まって企業の過剰流動性を形成していった。

それに加えて、（ハ）「拡張型財政政策」も進行をみる。というのも、七〇年度の補正予算以降は「列島改造予算」に至るまで、一般会計・財投ともに、公共事業費を中心として景気刺激が遂行されたからに他ならず、財政ルートを通じても景気刺激が発動された。こうして、財政・金融政策を媒介にして、政府は「調整インフレ政策」型対応を展開していく。

以上のような対応を条件にして、③ようやく「回復局面」を迎えるといってよい。つまり、まず最初に（a）その「移行」を確認しておく必要があるが、景気は七二年から上昇過程に入り、ほぼ七三年全般にわたって好況基調で推移した。事実、実質ＧＮＰの対前年比伸び率は七一年＝四・七％→七二年＝九・〇％→七三年＝八・八％（**第1図**）という高いレベルに回復したから、長期不況はようやく終了に至る。しかしこの好況は以下のような制約を免れ得ず、したがって、これ以降の日本経済に大きなツケを残さざるを得なかった。すなわちその「制約」とは、（イ）この好況が「ドル・インフレ」に立脚したいわば「世界同時好況」の一環である点、そのため（ロ）それが「世界シンクロ型二桁インフレ」を伴っていた点、それらに規定されて（ハ）この好況が「二年間」という超短期のものに止まった点――これら三点であり、総合的にみて、この好況が「国際通貨危機」と連動した極めて脆弱なものであったことが、否定できまい。

そのうえで（b）「実態」はどう理解可能であろうか。その場合、何よりも注意を要するのは、「景気回復と円切り上げ防止」のために発動された「インフレ政策」の副作用であって、この危険な「調整インフレ政策」の結果、巨大な通貨供給量の膨張が進行した。その具体的な数値はすでに詳細にフォローした通りだが、メカニズム的には、一つには、「外為会計・貸出・手形買入れ」という「日銀ルート」を通した日銀券増発と、もう一つには、「一般会計・財投・公共事業費」という「財政ルート」を媒介にした資金撒布とによって、インフレ・マネーの急増が進んだ――といってよい。まさに「インフレ通貨」の膨張以外ではないが、さらにこれが、企業の手元流動性を極端に高めたことはいわば当然であった。

そこで最後にその（c）「帰結」を集約すると、結局以下のように整理できよう。つまり、繰り返し指摘してきたように、過剰蓄積の下で企業は停滞を継続しつつあった以上、企業はこの過剰流動性を土地・株式へ投機的に運用する以外になかったうえに、さらに商社は一般商品をも投機対象として操作したから、その帰結として、猛烈な価格暴騰を避け得なかった。

要するに、このような二桁インフレ状況の下でも、製造業稼働率はあまり上昇せずにむしろ逆に供給制限が進行した程であったから、総体的には、「価格機構―資本蓄積」関係が明らかにその変質に直面した――と理解される以外にはない。まさしく、資本投資における、その基本的「脆弱性」の発現であろう。

まさにこの点こそが、「調整インフレ」によって辛うじて実現された「七二―七三年インフレ好況」の「帰結」であった。換言すれば、これこそこの「好況」の基本的「制約」なのであるが、何よりもこのような脆弱な地盤の上にこそ、「石油危機」が勃発していくのである。

［2］「マイナス成長」期　そこで続いて第二は（二）「マイナス成長」期であるが、まず①その「転換」から入ろう。最初に何よりも（a）「契機」を確定しておくことが必要だが、異常な物価上昇を伴った好況過程も、さし当り七三年第Ⅳ四半期にはそのピークに到達する。そして、そこから急角度の景気反転が出現し、翌七四年には戦後初のマイナス成長へと落ち込んでいくことになった。ついで（b）その「転化過程」の「特徴」が注目されるが、過去の不況への転換プロセスと比較して、今回の特徴としては特に以下の三点が目立つように思われる。すなわち、（イ）まず

第一にはその「屈折度と下落度の大きさ」が際立つ。というのも、この期間に、国民総生産・鉱工業生産ともに絶対額で「マイナス」にまで落ち込んだからであって、単に「増加率低下」には止まらない「絶対額低下」もが記録されたといってよい（**第1図**）。まさに戦後初の「マイナス成長・生産パニック」であった。ついで（ロ）第二は「下落期間の持続性」に他ならず、生産落ち込みの継続期間が実に一年以上も続いた点が注目されよう。具体的には、「鉱工業生産前期比」および「製造業総売上高前期比」の両方が、七四年第Ⅰ四半期から七五年第Ⅰ四半期まで継続的に下落したのであり、長期間の落ち込みが特徴的なわけである。そしてさらに（ハ）第三として、「物価の継続的上昇」が指摘されてよい。つまり、従来の景気後退にあっては、物価上昇率は鈍化ないしマイナス化するのが通常であったのに反して、この局面では、その継続上昇こそが逆に検出できた。事実、七四年にも二桁上昇（消費者物価上昇率二四・五％、卸売物価上昇率三一・四％）が続き、むしろ七三年水準（一一・七％、一五・八％）よりも大幅に上回った（**第2図**）。要するに、典型的な「不況と物価高との並存」であろう。

そうであれば、最後に（c）その「性格」が問題となるが、それが、「不況下の物価上昇」現象として整理可能なのはいうまでもない。いわゆる「スタグフレーション」[20]の発現といってよく、資本主義の「景気―物価」構図はまさに新たな局面に差し掛かったわけである。まさしく「スタグフレーション型循環の展開」以外ではあるまい。

そのうえで、②この「不況下の物価上昇」運動の「原因」へと進もう。そこでまず（a）第一原因は政府の「総需要抑制策」に他ならないが、その第一側面は（イ）「金融引締め過程」であろう。すなわち、まず公定歩合面では七三年から引締め局面に入り、七三年四月から一二月にかけて都合五度の引上げが実施された結果、最終的には九％という戦後最高レベルにまで達した（**第2図**）。それに加えて、次に預金準備率も四次にわたって引上げられたから、そこから短期金利も上昇に転じ、最終的には、それに連動して七三年末にはコール・レートが一二％という高水準を刻んだ。しかも、この公定歩合九％はその後七五年四月まで長期に渡って継続された。

ついで第二側面は（ロ）「財政緊縮化」に他ならないが、それは「緊縮予算」発動となって現れる。つまり、インフレ対策の方面から、一部公共事業の「契約・執行の繰り延べ」が実行された他、七四年度予算自体も「非常時型緊縮予算」という色彩を強く纏う結果にならざるを得なかった。事実、一般会計の対前年度伸び率は一九・七％に切り詰められたし、さらに特徴的には、焦点をなす公共事業費伸び率が見事に〇・〇％へと圧縮をみたといってよい。

こうして（ハ）「総合面」から集約すると、金融・財政両面からする抑制作用がまさに総合的に展開されていった。つまり、金融政策は七三年四月から七五年四月まで二年にわたって引締め基調が続いたし、また財政政策は、七三年度の公共事業抑制と七四年度の緊縮予算発動とが実施されたわけであって、これまでの「調整インフレ政策」は「総需要抑制策」へと転換した。

そのうえで次に（b）第二原因が「石油危機」自体にある点は自明であろう。すなわち、この「石油危機」が、まず一面で、企業の便乗値上げを刺激しつつ物価全体を強力に押し上げる作用を発揮したとともに、次に他面で、それが派生させた、産油国への急激な「所得移転」が企業と家計に対して大きな所得削減効果をもたらしたから、その帰結として、「不況と物価上昇との並存」が進行したのも当然であった。換言すれば、「エネルギー費用の上昇を製品価格に転嫁する」という、いわゆる「新価格体系」への移行過程が開始されたわけであり、こうしてこの「石油危機」が「スタグフレーション」の加速要因をなした。

そして最後に、（c）第三原因として「インフレ的景気の矛盾的反作用」そのものが指摘されてよい。すなわち、企業は「インフレ的好況」の中で過剰流動性を主として「土地・株式・一般商品投機・対外投資」などで運用したが、これは、生産実体過程で利潤を形成するものではなく、新たに資金を創造するものではなかった。したがって、一方で「物価上昇の加速化」をもたらす企業行動が、他方では「生産的投資―実体的資本蓄積の拡大」には決して連動しない――という連関運動が進行していった以上、この「連鎖過程」からは、「物価騰貴」と「不況発現」とが合成されて表面化してくる以外になかった。その点で、「インフレ的好況」過程こそが、「スタグフレーション」を自ら作り出したといってもよい程なのである。まさに「矛盾的反作用」という以外にはないと整理されるべきであろう。

最後に③「不況下の物価上昇」の「帰結」が総括されねばならない。以上で確認した通り、この「不況下の物価高＝スタグフレーション」は、「総需要抑制策・石油危機・インフレ的好況の反作用」という三側面の、まさに複合的帰結であった。そして「構造的過程」だっただけにその衝撃は大きく、一種のパニックをともなうものであったが、しかしその影響度の大きさを「石油危機―世界同時不況」に還元してはならないのであって、その根底に、何よりも「七〇年代日本経済の構造変化」があることにくれぐれも注意が必要だと考えられる。

〔3〕「長期不況」期　そして最後に第三こそ（三）「長期不況」[21]局面に他ならない。そこで最初に①その「導入プロセス」が前提となるが、まず（a）その「契機」はどうか。さて、「ゼロ成長」を記録した「マイナス成長」期はようやく七五年第Ⅰ四半期に底を打ち、そこから「マイナス成長」の脱出が始まっていく（**第1図**）。つまり、マイナス成長からの回復が一応進むが、その回復力は極めて微弱という他はなく、従来の「不況脱出過程」のような、短期間で好況局面と交替して行くというパターンは望むべくもなかった。むしろ、明確な景気回復が検出されないままに、局面的には不況が継続しつついわば「長期不況」化を呈する。

そこで、この「異常な長期不況」の（b）「特徴」が直ちに問題となるが、それはさし当り以下の三点に整理可能といってよい。すなわち、まず一つ目は（イ）「長期的性格」であって、七五年第Ⅰ四半期からの「マイナス成長」が脱出局面をも含めて、今次の不況は七四年以降実に五年にも亙った（**第1図**）。まさにその点で、その「長期性」がことさら目を引く。そのうえで二つ目は（ロ）その「深刻的性格」であろう。その場合、不況的指標として特に突出しているのは「失業—倒産」であり、したがってこの不況は、大量の失業**（第1図）**と多くの企業倒産を随伴させた、文字通り深刻な不況と性格付けられる以外になかった。そして最後に三つ目こそ、（ハ）「物価上昇の併存性」に他なるまい。というのも、長期不況下でいうまでもなく膨大な「需給ギャップ」の発生が当然進行したが、それにもかかわらず物価は持続的に上昇を続けた——からであって、「不況と物価上昇との併進」は止むことがなかった。

こうして、「不況の長期性」・「不況の深刻性」・「物価上昇との同時性」という三論点が、この「長期不況」の特徴だといってよいが、そう考えると、この三点は、すでに検討した、「七一年不況」および「マイナス成長」の特徴とほぼ同じであることが直ちにみえてこよう。そこで、（c）その「相互関連」が重要になるが、それについては以下のように整理可能だと思われる。つまり何度か指摘したように、日本経済は七〇年代の入り口で「七〇年代型構造」への転換を遂げたのであり、その基本構造の局面展開としてこそ、「七一年不況→マイナス成長→長期不況」という景気過程が進行した——と図式化されてよい。したがって、当面の「長期不況」が、先の二フェーズと同様な特徴を提示するのはむしろ当然だし、ヨリ積極的にいえば、それらの特徴を最も典型的かつ強烈に発現させることにならざるを得なかったわけである。まさにこの「長期不況」こそ、他の二不況局面の「集大成」[22]だと集約できよう。

そのうえで②その「進行過程」へ進むと、最初に何よりも（a）「減量経営」の作用が大きい。つまり、企業は、——繰り返し指摘した如く——雇用拡大を図りつつ自ら生産力を高めて「実体的」に資本蓄積を展開していく能力と意志とを喪失し、いわゆる「減量経営」に転じていたから、その進展が自ずと不況深化に帰結するのは当然であった。なぜなら、具体的には、基本的に以下のようなロジックが発現したからである。すなわち、景気回復刺激剤として「財政支出拡大」と「輸出増加」が発生し、そこから、その外的需要の増加によって一定程度の生産拡大が一応は進行したとはしても、「減量経営」スタンスに制約されて、ごく短期間のうちにむしろ過剰在庫を抱え込むに至り、その結果、結局は減産に追い込まれざるを得なかった――からに他ならない。こうして「長期不況」が継続していく。

ついで（b）「物価上昇の足かせ」が無視できまい。つまり、七五年第Ⅳ四半期以降、一つは、アメリカの景気回復に連動した「輸出増加」と、もう一つには「財政金融緩和策」とによって、景気回復の兆候が現れてくるが、しかし、この「わずかな」回復とともに物価が直ちに上昇に転じてくる**（第2図）**。まさにそれに制約されて、それ以上の景気対策は抑制されざるを得なかったから、景気回復も足踏みを余儀なくされて、結局は「景気停滞」が続いた。

そして、まさにその帰結こそ（c）「在庫の過剰化」であろう。すなわち、いくつかの外生的需要の増加によって生産の一定の回復が進むものの、それが物価上昇を伴ったものであるかぎり短期間のうちに「過剰在庫」を発生させ**（第1図）**、その結果、景気は再度低迷に落ち込んだ。まさに生産増加が短期的スパンで過剰在庫をもたらし、そこから、企業は直ちに減産に追い込まれていったのである。こうして、七六－七七年を通じて、「生産停滞―景気低迷」こそが持続する他なかった**（第1図）**。

最後に、③「微弱な回復と再転換」局面をフォローしつつ八〇年代への接続にも触れておこう。そこで、まず（a）その「契機」から入ると、すでに検討した長期不況以降も、例えば実質ＧＮＰなどのマクロ的基本指標をみるかぎり大きな変化は検出はできないものの、それでも、ミクロ次元の企業行動に焦点を当てた場合には、若干の上向きベクトルが一応はみて取れる。すなわち、七八年中頃から、一つには製造業での設備投資が増加するとともに、二つとしては求人関係などの雇用情勢にも幾分かの改善傾向が進行していく**（第1図）**。しかしその盛り上がりは極めて弱々しく、その点で、「微弱な景気回復」といわざるを得なかった。

したがって直ちに、この「微弱な回復」の（b）「特徴」が問題となるが、それはさし当り以下の四点にこそ集約されてよい。つまり、（イ）「微弱性」——経済成長率が五％台に止まっている（**第1図**）ことからも明瞭なように、景気回復パワーが微弱であること、（ロ）「引締め政策との併存性」——「第二次石油危機」と重なったため、物価対策としての、財政抑制政策および金融引締め政策と「同居」せざるを得なかったこと（**第2図**）、（ハ）「超短期性」——「抑制型・財政金融政策」に制約を受けて極めて短期に内需が下方転換したため、景気は直ちに後退を迎えたこと、（ニ）「深刻性」——一定の内需回復にもかかわらず、「企業倒産・完全失業者」はいぜんとして高水準を維持し、景気後退後には再度増加したこと（**第1図**）、これである。まさしく、「物価上昇—景気刺激」間のディレンマに困惑するその姿が一目瞭然であろう。

そうであれば、その「本質」は結局次のように整理することが可能だと思われる。具体的には、まず第一に（A）企業は、自律的な蓄積能力を減退させているため、その行動は、国家政策や海外要因に極めて敏感に影響を受け易かったし、次に第二に（B）政府は、物価対策と財政赤字危機とに強制されて、すでに景気回復初期から「引締め政策」を発動せざるを得なかった——という、それぞれの「独特な行動パターン」が顕著に表れたと構図化できるといってよい。まさにこれら二つの「命題」からこそ、最終的に第三として（C）「集約点」が以下のように設定されていく。つまり、この局面での「微弱な回復」は、「不徹底な過剰資本整理」・「財政危機」・「石油危機」という三条件に規定されて、その回復力が弱く、しかも短期間で後退してしまったという特性（**第1図**）を呈したが、そうであれば、その意味で、それは、「『スタグフレーション下』における景気回復」の、まさにその一つの「典型例」をこそなしたのだ——と。

そこで全体の総括として、（c）「八〇年代への転換」について展望を与えておきたい。さて最初に（イ）その「経過」だが、いまみた通り七八年央から「微弱な回復」が垣間みられたが、それは七九年に入ると「景気政策の抑制型転換」によって直ちに打ち消される。通常であれば、景気回復初期には、その上昇エネルギーをサポートするためにいうまでもなく金融緩和と財政支出拡大とを打ち出すはずだが、今回の回復に際しては、回復初期であるにもかかわらずむしろ景気抑制策発動にこそ舵を切った。具体的には、七九年四月から八〇年三月までに、五次にわたって公定歩合が引上げられて、わずか一年の間に三・五%から九・〇%へと急上昇を遂げた（**第2図**）。その結果、通貨供給量の大幅制限が実現されたのは当然であったが、しかしそれだけではない。それに加えて、財政面からの抑制も強まり、一般会計当初予算伸び率も圧縮され、七九年度＝一二・六%→八〇年度＝一〇・三%と切り詰めが続いていった。

その場合、このような「回復初期における抑制化」はまさに「異例の措置」だという以外にはないが、しかし当局に、以下のような（ロ）「理由＝懸念」があった点もまた否定できない。すなわち、（A）「第二次石油危機」に対応した「原油価格大幅上昇」への懸念、（B）「不生産的投資活動」への依存性を強めた「企業行動」への懸念、（C）大量国債発行に起因する「潜在的インフレ圧力」への懸念――これであって、このような「懸念」の中に、「七〇年代日本資本主義の構造変質」が内包されていることは、もはや周知のことといえよう。

そこで最終的に、（ハ）こう「総括」可能ではないか。つまり、まさにこのような七〇年代の到達点としてこそ、日本の景気対策スタンスが、「不況対策重視型」から「物価対策重視型」への転換を開始し、そこから、それを基本基盤として「激動の八〇年代」へと接続していくのだ――と。

（1）拙稿「第二次高度成長と景気変動過程」（『金沢大学経済学部論集』第二八巻第一号、二〇〇七年）。
（2）「資本投資」の詳細は、大島清監修『総説日本経済』3、東大出版会、一九七八年をみよ。
（3）海外投資の現状に関しては、小島清『日本の海外直接投資』（文眞堂、一九八五年）を参照せよ。

(4)「企業収益」について詳しくは、前掲、大島監修『総説日本経済』3、一三八－五五頁をみよ。
(5)資金調達については、宮田美智也『管理通貨制度と資本蓄積』(晃洋書房、二〇〇五年)を参照のこと。
(6)財投に関しては、吉田・小西『転換期の財政投融資』(有斐閣、一九九六年)を参照のこと。
(7)「雇用・賃金」の現状については、前掲、大島監修『総説日本経済』3、第四・五章をみよ。
(8)賃金動向の詳細は、山本潔『日本の賃金・労働時間』(東大出版会、一九八二年)をみられたい。
(9)貿易構造に関しては、石崎昭彦『日米経済の逆転』(東大出版会、一九九〇年)を参照のこと。
(10)この日米摩擦については、佐藤定幸『日米経済摩擦の構造』(有斐閣、一九八七年)をみよ。
(11)財政政策に関して詳しくは、大島監修『総説日本経済』2(東大出版会、一九七八年)、武田・林編『現代日本の財政金融』Ⅲ(東大出版会、一九八五年)、が基本的に参照されるべきである。
(12)赤字国債の現状と問題点に関しては、中島将隆『日本の国債管理政策』(東洋経済新報社、一九七七年)、和田八束『日本財政論』(日本評論社、一九七九年)、が問題指摘の点で優れている。
(13)金融政策の詳細については、前掲、大島監修『総説日本経済』2、前掲、武田・林編『現代日本の財政金融』Ⅲの他、石見徹『日本経済と国際金融』(東大出版会、一九九五年)を参照のこと。
(14)このような「変化」に関しては、前掲、宮田『管理通貨制度と資本蓄積』第七章をみよ。
(15)日銀信用については、鈴木淑夫『日本経済と金融』(東洋経済新報社、一九八一年)、鈴木『日本の金融政策』(岩波新書、一九九三年)、が参考になる。特に「国際視点」が優れている。
(16)この点の詳細は、下平尾勲『円高と金融自由化の経済学』(新評論、一九八七年)を参照せよ。
(17)物価動向は、原薫『わが国の現代インフレーション』(法政大出版局、一九九一年)に詳しい。
(18)景気変動過程に関しては、大内力編『現代の景気と恐慌』(有斐閣選書、一九七八年)、中村隆英『日本経済』(東大出版会、一九七八年)、鈴木・公文・上山『資本主義と不況』(有斐閣選書、一九八二年)、武井・岡本・石垣編著『景気循環の理論』(時潮社、一九八三年)、をみよ。

(19) この局面の過程については、前掲、宮田『管理通貨制度と資本蓄積』一二〇－三五頁をみよ。

(20) スタグフレーションに関しては、例えば鎌倉孝夫『スタグフレーション』(河出書房新社、一九七八年)が参考になる。さらに、このスタグフレーションが現代資本主義においてもつ意味について体系的な考察を加えたものとして、大内力『国家独占資本主義・破綻の構造』(御茶の水書房、一九八三年)がある。何よりも「現代の危機と解体」が鮮明に表現されていよう。

(21) その具体的過程に関しては、前掲、鈴木他『資本主義と不況』二七一－八四頁を参照のこと。

(22) この点をも含めて、スタグフレーションの「本質」については、前掲、大内『国家独占資本主義・破綻の構造』第二部をみよ。そこからもこの「集大成」の意味が確認できる。

第五章　バブル経済の形成と景気変動過程

はじめに

前章(1)では、「ドル・ショック―石油危機―スタグフレーション」に彩られた七〇年代の低成長期を分析対象に設定して、その低成長経済過程が、総体的には何よりも、「景気変動機構の構造的転換」フェーズを担った点が明らかにされた。すなわち、日本資本主義は、「第二次高度成長」の資本蓄積的帰結を主要因にしつつ現実的には「資源制約」に掣肘されて、七〇年代には低成長経済への転換を余儀なくされたが、この「低成長転換」に規定された、「物価上昇と不況の同時進行」という「スタグフレーション型・景気変動パターン」の現出こそが解明をみたといってよい。まさに「低成長型景気変動タイプ」の発現である。

その点で、現代日本資本主義は、この七〇年代に、二次に亘って展開された「高度成長型景気変動」とは質的に異なる景気変動機構を進行させたとみてよく、したがってそこに、――別の機会に検討するように――現代日本資本主義における一つの「体制的構造変化」が確認可能だが、しかし周知の通り、八〇年代後半から日本経済はさらなる変容をみせる。いうまでもなく「バブル経済の形成」に他ならず、歯車はもう一段階の展開ピッチを刻む。換言すれば、「低成長型景気変動タイプ」はこのバブル景気によって「なし崩し的」に再編・解消されていく以外になかった以上、考察の舞台はついで、八〇年代後半からの「バブル経済」へと移る。本章が「バブル経済の形成と景気変動過程」を分析対象にする所以である。

そうであれば「バブル期景気変動分析」の考察視点が直ちに問題となるが、汗牛充棟の観を呈する「バブル経済論」にあって、本章の考察視点は取り分け次のような疑問に立脚している。すなわち、通常「バブル経済」といった場合、その基本構図としては、「プラザ合意→円高不況懸念→信用拡張」によって創出された「過剰資金」が、低成長化に起因して余儀なくされた「設備投資停滞」という条件下で、金融自由化に伴う「投資手法拡張」に引きずられて、主に株・土地投資に集中的に向けられた結果、株価・地価などの資産価格が、経済のファンダメンタルズ水準を超過して膨張した現象――として理解されるが、このような「資産価格主軸論」では、例えば以下のようなポイントが軽視されざるを得ない。

すなわち、①「資本蓄積過程」――設備投資・生産・成長率などの基本指標動向、②「資本―賃労働関係」――雇用・賃金・利潤率という労資対立構造、③「対外経済関連」――輸出入・経常黒字・資本流出入などの対外的側面、④「財政・金融作用」――国家財政・民間信用・日銀信用からなる財政金融メカニズム、⑤「景気変動パターン」――従来の「高成長タイプ」および「低成長タイプ」との、景気変動機構上の構造的比較、に他ならない。したがって、通説的な「資産価格主軸説」に基本的な錯誤があるというのではないが、バブル期・日本経済の特質を構造的に解明することを通して「バブル型景気変動機構」を鮮明化するためには、何よりも、この「資産価格主軸説」のさらなる構造化がなお不可欠だと思われる。

そこで、このような認識に立脚して本章では、上記の五論点を重視しつつ、八〇年代後半の「バブル経済の形成」を、いわば「資本蓄積主軸説」に力点を置いて解明していきたい。

Ⅰ　資本蓄積――設備投資のバブル型膨張

［1］投資構造　そこで最初に、「資産価格」動向に過剰に惑わされることなく、バブル経済[2]への移行を、何よりも第一に（一）「民間投資」[3]の面から確認していこう。そうであれば、この民間投資を主導した①「設備投資」がまず見定められねばならないが、一つ目として（a）その「基本動向」を前提的に確かめておく必要がある。このような方向から取りあえず（イ）その「概況」はどうか。すでに前章で立ち入って確認した通り、七〇年代日本経済はドル・ショックと二度の石油危機を織り込みながら低成長路線への転換を余儀なくされ、その結果、設備投資も――絶対額はともかくその増加テンポとしては――基本的には足踏み状態を脱し得なかった。その点は、産業計の設備投資額（一〇億円）推移において明瞭であって、例えば六〇年代高成長期には一九六一－六五年＝七四六九→六六－七〇年＝一四二三七と倍増の勢いを示したのに比較すると、七〇年代に入ると、七一－七五年＝二五七六二→七六－八〇年＝三八一八〇という水準でスローテンポへと転じる。しかも内容的にも、高度成長の「ツケ」といえる七〇年代での公害激発に対応した――いわば「不生産的」な――「公害防止型設備投資」のウエイトが上昇するのであるから、七〇年代設備投資の総合的活発性はさらにそのレベルを落とそう。

しかし八〇年代を迎えると、設備投資を巡る状況は再度その基調を変える。すなわち、八一－八五年＝五七七三一→八六－九〇年＝七七八二八という数値が拾えるから、八〇年代における設備投資の旺盛さが目立つといってよく、したがってその意味で、八〇年代こそはまさに「設備投資・拡張局面」以外でなかった点が一目瞭然なのである。通常、バブル経済期に当たるこの八〇年代は、株価・地価高騰に「のみ」過剰なスポットライトが当てられ勝ちだが、さらに、それと並行して、設備投資がまさしく急拡張を遂げた側面にも重大な注意を払っておきたい。

第1表　主要業種の設備投資動向

（単位：％）

業種＼年度	1984	1985	1986	1987	1988	1989 修正計画	1989 (当初計画)	1990 計画
全産業	9.9	6.4	1.9	△0.1	18.9	15.0	10.6	5.9
製造業	19.4	7.6	△9.4	△6.3	27.3	27.2	15.6	2.7
基礎素材	3.4	9.2	△0.9	△5.7	19.9	23.3	11.9	△0.3
鉄鋼	△27.3	△1.6	0.7	△24.3	8.3	31.9	26.7	15.1
石油精製	2.9	9.1	2.9	0.5	18.5	48.3	29.0	△7.7
石油化学	8.8	3.3	19.0	18.3	56.7	17.8	15.4	△13.0
紙・パルプ	55.0	35.6	△9.9	30.0	21.7	6.1	△12.3	2.4
セメント	△4.7	15.6	1.7	11.9	8.3	31.4	8.9	△22.7
加工組立	33.4	6.6	△15.3	△7.2	33.3	29.8	18.4	5.6
一般機械	50.1	△15.7	△10.3	△3.4	38.2	30.8	16.6	0.1
電子機械	67.4	△10.9	△29.7	10.7	47.4	30.0	25.9	△8.5
電気機械	21.1	△10.5	△12.0	0.8	29.6	33.6	31.8	△10.4
自動車	11.9	37.3	△6.9	△16.7	24.7	25.7	12.3	8.5
非製造業	3.1	5.5	11.0	3.8	13.8	6.5	7.1	7.4
(除く電力)	17.1	10.6	10.0	12.9	25.6	9.4	12.6	7.7
電力	△7.9	0.6	12.0	△3.7	1.9	2.3	1.1	7.1
ガス	4.5	1.5	11.4	△4.7	8.5	15.9	10.9	△8.0
小売	2.8	△7.7	18.4	18.2	42.5	11.9	13.4	4.9
リース	17.7	15.7	9.2	11.7	25.3	9.9	14.6	9.5

（注）　1989年度、当初計画は通商産業省産業政策局編『主要産業の設備投資計画』平成元年版21頁より。

（資料）　通商産業省産業政策局調査課監修『経済動向月報』1989年12月号。

このような大まかな概況的動向をふまえて、次に（ロ）設備投資・増加率にまで立ち入っていこう。そこで、「全産業」を対象にして、年度毎の設備投資増加率（％）を追えば、以下のような数字が刻まれる（**第1表**）。つまり、まず「八五年プラザ合意↓円高↓円高不況」の影響を受けて、一旦は、八四年＝九・九↓八五年＝六・四↓八六年＝一・九↓八七年＝△〇・一という伸び悩み傾向に陥るが、ついで、この八七年をボトムとしてそれ以降は大幅な増勢へと転換していく。例えば八八年＝一八・九↓八九年＝一五・〇というレベルで二桁水準の増加を呈するのであるから、バブル形成の渦中で、「消費拡大・企業収益増加」に牽引された「内需拡大型バブル景気」に伴って、設備投資もまさに急増加した構図――が明瞭であろう。要するにこの方向からしても、

第２表　先進国のGNP（GDP）需要項目別寄与度

（単位：％）

	1986年	1987	1988
アメリカ			
実質GNP	2.7	3.7	4.4
個人消費	2.5	1.8	2.2
民間設備	△0.4	0.5	1.0
純輸出	△0.7	0.4	1.1
EC			
実質GDP	2.6	2.7	3.1
個人消費	2.1	2.3	2.1
固定投資	0.7	1.0	1.3
純輸出	△0.9	△1.2	1.0
日本			
実質GNP	2.5	4.5	5.7
個人消費	1.7	2.4	2.8
民間設備	1.0	1.5	3.1
経常海外余剰	△1.4	△0.6	△1.9

（資料）　経済企画庁『世界経済白書』本編、平成元年版、32頁、38頁、375頁より。

バブル期が他面では設備投資拡張局面でもあった事実が、明白に実証されてよい。

そのうえで、この「バブル期における設備投資拡張」の意義を、念のため（ハ）「ＧＮＰ需要項目別寄与度」（％）の断面からも一応の傍証を与えておきたい。いま、八六・八七・八八年の三年間に関して、その「実質ＧＮＰ」を「個人消費・民間設備・経常海外余剰」という「需要項目」にまで分解したうえでその「寄与度」の推移を辿ると、以下のような図式が発現してくる。つまり、八六年ＧＮＰ＝二・五％、個人消費＝一・七％、民間設備＝一・〇％、経常海外余剰＝△一・四％→八七年＝四・五、二・四、一・五、△〇・六→八八年＝五・七、二・八、三・一、△一・九（**第２表**）という経過に他ならないから、バブル景気に対する通説的理解からするとやや「意外な」構図を目にすることになる。というのも、バブル景気が本格化する特に八八年からは、「民間設備」こそがＧＮＰを牽引し押し上げる主因になっていくからであって、株価・地価騰貴に起因した資産効果型消費拡大こそがバブル景気の原動力だ――とする通常のバブル理解がやや不正確なことが分かろう。もちろん八六 - 八七年のバブル前半期にはやはり「個人消費」の寄与率が高いから、通説を全面的に否定する必要はないが、しかし、この「個人消費」をいわば引き継いでバブル景気を本格化させたその決定的ファクターが「民間設備」にこそあった点だけは、決して軽視されてはなるまい。まさに「設備投資のバブル型膨張」以外ではないが、この点の軽視という点で、「通説型」把握にはやはり一定のバイアスがあろう。

その点からやや極言すれば、「バブル景気＝設備投資主導型景気」といってもよい程だが、それは他の先進国との比較によってもさらに明確となる。いま例えば、アメリカとECとを比較対象に置くと**（第2表）**、まず前者の「民間設備」寄与度推移は△〇・四↓〇・五↓一・〇という低水準で動くし、次にそれよりはやや数値の大きな後者においてさえ高々〇・七↓一・〇↓一・三に止まる。したがって、日本の八八年＝三・一％というレベルは先進国中でも明らかに突出しているのであり、ここからも、「バブル景気における設備投資の基軸性」は明白といってよい。

以上のような「基本動向」をふまえたうえで、ついで二つ目に（b）「業種別・設備投資動向」**（第1表）**に目を転じていこう。そこでまず（イ）「製造業―非製造業」という大区分に即して設備投資・増加率（％）をみていくと、何よりも、製造業における「激烈な乱高下」と非製造業における「着実・安定的な拡大」――という、極めて異質な傾向的推移が目に飛び込んでくる。すなわち、八四年＝製造業一九・四―非製造業三・一↓八五年＝七・六―五・五↓八六年＝△九・四―一一・〇↓八七年＝△六・三―三・八↓八八年＝二七・三―一三・八↓八九年＝一五・〇―六・五という経過に他ならないから、一見して、八七 - 八八年を画期とする、製造業での「急降下と急上昇」という変化と、非製造業での、ほぼ一貫した持続的上昇運動とが、曇りなく確認可能だといってよい。したがって、産業部門別・設備投資動向に関する最初の特徴的構図としては、取り敢えず、このような「製造業―非製造業」間における、いわばアンバランス的進行こそが注目に値しよう。

ではこのようなアンバランスの根拠はどこにあるのか。その点を知るために、次に（ロ）これら両セクター内部の動きにまで立ち入っていこう。そこでまず「製造業」を、「鉄鋼・石油化学」などの「基礎素材」と、「電子機械・自動車」などの「加工組立」とに細分してその変動を追うと、前者が三・四↓九・二↓△〇・九↓△五・七↓一九・九↓二三・三となるのに対して、後者に関しては三三・四↓六・六↓△一五・三↓△七・二↓三三・三↓二九・八という数字が手に入るから、前者に比べた、後者の激動性の極端な大きさがまず一目瞭然といってよい。もちろん前者の乱高下も決して小さいとはいえないが、後者の前ではもはや微々たるものにみえる以上、結局、製造業での乱高下の主因がこの加工組立部門にこそある点――はいずれにしても否定し得ないところであろう。そしてその原因が、「八五年プラザ合意＝円高」が、輸出産業の中軸としてのこれら加工組立部門に甚大なダメージを与えた結果、これら部門での設備投資動向に過激な「乱高下現象」をもたらしたこと、に帰着するのはいわば自明だと思われる。事実、この加工組立部門のチャンピオンといえる「電子機械」と「自動車」では、それぞれ、六七・四↓△一〇・九↓△二九・七↓一〇・七↓四七・四↓三〇・〇および一一・九↓三七・三↓△六・九↓△一六・七↓二四・七↓二五・七となったから、八五―六年円高局面を分水嶺として、設備投資水準の「高水準↓激落↓急回復」という「典型的上下運動」が、それこそ絵に描いたように発現したことが分かる。

そのうえで非製造業の内部構成（**第1表**）に移ると、ここでの焦点は何よりも「電力」にこそ求められる。というのも、この非製造業・設備投資が押しなべて順調な進展を呈する中でこの電力だけがやや足踏み状態を脱し得ないからであって、例えばそれは△七・九↓〇・六↓一二・〇↓△三・七↓一・九↓二・三という低レベルで呻吟を続ける。そしてその場合、この電力停滞の背景としては、七〇年代以降から目立ってくる、電源開発立地の環境的制約・公害問題噴出への反発・石油危機対策に起因した省エネ化などが直ちに指摘可能だが、いずれにしても、七〇年代低成長期にあって辛うじて設備投資水準を支えた「電力」が、ここにきて停滞へと転じた点は特に印象的だといってよい。事実、この「電力」以外では、「小売」（二・五→△七・七→一八・四→一八・二→四二・五→一一・九）などが堅調である他、「リース」（一七・七→一五・七→九・二→一一・七→二五・三→九・九）という新型業種における拡張も顕著であって、結局、「除く電力」という括りで改めて「非製造業」設備投資増加率の集計を試みれば、一七・一→一〇・六→一〇・〇→一二・九→二五・六→九・四という図式こそがみえてくる。要するに、電力の特殊事情を除けば、非製造業・設備投資は極めて着実な足取りを辿ったと結論でき、その意味で、バブル景気の重要な構成要因を形成した。

このような動向を前提にすると、（ハ）その全体的「特質」は最終的には以下のように整理されるべきであろう。すなわち、まず第一は、八〇年代半ばの円高局面を変局点として、（特に製造業において）設備投資の「下落―急騰」のコントラストが明瞭であって、「景気―設備投資」の連動性が明確といえる。ついで第二として、バブル期における設備投資・増加率の大きさが特筆されるべきであり、――通説とはやや違って――バブル景気を支えた基本的要因としての「設備投資の決定性」が決して無視し得ない。そのうえで最後に第三に、「電子機械を中心とする加工組立」の増加率が突出していたこれまでの局面とは異なって、このバブル期には、設備投資の増加がほぼ全業種に及んでいるとみてよく、いわば「全天候型」と称される所以でもある。つづめていえば「設備投資エネルギーの再開」である。

では、バブル経済におけるこのような設備投資の活発性は何を目指したものだったのであろうか。その点を知るために、続いて三つ目に（c）「設備投資の投資動機」（**第1図**）へと進むが、最初にまず（イ）「基本状況」を確認しておく必要がある。そこでいま「設備投資動機構成比の時系列推移」（％）を立ち入ってみていくと、全体としては、「内需拡大を中軸とした景気拡大の長期化」というバブル景気の構造がまず色濃く読み取れよう。すなわち、まず何より

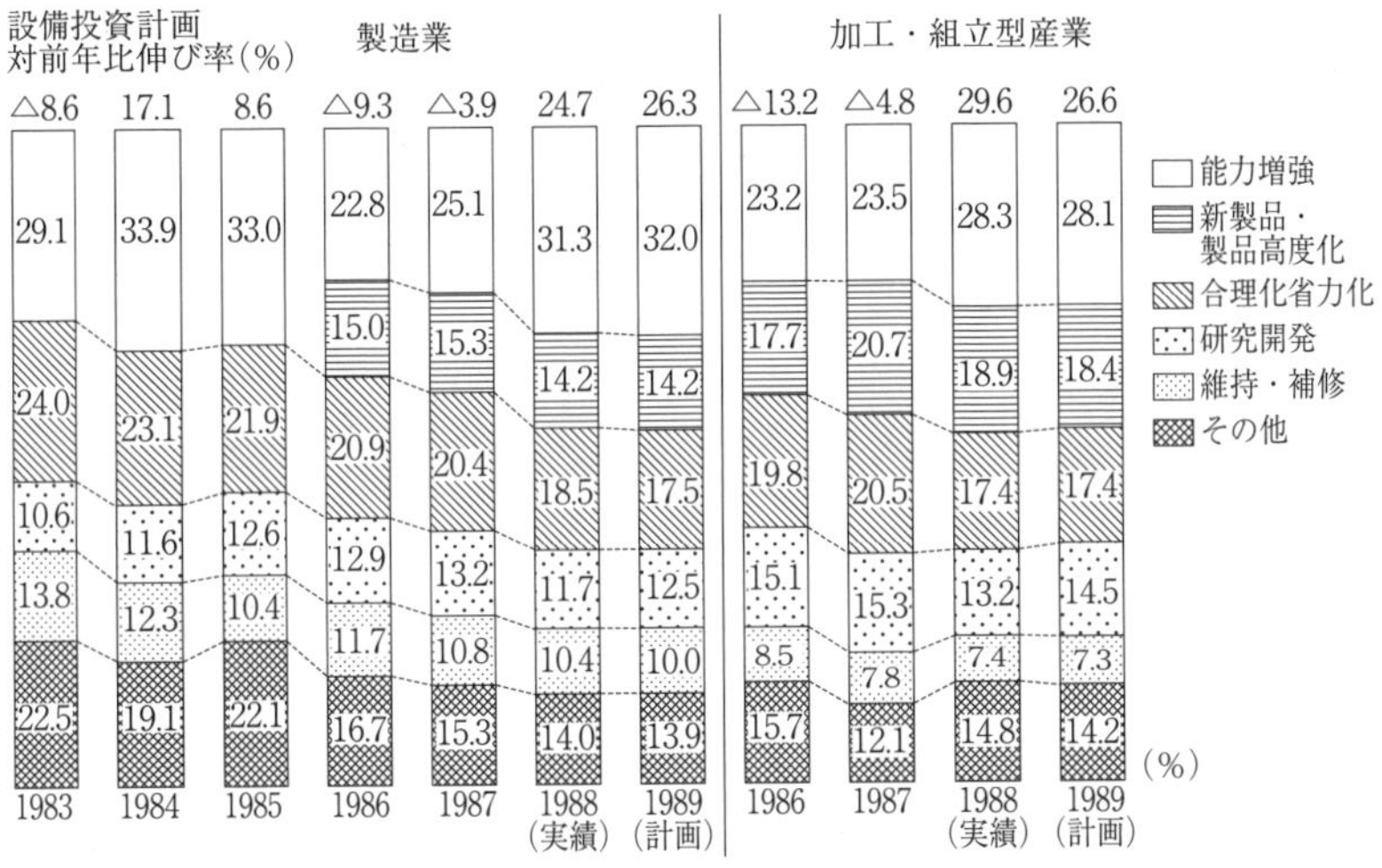

注）　1．1986年度の□は量的拡大を目的としたもの、87年以降は、既存製品サービス等に係る量的拡大を目的としたもの。
　　　2．1986年度の▩は製品高度化を目的としたもの。
（資料）　日本開発銀行『調査』第137号、1989年10月。

第1図　設備投資動機構成比の時系列推移

も顕著なのは「能力増強」動機の旺盛さであって、それは、円高不況に直面して八四年＝三三・九↓八五年＝三三・〇↓八六年＝二二・八と一旦は下落するものの、不況対策・購買力回復の浸透にともなう内需拡大とともに、バブル進行に対応して再度上向きに転じていく。事実、八七年＝二五・一↓八八年＝三一・三↓八九年＝三二・〇という急テンポで拡大を示すのであるから、先に確認した、このバブル局面における設備投資拡張の基本動機＝目的が、取り分け「能力増強」にこそあった点にまず疑問の余地はない。こうして、「内需拡大型・長期景気拡大」が現存の生産能力に量的制約を生じせしめ、それが「能力増強」指向的設備投資を促したわけであろう。その点で、「生産的進展」を含有した設備拡大動機がそこに確認されてよい。

しかもさらに重要なことは、（ロ）「投資内実」としては、このいわば「ヨコ方向」への「能力増強」が、いわば「タテ方向」への「新製品・製品高度化」動機と結合して進行したことであろう。というのも、円高不況克服後、この「新製品・製品高度化」動機が八六年＝一五・三→八七年＝一五・三→八八年＝一四・二→八九年＝一四・二と着実な経過を呈するからに他ならず、したがってその意味で、バブル期の設備投資拡大が、生産能力の「質的・量的」両面からする拡大に裏付けられた、まさに「前向き・積極的」なものだったこと――が一目瞭然なわけである。そしてこの傾向はさらに、「合理化省力化」の顕著な減少（二三・一→二一・九→二〇・九→二〇・四→一八・五→一七・五）および「研究開発」の増加基調（一一・六→一二・六→一二・九→一三・二→一一・七→一二・五）という二側面からも傍証されるといってよいから、総合的に判断して、「生産拡大」型設備投資意欲図式は揺るがない。この点の軽視の面では、通説型のバブル理解には難点が残る。

しかしその場合に注意が不可欠なのは、（ハ）「投資機構」の面でも、このような「生産能力増進型」投資にはいわゆる「情報化投資」が包含されているという「現代的事情」であって、それが単純に「生産現場型投資」に解消されては決してならない。それは具体的には、後に九〇年代以降に全面展開する、コンピューター技術に立脚した「ME化・NC工作機械導入・FMSシステム化・CAD／CAM体系・POSシステム」という、総じてFA化（Factory Automation）およびOA化（Office Automation）という形をとるが、例えば、日本開発銀行調査では、八八年度の「情報化投資比率」は三一・六％（情報関連機器製造設備投資比率＝二〇・〇％、同導入設備投資比率＝一一・六％）と計測されているし、また通産省アンケートによれば、情報化関連比率が一〇％以上の企業は八三年＝一一・九％→八八年＝一五・二％→八九年＝一九・七％と急上昇を示しているのである。そうであれば最終的に、このバブル期の設備投資拡張は、「情報化・研究開発」に立脚しつつ「製品高度化」を目指す、本格的な「生産能力増進型」だったと整理される以外にはない。まさにバブル型設備投資の「現代的機構」であろう。

以上のような「バブル型設備投資」動向に立脚したうえで、次にその土台上で展開した②「生産・成長率」の運動へと進もう。そこで最初に一つ目に（a）「生産」から入ると、まず（イ）「実質国民総生産」（一〇億円）が大前提をなす。いまざっとその推移を追えば、八三年＝三一六→八五年＝三四二と順調に伸張してきたGNPは円高不況に直面して八六年＝三五二→八七年＝三六七とまず一旦は足踏みに移る。しかしバブル局面に入ると再度盛り上がりに転じて、それ以降は八八年＝三九〇→八九年＝四〇九→九〇年＝四二九と拡大基調を明確にした。その点で、生産の最も大枠を形成するGNP次元において、このバブル期がその目立った拡張期に相当していたことが、まず否定できまい。まさに経済実体そのものが増幅しているのである。

それを前提としつつ、ついで（ロ）「鉱工業生産」（一九八五年＝一〇〇）動向への視点集約を試みると、以下のような経過で、特に八七年以降のバブル局面での急上昇が目立つ。すなわち、八七年＝一〇三・二→八八年＝一一三・〇→八九年一～三月＝一一九・四→同四～六月＝一一九・六→同七～九月＝一一九・六（**第3表**）という数値が拾えるから、この三年足らずの間に実に一五％以上の拡大をみせたこと――具体的には八七年／八六年＝三・四％増→八八年／八七年＝九・五％増→八九年／八八年＝五・二％増――になる。したがって経済実体面での実質的拡充が確認されざるを得ない以上、「資産価格膨張重視型」バブル理解は、ここでもまた一定の修正を余儀なくされるというべきであろう。

そのうえで、バブル局面でのこのような「鉱工業生産」の伸びをもう一歩具体化して、（ハ）「投資財―消費財―生産財」という「特殊分類」にまで細分化するとどのような構図が発現してくるだろうか（**第3表**）。そこでこれら三者の推移を辿ると、まず「投資財」が、八七年＝一〇三・二→八八年＝一一五・三→八九年＝一二五・四となってその増加率は四・〇％→一一・七％→九・二％という高水準を記録するし、さらに「生産財」も、一〇三・一→一一三・九→一二〇・九と動きその結果四・五％→一〇・五％→四・九％レベルの高い増加率数値を残している。したがってまずこの方向からして、このバブル期での生産拡大基盤が、経済実体そのものを支える土台としての「投資財・生産財」セク

第3表　業種別鉱工業生産の推移

（1985年＝100）

	1987	1988			1989			1987/1986	1988/1987	1989/1988
			7～9月	10～12	1～3	4～6	7～9			
								%	%	%
鉱　工　業	103.2	113.0	113.7	115.8	119.4	119.4	119.6	3.4	9.5	5.2
製造工業	103.2	113.1	113.9	116.0	119.6	119.6	119.8	3.4	9.6	5.2
鉄　鋼	96.3	105.0	105.7	105.3	106.3	107.1	107.0	2.0	9.0	1.2
非鉄金属	107.6	114.2	115.8	116.8	120.3	121.6	122.7	7.6	6.1	6.0
金属製品	103.2	111.0	110.5	110.8	115.6	116.6	116.4	3.5	7.6	5.3
機械工業	103.8	118.2	119.1	123.6	127.5	127.9	128.4	3.7	13.9	7.8
(除、船舶・鉄道車両)	105.1	119.6	120.6	125.0	128.8	129.3	129.4	4.7	13.8	7.3
一般機械	95.9	110.3	110.7	115.4	122.4	120.9	121.1	0.3	15.0	9.4
電気機械	113.7	132.3	133.8	138.2	140.3	143.7	141.2	9.1	16.4	5.5
輸送用機械	96.8	105.5	105.3	110.9	113.5	113.6	118.2	△1.3	9.0	12.3
(除、船舶・鉄道車両)	101.5	109.9	109.7	115.1	117.3	118.0	120.7	2.4	8.3	10.0
精密機械	105.4	114.1	116.4	118.1	124.0	115.5	118.6	0.9	8.3	1.9
窯業・土石製品	100.3	109.6	110.6	111.0	112.4	114.8	114.6	3.6	9.3	3.6
化　学	111.1	120.4	121.7	123.0	129.1	128.4	125.3	7.7	8.4	3.0
（除、医療品）	106.3	114.0	114.8	116.5	119.2	121.4	120.3	5.2	7.2	4.8
石油・石炭製品	92.9	96.7	96.2	100.6	97.5	101.1	101.5	△3.6	4.1	5.5
プラスチック製品	106.7	113.3	113.8	114.5	116.2	118.2	118.1	4.8	6.2	3.8
パルプ・紙・紙加工品	109.2	118.7	120.8	122.1	124.9	127.4	129.2	6.0	8.7	7.0
繊　維	94.4	94.5	94.4	94.2	94.3	93.5	94.4	△1.6	0.1	0
食料品・たばこ	101.9	103.6	103.6	104.4	108.8	102.2	103.2	0.8	1.7	△0.4
その他工業	103.9	109.8	112.2	109.0	113.5	114.0	116.1	3.2	5.7	3.5
木材・木製品	106.0	104.4	103.5	102.7	106.7	106.0	104.0	5.6	△1.5	0.5
その他製品	102.3	118.6	132.1	111.4	129.0	124.8	136.8	△0.1	15.9	3.6
特殊分類										
投　資　財	103.2	115.3	114.8	118.3	124.8	124.1	125.4	4.0	11.7	9.2
資　本　材	102.2	116.6	116.0	121.7	128.1	127.0	128.9	3.2	14.1	11.1
(除、輸送機械)	106.5	122.0	121.7	126.3	132.5	132.9	131.6	6.2	14.6	8.1
建　設　財	105.5	112.0	111.9	110.2	116.2	117.4	116.7	5.7	6.2	4.3
消　費　財	103.2	109.1	110.4	111.3	113.8	112.2	111.6	1.1	5.7	1.1
耐久消費財	101.5	108.8	110.4	112.4	112.1	113.1	111.3	△0.8	7.2	0.8
非耐久消費財	104.5	109.4	110.4	110.4	115.2	111.6	111.9	2.6	4.7	1.4
生　産　財	103.1	113.9	115.2	117.1	119.1	121.1	120.9	4.5	10.5	4.9

(注)：1）前年比は増減率（%)、△印はマイナス。　2）1989/1988は7～9月の比較。
(資料）通産省『通産統計』より。

ターにこそあった事実が明白といってよい。そしてこの点は逆に「消費財」動向からも証明できるのであり、例えばそれは、一〇三・二→一〇九・一→一一六・七（増加率一・一%→五・七%→一・一%）という低い伸びに止まっているかぎり、この「消費財」がバブル局面での生産拡張基盤を形成したとはとてもいえまい。むしろ逆に「消費財」生産は停滞基調が明瞭なのである。

そうであればやや意外な印象を強くしよう。というのも、通説型のバブル理解では、株価・地価騰貴による「資産効果」によって個人消費が拡大し、それがバブル活況を盛り上げた――とされ易いが、現実の数字は、むしろ「消費財」生産の伸び悩みこそを語っているからに他ならない。たしかに、バブル期には「消費の個性化・多様化・差別化」が進行し、その結果、「少品種・大量生産」型から「多品種・少量生産」型への転換が促進されたのは周知の通りだが、しかし、そのような「消費の質的変化」と「消費の量的構成」とは別のことなのであって、バブル局面での生産拡張の基盤があくまでも「投資―生産」面にあった点は決して軽視されてはならない。ここでも「バブル理解」の一定の修正が必要であろう。

このようなバブル期「生産」の基本動向を前提にしつつ、ついで二つ目に（b）「業種別生産動向」**（第3表）**へと進もう。そこでいま「業種別」に区分してその「鉱工業生産」図式に立ち入ると、そこからは概ね以下の三点がその特徴として浮かび上がってくる。すなわちまず第一は（イ）「大区分レベル」における「増加グループ」であって、例えば次の三業種が該当するといってよい。つまり、「非鉄金属」（増加率、七・六%→六・一%→六・〇%）・「機械工業」（三・七%→一三・九%→七・八%）・「化学」（七・七%→八・四%→三・〇%）に他ならず、これらはいずれも、先にその拡大率の大きさを確認した「投資財・生産財」に当てはまる以上、バブル期生産拡大が何よりも「設備投資主導型」であった点がここにも明瞭に反映していよう。次に第二に、反対に（ロ）「停滞グループ」の存在も無視できず、具

第４表　経済成長率

（%）

（年）	経済成長率（実質）
74	－1.4
75	3.2
76	4.0
77	4.4
78	5.4
79	5.6
80	－
81	2.8
82	3.1
83	1.9
84	3.3
85	5.6
86	4.7
87	4.3
88	6.9
89	5.2
90	4.7

（資料）内閣府『国民経済計算年報』。

体的には「繊維」（△一・六%→〇・一%→〇%）や「食料品・たばこ」（〇・八%→一・七%→△〇・四%）及び「木材・木製品」（五・六%→△一・五%→〇・五%）などがここに分類可能だが、これらが全て「消費財」関連である点は明白であろう。その意味で、すでに検出した、「消費財」生産の伸び悩み傾向がはっきりと表れ出てきている。

そのうえで第三として、「増加グループ」の焦点をなす（ハ）「機械工業」内部にも興味深い特徴がみて取れる。つまり、「電気機械・輸送用機械・精密機械」三者の独特な増加率動向であって、まず「電気機械」は、九・一%→一六・四%→五・五%という安定した推移で経過するからその着実な伸張が確認可能だが、その着実性の背景に、民間所得上昇に裏付けられた「内需拡大」型のバブル景気進行があったことは周知のことであろう。ついで「輸送用機械」だが、――そこから「船舶・鉄道車両を除いた」――特に「自動車」に注目すれば、二・四%→八・三%→一〇・〇%という数値が刻まれる。その場合、この軌跡が二面的特徴をもつ点が重要であって、一つとしては、円高影響が残るバブル前半では主に輸出停滞に制約されて増加率が小さいこと、そして二つとしては、内需拡張が進んだバブル後半では主に国内需要に刺激されて増加率が大きいこと――が検出できよう。したがって、ここでもバブル局面からの基本作用が無視できない。そのうえで最後は「精密機械」だが、この部門が輸出依存セクターであることは周知であり、まさにこの性格からして当然に、その増加率は〇・九%→八・三%→一・九%と大きく落ち込む。こうして「機械工業」も決して一様ではなかった。

そこで「生産」分析の最後に、以上の動向が三つ目に（c）「成長率」の側面から集約されねばならない。そこで「実質経済成長率」（**第4表**）の推移を辿れば、以下のようないくつかの興味深い傾向が目に飛び込んでくる。まず第一は（イ）「八〇年代前半期」であるが、このフェーズでは数年に亙って「成長率・低位化」が進行していく。すなわち、日本経済は第二次石油危機の打撃から急速に回復して七八年＝五・四％→七九年＝五・六％という成長率を実現したのも束の間、八〇年代に入ると、インフレ予防を睨んだアメリカの高金利実施とそれに同調する国際的高金利進行によって、世界的な長期不況が発現をみるが、まさにそれを契機として日本の成長率も下方転換を余儀なくされる。実際、八一年＝二・八％→八二年＝三・一％→八三年＝一・九％と低位傾向が継続するのであるが、その主因が、世界的不況に制約された、日本輸出の戦後最大規模の落ち込み（九・四％減）にもとづく経済下落にあったことは当然であった。こうしてまず八〇年代初頭での成長率低位局面が発生するが、そのうえで次に第二に（ロ）「八〇年代中期＝円高期」へ進むと、意外にもむしろ成長率は上向きに転じる。すなわち、八四年＝三・三％をスタート台としつつその後も八五年＝五・六％→八六年＝四・七％→八七年＝四・三％という実績を残すから、次のバブル局面よりはもちろん低いものの、八〇年代前半期よりは明らかに上昇をみていよう。円高→輸出減のダメージを、一方での、円高不況対策としての「早めの金融拡張政策」と、他方での「消費拡大」とが、「内需拡大」という形で、基本的には補償したのに違いない。要するに、円高フェーズでも一定の成長率水準は確保された。

そしてその延長線にこそ、第三に（ハ）「八〇年代後半期＝バブル期」が位置づく。いうまでもなく「成長率・高位化」が発現してくるのであって、具体的には八八年＝六・九％→八九年＝五・二％→九〇年＝四・七％という高い成長率が実現されていく。例えば八八年の六・九％という数値はちなみに七〇年代以降では最大のものであり、先に確認した、「設備投資拡張→鉱工業生産増加」という、バブル局面での「経済の実体的拡充」に立脚した基調が、経済成長率という面にまさに内実をもって反映している――というべきであろう。参考までに「実質GNP増加率」を使って成長率の国際比較（％）を試みると、アメリカが八六年＝二・七→八七年＝三・七→八八年＝四・四、またECが二・六→二・七→三・一であるのに対して、日本は二・五→四・五→五・七と経過するから、国際的にみてもバブル期・日本の成長率は有意に高い。その点で、ここにも「バブルの素顔」が垣間みられるのであって、通説型バブル理解の再検討がこの方向からも必要ではないか。

では、このような「投資・生産・成長」の展開過程において、③「企業収益」はどのような動きをみせただろうか。そこで最初に一つ目に、（a）「利益率」（％）動向が何よりも前提をなすが、その運動をまず、企業収益状況の総合的指標といってよい（イ）「総資本経常利益率」の面から追っていこう。いま、「全産業」を対象にしてこの「総資本経常利益率」推移に着目すると、具体的には八六年＝二・九→八七年＝三・四→八八年＝三・九→八九年＝三・九（**第5表**）という数値が拾えるから、バブル期における企業収益上昇基調が何よりも確認可能である。そしてこの利潤率上昇の基盤には「経常利益」自体の増加があるとみてよく、例えば全産業・経常利益の対前年比増加率は八七年＝三一・七％→八八年＝二九・六％という大幅な伸びを記録したし、また特に「全国上場企業」（九六六社）だけに限っても、この経常利益は、八八年下期＝四五三六七億円（前年同期比増加率一八・四％）→八九年上期＝四一四四五億円（一四・〇％）という高いレベルを保持し続けた。こうして、企業収益の最も集約的なレベルでの利潤率上昇こそがみて取れよう。

その場合、この利潤率上昇の基本ファクターとしては、「売上高要因」・「回転率要因」・「コスト要因」の三つが理論的には直ちに想定可能だが、このバブル局面ではどのような要因構成になるのだろうか。そこで消去法によってその原因を探っていくと、まず「総資本回転率」（回）は八六年＝一・四五→八七年＝一・三八→八八年＝一・三九→八九

第5表　業種別収益状況

（単位：%）

	純資本経常利益率			売上高経常利益率			総資本回転率		
	1988年度	1989年度	1990年度	1988年度	1989年度	1990年度	1988年度	1989年度	1990年度
全産業	3.9	3.9	3.5	2.8	3.0	2.7	1.39	1.32	1.31
農林水産業	2.1	1.4	0.5	1.8	1.4	0.4	1.17	0.99	1.03
鉱業	3.0	5.6	5.8	4.5	9.0	8.9	0.66	0.62	0.66
建設業	4.1	4.6	4.6	2.9	3.3	3.4	1.45	1.38	1.35
製造業	5.7	5.7	5.2	4.5	4.7	4.3	1.26	1.22	1.21
食料品	5.8	4.6	4.4	3.6	3.4	3.1	1.62	1.34	1.41
繊維	3.3	3.8	1.5	2.8	3.1	1.5	1.17	1.23	1.03
衣服その他の繊維製品	4.8	4.3	4.5	3.2	2.8	3.1	1.50	1.54	1.44
木材・木製品	4.5	3.0	2.9	2.9	2.2	2.0	1.54	1.40	1.44
パルプ・紙・紙加工品	4.7	2.9	2.4	4.1	2.7	2.3	1.16	1.07	1.02
出版・印刷	7.0	5.7	4.7	5.5	4.8	3.6	1.25	1.19	1.30
化学	7.3	7.2	6.3	7.5	7.4	6.8	0.98	0.97	0.92
石油製品・石炭製品	3.4	2.1	2.6	2.8	1.6	1.8	1.19	1.30	1.42
窯業・土石製品	6.4	6.1	4.5	5.6	5.4	4.1	1.13	1.14	1.10
鉄鋼	5.9	6.4	5.6	6.6	6.9	6.1	0.90	0.93	0.90
非鉄金属	4.8	4.8	4.7	3.6	3.9	4.0	1.33	1.22	1.17
金属製品	5.9	7.5	5.7	4.3	5.5	4.4	1.35	1.37	1.29
一般機械器具	5.5	5.6	6.2	4.8	5.2	5.6	1.12	1.08	1.12
電気機械器具	6.2	6.3	5.9	4.7	5.1	4.7	1.32	1.23	1.25
輸送用機械器具	6.3	6.3	5.9	3.9	4.0	3.8	1.60	1.57	1.55
精密機械器具	6.0	5.8	5.8	5.3	5.0	5.5	1.14	1.16	1.06
船舶製造修理	1.4	3.0	4.1	2.1	4.0	5.1	0.68	0.75	0.88
その他の製造業	5.5	6.4	5.6	3.7	4.6	3.9	1.47	1.40	1.42
卸売・小売業	3.3	3.0	2.7	1.4	1.3	1.2	2.38	2.27	2.16
不動産業	1.7	1.9	1.1	4.3	5.3	3.1	0.39	0.36	0.37
運輸・通信業	3.7	3.5	3.3	4.2	4.0	3.8	0.88	0.88	0.88
電気業	3.1	2.2	1.8	7.7	5.6	4.5	0.40	0.39	0.41
ガス・水道業	7.5	5.1	2.7	10.1	7.3	4.0	0.74	0.70	0.67
サービス業	3.0	2.9	2.7	3.2	3.4	3.0	0.94	0.85	0.92

（資料）　大蔵省『財政金融統計月報』1991年10月。

年＝一・三二（**第5表**）と推移する以上、この「回転率」サイドからの大きな作用は基本的には無視されてよい。したがって、「売上高―コスト」関係に焦点は絞られてくるが、まず（ロ）「売上高経常利益率」は以下のような軌跡を描く（**第5表**）。すなわち二・〇→二・五→二・八→三・〇という継続的な拡張経過が示されるから、この点に注目すれば、売上高拡張が経常利益率上昇を実質的に支えている背景がまず一目瞭然であろう。そしてこの事情は、売上高自体を直接計測しても明瞭なのであって、先に使用した「全国上場企業九六六社」に即すると、その売上高［千億円］（増加率）は、八八年下期＝一二八三（八・四％）→八九年上期＝一三二三（一三・八％）→八九年下期＝一三九八（九・〇％）という図式を描いてその顕著な増加傾向を示すと判断されてよい。こうしてバブル景気の中で、「資産効果―個人消費拡大」によって内需型の売上高増加が実現し、それが企業収益を押し上げたこと――が明白なのである。

しかし、この「売上高」は他方の「諸コスト」とも相関的な関連に立つので、最後に（ハ）「コスト要因」をみておく必要があるが、これは例えば「売上原価率」（％）によって判断し得る。そこでこの数値推移の基本趨勢を追うと、八〇年＝八一・五から傾向的な低下基調が始まり、まず八四年には八〇・五へと低落しつつその後八六年までは八〇・七の水準を維持するが、八七年から再度明確な低下動向に移ったとみてよく、八七年には七九・三と八〇台を割っている。その結果、八八年には七八・三という低いレベルにまで達しているが、しかもそれだけではなく、特に「上場企業五九二社」に限れば、それは実に七七・五六％という「いざなぎ景気」での最低ライン（六七年＝七八・七〇％）をも下回っていく。こうしてまず「コスト要因」影響度の大きさがわかろう。

その際、この「コスト要因」としては「原材料費」と「人件費」とが重要だから、続いてこの二点にまで立ち入ると、最初に「原材料費」については、いうまでもなく「原油安・円高・省エネ」三本柱による効果が極めて大きい。具体的には、八八年には原油価格（ＣＩＦ）が二〇％下落したのに加えて為替レートも七－八％の円高を記録したか

第6表　製造業の労働生産性

（1975年＝100）

暦年	産出量指数	労働投入量指数	労働生産性指数	賃金指数	賃金コスト指数
1955	10.7	61.1	18.3	10.1	55.2
60	24.8	89.6	28.3	13.6	48.1
65	43.3	108.1	40.9	22.0	53.8
70	91.3	120.7	76.7	43.7	57.0
75	100.0	100.0	100.0	100.0	100.0
80	142.9	91.7	156.0	149.9	96.1
85	174.5	89.1	193.3	187.5	97.1
90	219.1	84.3	257.1	225.0	87.5
95	208.4	78.1	264.8	248.0	93.7
2000	219.5	72.4	300.0	257.4	85.8

（資料）　社会経済生産性本部『活用労働統計』より作成（1975年を基準年として計算）。

ら、その結果、省エネによる投入量減とも相まって、原材料費低下がもたらされ企業収益拡大につながった。ついで「人件費」へ目を向けると、この側面からの「企業収益効果」はいわゆる「賃金コスト指数」の顕著な低下によって一目瞭然だといってよい。いままず八七年に即して「瞬間風速」的数値を計測すれば、賃金指数＝二二〇・二（八五年＝一〇〇）に対して労働生産性指数が一四五・五となるから、賃金コスト指数は一〇〇を大きく割って実に八九・一にしかならない。したがって人件費の相対的低下は明瞭という以外にはないが、さらに見過ごせないのは、この傾向が八〇年代の主要トレンドだという点であって、八〇年代全般を網羅すると、「労働生産性指数」―「賃金指数」―「賃金コスト指数」の三者は、七五年＝一〇〇・〇－一〇〇・〇－一〇〇・〇→八〇年＝一五六・〇－一四九・九－九六・一→八五年＝一九三・三－一八七・五－九七・一→九〇年＝二五七・一－二二五・〇－八七・五（**第6表**）という数字を刻む。その意味で、バブル期をも包含してこの八〇年代には、明らかに「人件費コスト低落」過程が進行したのであって、企業収益との相関で観測した場合には、「労働者所得の上昇」という類の、常識的なバブル理解とは異なった状況が、疑いもなく現出してこざるを得ない。

こうして、「売上高増加・コスト低下・生産性上昇」の三要因がバブル局面での企業収益を押し上げた図式が手に入ったが、それを前提として、さらに（b）「業種別収益状況」（**第5表**）へと視角を転じていこう。そこで最初に（イ）「業種・大区分」に即して「総資本経常利益率」（％）を評価すると、まず以下のような「高利益率グループ」が目に入ってくる（**第5表**）。つまり、「建設業」（八八年＝四・一→八九年＝四・六→九〇年＝四・六）・「鉱業」（三・〇→五・六→五・八）・「製造業」（五・七→五・七→五・二）の三部門がこれに相当するが、これらがいずれもいわば「経済の基礎的構造部分」を形成している点は自明といってよい。その点で、――通説とは異なって――それが、設備投資拡大を土台とする、むしろ実体的再生産構造に立脚した景気拡張に他ならないという、「バブル景気の内実的特質」が、この企業収益状況へと的確に反映されているとみるべきであろう。要するに、「経済実体立脚型業種」の高収益性がまず確認可能だが、それを逆からいえば、「流通依存型業種」での収益率が意外に「思わしくない」ということであって、次に他方でその関連部門を中心として、（ロ）「低利益率グループ」も決して無視はできない。すなわち、このグループには、例えば「卸売・小売業」（三・三→三・〇→二・七）・「不動産業」（一・七→一・九→一・一）・「サービス業」（三・〇→二・九→二・七）などが帰属するとみてよいが、これらこそ、「産業構造のサービス化・ソフト化」と命名されて、バブル期に大きな脚光を浴びたことは周知であろう。しかし、表面的な「華やかさ」とは逆に、企業収益面ではむしろ苦戦を強いられたことは「意外だ」という以外にないが、このベクトルからも、バブル景気がまさに「設備投資に立脚した実体構造型」に他ならなかった点――が明瞭に理解できる。

そのうえで、以上のような傾向は、全体として好調に推移した（ハ）「製造業」内部にまで考察を具体化しても、同様に発現してくる。つまり、（イ）（ロ）で確認した「実体構造」型拡張という一般傾向が、「製造業」内部へは「素材型セクター」および「輸出・内需型セクター」での収益好調性となって跳ね返ってきているとみてよく、まず前者では、「化学」（七・三→七・二→六・三）・「鉄鋼」（五・九→六・四→五・六）・「金属製品」（五・九→七・五→五・七）などでの高い収益率状況が目立つ。前章で取り扱った「七〇年代低成長期＝重厚長大部門の凋落」現象などはまるでウソのようであり、重化学工業が成長をリードした高度成長期が再燃したかの様相さえ呈していく。これもまた「常識型バブル理解」への一つのアンチ・テーゼだともいえるが、そのうえでもう一つの好調領域こそ「輸出・内需型セクター」に他ならず、それは例えば「電気機械器具」・（六・二↓六・三↓五・九）・「輸送用機械器具」（六・三↓六・三↓五・九）・「精密機械器具」（六・〇↓五・八↓五・八）などで代表されてよい。その場合、「家電・自動車」を主力としたこれら部門は、一面で輸出指向部門であるとともに、他方では内需拡大にも弾力的に対応可能であったから、このバブル局面でも順調な伸張を実現したのだと思われる。その意味では、意外にも、「耐久消費財」の拡張が顕著であった高度成長期をも彷彿させる動向だとさえといえる。

以上ここまでで、企業収益に関する、バブル期としては「やや意外」とも判断される側面を析出してきたが、それに対して、バブル局面での企業収益状況をまさに典型的に表現するものこそ（c）「金融収益」[4]以外ではない。周知のようにバブルの過程では、まず一方で、金融緩和による超低金利や資金調達方法の多様化による調達資金コストの軽減が進行しただけではなく、さらに、企業収益好調による企業資金需給の緩和を条件として、有利子負債の返済とそれによる「金利負担の軽減」とが進捗をみた。したがって、このような「利子負担の軽減」という「マイナスの『マイナス化』」がまず進んで「金融収益の好転」が図られたがそれだけではない。さらに他方で、ヨリ積極的に、その節約資金および低コストでの調達資金を有利に運用する「アクティブな財テク」としての財務活動が展開されたのであって、それら両面からして「金融収益の増大」が表面化した――わけである。

いま、この動向を端的に表現する「金融収支」の指標をあげれば、まず一つとして「借入金利子率」（％）をみると、全産業レベルで八〇年＝八・九↓八五年＝七・〇％↓八八年＝五・二、また製造業基準で九・六↓七・二↓五・一と両者と

第７表　経済各部門別資金過不足（対名目GNP比率）

（単位：％）

年度＼部門	個人	法人企業	公共	金融	海外
1966～70	8.5	△6.5	△2.2	1.0	△0.8
71～75	10.2	△6.8	△4.1	1.1	△0.4
76～80	10.0	△2.8	△7.7	0.8	△0.3
81～85	10.2	△2.6	△6.1	0.4	△1.9
86～90	8.9	△5.0	△0.6	0.7	△2.6

（資料）　日本銀行編『経済統計年報』各年版。

も顕著な低下推移を示すし、次にもう一つとして、「営業外費用」（支出利息・割引料）に対する「営業外収入」（受取利息・配当金など）の比率（％）を追うと、それぞれ六〇・二→六九・九→七五・八および五八・〇→七五・一→八五・一という構図になって、まさに見事な改善基調を発現させていよう。こうして「バブル型金融収支」の好調も明白なのである。

〔２〕資金調達　ついで第二に、以上のような企業投資を支えた、（二）その「資金調達」動向へと視角を転じていこう。そこで最初に全体の外枠として①「企業資金調達の全般的動向」から入るが、まず（ａ）「部門別資金過不足」（％）状況にあらかじめ注意を払っておきたい。いま取りあえず、（イ）「部門別資金過不足」の「対名目ＧＮＰ比率」（％）の面から「法人企業」の年次推移動向を追っていくと、バブル期における企業の資金不足状況の激化が目に飛び込んでくる。つまり、高度成長期から低成長期にかけて一九六六－七〇年＝△六・五→七一－七五年＝△六・八と高い資金不足レベルを呈した後、本格的な景気停滞に伴って、その後は七六－八〇年＝△二・八→八一－八五年＝△二・六となって資金不足水準が一旦は落ち着く。しかし、バブルの形成とともに企業の資金不足状況は再び旺盛さを増し、八六－九〇年局面ではついに△五・〇にまで拡大している（**第７表**）。まさに、バブル期における、先に確認したような「経済実体過程に立脚した企業投資拡大」が、企業部門での資金不足加速化傾向として発現したわけであろう。

そのうえで、このような企業部門の資金不足状況は経済各部門全体の中ではどのような規模にあるのだろうか。それを知るために、次に（ロ）八六－九〇年における「資金過不足の断面図」の検出を試みると、以下のような図式をなす。すなわち、「個人」＝八・九、「公共」＝△〇・六、「金融」＝〇・七、「海外」＝△二・六となるのに対して、「法人企業」は△五・〇となるから、国民経済全体の中で企業の資金不足レベルはまさに際立って大きい。しかも、――財政赤字に伴って――国内で企業と並んで資金不足規模の大きな「公共」が、七六－八〇年＝△七・七→八一－八五年＝△六・一→八六－九〇年＝△〇・六（**第7表**）という経過で急速にその資金不足程度を減少させているのに比較しても、企業の資金不足増加傾向はことさらに目立つ。要するに、バブル局面で、企業は、最大の資金不足部門に躍り出る程までに、その資金調達を加速したといえる。

そうであれば、企業の「資金過不足」・状況に関しては、結局以下のように（ハ）「集約」可能であろう。すなわち、バブル期に入って「法人企業」の「資金不足」レベルは明瞭に上昇に転じているのであり、そしてそれが、一面で、バブル期における、「実体過程立脚型・企業投資」拡張の帰結であると同時に、他面で、バブル進行を支えつつ本格的バブル膨張のまさに「実体的基盤」を形成したのだ――と。この「二面性」にこそ注意しておきたい。

以上のような大枠をふまえつつ、ついで（b）「企業資金調達」動向そのものへ移ろう。そこで最初に（イ）「資金調達合計」（兆円）から入ると、全産業・全規模に関して、まず七三－七九年の低成長期に一旦は二三・六兆円へと減少して停滞を示した後、八〇年代に入るとかなり凄まじい増加へと移る。つまり、まず八〇－八五年期に三八・〇兆円にまで膨張を遂げるが、それには止まらず、さらにバブル局面に相当する八六－八九年には実に八一・二兆円にまで達しているから、この八〇年代においてすら優に二倍を超過しているわけである（**第8表**）。こうして、先に検出した、法人企業部門における資金不足激化傾向を端的に反映して、事実としても、このバブル期には、企業による資

第８表　法人企業の資金需給状況（全産業）

（単位：兆円）

	安定成長期 前半 73〜79	安定成長期 後半 80〜85	バブル 86〜89	ポスト・バブル 90〜97年度
調達計（資金需要・運用計）	23.6	38.0	81.2［83.0］	63.2［55.4］
外部調達	7.4	14.9	34.0	10.5
増　資	1.2	2.2	6.5	2.0
社　債	1.0	1.3	5.2	0.9
金融機関借入	5.9	11.2	19.9	8.1
短期その他借入	0.1	0.1	3.0	0.5
内部調達	16.2	23.1	47.2	48.5
資金需要計	18.5	30.1	55.3［65.2］	61.1［53.1］
設備投資	11.5	20.9	33.3［40.2］	45.2［42.3］
土　地	1.1	2.4	6.0［8.6］	8.9［7.2］
資金運用計	4.7	7.9	25.9	2.1
現預金	2.3	3.6	12.8	−5.1
株　式	1.1	1.8	7.5	3.2
債　券	1.1	0.8	0.3	−0.2
その他投資	0.6	1.5	3.8	4.3
（参考）				（％）
資本市場調達/金融機関借入比率	38.5	31.5	58.6	35.3
金融投資/実物投資比率	36.1	26.3	52.3	−3.9
金融＋土地投資/設備投資比率	48.7	40.5	79.9［52.7］	15.0［13.2］

（資料）　財務省『法人企業統計季報』より作成。田中隆之『現代日本経済』93頁。

金調達がかなり大きく伸張した事実が確認可能であろう。

そのうえで次に、この企業資金調達を（ロ）「製造業―非製造業」に区分するとどうか。これまでの検討では、このバブル期は「意外にも」重厚長大型活況という側面も随所で目立ち、したがって「通説型バブル理解」には修正余地が小さくない点を強調してきたが、この資金調達側面では、逆に「通説型バブル理解」がむしろクローズアップされざるを得ない。というのも、この資金調達面では、流通・不動産・金融などの、やがて「不良債権」部門に転落する「非製造業」での増加率過大性がやはりさすがに顕著だからに他ならず、具体的には以下のような軌跡が描かれる。すなわち、「製造業」が一五・三→二六・四となって一・七倍増であったのに比較して、「非製造業」

第9表　資金調達（資金需要・運用）合計

（単位：兆円）

	製造業	非製造業	計（全産業）
大　企　業	10.2→17.5→13.1	10.2→28.7→18.7	20.3→46.2→31.5
中小企業	5.3→ 8.8→ 7.8	12.4→26.4→24.4	17.7→35.2→32.1
計（全規模）	15.3→26.4→20.7	22.7→54.9→42.6	38.0→81.2→63.2

（資料）　第８表に同じ。

は二二・七→五四・九と激増して実に二・五倍増を遂げているといってよい（**第9表**）。その場合、全産業の伸び率は二・一倍であったから、両者の格差は明瞭であろう。したがって、バブル局面においては、「実体過程的設備投資」拡張に誘引されて、「意外にも」製造業サイドからの資金調達もかなり有意に拡大した――この点は決して軽視されてはなるまい――ことがまず重要だが、しかしそれを一層上回るテンポで、いわゆる「バブル型」セクターを中心として「非製造業」・資金調達が激増したことがみて取れる。

最後に、これらの資金調達動向を（ハ）「大企業―中小企業」という「企業規模別」視点からも把握し直しておこう。そこで両者の資金調達額推移を追うと、第一に「大企業」が二〇・三→四六・二と拡大してこの間に約二・三倍増を遂げているのに対して、第二に「中小企業」は一七・七から三五・二への二・〇倍になっている（**第9表**）。そうであれば、先にも指摘した通り全体の増大規模は二・一倍であった以上、企業規模別視点からは、このバブル期での企業・資金調達を盛り上げた主要動力が、やはり「大企業」にこそあったこと――は一応否定はできまい。しかしこれには驚く必要は全くなく、すでに十分な拡張能力を有利に保持していた「大企業」が、バブル局面での活況過程で、さらに円滑化した様々な資金調達ルートを駆使して一層の資金調達に乗り出したことはもちろん自明だからである。したがって、この「企業規模別」数値からむしろ導出されるべき重要点は、これまで資金調達に苦慮してきた「中小企業」がこのバブル期には「二・〇倍」にも資金調達を伸ばした――という側面にこそあるといわねばならない。もちろん、この現象が、やがてバブル崩壊の過程では「債務返済不能化・固定化―不良債権化」を惹起させたことは周知の通りだとはしても、バブル形成期における「中小企業・資金調達の拡張現象」が特筆されるべきものだった点は決して無視はできない。その点で、「バブル期・資金調達」のこのような基本パターンも明瞭に確認されてよい。

このように理解してよければ、結局、資金調達の基本動向としてはこう整理可能だと思われる。つまり、一面で、「非製造業・大企業」(二・八倍増)が最大の伸び率を示すから、「不動産・流通・サービス・金融業」などを中心とするいわゆる「バブル関連」での資金調達増大が確かに目立つが、しかし他面で、「製造業・大企業」(一・七倍増)の資金調達拡張も「意外に」巨大だった以上、この方向性に特に力点を配して集約すれば、「バブル景気」は、決して単線的な、「経済実体から『遊離した』いわば『流通過程的』な膨張過程」だったのではなく、それと並進した、「経済実体に『立脚した』いわば『生産過程的』な膨張過程」でもあった――という図式が、ここからは導き出せよう。この点こそが重視されるべきである。

そのうえでもちろん興味深いのは、いうまでもなく(c)「資金調達の源泉構造」に他ならない。そこで最初に(イ)「一般動向」(兆円)から入ると、「全業種・全部門」基準について、「金融機関借入」・「社債」・「増資」・「内部調達」はそれぞれ以下のように動いた(**第10表**)。すなわち、金融機関借入＝一一・二→一九・九(一・七倍)、社債＝一・三→五・二(四・〇倍)、増資＝二・二→六・五(二・九倍)、内部調達＝二三・一→四七・二(二・〇倍)、という非常に興味深い数値が拾える。というのも、ここからは以下の三特徴点が直ちに導出可能だからであるが、まず一つ目に、(A)金額的にみて圧倒的に大きいのは何よりも「内部調達」という自己資金に他ならず、例えばバブルのピーク期に当たる八六－八九年局面では全資金調達額八一・二兆円のうち実に四七・二兆円(五八％)をも占めている。これはまさに瞠目すべき現象であって、この新規資金調達においては、従来の「外部資金依存型の日本企業・資金調達構造」に大

第10表　資金調達

・金融機関借入　（単位：兆円）

	製造業	非製造業	計（全産業）
大　企　業	0.6→1.6→0.9	3.8→ 9.2→0.9	4.4→ 7.6→1.7
中小企業	1.4→1.9→1.3	5.5→10.4→5.1	6.8→12.4→6.4
計（全規模）	2.0→0.3→2.1	9.2→19.6→6.0	11.2→19.9→8.1

・その他短期借入　（単位：兆円）

	製造業	非製造業	計（全産業）
大　企　業	0.0→0.8→－0.3	0.0→1.7→－0.4	0.0→2.5→－0.7
中小企業	0.0→0.2→　0.2	0.1→0.3→　0.9	0.2→0.5→　1.1
計（全規模）	0.1→1.0→　0.0	0.1→2.0→　0.5	0.1→3.0→　0.5

・社債　（単位：兆円）

	製造業	非製造業	計（全産業）
大　企　業	0.8→3.4→－0.1	0.5→1.7→0.8	1.3→5.1→0.8
中小企業	0.0→0.0→　0.0	0.0→0.1→0.1	0.0→0.1→0.1
計（全規模）	0.8→3.5→　0.0	0.6→1.7→0.9	1.3→5.2→0.9

・増資　（単位：兆円）

	製造業	非製造業	計（全産業）
大　企　業	1.4→3.9→　1.1	0.8→2.7→　1.0	2.1→6.5→　2.2
中小企業	0.0→0.0→－0.1	0.1→0.0→－0.1	0.1→0.0→－0.2
計（全規模）	1.4→3.8→　1.1	0.8→2.7→　0.9	2.2→6.5→　2.0

・内部調達　（単位：兆円）

	製造業	非製造業	計（全産業）
大　企　業	7.4→11.6→12.2	5.5→13.7→14.4	12.8→25.3→26.6
中小企業	3.9→ 6.7→ 6.9	6.6→15.5→15.3	10.4→22.2→22.2
計（全規模）	11.1→18.3→19.0	12.0→29.0→29.6	23.1→47.2→48.5

（資料）第８表に同じ。

幅な変質が進行したと判断してよい。

ついで二つ目として、（Ｂ）明確に後退を余儀なくされたのは「金融機関借入」だといってよく、金額的にも「内部資金」を下回っているだけでなく、伸び率についても一・七倍に止まって、全体伸び率の二・一倍から大きく後退していよう。まさにこの傾向こそ、「内部資金増大」に対する、まず第一の裏面動向以外ではないが、この点にも、「対銀行依存」という従来の資金調達パターンからの変容が検出可能だと思われる。それに加えて三つ目に、（Ｃ）「内部資金増大」を背後から規定する第二の要因として「社債・株式（増資）」の変化が注目されてよい。周知のいわゆるエクイティー・ファイナンス関連であるが、金額的には「借入・内部調達」にはさすがに及ばないものの、増加率では社債＝四・〇倍、株式＝二・九倍となるから平均増加率を大きく上回っている。まさに「バブル型・資金調達」の発現であろう。

以上のような一般傾向を前提として、さらに「大企業―中小企業」にまで細分化すると、もう一段深まった資金調達パターンが浮上してくる（**第10表**）。そこでまず（ロ）「大企業」に目を凝らすと、総体的にみて、「借入＝停滞―社債・株式＝増大」というパターンが明瞭といってよい。つまり、金融機関借入が四・四→七・六に止まって一・二倍増に過ぎないのに比較して、社債が一・三→五・一（三・九倍）また増資が二・一→六・五（三・一倍）という巨大な増加テンポを示すから、まず大企業に関しては、何よりも「エクイティー中心」の資金調達構造が確認可能であろう。ちなみに、内部調達は一二・八→二五・三（二・一倍）となり、額は大きいものの平均伸び率を超えない。

それに対して（ハ）「中小企業」に目を転じると、大企業とは基本的に異質な趨勢が目に飛び込んでくる。すなわち、社債＝〇・〇→〇・一と微増、そして増資が〇・一→〇・〇と停滞する中で、金融機関借入だけは六・八兆円から一二・四兆円へと二倍増にまで迫っている。そして、社債・増資のこの小ささは中小企業のうち「製造業・非製造業」の両方に共通に検出できる動きだが、ただ金融機関借入については両者の差が顕著に大きく、製造業が一・四→一・九に止まっているのに対して非製造業は五・五→一〇・四となって倍増に近い。その意味で、中小企業では、まず外部資金については、バブル期にあっても――その証券発行市場の制約に起因して――エクイティー関連の資金調達は不調であり、もっぱら金融機関借入に依存する他なかったが、しかもその場合、この借入の主体は主に非製造業であった点が目立つ。

しかし中小企業に関して注意すべきはそれだけではない。もう一つとして、これまた「意外にも」、内部調達の比

第11表　設備投資・資金調達

（単位：兆円）

	製造業	非製造業	計（全産業）
大企業	6.0→ 7.9→10.0	6.2→10.8→16.1	12.3→18.7→26.2
中小企業	3.2→ 4.5→ 5.2	5.5→10.1→13.9	8.7→14.6→19.0
計（全規模）	9.2→12.4→15.2	11.7→20.9→30.0	20.9→33.3→45.2

（資料）第８表に同じ。

重がむしろ大きいことであって、製造業＝三・九↓六・七、非製造業＝六・六↓一五・五と経過していく。つまり、製造業でさえ倍増に迫る程だし、非製造業に至っては実に二・五倍を超えている。そして、バブル局面における資産価格膨張の、その無視し得ない一つの要因として「中小企業による投機的な土地・株投資」が指摘できるのは周知のことだが、そこへ向かった資金の主要な源泉が、このような、特に中小企業・非製造業部門の内部資金であった点はいわば当然のことであろう。ここにこそ、バブル型特質の一断面が垣間みられる。

したがって、バブル期・資金調達の構造的特質が以下のように整理可能なことには何の疑問もあり得ない。すなわち、中小企業における「借入の一定の残存」を残しつつも、主要トレンドとしては、（A）「金融機関借入の顕著な後退」（B）「社債・株式というエクイティー関連の増大」（C）「内部調達の着実な上昇基調」、が目立つこと――これであろう。まさしく日本型・「間接金融体制」は、バブル期に入って大きく揺らぎ始めているわけである。

続いて、以上の「資金調達」状況に関して、視点をもう一歩②「設備資金・調達」にまで集約してみると、さらにどのような構図が浮上してくるだろうか。そこで最初に一つ目に（a）その「一般動向」（兆円）が前提となるが、まず「全産業・全規模」ベースでみると、設備投資資金調達総額は八〇－八五年＝二〇・九↓八六－八九年＝三三・三（**第11表**）と動いた。その場合、この二〇～三〇兆円という絶対額規模はかなり大きなものといってよく、先に確認した通り、例えば八〇－八五年の資金調達総計が三八兆円、また八六－八九年のそれが八一兆円であったから、この設備資金・資金調達はその内のそれぞれ五三％および四一％に相当し、したがっていぜんとして高い比率を占めることは何ら変わらない。その意味では、度々指摘してきたように、バブル景気が、「意外にも」一面で、「設備投資・牽引型」景気でもあったことの一つの証左がここで検出されてよいが、しかし、以下の点では、「バブル的特徴」もやはり否定はできない。

というのも、この時期に、設備投資目的以外の資金調達が、以下の如くに凄まじい膨張を遂げているからであって、その「バブル的典型性」の一端は、例えば次のような構図を描いた。すなわち、「現預金」＝三・六→一二・八（三・六倍）、「株式」＝一・八→七・五（四・二倍）、「土地」＝二・四→六・〇（二・五倍）、という軌跡が辿られる以上、「現預金・株式・土地」という、設備投資以外の、まさに「財テク型投資」目的の資金調達の激増振りが一目瞭然だといってよい。もちろん、調達資金絶対額自体は設備投資目的にははるかに及ばず、その点で設備投資の主流性を凌駕したなどとは決して判断はできないものの、その伸び率の異常性だけには確かに驚かされはする。要するに、バブル型・資金調達の進行にも確かに注意は必要であろう。

そのうえで二つ目として、（b）この設備投資資金調達を「製造業―非製造業」区分に即して立ち入るとどうか（**第11表**）。そこでまず製造業を追えば、大企業が六・〇→七・九（一・三倍）、また中小企業が三・二→四・五（一・四倍）と推移した結果、製造業全体では九・二→一二・四（一・四倍）となるから、この伸長度は設備投資全体の増加率一・六倍を下回る。それに対して、非製造業では大企業が六・二→一〇・八（一・七倍）、そして中小企業が五・五→一〇・一（一・八倍）として経過しつつ、その合計は一一・七→二〇・九（一・八倍）になっている。そうであれば、ここからは以下の三点が特に目立つと整理されてよいが、まず第一は（イ）「中小企業の健闘」に他ならず、絶対額はなお大企業に及ばないものの、その伸び率は、製造業・非製造業とも大企業を上回っていよう。その点で、資金的余裕が中小企業にまでようやく到達し始めたこのバブル期になって始めて、中小企業・設備投資が旺盛基調に転じた――と推察できよう。ついで第二として（ロ）「非製造業の伸長」であって、バブル景気の典型を構成する「不動産・流通・サービス」部門の膨張が、ここからは確かに垣間みられる。まさに「バブル型・設備投資」の反映だと理解すべきであろう。したがって、総体的に第三に（ハ）「非製造業・中小企業の活発性」が浮上してくる。まさにこの点こそが設備投資・資金調達動向の最終的集約点だと位置づけされてよく、設備投資資金を巡る「バブル的特徴」の典型的様相がこの側面に集中的に発現していると考えてよい。

最後に三つ目に、念のため（c）「大企業―中小企業」区分からも総括しておけば以下のようであろう。そのそれぞれの「製造業―非製造業」分類はいま指摘したから、全産業基準についてのみ数字を拾うと、それはこのような図式を示す。すなわち、大企業が一二・三→一八・七と経過して一・五倍に止まっているのに比較して、中小企業は八・七兆円から一四・六兆円へと増大する中で一・七倍もの増加を記録しているのである。そうであれば、このような「大企業―中小企業」連関からも、中小企業・設備投資の活性化は明瞭と判断してよく、したがって、すでに確認した、設備投資・資金調達の「バブル型特質」が改めて検証可能なように思われる。

以上を下敷きにしたうえで、③「自己資本比率」動向へと急ごう。そこで最初に、「自己費本比率」に作用するいくつかのファクターに着目すると、すでに指摘した通り、一つ目に、このバブル局面では以下のような（a）「背景・根拠」が明白と考えてよい。つまり、まず第一に（イ）「利益率の拡張」が顕著であって、バブル景気の渦中で、一方での、「内需拡大→消費上昇→売上高増加」という「売上高要因」と、他方での、「円高→生産性向上→コスト低下」という「コスト要因」とをプラス条件として、企業利益率の好調さが実現した。まさにそれによる企業剰余の伸張が、自己資本比率上昇に対して刺激的作用を及ぼしたことはいわば当然のことであろう。そのうえで第二は、（ロ）いうまでもなく「エクイティー・ファイナンスの膨張」に他ならない。先に検出したように、このバブル期に企業は、社

第12表　法人企業の主要財務営業比率（全規模・全産業）

年次・年度	自己資本比率（%）	総資本経常利益率（%）	自己資本経常利益率（%）	売上高経常利益率（%）	総資本回転率（%）	減価償却率（%）	配当率（%）	内部保留率（%）
82	16.0	2.9	18.4	1.8	1.62	12.7	8.6	58.5
83	16.6	2.9	17.6	1.8	1.59	12.4	8.5	58.0
84	16.9	3.3	19.6	2.1	1.59	12.4	8.4	64.1
85	17.7	3.1	17.8	2.0	1.54	12.6	8.3	61.5
86	18.3	2.9	15.8	2.0	1.45	12.8	8.0	59.2
87	17.7	3.4	19.2	2.5	1.38	12.7	8.1	68.9
88	18.3	3.9	21.8	2.8	1.39	12.7	8.0	74.1
89	19.0	3.9	20.6	3.0	1.31	13.0	8.4	72.2
90	19.1	3.5	18.2	2.7	1.31	12.8	7.6	70.9
91	19.2	2.9	14.9	2.3	1.26	12.5	7.7	61.1
92	19.2	2.1	11.0	1.8	1.19	12.2	6.5	37.9

（資料）　大蔵省『法人企業統計年報』各年版より。

債・増資による「エクイティー・ファイナンス型・資金調達」を質的・量的ともに広げたが、それによって企業が得た資金は「自己資本」に当然算入可能であるかぎり、このことも、自己資本比率の上昇をいうまでもなく加速させた。そしてこれに加えて第三として、（ハ）「内部調達の充実」にも積極的に注目してよい。というのも、社債・増資にはさすがに及ばないものの、バブル局面で、この「内部調達」はまさに二倍を超える規模で増大している以上、自己資本がそれだけ厚みを増しているのはいわば自明だから——である。

こうして、まさにバブル期に特有な諸条件の出現によって、自己資本比率が押し上げられる構図がみて取れるが、では二つ目に、実際にその（b）「実態」はどうか。そこで最初に、自己資本としての「積み立て」条件を表現するその基本指標をなす（イ）「配当率—内部留保率」（%）関連から追跡すると、以下のような数値が拾える（**第12表**）。すなわち、八二年＝配当率八・六（内部留保率五八・五）→八四年＝八・四（六四・一）→八六年＝八・〇（五九・二）→八八年＝八・〇（七四・一）→九〇年＝七・六（七〇・九）という軌跡が描かれるから、事態は全く以って明瞭であろう。何よりも、「配当率の停滞・低下」に立脚した「内部留保の激増」以外ではなく、バブル期には、株価急騰の陰で配当率はむしろ明確に低下し続けたのである。ついで、「内部積み立て」のもう一つの要因を構成する(ロ)「減価償却率」(%)の動きに移ると、それは次のように推移していく。例えば、一二・七→一二・四→一二・八→一二・七→一二・八という軌道を進む以上、積極的に向上しているとはいえないものの、いわば安定的な微増傾向にあることだけは否定できない。こうして、自己資本比率上昇に帰着していく、「内部留保率・減価償却率」両者の上昇がはっきりと確認できよう。

したがって、この両者の推移の帰結として、最終的に(ハ)「自己資本比率」(%)上昇が発現してくるのはいうまでもない。すなわち、一六・〇→一六・九→一八・三→一八・三→一九・一**(第12表)**という見事な単調増加基調に乗っていくのであり、バブル期はまさに「自己資本比率上昇局面」に他ならない——と性格付けられるべきなのである。ちなみに、「いざなぎ景気」段階の自己資本比率が概ね一三－一五%レベルであったことを思えば、このバブル期でのその高さが一見して分かろう。

以上を前提にしつつ最後に三つ目として、(c)「自己資本比率向上の意義」は結局次のように整理可能だと思われる。すなわち、バブル局面での自己資本比率上昇は、一面での、株価上昇を「隠れ蓑」とした「配当率引下げ＝内部留保増加」と、他面での、株価上昇を誘因にした「エクイティー・ファイナンス膨張」とを、主たる原因としていることが自明であるかぎり、その意味で、この「自己資本比率向上」過程はまさに「バブル型現象」以外の何ものでもないのだ——と。自己資本比率上昇のその歴史的「意義」はまさにここにこそあろう。

[3]　雇用動向　このような「投資—資金調達」動向をふまえて、次に第三に(三)「雇用—賃金」[5]側面へ視角を転回する必要があるが、最初に①「雇用動向」から入ろう。そこで一つ目として(a)「雇用の一般動向」が前提となるが、まず(イ)「常用雇用」(全産業計、一九八五年＝一〇〇)状況は以下のようである。すなわち、八四年＝九八・二→八五年＝一〇〇・〇→八六年＝一〇一・四→八七年＝一〇二・〇→八八年＝一〇三・五→八九年＝一〇六・二と

第13表　雇用・失業関係諸指標

	鉱工業生産指数（1985年＝100）	常用雇用（産業計、1985年＝100）	常用雇用（製造業1985年＝100）	有効求人倍率（倍）	完全失業率（万人）	完全失業率（%）
1982年	85.5	95.8	95.2	0.61	136	2.4
83	88.1	96.8	95.7	0.60	156	2.6
84	96.4	98.2	97.6	0.65	161	2.7
85	100.0	100.0	100.0	0.68	156	2.6
86	99.8	101.4	101.2	0.62	167	2.8
87	103.2	102.0	99.7	0.70	173	2.8
88	113.0	103.5	100.3	10.1	155	2.5
89	119.9	106.2	102.1	1.25	142	2.3
90年１Q	119.8	106.6	102.2	1.30	141	2.3
２Q	123.7	109.9	105.2	1.31	136	2.1
３Q	126.0	109.7	104.7	1.51	131	2.0

（資料）　日本生産性本部『活用労働統計』1991年版。

いう経過が辿られるから、その点で、一つは八五年を挟んで伸び率増加が目立ち始めること、そしてもう一つは取り分けバブル最盛期をなす八八‐八九年局面で急上昇すること――の二点が注目に値しよう。したがっていずれにしても、バブル期に常用雇用者が極めて顕著に増加したことが明白といってよい。この点を傍証するために、念のため（ロ）「製造業」に限定した数字を掲げると、例えば九七・六→一〇〇・〇→一〇一・二→九九・七→一〇〇・三→一〇二・一**（第13表）**という構図が手に入る。そうであれば、この製造業の方向からも、バブル期・雇用労働者増加がもちろん裏づけ可能だが、しかし、八六‐八七年での一時的減少だけは――「産業計」基準ではみえてこない――「製造業」だけの特徴であって、そこに、輸出依存度合いの大きい「製造業」における、「プラザ合意→円高→輸出停滞」のマイナス要因が色濃く反映していることも無視できない。まずこの点を理解しておく必要があるが、いずれにしても（ハ）「総括」的には、「産業従業者総数」（一〇万人）において七〇年＝五二五→八〇年＝五五八→九〇年＝六一六という増加テンポで示されるような雇用者数の拡大が、このバブル期に何よりも実現されていった――と判断されてよいわけであろう。

第14表　産業別就業者数

（単位：千人）

		1970	1980	1990	2000
総数		52,593	55,811	61,682	62,978
第1次産業		10,146	6,102	4,391	3,173
	農業	9,400	5,475	3,919	2,852
	林業	206	165	108	67
	漁業	539	461	365	253
第2次産業		17,897	18,737	20,548	18,571
	鉱業	216	108	63	54
	建設業	3,964	5,383	5,842	6,290
	製造業	13,717	13,246	14,643	12,228
第3次産業		24,511	30,911	36,421	40,485
	電気・ガス・熱供給・水道業	290	349	334	351
	運輸・通信業	3,236	3,504	3,676	3,902
	卸売・小売業、飲食店	10,136	12,731	13,802	14,319
	金融・保険業	1,129	1,577	1,969	1,758
	不動産業	274	427	692	747
	サービス	7,703	10,298	13,887	17,264
	公務(他に分類されないもの)	1,742	2,026	2,063	2,143
分類不能の産業		40	62	321	750
構成比（%）	総数	100.0	100.0	100.0	100.0
	第1次産業	19.3	10.9	7.1	5.0
	第2次産業	34.0	33.6	33.3	29.5
	第3次産業	46.6	55.4	59.0	64.3

（資料）『国勢調査』より。

そこでこの傾向をもう一歩立ち入って確かめるために、ついで二つ目に（b）「産業別就業者数」（千人）にまで分析メスを入れてみたい。そのために、まず最も大枠的視点から（イ）「第一・二・三次産業別」の構成比推移（%）に着目すると、ラフな数字しかないが、一〇年括りに即してさし当り以下のようになる。すなわち、第一次産業が一九七〇年＝一九・三↓八〇年＝一〇・九↓九〇年＝七・一と顕著に減少し、また第二次産業も三四・〇↓三三・六↓三三・三と停滞・微減を続けるのに比較して、加速的に上昇基調を示すのはいうまでもなく第三次産業に他ならず、具体的には四六・六↓五五・四↓五九・〇というステップを踏む（**第14表**）。この傾向はすでに七〇年代の低成長期から目立った動きであり、ことさら興味深い現象ではないが、このバブル期が、第二次産業の「低落趨勢」と第三次産業の「急増趨勢」との、その「典型的交差局面」に当たっている点には、改めて注意が必要なように思われる。そのうえで、もう一歩視角を集中してまず（ロ）「第二次産業」（一〇万人）の内部動向に目を凝らせば、この部門の中核をなす「鉱業・建設業・製造業」の三者は、総計が一七八→一八七→二〇五と推移する中で、それぞれ、二・一→一・〇→〇・六、三九→五三→五八、一三七→一三二→一四六（**第14表**）という経過を辿った。みられる通り、特にバブル局面に即していえば、鉱業での持続的な減少分を製造業の一定の伸びによって補いつつ、全体としてはかなり大きな増加を記録した――と判断されてよい。その点で、次にみる第三次産業にはもちろん及ばないものの、それでも、バブル局面での製造業・雇用者の一定の増加もやはり明瞭である以上、繰り返し指摘してきた、「意外な」、「バブル景気における『実体的基盤』の重要性」がこの雇用サイドにも深く関与していることが理解されよう。

そのうえで、雇用労働者増加の大宗をなす（ハ）「第三次産業」（一〇万人）の内部構成がいうまでもなく重要である。そこで内部構成的に特筆されるべきは、「金融・保険業」、「不動産業」、「サービス業」というバブル関連三業での顕著な従業員増大であって、「八〇－九〇年」に区切ってその数字を拾えば（**第14表**）、この三者はそれぞれ以下のような軌跡を描く。すなわち、一五→二〇（約五〇万人増、一・三倍）、四→七（約三〇万人増、一・四倍）、七七→一〇二（約三〇〇万人増、一・三倍）、という具合であり、一見して極めて目立つ増加テンポが窺えるが、しかも第三次産業全体の伸び率が一・二倍である点を勘案すれば、バブル関連セクターでの拡大は一層明瞭であろう。要するに、バブル景気の特性がこの就業者動向にも的確に反映したといってよい。

では、このような雇用動向は次に（c）「労働市場」へとどのように作用したのだろうか。そこで最初に（イ）「一般・有効求人倍率」の推移を追えば以下のようであった。すなわち、七五年＝〇・六→八〇年＝〇・八→八五年＝〇・

第15表　労働市場の状況

年次	新卒者求人倍率			新卒者就職率（%）			一般職業紹介		完全失業者（万人）	完全失業率（%）
	中学卒	高校卒	大学卒	中学卒	高校卒	大学卒	有効求人倍率	求人充足率（%）		
1950	0.6	…	…	45.2	44.9	63.8	…	…	…	1.2
55	1.1	0.7	…	42.0	47.6	73.9	0.2	53.4	105	2.5
60	1.9	1.5	…	38.6	61.3	83.2	0.6	29.2	75	1.7
65	3.7	3.5	…	26.5	60.4	83.4	0.6	18.6	57	1.2
70	5.8	7.1	…	16.2	58.2	78.1	1.4	10.5	59	1.1
75	6.0	3.4	…	5.9	46.6	74.3	0.6	13.0	100	1.9
80	2.8	1.9	…	3.9	42.9	75.3	0.8	10.5	114	2.0
85	1.8	1.8	…	3.7	41.1	77.2	0.7	11.2	156	2.6
90	3.0	2.6	2.8	2.8	35.2	81.0	1.4	6.2	134	2.1
95	2.4	1.9	1.2	1.5	25.6	67.1	0.6	10.3	210	3.2
2000	1.3	1.4	1.0	1.0	18.6	55.8	0.6	10.5	320	4.7
05	1.3	1.5	1.9	0.7	17.3	59.7	1.0	8.2	294	4.4

（資料）　労働省・厚労省『労働統計要覧』、厚労省『労働経済白書』、文科省『文部科学統計要覧』各年版、日本統計協会『日本長期統計総覧』第１巻、リクルートワークス研究所HP（「ワークス大学求人倍率調査」）による。
有効求人倍率および充足率は新規学卒者を除き、パートを含む一般労働者のもの。

七↓九〇年＝一・四（**第15表**）というラインを進行するのであるから、「プラザ合意＝円高」局面を一時的例外として、持続的な倍率上昇が曇りなく確認可能である。そして、バブル頂点の九〇年には実に一・四という飛び抜けた水準をさえ記録しているのであるから、バブル期における「労働力不足」現象の進行にまず否定の余地はない。そのうえで、この点を特に「新卒者」に特定化してみるとどうか。いま例えば、中卒と高卒とに区分しながら「新卒者求人倍率」（**第15表**）推移を探ると、高度成長の名残を抱えた七五年には中卒＝六・〇倍・高卒＝三・四倍と超ハイレベルであったものが、低成長期および八〇年代前半には、それぞれ二・八および一・九水準にまで一旦は下降に転じる。しかしその後、バブル期に入るとともに再度上昇に向かい、八五年＝一・八―一・八↓九〇年＝三・〇―二・六という経過で高い水準を確保するに至った。したがって、このバブル局面での、特に新卒者に関する労働力需給の逼迫状況が明瞭だが、それが、結果的には「求人充足率」（％）の低下として発現して

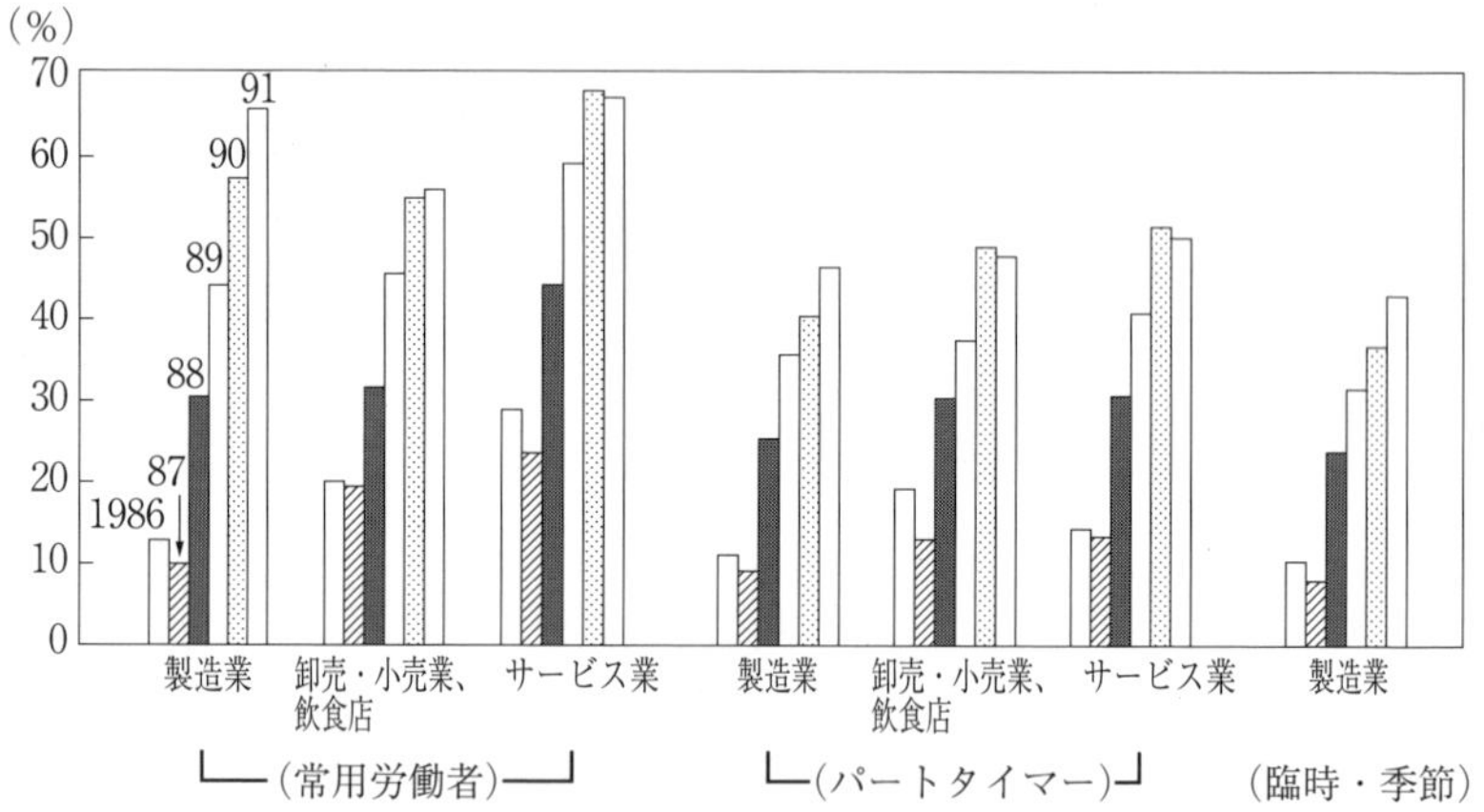

（資料）　労働省『労働経済動向調査』1991 年２月。

第２図　労働者不足事業所割合

くるのは当然であって、事実、それは一三・〇→一〇・五→一一・二→六・二という図式で見事な低落傾向を示すといってよい。こうして、バブル期に「労働力不足」現象が再燃していく。

そして、この動きにさらなる拍車を掛けたのが、――進学率上昇などに起因した――（ロ）「新卒者就職率」（％）の有意な低下動向に他ならず、例えば以下のような数字が得られる。すなわち、中卒＝五・九―高卒＝四六・六→三・九―四二・九→三・七―四一・一→二・八―三五・二（**第15表**）という具合であるから、バブル期には、高校進学率はほぼ一〇〇％に、そして大学進学率は六割を上回る程になっているのであり、それだけ労働力率＝労働力供給は下がっていると考える以外にない。

まさにこの帰結としてこそ（ハ）「労働力不足」状況が進行していく。そこで、「労働力不足事業所割合」統計（**第２図**）を使ってその実態を瞥見すると、「製造業」・「サービス業」および「卸売・小売業・飲食店」三セクターの常用労働者に関して、以下のような構図が手に入る。そこで最初は製造業だが、バブル最盛期をなす八八年段階から不足が目立ち始め、「不足事業所割合」はまず八八年に約三〇％に到達した後、さらに八九年には四〇％を超えつつ九〇年にはとうとう六〇％にまで近づく。ついで「卸売・小売業」に移ると、八八年には早くも三〇％ラインを超過するが八九年にはさらに四〇％半ばにまで達する。そしてその後も「不足事業所」割合は増え続け、その結果、九〇年には五〇％をかなり上回るレベルに至っている。しかしそれだけではない。それに加えて、さらに激しい不足状況を呈したのは「サービス業」に他ならず、まず八八年時点ですでに四〇％を超える事業所が労働力不足を訴えているが、その後も鰻上りで不足割合が上昇を続けた。つまり、八八年に六〇％ラインに接近した後、八九年にはとうとう七〇％にまで迫っていく。要するに労働力不足現象の全面的な噴出以外ではない。

こうしてバブル景気での「労働力不足」現象が一目瞭然だが、その際に特に注意すべきなのは、「卸・小売業」や「サービス業」などのいわばバブル関連業種での「労働力不足」進行はほぼ想定内だとはしても、それに加えて「製造業」においても高い労働力不足傾向が発生した点であって、ここからも、バブル景気が、少なくとも一面ではまさしく「経済実体立脚型・景気拡大」に他ならなかったこと――が慎重に読み取られるべきであろう。

では、以上のような「雇用動向」は次に③「賃金動向」へとどのように反映していったのだろうか。そこで最初に一つ目に（a）「賃金一般動向」から入るが、まず前提的大枠として、（イ）「国民所得分配」（千億円）次元における「賃金・俸給」部分の推移を大きく押さえておきたい。そうすると、この「賃金・俸給」は八〇年＝一一六→八五年＝一五一（一・三倍）→九〇年＝一九六（一・七倍）と動くから、バブル期において順調な増加をみせながらこの一〇年間に約一・七倍に膨らんだことが分かろう**（第16表）**。その場合、この一・七倍という伸び率はある程度大きな数値だと判断してよいが、それを検証するために「民間法人企業所得」を摘出してみると以下のような数字が手に入る。つまり、二四→三一（一・三倍）→三四（一・四倍）という具合であって、バブル崩壊の打撃をヨリ強く受けたため「賃金・俸給」の増加率を下回っており**（第16表）**、その点で、「賃金・俸給」伸び率の確かな順調性はやはり否定できま

第16表　国民所得の分配

（単位：10億円）

年次	雇用者報酬	賃金・俸給	企業所得	民間法人企業	個人企業	農林水産業	財産所得（非企業部門）	家計	利子	配当
80	129,720	116,394	52,838	24,515	28,036	4,141	14,398	17,006	9,986	1,663
85	171,795	151,156	63,849	32,325	31,788	3,555	20,997	27,091	15,317	1,661
90	227,351	196,478	69,904	34,600	32,497	3,482	43,884	48,229	28,744	2,345
95	268,977	232,170	75,106	31,067	43,315	4,194	29,161	34,784	15,383	2,488
2000	271,075	232,156	81,967	42,188	39,191	2,669	16,482	23,327	5,760	2,390
05	258,793	220,735	94,908	48,776	38,752	2,711	12,744	16,489	3,000	6,332

（資料）『国民所得統計』各年版より。

い。こうして、バブル期での「賃金拡大」が大まかにまず想像されるが、ちなみにここでも「バブル的特徴」が見事に顔を覗かせており、非企業部門の「財産所得」**(第16表)**が一七→二七（一・六倍）→四八（二・八倍）と激増をみている点が興味深い。

そのうえで、この大枠を前提として、早速（ロ）「名目賃金」の推移へと進もう。そこでいま例えばまず「産業計」レベルで平均賃金（千円）推移を追えば、七五年には一七七千円だったものが八〇年＝二六三へと大幅な伸びをみせるものの八〇年代に入ると増加テンポは低落し、以後は八五年＝三一七→九〇年＝三七〇**(第17表)**とスローダウンに転じる。事実、その伸び率は一・五倍（増加額九万円）→一・二倍（五万円）→一・二倍（五万円）となって安定化に移るといってよく、したがって、「全産業・賃金」として厳密に把握すると、――先に検出した「国民所得レベル・俸給込み」の水準と比較して――このバブル景気の中での「名目賃金」上昇はむしろ停滞的色彩を強く発現させていく。その点で「賃金・俸給」基準数値との相違に注意が必要だが、総体的には、むしろ「名目賃金」の「安定的動向」こそが特徴的だというべきであろう。

こうして、「名目賃金」動向には評価をやや動揺させる側面が否定できないが、その判断を最後に（ハ）「実質賃金」（一九三五年＝一〇〇）に委ねて

第17表　賃金と労働日（1月当り）

年次	調査産業計 平均	調査産業計 実質賃金指数	鉱業	建設業	製造業	製造業 実質賃金指数	卸・小売業	金融及保険業	運輸及通信業	電力・ガス・水道	1月平均労働時間 調査産業計	1月平均労働時間 製造業
	円											
1930	54.23	103.7	44.53		53.05	102.8			48.40	72.88		266.3
35	51.15	100.0	44.30		50.49	100.0			48.42	72.88		272.8
40	61.05	69.7	78.60		61.73	71.4			58.69	82.72	時間	278.0
47	1,950	34.6	2,312		1,756	31.6	1,993		2,247	2,312	185.8	183.4
50	11,076	97.5	10,735	…	10,649	95.0	12,803	14,458	11,514		194.6	195.6
55	18,343	119.4	18,488	14,609	16,717	110.2	17,963	25,132	21,811		194.8	198.0
60	24,375	143.8	26,250	21,213	22,630	135.3	23,139	32,191	28,336	36,178	202.7	207.0
65	39,360	171.9	41,650	39,439	36,106	159.7	36,464	50,486	47,164	59,627	192.9	191.8
70	75,670	253.4	79,209	71,727	71,447	242.4	68,647	85,260	84,825	106,648	187.7	187.4
75	177,213	346.9	197,301	158,045	163,729	324.7	164,958	206,979	198,669	241,039	172.0	167.8
80	263,386	373.8	281,478	251,579	244,571	351.7	239,478	324,108	281,573	337,047	175.7	178.2
85	317,091	388.3	342,339	306,244	299,531	371.6	272,692	408,124	343,923	427,171	175.8	179.7
90	370,169	420.9	379,777	401,560	352,020	405.5	309,218	490,002	413,077	516,820	171.0	176.6
95	408,864	438.2	435,201	450,679	390,600	424.1	336,175	541,200	454,488	584,198	159.1	163.9
2000	398,069	423.7	456,449	455,622	406,707	438.5	307,103	546,375	408,243	605,360	154.9	164.7
05	380,438	412.8	479,117	439,553	419,656	431.5	296,964	555,495	439,366	613,131	152.4	166.8

（資料）　三和・原『近現代日本経済史要覧』（東大出版会、2007年）15頁。

みよう。そこで、対比のために範囲を少し大きくとって七〇年代からの経過を辿ると、以下のような数字が拾える。すなわち、七〇年＝二五三・四→七五年＝三四六・九（一・三倍）→八〇年＝三七三・八（一・一倍）→八五年＝三八八・三（一・〇倍）→九〇年＝四二〇・九（一・一倍）と動く以上、七〇－七五年を最後に「実質賃金」はほとんど上昇しなくなる（**第17表**）。その結果、バブルを含む一〇年間の実質賃金の伸びは――あれだけ景気上昇が進んだにもかかわらず――高々一・一倍程度に止まったと結論せざるを得ないから、そうであれば、最初に大枠的に「賃金・俸給」として括った場合の、ある程度明確な伸びは、結局「俸給」に「引きずられた」数値だと評価する以外にない点が明瞭になってこよう。要するに、「名目賃金＝安定化」をさらに下回って、「実質賃金＝停滞化」こそが帰結せざるを得まい。まさにここにも、先に提示した、バブル期における、「賃金コスト指数」（**第6表**）の明確な低落（八〇年＝

九六・一→八五年＝九七・一→九〇年＝八七・五）と「企業収益・好調性」との、その主要要因が摘出可能なのであり、したがってそうであれば、確かに、バブル景気の過程で「労働力不足」は進行はしたものの、それは、一方での「IT化」に立脚した「企業システム再構築」と、他方での「各種不規則就業利用」とを通じる、賃金上昇への伝統的回路遮断によって、賃金上昇へは連結しなかったことが分かろう。

そのうえで、「賃金動向」をもう一歩詳細に理解するために、次に二つ目に（b）「産業部門別賃金動向」にまで立ち入っていこう。そこで、この「バブル期・賃金動向の停滞化」を、何よりも最初に、基幹部門である（イ）「製造業」に即しつつその「名目賃金」（千円）の側面から検証してみたい。そうすると、七五年＝一六三は八〇年にかけてまず二四四へと一・五倍に増加するが、その後は八〇年代に入って伸び悩み、以後は八〇年＝二九九（一・二倍）→九〇年＝三五二（一・二倍）**（第17表）**と低水準を続ける。まさに、先にみた「産業計」と同型の趨勢に他ならず、換言すれば、「産業計」の軌跡こそが、この「製造業」部門に大きく規定された結果だとみるべきであろう。いうまでもなく、「労働力不足→賃金上昇」の必然的関連を「遮断」可能にするシステムとしての、「IT化と不規則就業化」が、最も典型的に進行した部門こそ、この「製造業」だったから――に他なるまい。要するに「バブル期・名目賃金の停滞」が明確にみて取れる。

ついで、視点を（ロ）「製造業・実質賃金」にまで特定化するとどうか。いま例えば一九四〇年＝一〇〇の「実質賃金指数」を追うと、七五年＝三二四・七→八〇年＝三五一・七（一・一倍）→八五年＝三七一・六（一・〇倍）→九〇年＝四〇五・五（一・〇倍）という具合だから、ほとんど増加はみられない**（第17表）**。したがって、この「実質賃金」サイドからも「バブル期・賃金水準の停滞化」は明瞭に確認されてよいが、「実質賃金」の方が「名目賃金」よりも、その上昇が一層鈍い点が目立つ。

では（ハ）バブル期に賃金上昇をみた部門は全くなかったのだろうか。その場合、「バブル型」として賃金上昇が予想される部門には確かに「卸・小売業」や「金融及び保険業」などが指摘可能だが、結論的にみると、事実はそうはなっていない。つまり、前者の「名目賃金」（千円）が八〇年＝二三九→八五年＝二七二（一・二倍）→九〇年＝三〇九（一・一倍）、また後者のそれも三二四→四〇八（一・二倍）→四九〇（一・二倍）**（第17表）**に止まっているから、先にみた「製造業」の低水準と基本的には何の相違もない——からである。こうして、いわゆるバブル関連部門においてさえも賃金の明確な上昇は検出不能なのであって、バブル期・賃金停滞はもはや動かし難い。要するにバブル期には、「労働力不足—賃金停滞」という「異常な現象」が発現したわけである。

そうであれば、以上のような「賃金停滞」の下では「生活条件の悪化進行」が予測されるが、三つ目に（c）「消費生活」はどのような展開をみせたのだろうか。そこで最初は（イ）「家計収支」が前提をなそう。いま「勤労者世帯の収入・支出」（一世帯、年平均一ヵ月当たり、千円）の推移を辿ると、七五年＝「世帯主収入」一九八—「消費支出」一六六→八〇年＝二九三—二三八→八五年＝三六七—二八九→九〇年＝四三〇—三三一**（第18表）**となるから、両者ともまず順調に増加している点は否定できない。しかし問題はその伸び率であって、両者の増加テンポを摘出すると、そのそれぞれは一・五→一・三→一・二および一・四→一・二→一・二となって、バブルを含む八〇年代には、明瞭な継続的低下基調を続けていく。これもかなり「意外な」ことだと思われるが、バブル局面では、勤労者家計は収入・支出ともあきらかにその増加スピードを鈍化させているのである。先に検出した「バブル期賃金の停滞化」が家計収支に明確に反映されていよう。

そのうえで次に、（ロ）「消費支出」側面にもう一歩立ち入ったメスを入れてみるとどうなるか。そこでまず個人消費支出の「構成比」（％）に注目すると、バブル・ピークの九〇年において、「住居・電気・ガス・水道」（二六・〇）、「飲

第18表　勤労者世帯の収入と支出（1世帯、年平均1ヵ月当り）

（単位：円）

	実収入		実支出			可処分所得	黒字		平均消費性向（%）	エンゲル係数（%）	世帯人員（人）
	世帯主収入	その他	消費支出	うち食料	非消費支出			貯蓄純益			
1955	24,065	5,105	23,513	10,465	3,273	25,896	2,383	1,454	90.8	44.5	4.71
60	34,051	6,844	32,093	12,440	3,187	37,708	5,615	2,120	85.1	38.8	4.38
65	54,111	11,030	49,335	17,858	5,584	59,557	10,222	6,674	82.8	36.2	4.13
70	94,632	18,317	82,582	26,606	9,315	103,634	21,052	13,480	79.7	32.2	3.90
75	198,316	37,836	166,032	49,828	20,644	215,509	49,477	31,875	77.0	30.0	3.82
80	293,362	56,324	238,126	66,245	44,137	305,549	67,724	39,714	77.9	27.8	3.83
85	367,036	77,810	289,489	74,369	71,153	373,693	82,204	48,181	77.5	25.7	3.79
90	430,670	91,087	331,595	79,993	81,218	440,539	108,944	78,526	75.3	24.1	3.70
95	467,799	103,018	349,663	78,947	88,644	482,174	132,510	86,935	72.5	22.6	3.58
2000	460,436	100,518	340,997	74,889	88,132	472,823	131,846	87,763	72.1	22.0	3.46
05	425,450	97,179	328,649	70,924	82,957	439,672	111,023	72,145	71.7	21.6	3.44

（資料）　総務庁統計局『家計調査年報』（1963、1976年、19885、2001年度版）。総務省統計局HP『家計調査』より作成。
1960年までは人口５万人以上の都市、65年以降は全国。調査対象から除外される世帯は、農林漁家、単身者世帯、外国人世帯、世帯主が長期不在の世帯、料理飲食店・旅館など。

食費」（二〇・一）、「娯楽・レジャー・文化」（一八・〇）、「被服・履物」（七・七）の順をなす（**第19表**）。この順を、例えばバブル直前の八〇年と比較すると、何よりも、首位であった「飲食費」の後退と、「住居費」関連および「娯楽費」関連の上昇とが目立ち、その点で、ここにもバブル期特有の消費構造パターンが垣間みられる。しかも、この傾向はその構成比推移の方向からも検証可能であって、事実、上記四費目の構成比推移は具体的には以下のようであった。すなわち、二四・八→二六・二→二六・〇、二六・一→二三・八→二〇・一、一四・五→一五・四→一八・〇、八・七→七・九→七・七（**第19表**）という図式に他ならず、この推移の点から判断すれば、特筆すべきなのは、「住居費」関係よりはむしろ「娯楽費」のウエイト増加以外ではあり得ない。こうして、消費支出の全体的伸び悩みの中で、「娯楽・レジャー・文化」関連支出の割合が上昇する——という、まさに「バブル型・消費支出構造」が進行した。

第19表　個人（家計最終）消費支出

	飲食費	被服・履物	住居・電気・ガス・水道	娯楽・レジャー・文化	その他	合　計
80	33,892（26.1）	11,327（8.7）	32,122（24.8）	18,821（14.5）	33,512（25.8）	129,673（100.0）
85	41,321（23.8）	13,737（7.9）	45,531（26.2）	26,692（15.4）	46,282（26.7）	173,563（100.0）
90	45,967（20.1）	17,542（7.7）	59,276（26.0）	41,004（18.0）	64,499（28.3）	228,287（100.0）
95	52,357（19.4）	18,880（7.0）	76,907（28.6）	46,570（17.3）	74,566（27.7）	269,280（100.0）
2000	53,093（19.3）	12,487（4.5）	64,573（23.5）	51,392（18.7）	93,762（34.1）	275,305（100.0）
05	49,630（17.8）	9,899（3.5）	68,619（24.6）	51,931（18.6）	98,802（35.4）	278,880（100.0）

（資料）　前掲、三和・原『要覧』10頁。

以上を前提にして最後に、これらの諸側面を（ハ）「消費内容」という質的方向から総括しておきたい。そこで、第一にまず「可処分所得―家計黒字―貯蓄純増」（千円）というベクトルから把握すると、この連関については、八〇年＝三〇五－六七－三九↓八五年＝三七三－八二－四八↓九〇年＝四四〇－一〇八－七八（**第18表**）という数字が手に入る。その場合、三項目とも一定の増加をみている点がまず明白だが、そのうえで伸び率にまで立ち入ると、「可処分所得」と「黒字」とはその増加率が押しなべて一・二倍程度に収まるから特別な問題がないのに対して、やや目立つのは「貯蓄純増」に他ならない。というのも、その増加率は一・二倍↓一・六倍という数字を刻んで、特にバブルの頂点である八五年から九〇年にかけての激増ぶりが著しいからであって、消費者もが金融行動に駆り立てられつつ、バブル形成に一役買った側面がよく分かろう。

それをふまえて、第二に「平均消費性向―エンゲル係数」（％）をも確かめると、例えば以下のように動いた。すなわち、七七・九－二七・八↓七七・五－二五・七↓七五・三－二四・一（**第18表**）という構図であるから、両ファクターとも、このバブル局面で見事に低落を続けたという以外にはない。その場合、「エンゲル係数の低下」についてはすでにみた「飲食費の比率低下」の当然の結果であって付け加える点はあり得ないが、他方の「消費性向の低減」についてはやや「意外な感」を禁じ得ない。もっとも、先に確認した「貯蓄増加」の裏側であるから「もっとも」だともいえなくはないが、しかしそれでも、「資産効果に立脚した個人消費膨張」という通説的な「バブル理解」からは乖離が大きく、一定の修正がなお必要だと思われる。

要するに、家計収支伸び悩みという環境下で、家計は、消費をある意味で「抑制」することによって貯蓄を伸ばし、それを条件にして「バブル行動」に参加したのだといえよう。

最後に、以上のような「雇用動向」を③「失業動向」サイドからも整理しておきたい。そこで、まず一つ目に（a）「完全失業者」（万人）の経過追跡を試みると、ここでもやや「意外な」光景を目にすることになる。すなわち、バブル期における完全失業者のむしろ「絶対的増加基調」以外ではなく、具体的には七〇年＝五九↓七五年＝一〇〇↓八〇年＝一一四↓八五年＝一五六↓九〇年＝一三四**（第13表）**という数値が刻まれていく。その際、「いざなぎ景気終了↓七〇年代低成長移行↓減量経営」という関連で七〇～七五年を画期として失業者激増へ移る経緯は想定内だとはしても、八〇年代に入った後も顕著な失業者増が持続することには目を奪われよう。確かにバブルの極点である九〇年には僅かに減少をみるものの、しかしバブル局面全体としては、明らかに「失業者増加局面」だと性格づけされる以外にはない。ちなみに高度成長期の失業者が五〇万人台だったから、このバブル景気には実にその三倍にまで接近しているわけであるが、先に検討した通り、他方でこのバブル期に「労働力不足」が進行した点を想起すれば、「労働力不足―失業者増加」という、一見「矛盾する」二つの現象を相互に「接続する環」としての、「IT化と不規則就業」[6]がいかに巨大な作用を発揮したか――が一目瞭然ではないか。まさにバブル景気局面は「完全失業者・増加」局面以外ではないのである。

ではこの点をさらに二つ目に（b）「完全失業率」サイドからも検証してみよう。そこで「完全失業率」（％）の推移を追うと、八〇年＝二・〇↓八二年＝二・四↓八四年＝二・七↓八六年＝二・八↓八八年＝二・六↓九〇年＝二・一**（第**

13表）という軌跡が描かれる。みられる通り、一見して「失業者」動向と同型の図式であって、さすがにバブル頂点の九〇年には低い数字で現れるとはしても、バブル期全般としては、基本的にすこぶる高率の「失業率」が進行したといってもよい。事実、高度成長期の「完全失業率」が一％前半だったことを思えば、その異常性は明白であろう。要するに、「意外にも」、バブル期はむしろ「失業拡大」過程そのものだったのである。

こう考えてよければ、この「失業」に集約可能な「雇用動向」は、三つ目として以下のように（c）「総括」されるべきであろう。すなわち、その骨格的ロジックを繋いでいけば、「バブル期・資本投資拡大→労働力吸収進行→求人倍率上昇→労働力不足顕在化→企業対処策の新展開→ＩＴ化・不規則就業拡大→正規就業切り詰め→失業増大→賃金上昇停滞→消費拡大限定化→景気への消費刺激制約」、という一連の論理が発現してくること――これである。したがって、「失業者増大」という論理系は、その全体的ロジックのいわば枢軸を構成しているのであるが、そうとすれば、ここからは結局、バブル景気は、「意外にも」、「消費牽引型」とは単純化できず、むしろ「投資牽引型」という側面もかなり大きかったという結論をも導出可能だと判断されてよい。この点は、後にさらに具体的に検証されていくであろう。

Ⅱ　国家政策――過剰投資の政策的誘導体制

［1］国際収支

続いて国家政策へ視角を転換させていくが、まず第一に、国家政策発動にとっての基本的大枠を形成する（一）「国際収支」[7]動向が前提にされねばならない。そこで最初に①「貿易動向」から入るが、一つ目として（a）「輸出入一般推移」（千億円）は以下のように動いた。つまり、八〇年＝輸出二九三－輸入三一九→八二年＝三四四－三二六→八四年＝四〇三－三二三→八六年＝三五二－二一五→八八年＝三三九－二四〇→九〇年＝四一四－

第20表　貿易推移

（単位：億円）

（年）	貿易		国際収支（経常）
	輸出	輸入	
80	293,825	319,953	△10,746
81	334,690	314,641	4,770
82	344,325	326,563	6,850
83	349,093	300,148	20,799
84	403,253	323,211	35,003
			十億円
85	419,557	310,849	119,698
86	352,897	215,507	142,437
87	333,152	217,369	121,862
88	339,392	240,063	101,461
89	378,225	289,786	87,113
90	414,569	338,552	64,736

（資料）　前掲、三和・原『要覧』５頁。

第21表　為替相場の推移

年	対米ドル（円）
1971	348.03
72	303.11
73	271.22
74	291.51
75	296.79
76	296.55
77	268.51
78	210.44
79	219.14
80	226.74
81	220.54
82	249.08
83	237.51
84	237.52
85	238.54
86	168.52
87	144.64
88	128.15
89	137.96
90	144.79

（注）　対IMF報告の年平均相場。
（資料）　日本銀行『外国経済統計年報』、OECD Economic Outlook.

三三八（**第20表**）となるから、このような金額指数でみるかぎり、まず輸出入とも、八六－八八年にかけてある程度目立った落ち込みを免れない。その主要な原因が円の対ドル為替相場動向にあることは周知のことなので、輸出入の立ち入った変化に入る前に（イ）「為替相場」（**第21表**）水準をまず一瞥しておきたい。そこで円相場（対ドル円）を具体的にフォローすると、八四年＝二三七→八五年＝二三八と安定的に推移した後、八五年プラザ合意を画期にしてまず急速な円高へ転換する。その結果八六年＝一六八→八七年＝一四四→八八年＝一二八という激しい円高水準にまで至るが、八九年からは円高基調における軽度の方向転換が生じて、八九年＝一三七→九〇年＝一四四という相対的な円安へと変動をみ

第22表　輸出入の金額・価格・数量指数

（円ベース、1985年＝100）

年	輸出 金額指数	輸出 価格指数	輸出 数量指数 総合	輸出 数量指数 化学製品	輸出 数量指数 機械機器	輸入 金額指数	輸入 価格指数	輸入 数量指数 総合	輸入 数量指数 化学製品	輸入 数量指数 機械機器	輸入 数量指数 加工製品
1986	84.1	84.6	99.4	108.5	99.9	69.3	63.3	109.5	109.7	111.0	122.6
1987	79.4	79.7	99.7	120.5	101.0	69.9	58.1	119.7	123.3	130.2	137.9
1988	80.9	77.2	104.8	124.2	107.8	77.2	55.3	139.7	136.0	185.5	180.8
1989	90.1	82.8	108.8	131.6	113.9	93.2	61.9	150.6	149.2	214.2	202.1
1990	98.8	86.0	114.8	142.7	120.1	108.9	68.4	159.3	154.9	245.4	223.0

（資料）　日本関税協会『外国貿易概況』より作成。

せた。その意味で、バブル期には、大枠としての円高進行とその内部での相対的円安移行とがいわば重層して発現した――と理解できるから、まずこの点を前提として輸出入運動へと入っていこう。

そこで（ロ）「輸出動向」（**第22表**）からみると、先に示した八六－八八年の輸出額減少が、その時期の超円高化に起因するものであることは直ちに理解可能といってよい。事実、「数量指数」（八五年＝一〇〇、総合、円ベース）を検出してみると、八六年＝九九・四→八七年＝九九・七→八八年＝一〇四・八→八九年＝一〇八・八→九〇年＝一一四・八という具合だから、輸出量が絶対的に減少しているわけではもちろんない。いうまでもなくこの点の認識は重要なのだが、しかし他方で、「金額指数」（八四・一→七九・四→八〇・九→九〇・一→九八・八）の低落は当然のこととして、さらに「価格指数」も八四・六→七九・七→七七・二→八二・八→八六・〇と大きく下ブレし、その後回復に転じるのは――「相対的な円安化」によって――ようやく九〇年になってからだという事実を重視すれば、総体的にみて、バブル期・輸出動向が目立った伸張を発揮しなかった点はやはり無視できまい。要するに、バブル景気における輸出の全体的位置は決して大きくなかったわけである。まさに「バブル景気＝内需拡大型」といわれる所以であり、したがって、一つの景気パターン変化でもあろう。

ついで（ハ）「輸入動向」（**第22表**）はどうか。いうまでもなく円高は、他方

第23表　国際収支の状況

（単位：億ドル）

	1986年	87	88	89	90
経常収支	858	870	795	570	358
貿易収支	928	964	948	771	639
輸出	2,056	2,246	2,596	2,696	2,802
輸入	1,128	1,282	1,648	1,925	2,163
貿易外収支	△49	△57	△112	△159	△226
長期資本収支	△1,315	△1,365	△1,303	△879	△435
資産（本邦資本）	1,321	1,328	1,499	1,908	1,206
負債（外国資本）	6	△37	190	1,028	772
総合収支	△448	△295	△290	△333	△72
外貨準備増減	157	392	162	△128	△78
その他	△605	△688	△452	△205	△6

（資料）　日本銀行『国際収支統計月報』より作成。

で輸入に関しては「輸入価格低下」と「輸入量増加」となって反映されるはずだが、両指数は実際に以下のような軌跡を描いた。すなわち、前者は六三・三→五八・一→五五・三→六一・九→六八・四という経過を示して、「前半での顕著な低下」と「八九年相対的な円安以降の再上昇」とを実証しているし、後者も一〇九・五→一一九・七→一三九・七→一五〇・六→一五九・三と推移しつつ、「前半における急増」と「後半での一服化」とがみて取れよう。その点で、円相場と連関した輸入動向推移が明瞭だといってよい。

続いて、この輸出入動向を二つ目に（b）「貿易黒字」（億ドル）に即して集計すると、それは以下のようになる。つまり、最初に（イ）「一般動向」だが、それに関しては、例えば八六年＝九二八→八七年＝九六四→八八年＝九四八→八九年＝七七一→九〇年＝六三九という基本的な数字が拾える。みられる通り、このバブル期において貿易黒字が縮小傾向にあるのは一目瞭然といってよく、したがってその意味で、すでに指摘した、バブル局面における「外需」ウエイトの消極化――がここでも確認可能だが、ではその構造的背景はどこに求められるのか。

それを確定するために、次に「主要国・地域別貿易黒字」（億ドル）

第24表　主要国別・地域別貿易収支

（単位：100万ドル）

	アメリカ	EC	アジアNIEs	東南アジア
1986	51,402	16,686	17,636	12,299
1987	52,090	20,023	20,643	14,355
1988	45,597	22,802	24,810	19,307
1989	44,942	19,762	25,603	20,610
1990	37,953	18,490	30,720	28,120

（資料）　前掲『外国貿易概況』より作成。

に立ち入っていくと、まず（ロ）「先進国」に関して最初にアメリカからみれば、八六年＝五一四→八八年＝四五五→九〇年＝三七九と見事に縮小を続ける（**第24表**）。その原因については、すでに多方面から指摘されてきた如く、「バブル景気の内需型性格」・「円高進行」・「日米通商摩擦の影響」・「米国景気の停滞」などが直ちに指摘可能だが、バブル期・対米黒字の減少基調は一応明瞭といってよい。ついで対ＥＣ黒字もほぼ同様であって、例えば一六六→二二八→一八四という経過を経ながら――多少のジグザグを織り込みつつ――順調に黒字減らしが進んだ。こうして、バブル局面では、アメリカ・ＥＣという先進国に対する日本の貿易黒字は減少に向かったと判断でき、その点で貿易不均衡改善は一定の成果が確認可能だが、その際、その減少背景については米国とＥＣとの間に基本的な差異があり、一方で前者では「対米輸出自体の停滞」が主因であるのに比較して、他方で、後者の主因がむしろ「対ＥＣ輸入の増加」にある点が興味深い。

次に（ハ）「アジア地域」に目を転じるが、最初に「アジアＮＩＥｓ」では日本の貿易黒字は一七六→二四八→三〇七（**第24表**）と動く。したがって、かなり大幅な黒字という以外にないが、その基本背景として、日本の競争力拡大の他、「韓国・台湾為替の上昇」・「特恵関税の撤廃」などの作用が大きいのはいうまでもない。そのうえでもう一つは「東南アジア」だが、ここでも一二二→一九三→二八一（**第24表**）という数字が得られるから、やはり極めて巨額の貿易黒字が記録されていく。例えばバブル頂点の九〇年には八七年の実に二倍にまで黒字が膨らんでいるのであって、恐ろしく急ピッチでの

第25表　対外直接投資の動向

（単位：100万ドル）

	対外直接投資[1] 届出実績	内、製造業の構成比（%）	国際収支表による対外直接投資
1986	22,320	17.1	14,480
1987	33,364	23.5	19,519
1988	47,022	29.4	34,210
1989	67,540	24.1	44,130
1990	27,638[2]	27.9	47,941

注）１）届出実績は年度　２）は上半期（４～９月）
（資料）　前掲『国際収支統計月報』、日本輸出入銀行『海外投資研究所報』より作成。

黒字増大基調がよくわかろう。要するに、バブル期に黒字幅は停滞化に転じるが、その中で、対先進国黒字＝縮小と対アジア黒字＝激増という傾向が進んだ。

最後に、このような貿易動向をもう一歩視点を広げて、三つ目に（c）「国際収支」というアングルからも集約しておきたい。そこでまず（イ）「経常収支」（**第23表**）（億ドル）が問題となるが、それは、八五八↓七九五↓三五八と動いた結果、大幅な黒字縮小に向かった。一見して巨額の黒字縮小という他ないが、その場合、経常収支の大宗を占める貿易収支黒字の減少はそれに較べてモデラートである以上、その原因はむしろ「貿易外収支」にこそ求められる必要がある。というのも、この貿易外収支は△四九↓△一一二↓△二二六という大幅赤字化を辿るからであって、特に「旅行関係収支の赤字巨額化」と「投資収益収支の受取鈍化」とがその主因だと判断可能であろう。こうして、「貿易黒字幅減少」を土台としつつ「貿易外収支赤字」をも加味して、バブル期・経常収支は黒字縮小に転じたが、この動向が、対外投資能力を制約することによって、海外投資拡大を大きく阻害せざるを得なくするのは当然であった。

そこで（ロ）「海外投資」に注目してみよう。最初に「長期資本収支」（億ドル）に即して海外投資の全般的傾向を把握すると、△一三一五↓△一三〇三↓△四三五となって資本流出の顕著な減少が目立つ。いうまでもなく、これまで日本の対外投資はいわば増加の一途を辿りほぼ世界のトップクラスにあったが、特にバブル頂点

第26表　製品別輸出構成の動向

（単位：％）

	1986年	87	88	89	90
化学製品	4.5	5.1	5.3	5.4	5.5
金属・同製品	8.7	7.9	8.2	7.9	6.8
〔鉄鋼〕	6.1	5.5	5.8	5.5	4.4
機械機器	74.1	74.6	74.3	74.8	75.0
〔一般機械〕	18.3	19.5	21.2	21.7	22.1
（原動機）	2.4	2.6	2.5	2.7	2.7
（事務用機器）	5.4	6.3	6.9	6.8	8.2
（金属加工機）	1.7	1.5	1.5	1.5	1.5
〔電気機械〕	22.4	17.8	23.4	23.6	23.0
（重電機器）	1.2	1.2	1.3	1.3	1.3
（テープレコーダー）	4.7	3.7	2.3	2.8	2.7
（電子管等）	3.0	3.5	4.6	5.2	4.7
〔輸送機器〕	28.4	27.9	24.8	24.4	25.0
（自動車）	20.4	19.6	18.4	17.9	17.8
（船舶）	2.3	1.9	1.5	1.6	2.5
〔精密機械〕	5.9	6.0	5.0	4.8	4.8
（科学・光学機器）	4.1	4.1	4.1	3.9	4.0
製品計	87.3	87.6	87.8	87.8	87.3

（資料）　前掲『外国貿易概況』より作成。

の九〇年になって激しくブレーキが掛かった。そしてその背景には、「経常黒字の減少・内需型景気拡大・内外金利差縮小」などのバブル型要因が存在したが、いずれにしても、まず何よりも「証券投資の伸び悩み」が明確に進行していく。

このような「海外投資・一般基調」をふまえてさらに（八）「対外直接投資」に特に視点を集中するとどうか。そこで「対外直接投資届出実績」（億ドル、％）に目を凝らすと以下のようであった。すなわち、八六年＝二二三（うち製造業構成比一七・一）→八七年＝三三三（一三・五）→八八年＝四七〇（二九・四）→八九年＝六七五（二四・一）→九〇年＝二七六（二七・九）という数値を刻むから（**第25表**）、バブル前半での「製造業中心の急増」傾向が、バブル頂点に至って大幅減に転じていよう。しかもその中で製造業比率も明らかに頭打ちになっているのであり、その点で、円高に対応した直接投資増勢の明確な鈍化とその国内回帰とが確認されてよい。まさにここにも、バブル景気が一面で「経済実体基盤立脚型」景気上昇であったこと――が如実に証明されている。

要するに、「貿易黒字鈍化↓経常黒字縮小↓海外投資減少」という、国際収支における基本動向が確認できるといってよく、ここにこそ、国際収支の「バブル型変容」が検出できよう。

そのうえで、国際収支の内部構造にまでもう一段深くメスを入れるために、次に②「製品別輸出入構成」にまで立ち入ってみたい。最初に一つ目は（a）「輸出製品別動向」（％）だが、総体的にいって、いわゆる「ハイテク型製品」構成比の低落傾向が一見して分かる**（第26表）**。それは、「金属・化学・機械機器」などからなる「製品」の比率が、全体として八六年＝八七・三↓八八年＝八七・八↓九〇年＝八七・三と低下基調にある点からまず明らかだが、そのうえでさらに品目別にまで具体化すると一層明瞭になる。すなわち、何よりも内需増に制約されて「金属・同製品」が八・七↓八・二↓六・八と大幅に比率を下げた他、「電気機械」（二二・四↓二三・四↓二三・〇）・「自動車」（二〇・四↓一八・四↓一七・八）・「精密機械」（五・九↓五・〇↓四・八）などの低下も顕著に目立とう。しかも、ハイテク製品を代表する「半導体」を中心とする「電子管」も三・〇↓四・六↓四・七と伸び悩んでいるから、このバブル期には「輸出構成」における一定の変質が無視できない。

したがって、これまで日本の輸出を先頭で牽引してきた「ハイテク製品輸出」の頭打ちが生じているともいえるが、まさにこれこそ、バブル期・輸出停滞を背後で規定したその基礎要因だとも考えられよう。そして、その主因が「内需拡大型・バブル景気」であることもいうまでもないから、バブル景気の「経済実体立脚型」性格がここからも傍証できる。

続いて、早速二つ目として（b）「輸入製品別動向」（％）へ転じると、以下の三点がバブル期の特徴として取り分け注目に値する**（第27表）**。すなわち、まず第一は（イ）「石油の増加」であって、一五・四↓一〇・四↓一三・五と再

第27表　主要商品の輸入量・構成比の動向　（単位：%）

	1986年	87	88	89	90
食料品	15.2	15.0	15.5	14.7	12.0
繊維原料	1.5	1.8	1.8	1.6	1.1
金属原料	4.6	4.1	4.5	4.4	3.9
鉄鉱石 1)	2.2	1.8	1.5	1.5	1.4
	(115)	(112)	(123)	(128)	(125)
その他原料品	7.8	8.8	8.7	8.5	7.1
鉱物性燃料	29.2	26.2	20.5	20.4	24.2
石炭 1)	3.9	3.1	2.9	2.8	2.6
	(91)	(93)	(104)	(105)	(108)
石油 2)	15.4	13.8	10.4	10.2	13.5
	(189)	(185)	(192)	(205)	(225)
化学製品	7.7	7.9	7.9	7.6	6.8
機械機器	11.6	12.8	13.2	15.4	17.4
自動車 3)	－	1.4	1.7	2.0	2.7
	－	(111)	(156)	(200)	(257)
その他	22.4	23.4	26.8	27.4	26.0
鉄鋼 4)	1.4	1.7	2.5	2.4	2.0
	(5,247)	(7,465)	(11,136)	(10,860)	(11,702)

注）（　）は数量、単位は、1）100万トン、2）100万キロリットル、3）1,000台、4）1,000トン。
（資料）　前掲『外国貿易概況』より作成。

増加へ動く。いうまでもなくこのウエイト上昇は、九〇年秋以降での石油価格高騰が微弱な円安化と重奏した結果だとみてよいが、それが輸入金額を大きく嵩上げさせることになった。ついで第二は（ロ）「機械機器の上昇」に他ならないが、その大宗はいうまでもなく「自動車」比率の増大に起因している。というのも、「機械機器」全体が一一・六→一三・二→一七・四と伸張する中で特に「自動車」が一・四→一・七→二・七と大きく伸びている以上、この「自動車」輸入増大の作用が支配的だと考えざるを得ないからであって、取り分けECからの高級自動車輸入の激増という「バブル的特徴」がここにも滲み出ていよう。最後に第三が（ハ）「繊維品・食料品の低下」に他ならず、まず前者を代表する「その他」が二二・四→二六・八→二六・〇、また後者が一五・二→一五・五→一二・〇といずれも低落基調を明確にしていく。いうまでもなく「経常黒字の停滞」と「賃金・消費の伸び悩み」を反映しているといってもよいが、バブル経済進行の渦中で「資金の国内循環」が激化する反面、特に後進地域からする、「繊維品・食料品」関連の輸入能力が相対的に減退したのではないか。

したがって、三つ目に（c）「製品別輸出入動向」は全体的にこう「総括」可能だといってよい。すなわち、「製品別構成」に関する「バブル型」特質の反映こそがそのポイントだといってよいが、まず（イ）「輸出」次元では、「バブルの内需的性格」による「ハイテク製品の内需向比率増大」傾向に規定されて、「ハイテク製品」輸出構成比の停滞化が発現した。ついで（ロ）「輸入」次元としては、余剰資金の国内的循環加速化という「バブル型」性格に影響されて特に後進地域からの（繊維・食料などの）輸入能力が減退する一方、他方では、高級消費指向というバブル的偏りの煽りで、ECからの高級自動車輸入などが取り分け目立った。そうであるかぎり、（ハ）「総合的」にみて、貿易の「製品別構成」というベクトルに対しても、その「バブル型特質」が明瞭に反映している――と結論される以外にない。

続いて③「地域別輸出入構成」へ進むが、まず一つ目に（a）「地域別輸出動向」（%）からみると、以下の三特徴が直ちに目に飛び込んでくる**（第28表）**。すなわち、第一は（イ）「対米輸出の顕著な減少」であって、その構成比は三八・五→三三・八→三一・五という具合で見事な減少傾向を呈する。その限りでは、八五年プラザ合意を起点とする為替調整から帰結した日米通商不均衡解消の一定の進行が確認できるが、この背景に、「アメリカ景気の停滞」・「ハイテク製品比重の低下」・「日本内需の膨張」などの、「バブル的特徴」がある点も否定できまい。それに比較して、第二に（ロ）「対EC輸出の着実な増加」が目立とう。具体的に構成比数値を拾えば一四・七→一七・七→一八・七となるから、「アメリカ減少」とは対照的な、かなり堅実な比率上昇が検出されてよい。その場合、この対EC輸出増加の要因としては特にバブル末期での「相対的な円安転化」＝「円の独歩安」作用が大きいが、この増大動向が、九二

第28表　主要地域・国別輸出構成の動向

（単位：％）

	86	87	88	89	90
先進地域	62.7	62.4	61.1	60.8	59.2
アメリカ	38.5	36.5	33.8	33.9	31.5
EC	14.7	16.4	17.7	17.4	18.7
大洋州	3.0	3.0	2.9	3.1	3.1
発展途上地域	30.6	32.5	33.7	34.6	37.3
東南アジア	20.0	23.1	25.3	26.7	28.8
ASEAN諸国[1)]	5.8	6.7	8.1	9.4	11.5
タイ	1.0	1.3	1.9	2.5	3.2
マレーシア	0.8	0.9	1.2	1.5	1.9
フィリピン	0.5	0.6	0.7	0.9	0.9
インドネシア	1.3	1.3	1.2	1.2	1.8
アジアNIEs[2)]	14.4	17.2	18.4	19.1	19.8
シンガポール	2.2	2.6	3.1	3.3	3.7
韓国	5.0	5.8	5.8	6.0	6.1
台湾	3.8	4.9	5.1	5.6	5.4
香港	3.4	3.9	4.4	4.2	4.6
ラテンアメリカ	4.5	3.8	3.5	3.4	3.6
中近東	4.7	4.0	3.6	3.1	3.4
アフリカ	1.0	1.3	1.0	1.1	1.2
社会主義国	6.7	5.2	5.2	4.6	3.4
中国	4.7	3.6	3.6	3.1	2.1

注）１）タイ、マレーシア、インドネシア、シンガポール、フィリピンの５ヵ国。
　　２）韓国、台湾、香港、シンガポールの４ヵ国、地域。
（資料）　前掲『外国貿易概況』より作成。

年欧州統合を視野に入れた「対EC資本輸出増大」とも質的に連関している点が特に注目に値しよう。

そのうえで第三は（ハ）「対アジア輸出の激増」に他ならない。事実、アジアを構成する「東南アジア・ASEAN諸国・アジアNIEs」への輸出比率は、それぞれ二〇・〇→二五・三→二八・八、五・八→八・一→一一・五、一四・四→一八・四→一九・八という明確な上昇基調を示す以上、全体的な「対アジア輸出の増大」は一目瞭然である。一見して明白な増大傾向だといってよく、それを促進した要因としては、例えば「円安転化」以外にも、「現地通貨の対円相場上昇（八八年一一月～九〇年六月、韓国ウォン＝約三〇％上昇、台湾ドル＝約二二％上昇）」や「対

第29表　主要地域・国別輸入構成の動向

（単位：%）

	86	87	88	89	90
先進地域	49.2	47.9	50.6	50.9	50.8
アメリカ	23.0	21.1	22.4	22.9	22.3
EC	11.1	11.8	12.8	13.3	14.9
大洋州	6.3	6.4	6.4	6.3	6.0
発展途上地域	44.3	45.0	42.0	41.7	42.0
東南アジア	23.3	25.8	25.5	25.1	23.3
ASEAN諸国[1)]	12.0	12.3	11.4	11.7	11.9
タイ	0.9	1.2	1.5	1.7	1.8
マレーシア	3.0	3.2	2.5	2.4	2.3
フィリピン	1.0	0.9	1.1	1.0	0.9
インドネシア	5.8	5.6	5.1	5.2	5.4
アジアNIEs[2)]	9.9	12.6	13.3	12.9	11.0
シンガポール	1.2	1.4	1.2	1.4	1.5
韓国	4.2	5.4	6.3	6.2	5.0
台湾	3.7	4.8	4.7	4.3	3.6
香港	0.8	1.0	1.1	1.0	0.9
ラテンアメリカ	4.9	4.3	4.4	4.2	3.8
中近東	14.6	13.5	10.5	11.0	13.3
アフリカ	1.1	1.0	1.1	0.9	0.8
社会主義国	6.5	7.1	7.4	7.4	7.2
中国	4.5	5.0	5.3	5.3	5.1

注）1）、2）とも第28表と同じ。
（資料）　前掲『外国貿易概況』より作成。

アジア資本輸出の拡大」などの影響が大きいと推察されるが、その際、このアジア輸出増大の内容としては、対米輸出においては後退を示した「ハイテク製品」の比重がなお高かったから、それが、対米減少分を補完しつつトータルにはバブル期の国内生産を支えたともいえよう。

では二つ目として（b）「地域別輸入動向」（%）に転じると、ここでも明瞭な「地域的偏り」が否定できない（**第29表**）。つまり、まず第一は（イ）「対EC輸入の著増」に他ならず、例えば一一・一→一二・八→一四・九という数値が拾える。この点に関しては何度かすでに指摘した通りであって、そこでは、周知の高級自動車の他「高級家具・衣料品・美術品」などという、いわば「バブル関連」の高額商品や、「医薬品・金属加工機・

精密機械」などの専門製品のウエイトが相変わらず高いものと思われる。それと比較して、ついで第二に（ロ）「対米輸入の停滞」が目立ち、二三・〇→二一・四→二一・三という低空飛行が続く。もちろん、化学製品や機械機器類という高級品は——絶対額としてはECを上回る程——いぜんとして高い比率を保持してはいるものの、ECと競合しつつ急速に「追い上げ」られているわけであって、それが構成比の停滞となって現出してきているのに違いない。まさに「米国―EC対決」の縮図である。

そして最後に第三として（ハ）「対東南アジア輸入の減少」が軽視できまい。すなわち、その構成比は二三・三→二五・五→二三・三という具合に目立った低下を余儀なくされているからであって、「ASEAN諸国・アジアNIEs」の伸び悩みをも考慮すれば、このバブル期での「対アジア輸入の顕著な縮小」が手に取るように分かる。その場合、輸入減少の主因は（非高性能の）家電製品・繊維製品や食糧品・原料品などであったが、その背景に、「内需拡大的膨張」と「高級品指向」という、日本における国内経済の「バブル的特徴」があったのは当然であろう。

以上をふまえて、三つ目に（c）「地域別輸出入動向」を全体的に「総括」しておけば以下のように整理されてよい。つまり、まず（イ）「輸出」次元では「アメリカの減少」と「EC・アジアの拡大」が顕著であり、それを促進した要因としては、相手地域の「為替動向」や「景気動向」の他、その地域への「日本の資本輸出」動向などの作用が決定的に大きかった。ついで（ロ）「輸入」次元に移ると「ECの増大」と「アジアの縮小」が特に目立つが、その場合、この「輸入」側面に関する規定ファクターとしては、——相手地域の特徴よりはむしろ——「内需拡大循環」および「高級品指向」という、日本の「バブル的特徴」の比重こそが有意に高いと判断されてよい。したがって、こう考えてよければ、（ハ）「総合的」にいって、この「地域別動向」に関しても、相手地域の現状とともに、まさに「バブル的特徴」が質的に深く関与しているわけであり、何よりもその点の確認が特に重要だと思われる。

第30表　財政規模

（単位：十億円）

年度	中央財政一般会計歳出(1)	中央財政特別会計歳出(2)	財政投融資運用実績(3)	政府関係機関支出(4)	国債発行額(5)
84	51,481	115,569	21,107	24,960	12,781
85	53,005	111,775	20,858	13,952	12,308
86	53,640	129,789	22,155	13,568	11,255
87	57,731	145,205	27,081	5,008	9,418
88	61,471	147,492	29,614	5,062	7,152
89	65,859	152,802	32,271	5,042	6,639
90	69,269	168,584	34,572	5,165	7,312

年度	地方財政普通会計歳出純計(6)	地方債発行額(7)	中央地方一般会計歳出純計(8)	公債依存度(9)＝(5)/(1)	一般会計歳出/国内総生産(10)
84	53,829	5,009	85,705	24.8（%）	17.1（%）
85	56,235	4,499	88,905	23.2	16.5
86	58,641	5,263	92,174	21.0	16.0
87	63,154	5,966	99,013	16.3	16.5
88	66,333	5,626	104,263	11.6	16.4
89	72,655	5,615	111,916	10.1	16.5
90	78,386	6,258	120,107	10.6	16.1

（資料）　前掲、三和・原『要覧』34頁。

〔2〕 **財政政策**　続いて取り急ぎ第二に「財政政策」[8]へと視角を転回させよう。まず①「経費支出」動向が前提をなすが、最初は一つ目に（a）「一般動向推移」はどうか。そこで（イ）「中央財政歳出総額」（千億円）から入ると、八〇年代後半期には八四年＝五一四→八六年＝五三六→八八年＝六一四→九〇年＝六九二（**第30表**）と経過していくから、円高不況の沈静化とともに増加を開始しつつ、その後バブル最盛期である八八‐九〇年にかけて激増する構図がよく理解できる。したがって、バブル局面での経費増大傾向が一見して分かるが、もう一歩突っ込んでその増加率にまで踏み込むとどうか。そこで、「増加率」を焦点として、「一般会計当初予算」における「伸び率」（％）の検出を試みれば、例えば〇・五→三・〇→四・八→九・七という軌跡が描かれるから、八〇年代半ばからバブル頂点へ向けて、極めて急激な経費支出膨張が進行したことになろう。したがって、他方での「財投規模の拡大」（伸び率・％、一・九→六・二→九・四→七・一）（**第31表**）をも考慮に入れれば、結局、バブル

第31表　財政の規模と伸び率

（単位：億円、％）

	一般会計当初予算		財政投融資		地方財政計画	
	予算額	伸び率	計画額	伸び率	計画額	伸び率
1980年度	425,888	10.3（5.1）	181,799	8.0	416,426	7.3
81	467,881	9.9（4.3）	194,897	7.2	445,509	7.0
82	496,808	6.2（1.8）	202,888	4.1	470,542	5.6
83	503,796	1.4（－0.0）	202,029	2.0	474,860	0.9
84	506,272	0.5（－0.1）	211,066	1.9	482,892	1.7
85	524,996	3.7（－0.0）	208,580	－1.2	505,271	4.6
86	540,886	3.0（－0.0）	221,551	6.2	528,458	4.6
87	541,010	0.0（－0.0）	270,813	22.2	543,796	2.9
88	566,997	4.8（1.2）	296,140	9.4	578,198	6.3
89	604,142	6.6（3.3）	322,705	9.0	627,727	8.6
90	662,736	9.7（3.9）	345,724	7.1	671,402	7.0
91	703,474	6.2（5.3）	368,056	6.5	約708,800	約5.6

注）当初予算の伸び率の（　）内は一般歳出の伸び率。
（資料）大蔵省『財政統計』各年度版、『国の予算』各年度版、91年度は『日本経済新聞』1990年12月30日付より作成。

経済における財政支出の急膨張が明確に確認されてよい。まさしく「過剰投資の政策的誘導体制」が顔を覗かせている。

しかしその場合、重要なのは単にその増加テンポにのみあるのではない。そうではなく、重視されるべきは（ロ）「増加メカニズム」自体なのであって、いうまでもなくその焦点は、――税収は次に検討するが――「税の自然増→補正予算作成→経費再増大」という「税収増サイクル」にこそ求められる。そこでいま、「補正額」と最終的な年度末「決算剰余額」（百億円）とを摘出すれば、以下のような、凄まじい「経費への補正的繰り込み増加」現象が展開していく（**第32表**）。すなわち、八三年＝「補正額」△四一（「決算剰余額」四五）→八五年＝△四〇（五）→八七年＝一八九（三七一）→八九年＝三二一（七三）という経路を進む以上、バブル以前においてはむしろ「減額補正」であったものが、バブル期には、剰余発生をも招来させつつ、「増額補正」状況へと大きく舵が切り替えられている。まさしく「税収増加→経費拡張」回路であろう。

最後に、このような「経費の一般動向」を総括する意味で、

第32表　租税及び印紙収入（一般会計）の推移

（単位：億円、%）

	当初予算額	増減額	伸び率	補正額	決算剰余額
1980年度	264,110	49,240	22.9	7,340	−2,763
81	322,840	58,730	22.2	−4,524	−28,795
82	366,240	43,400	13.4	−61,460	331
83	323,150	−43,090	−11.8	−4,130	4,563
84	345,960	22,810	7.1	2,390	734
85	385,500	39,540	11.4	−4,050	538
86	405,600	20,100	5.2	−11.200	24,368
87	411,940	6,340	1.6	18,930	37,109
88	450,900	38,960	9.5	30,160	27,205
89	510,100	59,200	13.1	32,170	7,317
90	580,040	69,940	13.7	11,270	
91	617,720	37,680	6.5		

注）　増減額と伸び率は対前年度当初予算比。
（資料）　大蔵省『財政金融統計月報』第456号、90年度補正額と91年度の数値は『日本経済新聞』1990年12月18日、30日付より作成。

（ハ）「一般会計歳出／GDP」（%）を計測すればどんな切り口がみえてくるのか。しかしその結果は多少「期待はずれ」以外ではなく、以上のような「経費急増」にもかかわらず、この数値はほとんど一定で動いた。すなわち、一八・〇→一六・五→一六・五→一六・五（**第30表**）という図式が発現してくるが、この現象に関して、一方でその「原因」としては、「内需型＝経済基盤立脚型」というバブル景気が「GDP拡充」を実現したこと、そして他方でその「帰結」としては、バブル景気が一般インフレには接続しなかったこと――という二論点にこそ、それぞれ特に注意が必要だと思われる。

そのうえで二つ目として（b）「経費の目的別分類」動向へと進もう。そこで最初は（イ）「目的別構成比」（%）から入ると、一見して、基本的にその「構成比率」（**第33表**）が大きいのは何よりも「地方財政費」（八〇年＝一八・一→八五年＝一八・四→九〇年＝二三・六）・「国債費」（一二・七→一九・二→二〇・七）・「社会保障関係費」（二一・三→二一・〇→一八・四）に他ならない。このうち、まず「国債費」については、――後述するように――バブル景気の効果で国債発行額はバブル期に

第33表　一般会計歳出（決算）の目的別構成比

（単位：%、実数は十億円）

年度	国家機関費	地方財政費	防衛関係費	対外処理費	国土保全及開発費	産業経済費	教育文化費	社会保障関係費	恩給費	国債費	その他	合計（実数）
80	5.0	18.1	5.2	0.0	13.8	9.2	10.7	21.3	3.8	12.7	0.2	43,405
85	4.8	18.4	6.0	–	11.0	6.7	9.3	21.0	3.5	19.2	0.1	53,005
90	6.8	23.0	6.2	–	8.5	5.9	7.8	18.4	2.6	20.7	0.1	69,269
95	5.5	16.2	6.2	–	14.4	6.7	8.7	22.3	2.2	16.9	0.9	75,939
2000	5.4	17.7	5.5	–	11.5	4.6	7.5	22.0	1.6	24.0	0.1	89,321
05	6.2	20.4	5.7	–	11.1	2.6	6.7	24.1	1.3	21.9	–	85,520

（資料）　前掲、三和・原『要覧』21頁。

確かに減少に向かうが、低成長克服を目指した七〇年代後半から八〇年代前半までの国債発行高が余りにも大きかったため、その利払いがこのバブル局面でも「国債費」を押し上げる結果となっている。それに対して、残りの二経費に関してはバブルとの内的関連が濃厚といってよい。

　最初に、地方財政調整機能が期待される「地方財政費」のウエイト増大だが、その背景に、バブル経済進行に伴う地方団体間の格差拡大が存在するのは当然であろう。まさにこの格差解消を名分としてこそ、地方交付税交付金や各種補助金の増加というルートを通してこの地方財政費が支出されたわけであるから、この関連のなかに、「バブル的特徴」は明瞭にその顔を覗かせている。したがって、まず「地方財政費」については「バブル→構成比増」という方向での「内的関係」が検出可能だが、それとは逆に、「バブル→構成比減」という「内的関係」にあるのが「社会保障費」である。というのも、バブル景気に引きずられて「国民の生活苦」は――少なくとも表面上は――ある程度は緩和されたから、それが社会保障費支出をそれだけ圧縮可能にした事情は一応想定できる、からに他ならない。

　そのうえで、もう一つ興味深いのは「公共事業費」だが、これは「国土保全開発費」（一三・八→一一・〇→八・五）と「産業経済費」（九・二→六・七→五・九）とに融解して処理されるが、その両者とも減少基調にあるうえ、二つを合算しても上記の二経費には及ばない。その点で、バブル景気の「内需型性格」が反映していると想

第34表　国一般会計主要経費の対前年度増加率

（単位：％）

年度	1985	86	87	88	89	90	91
社会保障関係費	2.7	2.7	2.6	2.9	4.9	6.3	5.1
文教及び科学振興費	0.2	0.1	0.1	0.2	1.6	3.6	5.5
国債費	11.7	10.7	0.1	1.6	1.3	22.5	10.8
恩給関係費	−1.2	−0.7	2.5	−0.8	−1.3	−1.0	−1.6
地方財政関係費	6.8	5.1	0.0	7.1	22.6	14.3	4.6
防衛関係費	6.9	6.58	5.2	5.2	5.9	6.1	5.5
公共事業関係費	−2.3	−2.3	−2.3	0.0	1.9	0.3	6.0
経済協力費	7.8	6.3	4.2	5.1	6.7	6.9	7.8
中小企業対策費	−5.7	−5.1	−3.8	−1.1	−0.5	0.1	0.3
エネルギー対策費	4.2	0.1	−21.4	−6.8	14.3	3.8	8.1
食糧管理費	−14.5	−14.3	−9.3	−17.1	−6.7	−5.5	−5.6
社会資本整備事業				−	0.0	0.0	0.0
その他の事項経費	−1.0	−5.6	−4.1	0.6	3.0	2.7	4.6
給与改善予備費							−
予備費	0.0	3.0	0.6	0.0	0.0	0.0	0.0
合計	3.7	3.0	0.0	4.8	6.6	9.7	6.2

（資料）　大蔵省『財政統計』各年度版および『日本経済新聞』1990年12月30日付より作成。

像できるが、その動向については後に立ち入ろう。

続いて、「経費分類」を（ロ）その「増加率」（％サイドからも位置づけておきたい（**第34表**）。そこでいま「主要経費の対前年度増加率」のフォローを試みると、以下のような構図が手に入る。すなわち、先に「構成比」で取り上げた四大経費に関して、「加速型・持続型・停滞型」という三区分が発現してくるとみてよいが、まず「加速型」はいうまでもなく「国債費」（八七年＝〇・一→八八年＝一・六→八九年＝一・三→九〇年＝二二・五）と「地方財政費」（〇・〇→七・一→二二・六→一四・三）とであって、先述の理由に起因して、特にバブル末期での急増が著しい。ついで「持続型」に分類可能なのが「社会保障費」（二・六→二・九→四・九→六・三）だといってよく、バブル景気の渦中で確かに「一定の落ち着き化」を実現したとはしても――今度は新たに「バブル原因型・格差」発生などにも根拠付けられつつ――いぜんとして伸び率は大きい。そして最後に「停滞型」に入るのが「公共事業費」で

第35表　1990年度一般会計予算歳入歳出概算

（単位：億円、％）

	概算額	伸び率	構成比
【歳入】			
租税・印紙収入	580,040	13.7	87.5
NTT株売却収入受入	13,000	0	2.0
その他収入	13,396	34.9	2.0
公債金	56,300	−20.8	8.5
合計	662,736	9.7	100.0
【歳出】			
社会保障関係費	116,148	6.6	17.5
文教及び科学振興費	51,129	3.6	7.7
国債費	142,893	22.5	21.6
恩給関係費	18,375	−1.0	2.8
地方財政関係費	152,751	14.3	23.0
防衛関係費	41,593	6.1	6.3
公共事業関係費	62,147	0.3	9.4
経済協力費	7,845	6.9	1.2
中小企業対策費	1,943	0.1	0.3
エネルギー対策費	5,476	3.8	0.8
食糧管理費	3,952	−5.5	0.6
社会資本整備事業	13,000	0	2.0
その他の事項経費	41,983	3.6	6.3
予備費	3,500	0	0.5
合計	662,736	9.7	100.0

注）社会資本整備事業はNTT株売却収入を産業投資特別会計に繰り入れて一般公共事業や民活事業に活用するための経費である。
（資料）『日本経済新聞』1989年12月29日付より作成。

あり、△二・三→○・○→一・九→○・三と動くからやはりその伸張テンポは大きく制限を受けている。いうまでもなく「財政再建」からの掣肘であろう。

最後に、「経費分類」の現況を（八）「九〇年度予算」に即してトレースしておきたい。そこで、上記四経費の「現況」（概算額・伸び率・構成比）を、バブル頂点である「九〇年度歳出」をモデルにして解析すると以下のようである（**第35表**）。いま構成比順に立ち入っていくと、まず第一位には「地方財政費」がきて、「概算額」＝一五二千億円―「伸び率」＝一四・三％―「構成比」＝二三・〇％という状況を呈するから、地方財政格差拡大に連動した、バブル末期

第36表　国の一般会計公共事業関係費の推移〈当初ベース〉

（単位：億円、％）

年　度	公共事業関係費		社会資本整備勘定への繰入	伸　び　率		
	一般公共	公共総計		一般公共	公共総計	社整含む
1980	63,551	66,554		0.0	1.7	
81	63,706	66,554		0.2	0.0	
82	63,698	66,554		0.0	0.0	
83	63,713	66,554		0.0	0.0	
84	63,140	65,200		−0.9	−2.0	
85	62,076	63,689		−1.7	−2.3	
86	61,359	62,233		−1.2	−2.3	
87	60,173	60,824		−1.9	−2.3	
88	60,173	60,824	13,000	0.0	0.0	19.9
89	61,307	61,974	13,000	1.9	1.9	2.0
90	61,480	62,174	13,000	0.3	0.3	0.2
91	65,214	65,897	13,000	6.1	6.0	5.0

注）　一般公共は公共事業関係費から災害復旧等事業を除いた一般公共事業費であり、公共総計は公共事業関係費の総額である。社会資本整備勘定はNTT株売却収入を産業投資特別会計、社会資本整備勘定に繰入れて公共事業の促進をはかるものである。

（資料）　大蔵省『財政金融統計月報』予算特集各号、『国の予算』1990年度版、『日本経済新聞』1990年12月30日付より作成。

における「地方財政費の膨張」基調がいぜんとして継続していよう。ついで第二番目は「国債費」であって、一四六千億円—二二・五％—一二・六％という内容になるが、バブル以前に積み上がった累積国債に対する元利支払費の膨大性を意味するのはいうまでもない。そのうえで三番手には「社会保障費」がくる。具体的には一一六千億円—六・六％—一七・五％となるから、特に伸び率の鈍化が目立つが、そこに、一面での、バブル景気渦中での「貧困の『表面的な』後退」と、他面での、むしろバブルが帰結させる「『新型の』格差拡大発生」との、その錯綜性が潜んでいると考えてもよい。そして最後に第四位が「公共事業費」に他ならず、六二千億円—〇・三％—九・四％という水準だから、やはりバブル期での「公共事業費の伸び率停滞」が浮上してこよう。総じて、バブル局面の経費構造が九〇年度予算の中に圧縮されて貫徹している。

こうして「公共事業費の鈍化」傾向が検出可能だ

が、では三つ目に、（c）「公共事業費動向」の「バブル型具体像」はどう把握されるべきなのだろうか。しかし問題の適切な摘出はそう簡単ではなく、計数上の動きをそのまま納得するだけでは済まない。そこでまず（イ）その「背景」から入ると、公共事業を巡っては以下の「二つの要因」が複合して作用した。つまり、まず一つは八〇年度以降の「財政再建路線」に規定された「公共事業費・圧縮」作用であって、それがバブル期にも基本的には維持されている。ついでもう一つは、「対米黒字激増」に対する対日要求としての「日米構造協議」に立脚した「公共投資拡大」作用に他ならず、――バブルのツケの解決をも織り込んで――「公共事業費増加」の伏線は現実的にもなくはなかった。まさにこの「複合性」の下でこそ、（ロ）「バブル期・公共事業費推移」（百億円、％）が進行するのであり、具体的には、八三年＝六六五（伸び率〇・〇）→八五年＝六三六（△二・三）→八七年＝六〇八（△二・三）→八九年＝六一九（一・九）→九〇年＝六二一（〇・三）という軌道を走る（**第36表**）。一見して、バブル末期から公共事業費はむしろ上昇機運を呈し始めるのであって、九〇年代での増大を強く暗示していよう（ちなみに九一年には六五八百億円、伸び率六・〇％へと転じる）。

したがって、最終的に（ハ）以下のように「総括」可能といってよい。すなわち、全体としての「公共事業費鈍化基調」は、その「増大作用」と「抑制作用」との、ギリギリの対抗関係における、その一つの帰着点だったのであり、単なる「縮小現象」に解消されてはならないのだと。

続いて、取り急ぎ②「租税動向」へと視角を転回させよう。そこでまず一つ目は（a）「租税収入総額動向」が前提をなすが、最初に（イ）「総額一般推移」（千億円）から入ると以下のように推移した。すなわち、八五年＝三九一→八六年＝四二八→八七年＝四七八→八八年＝五二一→八九年＝五六五→九〇年＝六〇八（**第37表**）となり、バブル期間の五年間で実に一・五倍に膨張しつつ九〇年には六〇兆円の大台に乗っている。いうまでもなく「バブル景気→

第37表　国税の主要税目別収入の推移

（単位：億円、％）

	1985年度			86			87		
	金額	増減額	伸び率	金額	増減額	伸び率	金額	増減額	伸び率
直接税	285,170	22,357	8.5	313,144	27,974	9.8	350,270	37,126	11.9
所得税	154,350	13,712	9.7	168,267	13,917	9.0	174,371	6,104	3.6
源泉分	122,495	12,081	10.9	131,264	8,769	7.2	128,176	−3,088	−2.4
申告分	31,855	1,631	5.4	37,003	5,148	16.2	46,195	9,192	24.8
法人税	120,207	6,805	6.0	130,911	10,704	8.9	158,108	27,197	20.8
相続税	10,613	1,840	21.0	13,911	3,353	31.6	17,791	3,825	27.4
間接税	106,322	1,397	1.3	115,366	9,034	8.5	127,798	12,432	10.8
消費税	−	−	−	−	−	−	−	−	−
酒　税	19,315	715	3.8	19,725	410	2.1	20,815	1,090	5.5
たばこ税	8,837	8,837	−	9,965	1,128	12.3	10,211	246	2.5
揮発油税	15,568	−897	−5.4	16,025	457	2.9	16,479	454	2.8
物品税	15,279	331	2.2	16,105	826	5.4	18,509	2,404	14.9
有価証券取引税	6,709	1,647	32.5	13,664	6,955	103.7	17,700	4,036	29.5
自動車重量税	4,523	−360	−7.4	5,097	574	12.7	5,089	−8	−0.2
関　税	6,369	−552	−8.0	5,546	−823	−12.9	6,391	845	15.2
印紙収入	14,126	780	5.8	15,758	1,632	11.6	18,221	2,463	15.6
合　計	391,502	23,754	6.5	428,510	37,008	9.5	478,068	49,558	11.6

	88			89			90		
	金額	増減額	伸び率	金額	増減額	伸び率	金額	増減額	伸び率
直接税	382,228	31,958	9.1	455,410	33,182	8.7	431,280	15,870	3.8
所得税	179,538	5,167	3.0	200,570	21,032	11.7	213,720	13,150	6.6
源泉分	129,872	1,696	1.3	150,200	20,328	15.7	164,030	13,830	9.2
申告分	49,666	3,471	7.5	50,370	704	1.4	49,690	−680	−1.4
法人税	184,381	26,273	16.6	195,770	11,389	6.2	197,110	1,340	0.7
相続税	18,309	518	2.9	19,070	761	4.2	20,450	1,380	7.2
間接税	139,710	11,912	9.3	149,621	9,911	7.1	176,923	27,302	18.2
消費税	−	−	−	36,180	36,180	−	53,200	17,020	47.0
酒　税	22,021	1,206	5.8	18,010	−4,011	−18.2	19,140	1,130	6.3
たばこ税	10,092	−119	−1.2	9,320	−772	−7.6	9,570	250	2.7
揮発油税	13,945	−2,534	−15.4	13,650	−295	−2.1	14,230	580	4.2
物品税	20,431	1,922	10.4	−	−20,431	−100.0	−	−	−
有価証券取引税	21,229	3,529	19.9	12,340	−8,889	−41.9	12,340	0	0.0
自動車重量税	5,743	654	12.9	5,590	−153	−2.7	6,280	690	12.3
関　税	7,382	991	15.5	7,590	208	2.8	8,640	1,050	13.8
印紙収入	19,323	1,102	6.0	18,490	−833	−4.3	19,490	1,000	5.4
合　計	521,938	43,870	9.2	565,031	43,093	8.3	608,203	43,172	7.6

注）　88年度まで決算、89年度は補正後予算、90年度は当初予算。
（資料）　大蔵省『財政金融統計月報』租税特集、第433、445、456号より作成。

国民所得増加↓税収拡張」という論理が働いた結果だが、まさにこの税収増こそ、一方で経費増大を支えるとともに、他方で公債削減を可能にした基礎条件であった点――は見易いことであろう。ついで、この「税収増」をさらに立ち入って（ロ）「増減幅」から裏付けると、それぞれ二三↓三七↓四九↓四三↓四三↓四三（**第37表**）と変動する以上、バブル本格化の八七年からその増収幅が急増し、その後はバブル局面の全般に亘ってほぼ四〇兆円規模の巨大膨張を持続させたと理解されてよい。したがってこの「増収幅」をみることを通して、「税収増加」の実感が一層鮮明に伝わってくるが、いずれにしても、「バブル展開↓税収膨張」という基本的な構造連関は一目瞭然である。

そのうえでさらに、念のために（ハ）「税収伸び率」（%）にまで踏み込んでもこの傾向は同様であって、例えば以下のような数値が拾える。つまり、六・五↓九・五↓一一・六↓九・二↓八・三↓七・六（**第37表**）となるかぎり、この増加率の点からしても、本格バブルに突入する八七年に一〇%超の大膨張を遂げつつ、その後もバブル期間を通して高い伸び率を発現させた構図がよく分かろう。

では、以上のような税収増はどのような内訳によって実現したのだろうか。そこで二つ目に（b）「主要税目別動向」（**第37表**）へ移るが、まず（イ）「法人税」に注目するとその実態は次のようである。すなわち、その「金額‐増減額‐伸び率」はそれぞれ一二〇‐六（六・〇）↓一三〇‐一〇（八・九）↓一五八‐二七（二〇・八）↓一八四‐二六（一六・六）↓一九五‐一一（六・二）↓一九七‐一（〇・七）と経過するから、バブル景気を反映した企業収益の好調さを条件として、特に八七・八八両年度の膨張が目覚しい。具体的には、この法人税が、国税全体の増収額のうち、八七年度にはその五五%をまた八八年度にはその六〇%をそれぞれ占めたと計測されており、その点で、バブル期・増収のまず一つの大きな焦点が――対景気感応性の高い――この「法人税拡張」にあったことはいうまでもない。

続いて（ロ）「所得税」はどうか。そこで、やはり「金額・増減額・伸び率」の追跡を試みると、一五四‐一三（九・

七）→一六八－一三（九・〇）→一七四－六（三・六）→一七九－五（三・〇）→二〇〇－二一（一一・七）→二一三－一三（六・六）となるから、法人税からは二〜三年遅れて八八年にそのピークを印す。つまり、バブル景気がまず企業利益を押し上げてそれが法人税拡張をもたらした後、それが一定の時間差を経てついで「所得上昇→所得税増加」となって帰結しているのであろう。そのような時間的な前後関係はあるにしても、「バブル景気→所得税収増加」の連関は明白だが、その際に注意すべきは、特にバブル最盛期をなす八六－八八年においては「申告分」増加テンポが「源泉分」を圧倒的に凌駕した点（八六年＝申告分一六・二％、源泉分七・二％→八七年＝二四・八、△二・四％→八八年＝七・五％、一・三％）であって、ここにも、「金融資産関連収益」の膨大性という「バブル的特徴」が色濃く映し出されている。それと関連して、もう一つのバブル的色彩として「相続税」の激増も無視できず、例えばバブル初期には、伸び率が八五年＝二一・〇％→八六年＝三一・六％→八七年＝二七・三％という勢いで上り詰めるから、地価騰貴の一端が窺い知れるといってよい。

そして最後が（ハ）「間接税」だが、ここでは「消費税」導入と「有価証券取引税」の動向が特筆されるべきであろう。そこでまず前者だが、八九年度と九〇年度では新設された消費税が最大の増収をあげ、具体的には、八九年度＝三六千億円は国税全体の増収額の実に八四％を占めた他、九〇年度＝五三千億円も一七千億円の増加額（伸び率四七％）を記録して増収額全体の三九％にも達した。その点で、「消費税導入」の増収効果はきわめて大きい。ついで、間接税のうち「バブル的特徴」が極めて顕著なのはいうまでもなく「有価証券取引税」であって、それは資本市場の崩落に至るまでは、例えば八五年＝三二・五％→八六年＝一〇三・七％→八七年＝二九・五％→八八年＝一九・九％（八九年＝△四一・九％）という実に恐ろしい増加テンポを辿った。

さし当りここまでで、「バブル型租税構造」の基本線は一応理解可能だと思われるが、その延長線上に、三つ目として念のため（c）「九〇年度歳入状況」**（第35表）**を全体的に位置づけておきたい。換言すれば、「歳入の大分類」的構成に他ならないが、まず（イ）「租税・印紙収入」が圧倒的比率を占めるのは当然であって以下のようになる。つまり、「概算額」＝五八〇千億円は全体の八七・五％という「構成比」を計上しつつ一三・七％もの「伸び率」を示すから、繰り返し指摘してきた、「バブル景気→税収増」と「消費税新設」とによって、「租税」構成比および伸び率の着実な向上が「見事に」貫徹しつつあろう。ついで（ロ）「特別及びその他収入」に目を向けると、まず周知の「NTT株売却収入」が登場し、前年度と同額の一三千億円であって全体の二・〇％を占めた。いうまでもなく規制緩和の一環であり、したがってその底流でバブル経済の一翼を担ったとみてもよいが、この特別収入もバブル期・歳入増加に少なくない寄与をみせた。そしてもう一つが「その他収入」だといってよく、具体的には「天皇即位記念硬貨発行」や「日銀納付金」などを内訳として、「概算額」＝一三千億円・「伸び率」＝三四・九％・「構成比」＝二・〇％という、顕著な「急増状況」になっている。

こうして「租税・特別収入」の拡張が確認可能だが、そうであればそれが、（ハ）「公債金」の縮小を帰結させるのは当然であろう。事実、公債収入は前年度比二〇・八％減の五六千億円に止まり、その結果、歳入全体に対する「構成比」も八・五％へと圧縮されている。要するに、この「九〇年度歳入状況」の中に「バブル型・歳入構造」が的確に貫徹しているわけであって、何よりも、「税収増→公債減」という図式が明瞭に検出されるべきであろう。

最後に、バブル期の財政構造を③「赤字国債」動向の面から集約しておきたい。いうまでもなくその焦点は、いま確認した「税収増→国債減」という「バブル型構図」にこそ設定されてよいが、まず一つ目に、その前提として（a）「決算剰余額」（百億円）が問題となろう。これに関する数字はすでに指摘したが、いま再掲すると八五年＝五→八六年＝二四三→八七年＝三七一→八八年＝二七二→八九年＝七三**（第32表）**という軌跡が描かれる。まさに見事に、バブルの進行と並行した決算剰余額の急上昇が一目瞭然であり、その点で、繰り返し確認してきた、バブル景気に起因する、「法人税・所得税・消費税」を中核とした「税収膨張」が手に取るように分かろう。このような「決算剰余額」増加が、国債発行減少に向かったのは自明である。

そこで二つ目として、(b)「国債発行額」(千億円)を実際に追うと以下のようであった。すなわち、八五年＝一二三→八六年＝一一二→八七年＝九四→八八年＝七一→八九年＝六六→九〇年＝七三(**第30表**)と動くから、バブル崩壊に関連する九〇年を除けば、まさに綺麗な単調減少傾向が進行していく。ちなみに、バブル期の六－七兆円というこのレベルは最盛期のほぼ半減にさえ相当するし、またこの過程で、九〇年度当初予算ではついに「赤字国債発行ゼロ」もが達成されている。その意味で、「税収増→公債減」というバブル型論理には異論があり得ないであろう。

そうであれば三つ目に、この傾向が最終的に(c)「公債依存度」(公債発行額／中央財政一般会計歳出、%)縮小となって反映してくるのは自明であろう。つまり、公債依存度は二三・二→二一・〇→一六・三→一一・六→一〇・一→一〇・六(**第30表**)と経過していくから、バブル局面における「公債依存度の着実な持続的低下基調」にこれ以上の贅言は必要あるまい。要するに、「バブル景気→国民所得増→税収増→決算剰余金増→公債発行減→公債依存度低下」というロジックが一点の曇りもなく貫徹しているのであり、ここにこそ、バブル期財政の到達点が検出されてよい。

[3] 金融政策　最後に第三は(三)「金融政策」[9]に他ならない。そこで最も基礎的にはまず①「民間信用」動向が全体の土台をなすが、この点をまず一つ目に(a)「資金運用＝資産」構造からみていこう。最初に(イ)「資金運用総額」(兆円)推移が注目されるが、バブル後の経過は以下のようになる。すなわち、八五年＝七一・五→八六年＝一〇二・九→八七年＝一二〇・五→八八年＝一二六・七→八九年＝一四五・四→九〇年＝八三・五(**第38表**)という数値が刻まれるから、バブルが開始された八五－八七年にかけてまず急上昇をみせた後、バブル最盛期の八八－八九年段

第38表　法人企業および民間金融部門の資金運用

（単位：兆円）

年	企業の資金運用		民間金融部門の資金運用			
	金融資産純増	実物投資	現　金	有価証券	貸出金	預金等
1980	12.3	12.6	0.1	8.1	20.6	16.4
81	21.0	11.8	0.0	10.6	24.1	24.8
82	15.7	16.0	0.1	13.2	27.8	18.9
83	16.0	12.9	0.1	15.0	27.8	20.1
84	27.1	14.3	0.1	14.6	31.9	24.9
85	23.6	12.9	0.4	16.7	30.2	23.7
86	17.1	12.3	0.0	36.4	38.8	27.7
87	59.0	22.4	0.1	30.7	47.9	41.8
88	53.4	23.1	0.4	29.6	52.4	44.3
89	64.9	30.0	0.0	23.2	75.9	46.3
90	39.7	47.3	0.3	－0.3	47.4	36.1

（注）　企業の資金運用は、非金融法人企業のフローの値。金融資産は、現金、預金、有価証券、その他金融資産。民間金融部門の資金運用は、年間増加額。

（資料）　橋本他『現代日本経済』（有斐閣、2006年）226頁。

階でもう一段の膨張が進む。まさにここまでの数年間でほぼ倍増という驚異的な増加を記録するが、今度は、そこを頂点にして九〇年のバブル崩壊とともに実に六〇兆円もの巨大縮小へと落ち込んでいく——から、この資産総額推移動向は、バブル期・民間信用の行動をそれこそ手に取るように映し出していると判断してよい。いずれにしてもバブル期の「資産膨張」は一目瞭然であろう。

このような「資産」の基本基調をふまえると、次にはもちろん（ロ）「資金運用内訳」が問題となってくる。そこで、「資産」の中で質・量ともにウエイトの高い「有価証券・貸出金・預金等」三項目の動向に注目していくと、まず資金運用の中軸を構成するのはいぜんとして「貸出金」に他ならない。すなわち、その絶対額（兆円）は三〇・二→三八・八→四七・九→五二・四→七五・九→四七・四（**第38表**）として増加を持続させるから、八五〜八九年のバブル期に実に二・五倍にまで膨張していく。ちなみに、この間の「資産」全体の増加率が約二・〇倍であったことからすれば、この「貸出金」は、それを大きく超過するテンポで拡張を遂げたことにもなる。そ

第39表　都市銀行の資産、負債構成比

（%）

年末		1955	60	65	70	75	80	85	90	95	2000	2001.8
資産	預金・預け金	12.3	11.2	10.3	9.0	8.7	8.9	8.0	13.1	6.7	4.1	3.9
	コールローン・買入手形	0.3	0.0	0.0	0.0	0.2	1.7	3.8	2.0	1.2	0.8	1.4
	有価証券	9.2	11.4	12.4	10.7	10.8	13.6	11.4	12.9	14.8	21.6	20.6
	貸出金	58.2	59.3	57.5	58.9	59.0	58.1	63.7	56.7	63.0	57.7	55.7
	外国為替	4.4	4.6	5.4	7.0	5.7	4.8	2.6	2.2	0.8	0.6	0.6
	動・不動産	1.9	1.2	1.3	1.7	1.5	1.3	0.8	0.6	0.8	1.2	1.1
	その他	13.7	12.3	13.0	12.7	14.2	11.5	9.7	12.4	12.7	14.0	16.7
負債	預金	75.3	70.3	66.3	65.9	65.4	69.5	64.8	68.3	64.2	56.8	57.0
	CD						0.9	2.5	3.2	5.6	8.5	9.6
	債券	0.0	0.0	0.2	0.3	0.9	1.1	1.3	1.2	1.8	1.0	0.8
	コールマネー・売渡手形	2.3	3.0	4.9	5.5	7.9	7.5	10.0	7.8	11.1	6.4	6.6
	借用金	2.6	7.2	8.3	7.3	2.2	1.7	1.8	1.9	3.1	2.7	2.5
	支払承諾	10.6	8.5	10.2	10.7	12.7	9.4	6.8	6.9	5.3	4.6	5.1
	外国為替	1.2	3.3	3.5	2.8	1.3	1.0	0.5	0.2	0.2	0.2	0.3
	その他	7.1	6.4	5.4	6.3	8.8	8.2	11.6	9.6	7.5	17.8	16.3
	資本金	0.9	1.4	1.2	1.1	0.8	0.7	0.6	1.0	1.1	1.9	1.8

（資料）日本銀行『経済統計年報』、『金融経済統計月報』。

して、まさにこの「貸出金」が、他方でのエクイティー・ファイナンスによる資金と合流して、主として資本市場や不動産取引に向かったことは当然であった以上、この「貸出金」増加が、企業の株式・土地投資＝投機に「油を注ぐ」一つの主要ルートだった点は明白であり、したがって、それが「バブル的特徴」の直接的反映であることは一目瞭然であろう。

ついで「預金等」が第二位であって、二三・七↓二七・七↓四一・三↓四四・三↓四六・三↓三六・一（**第38表**）という数字を刻む。みられる通り、バブル最盛期の八七〜八九年で極端な増大を提示するからやはりバブルとの内的関連が無視できないが、それが、例えば銀行間あるいは証券会社との間の、金融自由化に関わる自由金利型の、「譲渡性預金・MMC・大口定期預金」などに起因しているのはいわば見易いことではないか。その点で、ここでも「バブル的特徴」は濃厚といってよい。そのうえで最後は「有価証券」（一六・七↓三六・四↓三〇・七↓二九・六↓二三・二↓△〇・三）であるが、株価

暴落の九〇年を別にしても、ここには「二重の性格」が内包されていよう（**第38表**）。というのも、まず八六〜八八年のバブル前半期には、特に証券会社中心に株式・社債購入が進んで「有価証券」を押し上げたものの、その後八八〜八九年のバブル後半期に入ると、――先に指摘した国債発行抑制に制約を受けて――それまで大きな比率を占めていた、民間金融機関による「国債投資」が縮小したため、「有価証券」はむしろ減少に転じた。こう考えると、この「有価証券」も、やや屈折した関係で、「バブル的特徴」に深く潤色されている。

そのうえで念のため、以上のような「資産」動向をその「構成比」に集約させて整理しておきたい。そこでいま、（証券会社などを除いて）「都市銀行」レベルでの「資産構成比」（％）検出を試みれば、例えば以下のような数値が手に入る。すなわち、「現金（預け金）・有価証券・貸出金」のそれぞれは、八〇年＝八・九↓八五年＝八・〇↓九〇年＝一三・一、一三・六↓一一・四↓一二・九、五八・一↓六三・七↓五六・七（**第39表**）、という軌道を動くから、先に金融機関全体についてチェックした基調が、この都市銀行レベルにおいてもほぼ同様に確認できよう。いうまでもなく、「貸出金の圧倒性」・「現金の増加傾向」・「有価証券の停滞化」の三ポイントに他ならないが、この三点のいずれもが、「バブル的特徴」に起因しているのはすでに指摘した通りだといってよい。

次に、以上のような「資産構成」を前提にした場合、その動向は（八）「預貸率」（都銀、％）関係へどのように反映したのだろうか。その際、預金動向は次項でみることにして、ここではさし当り、「貸出」および「有価証券」の伸張バランスをそれぞれ表現する、「預貸率」と「預貸証率」とを検出すると、例えば以下のような数字が拾える。すなわち、八〇年＝八八・六－一〇九・三↓八五年＝九九・三－一一七・一↓八八年＝九七・七－一一六・二↓九〇年＝八三・七－一〇二・八（**第40表**）という経過であって、この中からも、バブル最盛期における「預貸率・預貸証率」の急上昇が否定できまい。したがってこの方向からしても、バブル期・金融機関の「資産拡張」は明確に傍証できる。

第40表　都市銀行の外部負債比率、預貸率、預貸証率

（%）

年末	外部負債比率	預貸率	預貸証率
1955	6.8	90.7	10.5
60	14.4	97.8	116.7
65	18.6	99.2	120.6
70	17.6	98.6	116.5
75	14.1	98.3	116.3
80	10.2	88.6	109.3
85	11.2	99.3	117.1
88	10.3	97.7	116.2
90	10.1	83.7	102.8
95	15.7	90.1	102.8
2000	11.3	88.0	121.0
2001.8	10.3	83.4	114.3

注）　外部負債比率＝（借用金＋短資市場純借入）／（実質預金＋CD＋債券発行高＋借用金＋短資市場純借入）×100

預貸率＝貸出金／（実質預金＋CD＋債券発行高）×100

預貸証率＝（貸出金＋有価証券）／（実質預金＋CD＋債券発行高）×100

（資料）　日本銀行『経済統計年報』、『金融経済統計月報』。

続いて三つ目として、このようなバブル期の「資産拡張」を可能にした（c）「負債」状況へと進もう。そこで最初に（イ）「負債構成」（都銀、％）推移を追うと以下のようであった。すなわち、まず最大のウエイトを占めるのはやはり「預金」であって、八〇年＝六九・五→八五年＝六四・八→九〇年＝六八・三（**第39表**）という軌跡を描く。みられる通り、バブル期に安定した高水準を保っただけではなく、例えば七〇年代には六五％レベルだった点を考慮すると、この「預金」はバブル期にはむしろ着実に上昇したとこそいうべきであろう。その点でここには、先に「資産」動向で検出した、バブル現象にともなう各種「新型・自由金利預金」の受け入れが強く表現されていると推測できる。ついで大きな構成比を示すのが「コールマネー・売渡手形」だといってよく、七・五→一〇・〇→七・八（**第39表**）という数値を刻む。いうまでもなく、その焦点は「コール取入れ」にこそあるが、この都銀が「コール市場」での圧倒的に最大の「資金取り手」（八五年＝五四・二％→八八年＝三九・五％→九〇年＝五三・五％）であることからも当然

第41表　日銀および全国銀行主要勘定

（単位：億円）

年末	日本銀行勘定					全国銀行勘定			
	発行銀行券	貸出金	買入手形	国債	外国為替	実質預金	借用金	日銀借入金	貸出金
1955	6,738	446	12	5,536	1,848	32,940	859	297	31,958
60	12,341	5,001	－	5,691	3,087	78,991	6,108	4,542	81,826
65	25,638	16,276	－	9,300	3,713	183,754	16,405	11,904	192,179
70	55,560	23,533	－	23,813	11,232	380,095	28,157	22,296	394,793
75	126,171	17,772	23,237	73,945	35,060	855,129	20,060	16,076	887,672
80	193,472	23,289	32,000	158,351	21,893	1,418,840	24,793	18,462	1,364,746
85	254,743	44,567	52,932	172,786	34,280	2,174,055	43,494	35,366	2,371,700
90	397,978	63,032	69,056	315,421	29,960	4,684,751	98,575	56,290	4,433,042
95	462,440	23,904	104,338	375,358	25,309	4,700,223	176,106	10,652	4,863,560
2000	633,972	8,274	75,836	562,943	36,856	4,821,756	166,220	3,665	4,639,163
05	792,705	0	440,899	989,175	47,278	5,264,102	112,457	0	4,085,480

（資料）日本銀行『経済統計年報』、日銀HP「時系列データ」により作成。
日本銀行勘定の貸出金は、貸付金・割引手形の合計で、2000年には預金保険機構貸付金を含む。
全国銀行勘定は、全国（国内）の銀行勘定で信託勘定は含まない。実質預金は預金から資産項目の小切手・手形を控除した金額。

なように、バブル期に「コールマネー」が「負債」の重要部分を担ったことがここからよく分かろう。

最後に「借用金」だが、比率は決して高くないが一定の持続的数値が記録される。つまり、一・七→一・八→一・九（**第39表**）という具合だから大きな増加はみて取れないが、しかし、それは特に資金力に余裕がある都銀だから だ――という内情が絡むのかも知れない。したがって、この「借用金」動向にはなお注意が欠かせなく、その判断は、絶対額ベースでの検討にまで留保しておこう。

そこで次にもう一歩立ち入って、「預金」と「借用金」を中心に、（ロ）「負債絶対額」（全国銀行、千億円）にまで踏み込んでみたい。まず「実質預金」から入ると、八〇年＝一四一八→八五年＝二一七四→九〇年＝四六八一（**第41表**）となって、この一〇年間で実に三倍を超えている。まさに膨大な拡張という以外にはないが、そうであればこの「絶対額」サイドからも、すでに「構成比」面で繰り返し確認してきた、バブル期・

銀行債務における「預金の圧倒性」が見事に裏付けられていく。しかし、注意すべき点はむしろもう一つの「借用金」にこそある。というのも、先の「都銀」ベースでは、それはいわば伸び悩み状況が目立ったが、いま「全国銀行」ベースでその絶対額推移を追跡すると、やや異なった傾向が浮上してくる――からに他ならない。事実、この「借用金」は二四→四三→九八（**第41表**）と動いて、この間に四倍をも超過する膨張を示している。したがって、「全国銀行」という基準で再把握してみると、一転して「借用金」の顕著な拡大こそが明瞭なのであるから、「構成比」における「借用金ウエイト」の消極化は、「資金保有状況の余裕性」というむしろ「都銀の特殊性」にこそ規定されていたのだと結論可能であろう。その点で、バブル期・銀行負債における「借用金の役割」は、全体としてなお小さくないというべきであり、逆からいえば、銀行は、「預金・コール・借用金」をフル回転して資金を集めつつ、猛烈にバブル型信用供与を膨張させたわけである。

そのうえで、この「借用金」におけるその大宗を占める（ハ）「日銀借入金」についても一瞥しておきたい。すなわち、この「日銀借入金」総額は一八→三五→五六（**第41表**）という経路で三・一倍増のテンポで推移するから、「借用金」よりはやや低いもののしかし「預金」とはほぼ同じペースで、全体として継続的な基調で増大を続けたことがよく分かる。しかも「日銀借入金／借用金」比率を追えば、例えば七五％→八〇％→五七％という図示が得られる以上、バブル最盛期を頂点として「日銀借入」が進んだとも理解でき、したがってこの方向からは、バブル景気進展に対する、後述するような、日銀信用の独特な作用関係が無視できまい。

以上のような枠組み的な考察を前提として、最後に三つ目に、銀行のバブル的行動を表出させる（c）「業種別貸出動向」にまで立ち入っていこう。そこで最初は（イ）「業種別貸出残高」（％、千億円）が基本となるが、いま「全国銀行」に即して「貸出残高構成」を検出すると、まず第一に「残高合計」は八五年＝二二二八→八六年＝二四四四

第42表　全国銀行業種別貸出残高

（単位：％、1000億円）

年	製造業	非製造業	（不動産業）	（建設業）	合計
1983	28.9	58.0	6.4	5.5	1,810
84	27.4	59.6	6.9	5.6	2,021
85	26.1	60.5	7.7	5.7	2,228
86	23.6	62.8	9.6	5.5	2,444
87	20.5	64.5	10.2	5.2	2,686
88	18.7	65.1	10.9	5.1	2,882
89	16.7	65.0	11.5	5.4	3,551
90	15.7	65.0	11.3	5.3	3,760
91	15.6	64.7	11.6	5.6	3,857
92	15.1	65.0	12.1	5.9	3,930
93	16.0	65.1	11.4	6.2	4,776
94	15.6	65.7	11.7	6.4	4,784
95	15.0	65.5	11.8	6.4	4,845
96	14.6	65.3	12.2	6.3	4,867

（資料）　日本銀行『経済統計年報』［1996］

↓八七年＝二六八六↓八八年＝二八八二↓八九年＝三五五一↓九〇年＝三七六〇（**第42表**）と動く。一見して、バブル期ピークの八九年を頂点にした激増ぶりが顕著だが、それは想定内としてその内容こそが重要だが、次に第二としてそれを「製造業—非製造業」間のウエイト（％）から括り直すと以下のようになる。すなわち、一方の「製造業」が二六・一↓二三・六↓二〇・五↓一八・七↓一六・七↓一五・七という見事な低下傾向を辿るのとはちょうど逆相関的に、他方の「非製造業」は六〇・五↓六二・八↓六四・五↓六五・一↓六五・〇↓六五・〇（**第42表**）となって明瞭な上昇推移を示す。したがって、バブル期に特有な「非製造業」の躍進は当然といってよい。そのうえでさらに、この「非製造業」内部での増加主因が問題となるが、第三に、バブルの牽引車となった「不動産業」および「建設業」は、このうち、それぞれ七・七↓九・六↓一〇・二↓一〇・九↓一一・五↓一一・三および五・七↓五・五↓五・二↓五・一↓五・四↓五・三という有意に高い構成比率を印す（**第42表**）。したがって、貸出の不動産業への強い傾斜は事実として疑いなく検出できよう。

第43表　都銀、長信銀、信託の業種別貸出残高（業種別貸出額/総貸出額）

（%）

年末	製造業			金融			不動産			サービス		
	都銀	長信銀	信託	都銀	長信銀	信託	都銀	長信銀	信託	都銀	長信銀	信託
1955	46.2	49.4	48.2	1.0	0.2	3.9	0.5	0.2	0.9	1.3	0.5	1.3
60	48.6	55.5	53.9	1.4	1.3	3.1	0.8	1.2	2.3	1.8	1.6	1.9
65	47.9	59.0	62.6	2.1	2.5	0.6	2.1	3.4	4.2	2.8	3.3	2.3
70	45.6	55.0	57.1				2.8	7.1	9.7	3.5	5.5	2.7
75	38.1	46.8	41.5				5.1	10.4	14.4	4.9	5.5	2.9
80	33.3	35.5	27.8				4.8	9.8	13.5	6.3	6.5	4.8
85	28.1	22.6	16.4				7.2	10.7	15.1	9.6	12.5	10.3
90	16.2	11.9	6.9	7.2	23.0	23.4	11.5	13.8	18.5	15.0	18.9	15.2
95	14.7	13.9	9.4	9.3	22.7	18.7	12.0	15.9	17.3	14.8	17.8	12.6
2000	14.6	16.4	8.0	8.6	19.8	12.4	13.6	13.3	14.4	13.3	16.6	7.2
2001.9	14.5						13.8			13.1		

注）　信託は全国銀行信託勘定。長信銀の2000年は2000年９月末。
（資料）　日本銀行『経済統計年報』、『金融経済統計月報』。

ついで、視点をもう一段具体化させて、（ロ）「機関別貸出構成」（%）にまで立ち入ってみたい。そこで、金融機関を「都銀・長信銀・信託」に区分しつつ、それらの特に「不動産・サービス業」に対する「貸出残高比率」（%）をチェックすれば、以下の通りであった。つまり、まず「不動産業」については、八〇年＝都銀四・八－長信銀九・八－信託一三・五→八五年＝七・二－一〇・七－一五・一→九〇年＝一一・五－一三・八－一八・五（**第43表**）となるし、次に「サービス業」に関しても、同様に六・三－六・五－四・八→九・六－一二・五－一〇・三→一五・〇－一八・九－一五・二（**第43表**）という数字が刻まれるから、不動産・サービスの両方とも、バブル景気進行の渦中で、都銀よりは長信銀・信託の方がヨリ高い構成比を記録していくことになる。いうまでもなく、その金融取引の特質上、株価上昇との関連程度の大きな長信銀・信託こそが、「不動産・サービス業」とその貸出関係を一層深めつつ、バブル形成に対してヨリ内的な作用関係を構築するに至った点――がその背景をなそう。

こうして、総じて「非製造業―不動産業―長信銀・信託」中軸の貸出膨張という側面にこそ、「バブル型・貸出構造」の特質が

第44表　都市銀行の貸出金の貸与形態

（%）

年末	割引手形	手形貸付	証書貸付	当座貸越
1955	40.0	56.0	0.9	0.5
60	38.0	60.5	0.6	1.0
65	34.5	63.4	1.2	0.9
70	34.1	58.0	6.9	1.0
75	23.2	51.5	24.3	1.1
80	21.7	43.0	33.6	1.7
85	13.4	44.0	35.1	7.5
90	5.8	21.7	54.9	17.5
95	3.9	18.7	56.1	21.3
2000	2.1	13.6	60.8	23.5
2001.8	1.6	12.8	62.8	22.8

注）各項目とも貸出金に占める比率。
（資料）日本銀行『経済統計年報』、『金融経済統計月報』。

摘出可能だが、最後に、その「バブル性」をもう一つ（ハ）「貸出形態」（%）の面からも傍証しておこう**（第44表）**。そこで、いま「割引手形・手形貸付・証書貸付・当座貸越」という四つの貸出形態を取り上げてその推移を追跡すると、以下のような図式が描ける。すなわち、まず「割引手形」は八〇年＝二一・七→八五年＝一三・四→九〇年＝五・八となって、このバブル期に顕著な縮小をみせる。周知の通り、この「割引手形」は――もちろんいわゆる「転がし」などに代表される様々な金融操作を含むとはいえ――基本的には商品取引という実需を反映する「貸出形態」だとみてよいが、それが大幅に減少を呈している以上、このバブル景気の中で実需から乖離した「金融操作的貸出」が拡大している点がよく分かろう。まずこの方向からして、「バブル的特徴」が一目瞭然といってよい。

しかしそれだけではない。この「割引手形の減少」の裏側で進行しているのが「証書貸付」（三三・六→三五・一→五四・九）および「当座貸越」（一・七→七・五→一七・五）の激増に他ならない。このうち、まず前者は、土地などを担保としたうえでの、「借用書」を手段にした「直接的貸付」であって、そこでは実需取引関係は確保されていない。また後者も、土地などの根抵当に支えられた、実需を基礎としない、融通無碍な「貸付」の範疇に入ろう。したがって、この二つの「貸出形態」の目立った増加は、結局、貸出が「経済実体を超過する資産価格の膨張」という「バブル形成」に決定的役割を果たしていることを意味しているわけであり、その点でここにこそ、「貸出形態」からみたその「バブル的特徴」が典型的に発現している。

それでは次に、以上のような「民間信用」を背後から基礎付けた、②「日銀信用」はどのように展開したのだろうか。そこで最初に一つ目に(a)「日銀勘定」(千億円)を概観してみたい。まず「負債」の大部分は「発行銀行券」が占め、したがってその推移がほぼ「日銀信用」全体の趨勢を提示すると考えてよいが、それは次のように変化した。つまり、八〇年＝一九三↓八五年＝二五四↓九〇年＝三九七(**第41表**)という数字が得られるから、八〇－八五年間の増加が約六兆円だったのに対して、バブル最盛期である八五－九〇年間には実に一四兆円以上もの膨張を記録していて、その拡張の巨大さに驚かされる。この基本的な膨張性を前提にして次に「資産内訳」にまで立ち入ると、規模・増加程度において何といっても大きいのは(イ)「国債」であろう。すなわち一五八↓一七二↓三一五(**第41表**)という数字を刻むから、取り分け、バブル局面をなす八五－九〇年の間に約一四兆円増やした点が目立つ。その意味で、一面では、「国債買入↓対民間金融機関資金供給↓銀行貸出増加↓バブル景気刺激」という「民間ルート」を通じて、他面では、「国債買入↓政府財政資金確保↓公共投資増加↓バブル景気刺激」という「政府ルート」を(間接的に)経由して、日銀が「バブル景気促進」に対して無視できない機能を発揮したこと——が軽視されてはなるまい。まず何よりも、「過剰投資の政策的誘導体制」というこの枢軸点を明確にしておこう。

ついで(ロ)「貸出金」が注目されるが、それは二三↓四四↓六三(**第41表**)という具合で、それぞれ約二兆円程度の増加を続ける。その際、この「貸出金」には「貸付金」と「割引手形」とが含まれるが、先にみたように、一方で民間信用次元で、実需を反映した「割引手形」が減少していること、また他方で「エクイティ・ファイナンス増大」

の煽りでそもそも「貸付形態」が停滞していること、などに起因して、「貸出金」増加は「国債」程の活発性はみられない。さらにもう一つのポイントは（ハ）「買入手形」（三二→五二→六九）だといってよいが、いまみた「貸出金」とほぼ同形の軌跡が描かれる（**第41表**）。というのも、バブル的投機傾向に左右されて、やはり「企業取引―民間信用」レベルにおける「実需に立脚した手形取引」が伸び悩んでいる以上、その結果、それに基づいた「買入手形」がそれ程は目立たないのは当然だからである。

　要するに、日銀はこのバブル期に、まさに「バブル的特徴」を色濃く発揮しながら、主に「国債」を通して、バブル盛行に対してその無視し得ない作用を発揮したのだと集約できよう。

　続いて二つ目に、このような日銀信用の下で形成された（b）「金利動向」へと目を移したい。そこで最初に、全体的金利体系の基盤をなす（イ）「公定歩合」（％）推移はまずどうか（**第45表**）。周知の通り、「プラザ合意」による

第45表　公定歩合推移

（％）

改定年月日	公定歩合	改定年月日	公定歩合
65.4.3	5.84	81.3.18	6.25
6.26	5.48	12.11	5.50
67.9.1	5.84	83.10.22	5.00
68.1.6	6.21	86.1.30	4.50
8.7	5.84	3.10	4.00
69.9.1	6.25	4.21	3.50
70.10.28	6.00	11.1	3.00
71.1.20	5.75	87.2.23	2.50
5.8	5.50	89.5.31	3.25
7.28	5.25	10.11	3.75
12.29	4.75	12.25	4.25
72.6.24	4.25	90.3.20	5.25
73.4.2	5.00	8.30	6.00
5.30	5.50	91.7.1	5.50
7.2	6.00	11.14	5.00
8.29	7.00	12.30	4.50
12.22	9.00	92.4.1	3.75
75.4.16	8.50	7.27	3.25
6.7	8.00	93.2.4	2.50
8.13	7.50	9.21	1.75
10.24	6.50	95.4.14	1.00
77.3.12	6.00	9.8	0.50
4.19	5.00	2001.1.4	0.50
9.5	4.25	2.13	0.35
78.3.16	3.50	3.1	0.25
79.4.17	4.25	9.19	0.10
7.24	5.25	2006.7.14	0.40
11.2	6.25	07.2.21	0.75
80.2.19	7.25		
3.19	9.00		
8.20	8.25		
11.6	7.25		

（資料）　前掲、三和・原『要覧』23頁。

第46表　金利推移

暦年	マネーサプライ		金利	
	M_1	M_2/M_2＋CD	プライムレート（短期）	貸出約定平均金利（国内銀行）
	（1）	（2）	（3）	（4）
	十億円	十億円	%	%
80	69,572	208,985	7.500	8.243
81	76,509	232,041	6.000	7.655
82	80,899	250,466	6.000	7.300
83	80,801	268,692	5.500	6.951
84	86,374	289,714	5.500	6.697
85	88,979	314,938	5.500	6.570
86	98,214	343,887	3.750	5.626
87	102,972	380,867	3.375	5.048
88	111,844	419,732	3.375	5.035
89	114,473	470,020	5.750	5.828
90	119,628	504,972	8.250	7.664

（資料）　前掲、三和・原『要覧』35頁。

円高転換が景気悪化に接続することを懸念して「金融緩和」が打ち出されていくが、その一環として、八〇年代半ば以降、公定歩合の持続的引下げが進行を続けた。すなわち、八一年三月の六・二五をピークとして八三年一〇月に五・〇〇へと低下をみた後、八六年から「円高不況」対策として本格的な公定歩合低落基調が開始され、この八六年中には、四度にも亙る矢継ぎ早な連続的下落が実施されていく。具体的には、一月＝四・五〇→三月＝四・〇〇→四月＝三・五〇→一一月＝三・〇〇という具合であったが、その結果、八七年二月にはついに二・五〇％という超低水準にまで達した。実に凄まじい公定歩合の大幅引き下げという以外にはないが、バブル景気の上昇にもかかわらず、景気維持・対ドル支援などが重なって、結局は、バブル崩壊に至るまで、八九年末＝四・二五％というレベルが維持された。

要するに、バブル期の公定歩合は、概ね六％台から二％台へと急降下しつつ、しかもその低水準がかなり長期間に亙って維持された――という特徴的運動を展開したわけである。

では、このような公定歩合低下傾向は、次に（ロ）「市中金利」（％）へとどのように連結したのであろうか。そこで、その代表的指数として「プライムレート（短期）」と「貸出約定平均金利（国内銀行）」との検出を試みると以下のようであった。すなわち、まず前者は八五年＝五・五〇↓八六年＝三・七五↓八七年＝三・三七↓八八年＝三・三七↓八九年＝五・七五↓九〇年＝八・二五という軌跡を辿るし、また後者は六・五七↓五・六二↓五・〇四↓五・〇三↓五・八二↓七・六六という軌道を進む（**第46表**）。したがって、もちろんそのレベルに差があるのは当然としても、両者が描く図式には基本的な共通点が否定できない。すなわち、バブル前半期での金利低下傾向と、八九年以降の顕著な水準騰貴に他ならず、その点では、バブル崩壊局面に到達するまでほぼ一貫して下落を維持した公定歩合とはその色合いを決定的に異にしていよう。要するに、これら二つの市中金利は、公定歩合引上げを契機としたバブル崩壊以前に、すでに目立った上昇を開始していたわけである。まさにこの微妙な「時間差」こそが注視されねばならないと思われる。

では、（ハ）このような「金利動向」の「意義」はどう把握されるべきだろうか。その場合、その焦点はいうまでもなく、「政策金利」としての公定歩合と、「市場金利」としての「民間金利」との「微妙な乖離」にこそあるが、その両者の齟齬は、結局以下のような事態を表現しているように思われる。すなわち、バブル展開の帰結である「投資過剰―資金逼迫」が、市中金利上昇という形で、早くも八九年から発現し始めてきたにもかかわらず、政策金利である公定歩合は、――結果的には――それを隠蔽するという作用を果たしながら、低水準をさらに持続させてしまった――という構図を。つづめていえば、バブル崩壊の前提として、「過剰投資」とそれに起因する「資金逼迫＝金利上昇」とがすでに惹起されつつあったのであり、その意味で、「バブル景気」はまさに「過剰生産」の進行過程以外ではなかった。したがってその意味で、決して単なる「資産価格崩壊過程」と意義づけられてはならないわけである。

そのうえで三つ目として、この「金利動向」への作用基盤をなす（c）「通貨量」に関しても一瞥しておきたい。

まず最初は（イ）「発行銀行券」量（千億円）だが、すでにみたようにこれは八〇年＝一九三↓八五年＝二五四↓九〇年＝三九七（**第41表**）と推移して、特に八五－九〇年間での増大が目立った。その背景は前述した通りなのでここではこの確認だけに止めるが、次にこの「発行銀行券」はいうまでもなく「マネーサプライ」へと反映しよう。そこで次に（ロ）「M_1」（兆円）に注目すれば、八五年＝八八↓八六年＝九八↓八七年＝一〇二↓八八年＝一一一↓八九年＝一一四↓九〇年＝一一九（**第46表**）という数字が拾える。もちろん持続的な増加が検出可能なのは当然としても、その拡大テンポは、バブル景気上昇という環境の中ではむしろ目立たないというべきであるし、しかも、その「消極性」はバブル頂点期にこそ一層はなはだしい。したがって、バブル期にM_1が顕著に膨らんだとはとてもいえないが、次に（ハ）「M_2＋CD」に移るとやや変化がみて取れる。すなわち、三二四↓三四三↓三八〇↓四一九↓四七〇↓五〇四（**第46表**）と動いて八八－八九年での大幅な伸びが明瞭だからであるが、これが、何度かみた、エクイティ・ファイナンス活発化に伴う「大口定期預金・CD・MMC」などの増加に起因することは見易いことであろう。その意味で「バブル的特徴」が表出してはいるが、しかしそれにしても、バブル景気のあの熱風の渦中としては、以上のようなマネーサプライの動向はなお消極的なものに止まった――というべきではないか。これこそ、まさしく「物価動向」の一条件に繋がっていくのである。

そこで最後に③「物価動向」へ進もう。まず前提として、一つ目に（a）「卸売物価」（二〇〇〇年＝一〇〇）はどうか。いままず「総平均」指数を拾えば、八五年＝一一四・〇↓八六年＝一〇八・六↓八七年＝一〇五・二↓八八年＝一〇四・七↓八九年＝一〇六・七↓九〇年＝一〇八・三（**第47表**）という状況であったから、このトータルな数値を一瞥しただけで、最初に、企業レベルでの生産価格水準を表現する「卸売物価」における見事な安定性は否定し得まい。したがって、「バブル期における物価の安定」という通説的理解の妥当性が確認可能だが、この傾向は、もう一歩具

第47表　物価指数

(2000年＝100)

年	卸売物価指数				消費者物価指数	市街地価格指数(6大都市)3月末
	総平均	生産財	資本財	消費財	総合	
85	114.0	112.9	121.5	93.7	86.1	92.9
86	108.6	107.6	119.9	92.1	86.7	106.2
87	105.2	104.5	114.9	91.2	86.7	133.7
88	104.7	104.1	114.4	93.8	87.3	171.0
89	106.7	106.4	116.7	97.1	89.3	212.8
90	108.3	108.0	118.2	98.7	92.1	276.4

(資料)　前掲、三和・原『要覧』36頁。

体化して「生産財―消費財」に細分して見直しても同様である。すなわち、生産財＝一一二・九(消費財＝九三・七)→一〇七・六(九二・一)→一〇四・五(九一・二)→一〇四・一(九三・八)→一〇六・四(九七・一)→一〇八・〇(九八・七)と経過するのであり(**第47表**)、バブル末期九〇年での過熱によって若干の上昇が目立つのみで、押しなべて安定的に推移したというしかない。こうしてまず何よりもバブル期・卸売物価の安定性が明瞭であろう。

そのうえで二つ目として(b)「消費者物価」はどうか。そこで「総合指数」を辿ると、八六・一→八六・七→八六・七→八七・三→八九・三→九二・一(**第47表**)という数値が刻まれる以上、八九年から九〇年にかけての最過熱局面に多少上昇が目立つだけで、バブル期総体としては「超・優等生」という基調を崩してはいない。ちなみに低成長期ですら毎年三～四ポイントの消費者物価上昇が記録されてきたことを想起すれば、バブル期での一ポイントの上昇はまるで取るに足らないものであろう。いずれにしても、バブル期・消費者物価のこれまた安定性が一目瞭然である。

では、このような「物価の安定性」は一体何に起因しているのだろうか。そこで三つ目に、この点に関して多少の(c)「分析」を試みておこう。周知の通り、このバブル期に地価(「市街地価格指数」、六大都市、九二・九→一〇六・二→一三三・七→一七一・〇→二一二・八→二七六・四)・株価の高騰をみたが（**第47表**）、それに対して、一般物価が安定を持続させた原因としては、例えば以下の諸点が重要だと思われる。すなわち例えば、（A）円高進行による輸入物価の低落、（B）アジア・中国からの低価格商品の流入、（C）原油など一次産品の落ち着き化、（D）マネーサプライ増加の「消極化」、（E）金融自由化進展による株式市場への資金流入（株価騰貴）、（F）土地神話継続による土地投機への資金流入（地価騰貴）、（G）消費者行動原理の個性化による「特定商品狙い撃ち型」商品騰貴行動の不可能性、などは直ちに指摘可能であろう。その点で、まさに「バブル的特徴」こそが――逆説的に――一般物価の安定性を生み出したと判断してよいわけである。

Ⅲ　景気変動――資産膨張型景気の高揚過程

【1】バブル形成局面（一九八七～八八年）

周知の通り、バブル景気[10]は、八五年プラザ合意を契機として進行した「円高不況」の克服を通して八七年から本格化し、その後九〇年の崩壊に至るまで約四年に亙って継続した、まさに大型好況過程であった。そこで、まずこのバブル景気の前半期に当たる八七‐八八年を、第一に（一）「バブル形成局面」として考察していきたい。最初にやや大きな①「基本指標」を確認しておくが、まず一つ目は（a）「累積景気動向指数」（**第3図**）である。さてこの「景気指数」は、円高不況の八五‐八六年局面で六〇〇〇レベルから五五〇〇水準へと下降して不況色を強めるが、八七年には景気は上向きに転じ、そこから八八年にかけて五五〇〇→七〇〇〇へと一直線の上昇経路に乗った。結局、八七‐八八年間期に差し引き一五〇〇ポイントの指数向上を果たしたわけであり、まさにその点で、この八七‐八八年局面は、円高不況を乗り越えつつ景気上昇へ向かったその拡大局面だったと集約できよう。したがって、「八七‐八八年局面＝バブル形成期」とこそ意義付け可能だといってよい。そのうえで二つ目に（b）「経済成長率」に入ると、次のような軌跡が描かれる。すなわち、やはり「円高不況」の

第48表　国内（国民）総支出の構成比と経済成長率

（単位：％）

年次	民間最終消費支出	政府最終消費支出	総固定資本形成			在庫品増加	財貨・サービスの純輸出		経済成長率（実質）	完全失業率
			民間		公的		輸出	（控除）輸入		
			住宅	企業設備						
1979	58.7	9.7	6.9	14.9	9.9	0.8	11.6	12.5	5.6	2.1
80	58.8	9.8	6.4	15.7	9.5	0.7	13.7	14.6	－	2.0
81	58.1	9.9	5.8	15.4	9.4	0.6	14.7	13.9	2.8	2.2
82	59.4	9.9	5.6	15.0	8.9	0.4	14.6	13.8	3.1	2.4
83	60.2	9.9	5.0	14.6	8.4	0.1	13.9	12.2	1.9	2.6
84	59.4	9.8	4.7	15.3	7.7	0.3	15.0	12.3	3.3	2.7
85	58.9	9.6	4.6	16.2	6.8	0.7	14.5	11.1	5.6	2.6
86	58.6	9.7	4.7	16.0	6.6	0.5	11.4	7.4	4.7	2.8
87	58.9	9.4	5.6	16.0	6.8	0.2	10.4	7.2	4.3	2.8
88	58.3	9.1	5.9	17.0	6.7	0.7	10.0	7.8	6.9	2.5
89	58.2	9.1	5.8	18.3	6.5	0.7	10.6	9.2	5.2	2.3
90	58.0	9.0	5.9	19.3	6.6	0.6	10.7	10.0	4.7	2.1

（資料）　前掲、三和・原『要覧』32頁。

結果八五年＝五・六％↓八六年＝四・七％↓八七年＝四・三％と三年連続で低下した後、ついに八八年になって六・九％へと大幅な上昇へ転換する**（第48表）**。この意味で、成長率の方向からしても、八七－八八年期は、円高不況を経た、下降から上昇への転換ポイントになっているわけであり、そうであれば、この局面がまさに「バブル形成期」を担っていたことは一目瞭然だといえよう。

最後に三つ目は（c）「企業利益率」**（第3図）**に他ならない。そこで、景気運動の主体をなす、この間の「製造業利益率」の変動を概観すると、円高不況に影響されて、まず八五－八六年期に四％超から三％水準へと顕著な低落を示す。しかし、その後八六－八七年段階で反発をみせ、事実八七年から八八年の二年間で五％の大台にまで一挙に達する。したがって、企業利益率に即して点検しても、八六年をボトムにして「下降―上昇」が交差しているのであり、したがってここからも、八七－八八年局面が「バブル形成期」に相当していることには何の疑問もない。

そのうえでもう一歩立ち入って、次にこの局面における

②「国内総支出構成比」（％）動向にも注意を払っておきたい。そうすると、その増減内容に関しては一定のバラツキが無視できないのであって、最初にまず一つ目に（a）「増加要因」としては、「民間住宅・民間最終消費支出・公的資本形成」の三つが目立つ。すなわちまず（イ）「住宅」は八五年＝四・六↓八六年＝四・七（第48表）と停滞した後八七年から上昇に転じ、バブル期に入った八七年には五・六％という高いレベルに達している。その点で、この「住宅」は、数値は必ずしも大きくはないにしても、いわばその伸び率の高さにおいて、バブル形成に大きく「貢献」したことが分かろう。ついで、同じ「固定資本形成」に帰属する（ロ）「公的資本形成」がくる。確かに八六年＝六・六↓八七年＝六・八（第48表）となるから若干の増加がみては取れるが、八〇年代前半の八～九％と比較すると決して高水準とはいえまい。事実、この後は直ちに再度縮小に向かうから、いずれにしても、バブル局面においては「公的資本形成」を大きく評価することはできない。そしてもう一つは（ハ）「民間消費」（五八・六↓五八・九）だが、これも八〇年代には五九～六〇％を記録していた点を考慮すれば、決して有意な増加とはみなし得ない。要するに、バブル前半期に需要構成で明確に増大傾向を示したのは、唯一「住宅」だけといってよいわけである。

それに対して二つ目に、「停滞要因」となったのが（b）「企業設備」（第48表）であった。つまり、一六・〇↓一六・〇という具合に足踏みを続けたから、この設備投資がバブル景気の発火点だったとは確かにいえないが、しかしやや長いスパンで経過を辿ると、八三年＝一四・六↓八四年＝一五・三↓八五年＝一六・二と動いてきたその到達点である点も無視できない。したがって、設備投資はバブル景気への「着火作用」を演じたわけではないが、やがてバブル進行の中でその「過熱化機構」になっていくという「条件準備」はすでに十分に熟していた――といえよう。

最後に三つ目に、明らかな（c）「減少要因」としては「政府最終消費支出・輸出」の二つが指摘できる（第48表）。すなわち、「政府支出」が九・七↓九・四とウエイトを落としている他、「輸出」も一一・四↓一〇・四と大幅に構成割合

第49表　国内総支出の増減寄与度

暦年	国内総支出	民間最終消費支出	民間住宅	民間企業設備	政府最終消費支出	公的固定資本形成	在庫品増加	輸出	［控除］輸入	国内需要	民間需要	公的需要
1985	5.1	2.2	0.2	2.2	0.1	−0.4	0.3	0.6	−0.1	4.6	4.8	−0.2
86	3.0	1.8	0.3	0.9	0.5	0.1	−0.2	−0.6	−0.1	3.6	2.9	0.7
87	3.8	2.3	1.0	0.6	0.5	0.4	−0.3	−0.1	−0.7	4.6	3.7	0.9
88	6.8	2.7	0.7	2.6	0.5	0.3	0.5	0.4	−1.0	7.4	6.6	0.8
89	5.3	2.6	−0.1	2.6	0.4	0.0	0.1	0.7	−1.0	5.6	5.2	0.4
90	5.2	2.5	0.3	1.8	0.4	0.3	−0.2	0.6	−0.5	5.2	4.4	0.8
91	3.4	1.5	−0.3	0.8	0.5	0.2	0.2	0.3	0.1	2.9	2.2	0.7
92	1.0	1.4	−0.3	−1.4	0.3	0.9	−0.4	0.3	0.0	0.6	−0.7	1.3
93	0.2	0.7	0.1	−1.8	0.4	0.9	−0.2	0.0	0.1	0.2	−1.2	1.4
94	1.1	1.5	0.4	−0.9	0.5	0.1	−0.1	0.3	−0.5	1.3	0.7	0.6

（資料）　前掲、三和・原『要覧』132頁。

を縮小させている。その場合、特に「輸出」の低下は極めて特徴的であって、「プラザ合意→円高→輸出停滞」の影響がまだ強く作用しているとともに、このバブル景気の、その「内需主導型性格」が色濃く反映されていると考えてよい。

したがってそうであれば、まず「バブル形成期」については次のような図式化が可能である。すなわち、「公的資本形成」に支えられつつ「住宅」が需要構成の中核をまず担い、そしてそれが「民間消費」に補完されながら拡張を実現することによって、最終的には、「輸出」の大幅減少を総体的に補償したのだ――と。まさに「バブルへの着火」である。

このような基本構造の構図化を前提にしつつ次に、③「成長率・寄与度」分析（％）を通じて、この「バブル形成期」の景気変動過程をもう一歩立ち入って考察していこう。さてこの八七～八八年の「バブル形成期」では、「国内総支出」（％）トータルで八六年＝三・〇→八七年＝三・八→八八年＝六・八（**第49表**）という伸びを示したから、特に八七年以降に成長局面に入ったことがまず分かる。しかし、それを実現した要因ごとの「寄与率」（％）には差があるといってよく、一応それは以下の三グループに分類可能である（**第49表**）。そこで、まず一つ目は（a）「先行要因」に他ならず、具体的には「民間最終消費・民間

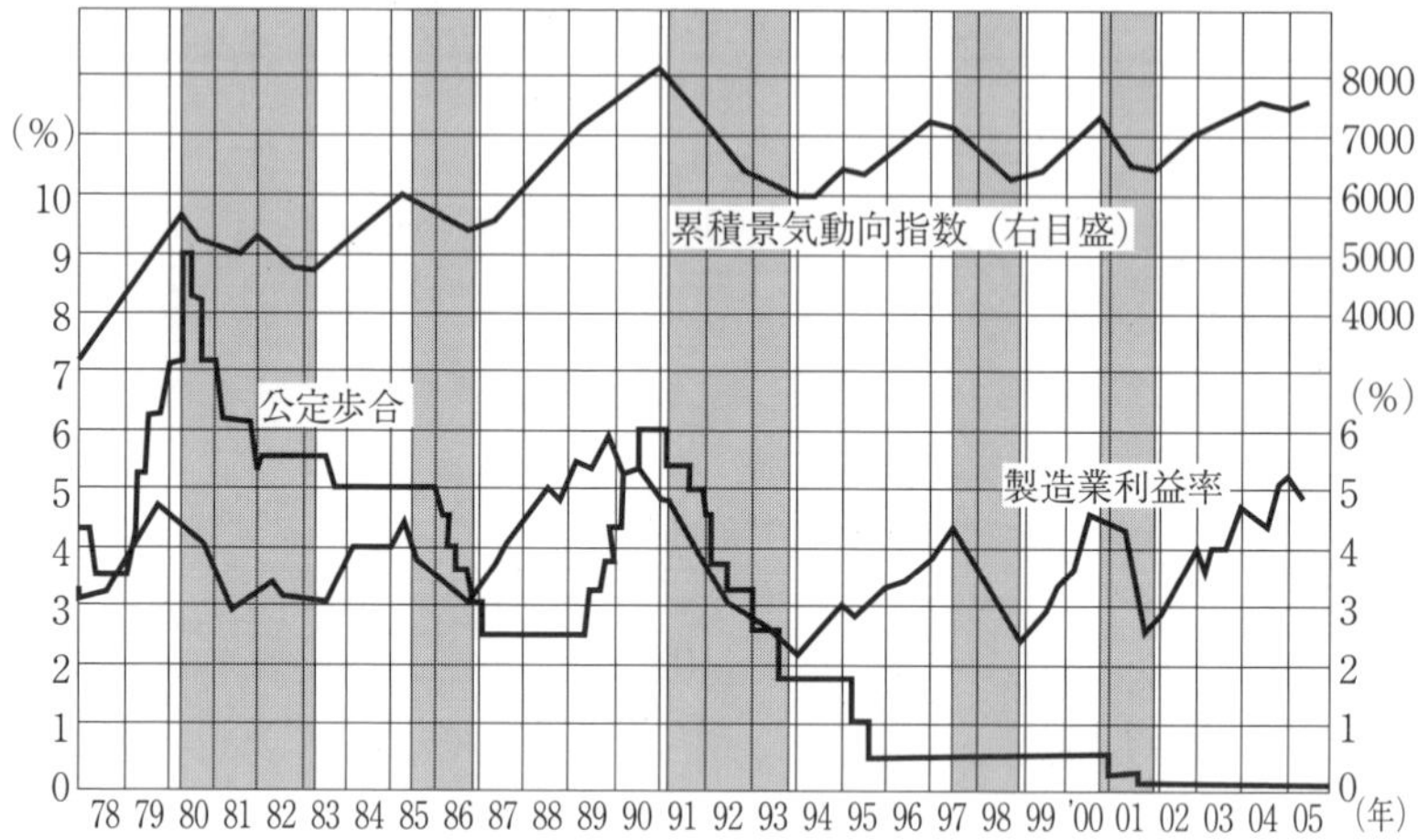

（資料） 前掲、三和・原『要覧』182 頁。

第3図 景気循環指標

住宅・公的固定資本形成」の三項目がそこに属する。そしてこの三つは、先に「総支出『構成比』」方向から検出した「増加要因」とピッタリ重なるが、いま今度はその「増減『寄与度』」に視点を定めても、これらの「牽引力」が何よりも目立つ。すなわち、まず「個人消費」（八六年＝一・八→八七年＝二・三→八八年＝二・七）の堅調な拡大の下で、しかも安定的な「公的資本形成」（〇・一→〇・四→〇・三）に支えられながら、「住宅」が〇・三→一・〇→〇・七と大幅に増大したことが明瞭といってよい。その点でまず、この「バブル形成期」には、「消費支出・公的資本形成」とセットになった「住宅」こそが、「景気・牽引車」としてのその役割を果したと整理可能だが、その場合、この「住宅」重要性の背後に、――地価騰貴によって対応を迫られた――「住宅ローン金利低下・住宅買い替え特例・住宅借り入れ優遇税制」などという政策があったのは周知のことであろう。

ついで二つ目に、(b)「遅滞要因」（**第49表**）としては「民間企業設備」（〇・九→〇・六→二・六）と「在庫品増加」（△〇・二→△〇・三→〇・五）が指摘できよう。つまり、八七年段階での「バブル形成期」にはまだむしろ低いレベルにあって、バブル形成の「先行的な『火付け役』」とは決して命名できないものの、バブル景気が一旦始まった途中からは、この二つが、一転して「加速要因」に躍り出てくる。その意味で、民間企業に関連するこれら二項目は、「バブル景気」のいわば、やや「遅れた」加速・促進ファクターなのであり、その意味で、「景気牽引車」の役割は、出発点での「消費・公的投資・住宅」から、八八年以降にはこの「設備投資」へと引き継がれていく。この転換にこそ注意したい。ちなみに「政府最終消費」は〇・五↓〇・五↓〇・五となり変化がない。

そして最後に三つ目が（c）「制約要因」であるが、いうまでもなく「純輸出」がこれに入る。事実、それは、△〇・七↓△〇・八↓△〇・六（**第49表**）と三年連続でマイナスを示す以上、この「バブル形成期」での「外需」は、輸出停滞が大きく作用してむしろ制約条件として作用した。

そうであれば、この点を含めて、全体的な「需要構造」（**第49表**）を集約しておけば、総合的にみて以下の通りであった。つまり、「国内需要」＝三・六↓四・六↓七・四、「民間需要」＝二・九↓三・七↓六・六、「公的需要」＝〇・七↓〇・九↓〇・八という図式を描くから、「バブル景気」がまず何よりも「内需・民需型」景気としてこそスタートした点が、一転の曇りもなく明らかであろう。

［2］バブル成熟局面（八九～九〇年）　続いて取り急ぎ、第二に、八九～九〇年のバブル景気後半に該当する（二）「バブル成熟期」へと移ろう。そこで最初にやや大きな①「基本指標」から点検していくが、まず一つ目に（a）「累積景気動向指数」（**第3図**）はどう動いただろうか。さて先にみたように、この景気動向指数はすでに八八年の段階で七〇〇〇のレベルに達していたが、バブル景気の驀進の結果八八－八九年期を経てとうとう八〇〇〇を超えるに至った。いうまでもなくこの水準は過去最高であって、まさにこの九〇年半ばにバブル景気はそのピークを打ったと

判断されてよい。要するに、八九‐九〇年間で一〇〇〇〇ポイントもの上昇を実現したわけであり、したがって、八七‐八八年期での「バブル形成」過程に立脚しつつさらにそれを頂点にまで膨張させたという意味で、「八九‐九〇年局面＝バブル成熟期」とこそ集約可能であろう。

ついで二つ目に（b）「経済成長率」**（第48表）**動向はどうか。すでにチェックした通り、八五‐八七年にかけて連続低下を続けた成長率は八八年に入って六・九％へと急騰をみせ、そこに「バブル景気形成」の土台が作られたが、しかし景気全般のさらなる上昇とは裏腹に、成長率自体には早くも翳りが表れてくる。すなわち、八八年＝六・九％を頂点にして、それ以降は、八九年＝五・二％→九〇年＝四・七％という具合に穏やかなスローダウンが続く。こうして、景気全般次元ではさらに景気上向きが持続したこの八九‐九〇年局面＝成熟局面の裏側で、実は、成長率としては緩やかな下降が早くも始まっていたのであり、まさに景気の下方転換点が接近しつつある——という意味においても、この八九‐九〇年段階は「成熟期」というのに相応しい。

そのうえで三つ目として（c）「企業利益率」**（第3図）**が注目されるが、例えば「製造業利益率」を追うと実に興味深い軌跡が発現してくる。すなわち、先に確認した如く八七‐八八年にかけて一直線の上昇をみせ八八年には五％台に到達したが、その後はきれいな「二ステージ」に区分されていく。まず「第一ステージ」としては、一つの下降を経験しつつも、ほぼ八九年いっぱいは上昇を持続させて八九年末には六％台にも近づく。しかしそれがピークであって、九〇年を迎えると一転して連続下落に入り、九〇年末にはとうとう五％をも割り込む——という「第二ステージ」に至るといってよい。したがって、この企業利益率動向からしても、全般的景気拡張の中ですでに下降転換点が顔をみせているわけであり、ここからも、八九‐九〇年局面が、景気転換を準備する、まさに「バブル成熟期」であった点が否定できまい。

そうであれば、以上のような「全般的景気指標―成長・利益率」間の「乖離」は一体どのような実質的内容に起因していたのであろうか。そこでそれを知るために、まずこの局面における②「国民総支出構成比」(%)動向を把握しておこう(**第48表**)。その点から、各項目の増減検出を試みると、以下の三グループに「一応は」区分できる――その変動幅は「設備投資」を除けば実は取るに足りないのだが――。まず何といっても一つ目に、(a)「増加要因」として特筆できるのは「企業設備」であって、八八年＝一七・〇→八九年＝一八・三→九〇年＝一九・三という顕著な拡大軌跡を描く。先に指摘したように、この設備投資は、八七‐八八年の「バブル形成期」には「出遅れて」捗々しい伸張を示さなかったが、「成熟期」に入ると、むしろバブル景気進行を与件としつつその加速要因としてこそ目立って膨張を遂げていくことになる。したがって、この「バブル成熟期」における需要形成のリード役は「住宅」などから「設備投資」へと明確に転換したとみてよいが、すでにみた通り、「成長率・利益率」に一定の「翳り」が出て来つつあった以上、この設備投資拡大が、やがて「過剰資本化」せざるを得なくなるのもまた明白であった。まさに、いわゆる「過剰投資の進行」であろう。

それに対して、二つ目に(b)「減少要因」としては「民間最終消費支出」(五八・三→五八・二→五八・〇)が指摘できるといってよく、まさにその点で、――「バブル形成期」には一つの景気支持ファクターをなした――民間消費が、徐々にバブル景気を支え切れなくなっていく現実が目に入ってこよう。そして三つ目に、残りのほぼ全項目が(c)「停滞要因」に属す。具体的には「住宅」(五・九→五・八→五・九)・「政府最終消費支出」(九・一→九・一→九・〇)・「公的資本形成」(六・七→六・五→六・六)・「輸出」(一〇・〇→一〇・六→一〇・七)と推移したから、特に目立つ点はなかろう。

要するに、「バブル成熟期」には、設備投資こそが需要形成の牽引車だったわけであり、まさにその意味で、バブルに果たした、この設備投資の役割が軽視されてはなるまい。

そのうえで、「バブル成熟期」を景気変動過程としてさらに現実的に理解するために、③「国内総支出の増減寄与度」（第49表）にまで立ち入っていこう。そこでここでも、性格上三分類して検討するが、まず一つ目に、「企業関連」が（a）「制約要因」として作用している点が目に付く。すなわち、まず「民間企業設備」だが、それは、八八年を画期に著増に向かいつつ八九年＝二・六という高水準を示した後、九〇年になると一転して一・八へと大きく低下する。したがって、この設備投資における特徴点は、九〇年途中で上昇から低下へと変局を遂げていることであって、この基調変化の中に、設備投資機能における、「景気刺激から景気抑制」への作用変化こそが読み込まれるべきであろう。換言すれば、先に確認した通り、需要構成においては、この設備投資は九〇年段階でもいぜんとして増大傾向にある以上、にもかかわらずそれが増減寄与度では低下に転じたということは、結局、量的拡大状態にある設備投資が、国内総支出増加にもはや寄与しなくなった――という事態を映し出しているに他ならない。まさに、設備投資増加が「資本過剰」を形成するに至ったわけである。

そして、この「資本過剰」状態は、もう一つの「企業関連」指標である「在庫品増加」によっても検証でき、果してそれは、八八年＝〇・五→八九年＝〇・一→九〇年＝△〇・二（第49表）と連続的に低落を続けた。

それに比較して、二つ目に（b）「促進要因」は何よりも「民間住宅」と「公的資本形成」とによって代表されよう。つまり、前者＝〇・七→△〇・一→〇・三、また後者＝〇・三→〇・〇→〇・三と動くから、「『公的資本形成』を土台とした『住宅』」という、「バブル形成期」の景気牽引図式が再登場したとも考えられる。まさにこの動向も、すでに検出した「設備投資の『過剰投資化』」と、それに対する「公的方向からの補完」の出現――という現象の現れではないか。

さらに、「輸出」も△〇・六→△〇・三→〇・一と多少の増大傾向を示す点が新たな変化といってよく、このベクトルからも、資本過剰の従来型・「外部的処理」の再発動が無視できまい。

最後に、㈢つ目が（c）「停滞要因」**（第49表）**だがここには残り全部が含まれよう。すなわち、「民間最終消費」（二・七↓二・六↓二・五）および「政府最終消費」（〇・五↓〇・四↓〇・四）だが、政府消費はもちろんのこと民間消費も、このバブル末期にはすでにその景気促進力を喪失していることが一目瞭然といってよい。そうであれば、「通説」とはやや異なって、バブル景気上昇における「消費牽引力の微弱性」が改めて検証可能である。この点も、一定の修正が迫られていよう。

以上を全体的な「需要構造」**（第49表）**のサイドから集約しておけば、ここからも、「民間投資の過剰化―公的需要による補完」という、バブル末期の実状が浮かび上がってくる。すなわち、「国内需要」と「民間需要」とが、それぞれ八八年＝七・四↓八九年＝五・六↓九〇年＝五・二および六・六↓五・二↓四・四と明瞭に寄与度を下げているのと比較して、「公的需要」は〇・八↓〇・四↓〇・八という明確な上昇基調を示しているのである。こうして、「バブル成熟期」前半の「設備投資・牽引型」は、その末期に、「公的需要」補完型へともう一段の変容を余儀なくされた。

［3］バブル景気の構造的要因と帰結　全体の最後に第三として、㈢「バブル景気の構造」が総体的に総括されねばならない。そこで最初は①「原因」だが、ここまでの具体的分析をふまえると、以下の諸要因が直ちに指摘可能であろう。つまり、まず一つ目は（a）「超金融緩和を出現させた日銀・金融政策」であって、それは具体的には次の諸断面において発現した。例えば、（イ）「金融自由化の進展と資金調達・運用ルートの拡張」、（ロ）「公定歩合の長期・低位水準持続化」、（ハ）「財テクの横行と企業・金融収支の膨張」、（ニ）「円高緩和を目指した金融緩和実行」、（ホ）「賃金の低水準化に起因した低インフレ環境」、が注目に値し、それがまず、「超・金融緩和」という方向から、バブル景気の基礎を作った。

ついで二つ目として、（b）「規制緩和・民間活力などの財政面からする内需拡大政策」が指摘可能であり、例えば次のようなポイントが重要といってよい。すなわち、（イ）「中曽根内閣の財政的内需拡大策」、（ロ）「八七年緊急経済対策による公的需要の拡大」、（ハ）「都市開発・リゾート開発・四全総を通じた民間活力導入政策」、などが特徴的であり、まさに財政側から景気刺激促進策が追求されていった。要するにバブル景気の現実化基盤に他ならない。

そのうえで三つ目にこそ、（c）「企業投資活動の活発化」がそこから進行していく。すなわち、（イ）「主要企業による円高への適応化完了」、（ロ）「内需向け設備投資の拡大着火」、（ハ）「設備投資の対GDP成長率寄与度拡張」、などとなって展開していくわけであり、したがって、バブル景気の主体的担い手たる、製造業企業の積極的行動がポイントとなろう。

こうして、バブル景気における、「基礎＝金融緩和」・「基盤＝内需拡大」・「主体＝設備投資」という基本がまず検出可能だが、次に②その「特質」はどう整理できるだろうか。そこでこの「特質」に立ち入ると、以下の三点が重要であるが、まず一つ目は（a）「資産価格騰貴との同時進行性」だといってよい。すなわち、周知の通り、このバブル景気の中で凄まじい「地価・株価上昇」が爆発したが、設備投資主軸の景気拡大は、まさにこのような地価・株価騰貴と並行して同時に展開した点が特徴的である。その場合、その「二本のライン」が相互に刺激し合って螺旋状に膨張を遂げたのは当然であって、一方で、「地価・株価騰貴」と結びついて獲得された豊富な資金が「企業・設備投資」を拡張させたとともに、他方で、「企業・設備投資」と連関して進められた財テク行動が「地価・株価」を一層押し上げることとなった。要するに、「資産価格騰貴と設備投資拡張」とが、相互促進的に暴発した点が明白であろう。

ついで二つ目に、この点を集約的に整理すれば、（b）「バブル景気＝『複合景気』」とこそ特質付け可能ではないか。よく知られているように、宮崎義一による有名な「複合不況」というネーミングがあるが、それを裏返せば、いま確認した「資産価格騰貴―設備投資拡張の『同時進行』」型景気拡大は、まさにその意味で、それら両者から構成される、まさに「複合好況」以外ではあるまい。そして、このような景気上昇タイプはいわば「新型・現代型の景気上昇」と理解されるべきであり、まさにその点で、従来の高度成長期や低成長期とは質的に異なる、「新型」の景気循環パターンだとみるべきではないか。何よりも「資産膨張型景気の高揚過程」と命名できるその所以である。

最後に三つ目として、(c)「景気牽引車役割の『分散・転移』性」が指摘されてよい。具体的にいえば、このバブル景気の「牽引車」が、バブル期の数年の間で、(イ)「導入フェーズ」(八六～八七年)＝「住宅・公的資本形成」、(ロ)「展開フェーズ」(八八～八九年)＝「設備投資」、(ハ)「末期フェーズ」(九〇年)＝「住宅・公的資本形成・輸出」、という具合に、目まぐるしく分散・転換していった。したがって、景気上昇の「実体基盤」としては――通説とはやや異なって――「設備投資」がやはり強調されるべきだとはしても、しかし、むしろ、その「主要因＝牽引車」をもはや特定のファクターに強くは限定できない点にこそ、この「バブル型・景気膨張」の、その目立った特質がある――というべきかも知れない。

以上を前提にすると、結局、③このバブル景気の「帰結」は以下のように集約可能なように思われる。つまり、一つ目は(a)その「性格」であって、すでに確認したように、「末期フェーズ」において「投資過剰化」が明確に検出できたかぎり、その意味で、このバブル景気は最終的には「過剰投資の『準備過程』」に他ならなかったと意義付けされてよい。そして二つ目に、(b)この「過剰投資」現出過程の「実証」としては、――次章で記述するように――「九〇年局面」において、「『下降しつつある』製造業利益率と『上昇しつつある』公定歩合」とが、まさに「見事に『交差』する」点にこそ、実に鮮やかに表現されている。これこそ、いわば「古典的」な「利潤率と利子率の衝突」以外の何ものでもあり得まい。したがってそうであれば、三つ目として、(c)その「運命」としては、まさに「バブル崩壊」がいずれにしても必然であったことに連結する。つづめていえば、「バブル景気」は、その内部に最初から「崩壊過程を準備・内包化させていた」、「現代日本資本主義」に特有な、一つの景気変動過程だった——のだと。

(1) 拙稿「低成長経済への移行と景気変動過程」(『金沢大学経済学部論集』第二八巻第二号、二〇〇八年)。
(2) バブル経済の全体的構図については、例えば田中隆之『現代日本経済』(日本評論社、二〇〇二年)、橋本・長谷川・宮島『現代日本経済』(有斐閣、二〇〇六年)、などでその輪郭が掴める。
(3) 例えば、SGCIME編『グローバル資本主義と景気循環』(御茶の水書房、二〇〇八年)をみよ。
(4) 「金融収益」関連については、まず宮崎義一『複合不況』(中公新書、一九九二年)が興味深い。
(5) さし当り、現代日本経済研究会編『日本経済の現状』一九九一年版(学文社、一九九一年)を参照せよ。
(6) SGCIME編『グローバル資本主義と企業システムの変容』(御茶の水書房、二〇〇六年)をみよ。
(7) 国際収支動向に関しては、前掲『日本経済の現状』一九九一年版、第二部第一章が詳しい。
(8) 財政政策について詳しくは、前掲『日本経済の現状』一九九一年版、第二部第三章をみよ。
(9) 例えば、SGCIME編『金融システムの変容と危機』(御茶の水書房、二〇〇四年)を参照のこと。
(10) その詳細な展開については、前掲『グローバル資本主義と景気循環』第二・三章をみよ。

第六章　バブル経済の崩壊と景気変動過程

はじめに

前章[1]では、七〇年代の「低成長型景気変動タイプ」をいわば「なし崩し的」に再編・解消する形で発現した、八〇年代後半からの「バブル経済の形成」を対象にして、「バブル景気と景気変動過程」との構造的メカニズム連関分析を試みた。そしてそれを通して、①「原因」——「超金融緩和を出現させた日銀金融政策」・「規制緩和に代表される財政面からの内需拡大政策」・「企業投資活動の活発化」、②「特質」——「設備投資拡大と資産価格騰貴との同時進行性」・「その両者の相互刺激促進による『複合好況』的性格」・「景気主導要因の『分散』性」、③「帰結」——「過剰投資の『準備過程』」・「『古典的』な利潤率と利子率との衝突出現」・「バブル崩壊必然性の内包化」、という諸側面が解明可能になったといってよい。

したがって「バブル形成型景気変動機構」の図式化が手に入ったことになるが、そうであれば、それを前提とする本章の意図が以下の三ポイントに集約されていくのはもはや自明であろう。つまり、まず第一論点は（A）その「課題」であって、前章において「バブル形成の特質とその崩壊必然性」を明らかにした以上、本章では、それをふまえてその論理延長上に、「バブル崩壊」の現実的過程分析が位置づけられていくのはいわば当然だと考えられる。まさにその点で、本章の「直接的課題」は「バブル『崩壊』と景気変動過程」との内的関連分析にこそある——というべきであろう。そのうえで、ついで第二論点は（B）その「着眼点」に他ならない。すなわち、――前章で強く「戒めた」、「バブル形成を資産価格騰貴に還元してはならない」という命題のまさに「逆規定」として――「バブル崩壊を資産価格暴落に還元してはならない」という視点であって、「バブル崩壊」を「過剰蓄積の『暴露＝清算過程』」としてこそ把握する点が重要だと思われる。換言すれば、「バブル崩壊」を、その「形成過程」において累積された「過剰投資」型「矛盾」の必然的発現過程だと理解すること――に他ならないが、本章の基本的立脚点をまさにそこにこそ設定したい。

そこで、このような方向性を土台にすると、第三論点として、（C）本章の「考察視点」はおおむね以下のように整理可能であろう。すなわち、①「資本蓄積過程」――設備投資・生産・成長率などの基本指標動向、②「資本―賃労働関係」――雇用・賃金・利潤率という労資対立構造、③「対外経済関連」――輸出入・経常黒字・資本流出入などの対外的側面、④「財政・金融作用」――国家財政・民間信用・日銀信用からなる財政金融メカニズム、⑤「景気変動パターン」――従来型パターンと区別される、景気変動機構上の構造的比較、に他ならない。要するに、「バブル崩壊」に関わる、「資本蓄積」に立脚したその構造的解明こそが基軸をなそう。

したがって本章では、このような視角に基づきつつ上記の五論点を重視しながら、九〇年代冒頭の「バブル崩壊」を、まさに「資本蓄積主軸説」に力点を置いて解明していきたい。

I　資本蓄積――破綻型投資行動の拡大連鎖

［1］投資構造

そこで最初に、「バブル経済の崩壊」[(2)]を何よりも第一に（一）「民間投資」の面から確認していこう。そうであれば、この民間投資動向を主導した①「設備投資」がまず見定められる必要があるが、一つ目として（a）

その「基本動向」が前提をなそう。このような方向から取りあえず（イ）その「概況」から入ると、前章で詳細に検討した通り、バブル崩壊の直前期である八〇年代は設備投資のいわば「膨張期」であった。つまり、いま大まかな数値だけを指摘する（一〇億円）と、七六－八〇年が三八一八〇であったのに比較して、八一－八五年＝五七七三一↓八六－九〇年＝七七八二八へと激増をみるのであり、したがってその意味で、株価・地価高騰に「のみ」過剰なスポットライトが当てられ勝ちなこの八〇年代こそ、設備投資がまさしく目立った拡張を遂げた局面であったこと――にも重大な注意を払っておきたい。

しかし、このような概況的動向をふまえて、次に、八〇年代末から九〇年代初期までの軌跡を追うと、（ロ）設備投資・増加率（％）には無視できない変調が現れてくる。すなわち、八〇年代末には八八年＝一八・九↓八九年＝一五・〇というレベルで二桁水準の増加を呈したが、九〇年にはついに五・九％へと急降下していく。まさにバブル崩壊とともに設備投資の激減が明白といってよいが、しかも、この低下基調は続く九〇年代に入っても一層深刻度を加え、例えば九三年度の全産業の設備投資計画（実績見込み）は前年度比三・五％減に陥ったし、さらに九四年度計画も九三年度計画（一八兆九五八四億円）のマイナス〇・一％にまで下落を続けた。これは、一九五八年の調査開始以来始めてとなる三年連続の減少である以上、その変調は明瞭であろう。

そのうえで、「バブル崩壊期」におけるこの設備投資収縮の意義を、（ハ）「経済成長の要因分析」（％）の断面からも念のため傍証しておきたい。そこでいま、設備投資を含めた「民間住宅・民間企業設備・民間在庫」合計の需要要因比率を追うと以下のような軌跡が手に入る。すなわち、まず九〇年＝一・九↓九一年＝〇・七と持続的に低落を持続した後、ついで九二年からはとうとうマイナスに移り、その後は、九二年＝△二・一↓九三年＝△一・九↓九四年＝△〇・七**（第1表）**となってむしろ景気の「足かせ要因」へと転落していく。それに対して、この局面で辛うじて需要

第１表　経済成長の要因分析（需要サイド）

（単位：%）

年	国内総支出	民間最終消費支出	民間住宅＋民間企業設備＋民間在庫	政府最終消費支出	公的固定資本形成＋公的在庫品増加	財貨・サービスの純輸出	財貨・サービスの輸出	財貨・サービスの輸入
1990	5.2	2.5	1.9	0.4	0.3	0.1	0.6	－0.5
91	3.3	1.5	0.7	0.5	0.2	0.4	0.3	0.1
92	0.8	1.4	－2.1	0.3	0.9	0.3	0.3	0.0
93	0.2	0.7	－1.9	0.4	0.9	0.1	0.0	0.1
94	1.2	1.5	－0.7	0.5	0.1	－0.2	0.3	－0.5
95	2.1	1.1	0.8	0.6	0.1	－0.5	0.4	－0.9
96	3.4	1.4	1.5	0.4	0.5	－0.4	0.6	－1.0
97	1.8	0.4	1.1	0.1	－0.8	1.0	1.1	－0.1
98	－0.9	－0.1	－1.4	0.3	－0.1	0.4	－0.2	0.6
99	－0.2	－0.0	－1.1	0.7	0.4	－0.2	0.1	－0.3
2000	2.3	0.3	1.5	0.8	－0.8	0.5	1.3	－0.8
01	0.1	0.6	0.0	0.5	－0.3	－0.7	－0.7	－0.0
02	－0.4	0.2	－1.4	0.4	－0.3	0.6	0.8	－0.2
03	1.4	0.1	1.1	0.2	－0.7	0.7	1.1	－0.4
04	2.7	0.8	1.2	0.5	－0.6	0.8	1.7	－0.9
90～94	2.1	1.5	－0.4	0.4	0.5	0.1	0.3	－0.2
95～99	1.2	0.6	0.2	0.4	0.0	0.1	0.4	－0.3
00～04	1.2	0.4	0.5	0.5	－0.5	0.4	0.8	－0.5

（資料）　内閣府『経済財政白書』平成17年版。

を支えたのは「民間最終消費支出」（二・五↓一・五↓一・四↓〇・七↓一・五）と「公的固定資本形成・公的在庫品増加」（〇・三↓〇・二↓〇・九↓〇・九↓〇・一）（**第１表**）とであったから、この需要構成の側面からも、「バブル崩壊」における「設備投資減少」作用の重みがよく分かろう。その点で、「バブル崩壊↓資産価格下落↓逆・資産効果↓消費縮小↓景気低下」という「通説型・バブル崩壊」理解には難点が否定できないのであり、そうではなく、「バブル崩壊後・不況」からは、むしろ「設備投資収縮↓景気抑制」ロジックこそが検出されるべきだと思われる。

以上のような「基本動向」をふまえたうえで、ついで二つ目に（b）「業種別・設備投資動向」に目を転じていこう。そこで最初に（イ）「製造業―非製造業」（九三年度計画）という大区分に即してみていくと、差し当たり次の二論点が直ちに目に飛び込んでくる。すなわち、いうまでもなく全体的にみて両セクターとも極めて大きな落ち込みに見舞われているが、しかしその「崩落内容」に関しては大きな差が無視できなく、まず一つとして「崩落の網羅性」に関しては、何といっても「製造業」の方が圧倒的に大きい。例えば、いま製造業においては、調査対象一七業種のうち前年度比マイナスを免れている業種は「食品」（八・〇％増）と「精密機器」（一・九％増）とに止まり、他の一五業種では軒並み低落に直面している（『日経新聞』九三年八月一八日付）。それに比べて「非製造業」では、前年度比プラスを呈している業種は「水産」（九・五％増）・「鉱業」（四八・二％増）・「不動産」（一・〇％増）・「陸運」（八・七％増）・「電力」（九・七％増）・「ガス」（三・一％増）など、全調査計一六業種のうち六業種に上っている（**第2表**）。

第2表　業種別設備投資修正計画

（工事ベース、単位百万円、伸び率は前年度実績比％、修正率は当初計画比％、△はマイナス）

	社数	93年度計画	伸び率	修正率
〔製造業〕				
食品	74	616,867	8.2	△1.0
繊維	63	292,911	△15.8	△1.4
紙・パルプ	23	150,375	△14.2	5.0
化学	115	642,341	△14.9	△0.4
医薬品	28	189,028	△6.9	△0.0
石油	14	399,144	△0.9	△5.0
ゴム	15	93,376	△29.8	△9.8
窯業	49	195,398	△9.6	△2.0
鉄鋼	38	852,491	△27.0	△3.3
非鉄金属	76	267,668	△26.6	△5.4
機械	142	342,098	△19.1	△1.6
電気機器	125	1,107,519	△11.3	△1.8
造船	9	208,424	△17.1	△1.2
自動車	44	569,839	△20.1	△4.4
その他輸送機器	14	30,195	△22.0	△1.9
精密機器	24	74,422	1.9	0.5
その他製造	59	163,478	△24.9	0.3
〔非製造業〕				
水産	7	27,405	9.5	2.2
鉱業	9	34,306	48.2	1.8
建設	135	480,705	△41.1	2.2
商社	126	204,800	△36.3	△3.9
小売業	79	581,400	△9.4	△4.1
その他金融	4	12,533	△67.4	0.0
不動産	29	354,549	1.0	△3.6
鉄道・バス	34	1,302,514	△5.1	△3.0
陸運	15	128,987	8.7	13.6
海運	27	83,434	△17.8	△0.3
空運	6	309,409	△19.6	△8.3
倉庫・運輸関連	29	83,609	△15.5	△4.1
通信	9	1,900,707	△1.4	△0.1
電力	14	5,223,549	9.7	1.1
ガス	8	358,658	3.1	2.3
サービス	94	291,550	△16.5	3.5

（資料）『日本経済新聞』1993年８月18日付。

その点で、「製造業」における「設備投資・下落」の全面性が明らかに確認されてよい。

しかしこれは事態の反面にしか過ぎない。というのも、ついで二つとして「崩落の激烈性」に目を転じると、今度は「非製造業」での激しさにこそ目を奪われるからであり、まず一方の「製造業」では、最も下落率が大きな「ゴム・非鉄」でさえ二〇%台の減少に食い止められている。それに対して、凄まじい下落基調が進行したのが他方の「非製造業」に他ならず、例えば「建設」（△四一・一%）・「商社」（△三六・三%）・「その他金融」（△六七・四%）などでは、まさに決定的な設備投資の崩落が記録されていく**（第2表）**。要するに、「製造業——ほぼ全業種に及ぶ着実な設備投資減少」に対比可能な、「非製造業——特定業種に集中した激烈な設備投資縮小」という図式がまず検出可能ではないか。

では次に、「製造業—非製造業」連関におけるこのような特徴の（ロ）「基本的原因」はどこにあるのだろうか。それを知るためには、これら両セクターの特有な行動特徴を改めて検証することが不可欠であるが、まず一面で「製造業」における「全般的かつ着実な設備投資下落」行動からは、以下のような命題が基本的には導出されてくる。すなわち、「製造業」では、特定の業種に集中して散発的に設備投資減が進行したのではなく、ほぼ全部門にわたっていわば「普遍的に」——しかもある程度高レベルの下落率で——設備投資崩落が発現した以上、特にその『普遍的な下落』という内容において、この現象こそは、「バブル形成期」に実行された製造業での、いわば「過剰投資の『清算過程』」の出現に他ならないのだ——と。その意味で、この「行動様式」の「基本原因」が、「製造業」の方向からは、まずその「バブル期・過剰蓄積の暴露過程」という面で示されているが、しかしそれだけではない。ついで他面で「非製造業」における「集中的かつ激烈な設備投資下落」行動からは、それが「特定」部門に限定された激烈な下落である限り、その「特定性と激烈性」との二点からして、この現象を、「バブル形成を先導的に牽引した主要部門」

での、まさしく「『個性的』破綻過程」だと位置づけること――がむしろ妥当なように思われる。要するに、「製造業―非製造業」連関の特殊性は、総じて、設備投資下落の「基本的原因」がまさに「バブル期過剰蓄積の整理過程」にこそある点を、いわば曇りなく論証している。

そのうえで最後に、（ハ）両セクター内部にまで立ち入ってこの事情を確認してみよう。そこで差し当たり「九三年度設備投資計画」**（第2表）**動向を追うと、まず「製造業」部門では何といっても「鉄鋼」（△二七・〇％）・「非鉄金属」（△二六・六％）・「機械」（△一九・一％）での強度の落ち込みが目を引く。しかも、これら部門は「バブル形成」局面における「設備投資・牽引車」であって、一九八九年には、例えば「鉄鋼」＝三一・九％増、「機械」＝三〇・八％増を遂げていたから、バブル期を挟んで激増から激落へとコントラスト的に激変した事情が一目瞭然といってよい。さらに、バブル期には二五・七％増加を示してバブル形成に一役買った「自動車」もこの局面では△二〇・一％に落ち込んでいるのも特徴的であって、「製造業」部門においては、全体的にみて、バブル期に設備投資膨張を実行した諸部門での下落程度が何よりも極度に大きい。まさにこのことが、「バブル期過剰蓄積の清算」を意味しているのは当然であろう。

ついで「非製造業」へ目を転じるとどうか。そうすると、ここでもバブル型設備投資行動の帰趨が明瞭であって、まず一面では、「バブルに踊った諸部門」での「反動的」崩壊がもちろん検出可能といってよい。すなわち、「建設」（△四一・一％）・「商社」（△三六・三％）・「金融」（△六七・四％）などがその代表例に他ならず、まさに「バブル張本人部門」におけるその激烈なバック・ラッシュ型縮小が明確に進行していった。それに対して、この「反動行動」を逆から実証する部門こそ「電力」での設備投資動向であって、極めて「特異な現象」として、バブル期においては「電力」設備投資の「足踏み」が進んだが、まさにその「反動」という意味で、バブル崩壊後のこの局面で実に九・七％

もの増加を記録している点が目立つ（第２表）。

こうして、この「セクター内部」の動向によっても、「バブル崩壊」がまさに「バブル期・過剰蓄積」の明瞭なその「暴露・清算・整理過程」以外でない点が明確に論証されている。

この点を前提にしたうえで、続いて三つ目に（c）「設備投資動機構成」にもふれておきたい。というのも、この「動機構成」の中にも当面の設備投資下落の実相が表れているからであって、バブル崩壊後には、全体として、その「動機」における消極化が目立ってきている。例えば参照軸にバブル期の八九年を取ると、そこでは、「製造業・投資動機構成」として高い方から「能力増強」（三二・〇％）→「合理化省力化」（一七・五％）→「新製品・製品高度化」（一二・五％）となって、設備投資拡張の目的が「能力向上・新製品開発・技術力推進」などのいわば「前向きでアグレッシブ」な点にあったことがよく分かる。その意味で、バブル期・設備投資動向のその積極性が改めて確認可能だが、それとは対照的にバブル崩壊後の九一・九二年段階になると、この「業容拡大的性格」は影を潜め、それに代わって「維持・補修」や「合理化・省力化」などのむしろ「維持起業・コスト削減型動機」が顕著になっていく。

そこで、この九一・九二年局面での「投資動機」（投資の構成比）を業種別にやや詳細に検出すれば、それは概ね以下のような図式をなす。すなわち、まず（Ａ）「能力増強」に関しては、食品・繊維・石油では伸びているものの、基幹セクターである「鉄鋼」（二四・三％→一六・八％）や「電機機械」（三六・九％→三二・六％）では大きくその比率を下げているし、さらに自動車を中心とする「輸送用機械」でさえも一四・〇％→一五・〇％となって停滞を余儀なくされている。したがって、「能力増強」という能動的動機の明白な後退が明瞭だが、この性格はついで（Ｂ）「新製品・製品高度化」動機についても同様といってよく、例外的に「精密機械」（一九・四％→二九・六％）で上昇している以外は、「自動車」（三〇・八％→二九・六％）・「電機機械」（一三・六％→一二・七％）を始めとして全般的には下落へと転じた。まさにこの方向からも、投資動機は消極化していよう。それに比較して、ほとんどの業種で構成比を高めたのは（C）「合理化・省力化」に他ならない。その結果、この動機は、全業種総合で一七・六％から一八・七％へとウエイトを高めるに至ったと計測可能であって、その点でそこからは、過剰投資の「後始末」的相貌が検出されるべきであろう。また同形の性格は、新規増設ではなく既存設備の「メンテナンス」を意味する（D）「維持・補修」動機に即しても基本的には確認でき、例えばこのポイントは、加工・組立型産業ともに明瞭に上昇している（六・三％→七・六％）だけでなく、全体としても九・四％から一一・〇％へと大幅な拡張を記録しているのである。そしてその裏側で、将来の積極的投資を準備するという意味をもつ（E）「研究開発」は大幅な低下に見舞われているのであって、例えば「輸送用機械」（九・五％→八・三％）・「精密機械」（一七・八％→一四・六％）を先頭として、全体でも低落基調を免れていないと判定せざるを得ない。こうして総合的に把握すると、バブル崩壊後の設備投資動機においては、「前向き指向」動機が顕著に減少する反面で、逆に「後ろ向き指向」動機が目立って増大へ転じている——点がまさに明白ではないか。

したがって、設備投資動向についてはこう結論できよう。すなわち、その投資水準が大きく停滞に向かっているだけではなく、さらにその動機についても、明らかにそのポジティブ性を喪失しているのであるから、まさにそこから総合的に判断して、「バブルの後始末」的傾向が一目瞭然なのだと。「バブル期過剰蓄積の整理過程」と意義付けし得るその所以である。

以上のような「バブル崩壊型設備投資」動向に立脚したうえで、次にその土台上で展開された②「生産・成長率」運動へと進もう。そこで最初に一つ目に（a）「生産」から入ると、（イ）まず「実質国民総生産」（兆円）が前提になるが、その推移は以下のようになる。すなわち、周知の通りバブル期を迎えて八八年＝三九〇→八九年＝四〇九→

第３表　主要経済指標

年	鉱工業生産指数（鉱工業、2000年＝100）	稼働率指数（製造工業、2000年＝100）	法人企業経常利益対前年比（％）	売上高経常利益率（全産業）（％）	民間設備投資計画対前年変化率（全産業）（％）	労働分配率（全産業）（％）	完全失業率（％）	有効求人倍率
1990	99.9	114.1	−6.9	3.1	10.1	66.5	2.1	1.40
91	101.6	111.8	−8.8	2.7	4.3	67.9	2.1	1.40
92	95.4	102.6	−26.2	2.0	−7.1	70.2	2.2	1.08
93	91.7	97.4	−12.1	1.8	−10.3	73.2	2.5	0.76
94	92.6	97.0	11.9	1.9	−5.7	73.3	2.9	0.64
95	95.6	99.5	10.9	2.0	3.0	72.7	3.2	0.63
96	97.8	100.5	21.9	2.4	4.7	72.4	3.4	0.70
97	101.3	103.9	4.8	2.5	11.3	73.3	3.4	0.72
98	94.4	96.1	−26.4	1.9	−1.6	75.3	4.1	0.53
99	94.6	95.8	17.7	2.3	−4.5	74.4	4.7	0.48
2000	100.0	100.0	33.7	3.0	8.7	71.9	4.7	0.59
01	93.2	92.4	−15.5	2.5	0.8	73.3	5.0	0.59
02	92.0	93.5	−0.7	2.7	−6.7	72.8	5.4	0.54
03	95.0	97.3	12.6	3.0	6.3	69.9	5.3	0.64
04	100.2	102.0	27.7	3.6	6.0	68.7	4.7	0.83

（注）　全国市街地価格指数は、各年３月末指数。国内銀行平均約定金利はストック分の総合の値。

（資料）　内閣府『経済財政白書』。原資料は、財務省『法人企業統計』。

九〇年＝四二九と長足の伸張を呈したが、この明瞭な拡大もバブル崩壊に直面してさすがにその膨張テンポを落とし、その後は、九一年＝四四六↓九二年＝四五〇↓九三年＝四五二となってほとんど停滞で経過していく。その点で、生産の最も大きな枠組みを構成するこのＧＮＰが、「バブル形成―バブル崩壊」というその分水嶺的転換局面に当たって、「膨張↓停滞」へと見事に基調変化を遂げている事実が一目瞭然であろう。まず何よりも、経済実体そのものが基本的に収縮しているのである。

ついで、それをふまえて（ロ）「鉱工業生産」関係（二〇〇〇年＝一〇〇）の軌跡を追うと、このベクトルからもその停滞性は色濃く滲み出てくる。そこでまず一つは「鉱工業生産指数」の動きそのものがもちろん注目されるが、それについては九〇年＝九九・九↓九一年＝一〇一・六↓九二年＝九五・四↓九三年＝

九一・七（**第3表**）という数字が手に入る。一見して分かる通り数値の「絶対的低落」こそが検出可能であるかぎり、鉱工業生産規模のまさしく「絶対的収縮」が進行していったわけであろう。しかしそれだけではない。この生産の絶対的下落が、その結果、次に二つとして「稼働率指数」（製造業）に反映していかざるを得ないのは当然であって、例えば一一四・一→一一一・八→九五・四→九一・七（**第3表**）という単調減少型数値が刻まれる。こうして、バブル崩壊によって、――単に「資産価格」面だけではなく――「生産実体」面での縮小こそが発現した点が重要だが、その場合、この「生産縮小＝稼働率の絶対的低落」が、「バブル期過剰蓄積の、バブル崩壊による清算化」[3]運動を、まさに端的に実証していることはいうまでもない。要するに「破綻型投資活動の拡大連鎖」とみるべきではないか。

そのうえで、バブル崩壊によるこのような「鉱工業生産」の下落をもう一歩具体化して、（ハ）「投資財―消費財―生産財」（八五年＝一〇〇）という「特殊分類」への細分化を試みよう。そこで最初は「投資財」動向だが、それは八九年＝一二五・二→九〇年＝一三二・五→九一年＝一三四・四と動いたから、増加率としては結局八・六％→四・六％→〇・四％という実績を記録したし、また「消費財」も、一一三・〇→一一八・一→一一九・六という変化を辿って、増加率にして三・六％→四・五％→〇・五％という数字を残している（**第4表**）。したがって、九一年ボトムにおける帰着点の水準としては、この両セクターこそが極めて悪いパフォーマンスを余儀なくされたとみてよく、それは、一方での、バブル崩壊に連動した「消費の落ち込み」とともに、他方での、「過剰資本整理過程としてのバブル崩壊」とを、極めて如実に反映している――と理解されるべきではないか。

最後に、この二セクターと比較して「生産財」はもう少し安定的に経過し、例えば一二〇・九→一二六・四→一三〇・九（増加率六・一％→四・五％→二・〇％）という図式を描いた（**第4表**）。したがって「投資財・消費財」よりは若干の良好性がみて取れるが、その背景としては、民間投資を補完する形で一定のレベルを保持した「公共投資」

第４表　業種別鉱工業生産の推移

（1985年平均＝100）

	1989	1990			1991			1989/1988	1990/1989	1991（7-9）/1990（7-9）
			7～9月	10～12月	1～3月	4～6月	7～9月	%	%	%
鉱工業	119.9	125.4	126.8	128.9	128.8	127.9	128.3	6.1	4.6	1.1
製造工業	120.1	125.6	127.0	129.2	129.1	128.1	128.5	6.2	4.6	1.1
鉄鋼	106.9	108.8	109.7	111.6	113.1	111.9	110.6	1.8	1.8	0.8
非鉄金属	122.1	130.3	131.2	135.1	133.4	135.8	136.4	6.9	6.7	3.9
金属製品	116.1	120.5	122.3	123.8	125.5	123.0	121.2	4.6	3.8	△1.0
機械工業	128.7	136.6	138.6	142.0	141.5	140.2	142.5	8.9	6.1	2.8
（除船舶、鉄道車両）	129.9	137.6	139.5	142.8	142.5	141.6	144.1	8.6	5.9	3.2
一般機械	122.2	128.1	129.3	131.1	131.0	130.0	128.6	10.8	4.8	△0.6
電気機械	142.1	149.6	152.0	157.0	159.4	159.5	161.3	7.4	5.3	6.1
輸送機械	116.2	125.7	129.9	130.6	124.8	120.9	129.4	10.1	8.2	0.3
（除船舶、鉄道車両）			131.7	132.7	127.1	124.0	133.6	9.0		
精密機械	120.8	136.0	137.1	142.5	138.9	144.0	148.0	5.9	12.6	7.9
窯業・土石製品	114.0	119.2	120.4	122.2	122.9	122.2	119.6	4.0	4.6	△0.8
化学	128.7	134.4	136.4	138.6	139.0	138.5	135.2	6.9	4.4	△0.9
（除医薬品）	121.2	126.2	127.9	128.7	129.8	129.3	126.6	6.3	4.1	△1.1
石油・石炭製品	101.4	110.4	114.2	113.8	116.2	114.4	118.6	4.9	8.9	3.8
プラスチック製品	117.7	122.5	123.0	127.0	125.5	123.2	124.6	3.9	4.1	1.3
パルプ・紙・紙加工品	127.6	133.2	134.1	137.0	137.8	138.8	136.1	7.5	4.4	1.4
繊維	93.7	90.8	90.5	90.8	89.5	89.2	89.3	△0.8	△3.1	△1.5
食料品・たばこ	104.7	105.3	105.7	106.9	106.2	105.9	105.3	1.1	0.6	△0.4
その他工業	115.0	121.5	122.6	121.3	115.1	115.9	117.0	4.7	5.7	△4.6
特殊分類										
最終需要財	119.1	124.6	125.9	128.0	127.1	125.6	126.5	6.1	4.6	0.5
投資財	125.2	131.0	132.5	135.2	134.4	132.8	133.1	8.6	4.6	0.4
資本財	128.7	135.8	137.8	140.8	139.3	138.0	139.7	10.4	5.5	1.3
（除輸送機械）	132.6	138.3	139.2	142.0	142.2	142.4	140.5	8.7	4.3	0.9
建設財	116.5	119.3	119.8	121.4	122.2	120.2	117.1	4.0	2.4	△2.4
消費財	113.0	118.1	119.4	120.6	119.6	118.4	120.0	3.6	4.5	0.5
耐久消費財	112.4	119.0	120.8	122.6	121.7	119.4	123.5	3.3	5.9	2.2
非耐久消費財	113.6	117.4	118.6	119.2	117.2	117.6	117.3	3.8	3.3	△1.1
生産財	120.9	126.4	127.9	130.2	130.9	130.7	130.5	6.1	4.5	2.0
鉱工業用生産財	121.4	127.0	128.6	130.9	131.7	131.4	131.2	6.2	4.6	2.0
その他生産財	106.6	109.0	109.4	110.6	111.0	111.8	111.3	2.5	2.3	1.6

（注）　△はマイナス。

（資料）　前掲『通産統計』91年11月号より。

からの、対「生産財需要」の存在が無視できまい。

要するに、この「投資財―消費財―生産財」という「特殊分類」ベクトル方向からも、「バブル崩壊＝バブル期過剰蓄積の清算過程」という基本特質が明瞭に確認されてよい。

そうであれば、ついで二つ目に（b）「業種別生産動向」**（第４表）**が直ちに問題となってこよう。そこでいま「業種別」に区分したうえでその「鉱工業生産」構造を点検すると、そこからは概ね以下の三特徴点が姿を現す。つまりまず第一点は（イ）「大区分レベル」における「安定化グループ」であって、その部門的性格としてはいわば「輸出＝外需依存型」傾向が強いことが指摘できる。具体的には、「非鉄金属」（増減率、六・九％→六・七％→三・九％）・「電気機械」（七・四％→五・三％→六・一％）・「精密機械」（五・九％→一二・六％→七・九％）の三部門がこれに該当するが、この三業種はいずれも、バブル崩壊にもかかわらず生産をむしろ積極的に伸ばしていよう。その点で、この業種では、バブル崩壊の国内的打撃を輸出面で補完しつつ一定の生産拡大を実現させたように思われる。次に第二点は（ロ）「落ち込みグループ」に他ならず、いわゆる「投資財業種」が「バブル崩壊→設備投資下落」の煽りを直接的に受けて生産縮小を余儀なくされていく。すなわち、「鉄鋼」（一・八％→一・八％→〇・八％）・「金属製品」（四・六％→三・八％→△一・〇％）・「一般機械」（一〇・八％→四・八％→△〇・六％）・「化学」（六・九％→四・四％→△〇・九％）などがこの範疇に属するとみてよく、「バブル形成からその崩壊への転換」過程における、「増加から縮小」への、その極端な行動に彩られていよう。しかもこの「落ち込みグループ」は、別の表現を使えば、いわば「バブル牽引部門」でもあったから、このことからも、この「バブル崩壊後生産低落」の、その「バブル後始末」的性格が明確にみて取れる。

こういってよければ、第三点として、以上のような「業種別動向」からは、（ハ）結局以下のような結論が導出可能なように思われる。すなわち、バブル崩壊後の「生産低下」は、何よりも「バブルを牽引した基軸部門」（鉄鋼・

第5表　成長率

（%）

（年）	経済成長率（実質）
72	54.0
73	53.6
74	−1.4
75	3.2
76	4.0
77	4.4
78	5.4
79	5.6
80	−
81	2.8
82	3.1
83	1.9
84	3.3
85	5.6
86	4.7
87	4.3
88	6.9
89	5.2
90	4.7
91	3.6
92	1.3
93	0.4
94	1.1
95	1.9
96	2.5

（資料）　三和・原編『近現代日本経済史要覧』（東大出版会、2007年）33頁。

機械・化学など）を中心として発生・進行・拡大したわけであり、したがってその点に強い力点を置いて整理すれば、「バブル崩壊後の生産低下」は、まず、バブル期・投資過剰行動のまさにその「反作用」以外ではなく、さらにもう一歩体系的に換言すれば、それこそ、「バブル期・過剰投資のまさしく『資本主義的整理過程』そのもの」に他ならないのだ――と。この点が強く銘記される必要があろう。

そこで「生産」分析の最後に、以上の動向を三つ目に（c）「成長率」の側面からも傍証しておきたい。バブル崩壊局面でのその水準を知るため、いま例えば八〇‐九〇年代における「実質経済成長率」の推移を断面図的に辿れば、以下のような特徴溢れる傾向が浮上してこよう。すなわち、それは四局面を辿ったと理解可能なのであって、まず（イ）「第一局面」（八〇～八三年）では、インフレ予防を意図したアメリカの高金利実施とそれに同調した国際的高金利進行によって、世界的な長期不況が発現をみるが、まさにそれを契機として日本の成長率も下方転換を余儀なくされる。その結果、まさに世界不況に制約された、日本輸出の戦後最大規模の落ち込みに引き摺られてこそ、八一年＝二・八％↓八二年＝三・一％↓八三年＝一・九％（**第5表**）という成長率低位局面が発生したのであろう。ついで（ロ）「第二局面」（八四～八七年）に入ると、意外にも成長率はむしろ上向きに転じる。すなわち、円高基調にもかかわらず、八四年の三・三%を出発点としてその後も八五年＝五・六%↓八六年＝四・七%↓八七年＝四・三%（**第5表**）という実績を残すから、八〇年代初期よりは明らかに高い水準をクリアしていく。いうまでもなく、円高↓輸出減のダメージを、一方での、円高不況対策としての「早めの金融拡張政策」と、他方での「消費拡大」とが、「内需拡大」という形で、基本的に「相殺＝補償」したのに違いない。いわば円高局面での成長率水準維持とみてよい。

そしてその線上に（ハ）「第三局面」（八八〜九〇年）の「バブル期」が位置づく。いうまでもなく「成長率高位化」が出現してくるのであり、具体的には、八八年＝六・九%↓八九年＝五・二%↓九〇年＝四・七%（**第5表**）という高い成長率が実現をみるといってよい。そしてその理由は明瞭であって、「設備投資拡張↓鉱工業生産拡大」という、バブル局面での「経済の実体的拡充」こそが、経済成長率上昇の、まさにその内実的基盤を形成していた——のは自明であろう。それを受けてこそ、最後に（ニ）「第四局面」（九一〜九四年）として「バブル崩壊」期がくる。すなわち、これまで具体的にフォローしてきた「設備投資下落↓生産低下」という当面のフェーズに他ならないが、このような「経済の実体的縮小」が、成長率動向へと明瞭に反映していったのは当然であった。すなわち、成長率は、九一年＝三・六%を「踊り場」にしつつ、その後は九二年＝一・三%↓九三年＝〇・四%↓九四年＝一・一%（**第5表**）という、「ゼロ成長」にまで接近する「超低空飛行」を余儀なくされていくのであり、この「低レベル」は「第一次石油危機」（△一・四%）を除いては「空前絶後」の水準であった。まさにその点で、この「バブル崩壊」が齎した「生産縮小」への「傷の大きさ」が、改めて深く理解されるべきではないか。

では、以上のような「投資・生産・成長」過程において、③「企業収益」はどのような運動を展開したのであろうか。そこで最初に一つ目に、（a）「利益率」（%）動向が何よりも興味深いが、その動向をまず（イ）「売上高経常利益率」（全産業、%）に即して把握しておくと、例えば以下のような数字が拾える。すなわち、バブル期には概ね三

－四％台という高水準で推移してきたが、バブル崩壊を画期として九〇年代に入ると顕著な低レベルへ落ち込み、九〇年＝三・一→九一年＝二・七→九二年＝二・〇→九三年＝一・八（**第3表**）と一挙に悪化していく。まさしく、バブル崩壊を分水嶺とする、利潤率の、「急上昇から急下落へ」という典型現象が明瞭に確認されてよいが、その点で、この利潤率サイドにも、「バブル形成＝資本の過剰蓄積」→「バブル崩壊＝過剰資本の強制的整理」という運動過程が、誤りなく反映しているとみるべきであろう。したがって、このような「利潤率の下落進行」を検出しただけでも、利潤率動向に対する、「バブル崩壊」のマイナス影響はいうまでもないが、ついでもう一歩進めて、（ロ）「利益率変化状況」にまでメスを入れるとその深刻度は極端に広がる。そこでいま、「法人企業経常利益対前年比」を追ってみると、△六・九％→△八・八％→△二六・二％→△一二・一％（**第3表**）という軌跡が描かれるから、特に九二－九三年を中心とした二〇％にも及ぶ利益率下落の凄まじさには一瞬息を呑む。まさしく「恐慌と錯覚させるような利潤率の低下」であって、何よりもその点に、「バブル崩壊の、その過剰資本整理作用」の激しさが典型的に発現していよう。

最後に、この「利潤率低落」の実相を、（ハ）「労働分配率」（全産業、％）という裏面からも傍証しておきたい。というのも、この「利潤率低下」は他方では「労働分配率の『上昇』」を帰結させるはずであるが、果たせるかな、バブル崩壊後局面では以下のような経過で、この「労働分配率」の上昇が確実にみて取れる。すなわち、九〇年＝六六・五→九一年＝六七・九→九二年＝七〇・二→九三年＝七三・二→九四年＝七三・三（**第3表**）という針路が辿られるのであって、これをみるかぎり、バブル崩壊以降における「労働分配率」の継続的上昇については否定の余地はない。しかも、この「単調増加的」上昇はバブル崩壊後まさに五年間に亙って持続した以上、企業収益に対するそのダメージ負荷の大きさはかなり激しかった——と想像できよう。

しかしこの「労働分配率」の致命的大きさの意味は、単にそれだけには止まらない。というのも、この「労働分配

第６表　製造業の労働生産性

（1975年＝100）

暦年	産出量指数	労働投入量指数	労働生産性指数	賃金指数	賃金コスト指数
1955	10.7	61.1	18.3	10.1	55.2
60	24.8	89.6	28.3	13.6	48.1
65	43.3	108.1	40.9	22.0	53.8
70	91.3	120.7	76.7	43.7	57.0
75	100.0	100.0	100.0	100.0	100.0
80	142.9	91.7	156.0	149.9	96.1
85	174.5	89.1	193.3	187.5	97.1
90	219.1	84.3	257.1	225.0	87.5
95	208.4	78.1	264.8	248.0	93.7
2000	219.5	72.4	300.0	257.4	85.8

（資料）　社会経済生産性本部『活用労働統計』より作成（1975年を基準年として計算）。

率」の上昇は、やや理論的にいえば、「総資本―総労働」レベルにおいて、「新規創造所得分」に関する「資本側分割比率」が実質的に低下することを内包する以上、それは、「資本―労働」関係における「資本イニシアティヴの低落」をこそ指し示す以外にないからである。したがってそうであれば、この「労働分配率上昇」は、まず一方で、バブル崩壊後の「利潤率低下」が、単に「資産価格低下・不良債権増加・債務増大・販売量減少」などの「市場レベル」での現象ではなく、まさに「全体的所得分割比率の変容」に根拠付けられた、「資本―労働レベル」での現象に他ならない点を明確に開示しているとともに、次にそれだからこそ他方で、この「利潤率低下」が「バブル期に累積された『過剰投資の強制的整理過程』」の帰結でもある点を見事に指し示している――ことには、もはや何の疑問もあり得まい。「利潤率低下」のこうした「実体的」内容にこそ深く注意しておこう。

では、「バブル崩壊期・利潤率低下」が「過剰資本整理の帰結」だとした場合、それを帰結させた「資本―労働関係」の（b）「内実」はどのように把握可能であろうか。そこでそれを知るために、ここでは、その秘密を解くカギをなす「賃金コスト指数」（七五年＝一〇〇）の変動を取り上げてみよう。最初に（イ）全体の前提としてまず「労働生産性指数」に着目すると、以下のように動く。つまり、やや長期に目配りをすると八〇年＝一五六・〇↓八五年＝一九三・三↓九〇年＝二五七・一↓九五年＝二六四・八（**第6表**）となるから、八五－九〇年のバブル期における、設備投資拡張に立脚した極度の労働生産性向上と、それに続く九〇－九五年バブル崩壊局面での、設備投資停滞を土台とする労働生産性の顕著な伸び悩みとが、まず、極めて対照的に鋭く目を射る。したがってその点で、この現象は、一面では、「バブルの『形成と崩壊』」はまさに「設備投資『循環』」に他ならなかったことを、しかも同時に他面では、その「設備投資・変動」こそが「労働生産性・変動」を惹起させていることを、明瞭に指し示している――ことになろう。

しかし注意すべきはそれだけではない。なぜなら、みられる通り、バブル崩壊後の労働生産性は、絶対的に低下しているのではなくなお微増を保っているからに他ならず、そうであれば、この労働生産性と対抗関係に立つ「賃金」動向こそが次の焦点になってくる。

とすれば、ついでこの局面での（ロ）「賃金」動向に興味が移るが、それについては例えば以下のような数字が刻まれていく。すなわち、一四九・九↓一八七・五↓二二五・〇↓二四八・〇（**第6表**）という図式であって、ここからは次の二つのポイントが直ちに浮上してくるといってよい。そのうちのまず第一点は、「賃金伸び率」の全体傾向としては労働生産性の伸張度には及ばないという趨勢であり、やや長期的推移としては、労働者分配ウエイトは資本分配のそれに遅れを取っていよう。しかし、――この論点は「日本型・現代資本主義の特性」として別に検討することとして――そのうえで第二点としてもう少し微視的に解析すると、それとは異なる独特な相貌が表れてくる。つまり、まず「バブル形成期」（八〇－八五年）を取って「労働生産性指数―賃金指数」の上昇程度を検出すると、前者が約六〇ポイントなのに対して後者は約四〇ポイントに止まるから、その点で「資本配分ウエイト」の明らかな優位性が確認されてよいが、ついで「バブル崩壊期」（九〇‐九五年）に移ると実態はまさに一変する。というのも、この局面では、前者が約七ポイントに急減するのに比較して後者はなお二〇ポイントを超える伸びを続けるからであり、バブル崩壊局面での「大逆転」が一目瞭然なのである。

こうして、「バブル崩壊」を画期とした「資本配分ウエイト」の低落が証明可能になるが、この基本動向が最後に（八）「賃金コスト指数」となって確定されるのは当然といってよい。すなわち、バブル形成局面においては、九六・一→九七・一→八七・五と経過して「賃金コスト」の顕著な低下が実現し続けたが、バブル崩壊を契機としてその「逆転」が発生し、九〇‐九五年局面においてはとうとう八七・五から九三・七へと六ポイントもの上昇を余儀なくされていく。

したがって以上のように論理を運んでくれば、バブル崩壊局面での「利潤率低落」の「内実」がまさにこの「賃金コストの上昇」に還元されてよいことが理解できる。その意味で、このバブル崩壊型・利潤率低下は、――「資産価格低落・販売不調・負債累積」などの「市場レベル的現象」では決してなく――「賃金コスト」という「資本―労働」次元に根拠を持つ、実質的な「実体的現象」に他ならないわけであり、この方向からしても、「バブル崩壊」が、「バブル期・過剰資本累積」の、その「整理過程」であった点が明瞭ではないか。

そのうえで最後に、以上のような全般的理解を前提として、（c）「業種別収益状況」へと視点を転じていこう。そこで最初に「収益状況」の基本的土台を形成する（イ）「売上高」状況はどうか。繰り返し強調した通り、バブル崩壊の基本的要因は、「販売不調」などの単なる「市場レベル」的なものでは決してなく、「資本―労働」関係に立脚したまさに「実体レベル」的なものであったが、そうだとしても、他面で、この「資本の過剰蓄積」暴露の「結果」として「生産過剰」が明らかとなり、そこから、「販売不調」が帰結する点も否定し得ない。そこで、そのような方向性を堅持したうえで「売上高・業種別」の動向を具体的にフォローしてみると例えば以下のようになる。すなわち、いま九三年九月と九四年三月それぞれの対前年比増減率（%）検出を試みた場合（**第７表**）、もちろん全業種とも押しなべてその比率がマイナスに落ち込んでいるが、それを性格的に分類すれば、下落率の著しい部門は大別して以下の三グループに整理可能といってよい。まず一つは、（A）いうまでもなく「バブル牽引業種」であって、バブル局面での「過剰投資」が暴露・整理された結果、「販売不調→売上高激減」に追い込まれたグループに他ならず、ここには、「鉄鋼」（△九・一／△九・〇）・「機械」（△一〇・五／△六・八）・「輸送用機械」（△九・六／△九・一）などが含ま

第７表　企業利益

（単位は%、△は減少、－は比較できず）

業種名	会社数	93/9（中）	94/3（予）	93/9（中）	94/3（予）
食　品	73	△1.6	0.3	△3.9	△4.6
繊　維	65	△9.5	△6.0	△44.0	△36.0
パルプ・紙	25	3.4	7.4	48.5	△19.8
化　学	118	△5.4	△3.0	△44.7	△32.3
医薬品	32	1.9	2.1	7.2	4.5
石　油	10	3.3	0.0	24.1	12.3
ゴ　ム	16	△9.0	△7.2	△21.5	△21.6
窯　業	43	△5.0	△2.7	△27.3	△18.4
鉄　鋼	47	△9.1	△9.0	△132.5	△120.6
非鉄金属	86	△6.9	△5.6	△25.5	△21.4
機　械	153	△10.5	△6.8	△56.8	△46.2
電気機器	172	△4.4	△3.2	△32.2	△12.7
造　船	10	2.8	1.1	4.8	△11.9
自動車	51	△7.9	△7.9	△90.2	△54.1
輸送用機器	15	△9.6	△9.1	△68.2	△53.5
精密機器	30	△8.6	△6.1	△43.3	62.8
その他製造	41	△2.3	△0.9	△12.2	△6.0
水　産	6	△9.4	△3.3	△134.9	－
鉱　業	7	△1.1	△0.5	△65.2	△34.9
建　設	134	△3.0	△2.4	△7.1	△13.5
商　社	132	△10.0	△8.5	△18.1	△17.7
小売業	35	1.6	2.6	△2.5	2.4
その他金融	19	△5.7	△6.7	△31.2	－
不動産	23	4.3	△2.9	△52.5	△47.3
私　鉄	30	1.2	1.5	△13.9	△7.4
陸　運	17	△3.0	△1.9	△14.3	△11.5
海　運	22	△8.5	△7.5	△100.0	△89.1
空　運	4	△6.4	△4.6	△113.4	－
倉　庫	27	0.1	△0.1	△2.5	△3.6
通　信	8	△1.3	△1.9	△2.2	△47.1
電　力	10	0.7	0.6	△4.9	△15.8
ガ　ス	7	3.9	2.6	103.0	△2.2
サービス	59	△1.9	△1.4	△18.0	△12.1
銀　行	118	△12.7	△10.2	△17.6	△23.4
証　券	29	17.9	30.4	－	－

（資料）『日本経済新聞』1993年12月１日付。

れる。ついで二つ目は、（B）「商社」（△一〇・〇／△八・五）・「その他金融」（△五・七／△六・七）・「銀行」（△一二・七／△一〇・二）に代表されるいわゆる「バブル業種」そのものであり、バブル崩壊のダメージを文字通り正面から受けたのはいうまでもない。そして第三が、「バブル崩壊→逆資産効果」の悪影響を深く被って「売上高縮小」に呻吟していく「消費関連部門」であり、例えば「繊維」（△九・五／△六・〇）・「自動車」（△七・九／△七・九）・「精密機械」（△八・六／△六・一）などの業種がここに分類されるべきであろう。

したがって、その「性格」は区々であっても、いずれも「バブル形成→崩壊」に深く根差した部門であることは明白であるかぎり、その点で、「売上高下落」の根拠は明らかだといってよい。

これをふまえて、（ロ）「業種別収益」の実際はどうか。そこで、九三年九月と九四年三月との「経常利益」下落（％）を業種別にチェックしていくと、例えば以下の三特徴が直ちに目に飛び込んでこよう**（第7表）**。最初に一つ目は（A）「生産財・投資財」業種の収益悪化が特に顕著といってよく、「化学」（△四四・七／△三二・三）・「鉄鋼」（△一三二・五／△一二〇・六）・「機械」（△五六・八／△四六・二）などがその代表だが、それが、「バブル牽引業種」としての反動とともに、バブル崩壊後の「設備投資収縮」のダメージを最も典型的に受けたのは自明であろう。ついで第二は、当然のこととして「バブル業種」での落ち込みも目立つ。例えば「その他金融」（△三二・二／―）・「不動産」（△五二・五／△四七・三）・「銀行」（△一七・六／△二三・四）がこのグループに帰属させ得るが、いうまでもなくバブル崩壊の副作用がこの業種で極めて深刻に進行したのは周知の通りであろう。そのうえで三つ目が「消費関連業種」での「収益悪化」に他ならない。具体的には「繊維」（△四四・〇／△三六・〇）・「海運」（△一〇〇・〇／△八九・一）・「空運」（△一一三・四／―）などがこの範疇に入ると判断できるが、やや憶測を加えてその原因を探れば、「バブル崩壊」の渦中で、消費動向を敏感に反映する「繊維」の業況不調が進行したとともに、消費停滞が、さらに「人間移動」＝

旅客をも含めた「物流」の縮小をも引き起こして、その結果「物流関連部門」の収益悪化へと連結していった——と考えられる。まさにここでも、「バブル崩壊」の影が色濃い。

こうして、業種別収益状況からも、収益低落が「バブル崩壊」の必然的帰結に他ならない点が明瞭に理解できるが、そうであれば最後に、（ハ）「業種別収益状況」からは結局以下のような「総括」が導出されてこよう。つまり、「バブル崩壊」を契機として利潤率下落に深く呻吟した諸部門こそ、いくつかの意味において、まさに「バブル型・過剰資本形成」の中核業種に他ならなかった以上、このような「バブル崩壊後収益状況」図式こそ、「バブル崩壊＝バブル期過剰蓄積の強制的整理過程」という「本質命題」を、いわば一目瞭然の下に、その総括的構造に即して表現しているのだ——と。この点をくれぐれも強く喚起しておきたい。

〔2〕資金調達　ついで第二に、以上のような企業投資を支えた、（二）その「資金調達」動向に視点を切り替えよう。そこで最初に全体の基本トレンドとして、「バブル崩壊」直前までにおける①「企業資金調達の全般的動向」を前提的に確認しておくと、まず（a）「部門別資金過不足」（％）状況が注目される。すなわち、例えば一面で（イ）「部門別資金過不足」の「対名目GNP比率」（％）基準からすると**（第8表）**、「法人企業」は八一‐八五年＝△二・六↓八六‐九〇年＝△五・〇となり、財政赤字によって極端な資金不足に陥った「公共部門」（△六・一↓△〇・六）をさえ超えて、国内における「最大の資金不足部門」へと躍り出る。こうして、まず「バブル崩壊」まで「法人企業」セクターが最大の資金吸収部門へ上り詰めた点が明瞭だが、その事実は、次に他面で、（ロ）八六‐九〇年時点での「資金過不足の構成比」図式（％）においても鮮明に検出可能といってよい。事実、「個人」＝八・九、「公共」＝△〇・六、「金融」＝〇・七、「海外」＝△二・六という構図を描くのに比較して、「法人企業」は実に△五・〇となるからであって、取り分けこの「バブル崩壊」直前期までにおいては、企業の資金不足傾向がことさら目立つ。

第８表　経済各部門別資金過不足（対名目GNP比率）
（単位：％）

年度＼部門	個人	法人企業	公共	金融	海外
1966～70	8.5	△6.5	△2.2	1.0	△0.8
71～75	10.2	△6.8	△4.1	1.1	△0.4
76～80	10.0	△2.8	△7.7	0.8	△0.3
81～85	10.2	△2.6	△6.1	0.4	△1.9
86～90	8.9	△5.0	△0.6	0.7	△2.6

（資料）　日本銀行編『経済統計年報』各年版。

とすれば、最終的に（ハ）以下のように「集約」できよう。すなわち、「バブル崩壊直前」局面が、「法人企業・資金不足」基調のまさにそのピークだったと整理されてよく、したがって、その土台をなした企業・資金調達の激烈性こそが、過剰投資を促進して「バブル」を形成せしめたと同時に、その極点に「バブル崩壊」を必然的に準備した——のだと。

このような基本線を押さえたうえで、次に（b）「企業資金調達」動向そのものへと入っていこう。そこで最初に（イ）「資金調達合計」（兆円、全産業・全規模）からチェックしていくと、低成長期に一旦低落した後、八〇－八五年において回復に転じ、七三－七九年＝二三・六は八〇－八五年＝三八・〇にまで伸びる。しかも、その勢いはバブル期には一層の膨張へと帰結するのであって、バブル期局面における、「企業投資拡張」と「金融市場進展」とを条件として、八六－八九年の資金調達額は実に八一・二兆円にまで膨らむ。この水準は八〇－八五年レベルのまさに倍増に当たるが、バブル進行の中で「資金調達」が激増したのは一目瞭然といってよい。しかし、増大のピークはここまでであって、いうまでもなく、「バブル崩壊—設備投資下落」にともなって資金需要も縮小に転じる。すなわち、九〇－九七年局面では一転して六三・二兆円にまで減少するから、「バブル崩壊」による「資金調達の収縮」については否定の余地はない（**第９表**）。

そのうえで次に、この企業資金調達を（ロ）「製造業—非製造業」区分に即して具

第９表　法人企業の資金需給状況（全産業）

（単位：兆円）

	安定成長期 前半 73〜79	安定成長期 後半 80〜85	バブル 86〜89	ポスト・バブル 90〜97年度
調達計（資金需要・運用計）	23.6	38.0	81.2［83.0］	63.2［55.4］
外部調達	7.4	14.9	34.0	10.5
増　資	1.2	2.2	6.5	2.0
社　債	1.0	1.3	5.2	0.9
金融機関借入	5.9	11.2	19.9	8.1
短期その他借入	0.1	0.1	3.0	0.5
内部調達	16.2	23.1	47.2	48.5
資金需要計	18.5	30.1	55.3［65.2］	61.1［53.1］
設備投資	11.5	20.9	33.3［40.2］	45.2［42.3］
土　地	1.1	2.4	6.0［8.6］	8.9［7.2］
資金運用計	4.7	7.9	25.9	2.1
現預金	2.3	3.6	12.8	−5.1
株　式	1.1	1.8	7.5	3.2
債　券	1.1	0.8	0.3	−0.2
その他投資	0.6	1.5	3.8	4.3
（参考）				（％）
資本市場調達/金融機関借入比率	38.5	31.5	58.6	35.3
金融投資/実物投資比率	36.1	26.3	52.3	−3.9
金融＋土地投資/設備投資比率	48.7	40.5	79.9［52.7］	15.0［13.2］

（資料）　財務省『法人企業統計季報』より作成。
田中隆之『現代日本経済』（日本評論社、2002年）93頁。

体化するとどうか。いま「全規模」に即してこの両カテゴリーの変化を追えば、全産業で「バブル期→バブル崩壊期」にかけて八一・二→六三・二へと〇・七八倍に縮小している中で、まず一方の「製造業」が二六・四→二〇・七（△二二％）と動いたのに対して、他方の「非製造業」は五四・九→四二・六（△二二％）という経過を踏む（**第10表**）。したがって、これら両者にはほとんど差はないし、しかも全体の減少率とも足並みを揃えているから、「バブル崩壊」に直面して、「製造業─非製造業」がほぼ同程度で「資金調達」を減らしている点が確認できるが、しかし、「バブル形成期」には「非製造業」の方が「製造業」よりも高いテンポで資金調達を伸ばしてきていた（製造業＝一・七倍増、非製造業＝二・五倍増）以上、

第10表　資金調達（資金需要・運用）合計

（単位：兆円）

	製造業	非製造業	計（全産業）
大企業	10.2→17.5→13.1	10.2→28.7→18.7	20.3→46.2→31.5
中小企業	5.3→ 8.8→ 7.8	12.4→26.4→24.4	17.7→35.2→32.1
計（全規模）	15.3→26.4→20.7	22.7→54.9→42.6	38.0→81.2→63.2

（資料）　第9表に同じ。

その事情をも勘案すると、結局、総合的には「製造業」においてこそ、「バブル崩壊後・資金調達の落ち込み」はその相対的程度が大きいともいえる。ここにも、「バブル崩壊」が、バブル期・製造業における、「実体的生産過程」面での「過剰資本蓄積」累積の、まさしく整理過程に他ならない――点が垣間みられよう。

そのうえで、この「資金調達減少動向」を最後に（ハ）「大企業―中小企業」という「規模別」区分からも把握し直しておきたい**（第10表）**。そうすると、まず一面で「大企業」が、四六・二→三一・五へと大幅に資金調達を減少させてこのバブル崩壊局面で△三二％にまで落ち込んだのに対して、次に「中小企業」の低下程度はそれよりもはるかに小さい。事実、そこでは三五・二→三二・一という経過でわずか八％の減少に止まっているのであって、「中小企業」の資金調達下落度の僅少さは一目瞭然といってよい。逆からいえば、この「バブル崩壊期」における「資金調達・下落」の「主犯」が何よりも「大企業」に他ならない点に疑問の余地はなく、したがって、「バブル崩壊」の「過剰資本整理」的特質が、改めて実証可能ではないか。

このように理解してよければ、結局、「バブル崩壊」局面における「資金調達の基本基調」としてはこう整理可能だと思われる。つまり、全体的に資金調達を減らしている状況にあって、最もその減少率が大きいのが「非製造業・大企業」の△三五％であり、ついで、「製造業・大企業」（△二五％）→「製造業・中小企業」（△一一％）→「非製造業・中小企業」（△九％）の順をなす**（第10表）**。総じて、「製造業」および「大企業」での資金調達・後退が否定でき

第11表　資金調達

・金融機関借入　（単位：兆円）

	製造業	非製造業	計（全産業）
大企業	0.6→1.6→0.9	3.8→ 9.2→0.9	4.4→ 7.6→1.7
中小企業	1.4→1.9→1.3	5.5→10.4→5.1	6.8→12.4→6.4
計（全規模）	2.0→0.3→2.1	9.2→19.6→6.0	11.2→19.9→8.1

・その他短期借入　（単位：兆円）

	製造業	非製造業	計（全産業）
大企業	0.0→0.8→－0.3	0.0→1.7→－0.4	0.0→2.5→－0.7
中小企業	0.0→0.2→ 0.2	0.1→0.3→ 0.9	0.2→0.5→ 1.1
計（全規模）	0.1→1.0→ 0.0	0.1→2.0→ 0.5	0.1→3.0→ 0.5

・社債　（単位：兆円）

	製造業	非製造業	計（全産業）
大企業	0.8→3.4→－0.1	0.5→1.7→0.8	1.3→5.1→0.8
中小企業	0.0→0.0→ 0.0	0.0→0.1→0.1	0.0→0.1→0.1
計（全規模）	0.8→3.5→ 0.0	0.6→1.7→0.9	1.3→5.2→0.9

・増資　（単位：兆円）

	製造業	非製造業	計（全産業）
大企業	1.4→3.9→ 1.1	0.8→2.7→ 1.0	2.1→6.5→ 2.2
中小企業	0.0→0.0→－0.1	0.1→0.0→－0.1	0.1→0.0→－0.2
計（全規模）	1.4→3.8→ 1.1	0.8→2.7→ 0.9	2.2→6.5→ 2.0

・内部調達　（単位：兆円）

	製造業	非製造業	計（全産業）
大企業	7.4→11.6→12.2	5.5→13.7→14.4	12.8→25.3→26.6
中小企業	3.9→ 6.7→ 6.9	6.6→15.5→15.3	10.4→22.2→22.2
計（全規模）	11.1→18.3→19.0	12.0→29.0→29.6	23.1→47.2→48.5

（資料）　第９表に同じ。

ないとみてよく、バブル期に過剰蓄積を促進したセクターでの減少が直ちに目に飛び込んでこよう。まさしく、「バブル崩壊」を契機とした「過剰資本整理過程」の進行以外ではない。

この状況を前提にして、もちろん興味深いのは、いうまでもなく（c）「資金調達の源泉構成」に他なるまい。そこで最初に（イ）「一般動向」（兆円）から入ると、まず最も大枠として、「全産業・全規模」に即して、「金融機関借入」・「社債」・「増資」・「内部調達」の変動を検出すれば、それぞれ以下のようになる。すなわち、金融機関借入＝一九・九↓八・一（△五九・三％）、社債＝五・二↓〇・九

（△八二・七％）、増資＝六・五→二・〇（△六九・三％）、内部調達＝四七・二→四八・五（二％増）、という興味深い数字が拾える（**第11表**）から、ここからは、（ロ）次のような基調が指摘可能だといってよい。まず一つ目は、（A）絶対額でみて最も大きいのは圧倒的に「内部調達」であって、このバブル崩壊期にあっては、調達資金総額約六〇兆円のうちのほぼ八割を占める。そしてこの傾向は、これに先立つバブル形成期から継続するトレンド（八六－八九年＝五八％）であるだけでなく、さらにヨリ一層その比率を高めているが、少々スパンを広げて意味づけた場合、「内部調達」構成比の目立った優位性というこの動向が瞠目すべき現象である点は当然といってよい。というのも、従来の「外部資金依存型の資金調達構造」にその決定的な変質が進行している――からであって、この点を重く理解する必要があろう。しかも、この「内部調達」だけは、資金調達の他の項目が押しなべて減少している中で、僅かではあれ増加をみているから、ここからも、「内部調達」増大の本格的定着化が確認されるべきであろう。

しかし、その場合に注意すべきは、この現象が、企業における資金保有状況の良好化を意味していると一面的に理解されては決してならない――ということであって、この「内部調達の上昇」が、「バブル崩壊」に起因した、一方での「企業・設備投資意欲の低減」と、他方での「企業・過剰資本の累積」との、重奏効果以外ではない点も、もちろん無視できまい。その意味で、「バブル崩壊」の明白な一帰結である事情にも留意すべきであろう。

ついで二つ目に、これに対して（B）顕著な下落に見舞われているのが「社債・株式（増資）」に他ならない。いうまでもなくエクイティー・ファイナンス関連であるが、「バブル崩壊」の渦中で、社債＝八二％減、株式＝六九％減（**第11表**）という壊滅状態に陥っていよう。まさに「バブル崩壊―資産価格暴落」資金調達構造の表面化だが、これ以上付け加える点はない。そのうえで三つ目は（C）「金融機関借入」だが、これまで「日本型・資金調達構造の中核」を維持してきたこの「銀行借入」も、その退潮が著しい。この動向は、いま検出した「内部調達」拡張の裏面

第12表　設備投資・資金調達

（単位：兆円）

	製造業	非製造業	計（全産業）
大　企　業	6.0→ 7.9→10.0	6.2→10.8→16.1	12.3→18.7→26.2
中小企業	3.2→ 4.5→ 5.2	5.5→10.1→13.9	8.7→14.6→19.0
計（全規模）	9.2→12.4→15.2	11.7→20.9→30.0	20.9→33.3→45.2

（資料）　第９表に同じ。

以外ではないが、その絶対額・増減程度の両面からして、「銀行借入」状況は、「社債・株式」と「内部調達」との「中間」的位置を占めることになっている。いずれにしても、「銀行借入依存―内部調達弱体」という、「日本型・企業資金調達構造」の基本図式が、「バブル崩壊」を契機として大きく変容に向かっている点が一目瞭然といってよい。

そうであれば、（ハ）「バブル崩壊」期「資金調達の源泉構造」は結局このように「総括」可能だと思われる。すなわち、（A）「内部調達の絶対的・相対的拡張傾向加速化」（B）「株式・社債というエクイティ関連の壊滅化」（C）「金融機関借入の顕著な持続的凋落基調」、が目立つこと――これであろう。そしてそこに、「バブル崩壊」の一断面が垣間みられる。

続いて、以上のような「資金調達」状況を前提としつつ、さらに②「設備資金・調達」にまでもう一歩具体化すると、どのような構図が浮上してくるだろうか。そこで最初に一つ目に（a）その「一般動向」（兆円）が前提となるが、まず「全産業・全規模」ベースでみると、設備投資資金調達総額は八六－八九年＝三三・三→九〇－九七年＝四五・二（**第12表**）と推移した。したがって、何よりも目立つのは、繰り返し確認してきた通り、バブル崩壊の過程で「資金調達」が総体としては減少を余儀なくされているにもかかわらず、特に「設備投資」に限定した場合にはむしろ一定の増加を記録しているという――やや「意外な事実」であろう。もちろん、その伸び率は一・四倍に止まり、例えばバブル期の一・七倍には見劣りするものの、設備投資そのものが停滞する中でも設備投資関連資金調達増大が検出可能な点にはさすがに驚きを禁じ得ない。この事情を確認するために、念のため、全資金調達額に占める「設備資金・調達額」の比率をも拾うと、実際にバブル期＝四一％↓バブル崩壊期＝七〇％（**第12表**）となるから、この構成比の方向からしても、「設備投資関連資金調達」の質的・量的ウエイトの向上は一目瞭然なわけである。こうして、バブル崩壊期はまさしく設備資金調達の拡張期であった。

では（b）その理由はどこに求められるのか。この点に関してはさらに立ち入った検討が不可欠だと思われるが、取りあえず以下の点だけは直ちに想定可能だといってよい。つまり、集約的にいえば、それは「バブルの特殊条件」的作用に関連する。すなわち、バブル局面では、周知のように、金融・流通・サービス・不動産などに関わる「非生産的・非実物的設備投資」の膨張が著しかったが、バブル崩壊後には、それらの「バブル型・設備投資」が剥落していった結果、むしろ「実体的・生産過程的設備投資」が整理されて残った。そして、まさにこのような「実体的部面」における「更新的設備投資」こそが、そのための「資金需要」を高めたのだ――と推察できよう。したがってその意味で、以上のような、「特異な」、「設備資金・資金調達の増加傾向」こそは、言い換えれば、「バブル崩壊」の、設備投資増減運動に対する、まさに「淘汰作用」そのものであった点がくれぐれも重視されねばなるまい。

そのうえで最後に、結局、（c）「設備投資・資金調達」における、このような「持続的増加」の「意義」は以下のように整理されてよい。すなわち、「バブル崩壊」局面においても、「設備投資増減運動」への「淘汰機能」を果たしながら、「設備投資・資金調達」は増加を続けたが、それが「過剰資本累積」をさなきだに強化したことは当然であった。換言すれば、この「設備投資・資金調達増加」は、一面で「投資選別」のためには不可欠ではあったが、他面では、過剰投資を一層深化させて「不況脱出」をそれだけ困難にする以外にはなかったわけであろう。まさにその点で、この現象は、「バブル崩壊」が帰結させた「構造的矛盾」の、その「典型的発現形態」そのものだと集約されてよい。このニュアンスをこそ重視しておこう。

第13表　法人企業の主要財務営業比率

（全規模：全産業）

年次・年度	自己資本比率（%）	総資本経常利益率（%）	自己資本経常利益率（%）	売上高経常利益率（%）	総資本回転率（%）	減価償却率（%）	配当率（%）	内部保留率（%）
82	16.0	2.9	18.4	1.8	1.62	12.7	8.6	58.5
83	16.6	2.9	17.6	1.8	1.59	12.4	8.5	58.0
84	16.9	3.3	19.6	2.1	1.59	12.4	8.4	64.1
85	17.7	3.1	17.8	2.0	1.54	12.6	8.3	61.5
86	18.3	2.9	15.8	2.0	1.45	12.8	8.0	59.2
87	17.7	3.4	19.2	2.5	1.38	12.7	8.1	68.9
88	18.3	3.9	21.8	2.8	1.39	12.7	8.0	74.1
89	19.0	3.9	20.6	3.0	1.31	13.0	8.4	72.2
90	19.1	3.5	18.2	2.7	1.31	12.8	7.6	70.9
91	19.2	2.9	14.9	2.3	1.26	12.5	7.7	61.1
92	19.2	2.1	11.0	1.8	1.19	12.2	6.5	37.9

（資料）　大蔵省『法人企業統計年報』各年版より。

以上を下敷きにしたうえで、③「自己資本比率」にも目を向けてみよう。まず最初に、「自己資本比率」に影響を与えるいくつかの要因についてあらかじめ照明を当てておくと、この「バブル崩壊」期においては以下のような（a）「背景・根拠」が注目される。つまり、まず第一は（イ）「利益率」動向に他ならないが、先にも確認した通り、「バブル崩壊」過程において明確に低落を余儀なくされた。例えば「総資本経常利益率」（%）でみると、八九年＝二〇・六→九〇年＝一八・二→九一年＝一四・九→九二年＝一一・〇**（第13表）**という経過となり、極めて顕著な低下路線を進む。この理由に関してはもう繰り返さないが、いずれにしても、「自己資本比率」を最も大枠で規定すると思われるこの「利益率」が明白な低下基調にある点だけはまずみて取れる。そのうえで第二は（ロ）「配当率」（%）の動向であって、これは「自己資本比率」に対していわば「対抗的関係」に立つが、「バブル崩壊」局面の渦中ではいうまでもなく低下傾向を示す。というのも、「株価激落―エクイティ・ファイナンス凋落」によって企業の配当支払が縮小したのは当然だからであり、事実、「配当率」は一三・〇→一二・八→一二・五→一二・二**（第13表）**という単調減少軌跡を描くこととなった。それに加えて第三に、(ハ)「減価償却率」および「内部留保率」(%)も「自己資本比率」動向に関わってくる。つまり、この両指標は「自己資本比率」のいわば促進ファクターとなるべき位置を占めるが、具体的には以下のように動いたといってよい。まず一方で「減価償却率」が一三・〇→一二・八→一二・五→一二・二(**第13表**)という微減ラインで推移しただけでなく、他方で「内部留保率」は激減状態に陥りつつ例えば七二・二→七〇・九→六一・一→三七・九(**第13表**)と推移した。そして、これはいわば自明の帰結というべきであって、「バブル崩壊」に飲み込まれた企業が、「手元流動性の枯渇」に直面して、むしろ「減価償却積立削減→内部留保取り崩し」に走ったとも考えられる。まさに、「バブル崩壊」のダメージが企業内部への資金留保を困難化させていったロジックが――手に取るように分かろう。

このような「要因分析」に立脚して、(b)「自己資本比率」(%)の「実態」はどうか。さて、すでに別の機会に詳述したように、「バブル形成期」では「自己資本比率」の顕著な上昇が検出できたが、それに対して、当面の「バブル崩壊期」にはその「停滞化への移行」が出現してくるといってよい。すなわち、バブルの進展と歩調をあわせつつ八七年＝一七・七→八八年＝一八・三→八九年＝一九・〇と上昇を加速させた後、バブル崩壊を分水嶺としてその後は一転して停滞傾向へと踏み出す。すなわち、九〇年＝一九・一→九一年＝一九・二→九二年＝一九・二という見事な「足踏み状態」であって、バブル期の「自己資本比率向上運動」は、「バブル崩壊」局面に入って明瞭な転換を余儀なくされるに至る。したがって、最初に検出した「バブル崩壊」後の新しい「背景・根拠」が「自己資本比率」の側面に端的に作用している――と理解されるべきであるが、「バブル崩壊」にともなう「自己資本比率」動向の変容がまことに興味深い(**第13表**)。

そうであれば最後に、(c)この「自己資本比率停滞」の意義はどのように集約可能であろうか。そこで、「バブル崩壊」後における「自己資本比率・停滞」の要因を改めて整理すると、それに関しては以下のような構図が指摘できる。すなわち、一方には「配当率の後退」という「刺激的ファクター」が確かに存在したものの、他方での、「利益率低落・減価償却率減少・内部留保率激減」という「抑制的ファクター」がヨリ一層強く作用したために、総合的にはむしろ「自己資本比率の停滞」こそが発現した——のだと。

しかもこの点と関連してもう一つ注意しておくべきは、「自己資本」の「比率」はこのようにいぜんとして「停滞」を続けているにしても、その「水準」自体は、一九％台という、バブル局面での極めて高い到達点をなお維持していることに他なるまい。まさに「過剰資本累積」の「別表現」だと判断する以外にはないから、この側面こそ、「バブル崩壊後」局面における「自己資本比率」運動のその「本質的ポイント」だとみてよく、したがって、「バブル崩壊」の、「過剰資本累積暴露」作用の一端が、ここにも如実に反映しているように考えられる。

[3] 雇用動向　このような「投資―資金調達」動向をふまえて、次に第三に（三）「雇用―賃金」側面へと視角を転回していこう。最初に①「雇用動向」[4]から入るが、まず一つ目に、全体の大枠をなす（イ）「常用雇用」（全産業、八五年＝一〇〇）状況は以下のようであった。すなわち、まずバブル期の中で八六年＝一〇一・四→八七年＝一〇二・〇→八八年＝一〇三・五と着実な上昇を辿って、バブル形成にともなう「資本蓄積拡大→雇用増大」が当然の如くみて取れるが、そのうえで特徴的なのは、その後の「バブル崩壊」に立ち至っても、この雇用拡大の動きがむしろ高いレベルで継続していることに他ならない。事実、「バブル崩壊」を経ても八九年＝一〇六・二→九〇年第Ⅰ四半期＝一〇六・六→第Ⅱ四半期＝一〇九・九→第Ⅲ四半期＝一〇九・七（**第14表**）と推移していくのであって、例えば九三年以降の本格的な不況期はともかく、この「バブル崩壊」局面では雇用はむしろ逆に増大基調が目立つ。そしてそれも当然であって、「バブル崩壊」の直接的時期に当たるこの九〇年代冒頭では、バブルの「慣性力」が発揮されてなお「鉱工業生産指数」は上昇運動を続けていた以上、それが雇用増大となって表面化しているのも頷けよう。そ

第14表　雇用・失業関係諸指標

	鉱工業生産指数（1985年＝100）	常用雇用（産業計、1985年＝100）	常用雇用（製造業1985年＝100）	有効求人倍率（倍）	完全失業者（万人）	完全失業率（％）
1982年	85.5	95.8	95.2	0.61	136	2.4
83	88.1	96.8	95.7	0.60	156	2.6
84	96.4	98.2	97.6	0.65	161	2.7
85	100.0	100.0	100.0	0.68	156	2.6
86	99.8	101.4	101.2	0.62	167	2.8
87	103.2	102.0	99.7	0.70	173	2.8
88	113.0	103.5	100.3	1.01	155	2.5
89	119.9	106.2	102.1	1.25	142	2.3
90年１Ｑ	119.8	106.6	102.2	1.30	141	2.3
２Ｑ	123.7	109.9	105.2	1.31	136	2.1
３Ｑ	126.0	109.7	104.7	1.51	131	2.0

（資料）　日本生産性本部『活用労働統計』1991年版。

の意味では、雇用動向に関する、「バブル崩壊」という「瞬間風速」時点とその後の「不況過程」時点とは、一応区別して判断されることが何よりも肝要だと思われる。

しかし、この「意外な」状況は、ついで（ロ）「製造業・常用雇用」（八五年＝一〇〇）に限定して探ると、この「意外感」は多少和らぐ。つまり、八六年＝一〇一・二→八七年＝九九・七→八八年＝一〇〇・三という軌跡でバブル期を増加基調で経過した後、「バブル崩壊」に直面して八九年一〇二・一というレベルに停滞するし、それ以降も引き続き、九〇年第Ⅰ四半期＝一〇二・二→第Ⅱ四半期＝一〇五・二→第Ⅲ四半期＝一〇四・七（**第14表**）と低水準で動くから――に他ならない。したがって、「全産業」と比較してこの「製造業」の方が、常用雇用変動における「非・活性化」が顕著だと理解してよいわけであり、その意味で、ここからも、「バブル崩壊」が、「生産過程」における「バブル型・過剰資本整理」に果たした、その機能作用の大きさが検出されてよい。

その結果、（ハ）最も「総括」的に把握すれば、いずれにしてもこの「バブル崩壊」を経過する中で、「産業従業者総数」（一〇万人）の「伸び悩み」が進行していくことになった。すなわち、八〇年＝

第15表　産業別就業者数

（単位：千人）

	1970	1980	1990	2000
総数	52,593	55,811	61,682	62,978
第1次産業	10,146	6,102	4,391	3,173
農業	9,400	5,475	3,919	2,852
林業	206	165	108	67
漁業	539	461	365	253
第2次産業	17,897	18,737	20,548	18,571
鉱業	216	108	63	54
建設業	3,964	5,383	5,842	6,290
製造業	13,717	13,246	14,643	12,228
第3次産業	24,511	30,911	36,421	40,485
電気・ガス・熱供給・水道業	290	349	334	351
運輸・通信業	3,236	3,504	3,676	3,902
卸売・小売業、飲食店	10,136	12,731	13,802	14,319
金融・保険業	1,129	1,577	1,969	1,758
不動産業	274	427	692	747
サービス	7,703	10,298	13,887	17,264
公務(他に分類されないもの)	1,742	2,026	2,063	2,143
分類不能の産業	40	62	321	750
構成比（%）　総数	100.0	100.0	100.0	100.0
構成比（%）　第1次産業	19.3	10.9	7.1	5.0
構成比（%）　第2次産業	34.0	33.6	33.3	29.5
構成比（%）　第3次産業	46.6	55.4	59.0	64.3

（資料）『国勢調査』より。

五五八↓九〇年＝六一六↓二〇〇〇年＝六二九（**第15表**）という数字が拾えるから、八〇‐九〇年の間には五八〇万人の増加を記録したのに対して、バブル崩壊後の一〇年間では、その増加が僅か一三〇万人にまで収縮したとみてよい。やはり「バブル崩壊」は雇用停滞を強制したことになろう。

そこでこのような基本的傾向を内容的に理解するために、ついで二つ目に（b）「産業別就業者数」（千人）にまで考察を深めてみたい。まず出発点として、ラフな数値で我慢しつつ、（イ）「第一・二・三次産業別」の構成比推移（%）を追ってみると（**第15表**）、一〇年括りで差し当たり以下のような経過が手に入る。すなわち、一方で第一次産業が八〇年＝一〇・九↓九〇年＝七・一↓二〇〇〇年＝

五・〇と堅調な減少を続け、また逆に第三次産業が五五・七→五九・〇→六四・三と目立って上昇するのはいわば想定の範囲だといってよいのに対して、むしろ注目されるのは第二次産業の動きであろう。というのも、バブル期にあっては八〇年＝三三・六→九〇年＝三三・三という具合でなお現状維持に止まっていたものが、「バブル崩壊」の打撃を受けて、その後は三三・三から二〇〇〇年の二九・五へと実質的な純減へと方向を転じている（**第15表**）――からに他ならない。したがって、この「バブル崩壊」局面こそ、「第二次産業」における構造的凋落過程の分水嶺だと性格付けられてよいが、まさにこれこそ、「バブル崩壊」による、「生産過程次元での資本過剰」の、その「整理過程」が必然的に帰結させた、いわば総合的現象だと思われる。

そのうえで、もう一歩視点を絞り込んでまず（ロ）「第二次産業」（一〇万人）内部の動向に着目すると、この部門の中核をなす「鉱業・建設業・製造業」のそれぞれは、九〇－二〇〇〇年という「バブル崩壊」局面において、以下のような運動線を描いた（**第15表**）。つまり、全体が二〇五→一八五と縮小する中で、それぞれ〇・六→〇・五、五八→六二、一四六→一二一という図式となるから、一見して「製造業」の純減が目に付こう。要するに、「バブル崩壊」の打撃が取り分け製造業での「過剰資本累積」として表面化し、そしてそれに起因した「製造業・従業者」の減少が、全体として「第二次産業」雇用を圧迫したのであろう。まさしく「バブル崩壊」の一断面である。

それに対して、増加基調の（ハ）「第三次産業」（**第15表**）の内部構成はどうか。そこでその内部の内訳に一瞥を加えると、「バブル崩壊」に連動してその二極分化が否定できない。まず一面で、「バブル崩壊」のダメージを直接蒙った「金融・保険業」（一九→一七）と「不動産業」（六・九→七・四）においては明らかな減少・停滞が確認可能であって、バブルを牽引したこれら部門では、「バブル崩壊」後にいうまでもなく無視できない打撃の反動を受けた。しかし他方、そうではなく「サービス化・情報化・ソフト化」の一般的波に乗り得た部門では、むしろ順調な伸張化が実現したが、その代表例として「運輸・通信業」（三六→三九）・「卸売・小売業、飲食店」（一三八→一四三）・「サービス業」（一三八→一七二）が指摘できるのは周知のことであろう。いずれにしても、「バブル崩壊」が「第三次産業」にも独特の影響を与えている点が無視できまい。

では、このような雇用動向は次に（c）「労働市場」へとどのように作用したのだろうか。そこで最初に（イ）「有効求人倍率」の推移をフォローすれば以下のようであった。すなわち、「バブル崩壊」を受けて九〇年＝一・四〇→九一年＝一・四〇→九二年＝一・〇八と持続的に低下しつつも九二年段階にはまだ辛うじて「一倍」を超えていたが、不況の定着化とともに九二年以降は、求人倍率の本格的な低落に遭遇していく。事実、九三年からは「一倍」を切るに至るのであり、その後は九三年＝〇・七六→九四年＝〇・六四→九五年＝〇・六三（**第3表**）という悪化ラインを辿るといってよい。したがって、「バブル崩壊」後における労働力需要の低下が明白だが、この傾向をさらに（ロ）「新卒者」に特定化して検証すると、どのような「切り口」が出現してくるだろうか。そこで、中卒と高卒に区分して大きなトレンドを採れば、両者の求人倍率は、それぞれ八〇年＝二・八－一・九→八五年＝一・八－一・八→九〇年＝三・〇－二・六→九五年＝二・四－一・九（**第16表**）という数字を刻む以上、ここからは、「円高不況期での低下」および「バブル期での上昇」を経た後、「バブル崩壊」によって「再下落」へ転じる——という構図が共通に検出できる。また特に「九〇－九五年」の「バブル崩壊」局面だけに焦点を合わせてみると、中卒＝二〇％減に対して高卒＝二七％減・大卒＝三四％減となるから、ヨリ高い学歴層にこそ、この労働力需要の低落がヨリ強く作用したのかも知れない。しかし、学歴層によるこのダメージ格差にはこれ以上の考察の必要性はないと思われ、何よりも、全般的な労働力需要の減退が確認されればそれでよい。

このような結果、（ハ）「新卒者就職率」（％）が押しなべて低下したのは当然である。すなわち、中卒＝三・九→三・

第16表　労働市場の状況

年次	新卒者求人倍率			新卒者就職率（%）			一般職業紹介		完全失業者(万人)	完全失業率（%）
	中学卒	高校卒	大学卒	中学卒	高校卒	大学卒	有効求人倍率	求人充足率（%）		
1950	0.6	…	…	45.2	44.9	63.8	…	…	…	1.2
55	1.1	0.7	…	42.0	47.6	73.9	0.2	53.4	105	2.5
60	1.9	1.5	…	38.6	61.3	83.2	0.6	29.2	75	1.7
65	3.7	3.5	…	26.5	60.4	83.4	0.6	18.6	57	1.2
70	5.8	7.1	…	16.2	58.2	78.1	1.4	10.5	59	1.1
75	6.0	3.4	…	5.9	46.6	74.3	0.6	13.0	100	1.9
80	2.8	1.9	…	3.9	42.9	75.3	0.8	10.5	114	2.0
85	1.8	1.8	…	3.7	41.1	77.2	0.7	11.2	156	2.6
90	3.0	2.6	2.8	2.8	35.2	81.0	1.4	6.2	134	2.1
95	2.4	1.9	1.2	1.5	25.6	67.1	0.6	10.3	210	3.2
2000	1.3	1.4	1.0	1.0	18.6	55.8	0.6	10.5	320	4.7
05	1.3	1.5	1.9	0.7	17.3	59.7	1.0	8.2	294	4.4

（資料）　労働省・厚労省『労働統計要覧』、厚労省『労働経済白書』、文科省『文部科学統計要覧』各年版、日本統計協会『日本長期統計総覧』第１巻、リクルートワークス研究所HP（「ワークス大卒求人倍率調査」）による。
有効求人倍率および充足率は新規学卒者を除き、パートを含む一般労働者のもの。

七↓二・八↓一・五、高卒＝四二・九↓四一・一↓三五・二↓二五・六（**第16表**）という図式を描くから、――ここ二〇年で進学率が急上昇している気配はないかぎり――この数字は特に「バブル崩壊」後における（正規・新卒就職の）「就職困難化」を端的に表現しているともいえよう。まさにこの「新卒者就職率」の方向からも「労働力需要の緩み」が一目瞭然ではないか。こうして、バブル期での「労働力不足」は一転して「労働力過剰」へと変容していく。

では、以上のような「雇用動向」は次に③「賃金動向」へどのように連関していったのだろうか。そこで最初に一つ目に（a）「賃金一般動向」を押さえておくが、まず前提的外枠としては、（イ）「国民所得分配」（千億円）レベルでの位置づけが参考になろう。いま例えばその中の「賃金・俸給」部分の経過をフォローしていくと、それは、八五年＝一五一↓九〇年＝一九六（一・三倍）↓九五年＝二三二（一・六倍）（**第17表**）と動くから「バブル崩壊」を挟んでも持続的な増加は継続し、この一〇年

第17表　国民所得の分配

（単位：10億円）

年次	雇用者報酬	賃金・俸給	企業所得	民間法人企業	個人企業	農林水産業	財産所得（非企業部門）	家計	利子	配当
80	129,720	116,394	52,838	24,515	28,036	4,141	14,398	17,006	9,986	1,663
85	171,795	151,156	63,849	32,325	31,788	3,555	20,997	27,091	15,317	1,661
90	227,351	196,478	69,904	34,600	32,497	3,482	43,884	48,229	28,744	2,345
95	268,977	232,170	75,106	31,067	43,315	4,194	29,161	34,784	15,383	2,488
2000	271,075	232,156	81,967	42,188	39,191	2,669	16,482	23,327	5,760	2,390
05	258,793	220,735	94,908	48,776	38,752	2,711	12,744	16,489	－3,000	6,332

（資料）『国民所得統計』各年版より。

間で約一・六倍に達していよう。その場合、この「一・六倍」というのはある程度高い数値だと判断してよく、その点で「賃金・俸給」における「パイの拡大」はまず否定できないが、その点を実証するために、「民間法人企業」所得をも検出しておくと以下のような数字が手に入る。つまり、三二↓三四↓三一となって「見事に」絶対的にも減少を余儀なくされている。いうまでもなく、「バブル崩壊」による企業収益への強烈なダメージが明瞭だが、この点からも、「バブル崩壊」局面での「賃金・俸給」の順調性は否定できまい。

しかしその「順調性」はここまでであって、もう数年リサーチ範囲を広げると、この「バブル崩壊」直後から一定期間の後は、新たな変容の、その「先駆け」が垣間みられていく。つまり、九五年＝二三二・一七は二〇〇〇年には二三二・一五へと初めて減少するし、さらに〇五年＝二二〇ではその絶対的縮小が目立ってくる（**第17表**）。こうして、「バブル崩壊」の「賃金」へのダメージは、ボディーブローとして作用しつつ一定期間の後に浮上してくる――とみるべきではないか。

そのうえで、この大枠を前提として、早速（ロ）「名目賃金」の推移へ移ろう。そこで最初に大まかな現金給与額推移に目を向けると、「産業計」レベル（千円）でみて、八〇年＝二六三↓八五年＝三一七と着実に上昇した後、取り分けバブルの渦中では九〇年＝三七〇と長足の伸びを記録する。した

第18表　賃金と労働日（1月当り）

年次	調査産業計		鉱業	建設業	製造業		卸・小売業	金融及保険業	運輸及通信業	電力・ガス・水道	1月平均労働時間	
	平均	実質賃金指数				実質賃金指数					調査産業計	製造業
	円											
1930	54.23	103.7	44.53		53.05	102.8			48.40	72.88		266.3
35	51.15	100.0	44.30		50.49	100.0			48.42	72.88		272.8
40	61.05	69.7	78.60		61.73	71.4			58.69	82.72	時間	278.0
47	1,950	34.6	2,312		1,756	31.6	1,993		2,247	2,312	185.8	183.4
50	11,076	97.5	10,735	…	10,649	95.0	12,803	14,458	11,514		194.6	195.6
55	18,343	119.4	18,488	14,609	16,717	110.2	17,963	25,132	21,811		194.8	198.0
60	24,375	143.8	26,250	21,213	22,630	135.3	23,139	32,191	28,336	36,178	202.7	207.0
65	39,360	171.9	41,650	39,439	36,106	159.7	36,464	50,486	47,164	59,627	192.9	191.8
70	75,670	253.4	79,209	71,727	71,447	242.4	68,647	85,260	84,825	106,648	187.7	187.4
75	177,213	346.9	197,301	158,045	163,729	324.7	164,958	206,979	198,669	241,039	172.0	167.8
80	263,386	373.8	281,478	251,579	244,571	351.7	239,478	324,108	281,573	337,047	175.7	178.2
85	317,091	388.3	342,339	306,244	299,531	371.6	272,692	408,124	343,923	427,171	175.8	179.7
90	370,169	420.9	379,777	401,560	352,020	405.5	309,218	490,002	413,077	516,820	171.0	176.6
95	408,864	438.2	435,201	450,679	390,600	424.1	336,175	541,200	454,488	584,198	159.1	163.9
2000	398,069	423.7	456,449	455,622	406,707	438.5	307,103	546,375	408,243	605,360	154.9	164.7
05	380,438	412.8	479,117	439,553	419,656	431.5	296,964	555,495	439,366	613,131	152.4	166.8

（資料）　前掲、三和・原編『要覧』15頁。

がって、バブル期における名目賃金の拡大はまず当然だが、しかし「バブル崩壊」に直面してその勢いは一頓挫に向かう他なく、九五年＝四〇八↓二〇〇〇年＝三九四（**第18表**）と停滞・減少へつながっていく。もっとも、この九〇年代冒頭の「バブル崩壊」直後ではなお現金給与額は増加基調にあるから、その影響はこの後に本格化するというべきだが、先に検出した「労働市場の緩和化」が、この「名目賃金」動向悪化へと兆候的に反映しつつある点だけは予測されてよい。この点を確認するために、念のため「現金給与総額」の伸び率（％）にまで目を凝らしてみると、例えば以下のような数値が拾える。つまり、九〇年＝四・七〇↓九一年＝三・五〇までは「バブル崩壊」の悪影響は顕在化を辛うじて隠蔽していたものの、九二年以降になるとその表面化を免れ得なくなり、九二年＝一・七〇↓九三年＝〇・六〇↓九四年＝一・八〇にまで落ち込むといってよい。こうして、九二年以降に「バブル崩壊」のダメージがその姿を現す。

したがって、「名目賃金」に対する「バブル崩壊」の抑制作用にまず疑問の余地はないが、その判断をさらに（ハ）「実質賃金」（一九三五年＝一〇〇）に委ねてみよう。そうすれば、「バブル崩壊」の抑制作用は「さらに遅れて」しか発現してこず、例えば八五年＝三八八・三↓九〇年＝四二〇・九↓九五年＝四三八・二とそれなりの上昇を遂げた後、ようやく二〇〇〇年＝四二三・七↓〇五年＝四一二・八（**第18表**）となって始めて下落へ移る。その意味で、「物価状況の停滞化・生活水準の慣性化」という、「実質賃金」に特有な個性に規定されて、「バブル崩壊」の、「実質賃金」に対する悪影響的作用はやや「間接化」を否定できないが、その影響自体はやはり貫徹していよう。

そのうえで、「賃金動向」をもう一歩詳細に理解するために、次に二つ目に（b）「産業部門別賃金動向」にまで立ち入っていこう。そこで何よりも最初に、全体の基幹部門をなす（イ）「製造業」に焦点を合わせる必要があるが、その「名目賃金」（千円）については以下のような数字が手に入る。つまり、八五年＝二九九（増加額五五）↓九〇年＝三五二（五三）↓九五年＝三九〇（三八）↓二〇〇〇年＝四〇六（一六）↓〇五年＝四一九（一三）（**第18表**）という経過であるが、ここからは極めて明瞭な傾向的推移が浮上してくるといってよい。すなわち、「バブル崩壊」過程の進行とともに賃金増加額は見事に「単純減少」ライン上を動いていくから、「バブル崩壊」が、特に「製造業」に対して明瞭かつ着実なダメージを与え続けたことがよく分かる。まさに、「バブル崩壊」が、生産実体面における過剰蓄積の、その整理過程であった背景が十分に認識可能であろう。

ついで、視点を（ロ）「製造業・実質賃金」にまで絞っていくとどうか。いま例えば一九三五年＝一〇〇の「実質賃金指数」を追跡すると、八五年＝三七一・六↓九〇年＝四〇五・五↓九五年＝四二四・一↓二〇〇〇年＝四三八・五↓〇五年＝四三一・五（**第18表**）という軌跡が描かれるから、ここでも、「調査産業計」の場合とほぼ同様に、一定の「粘着性」を保持した後で、ようやく二〇〇〇－〇五年段階になってその下落を開始している。しかし、「実質賃金」のそのような特殊性に配慮しつつも、「バブル崩壊」の「実質賃金」へのマイナス作用自体は、なお否定できないというべきであろう。

最後に、（ハ）「非製造業」部門も一瞥しておくと、明確な「二極分解」がどうしても無視できない。つまり、いま「名目賃金」に即して考えると、一方では、まず「バブル崩壊」によって「傷を受けた」部門での「賃金伸び悩み」が目立ち、例えば、「卸・小売業」（二七二↓三〇九↓三三六↓三〇七↓二九六）・「運輸及び通信業」（三四三↓四一三↓四五四↓四〇八↓四三九）などはその代表とみなされてよい。しかし他方、それに対して着実に賃金増加を実現した部門も否定はできず、例えば、「金融及び保険業」（四〇八↓四九〇↓五四一↓五四六↓五五五）や「電力・ガス・水道」（四二七↓五一六↓五八四↓六〇五↓六一三）はこの「伸張部門」に分類可能ではないか。いずれにしても、サービス・情報を中心とした「非製造業」における、「バブル崩壊」作用の個別性が興味深い（**第18表**）。

そうであれば、三つ目に、この「バブル崩壊」局面で（c）「消費生活」はどのような展開をみせたのであろうか。そこで最初は（イ）「家計支出」が前提をなそう。いま「勤労者世帯の収入・支出」（一世帯、年平均一ヵ月平均、千円）に着目すると、「バブル形成↓崩壊」の過程で極めてドラスティックな変容が経験される。というのも、まず、バブル進行とともに八〇年＝二九三↓八五年＝三六七（増加額七四）と顕著な拡大をみるが、ついで「バブル崩壊」を契機として九〇年＝四三〇（六三）↓九五年＝四六七（三七）という具合にその増加額を減少させ始める。それでもまだ絶対額自体は上昇を続けるが、それも二〇〇〇年に差し掛かると絶対的な減少に転じ、ついに二〇〇〇年＝四六〇（△七）↓〇五年＝四二五（△三五）（**第19表**）とマイナスに向かった。こうして、やはりここでも「バブル崩壊」からは一定のタイム・ラグを示しつつ、しかし結局、「バブル崩壊」が基本的趨勢としては「家計収入縮小」

第19表　勤労者世帯の収入と支出（1世帯、年平均1ヵ月当り）

（単位：円）

	実収入		実支出			可処分所得	黒字		平均消費性向（％）	エンゲル係数（％）	世帯人員（人）
	世帯主収入	その他	消費支出	うち食料	非消費支出			貯蓄純増			
1955	24,065	5,105	23,513	10,465	3,273	25,896	2,383	1,454	90.8	44.5	4.71
60	34,051	6,844	32,093	12,440	3,187	37,708	5,615	2,120	85.1	38.8	4.38
65	54,111	11,030	49,335	17,858	5,584	59,557	10,222	6,674	82.8	36.2	4.13
70	94,632	18,317	82,582	26,606	9,315	103,634	21,052	13,480	79.7	32.2	3.90
75	198,316	37,836	166,032	49,828	20,644	215,509	49,477	31,875	77.0	30.0	3.82
80	293,362	56,324	238,126	66,245	44,137	305,549	67,724	39,714	77.9	27.8	3.83
85	367,036	77,810	289,489	74,369	71,153	373,693	82,204	48,181	77.5	25.7	3.79
90	430,670	91,087	331,595	79,993	81,218	440,539	108,944	78,526	75.3	24.1	3.70
95	467,799	103,018	349,663	78,947	88,644	482,174	132,510	86,935	72.5	22.6	3.58
2000	460,436	100,518	340,997	74,889	88,132	472,823	131,846	87,763	72.1	22.0	3.46
05	425,450	97,179	328,649	70,924	82,957	439,672	111,023	72,145	74.7	21.6	3.44

（資料）　総務庁統計局『家計調査年報』（1963、1976年、1985、2001年度版）。総務省統計局HP「家計調査」より作成。
1960年までは人口5万人以上の都市、65年以降は全国。調査対象から除外される世帯は、農林漁家、単身者世帯、外国人世帯、世帯主が長期不在の世帯、料理飲食店・旅館など。

に帰結していった点に誤りはあり得ない。そして、この傾向は「消費支出」の軌跡からも同様に検証できるとみてよく、それは、二八九→三三一→三四九→三四〇→三二八（**第19表**）と動いたから、バブル期で著増した後、バブル崩壊・直後から増加額を減少させつつ、最終的には九五年以降に絶対的な縮小に移る――という図式を描いた。

要するに、先に検討した「賃金動向」はまさに明確にこの「家計収支」へと反映している。

そのうえで次に、（ロ）「消費支出内訳」（**第20表**）にまで立ち入っていくとどうか。そこでまず個人消費支出の「構成比」（％）に目を凝らすと、差し当たり以下の三ポイントが注目に値する。すなわち、まず一つは（A）「バブル崩壊期」に当たる九五年の断面図を取ると、「住居・電気・ガス・水道」（二八・六％）、「飲食費」（一九・四％）、「娯楽・レジャー・文化」（一七・三％）、「被服・履物」（七・〇％）の順となって、「住宅関連」が群を抜く。ついで、そのうえで二つと

第20表　個人（家計最終）消費支出

	飲食費	被服・履物	住居・電気・ガス・水道	娯楽・レジャー・文化	その他	合　計
80	33,892（26.1）	11,327（8.7）	32,122（24.8）	18,821（14.5）	33,512（25.8）	129,673（100.0）
85	41,321（23.8）	13,737（7.9）	45,531（26.2）	26,692（15.4）	46,282（26.7）	173,563（100.0）
90	45,967（20.1）	17,542（7.7）	59,276（26.0）	41,004（18.0）	64,499（28.3）	228,287（100.0）
95	52,357（19.4）	18,880（7.0）	76,907（28.6）	46,570（17.3）	74,566（27.7）	269,280（100.0）
2000	53,093（19.3）	12,487（4.5）	64,573（23.5）	51,392（18.7）	93,762（34.1）	275,305（100.0）
05	49,630（17.8）	9,899（3.5）	68,619（24.6）	51,931（18.6）	98,802（35.4）	278,880（100.0）

（資料）　前掲、三和・原編『要覧』10頁。

して、（B）この順を九〇年の「バブル・ピーク期」と比較すると、一方での、「飲食費」（二〇・一％）及び「娯楽・レジャー・文化」（一八・〇％）の減少と、他方での「住居・電気・ガス・水道」（一八・〇％）の増加とが目に付こう。取り分け決定的な変容ともいえないが、それでも、「バブル崩壊」に連動した、「娯楽型余裕の低下―固定型必需経費の上昇」という傾向がそこに検出可能かもしれない。そして最後に三つ目に、（C）この四費目の中期的構成比推移（八五年→九〇年→九五年、％）をも押さえておくと、以下の通りであった。つまり、二六・二→二六・〇→二八・六、一五・四→一八・〇→一七・三、二三・八→二〇・一→一九・四、七・九→七・七→七・〇という構図を示す以上、この中期的トレンドからしても、「バブル崩壊」に連動した、「娯楽・レジャー関連」の伸び悩みは否定できない。その点で、「バブル崩壊」が消費支出に与えた一定の作用がみて取れよう。

以上をふまえて最後に、これらの諸側面を（ハ）「消費内容」といういわば質的方向から総括しておきたい。そこで、まず第一に（A）「可処分所得―家計黒字」（千円）というベクトルから入ると、この構成については、まず「バブル形成」を巡っては、八五年＝三七三－八二→九〇年＝四四〇－一〇八→九五年＝四八二－一三二（**第19表**）というテンポで凄まじい増加を記録した。その点で、バブル局面における「家計膨張・余裕拡大」に関してはまず周知の如きだが、ついで「バブル崩壊」に直面して、その後九五年以降になると一転して「暗雲」が漂い始める。というのも、二〇〇〇年には四七二－一三一となって絶対額で初めて減少に転じるし、さらに〇五年には四三九－一一一という水準を余儀なくされて、それぞれ三・三万円および二・〇万円の削減に落ち込むからに他ならない。そしてこの動向は、ついで第二として（B）「貯蓄純増」に直ちに反射していくといってよく、それまで八五年＝四八→九〇年＝七八→九五年＝八六というテンポで急増加を遂げてきたものが、「バブル崩壊」を契機にして明らかに一頓挫を迫られる。事実、その後は二〇〇〇年＝八七で停滞しつつ、とうとう〇五年には七二にまで減少するのであって、その結果一・五万円の純減をも経験していく（**第19表**）。こうして、「バブル崩壊」の「消費内容」へのダメージは明瞭だが、以上のような変化を、最後に第三に（C）「平均消費性向―エンゲル係数」（％）の側面からも傍証しておきたい。すなわち、以下のような数字が拾えるのであり、例えば、七七・五－二五・七→七五・三－二四・一→七二・五－二二・六→七二・一－二二・〇→七四・七－二二・六（**第19表**）という図式が手に入る。したがって、両指標とも傾向的な低下基調が一目瞭然という他なく、ここからは、少なくとも消費水準・内容の積極的な向上はとても検出し得まい。もちろん、反対にその「積極的低下」が証明できるわけでもないが、すでに確認した「賃金の伸び悩み」を考慮すれば、この「バブル崩壊」の、「消費生活」へのむしろ「マイナス影響」こそがやはり想像できよう。

最後に重要なのは、いうまでもなく③「失業率動向」である。というのも、「バブル崩壊」の渦中で「求人倍率の低下」が明瞭なのはすでに確認した通りだからであって、この「労働力需要」の低下が「失業率」を現実的にどの程度「押し上げて」いるか――が明確にされねばなるまい。その場合に注意すべきは、「完全失業率」が例えば五％を超過するような「異常な局面」は「平成長期不況」といわれる九〇年代末からの現象であって、当面の「バブル崩壊」期とはまた区別されねばならない点である。そこでここで検討する必要があるのは、この「長期不況」のむしろ序曲をなした、その「前段階」であるのは当然である。

したがってこのような事情に留意しつつ、「バブル崩壊」後の「完全失業率」（％）推移を具体的に追えば以下のようであった。すなわち、バブル崩壊後も数年は九〇年＝二・一→九一年＝二・一→九二年＝二・二と安定的に経過したものの、九三年＝二・五から微妙な影響が発現し始め、九四年には二・九％という無視し得ない高レベルに達する（**第19表**）。そして、そこから「バブル崩壊」の雇用への本格的なダメージ作用が明確になるといってよく、ついで九五年＝三・二→九六年＝三・四という「三％台」に突入していくのである。その後は、九〇－二〇〇〇年代にかけて「四～五％台」を超えていくのは周知の通りだが、いずれにしても、この「バブル崩壊」局面を契機としてこそ「失業率上昇」の土台が形成された点に――もはや疑問の余地はあり得まい。

そしてそれは、「バブル崩壊」を巡る全体的論理の、むしろその「必然的帰結」でこそあった。なぜなら、「バブル崩壊→資本過剰累積→資本投資停滞→労働力需要抑制」というロジックが機能し、その論理的到達点として、そこに「失業率上昇」が出現してくるのは余りにも自明だからに他ならない。まさに「バブル崩壊型・資本過剰」の副産物であり、したがって「破綻型投資行動の拡大連鎖」を帰結させた、その一表現だというべきであろう。

Ⅱ　国家政策――投資過熱の強制的抑止作用

【1】国際収支　続いて国家政策へ視角を転回させていくが、まず第一に、国家政策発動のその基本的枠組みを形成する（一）「国際収支」動向[5]を押さえておく必要がある。そこで最初に①「貿易動向」から入ると、一つ目として（a）「輸出入一般推移」（千億円）は以下のように動いた。つまり、八五年＝輸出四一九－輸入三一〇→八七年＝三三三－二一七→八九年＝三七八－二八九→九一年＝四二三－三一九→九三年＝四〇二－二六八（**第21表**）となるから、周知のプラザ合意＝円高を契機として輸出入とも一旦は減少に移るが、その後バブル期に入ると、輸出と輸入はむしろ逆

第21表　貿易推移

（単位：億円）

（年）	貿易		(19)国際収支（経常）
	輸出	輸入	
80	293,825	319,953	△10,746
81	334,690	314,641	4,770
82	344,325	326,563	6,850
83	349,093	300,148	20,799
84	403,253	323,211	35,003
			十億円
85	419,557	310,849	119,698
86	352,897	215,507	142,437
87	333,152	217,369	121,862
88	339,392	240,063	101,461
89	378,225	289,786	87,113
90	414,569	338,552	64,736
91	423,599	319,002	91,757
92	430,123	295,274	142,349
93	402,024	268,264	146,690
94	404,976	281,043	133,425
95	415,309	315,488	103,862

（資料）　前掲、三和・原編『要覧』５頁。

相反の関連に入ろう。すなわち、まず輸出がバブル期を明確に減少基調で推移するのに対して、逆に輸入は明瞭な増加に転じていくわけであり、その傾向的乖離が目立つといってよい。しかし、その後「バブル崩壊」を経験すると輸出入両者は再び同調トレンドを示すこととなり、歩調をあわせつつ減少に向かうという経過を辿った。最初にこのような基本動向からして、「バブル崩壊」局面が「輸出入減少フェーズ」に当たっていること――がまず否定できない。

その場合、このような輸出入動向を規定する決定的要因が為替相場にある点は明白なので、まず（イ）「為替相場」水準に一瞥を加えておこう。そうすると、極めて明瞭な趨勢が検出可能なのであって、円相場（対ドル円）は、「バブル崩壊」期そのものに相当する九〇年を画期として「見事な円高」過程に一挙に突入していく。つまり、この九〇年での「一ドル＝一六〇円」レベルから九五年段階における「一ドル＝九〇円」水準へと、ほぼ一直線の勢いで円高路線を駆け上っていったわけである。そうであれば、「バブル崩壊」局面でのこのような「典型的な円高」が輸出入動向に与えた影響こそが、考察ポイントに置かれていこう。

そこで（ロ）「輸出動向」から具体的にみていくと、先に示した「バブル崩壊」期における輸出額減少が、この局面での「典型的円高」によって制約を受けた点は明白といってよい。その点を確かめるために、いま例えば「数量指

第22表　輸出入の金額・価格・数量指数

（円ベース、1990年＝100）

年	輸出					輸入					
	金額指数	価格指数	数量指数			金額指数	価格指数	数量指数			
			総合	化学製品	機械機器			総合	化学製品	機械機器	加工製品
1989年	91.2	96.1	95.0	92.2	94.8	85.6	90.5	94.6	96.3	87.3	90.6
90〃	100.0	100.0	100.0	100.0	100.0	100.0	100.0	100.0	100.0	100.0	100.0
91〃	102.2	99.7	102.5	105.9	102.1	94.2	90.6	104.0	104.8	101.9	106.3
92〃	103.8	99.7	104.0	118.0	102.2	87.2	84.2	103.6	101.1	98.5	104.0
93（10月）	96.1	92.9	103.4	116.3	100.7	76.7	70.0	109.5	98.4	102.3	116.9

（資料）　日本関税協会『外国貿易概況』より作成。

数」（総合、九〇年＝一〇〇、円ベース）のチェックを試みると、八九年＝九五・〇→九〇年＝一〇〇・〇→九一年＝一〇二・五→九二年＝一〇四・三→九三年（一〇月）＝一〇三・四（**第22表**）という数字が拾えるから、輸出数量は減少どころか明瞭に増加しているのである。にもかかわらず、それに対して、他方の「価格指数」が九六・一→一〇〇・〇→九九・七→九九・七→九二・九（**第22表**）という水準で明白に伸び悩んだから、まさにその結果としてこそ、「金額指数」（九一・二→一〇〇・〇→一〇二・二→一〇三・八→九六・一）（**第22表**）も低調に推移する以外になかったのであろう。要するに、この「バブル崩壊」局面での輸出状況は全体として「消極的」経過に止まったのである。

ついで（ハ）「輸入動向」はどうか。いうまでもなく円高は、セオリーとしては「輸入価格低下―輸入量増加」となって反映するはずなのに、先に確認した通り、「バブル崩壊」後にはむしろ「輸入減少」という「異常な状況」こそが進行したが、その要因はどこにあったのか。そこで「数量指数」から摘出すると、九四・六→一〇〇・〇→一〇四・〇→一〇三・六→一〇九・五（**第22表**）という軌跡を描いたからもちろん増大傾向は当然だとしても、先に指摘したあの「典型的な円高」趨勢の割には数量増は決して大きくはない。事実、その結果、「金額指数」は八五・六→一〇〇・〇→九四・二→八七・二→七六・七（**第22表**）と顕著に低落を余儀なくされていったが、その原因が、次のような「価格指数」の

第23表　国際収支の状況

（単位：億ドル）

	1989年	90	91	92	93（1～11月）
経常収支	570	358	726	1,176	1,313 1)
貿易収支	771	639	1,033	1,326	1,414 1)
輸出	2,696	2,802	3,066	3,308	2,892
輸入	1,925	2,163	2,033	1,982	1,743
貿易外収支	△159	△226	△182	△101	△20
長期資本収支	△879	△435	366	△280	△524
資産（本邦資本）	1,908	1,206	1,219	577	443
負債（外国資本）	1,028	772	1,585	297	△81
総合収支	△333	△72	764	716	457
外貨準備増減	△128	△78	△81	△3	273
その他	△205	△6	844	719	184

注1）　1）は通年

（資料）　日本銀行『国際収支統計月報』より作成。ただし、経常収支・貿易収支は、大蔵省資料による。

著しい下落にあるのは一目瞭然であろう。すなわち、円高の帰結として、九〇・五→一〇〇・〇→九〇・六→八四・二→七〇・〇という極端な価格低下が進行したのであり、まさにこの「輸入単価の激落」が「輸入数量の一定の増加」を過剰に「打ち消した」のだ――と判断する以外にはない。逆からいえば、「価格下落」にもかかわらず、国内景気後退によって輸入数量の伸びが鈍かったことになるが、そこにも、「バブル崩壊」の傷跡が検出可能ではないか。

続いて、この輸出入動向を二つ目に（b）「貿易黒字」（億ドル）に即して計測すると、以下のようであった。つまり、「バブル形成→バブル崩壊」にかけて「貿易黒字」の顕著な増大が記録されていくといってよく、黒字額は具体的には、八九年＝七七一→九〇年＝六三九→九一年＝一〇三三→九二年＝一三二六→九三年（一－一一月）＝一一四九（**第23表**）という数値が取り出せる。みられる通り、「バブル崩壊」後の特に九一年からの激増ぶりが著しく、先に検出した通り輸出入両者の停滞・縮小が目立つ中でも取り分け「輸入の減少」がヨリ大きな比重を発揮したものと想像されよう。そして、その根拠に関しては何度か指摘し終わっているが、重複を厭わずに再述すれば、一方での、円高に起因した「輸出停滞」と、他方での、「国内景気沈滞」に制約された「輸入減少」との二方向ベクトルが作用したが、結果的には後者のウエイトがヨリ強く跳ね返った結果、貿易黒字増大が表面化したのだと思われる。しかしこの黒字拡大は、国内投資停滞の下ではそれ自体「資本過剰」を発現させる以外にないから、このような仕組みで発生する貿易黒字累積からは、その「バブル崩壊」型特質が払拭できないというしかない。こうして、その「発生源泉」および「発生結果」の両面からして、この「貿易黒字」動向は、まさにその「バブル崩壊」からの影響を色濃く映し出している――わけであろう。

最後に、この貿易動向へもう一歩深く立ち入って、三つ目に（c）「国際収支」（億ドル）というアングルからも集約しておきたい。そこでまず（イ）「経常収支」が中軸をなすが、その推移は五七〇↓三五八↓七二六↓一一七六↓一三一三となって、ここでもやはり「バブル崩壊」後九三年からの激増が浮上してくる。その場合、そのうちの「貿易外収支」は△一五九↓△二二六↓△一八二↓△一〇一↓△二〇（**第23表**）に止まって「経常黒字」増加への比重はなお決定的ではない以上、したがって、「バブル崩壊」後「経常黒字」の大宗はやはり「貿易黒字」の伸張にこそ求められるべきであろう。ではこの「経常黒字増大」は対外投資余力へとどのように連関したのか。

そこで（ロ）「海外投資」に注目してみよう。いま例えば「長期資本収支」（億ドル）に即して海外投資の全般的傾向を探ると、いま確認した「経常黒字」の著増が海外投資拡張に決して連動していない点が浮かび上がってくる。事実、それは△八七九↓△四三五↓三六六↓△二八〇↓△五二四（**第23表**）という軌跡上を動くから、特に「バブル崩壊」局面を契機にして、長期資本輸出はむしろ停滞・縮小し続けている――と判定した方が事態適合的であろう。こうして、一方で大幅な経常黒字を抱えながら、他方でその「対外還流＝資本輸出」は停滞・縮小しているのであって、そこには「バブル崩壊」にともなう金融不安定化と投資消極化がみて取れるとともに、その結果として、ヨリ一層の

第24表　対外直接投資の動向

（単位：100万ドル）

	対外直接投資[1] 届出実績	うち、製造業の 構成比（%）	国際収支表による 対外直接投資
1989年	67,540	24.1	44,130
90	56,911	27.2	48,024
91	41,589	29.6	30,726
92	34,138	29.4	17,248
93	15,700[2]	NA	10,149[3]

注）１）届出実績は年度、２）92年度上半期、３）93年１～11月
（資料）　前掲『国際収支統計月報』、大蔵省『財政金融統計月報』より作成。

「過剰資本累積」の進行こそが否定できないのではないか。要するに、「バブル崩壊」型過剰投資のスパイラル化以外ではあり得ない。

　このような「海外投資」動向を、さらに（ハ）「対外直接投資」に具体化してフォローしてみよう。そこで「対外直接投資届出実績」（億ドル、%）に目を凝らせば、八九年＝六七五（うち製造業の構成比二四・一）→九〇年＝五六九（二七・二）→九一年＝四一五（二九・六）→九二年＝三四一（二九・四）→九三年＝一五七（ＮＡ）（**第24表**）という数値が刻まれる。したがって、その基調に疑問の余地はなく、「バブル崩壊」局面での「直接投資縮小化」と、その「製造業の中軸化」とはまさに一目瞭然といってよい。換言すれば、一面で、「海外投資減少」傾向がその中心たる「直接投資」に関して進行しているとともに、しかも他面その過程で、「バブル崩壊」に付随して非製造業部門での直接投資が剥落した結果、「製造業の中軸化」が進行した――のだと考えられよう。

　そのうえで、国際収支の内部構造へともう一歩深いメスを入れるために、次に②「製品別輸出入構成」にまで立ち入ってみたい。最初に一つ目は（ａ）「輸出製品別動向」（%）だが、まず大きく判断して、「バブル崩壊」後には、「機械機器」を中心としたいわゆるハイテク型製品比率の上昇がみて取れる。別の機会に指摘したように、バブル期には、「内需拡大的膨張」の煽りで、日本が従来得意にしてきたハイテク関連の輸出は相対的にはその比率を落としていたが、「バブル崩壊＝内需縮

第25表　主要商品別輸出構成の動向

（単位：%）

	1989年	90	91	92	93（1～10月）
繊維及び同製品	2.5	2.5	2.5	2.5	2.5
化学製品	5.4	5.5	5.6	5.6	5.5
金属・同製品	7.9	6.8	6.7	6.3	6.2
〔鉄鋼〕	5.5	4.4	4.3	3.9	4.0
機械機器	74.8	75.0	75.2	75.6	76.2
〔一般機械〕	21.7	22.1	22.1	22.5	22.8
（原動機）	2.7	2.7	2.6	2.9	3.1
（事務用機器）	6.8	7.2	7.1	7.5	7.6
（金属加工機）	1.5	1.5	1.4	1.1	1.1
〔電気機械〕	23.6	23.0	23.4	22.7	23.3
（重電機器）	1.3	1.3	1.4	1.4	1.4
（テープレコーダー）	2.8	2.7	2.3	1.8	1.5
（半導体等電子部品）	5.2	4.7	4.7	5.1	6.0
〔輸送機器〕	24.4	25.0	24.8	25.7	25.5
（自動車）	17.9	17.8	17.4	17.8	16.6
（船舶）	1.6	2.5	2.1	2.3	2.9
〔精密機械〕	4.8	4.8	4.9	4.7	4.6
（科学・光学機器）	3.9	4.0	4.1	4.0	3.9
製品計	83.1	87.3	87.5	87.5	87.9

注）製品計には繊維及び同製品は含まない。
（資料）前掲『外国貿易概況』より作成。

小」とともに、その基調は一転して逆転をみせた。つまり、この「機械機器」の輸出構成比（%）は、八九年＝七四・八→九〇年＝七五・〇→九一年＝七五・二→九二年＝七五・六→九三年＝七六・二（**第25表**）という線上を動いたから、「バブル崩壊」局面におけるハイテク関連の再優位化は自明といってよい。したがって、ここからは、一方では、「バブル崩壊」が、「内需縮小」を契機として輸出製品構成における「ハイテク関連＝従来型」への「ゆり戻し」を惹起させたその背景と、他方では、そのピンチはやはり「従来型＝ハイテク依存型」で克服する以外にはないというその「苦しい台所事情」とが、鮮明に発現してきていよう。

しかも、その「台所事情の苦しさ」が例えば「自動車」の動向に端的に表現されている点は無視し得ない。すなわち、「自動車」構

第26表　主要商品別輸入構成・輸入量の動向

（単位：%）

	1989年	90	91	92	93（1〜10月）
食料品	14.7	12.0	13.0	14.0	16.2
繊維原料	1.6	1.1	1.0	0.9	0.7
金属原料	4.4	3.9	3.7	3.3	3.0
鉄鉱石	1.5	1.4	1.5	1.4	1.3
	(128)	(125)	(127)	(114)	(94.5)
その他原料品	8.5	7.1	6.7	7.0	7.9
鉱物性燃料	20.4	24.2	23.1	22.6	20.5
石炭[1)]	2.8	2.6	2.7	2.6	2.5
	(105)	(108)	(112)	(111)	(94)
石油[2)]	10.2	13.5	12.7	12.9	11.7
	(205)	(225)	(236)	(247)	(208)
化学製品	7.6	6.8	7.4	7.4	7.5
機械機器	15.4	17.4	18.1	18.4	19.0
〔一般機械〕	5.4	6.0	6.1	6.2	6.2
（事務用機器）	2.1	2.2	2.4	2.6	2.8
〔電気機械〕	5.4	5.5	6.2	6.3	7.1
（半導体等電子部品）	1.4	1.4	1.7	1.7	2.1
〔輸送用機器〕	3.3	4.7	4.4	4.4	4.1
（自動車）[3)]	2.0	2.7	2.3	2.2	2.0
	(200)	(257)	(203)	(186)	(167)
〔精密機器〕	1.4	1.5	1.4	1.5	1.6
その他製品	27.4	26.0	25.4	24.4	25.3
（鉄鋼）[4)]	2.4	2.0	2.3	1.6	1.7
	(10,860)	(11,702)	(12,613)	(8,884)	(7,685)
（繊維製品）	6.3	5.4	5.8	6.6	6.9

注）（　）は数量、単位は、1）100万トン、2）100万キロリットル、3）1,000台、4）1,000トン。
（資料）前掲『外国貿易概況』より作成。

成比は一七・九→一七・八→一七・四→一七・八→一六・六（**第25表**）という経過を踏む以上、その勢いは明らかに減衰を余儀なくされていよう。その際、その背景には「円高・現地生産化・対外車競争激化」などのマイナス要因が大きいが、それにしても、「バブル崩壊」克服の中心に再登場した「ハイテク関連」輸出にも、その不安がなお尽きない。

続いて、早速二つ目として（b）「輸入製品別動向」（%）に目を転じると（**第26表**）、「バブル崩壊」期の特徴としては以下の三点が特に目立つ。すなわち、まず第一は（イ）「機械機器の増加」であって、例えば一五・四↓一七・四↓一八・一↓一八・四↓一九・〇という極めて著しい伸張が記録される。その内訳としては「事務用機器」（二一・一↓二二・二↓二二・四↓二二・六↓二二・八）や「電気機械」（五・四↓五・五↓六・二↓六・三↓七・一）のウエイトが相対的には大きいが、そこには、不況深化に起因した国内生産水準の停滞と、海外関連工場からの逆輸入の増加とが影響していよう。ついで二つ目に（ロ）「その他製品の増大」（二七・四↓二六・〇↓二五・四↓二四・四↓二五・三）も続いて目を引くが、その中軸は「繊維製品」から構成される。例えば六・三↓五・四↓五・八↓六・六↓六・九という経過を示すが、その伸びが、中国などからの低価格・繊維品によることはほぼ周知のことであろう。まさにその側面にも、「バブル崩壊」後・国内消費の低調さがよく表われているように思われる。そのうえで最後に三つ目こそ（ハ）「石油輸入の低落」だといってよい。いうまでもなく、「バブル崩壊↓生産停滞」に立脚した結果とみるのが順当だが、事実、原油価格低下と重奏して、その数量も、九二年＝二四七（一〇〇万kℓ）から九三年＝二〇八（一〇〇万kℓ）へと明瞭に減少していく。そしてその結果としてこそ、石油輸入構成比が実際にも一〇・二↓一三・五↓一二・七↓一二・九↓一一・七と下降線に乗るわけであって、「バブル崩壊」の帰結が見事に表現されていよう。

したがって、三つ目に（c）「製品別輸出入動向」は全体的にこのように「総括」可能だといってよい。すなわち、「製品構成」における「バブル崩壊型」特質に他ならず、まず（イ）「輸出」次元では、「バブル崩壊・乗り切り」を目指して「従来型・ハイテク関連製品」輸出比率の「再向上」が進行していった。ついで（ロ）「輸入」次元では、「バブル崩壊」＝消費余力縮小に規定された、「低価格タイプ」の「製品輸入増大」と、「バブル崩壊」＝「生産停滞」に起因した、「石油輸入の減少」とが発現をみた。そうであるかぎり、（ハ）「総合的」にみて、貿易の「製品別構成」の中に、「バブル崩壊型特質」が明瞭に反映している。

第27表　主要地域・国別輸出構成の動向

（単位：％）

	1989年	90	91	92	93（１～10月）
先進地域	60.8	59.2	56.3	54.6	52.2
アメリカ	33.9	31.5	29.1	28.2	28.9
ＥＣ	17.4	18.7	18.8	18.4	16.0
大洋州	3.1	3.1	2.4	2.4	2.5
発展途上地域	34.6	37.3	39.9	41.3	42.2
東南アジア	26.7	28.8	30.6	30.7	32.3
ＡＳＥＡＮ諸国[1)]	9.4	11.5	12.0	11.9	13.5
タイ	2.5	3.2	3.0	3.1	3.4
マレーシア	1.5	1.9	2.4	2.4	2.6
フィリピン	0.9	0.9	0.8	1.0	1.3
インドネシア	1.2	1.8	1.8	1.6	1.6
アジアＮＩＥｓ[2)]	19.1	19.8	21.3	21.4	22.2
シンガポール	3.3	3.7	3.9	3.8	4.6
韓国	6.0	6.1	6.4	5.2	5.2
台湾	5.6	5.4	5.8	6.2	6.1
香港	4.2	4.6	5.2	6.1	6.3
ラテンアメリカ	3.4	3.6	4.1	4.7	4.7
中近東	3.1	3.4	3.9	4.5	3.7
アフリカ	1.1	1.2	1.1	1.2	1.2
社会主義圏等	4.6	3.4	3.8	4.3	5.6
中国	3.1	2.1	2.7	3.5	4.8

注）１）タイ、マレーシア、インドネシア、シンガポール、フィリピンの５ヵ国
　　２）韓国、台湾、香港、シンガポールの４ヵ国と地域。
（資料）　前掲『外国貿易概況』より作成。

続いて③「地域別輸出入構成」へ進むが、まず一つ目に（ａ）「地域別輸出動向」（％）から入ると、以下の三特徴が直ちに目に飛び込んでくる。すなわち、第一は（イ）「先進地域の著減」であって、その構成比は八九年＝六〇・八→九〇年＝五九・二→九一年＝五六・三→九二年＝五四・六→九三年（一－一〇月）＝五二・二（**第27表**）となるから、一見して目立った低下を続けるといってよい。このような「対先進地域・輸出」は、プラザ合意以後の円高進行で八七年以降すでに漸減傾向にあったが、「バブル崩壊」局面に当たるこの九〇年代に入って、その減少程度は一層加速の度を加えていることになろう。したがって、対先進地域向け輸出の「行き詰まり」が否定できず、

その分だけ、先進工業諸国マーケットの、日本製品受け入れ余力削減が進んでいる点が濃厚なわけである。そしてその場合、第二に、(ロ)この「先進地域減少」の主因が「対米・対ECの低下」にあるのは当然であろう。事実、まず「アメリカ構成比」が三三・九→三一・五→二九・一→二八・二→二八・九(**第27表**)と持続的かつ急テンポで下降を続けるのに加えて、「EC」も一七・四→一八・七→一八・八→一八・四→一六・〇(**第27表**)と減少路線を辿っていく。この両者のうち、まず「アメリカの低下」は、プラザ合意を起点とした為替調整から帰結する「日米通商不均衡解消」の措置として、いわばバブル期から継続する現象であるのに対して、もう一つの「ECの低下」はこの「バブル崩壊」局面でのむしろ新動向だとみてよい。というのも、対ECはバブル期には着実に上昇してきたからであって、それが、EC域内での統合エネルギー低下が円高基調と相乗効果を発揮する中で一転して縮小に見舞われたのであろう。こうして、「バブル崩壊」の打撃に追い討ちを掛けるように「対欧米輸出の削減」が発生しつつあるのである。

それに比較して、第三は(ハ)「対アジア輸出の激増」(**第27表**)に他ならない。そして、それはいうまでもなく「東南アジア」の比率上昇(二六・七→二八・八→三〇・六→三〇・七→三二・三)に依存しているのは明瞭だが、さらにその内訳としては、「ASEAN諸国」(九・四→一一・五→一二・〇→一一・九→一三・五)および「アジアNIEs」(一九・一→一九・八→二一・三→二一・四→二二・二)の増加ウエイトが著しい。その点で、特に「バブル崩壊」後には、対先進国向け輸出の低減を対アジア向け輸出によって補完する動きの活発化が一目瞭然だが、最近の「中期的構造」ともいえるこの「特徴的構造」が、「バブル崩壊」を契機としてヨリ一層強化している――事情が読み取れよう。そしてその場合、その要因としては、これら地域がなお経済発展を継続していることに加えて、円高・不況に直面した日本企業が応急的・部分的に既存の現地工場を拡張した点が大きいものと推察可能である。まさに「バブル崩壊」期の特徴的要因を如実に反映しているといってよい。

第28表　主要地域・国別輸入構成の動向

（単位：％）

	1989年	90	91	92	93（1～10月）
先進地域	50.9	50.8	49.4	48.9	48.4
アメリカ	22.9	22.3	22.5	22.4	23.1
EC	13.3	14.9	13.4	13.4	12.5
大洋州	6.3	6.0	6.3	6.1	5.8
発展途上地域	41.7	42.0	42.6	42.0	41.3
東南アジア	25.1	23.3	24.8	24.7	25.1
ASEAN諸国[1)]	11.7	11.9	12.7	13.0	13.6
タイ	1.7	1.8	2.2	2.6	2.7
マレーシア	2.4	2.3	2.7	2.8	3.2
インドネシア	5.2	5.4	5.4	5.3	5.2
アジアNIEs[2)]	12.9	11.0	11.5	11.2	11.1
シンガポール	1.4	1.5	1.4	1.3	1.5
韓国	6.2	5.0	5.2	5.0	4.8
台湾	4.3	3.6	4.0	4.1	4.0
香港	1.0	0.9	0.9	0.9	0.8
ラテンアメリカ	4.2	3.8	4.2	3.7	3.5
中近東	11.0	13.3	12.4	12.6	11.3
アフリカ	0.9	0.8	0.8	0.7	0.8
社会主義圏等	7.4	7.2	8.1	9.1	10.4
中国	5.3	5.1	6.0	7.3	8.4

注）1）、2）とも第27表と同じ。
（資料）　前掲『外国貿易概況』より作成。

そのうえで二つ目として（b）「地域別輸入動向」（％）へと目を転じよう（**第28表**）。そうすると、ここでも明確な「地域的偏り」が無視できないが、その特徴的ポイントは一応以下の三点に整理可能である。すなわち、まず第一は（イ）「先進地域の明確な縮小」であって、実際、その構成比は五〇・九→五〇・八→四九・四→四八・九→四八・四と低下基調で経過した。したがって、先に確認した「輸出割合の逓減」と合成すると、「バブル崩壊」後日本の対欧米貿易は全体としてその活発性を喪失しつつあるが、そのうえでその内訳にまで立ち入ると、取り分け「対ECの低下」が際立つ。そこで「EC構成比」を追うと一三・三→一四・九→一三・四→一三・四→一二・五という軌跡を描くから、「アメリカの停滞」（二二・九→二二・三→二二・五→二二・四→

二三・二）に比較してもその下落テンポの大きさが印象的といってよい。その場合、周知の通りバブル期には、このECは「高級自動車・高級家具・衣料品・美術品」などの「バブル関連・高額商品」を中心に著増を示したから、その後「バブル崩壊」に起因する消費消極化とともに、一転して縮小へと転じたわけであろう。ついで第二として（ロ）「東南アジア輸入の伸び悩み」が指摘されてよく、二五・一→二三・三→二四・八→二四・七→二五・一という数値を刻む。もっとも、その内訳にまで分け入ると、「ASEAN諸国の増加」（一一・七→一一・九→一二・七→一三・〇→一三・六）と「アジアNIEsの停滞」（一二・九→一一・〇→一一・五→一一・二→一一・二）とが交錯していて単色ではないが、結果的には、「バブル崩壊→不況化→消費停滞」の煽りをうけて、特にアジアからの製品輸入が一服化しつつある点が推測可能なのではないか。日本・輸入力の衰弱化が明らかに進行しているのだ。

そのうえで最後に第三に、（ハ）「中近東の一定の減少」も無視できまい。いうまでもなく原油の輸入減に他ならないが、「バブル崩壊」に起因した生産停滞に立脚して、「中近東構成比」は以下のように推移していく。すなわち、一一・〇→一三・三→一二・四→一二・六→一一・三という構図で動くから、その「足取りの重さ」は一見して明瞭であろう。ここにも、「バブル形成→過剰資本累積→バブル崩壊→資本蓄積悪化」というロジックの明白な貫徹が実証できる。

以上を前提にして、三つ目に（c）「地域別輸出入動向」を総体的に「総括」しておくと、以下のように集約されてよい。つまり、まず（イ）「輸出」次元では、対米・対ECなどの「先進地域の減少」と「アジアの激増」とが目立つが、それを惹起させた要因としては、「円高」の他、「アメリカとの通商交渉進展」や「EC統合推進力の一服化」などが大きな比重を占めた。ついで（ロ）「輸入」次元に移ると、「ECの縮小・アジアの停滞・中近東の削減」がまさに並行して進展をみせる。そしてそのいずれもが、「バブル崩壊」と連結した、国内投資消費の伸び悩みに制約さ

第29表　財政規模

（単位：十億円）

年度	中央財政一般会計歳出(1)	中央財政特別会計歳出(2)	財政投融資運用実績(3)	政府関係機関支出(4)	国債発行額(5)	地方財政普通会計歳出純計(6)	地方債発行額(7)	中央地方一般会計歳出純計(8)	公債依存度(9)＝(5)/(1)	一般会計歳出/国内総生産(10)
84	51,481	115,569	21,107	24,960	12,781	53,829	5,009	85,705	24.8	17.1
85	53,005	111,775	20,858	13,952	12,308	56,235	4,499	88,905	23.2	16.5
86	53,640	129,789	22,155	13,568	11,255	58,641	5,263	92,174	21.0	16.0
87	57,731	145,205	27,081	5,008	9,418	63,154	5,966	99,013	16.3	16.5
88	61,471	147,492	29,614	5,062	7,152	66,333	5,626	104,263	11.6	16.4
89	65,859	152,802	32,271	5,042	6,639	72,655	5,615	111,916	10.1	16.5
90	69,269	168,584	34,572	5,165	7,312	78,386	6,258	120,107	10.6	16.1
91	70,547	177,879	36,806	5.790	6,730	83,730	7,259	126,274	9.5	15.4
92	70,497	188,798	40,802	6,379	9,536	89,500	10,200	132,718	13.5	15.0
93	75,102	202,241	45,771	6,778	16,174	92,989	13,370	140,394	21.5	15.8
94	73,614	214,245	47,858	7,192	16,490	93,756	14,295	141,472	22.4	15.1
95	75,939	232,466	48,190	7,536	21,247	98,850	16,978	147,398	28.0	15.4

（資料）　前掲、三和・原編『要覧』34頁。

れているのは当然だが、日本の輸出力が全体として衰弱していること――の、それは見事な証左に違いあるまい。したがってこう考えると、（ハ）「総合的」にみて、この「地域別動向」に関しても、国際環境とともに、「バブル崩壊」の基本的特質が質的に深く関与していると理解されてよく、その点の認識が特に重要だと思われる。

〔2〕財政政策　続いて取り急ぎ第二に「財政政策」[6]へと視角を転換させよう。まず①「経費支出」動向が前提となるが、最初に一つ目に（a）「一般的動向推移」はどうか。そこで（イ）「中央財政歳出総額」（千億円）から入ると、まずバブル期には経済拡張の刺激を受けて八六年＝五三六→八八年＝六一四→九〇年＝六九二と急膨張を遂げるが、その勢いには「バブル崩壊」を分水嶺として急速なブレーキが掛かる（**第29表**）。すなわち、九一年には七〇五へと停滞した後、とうとう九二年には七〇四というマイナスをさえ記録するに至り、また九四年にもなお七三六というレベルで伸び悩むといってよい。したがって、「バブル形成→崩壊」という局面展開の過程で、経費総額は、経済状況

第30表　財政の規模と対前年度比伸び率

（単位：億円、％）

年度	一般会計当初予算		財政投融資		地方財政計画	
	予算額	伸び率	計画額	伸び率	計画額	伸び率
1980年度	425,888	10.3（5.1）	181,799	8.0	416,426	7.3
81	467,881	9.9（4.3）	194,897	7.2	445,509	7.0
82	496,808	6.2（1.8）	202,888	4.1	470,542	5.6
83	503,796	1.4（△0.0）	202,029	2.0	474,860	0.9
84	506,272	0.5（△0.1）	211,066	1.9	482,892	1.7
85	524,996	3.7（△0.0）	208,580	△1.2	505,271	4.6
86	540,886	3.0（△0.0）	221,551	6.2	528,458	4.6
87	541,010	0.0（△0.0）	270,813	22.2	543,796	2.9
88	566,997	4.8（1.2）	296,140	9.4	578,198	6.3
89	604,142	6.6（3.3）	322,705	9.0	627,727	8.6
90	662,736	9.7（3.9）	345,724	7.1	671,402	7.0
91	703,474	6.2（4.7）	368,056	6.5	708,848	5.6
92	722,180	2.7（4.5）	408,022	10.9	743,651	4.9
93	723,548	0.2（3.1）	457,706	12.2	764,152	2.8
94	730,817	1.0（2.3）	478,582	4.6	約809,200	約5.9

注）当初予算の伸び率の（　）内は一般歳出の伸び率。
（資料）大蔵省『財政統計』各年度版および『国の予算』各年度版より作成。94年度の数値は『日本経済新聞』1994年２月11、16日付より。

の悪化を直接に反映して「膨張→停滞」へと変質をみせた。

その場合、このような推移はある意味で十分な想定範囲にあって何も意外ではないが、もう一歩突っ込んで（ロ）その「増加率」にまで立ち入るとどうか。そこでいま「一般会計当初予算」における「伸び率」（％）を追えば、八八年＝四・八→八九年＝六・六→九〇年＝九・七（**第30表**）というプロセスで、まずバブル期での拡大が経過するが、その後、「バブル崩壊」とともに直ちに暗転へと向かわざるを得ない。すなわち九一年＝六・二→九二年＝二・七→九三年＝〇・二という極端な減少過程を辿り始めるから、「バブル崩壊」を契機とした、「経費増加率」の急激な低下に関しては一切の疑問はあり得まい。

したがって、他方での「財投規模の縮小」（伸び率・％、八七年＝二二・二→八八年＝九・四→八九年＝九・〇→九〇年＝七・一→九一年＝六・五）（**第30表**）をも考慮に入れると、結局、「バブル崩壊」局面に

第31表　一般会計歳出（決算）の目的別構成比

（単位：%、実数は十億円）

年度	国家機関費	地方財政費	防衛関係費	対外処理費	国土保全及開発費	産業経済費	教育文化費	社会保障関係費	恩給費	国債費	その他	合計（実数）
80	5.0	18.1	5.2	0.0	13.8	9.2	10.7	21.3	3.8	12.7	0.2	43,405
85	4.8	18.4	6.0	–	11.0	6.7	9.3	21.0	3.5	19.2	0.1	53,005
90	6.8	23.0	6.2	–	8.5	5.9	7.8	18.4	2.6	20.7	0.1	69,269
95	5.5	16.2	6.2	–	14.4	6.7	8.7	22.3	2.2	16.9	0.9	75,939
2000	5.4	17.7	5.5	–	11.5	4.6	7.5	22.0	1.6	24.0	0.1	89,321
05	6.2	20.4	5.7	–	11.1	2.6	6.7	24.1	1.3	21.9	–	85,520

（資料）　総理府『日本統計年鑑』、大蔵省・財務省『財政統計』より作成。

おいては、財政支出の急激な縮小進行が一目瞭然ではないか。

最後に、このような「経費の一般動向」を、（ハ）「一般会計／GNP」（%）の側面から「総括」しておきたい。そこでこの「対GNP比」の検出を試みると、必ずしも明瞭な傾向が浮上してくるわけではないが、しかしそれでも「バブル崩壊」局面でのその「足踏み状況」だけは大いに印象深い。事実、八八年＝一六・四→八九年＝一六・五→九〇年＝一六・一→九一年＝一五・四→九二年＝一五・〇→九三年＝一五・八→九四年＝一五・一（**第31表**）という数値が拾える以上、やはり、バブルをピークとした、その後の「バブル崩壊」過程における一直線での下降が目に止まろう。したがって、当段階ではGNPの積極的拡張を想定し得ないかぎり、このような「対GNP比率」の減少が「経費減少」そのものを表現する以外にない点は――もはや自明というべきであろう。

そのうえで二つ目として（b）「経費の目的別分類」動向へと進もう。そこで最初は（イ）「目的別構成比」（%）から入ると、何よりも「地方財政費」・「社会保障関係費」・「国債費」三者の動向がカギをなそう。そこでまず「地方財政費」だが、それは八五年＝一八・四→九〇年＝二三・〇→九五年＝一六・二と推移するから、バブル期での急拡大と「バブル崩壊」を契機とした急縮小が鮮やかに目に飛び込んでくる。その背景には、バブル期には、バブル進行に伴う地方団体間の格差解消を名分とした地方交付税交付金や各種補助金の増加が「地方財政費」を押し上げたのに対して、「バブル崩壊」後にはその余裕が喪失されるに至った――事情が大きい。換言すれば、「バブル崩壊」とともに、現代財政の「地方財政調整機能」が衰弱化しつつある過程が検出可能なのであり、その点で、「地方財政費」に関しては「バブル崩壊→構成比減」という「内的関係」が明瞭であろう。まさに「バブル崩壊」のその必然的帰結である。

またこれと同形の動きを示すのがもう一つの「国債費」に他なるまい。事実、この「国債費」比率に関しては、一九・二→二〇・七→一六・九（**第31表**）という数値が刻まれるから、「地方財政費」と同様に、「バブル期＝増大」から「バブル崩壊期＝下落」という目立った経過を辿った点が明白であろう。その原因はある程度透明であって、まず低成長克服を目指した七〇年代後半から八〇年代半ばまでの国債発行増大が、バブル期に、国債利払費を嵩上げすることによって国債費を増やしたが、その後、バブル期には景気拡張が国債発行減少を可能にしたため、「バブル崩壊期」にはむしろ国債費負担は下落へ向かった――と整理できよう。要するに「国債費」についても、以上のような理由で「バブル崩壊→構成比減」という力学が働いた。

それとは逆の「内的関係」が作用したのが「社会保障費」ではないか。具体的には、二一・〇→一八・四→二二・三（**第31表**）となるから、バブル期での一定の縮小と、その後「バブル崩壊」局面における再増加が手に取るように浮上してこよう。しかし、この背景もある意味で当然といってよく、バブル期が「相対的な生活余裕の発生」を実現させて社会保障費支出の削減に帰結したのに対して、「バブル崩壊」が、リストラ・賃金低下・格差拡大などを通して、社会保障費支出拡大を再び不可欠にした――のは見易いことだからである。こうして「バブル崩壊→社会保障費増加」というロジックが検出可能なのであって、「地方財政費」および「国債費」とはまさに逆のベクトルに即した、特有な「内的関係」がそこに確認されてよい。

第32表　国一般会計主要経費の対前年度増加率

（単位：％）

年度	1985	86	87	88	89	90	91
社会保障関係費	2.7	2.7	2.6	2.9	4.9	6.6	5.1
文教及び科学振興費	0.2	0.1	0.1	0.2	1.6	3.6	5.5
国債費	11.7	10.7	0.1	1.6	1.3	22.5	10.8
恩給関係費	−1.2	−0.7	2.5	−0.8	−1.3	−1.0	−1.6
地方財政関係費	6.8	5.1	−0.0	7.1	22.6	14.3	4.6
防衛関係費	6.9	6.58	5.2	5.2	5.9	6.1	5.5
公共事業関係費	−2.3	−2.3	−2.3	0.0	1.9	0.3	6.0
経済協力費	7.8	6.3	4.2	5.1	6.7	6.9	7.8
中小企業対策費	−5.7	−5.1	−3.8	−1.1	−0.5	0.1	0.3
エネルギー対策費	4.2	0.1	−21.4	−6.8	14.3	3.8	8.1
食糧管理費	−14.5	−14.3	−9.3	−17.1	−6.7	−5.5	−5.6
社会資本整備事業				−	0.0	0.0	0.0
その他の事項経費	−1.0	−5.6	−4.1	0.6	3.0	2.7	4.6
給与改善予備費							−
予備費	0.0	3.0	0.6	0.0	0.0	0.0	0.0
合計	3.7	3.0	0.0	4.8	6.6	9.7	6.2

（資料）　大蔵省『財政統計』各年度版および『日本経済新聞』1990年12月30日付より作成。

続いて、「経費分類」を（ロ）特にその「増加率」（％）に焦点を当てて取り出すとどのような断面が現れてくるだろうか。あまり最新の数値は手に入らないが、いま「主要経費の対前年度増加率」のチェックを試みると、以下のようであった。すなわち、先に「構成比」に関して取り上げた三主要経費は、この「増加率」サイドからは以下のような個性的な三グループへと分類されるのであって、まず「加速型」の代表は何と言っても「国債費」以外ではない。すでに確認した通り、この「国債費」は「バブル崩壊」以後はそのウエイトを下げていたが、伸び率としては八九年＝一・三→九〇年＝二二・五→九一年＝一〇・八（**第32表**）という相変わらず高い水準を持続していく。したがって、その「構成比」としては「バブル崩壊」局面で一定の縮減に向かったとはいえ、その「増加率」の側面からは下落基調に入ったとは決して判断はできず、「国債発行のツケ」はなお長期間に渡ってその負担を強めていくことに違いない。ついで「持続型」としては、「社会保障費」がそれに該当する。すなわち、その「増加率」は四・九→六・六→五・一（**第32表**）という数字が拾えるから、「バブル期＝低下→バブル崩壊期＝再増加」という「構成比推移」変化の中でも、その「増加率」としてはむしろ一定の着実な持続傾向を提示していることが分かる。その点で、「バブル崩壊」局面における「社会保障費」支出の持続化傾向はなお一層際立っている——と整理されるべきであろう。そのうえで、「減少型」の典型は「地方財政費」に他ならず、事実、その伸び率は二二・六→一四・三→四・六（**第32表**）となって一路激減軌道を直進していく。みられる通り凄まじい下落テンポだという以外にはなく、したがって、「構成比低下」基調とも相まっていまやその「増加率」もが顕著に縮減しているかぎり、「地方財政調整」機能の衰弱化はまさに危機的状況にこそ追い込まれている。

最後に、「経費分類」の現況を（ハ）「九四年度予算」に即してトレースしておきたい（**第33表**）。そこで上記の三経費の「現況」（概算額・伸び率・構成比）を、「バブル崩壊」期の一応ピークといってよい「九四年度歳出」をモデルにして解析すると以下のような基本線が浮かんでくる。いま「伸び率」順に細かくみていくと、まず第一位には「社会保障関係費」がランクされて、「概算額」＝一三四千億円・「伸び率」＝二・六％・「構成比」＝一八・四％（**第33表**）という状況を示すから、先にも指摘した如く、「バブル崩壊」後の生活悪化に条件付けられて、バブル破裂直後の「社会保障費の再増加」傾向がいぜんとして続行しているといわざるを得ない。むしろ、構成比の高水準に加えて、——他の主要項目が軒並み低下を余儀なくされているにもかかわらず——この「社会保障費」だけが伸び率プラスを実現している点からしても、「バブル崩壊」局面がさらに長期不況へと連結する過程のなかで、この増加基調は一層拡大するのではなかろうか。ついで第二番目は「国債費」に他ならない。つまり、一四三千億円、△七・〇％、一九・六％という内容になるが、その伸び率はマイナスに転じていて、「バブル崩壊」に規定された拡大規模の伸び悩みが著しい。しかし、バブル以前に積み上がった累積国債に対する元利支払の膨大性は決して否定はできず、その点は、「国債費」

第33表　1994年度一般会計予算歳入歳出概算

（単位：億円、％）

	概算額	増減額	伸び率	構成比
【歳入】				
租税及印紙収入	536,650	△76,380	△12.5	73.4
その他収入	57,737	28,518	97.6	7.9
公債金	136,430	55,130	67.8	18.7
合計	730,817	7,268	1.0	100.0
【歳出】				
社会保障関係費	134,816	3,360	2.6	18.4
文教及び科学振興費	59.578	1,373	2.4	8.2
国債費	143,602	△10,821	△7.0	19.6
恩給関係費	17,620	△146	△0.8	2.4
地方交付税交付金	127,578	△28,596	△18.3	17.5
防衛関係費	46,835	429	0.9	6.4
公共事業関係費	111,461	25,460	29.6	15.3
経済協力費	9,992	421	4.4	1.4
中小企業対策費	1,877	△74	△3.8	0.3
エネルギー対策費	6,759	208	3.2	0.9
食糧管理費	2,743	△370	△11.9	0.4
産投特別会計への繰入れ	1,725	△141	△7.5	0.2
その他の事項経費	47,282	717	1.5	6.5
予備費	3,500	0	0.0	0.5
92年度決算不足補填繰り戻し	15,448	15,448	–	2.1
合計	730,817	7,268	1.0	100.0

注）公共事業関係費には、NTT株売却益を活用した地方自治体向け無利子融資事業で今回償還を繰り上げるのにともなう補助金を含んでいる。このため表の予算額と実際の事業の予算額は異なる。

（資料）『日本経済新聞』1994年２月11日付、『朝日新聞』1994年２月16日付より作成。

こそが「構成比」の首位を占めることからも如実に理解可能であろう。そのうえで三番手として「地方交付税交付金」がきて、一二七千億円、△一八・三％、一七・五％という姿をみせる。みられる通り、二〇％に迫る大幅な縮小に追い込まれているといってよく、「構成比」が鈍化しているだけに止まらず、さらに伸び率が極端に収縮している以上、「地方財政費」の圧縮は一目瞭然という以外にはない。したがって、「バブル崩壊」に起因した「財政の地方調整機能」は、「バブル崩壊」

を分水嶺としつつ、不況深化が進行するとともに一層拡大をみせているわけである。

こうして、全体的には、先に摘出した「バブル崩壊」局面の経費動向が、不況拡大と並行して益々その色彩を濃くしているようにみえる。まさしく「バブル崩壊」の爪痕が深まっていく。

しかし重要な点がもう一つ残されている。すなわち三つ目として、（c）「公共事業費動向」の「バブル崩壊型具体像」はどう把握されるべきなのであろうか。そこでまず（イ）「目的別構成比」から注目していくが、いま「国土保全及び開発費」に代表させてその比率（一般会計、％、一〇億円）をフォローすると次の通りであった。すなわち、八五年＝一一・〇↓九〇年＝八・五↓九五年＝一四・四という軌道上を進むから、「バブル期↓崩壊期」にかけての極めて理解し易い行動が浮かんでくるとみてよく、まず「バブル好景気」における「公共事業・必要性の低下」と、ついでその後「バブル崩壊期」での「景気対策型公共事業・不可避性再燃」との、その著しいコントラストが印象的であろう。こうして、まず時系列的にみて、「バブル崩壊」局面が何よりも「公共事業・拡大期」に相当している点が明瞭だと思われる。ついで、この増加趨勢を（ロ）その「増加率」ベクトルからも傍証しておこう。いまその点を「対前年度増加率」（％）によって確認していくと、バブル期に入って八七年＝△二・三↓八八年＝〇・〇とまず後退を続けるが、その後は「バブル崩壊」と歩調をあわせて八九年＝一・九↓九〇年＝〇・三↓九一年＝六・〇と上昇路線に乗り、九一年には実に六・〇％増にまで達している（**第32表**）。いうまでもなくこの六％膨張という数字は近年では観察できない高い率であり、したがってその意味で、この「公共事業費」増大が、「バブル崩壊」を契機とした景気低落に対する、過剰資本処理＝有効需要創出を目指した、経費面からのその対策以外でない点は自明であろう。

そのうえでさらに、（ハ）「九四年度予算」における「公共事業費」の位置付けをも確認するとどうか。そこで「公共事業関係費」の断面図に目を凝らしてみると、概算額＝一一一億円（構成比一五・三％）は対前年比で二五億円と

第34表　租税及印紙収入（一般会計）の推移

（単位：億円、％）

年度	当初予算額	増減額	伸び率	補正額	決算剰余額
1980年度	264,110	49,240	22.9	7,340	△2,763
81	322,840	58,730	22.2	△4,524	△28,795
82	366,240	43,400	13.4	△61,460	331
83	323,150	△43,090	△11.8	△4,130	4,563
84	345,960	22,810	7.1	2,390	734
85	385,500	39,540	11.4	△4,050	538
86	405,600	20,100	5.2	△11.200	24,368
87	411,940	6,340	1.6	18,930	37,109
88	450,900	38,960	9.5	30,160	27,205
89	510,100	59,200	13.1	32,170	6,948
90	580,040	69,940	13.7	11,270	9,749
91	617,720	37,680	6.5	△27,820	8,304
92	625,040	7,320	1.2	△48,730	
93	613,030	△12,010	△1.9	△56,230	
94	536,650	△76,380	△12.5		

注）増減額と伸び率は対前年度当初予算比。
（資料）大蔵省『財政金融統計月報』第492号より作成、93、94年度の数値は『日本経済新聞』各号より。

なり、それは実に二九・〇％もの伸び率を示す（**第33表**）。いうまでもなくこの増加率は九四年度予算の中では最大の伸び率であって、傑出した水準となっている。この「公共事業費」に次ぐ第二位の伸び率が「経済協力費」の四・四％である点を勘案すれば、「バブル崩壊」局面における「公共事業費」拡大のその激しさが一目瞭然だというべきであろう。要するに、「公共事業費」はこの「バブル崩壊」期に極めて積極的な動向を提示したわけであり、まさにそこに、その「バブル崩壊」型特質が検出されてよい。

続いて、取り急ぎ②「租税動向」へと視角を転回させよう。そこで最初に一つ目は（a）「租税収入総額動向」が前提となるが、まず（イ）「総額一般推移」（当初予算額、千億円）から入ると以下のように推移した。すなわち、八八年＝四五〇→九〇年＝五八〇→九二年＝六二五→九四年＝五三六（**第34表**）という軌跡を描く以上、景気動向に対応した、極めて明瞭な輪郭が進行しつつ、当面の「バブル崩壊」局面における明白な減収基調がまず目に飛び込んでくる。その点で、「バブル崩壊→国民所得停滞→税収減少」というロジックが十分に推量可能であるが、その点を実証するために次にその（ロ）その「増減額」に注目すれば、直ちに以下の動向が明らかとなってこよう。いまその「増減額」推移を具体的にフォローしてみると、八八年＝三八→九〇年＝六九となってバブル期末期に増加のピークを印すが、それを頂点として、「バブル崩壊」とともに九一年＝三七→九二年＝七と大幅減少に向かい、とうとう九三年＝△一二とマイナスを記録しつつ九四年には実に七六千億円の減収に落ち込むに至った（**第34表**）。したがって、バブル期からその崩壊に掛けて、極めて極端な「税収増→税収減」プロセスが経過したことが理解できるのであり、その意味で、「バブル崩壊」期はまさに税収縮小局面以外ではあり得ない。

そのうえでさらに、念のために（ハ）「税収伸び率」（％）にまで踏み込んでもこの基調は同様であって、例えば次のような数字が拾える。すなわち、九・五→一三・七→六・五→一・二→△一・九→△一二・五（**第34表**）というラインで経過するから、その傾向にはもはや何の疑いもなく、バブル局面での明確な伸び率上昇と、「バブル崩壊」を分水嶺としたその後における「極端な落ち込み」とが表面化していくといってよい。見事な「バブル崩壊」型動向だという以外にはない。

とすれば、以上のような税収減はどのような内訳によって発生したのだろうか。そこでそれを知るために、二つ目として（b）「租税収入内訳」（千億円）にまで立ち入ると（**第35表**）、まず（イ）「所得税」が注目されるが、それは以下のように動く。すなわち、八〇年＝一〇八を起点にしつつバブル形成とともに所得税収の目立った増加が始まり、八五年には一五四千億円にまで膨張した後、バブル頂点の九〇年には実に二五九千億円をも記録するに至った。しかしそれが継続するはずはなく、「バブル崩壊」に直面して九五年＝一九五へと奈落へ落ちていく。そうであればその結果として、バブル頂点を基準にするとこの「バブル崩壊」には、六兆四千億円もの所得税減少が進行したといわざ

第35表　租税収入内訳（決算）

（単位：百万円、1950年以降十億円）

年度	総額	地租	所得税	法人税	営業収益税	相続税	酒税	砂糖消費税	揮発油税	物品税	関税
		自動車重量税									
75	13,273	220	5,482	4,128		310	914	43	824	683	373
80	26,028	395	10,800	8,923		441	1,424	43	1,547	1,038	647
					石油税			たばこ税			
85	36,786	452	15,435	12.021	400	1,061	1,932	884	1,557	1,528	637
										消費税	
90	58,212	661	25,996	18,384	487	1,918	1,935	996	1,506	4,623	825
95	49,989	784	19,515	13,735	513	2,690	2,061	1,042	1,865	5,790	950
2000	49,181	851	18,789	11,747	489	1,782	1,816	876	2,075	9,822	821
05	47,897	757	15,586	13,274	493	1,566	1,585	887	2,168	10,583	886

（資料）　前掲、三和・原編『要覧』21頁。

るを得ない。したがって、この「バブル崩壊」局面の中で、「バブル崩壊→国民所得縮小→所得税減少」という論理が明確に貫徹することによって、それが、「所得税減少」を必然的に帰結させた事情が手に取るようによく分かる。

まずこれが、「バブル崩壊」による「所得一般の減少」がもたらした作用だが、これを、続いて（ロ）「法人税」に特化してフォローするとその色合いは一層強まろう。つまり、「法人税」の推移に関しては八九→一二〇→一八三→一三七という数値が刻まれて、「所得税」よりは確かにモデラートな起伏が検出可能だが、その増減図式は「所得税」と同形であって、バブル期での顕著な増大と「バブル崩壊」期での急減少とがやはり同様に確認されてよい。したがって、企業部門に限定してもその課税所得のまさに明白な収縮がみて取れるわけだから、したがってその点で、企業次元における、「資本過剰累積→利潤率下落→課税所得低下」というロジックの進行が明瞭である——という以外にはない。要するに、この「法人税」減収が、「バブル崩壊＝過剰資本整理過程」という現実を改めて実証しているのではないか。

それに対して、同じく景気動向に敏感に反応する、もう一つの（ハ）

「消費税」はどうか。これについては不十分な統計しかないが、差し当たり一五（物品税）→四六→五七となるから、バブル期からその崩壊局面に掛けても「消費税」総額は決して減ってはいない。もっとも、それはまさしく「停滞」とこそ表現すべきであって、その伸張程度の鈍化はいずれにしても否定はできないが、上記の「所得税」および「法人税」の激落と比較すれば、「バブル崩壊」の「消費税」に対する打撃はまだ軽かった点だけは注意しておこう。いうまでもなく「消費税」には「必要生活手段」が多く含まれている以上、「バブル崩壊」のダメージがそこには相対的に軽度にしか反射していかないのは——むしろ当然だと理解すべきであろう。

要するに、「バブル崩壊→国民所得減少」という、「バブル崩壊」型・経済実体の変動に規定されて、「所得税・法人税」を中心に税収の大幅減退が発現したのだと考えられる。

ここまでの「バブル崩壊型租税構造」の基本線を前提にして、その延長線上に、念のため三つ目に（c）「九四年度歳入状況」**（第33表）**を全体的に位置づけておきたい。言い換えれば「歳入の大分類」的構成に他ならないが、まず（イ）「租税及印紙収入」が圧倒的ウエイトを占めるのは当然であって以下のようになる。すなわち、「概算額」＝五三六千億円であり全体の七三・四％という「構成比」を占めるが、しかし増減面では減少基調にあり「伸び率」＝△一二・五％というマイナス水準を記録しつつ、「増減額」としては実に△七六千億円にまで達している。先ほどから繰り返し指摘してきた「租税収入・減」傾向が九四年度にまで継続していると判断すべきだが、そうであれば、その削減分は他項目で補われる外ないのはいうまでもない。そこで次は（ロ）「その他収入」だが、それは主に「ＮＴＴ株売却益」に関係する。すなわち、ＮＴＴ株売却利益を原資として地方公共団体へ無利子融資を展開した融資事業の、その「繰上げ償還」がその大宗をなしつつ、それに、いくつかの特別会計からの「借入れ・剰余金繰り入れ」および「日銀納付金」が加わるが、その量的規模はこの時期に巨大な膨張を遂げる。つまり、その実態に立ち入ると、概算額＝五七千億円は前年度からの増減額にして二八千億円増に相当し、――構成比としては七・九％と低いものの――その伸び率は実に九七・六％に達するといってよい。まさにこのような大規模な「税外収入」こそが、「租税収入」減少をまず一方で補完したのは当然であり、それが「バブル崩壊」期財政の支え手となった。

しかしそれだけではない。ついでもう一つの「支え手」になったものこそ（ハ）「公債金」に他ならず、――その詳細は以下でチェックするが――その基本的骨組みとしては差し当たり以下のような数値が刻まれる。例えば、概算額＝一三六千億円、増減額＝五五千億円、構成比＝一八・七％という図式を表わし、その結果、伸び率は実に六七・八％という凄まじい高レベルを実現していく。まさしく、「税収不足」は他方でこの「公債金」によって辛うじて補われたというしかなく、「バブル崩壊」局面における「国債発行増加」過程がまず表出してこよう。

要するに、「九四年度歳入状況」の中に「バブル崩壊」期歳入の素顔が明確にみて取れる。

最後に、「バブル崩壊」局面の財政構造を③「赤字国債」動向の面から集約しておきたい。その場合その焦点は、いうまでもなくいま確認した「バブル崩壊→税収減→国債依存拡大」という図式にこそ設定されてよいが、まず一つ目に、その前提として（a）「決算剰余額」（百億円）を洗い出しておくと、次のような流れをなす。つまり、八七年＝三七一→八八年＝二七二→八九年＝六九→九〇年＝九七→九一年＝八三（**第34表**）と動く以上、この「剰余金」はバブル期をピークとしつつ、その後は「バブル崩壊」過程で一挙に下落ルートを転げ落ちるといわざるを得まい。したがって、「税収減少」に立脚して、「バブル崩壊」とともに「剰余金」の明白な縮小基調が一目瞭然であるが、この「剰余金減少」が直ちに公債発行増に連結するのは明瞭であろう。その意味で、国債増加の土台にこの「剰余金・減」があるのは当然であった。

そこで二つ目として、（b）「国債発行額」（千億円）を実際にフォローすれば以下の通りであろう。つまり、八七年＝九四→八九年＝六六→九一年＝六七→九二年＝九五→九三年＝一六一→九五年＝二一二（**第29表**）という軌跡が描かれるからその動向推移の基本像には何の迷いもあり得なく、バブル局面での絶対的減少とついで「バブル崩壊」局面におけるその顕著な増加――とが容易に検出可能だと判断してよい。その意味で、「バブル崩壊」期はまさしく「国債発行の再増加」フェーズに当たっているわけであり、「税収減」の作用がはっきりとその素顔をみせてくる。

そうであれば最後に三つ目に、この傾向が最終的に（c）「公債依存度」（国債発行額／中央財政一般会計歳出、％）上昇となって発現してくるのは自明であろう。事実、この「依存度」は、「バブル崩壊」過程の中で、八九年＝一〇・一→九〇年＝一〇・六→九一年＝九・五→九二年＝一三・五→九三年＝二一・五→九四年＝二二・四→九五年＝二八・〇（**第29表**）という「鰻上りの急騰貴」を示すのであるから、「バブル崩壊」局面における「公債依存度の急激な持続的上昇基調」についてはこれ以上の贅言は必要あるまい。したがって、「バブル崩壊→税収減→決算剰余金減→公債発行増→公債依存度上昇」というロジックが一点の曇りもなく貫徹しており、まさにここにこそ、「バブル崩壊期財政の到達点が検出されてよい。要するに、「過剰資本累積」のその帰結であろう。

［3］金融政策　最後に第三は（三）「金融政策」[7]に他ならない。そこで全体の基礎的土台としては①「民間信用動向がまずその基礎基盤をなすが、この点を最初に一つ目に（a）「資金運用＝資産」構造からみていこう。まず（イ）「資金運用総額」（兆円）推移が注目に値するが、それは以下のように動いた。すなわち、バブル期においては、八五年＝七一・五→八六年＝一〇二・九→八七年＝一二〇・五→八八年＝一二六・七→八九年＝一四五・四というプロセスを経て文字通り「狂気じみた」膨張を遂げ、それがバブル形成に「油を注いだ」ことは周知であった。しかしその「狂気」が永続するはずはなく、自らが起こしたそのバブルの、今度はその崩壊によって、「資金運用」は一転して一気に奈落へ落ち込む。事実、「バブル崩壊」の濁流に飲み込まれて九〇年＝八三・五兆円となり、その結果、バブルのピー

第36表　法人企業および民間金融部門の資金運用

（単位：兆円）

年	企業の資金運用		民間金融部門の資金運用			
	金融資産純増	実物投資	現　金	有価証券	貸出金	預金等
1980	12.3	12.6	0.1	8.1	20.6	16.4
81	21.0	11.8	0.0	10.6	24.1	24.8
82	15.7	16.0	0.1	13.2	27.8	18.9
83	16.0	12.9	0.1	15.0	27.8	20.1
84	27.1	14.3	0.1	14.6	31.9	24.9
85	23.6	12.9	0.4	16.7	30.2	23.7
86	17.1	12.3	0.0	36.4	38.8	27.7
87	59.0	22.4	0.1	30.7	47.9	41.8
88	53.4	23.1	0.4	29.6	52.4	44.3
89	64.9	30.0	0.0	23.2	75.9	46.3
90	39.7	47.3	0.3	−0.3	47.4	36.1

（注）　企業の資金運用は、非金融法人企業のフローの値。金融資産は、現金、預金、有価証券、その他金融資産。民間金融部門の資金運用は、年間増加額。
（資料）　野口［1992］。

クから実に六二兆円をも減少させてその五七％にまで墜落したといってよい（**第36表**）。まさにその点で、この「資金運用総額」動向は、「バブル崩壊」期・民間信用の総体的行動をそれこそ手に取るように映し出しているわけであり、いずれにしても「バブル崩壊」局面における「資産収縮」は一目瞭然であろう。

　このような「資産減少」の基本基調をふまえると、次に問題となるのはもちろん（ロ）「資金運用内訳」である。その場合、この「資産」の中で質・量両面でウエイトが高いのは「有価証券・貸出金・預金」なのでこの三項目に注目していくと、資金運用の中軸を構成するのはやはりまず「貸出金」に他ならない。すなわち、その絶対額（兆円）はバブルの過程で三〇・二→三八・八→四七・九→五二・四→七五・九（**第36表**）という巨大な伸長（約二・五倍）を遂げて、何よりもこの「貸出金」こそがバブル促進の「元凶」であった点が理解できるが、「バブル崩壊」とともに一挙に暗転する。つまり九〇年には四七・三兆円へと急縮せざるを得ないから、結局、二九兆円を減少させて頂点の実に六三％へと下降していった。

まさにこの「貸出金」こそが「バブル崩壊」局面・「資金運用」の最大収縮項目をなしたのであるが、その根源に「企業・資金需要の減退」があるのは自明だから、ここにも、「過剰資本累積」のその傷跡が明瞭ではないか。

ついで「預金」が第二位であるが、それは、例えば銀行間あるいは証券会社との間の、金融自由化に関わる自由金利型の、「譲渡性預金・ＭＭＣ・大口定期預金」などをその内容としている。そこでその推移をフォローすると、まずバブルと並行して二三・七→二七・七→四一・八→四四・三→四六・三と明確な上昇路線を驀進したが、「バブル崩壊」はその傾向を直撃する。具体的には九〇年には三六・一兆円へと下落するのであって（**第36表**）、この「預金」動向に関しても「バブル崩壊」型影響は決して無視し得ない。そのうえで最後は「有価証券」（一六・七→三六・四→三〇・七→二九・六→二三・二→△〇・三）（**第36表**）であるが、これについては以下の三点に特別の注意を払う必要がある。もちろんまず第一は八九・九〇年における明瞭な減少であって、ここに「バブル崩壊」の直截な打撃が反映しているのは多言を要しまいし、また同様に第二に、八七・八八年での顕著な膨張が「株式投機」を原動力としたバブル亢進の典型的な証左である点――にも一切の疑念はあり得まい。しかし第三に、この「有価証券」が――「バブル崩壊」以前の――八七年時点から早くも後退に向かっていることが目立つが、その背景には、「国債発行抑制→国債投資縮小→有価証券減少」という、特有な「バブル的特徴」の作用が大きいと思われる。

そのうえで念のため、以上のような「資産」動向をその「構成比」に集約させて整理しておきたい。そこでいま「都市銀行」レベルにおける「資産構成比」（％）検出を試みると、例えば以下のような数字が得られる。すなわち、「現金（預け金）・有価証券・貸出金」それぞれの比率は、八五年＝八・〇→九〇年＝一三・一→九五年＝六・七、一一・四→一二・九→一四・八、六三・七→五六・七→六三・〇（**第37表**）という軌跡を描くから、ここからは、「バブル崩壊」に規定されたいくつかの新動向がその顔を覗かせてくる。いうまでもなく、まず一つ目は「現金・預け金」ウエイトの急

第37表　都市銀行の資産、負債構成比

（%）

	年末	1955	60	65	70	75	80	85	90	95	2000	2001.8
資産	預金・預け金	12.3	11.2	10.3	9.0	8.7	8.9	8.0	13.1	6.7	4.1	3.9
	コールローン・買入手形	0.3	0.0	0.0	0.0	0.2	1.7	3.8	2.0	1.2	0.8	1.4
	有価証券	9.2	11.4	12.4	10.7	10.8	13.6	11.4	12.9	14.8	21.6	20.6
	貸出金	58.2	59.3	57.5	58.9	59.0	58.1	63.7	56.7	63.0	57.7	55.7
	外国為替	4.4	4.6	5.4	7.0	5.7	4.8	2.6	2.2	0.8	0.6	0.6
	動・不動産	1.9	1.2	1.3	1.7	1.5	1.3	0.8	0.6	0.8	1.2	1.1
	その他	13.7	12.3	13.0	12.7	14.2	11.5	9.7	12.4	12.7	14.0	16.7
負債	預金	75.3	70.3	66.3	65.9	65.4	69.5	64.8	68.3	64.2	56.8	57.0
	CD						0.9	2.5	3.2	5.6	8.5	9.6
	債券	0.0	0.0	0.2	0.3	0.9	1.1	1.3	1.2	1.8	1.0	0.8
	コールマネー・売渡手形	2.3	3.0	4.9	5.5	7.9	7.5	10.0	7.8	11.1	6.4	6.6
	借用金	2.6	7.2	8.3	7.3	2.2	1.7	1.8	1.9	3.1	2.7	2.5
	支払承諾	10.6	8.5	10.2	10.7	12.7	9.4	6.8	6.9	5.3	4.6	5.1
	外国為替	1.2	3.3	3.5	2.8	1.3	1.0	0.5	0.2	0.2	0.2	0.3
	その他	7.1	6.4	5.4	6.3	8.8	8.2	11.6	9.6	7.5	17.8	16.3
	資本金	0.9	1.4	1.2	1.1	0.8	0.7	0.6	1.0	1.1	1.9	1.8

（資料）日本銀行『経済統計年報』、『金融経済統計月報』。

落であって、「バブル崩壊」が「エクイティ・ファイナンス」への打撃を強めた結果、それが「金融自由化関連・自由金利型預金」の不調を帰結させたのは当然だし、また二つ目として「貸出金」の停滞も、それが、「バブル崩壊→過剰資本累積→企業投資下落」に立脚した対企業貸出減少に関連しているのは明瞭といってよい。これらの抑制傾向に対して、その比率を高めているのが三つ目に「有価証券」であるが、その内訳としては、――株式・社債ではなく――先にも指摘した「国債発行増」に見合った「国債投資」比率の向上が想像可能なのは、自明であろう。まさに「バブル崩壊」型特質が濃厚に発現してきている。

次に、以上のような「資産構成」を前提とした場合、その動向は（ハ）「預貸率」（都銀、％）へとどのように反映しただろうか。その際、預金動向は次に検討することにして、ここでは取りあえず、「貸出」および「有価証券」の伸長バランスをそれぞれ表現する、「預貸率」と「預貸証率」とをフォローすると、例えば以下のよう

第38表　都市銀行の外部負債比率、預貸率、預貸証率

（%）

年末	外部負債比率	預貸率	預貸証率
1955	6.8	90.7	10.5
60	14.4	97.8	116.7
65	18.6	99.2	120.6
70	17.6	98.6	116.5
75	14.1	98.3	116.3
80	10.2	88.6	109.3
85	11.2	99.3	117.1
88	10.3	97.7	116.2
90	10.1	83.7	102.8
95	15.7	90.1	102.8
2000	11.3	88.0	121.0
2001.8	10.3	83.4	114.3

注）外部負債比率＝（借用金＋短資市場純借入）／（実質預金＋CD＋債券発行高＋借用金＋短資市場純借入）×100、預貸率＝貸出金／（実質預金＋CD＋債券発行高）×100、預貸証率＝（貸出金＋有価証券）／（実質預金＋CD＋債券発行高）×100
（資料）日本銀行『経済統計年報』、『金融経済統計月報』。

な数値が刻まれる。すなわち、八五年＝九九・三－一一七・一→八八年＝九七・七－一一六・二→九〇年＝八三・七－一〇二・八→九五年＝九〇・一－一〇二・八（**第38表**）という経過に他ならず、したがって、かならずしも顕著な動きではないものの、この中からも、「バブル崩壊」局面における「預貸率・預貸証率」の下降基調は一目瞭然といってよい。まさにこの方向性からしても、「バブル崩壊」期での「資産停滞」動向は明確に傍証できよう。

続いて三つ目として、以上のような「バブル崩壊期」の「資産停滞」に対応した（c）「負債」状況へと進もう。そこで最初に（イ）「負債構成」（都銀、%）（**第37表**）推移を追跡すると以下のようであった。すなわち、まず最大の比率を構成するのはやはり「預金」とみてよく、八五年＝六四・八→九〇年＝六八・三→九五年＝六四・二というほぼ安定した動きを辿る。しかしそれでも、バブルに連動した変動は否定し難く、バブル期における「自由金利型預金」の増加と、「バブル崩壊」に対応した九五年レベルでの明瞭な低落とはどうしても打ち消せない（**第39表**）。したがって、「負債」面におけ

第39表　日銀および全国銀行主要勘定

（単位：億円）

年末	日本銀行勘定					全国銀行勘定			
	発行銀行券	貸出金	買入手形	国債	外国為替	実質預金	借用金	日銀借入金	貸出金
1955	6,738	446	12	5,536	1,848	32,940	859	297	31,958
60	12,341	5,001	−	5,691	3,087	78,991	6,108	4,542	81,826
65	25,638	16,276	−	9,300	3,713	183,754	16,405	11,904	192,179
70	55,560	23,533	−	23,813	11,232	380,095	28,157	22,296	394,793
75	126,171	17,772	23,237	73,945	35,060	855,129	20,060	16,076	887,672
80	193,472	23,289	32,000	158,351	21,893	1,418,840	24,793	18,462	1,364,746
85	254,743	44,567	52,932	172,786	34,280	2,174,055	43,494	35,366	2,371,700
90	397,978	63,032	69,056	315,421	29,960	4,681,751	98,575	56,290	4,433,042
95	462,440	23,904	104,338	375,358	25,309	4,700,223	176,106	10,652	4,863,560
2000	633,972	8,274	75,836	562,943	36,856	4,821,756	166,220	3,665	4,639,163
05	792,705	0	440,899	989,175	47,278	5,264,102	112,457	0	4,085,480

（資料）日本銀行『経済統計年報』、日銀HP「時系列データ」により作成。
日本銀行勘定の貸出金は、貸付金・割引手形の合計で、2000年には預金保険機構貸付金を含む。
全国銀行勘定は、全国（国内）の銀行勘定で信託勘定は含まない。実質預金は預金から資産項目の小切手・手形を控除した金額。

る「バブル崩壊」の影響はまずこの「預金」サイドに表出されているが、ついで高いウエイトを占めるのが「コールマネー・売渡手形」だとみてよく、例えばそれは一〇・〇→七・八→一一・一（**第37表**）というライン上を進む。その点で、バブル期における「手元資金余裕化」に立脚して一旦は縮小したこの「コール比率」が、「バブル崩壊」を契機とする「資金保有状況悪化」によって再び上昇に転じている――変容過程が一応は視界に入ってくる。

最後に「借用金」だが、このベクトルからも「バブル崩壊」的特徴が顕著に現れてくる。というのも、それに関しては一・八→一・九→三・一という数値が拾えるからであって、確かに絶対的数字としては小さいものの、「バブル崩壊」を画期として明確な上昇路線に乗っているといわざるを得ない。後に絶対金額に即しても慎重に確認する必要があるように思われるが、いま直前でふれた「コール比率」の向上基調と同様に、それが、「バブル崩壊」局面での、「銀行・手元資金余裕度」の低下傾向を端的に表現している可能性は——非常に高い。

そこで次に、もう一歩立ち入って、「預金」と「借用金」を中心に、（ロ）「負債絶対額」（全国銀行、千億円）にまでメスを入れていきたい。まず「実質預金」からみると、バブル上昇とともにまず八五年＝二一七四→九〇年＝四六八一となって二・二倍を遂げるが、それは「バブル崩壊」を契機として顕著な下落に落ち込み、九五年には四七〇〇千億円レベルで呻吟する。したがってそうであれば、すでにその「構成比」に即して確認した「預金の停滞傾向」はこの絶対額動向においても明瞭に検出可能であり、ここでもその「バブル崩壊」型特徴は明瞭といってよい。しかし、注意すべきはむしろもう一つの「借入金」にこそある。というのも、先に「構成比」に関してみた通り、バブルの過程では抑制されていたこの「借入金」が「バブル崩壊」を切っ掛けにして上昇基調が窺えたが、その点を絶対額に関してもチェックすることが不可欠だからである。そこで「借入金」動向を追えば、それは八五年＝四三→九〇年＝九八→九五年＝一七六という軌跡を描くから、ここでは驚くべき膨張が記録されていく。そしてその場合、この凄まじい膨張についてはいわば「二様の論理」が織り込まれているように想像でき、まず「八五－九〇年」フェーズでは「バブル型投資・投機を目的にした資金集中」がその主要因だったのに対して、「九〇－九五年」の「バブル崩壊」フェーズにおいては、「資金流動化の困難化」に追い込まれた「資金必要性」という、ヨリ「絶望的」状況の発生が、その背景にあるように思われる。こう把握してよければ、すでに指摘した「借入金ウエイトの上昇」傾向は、この絶対額面においてこそさらに一層鮮明に表出しているわけであって、この側面からも、その「バブル崩壊」型特質はヨリ的確に理解可能ではないか。

そのうえで、この「借入金」の大宗を占める（ハ）「日銀借入金」に関しても一瞥しておきたい。そこでいまこの「日銀借入金」総額の推移を摘出してみると、例えば三五→五六→一〇として変動するといってよく、したがって、「借

第40表　全国銀行業種別貸出残高

（単位：%、1000億円）

年	製造業	非製造業	（不動産業）	（建設業）	合計
1983	28.9	58.0	6.4	5.5	1,810
84	27.4	59.6	6.9	5.6	2,021
85	26.1	60.5	7.7	5.7	2,228
86	23.6	62.8	9.6	5.5	2,444
87	20.5	64.5	10.2	5.2	2,686
88	18.7	65.1	10.9	5.1	2,882
89	16.7	65.0	11.5	5.4	3,551
90	15.7	65.0	11.3	5.3	3,760
91	15.6	64.7	11.6	5.6	3,857
92	15.1	65.0	12.1	5.9	3,930
93	16.0	65.1	11.4	6.2	4,776
94	15.6	65.7	11.7	6.4	4,784
95	15.0	65.5	11.8	6.4	4,845
96	14.6	65.3	12.2	6.3	4,867

（資料）　日本銀行［1996］『経済統計年報』。

入金」総合の傾向とは一風変わって、「バブル崩壊」局面では、「日銀借入金」はむしろ減少過程を進んだ（二〇〇〇年＝三〇→〇五年＝〇）**（第39表）**。とすればその理由が興味深いが、この現象には以下の「二側面」が包含されていると判断してよく、まず一面では、「不良債権＝資本過剰に関連した銀行」にとっては「手元流動性危機」に切迫して「借入金依存」を強めたが、他面、「銀行部門全体」としては、「企業・資本過剰化→資金需要減退」に制約を受けて、「資金過剰」に直面しつつむしろ「日銀借入れ」を大きく削減させた――のだと。まさに「バブル崩壊」の多面性が垣間みられよう。

以上のような基本土台を前提として、最後に三つ目に（c）「業種別貸出動向」にまで立ち入っていこう。そこで何よりも「業種別貸出残高」（%、千億円）が基本をなすが**（第40表）**、いま「全国銀行」に即して「貸出残高構成」の検出を試みると、まず第一に（イ）「残高合計」は、八七年＝二六八六→八八年＝二八八二→八九年＝三五五一となってバブル頂点へ向けて顕著に増大していくが、その後は、「バブル崩壊」に起因して九〇年＝三七六〇→九一年＝三八五七→九二年＝三九三〇という明らかな減速プロセスが踏まれる。もっとも、この傾向はいうまでもなく想定内の事実だから、次に第二にそれを（ロ）「製造業―非製造業」比率（％）に括り直すと以下のようになる。すなわち、まず一方の「製造業」が、八六年＝二三・六↓八七年＝一八・七↓九〇年＝一五・七↓九二年＝一五・一↓九三年＝一六・〇となって、バブル期での明瞭な比率低下と「バブル崩壊」後におけるその「下げ止まり」が発現するのと丁度「逆相関的」に、他方の「非製造業」は、六二・八↓六五・一↓六五・〇↓六五・〇となって、バブル期での明確な比率上昇と「バブル崩壊」後におけるその「上がり止まり」が出現する――と把握されてよい。その点で、バブル期での「サービス化・ソフト化」の進展と、「バブル崩壊」局面でのその「揺り返し」とが、一見して明瞭であろう。そのうえでさらに、「バブル崩壊」以降における、この「非製造業」に関する「頭打ち」の要因が注目されるが、第三として、（ハ）バブルを牽引した「不動産業」および「建設業」にこそその秘密がある。というのも、その両者はそれぞれ、九・六↓一〇・九↓一一・三↓一二・一および五・五↓五・一↓五・三↓五・九と変化しつつ、全体としてほぼ一定水準を印し続ける。したがって、この両部門が、「バブル崩壊」局面でもなお有意なウエイトを占め続けていく点は依然として否定できないが、バブル期に匹敵するエネルギーはみて取れず、それが「非製造業の『頭打ち』」と「製造業の『下げ止まり』」とを惹起させたことは当然であろう。

こうして、「業種別貸出動向」の側面においても、「バブル崩壊」局面の諸作用がそれぞれのベクトルから検出可能である以上、その個別的影響こそが決して軽視されてはなるまい。

それでは次に、以上のような「民間信用」を枠組み的に基礎付けた、②「日銀信用」はどのように展開したのだろうか。そこで最初に一つ目に（a）「日銀勘定」（千億円）を概観してみたい。まず「負債」動向から入ると、その大部分は「発券銀行券」が占め、したがってその経過が「日銀信用」全体の趨勢をほぼ指し示すと考えてよいが、それは以下のように動いた。つまり、八五年＝二五四→九〇年＝三九七→九五年＝四六二（第39表）というステップが踏まれるから一応着実な増加基調は疑い得ない。その点で、「バブル形成→崩壊」の全プロセスにおける、発券量拡大を通した「日銀信用」の積極性発揮は自明だが、しかし、「発券増加程度」にまで目を凝らすと、「バブル崩壊」的指標がやはり現れ出てくる。すなわち、その「発券増額」は、まず「八〇－八五年」＝六一千億円ついで「八五－九〇年」＝一四三千億円だったのに比較して、「バブル崩壊」期に当たる「九〇－九五年」には六五千億円に戻っている――からに他ならない。したがってその意味で、「バブル崩壊」局面が「発券銀行券」における何よりも停滞フェーズを意味しているのはまず当然というべきであろう。この基本的趨勢を前提として次に「資産内訳」にまで立ち入ると、いうまでもなく最大規模を構成するのはまず「国債」だといってよい。事実、一七二→三二五→三七五（第39表）という数字を刻むからその量的規模はまさに巨大であるが、しかしその推移内容についてはやはり「バブル崩壊」型特質が無視できず、「バブル崩壊」に直面してこの「国債」も鈍化を余儀なくされよう。換言すれば、バブル収束とともに、「国債買上げルート」を媒介した日銀信用供給にも限度が画されたというべきであって、この側面にこそ、「バブル崩壊」からのその典型的影響が垣間みられるように思われる。

ついで（ロ）「貸出金」はどうか。いうまでもなくここには、「企業投資→民間銀行貸出→日銀貸出」というオーソドックスな経路を通す、資本蓄積運動の波動が反射していると理解してよいが、その推移は次のようであった。すなわち、四四→六三→二三（第39表）という軌跡が描かれたから、バブル期＝資本蓄積膨張に対する、「バブル崩壊」期＝資本蓄積抑制という対比図式が一目瞭然であって、まさにこのような動態の実体的基盤上にこそ、「過剰資本累積とその強制的整理」という一連の景気運動進行が存在したこと――はもはや自明ではないか。さらにもう一つのポイントは（ハ）「買入手形」（五二→六九→一〇四）（第39表）であって、この「バブル崩壊」局面では一定の積極的機能を発揮した。みられる通り、「バブル崩壊」を画期として顕著な膨張に転じるのであり、その動向が取り分け目立つ。その場合、いうまでもなくその主要部分は「手形買オペ」に相違ないが、バブル期には、バブル的投機傾向に左右されて、「企業取引―民間信用」レベルにおける「実需に立脚した手形取引」が伸び悩んでいたのに比較して、「バブル崩壊」以降にはむしろ「実需取引」の相対的回復が進行し、それが、この「買入手形」を「押し上げた」のだと想像される。まさに「バブル崩壊」の帰結であろう。

要するに、日銀はこの「バブル崩壊」局面で、まさに「バブル崩壊的特徴」を濃厚に発揮しつつ、主に「国債・手形オペ」を通して、その特有な作用を発揮したのだと集約できる。

続いて二つ目に、このような日銀信用の下で形成された（b）「金利動向」へと視角を移動しよう。そこで最初に、金利体系全体の基礎をなす（イ）「公定歩合」（％）推移はまずどうか（**第41表**）。さてこの公定歩合の推移に関して

第41表　公定歩合推移

（％）

改定年月日	公定歩合	改定年月日	公定歩合
65.4.3	5.84	81.3.18	6.25
6.26	5.48	12.11	5.50
67.9.1	5.84	83.10.22	5.00
68.1.6	6.21	86.1.30	4.50
8.7	5.84	3.10	4.00
69.9.1	6.25	4.21	3.50
70.10.28	6.00	11.1	3.00
71.1.20	5.75	87.2.23	2.50
5.8	5.50	89.5.31	3.25
7.28	5.25	10.11	3.75
12.29	4.75	12.25	4.25
72.6.24	4.25	90.3.20	5.25
73.4.2	5.00	8.30	6.00
5.30	5.50	91.7.1	5.50
7.2	6.00	11.14	5.00
8.29	7.00	12.30	4.50
12.22	9.00	92.4.1	3.75
75.4.16	8.50	7.27	3.25
6.7	8.00	93.2.4	2.50
8.13	7.50	9.21	1.75
10.24	6.50	95.4.14	1.00
77.3.12	6.00	9.8	0.50
4.19	5.00	2001.1.4	0.50
9.5	4.25	2.13	0.35
78.3.16	3.50	3.1	0.25
79.4.17	4.25	9.19	0.10
7.24	5.25	2006.7.14	0.40
11.2	6.25	07.2.21	0.75
80.2.19	7.25		
3.19	9.00		
8.20	8.25		
11.6	7.25		

（資料）　前掲、三和・原編『要覧』23頁。

第42表　金利推移

暦年	マネーサプライ		金利	
	M_1	M_2/M_2＋CD	プライムレート（短期）	貸出約定平均金利（国内銀行）
	（1）	（2）	（3）	（4）
	十億円	十億円	％	％
80	69,572	208,985	7.500	8.243
81	76,509	232,041	6.000	7.655
82	80,899	250,466	6.000	7.300
83	80,801	268,692	5.500	6.951
84	86,374	289,714	5.500	6.697
85	88,979	314,938	5.500	6.570
86	98,214	343,887	3.750	5.626
87	102,972	380,867	3.375	5.048
88	111,844	419,732	3.375	5.035
89	114,473	470,020	5.750	5.828
90	119,628	504,972	8.250	7.664

（資料）　前掲、三和・原編『要覧』35頁。

はもはや周知のことであって、「プラザ合意」＝円高転換による不況深刻化を懸念して、まず八〇年代後半から持続的な低下傾向が継続される。つまり、八一年三月の六・二五％をピークとして低下運動が始まり、取り分け八六年中には四度の引き下げが矢継ぎ早に実施された結果、八七年二月にはとうとう二・五％という記録的な超低水準にまで達した。そしてこの異常な低水準・公定歩合がバブル昂進の決定的刺激剤となったことにもはや贅言は不必要だが、しかし、この低水準がついで再上昇に向かった経緯もすでに周知である。いうまでもなくそれが「バブル崩壊」の直接的引き金を引くことになったといってよく、事実、八七年二月＝二・五〇％は、ここをボトムとして再びその「鎌首」をもたげ始めていく。すなわち、八九年五月の三・二五％への引き上げを嚆矢としつつ、それ以後は、一〇月＝三・七五→一二月＝四・二五→九〇年三月＝五・二五というプロセスで、ごく短期間における数次の連続的引き上げが進行していった。その結果、同八月にはついに六・〇〇％という高レベルに到達したわけであって、それは、二年半という短い間に「二・五〇％→六・

〇〇％」という波乱万丈を経験したことを意味しよう。したがって、それが「バブル崩壊」の主要契機となり得た点も納得できるが、それに加えて、「バブル崩壊」後も九一年七月＝五・五〇→一一月＝五・〇〇として経過したから、引き続き高原状態が持続したことにも注意しておきたい。

要するに、「バブル崩壊」局面の公定歩合は二％台から六％台への急騰貴を実現し、それが、「バブル破裂」を通じて最終的には「過剰資本の強制的整理」に帰結したのであろう。まさしく「投資過熱の強制的抑止作用」という以外にはない。

では、このような公定歩合上昇基調は、次に（ロ）「市中金利」（％）へとどのように連結したのであろうか（**第42表**）。そこで、その代表的指標として「プライムレート（短期）」と「貸出約定平均金利（国内銀行）」とを摘出すれば以下のようであった。すなわち、まず前者は八七年＝三・三→八八年＝三・三→八九年＝五・七→九〇年＝八・二→九一年＝六・六と動くし、また後者は五・〇→五・〇→五・八→七・六→六・九という軌跡を描く。したがって、両者の絶対的水準にはもちろんその差が否定できないものの、しかしその推移的類型には一見して明らかな同一性がみて取れる。というのも、両者とも、「バブル後半期」には安定した水準を保ちつつ、その後「八九－九〇年」という「バブル崩壊」局面に入って一転して顕著な上昇に移っている——からであって、結果的には、「バブル崩壊」期はその高位局面に当たっていよう。いうまでもなく、「バブル崩壊」が帰結させた、企業サイドにおける「手持ち資金の不自由性」がその根拠にあるのは自明といってよく、公定歩合引き上げが「市中金利」へと浸透している点が分かる。

こう理解してよければ、「金利動向」の（ハ）「意義」は最終的に以下のように把握されてよいように思われる。つまり、利子率体系は、この「バブル崩壊」局面にあっては、「公定歩合・プライムレート・約定金利」という三側面において、共通に、まさに足並みを揃えて上昇過程に入ったのであり、まさにその総合的な利子率上昇運動こそが、「バブル崩壊」をもたらしたのである――と。換言すれば、この総合的利子率騰貴運動がバブル期「過剰投資累積」に体制的な「歯止め」を掛け、その結果、過剰資本整理を強制したわけである。

そのうえで三つ目として、この「金利動向」と連動して変化する（c）「通貨量」をもその視野に入れておきたい。まず最初は（イ）「発行銀行券」量（千億円）だがその数字はすでに掲げた。議論の出発上再掲すると、八五年＝二五四↓九〇年＝三九七↓九五年＝四六二（**第39表**）と動いて、バブル期での著しい拡張と、「バブル崩壊」期に入ってからの伸び率の抑制とが読み取れた。そして、その背景については以前にふれた通りなので重複は避けるが、いずれにしても、「バブル崩壊」局面にあっても、そのテンポは落ちたとはいえ、日銀券動向がなお一定の信用機能の基盤を形成している点はいうまでもあるまい。次に、この「発券量」はいうまでもなく「マネーサプライ」へと反映していくが、そこでまず（ロ）「M_1」（兆円）に注目すれば、例えば八六年＝九八↓八七年＝一〇二↓八八年＝一一一↓八九年＝一一四↓九〇年＝一一九↓九一年＝一三一↓九二年＝一三六（**第42表**）という数字が拾える。もちろん持続的な増加は明瞭だが、（九二年以降はさらに別として）「バブル崩壊」局面からはやはりその増加程度ははっきりと減退に向かったととらえる以外にはない。その点で、「発券量・M_1」に関する、「バブル崩壊」期におけるその「不活発性＝消極性」こそが目立ってくるが、しかし次に（ハ）「M_2＋ＣＤ」に移るとやや変化がみて取れる。すなわち、三四三↓三八〇↓四一九↓四七〇↓五〇四↓五一六↓五一五（**第42表**）と変動するから、ここからは、「発券量・M_1」の経過と比較して、以下の二点の特徴が直ちに目に飛び込んでくる。つまり、まず一つは、銀行の信用操作が加味される、「預金関係」を含有するこれら「M_2＋ＣＤ」の拡大テンポがはるかに大きいことであって、ここに、各種「新型・自由金利預金」の活況を的確に反映しているのは当然であろう。したがって、それを通して、この時期にも、先にみた「発券量・M_1」レベルをはるかに増幅した信用量が発動・展開可能になった点には十分な注意が不可欠だと思われ

第43表　物価指数

（2000年＝100）

年	卸売物価指数				消費者	市街地価格指数（６大都市）３月末
	総平均	生産財	資本財	消費財	総合	
85	114.0	112.9	121.5	93.7	86.1	92.9
86	108.6	107.6	119.9	92.1	86.7	106.2
87	105.2	104.5	114.9	91.2	86.7	133.7
88	104.7	104.1	114.4	93.8	87.3	171.0
89	106.7	106.4	116.7	97.1	89.3	212.8
90	108.3	108.0	118.2	98.7	92.1	276.4
91	109.4	109.2	118.1	103.1	95.1	285.3
92	108.4	108.2	117.3	106.8	96.7	241.0
93	106.7	106.5	115.4	106.4	98.0	197.7
94	104.9	104.6	114.5	112.3	98.6	174.9
95	104.1	103.8	105.6	115.1	98.5	151.4

（資料）　前掲、三和・原編『要覧』36頁。

る。その意味で、「バブル形成→崩壊」フェーズにあっても、一定程度の信用発動はいうまでもなく進行したと整理される以外にはないが、しかし、「バブル崩壊」に直面して、その「信用発動」テンポにある程度の歯止めが掛かったことも否定はできまい。というのも、この「M_2＋CD」は九一－九二年過程になると明らかに「足踏み」を続ける他なくなるからであって、「バブル崩壊」に連動した、「エクイティ・ファイナンスの不調」と「新型自由金利預金の伸び悩み」が、「M_2＋CD」の活性化に冷水を浴びせたのに違いない。こうして、「マネーサプライ」の拡大は「現金」の伸張度よりは確かに大きかったにしても、「バブル崩壊」のマイナス要因はそれでも免れ得なかった――という以外にない。

　そこで、この点を踏まえつつ、最後に③「物価動向」へ進もう。まず大前提として、一つ目に（a）「卸売物価」（二〇〇〇年＝一〇〇）からみていくと、その「総平均」は以下のような数値を刻む。つまり、まず「バブル末期―崩壊期局面」では、バブルの余韻を残しつつ八八年＝一〇四・七→八九年＝一〇六・七→九〇年＝一〇八・三→九一年＝一〇九・四（**第43表**）というラインでなお上昇が続けられた。したがって、「バブル崩壊」が直ちに卸売物価下落に反映したわけではなく、その点で、「バブル—物価」間関係の「希薄性」が実証されるとみてもよいが、しかし「バブル崩壊」の浸透度が進むにつれて、その影響はやがて表面化してこざるを得ない。事実、その後は九二年＝一〇八・四→九三年＝一〇六・七→九四年＝一〇四・九→九五年＝一〇四・一という単調な低下傾向が見事に続く以上、「バブル崩壊」現象は、やや長いタイム・スパンを経た後に、「バブル崩壊＝過剰資本累積」という本質的な経済実体動向に深部から規定されつつ、やはり「卸売物価低下」として帰結したのだ——と総括される以外にはない。そして、このような特質は、もう一歩具体化して「生産財—消費財」区分から一層鮮明に表出してくるのであって、この区分は次のような年次的な軌跡を描いていく（**第43表**）。すなわち、生産財＝一〇四・一（消費財＝九三・八）→一〇六・四（九七・二）→一〇八・〇（九八・七）→一〇九・二（一〇三・二）→一〇八・二（一〇六・八）→一〇六・五（一〇六・四）→一〇四・六（一一二・三）→一〇三・八（一一五・一）という変化であるから、極めて明白な「両面性」がここでは無視できまい。いうまでもなく、特に「バブル崩壊」後における、消費財に比較しての、生産財下落性の顕著性」に他ならず、したがって、卸売物価に関する、「生産財＝低落の甚大性」対「消費財＝持続的上昇性」というこのような「両面性」の中にこそ、「バブル形成→過剰資本累積→生産財・過剰生産進行→生産財価格低下の比重大」という本質構造——がみて取れよう。まさに「バブル崩壊＝過剰資本整理」の明白な証左に違いあるまい。

そのうえで二つ目として（b）「消費者物価」はどうか。そこで「総合指数」に着目すると、ここでは、いまチェックした「卸売物価」とはその様相を大いに異にして、「バブル崩壊」局面およびそれ以降も、——下落しないどころか——むしろ着実な上昇基調さえもが検出可能といってよい。例えば、八七年＝八六・七→八九年＝八九・三→九一年＝九五・一→九三年＝九八・〇→九五年＝九八・五（**第43表**）という数字を刻むから、その持続的上昇傾向は一目瞭然というしかあるまい。周知の如く、この「消費者物価」は、バブル期には、「超・優等生」ぶりを発揮して安定化傾向を貫徹するというベクトルにおいて、「バブルと物価との希薄な内在性」を提示したが、まさにその「逆作用」という関連において、今度はこの「バブル崩壊」局面では、「非・下落」という方向性においてこそその「希薄な内在性」を実証したのだ――と考えられる。

そのうえで最後に三つ目として、（c）「地価」の動向をも視野に捉えておこう。あらためて贅言を費やす必要もない程「地価」激落は当然だが、念のため「市街地地価指数（六大都市、三月末）」の数値を拾えば以下のようである。すなわち、八七年＝一三三・七↓八九年＝二一二・八↓九一年＝二八五・三↓九三年＝一九七・七↓九五年＝一五一・四**（第43表）**と動くのであって、まさしく「つるべ落とし」とはこのような運動を指すのであろう。したがって、「バブル期＝物価安定プラス資産価格『騰貴』」対「バブル崩壊期＝物価安定プラス資産価格『暴落』」という明白なコントラストが確認できるわけであり、このような「物価―地価」の総体的関係の中にこそ、「バブル崩壊」局面の、物価に関連するその全般的特質が伏在していると把握されるべきだと思われる。

Ⅲ　景気変動――「古典型」過剰資本整理の勃発

［1］バブル成熟局面（八九～九〇年）　さて全体の最後に、「バブル崩壊」に関する、以上のような個別的考察を、「景気変動過程」(8)に即して総合的に解明しておきたい。そこで最初に、「バブル崩壊」の直接的前提プロセスを形成する八九－九〇年フェーズを、取りあえず第一に「バブル成熟局面」として予め視野に収めておこう。このような狙いに即してやや大きな①「基本指標」から点検を始めると、まず一つ目に（a）「累積景気動向指数」**（第1図）**はどう動いただろうか。いうまでもなくこの数値は、「景気水準」のいわば「絶対的レベル」を提示するものだといえるが、バブル景気の驀進にともなって、まず八八年に七〇〇〇を超過した後、八八－八九年期にはついに八〇〇〇を超える

に至った。したがってこの八九‐九〇年間で実に一〇〇〇ポイントもの膨張を遂げたわけであるが、もちろんこの水準は過去最大であり、その点で、まさにこの九〇年半ばにバブル景気はそのピークを打ったと判断されてよい。要するに、八七‐八八年期での「バブル形成」過程に立脚しつつ、さらにそれを頂点にまでスパイラル的に拡張させた――という意味で、「八九‐九〇年局面＝バブル成熟期」とこそ集約可能なように思われる。

ついで二つ目に（b）「経済成長率」に目を向けるとどうか。周知の如く、八五‐八七年にかけて持続的な低落に陥った成長率は八八年に入って六・九％へと急騰を実現し、それが「バブル形成」の土台を作った点はいうまでもないが、しかし景気全般の一層の上昇とは裏腹に、成長率自体には早くも翳りが表出してくる。すなわち――前章で確認した通り――、この八八年＝六・九％が結果的には頂点だったのであり、事実、それ以降は、八九年＝五・二％→九〇年＝四・七％（**第44表**）というプロセスで穏やかな下降線を進んだといってよい。こうして、景気の全般的な趨勢としてはなお景気上向きが続いたものの、実は、この八九‐九〇年局面＝成熟局面の裏側でこそ、成長率における緩やかな下降基調が早くも開始されていたのだと整理可能であろう。したがって、景気のいわば下方転換点が接近しつつあったわけであり、まさにその意味においても、この八九‐九〇年局面こそは、何よりも「成熟期＝バブル崩壊の『準備過程』」と命名されるのに相応しい。

そのうえで三つ目として（c）「企業利益率」（**第1図**）が注目されるが、それを、例えば「製造業利益率」の面からチェックすると極めて興味深い運動が発現してくる。すなわち、先に個別の箇所で確認した通り、八七‐八八年にかけて一直線の上昇を描いて八八年には五％水準をクリアしたものの、その後は、明瞭な「二ステージ」型進行を余儀なくされていく。まず最初に「第一ステージ」としては、一度のみの下降を経験しただけで、ほぼ八九年いっぱいは上昇を持続させつつ八九年末には実に六％台という高レベルにも接近した。まさしく「バブル型」高利潤率の実現

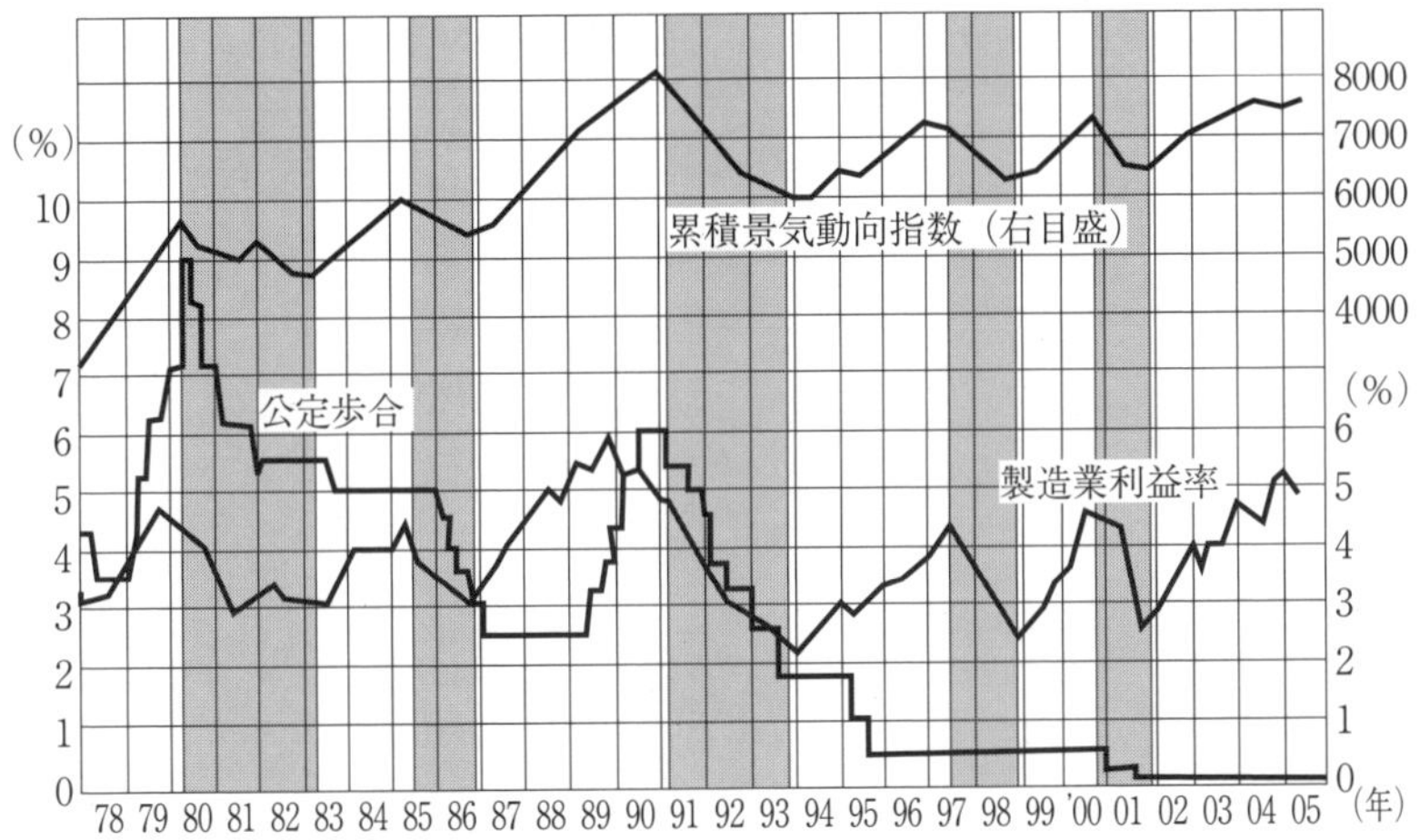

（資料）　前掲、三和・原『要覧』182頁。

第１図　景気循環指標

に他ならないが、しかしそれがピークであって、九〇年を迎えると一転して連続下降に転じ、例えば九〇年末にはとうとう五％をも割り込む――という「第二ステージ」に至るといってよい。そう考えると、この企業利益率の側面からしても、全般的な景気拡張の過程ですでに「下降転換点」がその素顔を垣間みせているわけであり、したがってこの方向からも、八九‐九〇年局面が、景気の局面転換を準備する、まさに「バブル成熟期」であったことが否定できまい。「バブル崩壊」の現実的「準備過程」に他ならない。

そこで、以上のような「全般的景気循環―成長・利益率」間の「乖離」に対してその現実的メスを入れるために、まずこの局面における②「国民総支出構成比」（％）動向を押さえておこう。そこで各項目の増減状況検出を試みると、ラフな図式ではあれ、以下の三グループに差し当たり区分可能といってよい。まず一つ目に、（a）「増加ファクター」として何よりも目立つのはいうまでもなく「企業設備」に他ならない。すなわち、八八年＝一七・〇％↓八九年＝一八・三％↓九〇年＝一九・三％**（第44表）**として経過するから、まさに

第44表　国内（国民）総支出の構成比と経済成長率

（単位：%）

年次	民間最終消費支出	政府最終消費支出	総固定資本形成 民間 住宅	総固定資本形成 民間 企業設備	総固定資本形成 公的	在庫品増加	財貨・サービスの純輸出 輸出	財貨・サービスの純輸出 (控除)輸入	経済成長率(実質)	完全失業率
1979	58.7	9.7	6.9	14.9	9.9	0.8	11.6	12.5	5.6	2.1
80	58.8	9.8	6.4	15.7	9.5	0.7	13.7	14.6	–	2.0
81	58.1	9.9	5.8	15.4	9.4	0.6	14.7	13.9	2.8	2.2
82	59.4	9.9	5.6	15.0	8.9	0.4	14.6	13.8	3.1	2.4
83	60.2	9.9	5.0	14.6	8.4	0.1	13.9	12.2	1.9	2.6
84	59.4	9.8	4.7	15.3	7.7	0.3	15.0	12.3	3.3	2.7
85	58.9	9.6	4.6	16.2	6.8	0.7	14.5	11.1	5.6	2.6
86	58.6	9.7	4.7	16.0	6.6	0.5	11.4	7.4	4.7	2.8
87	58.9	9.4	5.6	16.0	6.8	0.2	10.4	7.2	4.3	2.8
88	58.3	9.1	5.9	17.0	6.7	0.7	10.0	7.8	6.9	2.5
89	58.2	9.1	5.8	18.3	6.5	0.7	10.6	9.2	5.2	2.3
90	58.0	9.0	5.9	19.3	6.6	0.6	10.7	10.0	4.7	2.1
91	52.9	13.0	5.1	20.1	6.6	0.7	10.0	8.4	3.6	2.1
92	53.7	13.4	4.8	18.4	7.4	0.2	9.8	7.7	1.3	2.2
93	54.5	13.8	4.9	16.2	8.2	0.1	9.1	6.9	0.4	2.5
94	54.9	14.7	5.2	15.0	8.3	−0.1	9.1	7.1	1.1	2.9
95	55.0	15.1	4.9	15.0	8.1	0.5	9.2	7.8	1.9	3.2
96	55.2	15.3	5.4	14.6	8.4	0.6	9.8	9.3	2.5	3.4
97	55.2	15.3	4.7	15.4	7.6	0.6	10.9	9.8	1.2	3.4
98	56.0	15.9	4.0	14.5	7.4	0.4	10.9	9.0	−1.4	4.1
99	57.0	16.5	4.1	13.7	7.7	−0.6	10.3	8.7	−0.3	4.7
2000	56.2	16.9	4.0	14.3	6.8	0.3	11.0	9.5	2.4	4.7
01	57.1	17.5	3.8	14.3	6.6	0.1	10.6	9.9	0.8	5.0
02	57.7	18.0	3.7	13.3	6.3	−0.2	11.4	10.1	0.1	5.4
03	57.5	18.1	3.6	13.6	5.6	0.0	12.0	10.4	1.6	5.3
04	57.1	18.0	3.7	14.0	5.1	0.3	13.3	11.4	2.0	4.7
05	57.2	18.1	3.6	14.7	4.8	0.2	14.3	13.0	2.2	4.4

（資料）　前掲、三和・原編『要覧』32頁。

顕著な拡大軌跡が手に入るわけであり、その点で、バブル前半期には「出遅れて」捗々しい伸長を発揮し得なかったこの「設備投資」こそが、その後の「成熟期」には、バブル景気の、まさにその「加速要因」たる役割を決定的に担った――とこそ整理可能であろう。したがって、やや総合的に鳥瞰すると、この「バブル成熟期」における需要形成のリード役が「住宅」などからこの「設備投資」へと明瞭に転換したと把握できるが、すでにふれた通り、「成長率・利益率」に一定の「翳り」が発現しつつあった以上、この設備投資拡大が、やがて「過剰投資化」に帰結せざるを得なくなるのもまた明白であった。まさに「バブル崩壊」の準備過程であろう。

それに対して二つ目に、（b）「減少ファクター」の代表例こそ「民間最終消費支出」（五八・三→五八・二→五八・〇）**（第44表）**以外ではない。つまり、「バブル形成期」にはその積極的支持要因を構成したこの「民間消費」が、徐々にバブル景気を支え切れなくなっていく運動過程が目に入ってくるとみてよく、まさにこの意味でも、バブル景気が「成熟期」へと転形していくその姿がよく分かる。そして三つ目に、残りのほぼ全項目が（c）「停滞ファクター」に帰属する。具体的には、「住宅」（五・九→五・八→五・九）・「政府最終消費支出」（九・一→九・一→九・〇）・「公的資本形成」（六・七→六・五→六・六）・「輸出」（一〇・〇→一〇・六→一〇・七）という数字が刻まれたから、特に目立つ点はなかろう**（第44表）**。こうして、かなり「歪な」国民総支出の断面が確認されざるを得ない。

要するに、「バブル成熟期」には、設備投資こそが需要形成の「リード役」を担ったと判断してよいわけであり、まさにそこからこそ「過剰投資累積」も帰結していくのである。

そのうえで、「バブル成熟期」を景気変動過程としてさらに現実化するために、③「国内総支出の増減寄与度」（％）にまで立ち入っていこう。そこでいくつかの項目をその特徴面からグルーピングしていくと、まず一つ目に、その（a）「制約要因」としては何よりも「企業関連」が目立つ。つまり、まず最初に「民間企業設備」だが、それは、八八年を境として顕著な拡大に向かい例えば八九年には二・六という高レベルに至るものの、九〇年途中からは一転して低下へ転じて一・八にまで後退する**（第45表）**。したがって、この基調変化の中に、設備投資機能における、「景気刺激」から景気抑制」への作用変化がまず検出可能な点はいうまでもない。しかしこの場合の分析焦点は、一方で、八九年

第45表　国内総支出の増減寄与度

暦年	国内総支出	民間最終消費支出	民間住宅	民間企業設備	政府最終消費支出	公的固定資本形成	在庫品増加	輸出	[控除]輸入	国内需要	民間需要	公的需要
1985	5.1	2.2	0.2	2.2	0.1	−0.4	0.3	0.6	−0.1	4.6	4.8	−0.2
86	3.0	1.8	0.3	0.9	0.5	0.1	−0.2	−0.6	−0.1	3.6	2.9	0.7
87	3.8	2.3	1.0	0.6	0.5	0.4	−0.3	−0.1	−0.7	4.6	3.7	0.9
88	6.8	2.7	0.7	2.6	0.5	0.3	0.5	0.4	−1.0	7.4	6.6	0.8
89	5.3	2.6	−0.1	2.6	0.4	0.0	0.1	0.7	−1.0	5.6	5.2	0.4
90	5.2	2.5	0.3	1.8	0.4	0.3	−0.2	0.6	−0.5	5.2	4.4	0.8
91	3.4	1.5	−0.3	0.8	0.5	0.2	0.2	0.3	0.1	2.9	2.2	0.7
92	1.0	1.4	−0.3	−1.4	0.3	0.9	−0.4	0.3	0.0	0.6	−0.7	1.3
93	0.2	0.7	0.1	−1.8	0.4	0.9	−0.2	0.0	0.1	0.2	−1.2	1.4
94	1.1	1.5	0.4	−0.9	0.5	0.1	−0.1	0.3	−0.5	1.3	0.7	0.6

（資料）　前掲、三和・原編『要覧』132頁。

段階でも、需要構成におけるこの「設備投資比率」はいぜんとして拡大しつつあるのに、にもかかわらず他方で、このように増加寄与率では設備投資がはっきりとした低下に転じたという「乖離」状況にこそあるのであって、ここには、量的にはなお拡大状態にある設備投資が、国内総支出増加に対してはもはや寄与しなくなった——という「深刻な事態」が深く織り込まれていると理解されるべきではないか。まさしく、設備投資増加が「資本過剰」を形成するに至ったわけであろう。

そのうえで、この「資本過剰」状態は、「企業関連」に関するもう一つの指標である「在庫品増加」によっても検証し得る。というのも、それは、八八年＝〇・五→八九年＝〇・一→九〇年＝△〇・二（**第45表**）という軌跡を描いて、明らかな縮小トレンドを発現するからに他ならない。まさにこの「在庫投資」の側面からしても、企業投資の景気寄与度は明瞭に低下したといえよう。

それに比べて二つ目に、（b）「促進要因」は「民間住宅」と「公的資本形成」とによってこそ代表されよう。つまり具体的に数値の摘出を試みると、前者＝〇・七→△〇・一→〇・三、後者＝〇・三→〇・〇→〇・三と推移したから、「『公的資本形成』に立脚した『住宅』という、「バブル形成期」の景気牽引図式が再登場したとも考えられる。まさにこの動向も、すでに指摘した「設備投資の『過剰投資化』」と、その救済策としての「公的方向からの補完」の出現――という現象の現れ以外ではなく、「景気転換期」の訪れを強く象徴していよう。さらに加えて、「輸出」が△〇・六→△〇・三→〇・一と多少の増加傾向を示す点も新たな変化だとみてよく、この方向からも、資本過剰の、「従来型・外部型」処理の再発動が垣間みられる。

最後に三つ目が（c）「停滞要因」に他ならないが、ここにはいわば残り全部が含まれよう。すなわち、「民間最終消費」（二・七→二・六→二・五）および「政府最終消費」（〇・五→〇・四→〇・四）だが、政府消費はもちろんのこと民間消費も、このバブル末期にはその景気推進力をすでに喪失していることが一目瞭然といってよい。そうであれば、「通説」に反して、バブル景気上昇における「消費牽引力の消極性」こそが改めて明瞭に検証可能なのではないか。

最後に、以上のような現況を全体的な「需要構造」サイドから集約しておくと、このベクトルからも、「民間投資の過剰化―公的需要による補完」という、バブル末期の図式がはっきりと浮上してくる。事実、「国内需要」と「民間需要」とが、それぞれ、八八年＝七・四→八九年＝五・六→九〇年＝五・二および六・六→五・二→四・四と明瞭にその寄与度を下げているのに対して、他方の「公的需要」は〇・八→〇・四→〇・八という経過で明確な上昇基調を提示しているのである（**第45表**）。要するに、「バブル成熟期」前半の「設備投資・牽引型」は、その末期に、「公的需要・補完型」へともう一段の変容を余儀なくされたのだ――と把握されるべきであろう。

［2］バブル崩壊局面（九一～九三年）　続いて取り急ぎ、第二に、九一－九三年の（二）「バブル崩壊期」へと移ろう。いうまでもなくこのフェーズこそ本章の直接的な考察対象に他ならないが、最初にやや大きな角度から①「基本指標」に目を向けておこう。そこでまず一つ目として（a）「累積景気動向指数」（**第1図**）はどう動いたのだろうか。さてすでに検討した通り、この指数は九〇年末において八〇〇〇を超過してピークを印したが、そこを最大値に

して、以後は九三年半ばへ向けて「見事な」一挙の奈落を経験する。つまり、九三年＝六〇〇〇という水準へと一直線の単調減少運動をみせるのであって、この六〇〇〇というレベルは、バブル開始のスタート・ポイントであるまさに八七年の水準に相当する。こうして、九〇－九三年の三年間において実に「二〇〇〇ポイント」にも達する「景気動向指数」の暴落に見舞われたといってよいから、景気下落のその激烈性については疑問があり得ない。しかも、この「二〇〇〇ポイント」の下落幅はまさに「空前絶後」のものでもあったから、その点で、このように「九一－九三年局面＝バブル崩壊期」とこそ集約可能なわけであろう。こうして「バブル」は破裂に至った。

ついで二つ目に（b）「経済成長率」の動きはどうか。すでにチェックを試みた如く、この経済成長率はバブル進行にもかかわらず、八八年＝六・九％の頂点以降、八九年＝五・二％→九〇年＝四・七％という下降軌跡を描いてきたが、その下降基調は「バブル崩壊」を契機としてさらに顕著な様相を呈していく。つまり、バブル末期にすでにその「投資過剰—成長低下」が表面化しつつあったが、それがさらに一挙に顕在化したわけだが、事実、その後は九一年＝三・六％→九二年＝一・三％→九三年＝〇・四％（**第44表**）となって一路ゼロ成長へと接近したとみてよい。こうして、「バブル崩壊」はいち早く経済成長率へマイナス影響を与えたのであり、その結果、九一－九三年の「バブル崩壊」局面が成長率の大幅下落を招来させた関連は、あまりにも明瞭だというべきであろう。まさに九一－九三年こそ「バブル崩壊→景気下落」期そのものに相当する。

そのうえで三つ目として（c）「企業利益率」が注目に値する。ここでも「製造業利益率」に代表させてその推移を追うと、バブル昂進に連動しつつ八九年には六％水準にも迫ってその頂点を画したが、そこを下方転換点として、バブル末期からは、「停滞＝踊り場」を一応経ながらも、明瞭に下降側へとその方向を転じ始める。換言すれば、企業利潤率は「バブル崩壊」の直前から——「株価暴落」に一歩先んじて——低下し始めた点が重要であって、バブル局面での「過剰投資→利潤率低下」がまず底流に実在していたことが軽視されてはなるまい。そしてその後になってこそ、「バブル崩壊」に連動して、九一-九三年にかけて五％水準から二％レベルへと急降下に見舞われていくのであり、九三年にそのボトムに達する（**第1図**）。要するに、「バブル崩壊」が企業利潤率低落をもたらした点に疑問はなく、したがってその意味で、この「バブル崩壊」局面が景気下落を本格的に発生させた連関は一目瞭然であろう。

こうして、「全般的景気指標―成長率―利益率」の全側面にわたって、「バブル崩壊＝景気下落」の発現は明瞭という他ないが、それを前提としたうえで、次に、この動向を②「国民総支出構成比」（％）サイドからも確認していこう（**第44表**）。このように場面を設定して各項目の変動をトレースすれば、それは概略として以下の三グループに分類可能だと思われる。つまり、まず一つ目は（a）「減少要因」としては何よりも「企業関連」項目が目立つ。具体的に摘出すれば三つからなるが、まず「企業設備」の大幅低下に他ならず、例えば九一年＝二〇・一→九二年＝一八・四→九三年＝一六・二という数値を残す。明らかに着実な連続的な低下以外ではなく、その点で、「企業関連」の中軸的指標である「設備投資」の低落が何よりも目に飛び込んでこよう。したがって、「設備投資」の減少が景気の足を大きく引っ張っている状況が明瞭だが、その点はついで、「企業関連」の他の二項目をなす「在庫品増加」（〇・七→〇・二→〇・一）と「輸出」（一〇・〇→九・八→九・一）の経過からもはっきりと傍証可能といってよい（**第45表**）。というのも、その両者とも、「バブル崩壊」を画期にして持続的な低下基調に移っているからであり、総合的に把握して、「企業投資」縮小が「バブル崩壊」の主因である点には疑念はあるまい。

こうして、「バブル形成」の牽引力が「設備投資」にこそあったことの丁度「裏返し」として、「バブル崩壊」の「主犯」がこの「設備投資・縮小」以外でない点もまた明白なわけである。まさに「バブル崩壊＝過剰資本の強制的整理」の一断面だというべきであろう。

それに比較して、二つ目に（b）「増加要因」としては、「民間最終消費支出」（五二・九→五三・七→五四・五）・「政府最終消費支出」（一三・〇→一三・四→一三・八）・「公的資本形成」（六・六→七・四→八・二）の三つが指摘されてよい。その場合、これらの三アイテムはバブル期にはむしろ「減少・停滞ファクター」であったから、「バブル崩壊」後には、需要構成におけるその基本的変容が発現したとみる他はなく、その意味では、すでに検出した「民間投資の後退」が、これらの「政府・消費」関連支出によって補完される構図が進行し始めた――のだとも意義付け可能である。こうして、これまでの景気の牽引車たる「民間投資」を「民間消費および政府投資」によってサポートするという、「バブル崩壊」型・新図式の定着がみて取れよう。そのうえで最後に（c）「停滞要因」が一つだけあり、「民間住宅」であるが、それに関しては五・一→四・八→四・九という数字が拾えるから、特に目立つ点は確認できないように思われる。

要するに、「バブル崩壊期」には、「設備投資」こそが需要形成収縮の「主犯」だったわけであり、まさにその意味で、その「過剰資本整理」型本質が明瞭に浮上してきていよう。

そのうえで、「バブル崩壊期」を景気変動過程としてさらに現実的に理解するために、③「国内総支出の増減寄与率」にまでメスを入れてみたい。そこでここでも、性格上三分類してその内容の検証を試みるが、まず一つ目に、――先の「支出構成比」のケースと同様に――（a）「制約要因」としては「企業関連」の決定的な惨落が何よりも目を射る。その場合、この「企業関連」には二つあるが、取り分け「民間企業設備」の下落が著しく、「バブル崩壊」を契機に、例えば九〇年＝一・八→九一年＝〇・八→九二年＝△一・四→九三年＝△一・八→九四年＝△〇・九という下落基調を継続した。したがって、まさにこの設備投資停滞こそが「バブル崩壊」後不況の主因に他ならない点がまず明白だが、もう一つの束縛ファクターとして「在庫品増加」も無視できず、それは△〇・二→〇・二→△〇・四→△〇・二→△〇・一という経過を辿ったから**（第45表）**、総体的には、これら二つの「企業関連」指標の不振が、景気低落を大きく推し進めたと考えてよい。そして、この事実こそ、繰り返し確認してきた「バブル崩壊＝資本過剰累積の『強制的整理』」の端的な表現である点――にはもはや贅言は不要であろう。

しかし、この「企業関連」の不振性は想定内であって改めて驚くことはないのに対して、多少とも注意が必要なのは「民間住宅」の帰趨に他ならない。というのも、この「住宅」はバブル末期における「最後の命綱」たる任務を辛うじて果たしてきたのに、それが、この「バブル崩壊」局面にきて〇・三↓△〇・三↓△〇・二↓〇・一↓〇・四（**第45表**）という抑圧要因へと一変したからに他ならない。要するに「住宅」も景気圧迫作用を発揮するに至ったわけであろう。

それに比較して、二つ目に（b）「促進要因」に躍り出たのは「唯一」「公的固定資本形成」であった。いうまでもなくこのアイテムは、民間関連ファクターの影に隠れて、バブル期全般を通してむしろ「日陰の存在」へと後退し続けていたが、この「バブル崩壊」以降は、民間需要の顕著な減少に直面して、再度その役割の拡張が進展したのだと整理可能であろう。具体的には、〇・三↓〇・二↓〇・九↓〇・九↓〇・一（**第45表**）という軌跡が描かれるから、明らかに、「バブル崩壊」が明瞭化していった九二－九三年フェーズにおいてこそ、その有意な増大が検出されてよい。こうして、民間需要の減退がこの「政府固定資本形成」によって補完された構図が一目瞭然なわけである。換言すれば、従来型・景気対策の表面化だとこそいうべきであろう。

そのうえで三つ目に（c）「停滞要因」だが、ここには次の三項目が属しよう（**第45表**）。つまり、まず一つは「民間最終消費支出」（二・五↓一・五↓一・四↓〇・七↓一・五）に他ならないが、いわゆる「逆資産効果」などもあって、この「民間消費」がもはや景気を支え切れなくなっているのは当然といってよい。それは二つには「政府最終消費支出」に関しても同様であり、例えば〇・四↓〇・五↓〇・三↓〇・四↓〇・五という程度に止まるかぎり、それが消極的な効果しか発揮し得ないのもむしろ当然であるし、加えて第三として「輸出」も指摘されてよいが、〇・六↓〇・三↓

〇・三↓〇・〇↓〇・三という停滞レベルで推移する以上、その景気機動力の弱さは如何せん否めまい。

以上を前提として、これを全体的な「需要構造」サイドから集約しておくと次のような図式が浮上してくる。すなわち、「国内需要」と「民間需要」が、それぞれ五・二↓二・九↓〇・六↓〇・二↓一・三および四・四↓二・二↓△〇・七↓△一・二↓〇・七と推移して明瞭にその寄与度を下げているのに比較して、「公的需要」は〇・八↓〇・七↓一・三↓一・四↓〇・六というプロセスを経て著しい上昇気流に乗っている（**第45表**）。こうして、「バブル崩壊」期には、まさしく「民間需要低落―公的需要による補完」という構造がその色を濃くしていくわけであり、そこには、「過剰資本累積の『強制的整理』」という本質図式が極めて明瞭に現出している――と総括可能ではないか。

［3］「バブル崩壊」の本質的構造　全体の最後に第三として、（三）「バブル崩壊の本質構造」が総体的に総括されねばならない。そこで最初は①その「契機」から入ると、「公定歩合引き上げ・不動産貸付総量規制・土地税制強化」などによる「資産価格下落」[9]がもちろん強く目を引くが、しかしそれはいわば「表層的」な「引き金」に過ぎず、この「資産価格下落」そのものを「バブル崩壊の『内的契機』」とすることはできない。そうではなく、この「引き金」を発動させた「動因」こそがむしろ重要であって、それは基本的には「金利と利潤率との『逆転』」にこそ求められてよい。その点に関しては先に指摘した通りだが、まず一面で「製造業利潤率」は、バブルの過程で八六－八九年間に三％から五％へと一直線に上昇してこの八九年の五％でピークを打ったものの、「バブル崩壊」を契機に今度は、そこから九三年の二％をボトムとして一気に墜落を続けた。それに対して次に他面で、「公定歩合」は、バブル期に、八六年＝五％水準から八八年の二・五％へ向けて数次の引き下げが実施されてその最小値レベルに達した後、八九年から矢継ぎ早の引き上げが続き、ついに九〇年には六％という最高レベルを記録して「バブル崩壊」を準備していく。そうであれば、「金利」と「利潤率」とは極めて「きれいに」八九年中央を決定点にして「交差」しているわけであり、

れてよい（**第1図**）。要するに、「バブル崩壊」は、まさにこの「金利と利潤率との構造的『逆転』」をこそその「内的契機」としていたと判断可能なのである。

そう考えてよければ、次に、このような「逆転」の②「基本的根拠」はどこにあったのだろうか。しかしこの論点に関してはすでに繰り返し強調してきた。したがって、もはや贅言は不要というべきだが、手短にそのエッセンスだけを確認しておけば、バブルの進行過程で蓄積された「過剰資本累積」が、「金利と利潤率の逆転」を契機として、いわば「強制的『整理』」に追い込まれた――というのがその「基本的根拠」を形作ろう。その場合、この「過剰資本化」の論拠はすでに何度も指摘してきた如くだが、それに加えてさらにもう一つだけ傍証を付加すれば、例えば「生産能力指数」と「稼働率指数」とのギャップの拡大（**第3表**）が重視されるべきであって、その「乖離」が九一年以降に極大化しているのは明白であろう。こうして、一方の「バブル進行→過剰資本累積→利潤率低下」という基本ロジックが、他方の「公定歩合引き上げ→金利上昇」という論理に「強制」されて「暴露」されつつ、「バブル崩壊＝景気下落」へと墜落したと集約可能なように考えられる。その点で、まさしく、「バブル型・過剰資本の形成」→「金利と利潤率の逆転」→「資本過剰の強制的暴露」→「バブル崩壊」→「景気下落への墜落」、という論理系にこそ、その「基本的根拠」が還元されてよい。要するに、単なる「資産価格の下落」に切り詰められては決してなるまい。

したがってこの点から、③その「総体的性格」が以下のように集約されるのも当然ではないか。すなわち、最もシンプルに定式化すれば、この「バブル崩壊型・景気変動」はいわゆる「古典的景気循環形態」[10]と極めて類似している――ということに他ならない。もちろん、この表現はいわば「比喩的」表現の範囲を大きくは出ないから、その過大解釈は禁物だが、「バブル化→過大投資進行→過剰投資累積→利潤率低下→利子率上昇→バブル崩壊→過剰投資整理

↓不況開始」という基本ストーリーの展開に特に強いアクセントを置いた場合には、「古典的な景気循環形態」との接近性がどうしても目立ってきてしまう。まさにその点で、過剰投資の行き過ぎに立脚した「金利と利潤率との『逆転』」勃発と、それから帰結する、「過剰投資の強制的『整理』」及び不況過程への接続——という基本図式に即すれば、この「バブル崩壊型・景気変動」の、その「古典的性格」近似性はやはり極めて印象深い。まさに「『古典型』過剰資本整理の勃発」と命名すべき所以である。

そうはいっても、大きな質的相違もいうまでもなく無視できず、例えば、（a）バブル期における「物価上昇の微弱性」・「労働力不足と賃金上昇の消極化」は特異だし、また（b）「バブル崩壊」局面での「パニック性の非顕在化」や「崩壊作用の不徹底性」などもまた目立とう。さらに、（c）「バブル崩壊」後での、「GNP・生産下落の低程度性」と「倒産・失業の非全面化」傾向も周知の通りであって、そこにも小さくない差異が指摘されてよい。しかし、その上でもなお、その「古典的類似性」はやはり顕著だというべきではないか。

以上をふまえて最後は、④その「帰結」だが、それが「九〇年代長期不況の出発点」を画した点は明瞭であろう。いうまでもなく、この「九〇年代」にもいくつかの「循環の山・谷」があり、したがって九〇年代全体を「失われた一〇年」などと雑に一括などできないが、それでも、この「バブル崩壊」を契機として「九〇年代長期不況」が開始されていったのはやはり事実である。この「九〇年代長期不況過程」の分析は次章の課題だが、それでも以下のような基本ストーリーだけはここでも展開可能なのではないか。すなわち、「バブル崩壊↓資産価格暴落」という共通土台が、（a）まず企業に対しては「保有資産価値暴落・収益悪化↓投資削減・抑制」を惹起させたし、（b）ついで銀行に対しては「不良債権累積・自己資本比率低落↓貸出抑制・貸し渋り強化」を強制せざるを得なかった。こうしてまず「企業・銀行」両セクターにおいて「投資・貸出」の激落が生じたが、それに加えて、この「共通土台」が（c）

最後に消費者に対しては「逆資産効果→消費抑制」を強いたから、いま検出した「投資・融資下落」が、さらにこの「消費低下」にも挟撃されて、景気下落は「深く・長く」継続していく——他はなかった。まさに、「バブル崩壊」が引き起こしたその「帰結」であろう。

（1）拙稿「バブル経済の形成と景気変動過程」（『金沢大学経済学部論集』第二九巻第一号、二〇〇八年）をみよ。
（2）バブル崩壊の全体的構図に関しては、例えば田中隆之『現代日本経済』（日本評論社、二〇〇二年）、橋本・長谷川・宮島『現代日本経済』（有斐閣、二〇〇六年）、などをみよ。その輪郭がよく描かれている。
（3）例えば、SGCIME編『グローバル資本主義と景気循環』（御茶の水書房、二〇〇八年）の具体的展開をみよ。
（4）SGCIME編『グローバル資本主義と企業システムの変容』（御茶の水書房、二〇〇六年）を参照のこと。
（5）国際収支動向については、現代日本経済研究会編『日本経済の現状』一九九三年版（学文社、一九九三年）が参考になる。またそこでの詳細な分析を通して、「バブル崩壊」後・日本の対外関係も明確になろう。
（6）財政政策に関しては、前掲『日本経済の現状』一九九三年版、第二部第三章に詳細な考察がみられる。
（7）例えば、SGCIME編『金融システムの変容と危機』（御茶の水書房、二〇〇四年）が参照されてよい。
（8）その詳細は、前掲『グローバル資本主義と景気循環』第二・三章が取り分け検討されるべきである。
（9）この点については、宮崎義一『複合不況』（中公新書、一九九二年）という極めて優れた作品がある。
（10）「古典的景気循環形態」に関しては、拙著『景気循環論の構成』（御茶の水書房、二〇〇二年）を参照されたい。もちろんさらにその根底に、宇野弘蔵『恐慌論』（岩波文庫、二〇一〇年）という記念碑的名著があるのはあらためていうまでもあるまい。

第七章　九〇年代長期停滞と景気変動過程

はじめに

前章(1)では、八〇年代末の「バブル崩壊」を対象にしながら、その背景・契機・原因に関する一定の理論的照射を試みた。そして、その作業においては、「バブル形成―崩壊」の基本線を、お馴染みの「資産価格変動」に過度に集約するのではなく、何よりも「設備投資変動」への力点配置を通してこそ解明すべき点――を強調したが、その結果、明瞭に検出可能になったまさに枢要点こそ、「資本の過剰蓄積」に立脚した「利潤率―利子率の逆転運動」という、「バブル形成―崩壊」を巡る、以下のような、その「本質構造」に他ならない。

すなわち、まず第一は①その「背景」であって、「バブル形成―崩壊」という一連の過程は、まさしく、バブル期における「過剰資本の累積」とその崩壊期における「過剰資本の強制的整理」プロセス以外ではなかった――という点に関わる。その意味で、単なる「資産価格の膨張と瓦解」運動ではあり得なかったというべきなのである。そのうえでついで第二に②その「機構」こそが注目されるが、周知の、「公定歩合引き上げ・不動産投資総量規制・土地税制強化」などといういわば「表面的操作」の深部で、以下のような動態的メカニズムが進行したことこそが重要だといってよい。つまり、バブル崩壊に前後した、企業利益率に代表される「利潤率」と市中金利をその典型とする「利子率」との、その「逆転化運動」以外ではなく、バブル崩壊は、その点で、いわば「古典的恐慌勃発」との共通性をも孕んでいた。したがって、それを前提として最後に、そこから第三として③その「帰結」が導出可能となり、結局、このバブル崩壊こそが「九〇年代長期停滞」の実体的基盤を形成した——という構図が明瞭となってこよう。要するに、バブル崩壊を契機に始まる「九〇年代長期不況」発現・進行の、まさにその出発点が、このバブル解体にこそ求められてよいことが一目瞭然なわけである。差し当たり前章までではここまでは明らかになった。

こういってよければ、このような見取り図を前提にして、次に本章の課題が以下のように浮上してくるのも自明であろう。すなわち、バブル崩壊の帰結として進行していくこの「九〇年代長期不況」の構造を、まさしく「バブル形成—崩壊」との内的関連に即して解明すること——、これ以外にはあるまい。そして同時に、このような課題設定からして、次のような分析方法視点が直ちに要請されるのも明白であって、それは以下の三点に整理できる。すなわち、まず一つ目は①「基本視角」として、九〇年代不況を、「バブル形成—崩壊」において進行した「過剰資本の累積—整理過程」の、その「後産プロセス」として位置づけることに他ならない。換言すれば、九〇年代不況の展開過程を何よりも「過剰資本処理の進行過程」として把握していく視点こそが重要なのであって、このアングルの堅持が取り分け必須なように思われる。ついで二つ目に②「現実視角」というベクトルからは、九〇年代に現実化するいくつかの景気局面を、まさにこの「過剰資本整理の進捗」を焦点に設定して検証することが強く求められよう。その点で、九〇年代景気政策への総体的評価が、まさしくこの「過剰資本処理の有効性」という方向からこそ試行されるべきではないか。そのうえで最後に三つ目に、③「九〇年代景気変動過程」分析が、「総合視角」という点からは必要になってこよう。周知の通り、「失われた一〇年」という——九〇年代を「単色化」してしまうような——安易で誤ったフレーズがあるが、そうではなく、この九〇年代にも、「過剰資本整理の進行」に対応した「複数の個別的局面」が包含されているかぎり、その点で、景気局面構成の、その現実的解明こそがくれぐれも不可欠だという以外にはない。

I　資本蓄積――過剰資本処理の遅滞化構図

［1］投資構造　そこで最初に、「九〇年代長期不況」[2]を何よりも第一に（一）「民間投資」[3]の切り口から確認していこう。そこで始めに、この民間投資動向を主導した①「設備投資」こそがまず注目に値するが、そうであれば最初に一つ目としては、(a)その「基本動向」が全体枠組み的な前提をなそう。このような方針に立脚して取り敢えず（イ）その「概況」から入ると、例えば前章まででフォローし終わったように、バブル崩壊の直前期をなす八〇年代は設備投資のいわば「膨張期」であったのに対し、この九〇年代は一転して明確な縮小局面をなす。その点は十分に想定内といってよいが、差し当たり大まかな数字のみを具体的に拾えば（一〇億円）、バブル期からバブル崩壊期にかけては八六－九〇年＝七七八二八→九一－九五年＝九〇四六〇へと増大をみるが、その後は、バブル崩壊のダメージが一挙に表面化して九六－〇〇年＝七七二二七→〇一－〇四年＝四七〇八七へと極端な低落へと落ち込む（**第1表**）。したがってまず大掴みにいって、バブル崩壊後のこの九〇年代が、設備投資におけるまさしく顕著な収縮局面であった点――には一切の異論はあり得まい。これが全体の土台をなそう。

ついで、このような概況をふまえて、次に九〇年代の内部構成にまで踏み込んでいくと、（ロ）設備投資「増加率」（％）は基本的に以下のように動いた。すなわち、七一－八六年＝四・〇→八七－九一年＝一〇・五だったのに比較して、まず九二－九九年全体では△一・一％となって大きくマイナスに転じるが、そのうえで、これをさらに三局面に細分してその増加率数値を拾うと、例えば九二－九四年＝△六・六→九五－九六年＝八・二→九七－九九年＝△一・四（**第2表**）という興味深い波動が描かれる。みられる通り、九〇年代が押しなべて縮小運動を示しているわけではなくかなり大きな「バラツキ」こそが検出されてよい――その内容は後に詳述するが――から、九〇年代を「単色で塗り潰

第1表　産業別設備投資額

（単位：十億円）

年　度	1961－65	1966－70	1971－75	1976－80	1981－85		1981-85	1986-90	1991-95	1996-2000	2001-04
電力	1,683	2,603	6,181	13,158	16,581	繊維	565	751	538	318	136
都市ガス	146	327	822	1,237	1,221	紙・パルプ	916	1,822	1,130	1,368	760
石炭	162	220	406	383	362	化学(1)	2,890	3,471	3,283	2,970	1,949
鉱業	110	224	307	182	206	石油化学	844	1,510	1,244	686	454
鉄鋼	1,014	2,216	4,040	3,754	3,995	有機化学	1,061	1,125	1,071	1,009	647
非鉄金属	203	494	792	531	763	石油精製	1,385	1,755	2,926	1,233	457
石油	465	1,075	1,841	1,528	1,544	窯業・土石	…	1,420	1,430	773	403
機械	1,493	2,942	4,329	7,127	14,150	鉄鋼	3,995	3,383	4,634	2,546	1,253
電気機械	276	668	1,086	1,960	5,907	非鉄金属	…	1,206	1,640	1,790	643
自動車	580	1,358	1,874	3,470	5,420	一般機械	…	1,987	1,997	1,922	1,041
化学	1,082	2,053	2,972	2,451	3,252	電子機械	3,354(2)	5,389	5,571	6,990	3,078
石油化学	386	880	1,066	742	844	電気機械	1,566(2)	2,256	2,235	1,848	852
繊維	457	632	781	500	565	自動車	5,420	7,557	6,515	5,973	4,267
合成繊維	243	304	325	250	300	製造業小計(3)	26,920	34,380	32,254	31,078	16,947
紙パルプ	221	396	761	787	1,150	電力	16,707	19,151	24,665	19,983	8,764
窯業	325	448	780	830	984	ガス	1,221	1,386	1,952	1,625	959
建材	28	101	293	236	238	卸売・小売	1,943	3,059	3,693	2,466	2,446
雑貨	18	80	224	328	306	百貨店	435	835	836	564	439
卸売・小売	61	400	1,294	1,742	1,943	チェーンストア	1,318	1,950	1,928	1,291	862
合計	7,469	14,237	25,762	38,180	57,731	合計(3)	57,731	77,828	90,460	77,227	47,087
公害防止投資	…	406	2,990	2,117	2,024	公害防止投資	2,024	1,374	1,840	1,484	672

（資料）　通産省・経産省『主要産業の設備投資計画』各年版および経産省HP「設備投資調査」統計より作成。1975年度までは支払いベース、それ以降は工事ベースの数値。（1）1989年以降は医薬品を含まず。（2）1982-1985年度の数値。（3）その他とも。

第2表　設備投資の業種別増減率と寄与度

（単位：％）

平均値	民間企業計	製造業	非製造業	バブル3業種	その他
1971～86年	4.0	2.4	5.5		
		(0.6)	(3.4)	(0.4)	(3.0)
標準偏差	8.0	12.4	6.5		
87～91年	10.5	12.4	9.6		
（バブル）		(4.2)	(6.3)	(1.8)	(4.5)
92～99年	－1.1	－2.4	－0.1		
（ポスト・バブル）		(－1.0)	(－0.1)	(－0.6)	(0.6)
92～94年	－6.6	－12.9	－3.1		
（第1期）		(－4.5)	(－2.1)	(－1.0)	(－1.1)
95～96年	8.2	12.1	6.6		
（第2期）		(3.7)	(4.5)	(－0.1)	(4.6)
97～99年	－1.4	－0.6	－1.4		
（第3期）		(－0.5)	(－0.9)	(－0.6)	(－0.3)

（注）　1）各期間における前年同期比増減率の平均値（四半期データを使用）。
　　　2）（　）内は、寄与度の平均値。
　　　3）「バブル3業種」は、建設、不動産、金融。
　　　4）新設投資額の進捗ベースの数字。1990年ベースの実質値。68SNA。
（資料）　内閣府「資本ストック統計」より作成。

してしまう」ような「失われた一〇年」などという表現がどんなに誤ったものであるかが、この九〇年代設備投資の動向からもまさに一目瞭然なように思われる。しかしいずれにしても、この九〇年代設備投資は、絶対額水準だけではなく増加率レベルにおいても明瞭に下降基調を余儀なくされているわけであり、その点で、九〇年代設備投資の「基本動向」としては、明確なその減少基調こそが確認されざるを得まい。

　そのうえで、「九〇年代不況期」におけるこのような設備投資下落の意義を、念のため（ハ）「経済成長の要因分析」（需要サイド、％）のベクトルからも検証しておきたい。そこでいま、設備投資をその中核として包含した「民間住宅・民間企業設備・民間在庫」合計に関する、その需要要因比率の追跡を試みると**（第3表）**、例えば以下のような構図が得られる。

第３表　経済成長の要因分析（需要サイド）

（単位：％）

年	国　内 総支出	民間最終 消費支出	民間住宅 ＋民間企 業設備＋ 民間在庫	政府最終 消費支出	公的固定 資本形成 ＋公的在 庫品増加	財貨・ サービス の純輸出	財貨・ サービス の輸出	財貨・ サービス の輸入
1990	5.2	2.5	1.9	0.4	0.3	0.1	0.6	－0.5
91	3.3	1.5	0.7	0.5	0.2	0.4	0.3	0.1
92	0.8	1.4	－2.1	0.3	0.9	0.3	0.3	0.0
93	0.2	0.7	－1.9	0.4	0.9	0.1	0.0	0.1
94	1.2	1.5	－0.7	0.5	0.1	－0.2	0.3	－0.5
95	2.1	1.1	0.8	0.6	0.1	－0.5	0.4	－0.9
96	3.4	1.4	1.5	0.4	0.5	－0.4	0.6	－1.0
97	1.8	0.4	1.1	0.1	－0.8	1.0	1.1	－0.1
98	－0.9	－0.1	－1.4	0.3	－0.1	0.4	－0.2	0.6
99	－0.2	0.0	－1.1	0.7	0.4	－0.2	0.1	－0.3
2000	2.3	0.3	1.5	0.8	－0.8	0.5	1.3	－0.8
01	0.1	0.6	0.0	0.5	－0.3	－0.7	－0.7	－0.0
02	－0.4	0.3	－1.4	0.4	－0.3	0.6	0.8	－0.2
03	1.4	0.1	1.1	0.2	－0.7	0.7	1.1	－0.4
04	2.7	0.8	1.2	0.5	－0.6	0.8	1.7	－0.9
90〜94	2.1	1.5	－0.4	0.4	0.5	0.1	0.3	－0.2
95〜99	1.2	0.6	0.2	0.4	0.0	0.1	0.4	－0.3
00〜04	1.2	0.4	0.5	0.5	－0.5	0.4	0.8	－0.5

（資料）　内閣府『経済財政白書』平成17年版。

すなわち、バブル崩壊を画期としてまず九〇年＝一・九→九一年＝〇・七と低下を開始するが、しかしこれはまだほんの序曲に過ぎず、続いて九二年からは明確にマイナスにまで落ち込む。具体的には、九二年＝△二・一→九三年＝△一・九→九四年＝△〇・七と経過するから、この設備投資関連投資はこの九〇年代半ばには景気のむしろ「束縛要因」へと転じている点がよく分かる。その後、九五年＝〇・八→九七年＝一・一となって確かに一旦は持ち直すものの、九〇年代末に至ると、九八年＝△一・四→九九年＝△一・一と推移して再度マイナスへと下降していく以上、総体的には、九〇年代における「設備投資減少」作用の大きさがやはり軽視できまい。それと比較して、この九〇年代不況局面で需要を辛くも支えたのは、①「民間最終消費支出」（九〇年＝二・五→九三年＝〇・七→

九六年＝一・四→九九年＝〇・〇）、②「政府最終消費支出」（〇・四→〇・四→〇・四→〇・七）、③「公的固定資本形成・公的在庫品増加」（〇・三→〇・九→〇・五→〇・四）の三要因だとみてよい（**第3表**）が、その場合に注意すべきは、これらがいずれも「民間投資」をその外側からいわば「補完」する要因に他ならない——という側面であり、したがってこの方向からも、「設備投資減少」影響の甚大性が手に取るようにみえてこよう。

以上のように考えてよければ、九〇年代長期不況の根底にこのような「設備投資の構造的下落」が深く累積しているのは、もはや一目瞭然だという以外にはなかろう。まさにその意味で、「九〇年代不況分析論」の軸点が何よりもこの「設備投資下落」にこそ配置されるべきことについては——いわば一点の曇りもなく明瞭なように判断可能である。

そこで、以上のような「基本動向」を前提にしつつ、次に二つ目に（b）「業種別・設備投資動向」へと視点を向けていくが、まず最初に（イ）「製造業—非製造業」（九八年度、増加率）という大区分に即した場合はどうか。いま、九〇年代不況のいわば典型的局面と考えられる九八年を素材にして、「設備投資・対前年同期比増加率」（％）の動きを追うと以下のような特徴が直ちに目に飛び込んでくる。すなわち、「全産業」が、「一－三月」＝△五・八→「四－六月」＝△一〇・五→「七－九月」＝△一二・〇となって全般的な縮小基調を辿る中で、まず一方の「製造業」は四・八→七・九→△六・六という形で経過する（**第4表**）。したがって、バブル崩壊後での一定の早期的立ち直りと、九〇年代末期での再度の低落とが確認でき、その意味で、この製造業領域においては、「過剰資本整理」とその「再形成」とがいわばサイクル的に進行したのだ——と図式化されてよい。まさにその側面にこそ、九〇年代不況はバブル崩壊がもたらした「過剰投資」のその「整理過程」に他ならないという本質が、明白に反映しているというべきではないか。要するに「過剰資本運動」がその基準をなす。

それに対して他方の「非製造業」では、このようなやや「循環的」な動向とはおよそ異質な特徴が提示されていく。

第４表　設備投資の推移（対前年同期増加率）

（単位：％）

区　分	1997		98		
	7～9月	10～12月	1～3月	4～6月	7～9月
	増加率	増加率	増加率	増加率	増加率
全産業	5.9	3.5	△5.8	△10.6	△12.0
製造業	10.4	8.5	4.8	7.9	△6.6
食料品	16.8	8.3	16.5	△10.4	△2.4
化学	10.5	24.2	14.3	5.1	△6.8
石油・石炭製品	△40.3	△33.4	28.5	△20.2	19.5
鉄鋼	△29.7	△3.5	2.2	20.5	△5.9
一般機械	20.6	△7.2	5.8	37.8	43.6
電気機械	14.9	12.5	5.2	16.6	△23.0
輸送用機械	21.9	35.8	12.0	29.2	3.1
非製造業	3.7	1.4	△10.8	△19.0	△14.9
建設業	△12.1	△4.9	△28.6	△14.9	△8.3
卸・小売業	5.4	6.9	△11.9	△14.7	△8.4
不動産業	△38.7	△10.3	△15.8	9.7	10.6
運輸・通信業	23.4	△0.8	△13.4	△19.2	△22.3
電気業	△8.2	△6.0	△3.1	△19.4	△10.9
サービス業	10.7	7.8	△8.0	△25.0	△20.1
資本金					
10億円以上	6.2	2.3	0.9	△1.3	△10.2
1億円～10億円	1.3	6.2	△9.9	△4.5	△14.1
1,000万円～1億円	8.2	4.5	△21.4	△32.1	△14.9

（資料）　現代日本経済研究会編『日本経済の現状』1999年版、170頁。

つまり、具体的には△一〇・八↓△一九・〇↓△一四・九（**第４表**）という数値が刻まれるからに他ならず、サイクル的では決してなく、むしろ「構造的・持続的」な設備投資の収縮運動がまさしく顕著に進展したと総括可能であろう。とすれば、「非製造業」における——循環的というよりは——このようないわば「構造的な下落」の原因が興味深いが、それに関しては、（前章で指摘したような）、「特定業種に集中した激烈な設備資縮小」という、バブル崩壊期・設備投資動向のその「非製造業型パターン」こそが重視されてよい。換言すれば、バブル崩壊局面における「非製造業」領域では、過剰資本の強制的整理がその「特定業種」以外ではまさしく不徹底だった——ことの、それは帰結だったわけであり、したがって、その時点では残された「過剰資本整理作用」が、この九〇年代末にまで持ち越されつつようやく明瞭に発現に至ったのだと考えられよう。

　こうして、「業種別・設備投資」動向には、バブル崩壊後における「過剰資本整理」のそのタイプ差が色濃く反射していると推察可能だが、そのうえで、次にその点を、（ロ）「資本金規模」という区分からも追認しておきたい。そこでいま、「一〇億円以上」・「一億円－一〇億円」・「一〇〇〇万円－一億円」という三区分に焦点を合わせて、「設備投資・増加率」推移を追うと、例えば以下のような数値が拾える。つまり、それぞれ、「〇・九→△一一・三→△一〇・二」、「△九・九→△四・五→△一四・二」、「△二一・四→△三一・一→△一四・九」となる以上、ここからは、資本金のヨリ大きなグループこそが一種の「サイクル・循環型運動」に近いこと――だけは一応検出されてよいように思われる。言い換えれば、「製造業―非製造業」区分と関連付けると、資本金上位グループが「製造業」領域にまさに対応しているわけであって、この上位グループこそが、バブル崩壊による「過剰投資整理」をヨリ強く強制されたが故に、『一定の立ち直り』と『再形成』という、設備投資増加率運動における「サイクル型」動向を、それだけヨリ明瞭に発現させたのではないか。要するに、この「資本金規模」に即しても、「過剰資本整理」状況こそがその基軸をなす点がよく分かる。

　これらを踏まえて最後に、（ハ）「製造業―非製造業」両領域内部にまで立ち入って考察の具体的なメスを入れてみよう（**第４表**）。そこで最初に「製造業」に注目すると、大きくは以下の二つの特徴が明瞭であるが、まずその一つ目は「内需依存型部門」の低調さではないか。具体的には、「食料品」（一六・五→△一〇・四→△二・四）・「電気機械」（五・二→一六・六→△二三・〇）などがこれに該当するとみてよく、長期不況に制約された内需不調によって、設備投資自体の顕著な停滞が進行したものと思われる。まさにここにも、九〇年代不況にともなう過剰資本整理の未消化状況が端的に現出してきていよう。しかしそれだけではない。というのも、他方で二つ目として、「輸出関連部門」ではある程度旺盛な設備投資が再開しつつあるからであって、例えば「一般機械」（五・八→三七・八→四三・六）や「輸送用機械」（一二・〇→二九・二→三〇・一）における設備投資の活発性もやはり無視はできまい。いうまでもなく、一面での「内需停滞→過剰資本整理鈍化」のいわば裏面であるが、それでもただ、これが「過剰資本整理」の「外部的捌け口」として作用している——構図だけはなお軽視されてはならない。いずれにしても、「過剰資本整理」進捗こそが動向全体の基軸を握っている。

そのうえで「非製造業」はどうか。先にも指摘した通り、「非製造業」実績は押しなべて低空飛行を免れてはいないが、その中でも取り分け水準が低いのは、まず「バブル関連業種」そのものである、「建設業」（△二八・六→△一四・九→△八・三）と「サービス業」（△八・〇→△二五・〇→△二〇・一）であろう。その点で、バブル崩壊のいわば「後遺症」がなお指摘されてよいが、それと並んで、内需不調に起因した「卸・小売業」（△一一・九→△一四・七→△八・四）の設備投資下落もまた顕著だといってよい。したがって、その原因は区々だとはしても、いずれも過剰資本整理の遅れにこそ設備投資停滞のその根拠がある点には疑問はあり得ない。それに比較してやや意外なのは、「バブル張本人」に他ならない「不動産業」で早くも上向き基調がうかがえる点に他ならず、事実ここでは、△一五・八→九・七→一〇・六というプラス転化がはっきりと進行していく。まさにその意味で、バブル崩壊による不動産価格の低下があれ程に激烈だったが故に「不動産業部門」での「過剰投資」がそれだけ激烈に整理されたため、設備投資の「再上昇」エネルギーがその分だけ大きかった——のだと推察可能であろう。こうしてここでも「過剰資本整理」こそが事態の基軸を占めている。

以上のような現況を押さえたうえで、最後に三つ目に（c）「設備投資動機構成」をも視野に収めておきたい。というのも、この「動機構成」にこそ九〇年代・設備投資停滞のリアルな素顔が現れていると判断可能だからであるが、いま例えば日本開発銀行「設備投資計画調査結果」(一九九八年九月)を素材として、この「動機構成」の(イ)「実態」を探ってみよう。さてすでに前章で検討した通り、バブル形成―崩壊期にあっては、製造業設備投資の内容に関しては、「合理化・維持修理」などと並んで、「新製品・研究開発・能力増強」といういわば「前向き・攻勢型」動機がなお目立っていたが、九〇年代不況期になるとこの「攻勢型」はその勢いを失う。その場合、この基調変化は取り分け「能力増強」項目において顕著だといってよく、これまで辛うじてその推進領域をなしていた「紙・パルプ・半導体」でも「能力増強」は大きく低下に転じるに至った。その結果、相対的には、一面では不況対策を担った「合理化」動機や、他面では、既存設備の継続的使用を意図した「維持修理」動機が伸張をみたのはいうまでもあるまい。まさに「設備投資・動機」が基本的に変調局面に突入し始めたわけであって、バブル崩壊を分水嶺にしたその「構図変化」が興味深い。

しかし、この構図変化の(ロ)背景については、理解に困難な点は何もなく、以下のような連関構成はむしろ当然の想定範囲であろう。すなわち、バブル崩壊に起因した、「需要縮小→投資下落→生産低下」というマイナス波及関係に制約されて製品販売の収縮が強まり、それが、企業の「能力増強」に関する、その「見通し」と「意欲」とを大規模に削減させた――のは自明であった。しかも、バブル崩壊で噴出したこのような「マイナス連関」は、九〇年代不況の過程で、「過剰資本整理の遅延」というかたちで一層悪化したかぎり、九〇年代局面にあっても、設備投資動機におけるこの「能力増強」指向はなおヨリ強く「見合わされ」続けたというしかない。やはりここでも、「過剰資本整理」のあり方こそが焦点をなす。

そうであれば、「設備投資動機構成」については以下のように(ハ)「集約」可能ではないか。すなわち、九〇年代

第5表　国民総生産

年	国民（国内）総生産（支出）			
	名目		実質	
	(1)大川	(2)SNA	(1)大川	(2)SNA
86	335,457	336,686	352,880	354,171
87	349.760	351,814	367,556	369,714
88	373,973	376,227	390,325	392,733
89	399,998	402,848	409,184	412,097
90	430,040	432,972	429,986	432,937
91	458,299	461,489	446,315	449,437
92	471,021	475,289	450,877	454,962
93	475,381	479,762	452,282	456,456
94	486,552	490,364	469,969	478,105
95	493,588	497,424	479,181	487,677
96	504,262	509,732	492,340	500,827
97	515,249	522,007	500,072	507,837
98	504,843	511,782	489,824	499,384
99	497,629	504,013	489,130	498,093
2000	502,990	509,411	503,120	509,554
01	497,720	506,040	504,048	512,406
02	491,312	499,506	505,369	513,532
03	490,294	498,818	512,513	519,689
04	498,328	507,948	526,578	532,251
05	501,343	513,192	536,559	540,029
06	507,560	522,174	548,125	549,119

（資料）　三和・原編『近現代日本経済史要覧』（東大出版会、2007年）３頁。

不況の過程で、設備投資が量的に大きく落ち込んでいるだけではなく、さらにその「動機」に関しても、その積極性が明らかに失われつつあるのだ――と。まさしくこの点から判断すれば、「バブル期過剰蓄積における整理未達成」が色濃く浮上してくるわけであり、したがって、「九〇年代長期不況」の実体的土台が何よりもこの「過剰資本残存の進行」にこそある点にも、いわば十分な照明が当てられ得るように思われる。要するにそこに、「過剰資本処理の遅滞化構図」が見透かせよう。

以上のような「設備投資」動向に立脚したうえで、続いて、その基盤のうえで進行した②「生産・成長率」運動へと進もう。そこで最初に一つ目に（a）「生産」から入ると、まず（イ）「実質国民総生産」（兆円）が大枠を構成するが、それは以下の通り推移した。すなわち、バブル末期においてまず八九年＝四〇九→九〇年＝四二九と膨張を呈した後、いうまでもなくバブル崩壊に直面して九一年＝四四六→九二年＝四五〇→九三年＝四五二となってさすがに停滞を余儀なくするが、それも長くは続かない。事実、九三年の落ち込みを抜けた後は、九五年＝四七九→九六年＝四九二→九七年＝五〇〇（**第5表**）として経過するから、少なくても九〇年代不況の中核時期においては、総生産は

第6表　主要経済指標

年	鉱工業生産指数（鉱工業、2000年＝100）	稼働率指数（製造工業、2000年＝100）	法人企業経常利益対前年比（%）	売上高経常利益率（全産業）（%）	民間設備投資計画対前年変化率（全産業）（%）	労働分配率（全産業）（%）	完全失業率（%）	有効求人倍率
1990	99.9	114.1	−6.9	3.1	10.1	66.5	2.1	1.40
91	101.6	111.8	−8.8	2.7	4.3	67.9	2.1	1.40
92	95.4	102.6	−26.2	2.0	−7.1	70.2	2.2	1.08
93	91.7	97.4	−12.1	1.8	−10.3	73.2	2.5	0.76
94	92.6	97.0	11.9	1.9	−5.7	73.3	2.9	0.64
95	95.6	99.5	10.9	2.0	3.0	72.7	3.2	0.63
96	97.8	100.5	21.9	2.4	4.7	72.4	3.4	0.70
97	101.3	103.9	4.8	2.5	11.3	73.3	3.4	0.72
98	94.4	96.1	−26.4	1.9	−1.6	75.3	4.1	0.53
99	94.6	95.8	17.7	2.3	−4.5	74.4	4.7	0.48
2000	100.0	100.0	33.7	3.0	8.7	71.9	4.7	0.59
01	93.2	92.4	−15.5	2.5	0.8	73.3	5.0	0.59
02	92.0	93.5	−0.7	2.7	−6.7	72.8	5.4	0.54
03	95.0	97.3	12.6	3.0	6.3	69.9	5.3	0.64
04	100.2	102.0	27.7	3.6	6.0	68.7	4.7	0.83

（注）　全国市街地価格指数は、各年３月末指数。国内銀行平均約定金利はストック分の総合の値。
（資料）　内閣府『経済財政白書』。原資料は、財務省『法人企業統計』。

むしろ増大基調にこそあった点が浮かび上がってくる。この点はやや意外な印象を受けるが、しかし、九〇年代不況期に潜在化していた「過剰資本整理の不徹底→生産過剰の持続」という実体過程から判断すると、むしろ十分に納得がいくものだといってもよい。要するに、このGNPの側面からも、九〇年代局面全般における過剰生産傾向の持続的進行がみて取れるが、その後九〇年代末になってようやく始めて、「過剰資本処理の進捗」に対応する形で九八年＝四八九→九九年＝四八九と低下に移っていく。こうしてみると、九〇年代の進展過程において、まさに「資本過剰の存在様態＝処理・残存レベル」に規定されつつ「国民総生産の増減」が推移していった運動プロセスこそ——が明確に検証されるべきではないか。

ついで、視点をもう一歩狭めて（ロ）「鉱工業生産」関連（二〇〇〇年＝一〇〇）の軌跡に着目すると、いま確認したGNP次元とはやや異なって、九〇年代の停滞性がむしろ明瞭に浮上してくる。そこでまず一つとして「鉱工業生産指数」自体を追いかけねばならないが、それは九〇年＝九九・九→九二年＝九五・四→九四年＝九二・六→九六年＝九七・八→九八年＝九四・四（**第6表**）という数値を刻む。みられる通り、九六年を唯一の例外として、九〇年代におけるほぼ一直線での単調な減少基調が否定できまい。したがって、過剰資本整理の未達成に制約を受けて、鉱工業生産規模のまさしく「絶対的縮小」こそが進行をみたわけであって、「九〇年代不況」の実体的基盤に「生産の絶対的縮小」が伏在し続けた関連がいわば鮮やかに検出可能だと判断できよう。しかしそれだけには止まらない。というのも、この「生産縮小」がついで「稼働率指数」（製造業）へ反映せざるを得ないのは自明だからであって、それは例えば、一一四・一→一〇二・六→九七・〇→一〇〇・五→九六・一（**第6表**）という明瞭な軌跡を描いた。その意味で、景気上昇にともなう九六年での一時的回復を唯一の例外にして、この九〇年代には、稼働率水準の全般的な縮小が一目瞭然であろう。そしてそれが、「過剰資本残存→投資停滞→生産収縮→設備稼働低下」という連関の帰結である点も明白である以上、まさにこの「稼働率指数」動向からも、九〇年代不況における「過剰資本整理の未達成」傾向がそれこそ手に取るように理解可能だと考えられる。

そのうえで、このような「生産縮小―稼働率低下」をもう一段深めて、それを（ハ）「資本財―建設財―消費財―生産財」（二〇〇〇年＝一〇〇）という特殊分類に即して把握してみよう（**第7表**）。いま例えばラフな数値しか手に入らないが、それで我慢して「バブル崩壊―九〇年代」の大まかな図式を辿れば、それらは一応以下の三グループに区分されてよい。すなわち、まず第一は「良好グループ」であって、ただ一つ「生産財」がこれに該当する。具体的には、八五年＝七三・二→九〇年＝九〇・五→九五年＝九一・一→二〇〇〇年＝一〇〇・〇→〇五年＝一〇六・二という堅実な増加数字を残すが、この背景としては、民間投資下落を補完する役割で一定のレベル保持を強いられた「公共

第7表　鉱工業生産指数

年次	産業総合	公益事業	鉱工業			特殊分類					鉄鋼業
				鉱業	製造工業	資本財	建設財	耐久消費財	非耐久消費財	生産財	
80			67.7	157.3	67.5	61.4	122.6	64.4	75.3	61.6	101.0
85			80.2	148.7	80.1	79.0	106.7	88.5	85.4	73.3	101.9
90			99.9	117.3	99.9	108.3	129.4	105.8	100.5	90.5	111.6
95			95.6	114.0	95.6	96.2	117.0	88.9	101.4	91.1	101.7
2000	100.0	100.0	100.0	100.0	100.0	100.0	100.0	100.0	100.0	100.0	100.0
05	101.8	109.3	101.3	105.4	101.3	104.1	81.4	100.3	93.5	106.2	107.5

（資料）　前掲、三和・原編『要覧』13頁。

投資」からの、対「生産財需要」の重みが軽視できまい。ついで第二が「停滞グループ」であるが、これには「資本財」（七九・〇↓一〇八・三↓九六・二↓一〇〇・〇↓一〇四・一）と「耐久消費財」（八八・五↓一〇五・八↓八八・九↓一〇〇・〇↓一〇〇・三）とが含まれる。つまり、九〇年代景気の局面転換に対応して乱高下を繰り返すパターンに他ならないから、その点でここには、九〇年代での「過剰資本処理の進捗度」に連動した、生産におけるその増減運動が極めてビビッドに反映している――と考えるべきではないか。そのうえで最後に第三こそ「悪化グループ」だとみてよく、「建設財」（一〇六・七↓一二九・四↓一一七・〇↓一〇〇・〇↓八一・四）および「非耐久消費財」（八五・四↓一〇〇・五↓一〇一・四↓一〇〇・〇↓九三・五）がこのカテゴリーに属す。明らかに、「バブル期＝急膨張↓バブル崩壊＝急収縮」という、まさしくバブル牽引作用というのがこのグループの特徴をなすが、したがってこのセクターにおいてこそ、「投資過剰累積＝過剰資本整理遅滞」という九〇年代不況の構造的特質が最も極端な形で発現した――のもいわば当然であったろう。

要するに、この「特殊分類」という切り口からみても、「九〇年代不況＝過剰資本整理の未達成過程」という、その本質構造が、まさしく明瞭に確認可能なように判断できる。

このように考えてくれれば、次に二つ目に（b）「業種別生産動向」（**第8表**）が

第8表　業種別生産動向

年次	非鉄金属	金属	機械	輸送機械	窯業	化学	石油石炭製品	紙・パルプ	繊維	製材業	食料品
80	70.3	98.2	72.2	81.4	111.9	50.4	94.2	61.5	194.1	206.6	91.7
85	70.7	95.5	88.8	88.7	107.6	61.3	79.3	68.7	189.3	162.6	93.3
90	91.1	116.0	115.6	108.3	125.4	83.7	84.0	90.6	173.9	170.1	99.7
95	94.6	110.3	99.3	95.0	114.8	94.8	97.6	94.9	133.7	138.3	101.5
2000	100.0	100.0	100.0	100.0	100.0	100.0	100.0	100.0	100.0	100.0	100.0
05	99.9	83.6	107.7	120.7	81.9	101.7	101.6	98.4	66.2	78.4	94.3

（資料）　産業総合は、鉱工業と公益事業（電力・ガス）の総合指数。1960年＝100の系列は、日本銀行『明治以降本邦主要経済統計』、1980年＝100の系列は、通商産業省『昭和55年基準鉱工業生産指数』、2000年＝100の系列は、経済産業省『平成12年基準鉱工業生産指数』による。

直ちに視界に入ってこよう。そこで「業種別」に分類したうえで、その「鉱工業生産」状況の点検を試みると、そこからは概略として以下のような三つの主要トレンドが浮上してくるように思われる。つまり、まず第一点は（イ）「大区分レベル」でみたいわば「低下グループ」であって、例えば「金属製品」（九五・五→一一六・〇→一一〇・三→一〇〇・〇→八三・六）や「繊維」（一八九・三→一七三・九→一三三・七→一〇〇・〇→六六・二）などがこの範疇に入ろう。いうまでもなく、前者は凋落が著しい「建設財・資本財」の代表であるし、また後者こそ「内需停滞＝消費低落」に呻吟する「非耐久消費財」の典型であるから、いま直前で検出した「特殊分類」での趨勢が、「過剰資本整理の遅れ」という性格に沿って、この「業種別」動向へとダイレクトに反映しているのだと判断してよい。ついで第二点として(ロ)「安定グループ」が注目されるべきであって、このグループにあっては、九〇年代不況を通した「過剰資本整理の一定の進捗」が予想できよう。具体的には、「非鉄金属」（七〇・七→九一・一→九四・六→一〇〇・〇→九九・九）と「一般機械」（八八・八→一一五・六→九九・三→一〇〇・〇→一〇七・七）との二業種がこれに該当するが、ここでは、国内景気動向局面に連動しながら、過剰資本解消と再形成という交替過程がまさに周期的に進行したのではないか。そして最後に第三点として（ハ）「拡張グループ」がくるのであり、「輸送機械」（八八・七→

一〇八・三→九五・〇→一〇〇・〇→一二〇・七）及び「化学」（六一・三→八三・七→九四・八→一〇〇・〇→一〇一・七）という「輸出関連業種」こそがその中心に座る。つまり、――後に詳述するように――九〇年代不況への対処策として一面で「輸出再増加」が進行していくが、まさにこの輸出増加の波に乗ってこそ、これら業種での「過剰資本整理―生産拡大」も実現をみたのだと考えられよう。

こう理解してよければ、以上のような「業種別動向」からは、結局以下のような結論が導出可能なように思われる。すなわち、九〇年代トータルとしては、総合的に「生産停滞」が打ち消し難く、まさにそれこそが「九〇年代不況」の実体的基盤を形成している点には何の疑いもないとはしても、にもかかわらず、業種別には大きなバラツキを含んでいる事実にも強い注意が不可欠だといってよい。そしてその際に肝要なことは、この生産動向格差の何よりもの根拠こそ「過剰資本整理の『進捗度』」に他ならない――という枢要点であって、まさにここにこそ、「九〇年代長期不況」解明の、その軸点があるというべきであろう。いうまでもなくここに「過剰資本処理の遅滞化構図」が反映され

第9表　成長率

（%）

（年）	経済成長率（実質）
74	−1.4
75	3.2
76	4.0
77	4.4
78	5.4
79	5.6
80	−
81	2.8
82	3.1
83	1.9
84	3.3
85	5.6
86	4.7
87	4.3
88	6.9
89	5.2
90	4.7
91	3.6
92	1.3
93	0.4
94	1.1
95	1.9
96	2.5
97	1.2
98	−1.4
99	−0.3
00	2.4
01	0.8
02	0.1
03	1.6
04	2.0
05	2.2

（資料）　前掲、三和・原編『要覧』33頁。

ている。

以上を総括する方向から、九〇年代生産動向を最後に三つ目に（c）「成長率」のベクトルからも把握しておきたい（**第9表**）。そこで「九〇年代不況」の位置づけを鮮明にするために、やや大きくスパンを取って八〇－九〇年代の「実質経済成長率」（％）推移に着目してみると、まず（イ）「第一局面」（八八－九〇年）の「バブル期」が浮かび上がる。いうまでもなく、「設備投資拡張→鉱工業生産拡大」を特徴とする、バブル局面での「経済の実体的拡充」こそが、経済成長率上昇の、その内実的基盤を構築した――ことに贅言は不要であろう。例えば八八年＝六・九→八九年＝五・二→九〇年＝四・七という高い数値が実現をみるから、この「バブル局面」が疑いなく「成長率高位局面」であることは一目瞭然といってよい。しかし、この高位水準は「バブル崩壊」という（ロ）「第二局面」（九一－九四年）に直面してたちまち暗転する。すなわち、九一年＝三・六％を「踊り場」にしてその後は九二年＝一・三→九三年＝〇・四→九四年＝一・一として経過し、「ゼロ成長」にまで接近する「超低空飛行」を余儀なくされていく。その場合、このような「低水準」は、「第一次オイルショック」期（△一・四％）を別にすればいわば「空前絶後」のレベルであり、したがってそれだけダメージの大きさが理解できるが、その背景に、「設備投資下落→生産低下」という「経済の実体的縮小」過程が存在したこと――はもはや周知のことであろう。まさしくこのような経過の帰結としてこそ「九〇年代不況」が進行した。

したがって、「九〇年代不況」期が（ハ）「第三局面」（九五－九九年）として発現してくる。すなわち、――後に景気変動プロセスに即して詳述する通り――景気対策を「呼び水」にして一旦は九五年＝一・九→九六年＝二・五と上昇ベクトルに変じたものの、それは直ぐに失速して九〇年代末からは一転して極度の墜落へと落ち込む。具体的には、九七年＝一・二→九八年＝△一・四→九九年＝△〇・三（**第9表**）という数字が拾えるから、最終的にはマイナス成長をさえ記録するに至るといってよい。その際、まさにこの「△一・四％」という超低レベルは、先に指摘した「第一次オイルショック」期と並ぶ事実上「ワースト・タイ」の水準であるかぎり、その意味で、この「九〇年代不況」が、結果的には、戦後最悪の「低・成長率」局面であった点には一切の疑問の余地はあるまい。そして、そのことの「実体的根拠」ももはや自明であって、その基軸が、繰り返し指摘したような、「過剰資本整理の未達成↓過剰資本残存↓投資・生産収縮」という「過剰資本残存型・実体的土台」にこそ求められてよいこと――はいわば一目瞭然ではないか。こうして、「九〇年代不況」局面で成長率は以上のような運動をみせた。

そうであれば、このような「投資・生産・成長」の基盤の上で、③「企業収益」はいかなる展開を遂げたのであろうか。そこで最初に一つ目として、(a)「利益率」(％) 動向が全体の大枠を形成するが、その動向を最初にまず (イ)「売上高経常利益率」(全産業、％) の切り口から押さえておくと、例えば以下のような数値を刻む。つまり、バブル期にはほぼ三-四％台の高いレベルを実現してきており九〇年にもまだ三・一％を維持していたが、「バブル崩壊―九〇年代不況」に突入すると事態は転換を余儀なくされ、それ以降は、九一年＝二・七↓九三年＝一・八↓九五年＝二・〇↓九七年＝二・五↓九九年＝二・三 **(第6表)** と長期停滞へと動く。まさしく、九〇年代における持続的な利潤率の停滞基調が目に飛び込んでくるといってよく、したがってその意味で、「九〇年代不況」の土台に、バブル崩壊を画期とした企業収益率の崩落状況が厳存するのは――いわば自明であろう。換言すれば、「過剰資本整理の未達成」が企業利潤率を掣肘している図式が否定し得ないが、例えばその端的な傍証として、「売上高」の極端な落ち込みが指摘可能なのはいうまでもない。事実、その一つの典型的な断面として、九七-九八年の売上高推移 (全産業、％) を具体的に追ってみると、九七年七-九月＝△一・六↓同一〇-一二月＝△四・四↓九八年一-三月＝△六・八↓同四-六月＝△五・〇↓同七-九月＝△五・三 **(第10表)** という軌跡が描かれる。みられる通り、惨憺たる売上高の下落に他

第10表　売上高の推移（対前年同期増加率）

（単位：%）

区　分	1997		98		
	7～9月	10～12月	1～3月	4～6月	7～9月
	増加率	増加率	増加率	増加率	増加率
全産業	△1.6	△4.4	△6.8	△5.0	△5.3
製造業	0.1	△2.2	△7.1	△6.3	△6.7
食料品	13.9	10.8	12.3	△5.0	△8.8
化学	△6.6	△8.2	△15.4	△7.4	△6.2
石油・石炭製品	△2.2	△2.7	△19.7	△3.3	△6.9
鉄鋼	△3.3	0.1	△4.1	△17.6	△15.7
一般機械	△18.2	△17.2	△18.0	△1.7	4.3
電気機械	7.2	2.3	△1.3	△8.0	△7.1
輸送用機械	1.0	△10.2	△12.9	△8.0	△5.7
非製造業	△2.4	△5.3	△6.7	△4.5	△4.7
建設業	△8.2	△12.5	△14.1	△5.2	△1.2
卸・小売業	△4.1	△8.0	△8.4	△3.8	△5.8
不動産業	△21.3	△9.1	△11.0	△6.5	△5.2
運輸・通信業	13.5	12.7	10.1	△12.6	△7.9
電気業	5.6	2.7	△0.2	△3.0	△3.9
サービス業	6.5	5.0	3.8	△1.7	△2.1
資本金					
10億円以上	2.5	△0.9	△2.2	△5.4	△6.8
1億円～10億円	△1.2	△5.1	△6.4	△1.4	△1.9
1,000万円～1億円	△5.5	△7.0	△11.4	△5.9	△5.1

（資料）　大蔵省『法人企業統計調査』。

ならず、したがって、「資本過剰残存↓売上高下落↓利益率停滞」というロジックの明確な貫徹が一目瞭然なのであって、この側面からも、「過剰資本未整理型九〇年代不況の特質」が顕著に発現してくるというべきであろう。しかしそれだけには止まらない。ついで、この利益率停滞をさらに（ロ）「利益率変化状況」にまで進んで検討を加えると、その「傷口」は一層深刻に広がる。そこでいま「法人企業経常利益率対前年比」（％）のフォローを試みると、具体的には以下のような数値を拾い出せよう。すなわち、九〇年＝△六・九↓九二年＝△二六・二↓九四年＝一一・九↓九六年＝二一・九↓九八年＝△二六・四（**第6表**）と動いたから、確かに、一定の景気上向き局面と対応して九〇年代半ばにおける数次の上方転換も否定はできないものの、それにしても、九〇年代前半と末期における極度の墜落には目を奪われる。しかも、二〇〇〇年代に入ってからも〇一年＝△一五・五→〇二年＝△〇・七（**第7表**）となってマイナス基調を継続している点をも考慮に入れて判断すれば、結局、「九〇年代不況」における「全般的な利潤率低落傾向」に関しては、もはや何ら疑問の余地はあり得まい。

最後に、この「九〇年代利潤率低下」の実態を、（ハ）「労働分配率」（全産業、％）の方向からも実証しておきたい。というのも、いま確認した「利潤率の全般的停滞」はその裏面で「労働分配率の『上昇』」を必然的に帰結させる――という関連が検出可能だからであるが、その点に注意して、この「労働分配率」の動向追跡を試行すれば、例えば以下のような軌跡が描かれる。つまり、六六・五→七〇・二→七三・三→七二・四→七五・三（**第6表**）となるから、九六年を唯一の例外として、「労働分配率」における実に見事な単調増加傾向が目に飛び込んでこよう。したがって、九〇年代のほぼ全期間にわたって「労働分配率」の恒常的上昇が進行したといわざるを得ないのであり、その点でこれが、バブル崩壊によってさなきだに疲弊していた企業利潤動向に対していわば致命的なダメージを継続的に与え続けたこと――は自明であろう。しかもその際に、この対企業への打撃が致命的であった要因は二つあって、一つにはその数字的大きさに他ならず、九八年＝七五・三は九〇年＝六六・五の実に二〇％増にまで接近しているのである。まさに「労働分配率」上昇におけるそのテンポの大きさが出色であるが、さらにそれに加えて、その上昇持続期間の長さも極端であった。具体的には、九〇年代全般がそうであっただけでなく、その後も二〇〇〇年＝七一・九→〇一年＝七三・三→〇二年＝七二・八と高位水準が続き、ようやく〇三年＝六九・九となって始めて七〇％台を割り込んでいくといってよい（**第6表**）。要するに、九〇年代不況期・低利潤率基調の土台には「労働分配率上昇」という実体的構造が進行したわけであり、それこそが、企業収益に対するマイナス負荷として作用したのであろう。

第11表　製造業の労働生産性

（1975年＝100）

暦年	産出量指数	労働投入量指数	労働生産性指数	賃金指数	賃金コスト指数
1955	10.7	61.1	18.3	10.1	55.2
60	24.8	89.6	28.3	13.6	48.1
65	43.3	108.1	40.9	22.0	53.8
70	91.3	120.7	76.7	43.7	57.0
75	100.0	100.0	100.0	100.0	100.0
80	142.9	91.7	156.0	149.9	96.1
85	174.5	89.1	193.3	187.5	97.1
90	219.1	84.3	257.1	225.0	87.5
95	208.4	78.1	264.8	248.0	93.7
2000	219.5	72.4	300.0	257.4	85.8

（資料）　社会経済生産性本部『活用労働統計』より作成（1975年を基準年として計算）。

そうであれば、ここから、「九〇年代不況」に関する（b）その「内実解明」への見通しが姿を現してくる。というのも、繰り返し指摘してきた通り、「九〇年代不況」が「過剰資本整理の未達成」だとした場合、「資本の労働力に対する『過剰蓄積』」こそがその分析枢軸をなすはずだが、いまや、「労働分配率」との関連で、「賃金コスト」（七五年＝一〇〇）という、「資本―賃労働関係の構造的実態」にまでメスを入れうる地点に差し掛かった――からに他ならない。そこで最初には、全体の大枠的前提として（イ）まず「労働生産性指数」がくる。すなわち、やや長期にスパンを取れば、八五年＝一九三・三→九〇年＝二五七・一→九五年＝二六四・八→二〇〇〇年＝三〇〇・〇（**第11表**）という数字が刻まれるから、一つには、この「九〇年代不況」局面にあっても「労働生産性」が継続的に上昇し続けた事実はなおどうしても否定はできない。したがって、この局面においても「設備投資の進行―過剰資本整理の続行」は当然のこととして確認されてよいが、しかし、問題解析の基軸的ポイントは、いうまでもなくその「上昇程度」以外ではあり得ない。したがってこの点を念頭に置いて、「上昇程度」にまで踏み込むと、そこからは、八五―九〇年＝一・三三倍増は九〇―九五年＝一・〇三倍増へと大きく縮小に転じていることが分かり、実に二三％もの下落に陥っている実態に目を奪われる。要するに、「賃金上昇」を相殺する効果作用を果たすべき「労働生産性」が、この「九〇年代不況」期にあっては、その上昇テンポを明瞭に削減させているわけであり、まさにこの動向こそが注目に値しよう。

そうだとすれば、次にこの局面での（ロ）「賃金」動向に興味が移るのは当然といってよい。そこでこの「賃金指数」の推移をフォローすれば、それは例えば一八七・五→二二五・〇→二四八・〇→二五七・四（**第11表**）という経過が記録される。したがって、「九〇年代不況」の過程においても賃金水準のいわば着実な上昇が無視できず、これもまた注目に値する現象という以外にないが、しかし問題が、その「増加率」にこそあるのはいうまでもない。そこで、「八五－九〇年」と「九〇－九五年」との間での増加率を比較すれば、前者が一・二倍であるのに対して後者は一・一倍に止まる。したがって、「九〇年代不況」においてこそその伸び率の小ささが確認可能だが、それはいわば想定内であって、ここでの関心の中心は、むしろ、「八五－九〇年」間に比べての、「九〇－九五年」間での伸び率減少程度の「小ささ」にこそ求められてよい。そう考えれば、いま直前にフォローした「労働生産性」の場合には「八五－九〇年」＝一・三倍→「九〇－九五年」＝一・〇倍だったのに対して、この「賃金」は一・二倍→一・一倍という計算になるのだから、そこから判断すれば、「九〇年代不況」過程においては、「伸び率」に関して「賃金∨労働生産性」という基本図式が発現してくる――と結論可能になってこよう。ちなみに、バブル崩壊まではむしろ「逆の不等式」こそが検出できた以上、事態のいわば「転換」が進行しつつある。

そこで、この「転換」を最後に（ハ）「賃金コスト指数」に即して確定していこう。ここでもややスパンを長く取ってバブル期から押さえておくと、「バブル形成―崩壊」局面にあっては八〇年＝九六・一→八五年＝九七・一→九〇年＝八七・五（**第11表**）となって、「賃金コスト指数」はいわば明確に低下基調を示してきた。したがって、「九〇年代不況」に差し掛かる以前にはむしろ「資本配分ウエイトの増加」こそが享受されたと把握してよいが、九〇年を起点として様相は一変する。なぜなら、「九〇‐九五年局面」において「八七・五→九三・七」(**第11表**)へと実に六ポイントもの上昇に転じているからに他ならず、「資本配分ウエイト」はそれだけ縮小を余儀なくされていく。要するに、「労働生産性指数―賃金指数」両者の相互関係は、最終的にはこの「賃金コストの上昇」としてこそ総括されるわけであり、ここにこそ、その総合的構図がみて取れる。

したがって、以上のようにロジックを組み立ててくれば、「九〇年代不況」における「利潤率の全般的停滞基調」の「内実」がまさにこの「賃金コストの上昇」にこそ還元されてよい――ことが明瞭に理解できよう。そして、この「賃金コスト上昇＝賃金＞労働生産性」という構造こそ――理論経済学の知見に立脚すれば――まさしく「資本の過剰蓄積過程」以外ではない以上、この「九〇年代不況」が、「絵に描いたような」「過剰資本整理の未達成過程」そのものである点にも、もはや何の疑問もあり得まい。まさしくこの「過剰資本処理の遅滞化構図」という点が肝要なのである。

そのうえで最後に、以上のような全体的動向を前提にしつつ、(c)「業種別収益状況」へと視角を回転していこう。そこでまず「収益状況」の基礎的土台をなす(イ)「売上高」推移はどうか。この「売上高」状況についてはすでに「全産業」レベルに即して九〇年代におけるその顕著な縮小過程を見定めたが(**第10表**)、それをふまえつつ、ここでは、九八年局面に特に焦点を合わせて「業種別・売上動向」(%)を押さえておきたい。さて、先に「全業種」に関して指摘した通り全業種が押しなべて見事に売上高を減らしているが、その中でも以下の三論点が取り分けその特徴として目を引く(**第10表**)。つまり、まず第一は(A)「製造業―非製造業」区分でみると、「製造業」での落ち込みがヨリ大きい。具体的には、「非製造業」が九八年一‐三月＝△六・七→四‐六月＝△四・五→七‐九月＝△四・七に止まっているのに対し、「製造業」では△七・一→△六・三→△六・七という数字が記録されて、ヨリ一層激しい「売

第12表　経常利益の推移（対前年同期増加率）

（単位：%）

区分	1997		98		
	7～9月	10～12月	1～3月	4～6月	7～9月
	増加率	増加率	増加率	増加率	増加率
全産業	4.0	△9.0	△25.4	△34.1	△21.0
製造業	10.8	△8.6	△22.1	△32.5	△34.7
食料品	△6.7	25.6	294.7	22.5	14.1
化学	18.1	△1.3	△7.1	△21.4	△3.4
石油・石炭製品	△70.8	△75.3	△25.8	△189.5	△55.5
鉄鋼	△16.4	△0.8	△39.2	△126.2	△104.7
一般機械	26.3	29.2	△12.5	△43.7	△74.3
電気機械	15.6	△18.2	△17.3	△45.3	△26.7
輸送用機械	12.0	△34.7	△31.8	△42.7	△29.8
非製造業	△1.4	△9.4	△27.7	△35.4	△8.8
建設業	△6.9	△11.9	△23.9	△43.9	△29.8
卸・小売業	△17.6	△22.5	△34.1	△49.5	△1.6
不動産業	13.2	54.9	*	△21.2	10.2
運輸・通信業	△26.7	1.5	*	△6.7	16.4
電気業	45.7	6.7	16.4	67.3	△37.2
サービス業	31.0	△0.3	△23.4	△41.2	△18.9
資本金					
10億円以上	3.6	△17.0	△22.0	△30.2	△17.7
1億円～10億円	△5.6	△17.8	△22.0	△40.7	△28.7
1,000万円～1億円	8.7	6.3	△29.0	△36.6	△24.3

（注）　*印は前年同期計数がマイナスのため算出できなかったもの。
（資料）　第10表に同じ。

上高」の減少が進んだことが分かる。その意味で、「製造業・生産点」での販売不調＝在庫増加がそれだけ大規模に進行した点が確認可能であり、したがってこの方向からも、「九〇年代不況」過程における「過剰資本整理遅滞」の影響度の深刻性がまさに一目瞭然だといってよい。そのうえで第二に、(B)「バブル関連業種」の下落度がやはり大きく目立つ。すなわち、「バブル牽引車」となってバブル期に設備投資を増強させた「鉄鋼」(△四・一→△一七・六→△一五・七)、バブル崩壊後の内需縮小で過剰生産に直面した「電気機械」(△一・三→△八・〇→△七・一)、バブル崩壊の主要な当事者業種における代表たる「不動産業」(△一一・〇→△六・五→△五・二)、などがその典型的な業種と目されてよいが、これら業種が、「過剰投資整理未達成」に制約されて「売上高」下落に呻吟しているのは周知のことであろう。そして最後に第三として、(C)「資本金規模」区分に注目すると、特に「大企業」での売上高下落こそが目に付く。事実、資本金「一－一〇億円」が△六・四→△一一・四→△一一・九という数字を刻むのに較べて、「一〇億円以上」は実に△一一・一→△五・四→△六・八という重度の下落に陥るから、その格差はやはり有意だと判断せざるを得まい。そしてその場合、この「大規模企業」においてこそ、バブル形成過程におけるその「役割図式」からして、「過剰資本蓄積」に関するそのレベルがヨリ高かったという以外にないかぎり、この「企業規模」視点からも、「九〇年代不況」と「過剰資本整理進捗状況」との「内的関連性」が、何よりも鮮明に浮かび上がってくるように思われる。

ではこのような「売上高」状況をふまえて、早速次に(ロ)「業種別収益」の実状はどうか。そこでいま、例えば九八年に目を据えて「対前年同期増加率」(%)という視点から「業種別・経常利益」推移をフォローすれば、以下のような数字が拾える**(第12表)**。すなわち、まず第一に(A)「生産財・投資財」関連業種の落ち込みが目立つ。いうまでもなく、「九〇年代不況」における設備投資削減強化に圧迫されてこの「生産財・投資財」部門での収益悪化が進んだと理解できるが、この「生産財・投資財」の中核セクターと考えられる「石油・石炭製品」や「鉄鋼」では経常利益の顕著な下落が発生した。具体的には、前者が九八年一－三月＝△二五・八→四－六月＝△一八九・五→七－九月＝△五五・五という激減ラインを動いたし、また後者も△三九・二→△一二六・二→△一〇四・七となって勝るとも劣らない下落過程を驀進した。ついで第二には(B)「バブル崩壊・重症型」業種の後遺症がやはりなお大きい。例えば、バブル牽引部門であった「建設業」(△二三・九→△四三・九→△二九・八)や、バブル崩壊で深い傷を負った「流通」部門を含む「卸・小売業」(△三四・一→△四九・五→△一・六)などがその代表と目されるが、これら業種では、「バブル崩壊→九〇年代不況」がまさに一連の継続過程となって収益悪化に帰結しているのではないか。そして最後に第三が（C）「内需縮小打撃」業種に他ならず、特に消費需要減退からその制約作用を大きく受けた「サービス業」（△二三・四→△四一・二→△一八・九）などが――（B）の「卸・小売業」をも含めて――その顕著な典型例なように思われる。その意味では、「九〇年代不況」の内需圧迫的性格をいわば最も端的に象徴しているともいえよう。

このように整理可能だとすれば、以上のような「業種別収益状況」からは、最後に結局以下のような（ハ）「総括」が導出できるといってよい。つまり、上記のような収益率の下落率高位業種は、それぞれ「投資需要低下・消費需要低下」に制限を受けることによって、利潤率向上の困難性に呻吟を続ける部門だと性格付けられるが、そうであれば、換言すれば、そこでは、需要不足によって、利潤率回復・上昇を可能にする条件としての「過剰資本の解消・整理」がいまだ不徹底だ――ということを意味しよう。反対からいい直せば、「過剰資本整理の未達成」業種こそがヨリ深く「収益率の下落」に落ち込んでいるわけである以上、「九〇年代不況」こそは、まさに「過剰資本整理の遅滞性」に条件付けられた、典型的な「長期不況」に他ならない――という命題が改めて確認可能なように思われる。

［2］ 資金調達　ついで第二に、以上のような企業投資の源泉をなした、（二）その「資金調達」動向へと視角を転回させていきたい。そこで始めに全体の基本的枠組みとして①「企業資金調達の全般的動向」を押さえておく必要があるが、最初にまず（a）「部門別資金過不足」（％）図式のチェックが前提となろう。もっとも、この点に関してはすでに前章で詳述を終えているのでここではその到達点の確認のみに限定するが、周知の通り、九〇年代不況に差し掛かるまでは、「法人企業」部門の「資金不足」程度は極めて大きかった。例えば、いま「経済各部門別資金過不足」（対名目GNP比率、％）**（第13表）**を一瞥すると、まず（イ）「八一‐八五年度」においては、「個人」＝一〇・二、「公共」＝△六・一、「金融」＝〇・四、「海外」＝△一・九であるのに比較して「法人企業」はなお△二・六に止まっていた。

第13表　経済各部門別資金過不足（対名目GNP比率）

（単位：％）

年度＼部門	個人	法人企業	公共	金融	海外
1966～70	8.5	△6.5	△2.2	1.0	△0.8
71～75	10.2	△6.8	△4.1	1.1	△0.4
76～80	10.0	△2.8	△7.7	0.8	△0.3
81～85	10.2	△2.6	△6.1	0.4	△1.9
86～90	8.9	△5.0	△0.6	0.7	△2.6

（資料）　日本銀行編『経済統計年報』各年版。

したがって、企業部門はもちろん資金不足基調にはあるが、しかしそのレベルとしては、財政赤字に呻吟する政府部門にはまだはるかに及ばなかった。しかし、バブル期に至ると局面は一変し、（ロ）「八六－九〇年度」になると、今度は企業部門こそが「資金不足部門」のチャンピオンに躍り出ることとなる。すなわち、「個人」＝八・九、「公共」＝△〇・六、「金融」＝〇・七、「海外」＝△二・六という数字が刻まれる中で、「法人企業」こそは、実に△五・〇というレベルにまでその資金不足を膨らませていったといってよい。まさにバブル進行が色濃く反映しているといえよう。

とすれば、最終的には以下のように（ハ）「集約」可能ではないか。すなわち、一方で「公共」が、「赤字国債・発行抑制」を通してその「資金不足」水準を低めているのに対し、他方の「法人企業」は、「バブル形成―崩壊」という乱高下に直面して、何よりも「資金不足」レベルを一層引き上げる以外にはなかったのだ――と。では「九〇年代」に入るとどうか。

そのうえで、以上のような経路的前提を土台としながら、次に（b）「資金調達」動向自体へと考察を進めていこう。そこでまず（イ）「資金調達合計」（兆円、全企業・全規模）の切り口から入るが、その推移経過としては、最初に、いうまでもなくバブル局面での激増ぶりに強く目が引かれる。つまり、安定成長期後半に当たる八〇－八五年段階では三八・〇兆円だった資金調達総額は、「企業実物投資」と「金

第14表　法人企業の資金需給状況（全産業）

（単位：兆円）

	安定成長期 前半 73〜79	安定成長期 後半 80〜85	バブル 86〜89	ポスト・バブル 90〜97年度
調達計（資金需要・運用計）	23.6	38.0	81.2［83.0］	63.2［55.4］
外部調達	7.4	14.9	34.0	10.5
増　資	1.2	2.2	6.5	2.0
社　債	1.0	1.3	5.2	0.9
金融機関借入	5.9	11.2	19.9	8.1
短期その他借入	0.1	0.1	3.0	0.5
内部調達	16.2	23.1	47.2	48.5
資金需要計	18.5	30.1	55.3［65.2］	61.1［53.1］
設備投資	11.5	20.9	33.3［40.2］	45.2［42.3］
土　地	1.1	2.4	6.0［8.6］	8.9［7.2］
資金運用計	4.7	7.9	25.9	2.1
現預金	2.3	3.6	12.8	−5.1
株　式	1.1	1.8	7.5	3.2
債　券	1.1	0.8	0.3	−0.2
その他投資	0.6	1.5	3.8	4.3
（参考）				（%）
資本市場調達/金融機関借入比率	38.5	31.5	58.6	35.3
金融投資/実物投資比率	36.1	26.3	52.3	−3.9
金融＋土地投資/設備投資比率	48.7	40.5	79.9［52.7］	15.0［13.2］

（資料）　財務省『法人企業統計季報』より作成。
　　　　田中隆之『現代日本経済』（日本評論社、2002年）93頁。

融市場拡張」とに牽引されて、八六－八九年期というバブル段階には実に八一・二兆円にまで膨張していく。まさに倍増以上の驚異的な増加だという他ないが、しかし、このバブル最盛期が資金調達の激増期である点はいわば「想定内」であって、これ以上の贅言は一切必要がない。むしろ重要なのは、資金調達のピークはここまでであったという点であって、自明な如く、ここを分水嶺にしつつ、「バブル崩壊—設備投資下落」にともなって資金調達も縮小に転じる。すなわち、九〇－九七年局面では一挙に六三・二兆円にまで急収縮を遂げるといってよく、その水準はピークからは実に一八兆円の大幅削減を意味し、また率にしてその七七％レベルにまで後退した——ことを意味しよう（**第14表**）。

第15表　資金調達（資金需要・運用）合計

（単位：兆円）

	製造業	非製造業	計（全産業）
大　企　業	10.2→17.5→13.1	10.2→28.7→18.7	20.3→46.2→31.5
中 小 企 業	5.3→ 8.8→ 7.8	12.4→26.4→24.4	17.7→35.2→32.1
計（全規模）	15.3→26.4→20.7	22.7→54.9→42.6	38.0→81.2→63.2

（資料）　第14表に同じ。

要するに、「九〇年代不況」局面では、「バブル崩壊」を契機とした、「資金調達の決定的な収縮」が進行し続けた点が否定し得まい。まさに、「不況過程」のその端的な断面図に他ならない。

それをふまえて次に、この企業資金調達を（ロ）「製造業―非製造業」区分にまで分け入ってその具体化を試みるとどうか。いま直前で指摘した通り、「全産業」でみて、資金調達額（兆円）はバブル期（八六 - 八九年）＝八一・二兆円からポスト・バブル期（九〇 - 九七年）＝六三・二兆円へと二割方の縮小を余儀なくされたが、その中で、一方の「製造業」が二六・四↓二〇・七（△二二％）という数字を残すのに対し、他方の「非製造業」は五四・九↓四二・六（△二二％）と動いた**（第15表）**。したがって、これから判断する限りでは、「製造業―非製造業」の両者は、「九〇年代不況」に直面してほぼ同じウエイトで「資金調達」を減らしていると一応は把握できる。しかし、その両セクターが実質的に蒙ったその「負担度」にまで接近すると、そのダメージ格差にはなお注意が必要なのであって、「製造業」が受けたマイナス作用こそがヨリ深刻だとみる以外にはない。なぜなら、「バブル形成―破壊」局面においては、周知のように、「非製造業」の方が、その「拡大率」（製造業＝一・七倍増、非製造業＝二・五倍増）に関してもまたその「絶対額」に関しても明らかにそのレベルが高かったから――であり、したがって総合的に評価するかぎり、結局「製造業」においてこそ、「九〇年代不況期・資金調達実質的下落」はその影響度を一層強く発揮して進行したのだと集約できる。そしてそうであれば、「九〇年代不況」の実質的基盤を何よりもこの「製造業」レベ

第16表　資金調達（資金需要・運用）合計

（単位：兆円）

	製造業	非製造業	計（全産業）
大　企　業	10.2→17.5→13.1	10.2→28.7→18.7	20.3→46.2→31.5
中小企業	5.3→ 8.8→ 7.8	12.4→26.4→24.4	17.7→35.2→32.1
計（全規模）	15.3→26.4→20.7	22.7→54.9→42.6	38.0→81.2→63.2

（資料）　第14表に同じ。

ルに還元してよい理由も明瞭であるし、さらにもう一歩その分析メスを深めて、「九〇年代不況」の構造的根因をまさに「過剰資本整理の未達成」にこそ立脚させ得ること――も、もはや一目瞭然だというべきではないか。

そのうえで最後に、この「資金調達減少」過程を（ハ）「大企業―中小企業」という「規模別」区分からも照射しておきたい（**第16表**）。そこでこの基準で「資金調達」動向を追えば、まず一方の「中小企業」が、三五・二→三二・一となって「九〇年代不況」局面で約八％の減少に止まっているのに比較して、他方の「大企業」の低落テンポははるかに大きい。具体的には、四六・二→三一・五という大幅な縮小を記録していくからであって、結果的には、「九〇年代不況」の渦中で実に△三二％もの落ち込みに遭遇しているわけである。言い方を変えれば、「九〇年代不況」における「資金調達・縮小」の「主犯」はまさにこの「大企業」以外ではない――点が明瞭に浮上してくると判断してよいが、そしてそうであればこそ、「過剰投資累積の牽引車たる大企業の『主犯性』」というこのような「基本的集約」からして、「九〇年代不況＝過剰資本整理の遅延性」という「基本的命題」が改めて実証可能なことも、もはや自明だといってよい。総じて、「製造業・大企業」での「資金調達・減退」こそが強く注目されよう。

このようにフォローしてくれば、続いて次に重要なのは、いうまでもなく（c）「資金調達の源泉構成」（**第17表**）に他なるまい。そこで最初に（イ）「一般動向」（兆円）というアングルから入るが、まず最も大きな区分として、「全産業・全規模」に即しつつ、「金融機関

第17表　資金調達

・金融機関借入　（単位：兆円）

	製造業	非製造業	計（全産業）
大　企　業	0.6→1.6→0.9	3.8→ 9.2→0.9	4.4→ 7.6→1.7
中 小 企 業	1.4→1.9→1.3	5.5→10.4→5.1	6.8→12.4→6.4
計（全規模）	2.0→0.3→2.1	9.2→19.6→6.0	11.2→19.9→8.1

・その他短期借入　（単位：兆円）

	製造業	非製造業	計（全産業）
大　企　業	0.0→0.8→－0.3	0.0→1.7→－0.4	0.0→2.5→－0.7
中 小 企 業	0.0→0.2→　0.2	0.1→0.3→　0.9	0.2→0.5→　1.1
計（全規模）	0.1→1.0→　0.0	0.1→2.0→　0.5	0.1→3.0→　0.5

・社債　（単位：兆円）

	製造業	非製造業	計（全産業）
大　企　業	0.8→3.4→－0.1	0.5→1.7→0.8	1.3→5.1→0.8
中 小 企 業	0.0→0.0→　0.0	0.0→0.1→0.1	0.0→0.1→0.1
計（全規模）	0.8→3.5→　0.0	0.6→1.7→0.9	1.3→5.2→0.9

・増資　（単位：兆円）

	製造業	非製造業	計（全産業）
大　企　業	1.4→3.9→　1.1	0.8→2.7→　1.0	2.1→6.5→　2.2
中 小 企 業	0.0→0.0→－0.1	0.1→0.0→－0.1	0.1→0.0→－0.2
計（全規模）	1.4→3.8→　1.1	0.8→2.7→　0.9	2.2→6.5→　2.0

・内部調達　（単位：兆円）

	製造業	非製造業	計（全産業）
大　企　業	7.4→11.6→12.2	5.5→13.7→14.4	12.8→25.3→26.6
中 小 企 業	3.9→ 6.7→ 6.9	6.6→15.5→15.3	10.4→22.2→22.2
計（全規模）	11.1→18.3→19.0	12.0→29.0→29.6	23.1→47.2→48.5

（資料）　第14表に同じ。

借入」・「社債」・「増資」・「内部調達」の各項目はそれぞれ以下のように動いた。すなわち、一九・九↓八・一（△五九・三％）、五・二↓〇・九（△八二・七％）、六・五↓二・〇（△六九・三％）、四七・二↓四八・五（二・〇％増）、という目を引くような数字が拾えるのであって、ここには、「九〇年代不況」の一つの断面図がまさに如実に現れ出てきている。つまり、この図式からは次のような（ロ）「基調」が読み取れるといってよいが（**第17表**）、まず一つ目は、（A）「絶対額」において何といっても最大のウエイトを占めるのは圧倒的に「内部留保」に他ならない。事実、この「九〇年代不況」期にあっては、調達資金総額約六〇兆円のうちほぼその八〇%を占める（九〇 - 九七年 = 四八兆円）から、その比率の「高位性」と拡大傾向の「持続性」とに目を奪われるが、その場合さらに注意が必要なのは、取り分け以下の二点に関してであろう。そこでまず第一論点は、この「内部調達・優位性」が、いうまでもなく、従来の「外部資金依存型・資金調達構造」におけるその決定的変質をいわば端的に表現している――という点である。したがって、この「九〇年代不況」の深部で、「企業資金調達パターンの構造的変容」が進行しつつあるとも予想可能であって、もしこの傾向が九〇年代以降もさらに継続していくとすれば、「九〇年代不況」こそは、この「資金調達タイプ変容」における、まさしくその分水嶺となっていくかも知れない。

しかしそれだけではない。というのも、第二論点として、この「内部調達の優位性」は、企業・資金保有状況の良好性を決して一面的には意味しないからに他ならず、「九〇年代不況」という特有な現実過程にあっては、この「内部調達ウエイトの上昇」がむしろ「過剰資本の累積」こそを色濃く反映していること――には何の疑いもあり得まい。換言すれば、「九〇年代不況」に制約された「企業・設備投資減退」こそが結果的に「内部留保」を積み上げ、そのことが、「資金調達」における「内部調達ウエイト」を数字上で「嵩上げ」しているのは自明であろう。まさにその意味で、それは「過剰資本累積の別表現」以外ではないわけであり、したがってこの方向からも、「九〇年代不況」の基盤的土台には「過剰資本整理の未達成性」的構造が厳存しているという「基本命題」が論証される――のは自明ではないか。

次に二つ目に、この「内部調達」に較べて、（B）著しい下落に落ち込んでいるのは明らかに「社債」と「増資（株式）」であろう。具体的には、「社債」 = 八二%減および「増資」 = 六九%減という惨憺たる崩壊状況を呈していくが、その場合、この二つが、バブル期においてはそれぞれ一・三→五・二、二・二→六・三と三倍以上の膨張を遂げた経緯をむしろ勘案すれば、この「九〇年代不況」局面における壊滅状態の根拠は直ちに明瞭といってよい。つまり、バブルと連関したエクイティー・ファイナンスにおけるその「膨張と崩壊」運動の、まさに「資金調達構造」への直接的反映以外ではなく、「九〇年代不況」期におけるエクイティ・ファイナンス関連の墜落動向がよく表れている。しかしこれ以上に付け加えることは最早ない。

そのうえで三つ目として（C）「金融機関借入」の退潮も顕著である。いうまでもなくこの「金融機関借入」は間接金融の中軸であって、周知の通りこれは従来長きにわたって「日本型・資金調達構造の中核」を担ってきたが、「バブル崩壊—九〇年代不況」の過程で明らかな衰退傾向を示していく。具体的には、その絶対額・増減テンポの両面からして、この「借入」は「社債・株式」と「内部調達」とのいわば「中間」的ポジションを占めるが、それにしても、「九〇年代不況」の渦中で六〇％を超える減少に見舞われているこの状況は、まさに「内部調達」比率上昇の裏面現象という点で極めて興味深い。こうして、「銀行借入依存—内部調達希薄」という「日本型・資金調達構造」の基本図式が、この「九〇年代不況」過程で大きく揺らいでいる——とみる以外にはないが、そうであれば、それが、「九〇年代不況」における「資本過剰整理の不徹底性」の一帰結であることももはや自明ではないか。

このようにフォローしてくれれば、（ハ）「九〇年代不況」期「資金調達の源泉構造」は結局次のように「総括」されてよいことになろう。つまり、（A）「内部調達の拡張」——バブル期から進行した「内部調達」が絶対的にも相対的にもその拡張基調を持続的に強化し、新たな構造的傾向として定着し始めたこと、（B）「エクイティ関連の壊滅」——バブル崩壊に連動して、株式・社債というエクイティ・ファイナンスに立脚した調達方式が激減したこと、（C）「金融機関借入の凋落」——「内部調達」増加の反作用を正面から受けて、従来の中軸的方法であった「借入」ルートが持続的に収縮するという基調が強まったこと、これら三点が取り分けて注目に値する。まさにこれらの側面にこ

第18表　設備投資・資金調達

（単位：兆円）

	製造業	非製造業	計（全産業）
大　企　業	6.0→ 7.9→10.0	6.2→10.8→16.1	12.3→18.7→26.2
中 小 企 業	3.2→ 4.5→ 5.2	5.5→10.1→13.9	8.7→14.6→19.0
計（全規模）	9.2→12.4→15.2	11.7→20.9→30.0	20.9→33.3→45.2

（資料）　第14表に同じ。

そ「九〇年代不況」期「資金調達パターン」の特質が集約されていると把握すべきだが、さらにこれがまた、「九〇年代不況＝過剰資本整理の遅滞化」命題の逆表現であることにも再度注意を向けておきたい。

続いて、さらに②「設備資金・調達」にまで深くそのメスを入れてみると、どのような構図が浮上してくるだろうか。そこでまず一つ目に（a）その「一般動向」（兆円）が前提をなすが、いま「全産業・全規模」でみて、設備投資資金・調達総額は、バブル期の八六－八九年＝三三・三に対して九〇－九七年の「九〇年代不況」局面では実に四五・二兆円にまで増加している（**第18表**）。もっともバブル期の増加率が一・七倍だったのに比較して、この「九〇年代不況」期のそれは一・四倍に止まっているから過大評価は禁物だが、しかし「九〇年代不況」過程においても増加実績を残している点――はやや「意外な事実」ではなかろうか。というのも、この「九〇年代不況」期にあっては、先に検出した通り、一面で「資金調達」総体としては減少を記録していたし、さらに他面で「設備投資」総体もが停滞を続けていたのだから、特に「設備投資関連資金調達」に限定したケースに限っては一定の増加が確認可能な点には、さすがに驚きを禁じ得ないからに他ならない。しかも、この事実を傍証するために、全資金調達額に占める「設備資金・調達額」の比率を拾っても、実際に、バブル期＝四一％→「九〇年代不況」期＝七〇％（**第18表**）となるから、この試算からしても「設備資金調達増加」は揺るがない。

そうなると、問題の焦点はいうまでもなく（b）その「理由」に絞られてこよう。その場合、この点の立ち入った考察は興味深い論点を含んでいるが、差し当たり、ここでは以下の三点だけは直ちに提起可能なように思われる。すなわち、まず第一は（イ）その「動機」に関連するが、ここで進行中のプロセスはまさに「不況脱出の模索過程」だということに関わる。もう一歩具体的にいえば、この「九〇年代不況」過程は、バブル崩壊による資本過剰化を「固定資本更新―生産性向上」によって脱却し、それを通じて利潤率回復を試行しようとする現実過程に他ならない――ということだが、そうであれば、その場合の、「生産性向上―利潤率回復」の実体的基軸が何よりも「固定資本の更新」以外ではないかぎり、この「九〇年代不況」局面において、「固定資本更新」を目指した「設備投資」が一定程度進行するのは当然であろう。もちろん、なお不況に呻吟する多くの企業がこの時点で積極的な設備投資拡大に着手することは困難だが、「不況脱出の模索」の中で激しい「淘汰競争」を繰り広げつつ、一部の資本において部分的な設備投資進捗が発生してくることも否定できまい。このような「動機」に立脚して、「設備資金調達増加」が現実化してくる。

しかも次に第二に、このような「資金調達需要」を支える、他面の（ロ）「資金供給」条件にも一定の有利性が無視できない。つまり、先にもチェックしたように、企業による「金融機関借入」も大きく後退しつつあったから、銀行の資金ポジションには目立った「緩み＝余裕」が発現していた。したがって、企業からの「設備資金・需要」に対して、金融機関が円滑かつ弾力的に対応可能だったのも自明であったから、その結果、企業の「設備投資・資金調達」は、この「九〇年代不況」局面においてこそいわば着実に実現していった。

このような要因を的確に理解すれば、「『九〇年代不況』において、資金調達が『総量的』には『減少する』中で、『設備資金調達』だけが『増加した』のはなぜか」――という「命題的疑問」に対しては、いまや第三に以下のように（ハ）「意義付け」られよう。すなわち、「バブル崩壊」に直接接続して発現したこの「九〇年代局面」は、局面推移の結果

第19表　法人企業の主要財務営業比率（全規模・全産業）

年次・年度	自己資本比率（%）	総資本経常利益率（%）	自己資本経常利益率（%）	売上高経常利益率（%）	総資本回転率（%）	減価償却率（%）	配当率（%）	内部留保率（%）
1988	18.3	3.9	21.8	2.8	1.39	12.7	8.0	74.1
89	19.0	3.9	20.6	3.0	1.31	13.0	8.4	72.2
90	19.1	3.5	18.2	2.7	1.31	12.8	7.6	70.9
91	19.2	2.9	14.9	2.3	1.26	12.5	7.7	61.1
92	19.2	2.1	11.0	1.8	1.19	12.2	6.5	37.9
93	19.3	1.6	8.4	1.4	1.13	11.9	5.8	−20.3
94	19.0	1.7	8.9	1.5	1.11	11.4	5.6	−4.6
95	18.9	2.0	10.5	1.8	1.12	11.1	5.9	35.2
96	19.9	2.1	10.8	1.9	1.12	11.3	7.7	29.0
97	19.9	2.1	10.7	1.9	1.12	11.3	5.6	39.8
98	19.2	1.6	8.3	1.5	1.04	10.9	5.6	…
99	22.3	2.1	9.5	1.9	1.08	10.9	5.2	−123.6
2000	25.7	2.8	10.9	2.5	1.11	11.7	6.2	27.3
01	25.2	2.3	8.9	2.1	1.07	11.3	5.2	…
02	27.4	2.5	9.2	2.3	1.06	11.5	7.4	−19.0
03	28.3	2.9	10.7	2.7	1.09	12.6	7.9	37.7
04	29.8	3.5	11.9	3.1	1.11	12.5	8.6	41.6
05	30.1	3.9	13.3	3.4	1.10	12.3	13.0	39.3

（資料）　大蔵省『法人企業統計年報』各年版および大蔵省・財務省『財政金融統計月報（法人企業統計年報特集号）』各号による。

からして、その「崩壊過程」から帰結した「不況過程」以外ではなかったが、まさにこの「不況過程」からの、その「脱却模索プロセス」という性格に立脚してこそ、――「脱却の起動力」確保という実体的な要請において――「設備資金・調達」が（意外にも）一定の増加基調を明瞭に表面化させたのだと。まさしく軸点は「九〇年代不況」のその「不況性」にこそあるが、この断面にも、「九〇年代不況―過剰資本整理」間の内的関連性がその素顔を覗かせている。

以上を念頭に置いたうえで、③「自己資本比率」をも視界に捉えておきたい。そこで前提的作業として、「自己資本比率」に作用したいくつかのファクターに対してあらかじめ照明を当てておくと、この「九〇年代不況」局面においては、例えば以下のような（a）「要因」が特に注目に値する。すなわち、まず第一は(イ)「利益率」要因に他ならないが、この「利益率」動向はいうまでもなく「自己資本比率」へのプラス作用を果たす。そこでいま「総資本経常利益率」（％）推移を追ってみると、九〇年＝三・五→九三年＝一・六→九六年＝二・一→九九年＝二・一（**第19表**）という数値が刻まれるから、九〇年代前半での顕著な下落とその後における停滞基調とが検出されてよい。この点で、「九〇年代不況」全体としては総体的な利益率低下傾向が確認可能であり、したがって、最初に自己資本比率決定の第一ファクターたるこの利益率方向からは、まずその「マイナス効果」こそが帰結せざるを得まい。もっともこの「利益率の低位性」は明らかに想定内であって何ら驚くに値しないから、もう一歩内的な要因にまで入り込む必要があるが、第二に（ロ）「配当率」（％）はどう動いたか。その際、「配当率」は「自己資本比率」に対してはいわばマイナス作用を発揮する位置を占めるが、この「九〇年代不況」局面では、それは不安定かつ振幅の大きな動揺運動を示した。具体的には、七・六→五・八→七・七→五・二（**第19表**）という迷走状態に他ならず、まさにこの背景に、一面での、バブル崩壊によるエクイティ・ファイナンスの壊滅状態に立脚した「配当率・下落」と、他面での、不況の長期持続に条件付けられた過剰資金累積＝株式投資再開に立脚した「配当率・回復」とが、いわば「まだら模様」で交錯していた——のは見易いことであろう。要するに、「配当率」ベクトルからは「中立型効果」しか導出できないが、これらに加えてさらに第三として、（ハ）「減価償却率」および「内部留保率」（％）も「自己資本比率」動向を左右する。その場合、この二指標は「自己資本比率」のプラス作用を発揮する意味をもつが、これらは具体的には以下のような経過を辿った。つまり、まず一方で前者が、「九〇年代不況」の過程で一二・八→一一・九→一一・三→一〇・九という軌跡で「なだらかな低下」基調を示すのに加えて、他方で後者は、七〇・九→△二〇・三→二九・〇→△一二三・六という凄まじい乱高下プロセスに翻弄されていく（**第19表**）。いうまでもなく、これらの現象の裏側からは、「過剰資本累積化＝設備投資の総体的停滞」に制約を受けた「減価償却率」の伸び悩みと、先に指摘した「配当率・迷走」の逆表現たる「内部留保率・乱高下」とが、極めて興味深く透けてみえるが、しかし、「自己資本比率」に対する明瞭な効果作用をそこからそれ以上は検出し得ず、高々その「中立型効果」を導き出せるに止まろう。総じて、「自己資本比率」の構成要因分析は全体的に明瞭さを欠く。以上のような「要因分析」に立脚して、（b）「自己資本比率」（％）の「実態」へと進もう。さてすでに別の機会に検出し終わった通り、「バブル形成↓崩壊期」の過程で「自己資本比率」は例えば八四年＝一六・九↓八六年＝一八・三↓八九年＝一九・〇と目立った上昇を記録したが、「九〇年代不況」に入ってその基調がどのように変化したかがここでの焦点をなす。そこでこれに続く数字を九〇年代以降についても追っていくと、九〇年＝一九・一↓九二年＝一九・二↓九四年＝一九・〇↓九六年＝一九・九↓九八年＝一九・二という経過を辿り、最終的には九九年＝二二・三％（**第19表**）というレベルに達している。この場合、以上のような推移をどのように評価するかについては意見が分かれようが、一方で「自己資本比率」の「停滞＝足踏み化」という判断も不可能ではないにしても、他方、「バブル形成―崩壊」局面との接続性を考慮すれば、バブル末期で実現をみた「自己資本比率」上昇運動の、その「持続と『高止まり』化」こそが結論付けられる――ともいえよう。したがって、この方向を重視しつつ総合的に整理すれば、「バブル形成↓崩壊期」において発現をみた「自己資本比率の高位性」という現象は、この「九〇年代不況」においても基本的には維持されたというべきであって、事実、この後、九九年＝二二・三↓二〇〇〇年＝二五・七↓〇二年＝二七・八（**第19表**）と激増に転じていくのはまさにその一つの証左ではないか。

そうであれば最後に、（c）この「自己資本比率の高止まり」の意義はどのように集約できるであろうか。そこで「九〇年代不況」期「自己資本比率」動向の内的要因を改めて整理してみると、具体的には、「利益率＝低落」・「減価償却率＝伸び悩み」・「配当率＝迷走」・「内部留保率＝乱高下」――という極めて錯綜した構図が浮かび上がってきていた。すなわち、これら四ファクターのうち前半の二つが「自己資本比率」の明らかな引き下げ要因として作用したのに対

第20表　雇用（Ⅰ）

	常用雇用 調査産業計30人以上	
	指数	対前年 増減率
	05年＝100	%
86年	90.1	0.8
	90.7	0.5
	92.1	1.7
	94.5	2.6
90	97.6	3.1
	100.7	3.2
	102.9	2.2
	104.0	1.1
	104.1	0.0
95	103.5	△0.6
	103.1	△0.4
	103.8	0.6
	104.3	0.5
	103.7	△0.5
00	102.9	△0.8
	102.0	△0.9
	100.4	△1.5
	99.2	△1.2
	99.5	0.3
05	100.0	0.5
	100.7	0.6
	102.1	1.4

（資料）厚生労働省。

して、後半の二つが大きく上下変動を呈して「自己資本比率」への動揺作用を引き起こす、という錯綜図式が進行したわけであり、まさにその結果としてこそ、「自己資本比率」総体としてはその「高止まり的固着性」を発現させたのだと――集約されてよい。

しかし、ヨリ重要な点はまさしくこの「高止まり」というニュアンスにこそある。というのも、この「自己資本比率」水準は、例えば七〇年代にはほぼ一三－一四％台、また八〇年代でも約一六－一八％台で経過してきたのに比較して、バブル崩壊期にこそ一九％台に乗りつつ、その「高位性」がこの「九〇年代不況」期にもそのまま維持されつつある――という軌跡が検出できるからに他ならない。したがって、少なくとも中期的スパンで理解するかぎり、この「九〇年代不況」局面は疑いもなく「自己資本比率の『高原局面』」以外ではないのであり、この意味合いを決して軽視してはならない。そうであれば、資本蓄積停滞過程における「自己資本比率・高位性」はいうまでもなく「資本過剰化」の「別表現」としてしか判断不能である以上、結局、このような「自己資本比率・高止まり型固着性」こそは、「九〇年代不況」局面におけるまさに「過剰資本整理の遅滞化」を最終的に提示している――とみるべきではないか。したがってここでも「過剰資本整理・進捗性」がその焦点をなす。

［3］雇用動向　以上のような「投資―資金調達」動向は、では次に第三に、(三)「雇用―賃金」側面へとどのような作用を与えていったのであろうか。そこで最初に①「雇用動向」[4]から入ると、まず一つ目に、全体の基本枠組み

をなす（a）「常用雇用」（調査産業計、三〇人以上、〇五年＝一〇〇）に注目するが、最初に（イ）その「推移」は以下のようであった。すなわち、別の機会に詳述した通り、八〇年代末のバブル崩壊に際会しても、「バブルの慣性力」が発揮されて「鉱工業生産指数」はなお上昇を続けたため、「雇用」も、九〇年＝九七・六↓九二年＝一〇二・九↓九四年＝一〇四・一（**第20表**）と動いたから、僅か二－三％程度とはいえまず一応の増加は確保された。その点で、少なくとも九四年レベルまでは、基幹部分雇用への不況深刻性浸透度はなお強くはなかったとも推量可能だが、しかし九四年以降になると局面は一挙に暗転していく。事実その後は、九五年＝一〇三・五↓九六年＝一〇三・一↓九七年＝一〇三・八↓九八年＝一〇四・三↓九九年＝一〇三・七と低下・停滞基調を強め、〇一年にはとうとう一〇二・〇という低い水準にまで落ち込むに至る（**第20表**）。したがって、「九〇年代不況」のダメージは、「慣性力」を保持する「常用雇用」に対してはやや遅れて波及したと考えてよいが、それでも九〇年代半ばを境にして、「九〇年代不況」は「雇用縮小」を帰結させていく。まずこの主要トレンドが押さえられてよい。

そのうえで、この「雇用減少」基調を、さらに二つ目に（ロ）「製造業」（万人）に特に焦点を合わせて確証しておきたい。そこでざっとした数値を拾い出せば、バブル開始期の八五年＝一二三五はバブル崩壊にもかかわらず九〇年＝一三〇六へとむしろ増加を遂げたし（**第21表**）、さらに九五年になっても一三〇八万人を記録してなお微増をすら実現した。その意味で、先に「全産業」に即して確認した、バブル崩壊直後における「バブル慣性力の持続」が、この「製造業」に特化しても同様に検出可能だとはまずいってよい。しかし、「慣性力の持続」もさすがにここまでであって、不

第21表　雇用（Ⅱ）

年	製造業
実数	（万人）
1970	1,144
	1,138
80	1,135
	1,235
90	1,306
	1,308
00	1,205
	1,131
03	1,091
	1,066
05	1,059
	1,082
	1,091

（資料）総務省統計局。

第22表　産業別就業者数

（単位：千人）

		1970	1980	1990	2000
総数		52,593	55,811	61,682	62,978
第１次産業		10,146	6,102	4,391	3,173
	農業	9,400	5,475	3,919	2,852
	林業	206	165	108	67
	漁業	539	461	365	253
第２次産業		17,897	18,737	20,548	18,571
	鉱業	216	108	63	54
	建設業	3,964	5,383	5,842	6,290
	製造業	13,717	13,246	14,643	12,228
第３次産業		24,511	30,911	36,421	40,485
	電気・ガス・熱供給・水道業	290	349	334	351
	運輸・通信業	3,236	3,504	3,676	3,902
	卸売・小売業、飲食店	10,136	12,731	13,802	14,319
	金融・保険業	1,129	1,577	1,969	1,758
	不動産業	274	427	692	747
	サービス	7,703	10,298	13,887	17,264
	公務(他に分類されないもの)	1,742	2,026	2,063	2,143
分類不能の産業		40	62	321	750
構成比(%)	総数	100.0	100.0	100.0	100.0
	第１次産業	19.3	10.9	7.1	5.0
	第２次産業	34.0	33.6	33.3	29.5
	第３次産業	46.6	55.4	59.0	64.3

（資料）『国勢調査』より。

況の浸透とともに、九〇年代後半に入ると、製造業・雇用の縮小は徐々にその色を濃くしていく。すなわちこれ以降は、二〇〇〇年＝一二〇五→〇一年＝一一三一→〇三年＝一〇九一（**第21表**）という軌跡を描いて見事な単調減少運動へと移行するのであり、したがってその基調変化に疑問はあるまい。こうして、「製造業・雇用」は、景気趨勢からはワンテンポ遅れつつも、「九〇年代不況」局面の中でやはり明確な縮小傾向を辿った――と集約される以外にはない。

その結果、全体的な総括としては、（ハ）「全産業就業者」動向に関する以下のような構図が手に入る。すなわち、いま例えば「就業者（全産業）」（％）を対象にしつつその「対前年増減率」を追えば、まず九〇年代前半では、九〇年＝二・〇

↓九二年＝一・一↓九四年＝〇・〇↓九六年＝〇・四と動いて、持続的にそのテンポを下げながらも一応まだ増加を保ったものの、その後半期に至ると、九八年＝△〇・七↓〇〇年＝△〇・二↓〇一年＝△〇・五↓〇二年＝△一・三という数値を記録しながら今度は顕著な「絶対的下落」へと落ち込んでいく（**第20表**）。したがって、繰り返し指摘した「バブルの慣性力」を結果的には上回るような不況・浸透力に凌駕されることによって、この「全産業・就業者」というベクトルに即して判断しても、「九〇年代不況」は基本的にいって「雇用縮小」へと帰結したのだ——と結論される以外にはあるまい。まさに、「九〇年代不況」が「過剰資本累積↓雇用縮小」という論理で貫徹していったわけであろう。

そこで、以上のような基本的基調をさらに内容的に立ち入って理解するために、続いて二つ目に（b）「産業別就業者数」（千人）への具体化を試みてみたい。まず全体の大まかな枠組みとして、（イ）「第一次・第二次・第三次産業別」の構成比推移（％）（**第22表**）に目を凝らせば、一〇年括りのラフな数字に止まるが以下のようであった。すなわち、第一次産業が八〇年＝一〇・九↓九〇年＝七・一↓二〇〇〇年＝五・〇と顕著に減少する反面で、第三次産業が五五・四↓五九・〇↓六四・三と目立った増加を遂げるのはもはや周知のことであって、まずここには何の疑問もない。それに対して、むしろ一定の留意を要するのは、その中間にあって独自の動きをみせる第二次産業の動向だといってよく、具体的には三三・六↓三三・三↓二九・五という数値が刻まれる。みられる通り、バブル期にはまだ現状維持にあった第二次産業・構成比は、「九〇年代不況」を経過する中で明らかに低落へと舵が切られたと判断せざるを得まい。まさにこの「九〇年代不況」のダメージを受けてこそ「第二次産業」の構造的凋落化が開始されたとも意義付け可能だが、さらにもう一歩奥にまで迫れば、ここから、「九〇年代不況」が「過剰資本整理の進捗過程」に他ならない点——もがいわば鮮明に浮かび上がってくるように思われる。

そのうえで次に、問題の焦点をなす（ロ）この「第二次産業」（一〇万人）の内部構成にまでメスを入れるとどうか。その場合、この「第二次」の中核を「鉱業・建設業・製造業」三者に代表させてよいが、「九〇‐二〇〇〇年」という「九〇年代不況」過程で、この三者は以下のような数字を残した。すなわち、全体が二〇五↓一八五と目立って減少する中で、この三業種はそれぞれ〇・六↓〇・五、五八↓六二、一四六↓一二二（**第22表**）という軌道上を走ったから、そうであれば、「第二次」減少の「主犯」を「製造業の著減」にこそ求めてよい点には何の疑いもない。しかも、この「製造業」こそ「過剰資本累積の『本丸』」であってみれば、結局、この「製造業＝主犯」説も、「九〇年代不況」のその「過剰資本整理・遅滞性」をこれまた濃密に実証していよう。

これに対して、増加トレンドを示す（ハ）「第三次産業」の内訳動向（**第22表**）はどのような素顔を現わすのだろうか。いうまでもなく、「第三次」全体としては三六四↓四〇四という推移で有意な増加傾向を示すが、その内的ウエイトとしては決して単色ではなく、基本的には「停滞カラー」と「拡張カラー」との両極性が取り分け印象的だといってよい。つまり、「停滞」の典型は「金融・保険業」（一九↓一七）と「不動産業」（六九↓七四）とであって、それらが、「バブル崩壊」のいわば「震源地型セクター」であったことについてはもはや多言を要しまい。それに比較して、「サービス化・情報化・ソフト化」の波にうまく乗り得た業種ではむしろ「拡張カラー」こそが発揮されたと整理可能であって、例えば「運輸・通信業」（三六↓三九）・「卸売・小売業、飲食店」（一三八↓一四三）・「サービス業」（一三八↓一七二）などがそれに該当するのは一目瞭然ではないか。その点で、「九〇年代不況」は「第三次」に対しても固有の影響を与えていった。

とすれば、以上のような雇用動向がついで（c）「労働市場」へ特有な作用を及ぼしていくのは当然である。そこでまず（イ）「有効求人倍率」推移が直ちに注目に値するが、それは以下のような軌跡を描いた。すなわち、まずバ

第23表　労働市場の状況

年次	新卒者求人倍率			新卒者就職率（%）			一般職業紹介		完全失業者(万人)	完全失業率（%）
	中学卒	高校卒	大学卒	中学卒	高校卒	大学卒	有効求人倍率	求人充足率（%）		
1950	0.6	…	…	45.2	44.9	63.8	…	…	…	1.2
55	1.1	0.7	…	42.0	47.6	73.9	0.2	53.4	105	2.5
60	1.9	1.5	…	38.6	61.3	83.2	0.6	29.2	75	1.7
65	3.7	3.5	…	26.5	60.4	83.4	0.6	18.6	57	1.2
70	5.8	7.1	…	16.2	58.2	78.1	1.4	10.5	59	1.1
75	6.0	3.4	…	5.9	46.6	74.3	0.6	13.0	100	1.9
80	2.8	1.9	…	3.9	42.9	75.3	0.8	10.5	114	2.0
85	1.8	1.8	…	3.7	41.1	77.2	0.7	11.2	156	2.6
90	3.0	2.6	2.8	2.8	35.2	81.0	1.4	6.2	134	2.1
95	2.4	1.9	1.2	1.5	25.6	67.1	0.6	10.3	210	3.2
2000	1.3	1.4	1.0	1.0	18.6	55.8	0.6	10.5	320	4.7
05	1.3	1.5	1.9	0.7	17.3	59.7	1.0	8.2	294	4.4

（資料）　労働省・厚労省『労働統計要覧』、厚労省『労働経済白書』、文科省『文部科学統計要覧』各年版、日本統計協会『日本長期統計総覧』第1巻、リクルートワークス研究所HP（「ワークス大卒求人倍率調査」）による。
有効求人倍率および充足率は新規学卒者を除き、パートを含む一般労働者のもの。

ブルの過程で一旦は八五年＝〇・七→九〇年＝一・四と大きく伸張をみせるが、いうまでもなくバブル崩壊とともに下落に転じ九一年＝一・〇四→九二年＝一・〇八（**第6表**）へと落ち込む。しかし、ここまではまだ「地獄の一歩手前」であってなお辛うじて「一倍」を超えていたが、九三年を変局点にしてその後は、「九〇年代不況」の深化とともに「求人倍率」の本格的な下落過程が始まっていく。事実、九三年＝〇・七六→九五年＝〇・六三→九七年＝〇・七二→九九年＝〇・四八（**第6表**）という数値が刻まれるから、その下落テンポの激烈性には息を呑む以外にはない。まさにこの九九年＝〇・四八というレベルは九〇年＝一・四〇の実に三分の一の水準に止まる以上、その点で、「九〇年代不況」局面における雇用縮小基調が、この「求人倍率」側面の中に見事に反映されているとみるべきであろう。したがって、「九〇年代不況」での「生産停滞→労働力需要減少」作用が一目瞭然だが、この基調をさらに（ロ）「新卒者」に集約して検証するとどのような素顔が現れてくるだろうか。いま例えば中卒・高

第24表　国民所得の分配

（単位：10億円）

年次	雇用者報酬	賃金・俸給	企業所得	民間法人企業	個人企業	農林水産業	財産所得（非企業部門）	家計	利子	配当
80	129,720	116,394	52,838	24,515	28,036	4,141	14,398	17,006	9,986	1,663
85	171,795	151,156	63,849	32,325	31,788	3,555	20,997	27,091	15,317	1,661
90	227,351	196,478	69,904	34,600	32,497	3,482	43,884	48,229	28,744	2,345
95	268,977	232,170	75,106	31,067	43,315	4,194	29,161	34,784	15,383	2,488
2000	271,075	232,156	81,967	42,188	39,191	2,669	16,482	23,327	5,760	2,390
05	258,793	220,735	94,908	48,776	38,752	2,711	12,744	16,489	－3,000	6,332

（資料）『国民所得統計』各年版より。

卒・大卒に区分して、バブル崩壊後の「新卒者求人倍率」動向を追ってみるとそれぞれ以下のような推移が浮上してくる。すなわち、九〇年＝三・〇－二・六－二・八→九五年＝二・四－一・九－一・二→二〇〇〇年＝一・三－一・四－一・二（**第23表**）となるから、「一般職業紹介」とは違ってなお一倍は超えてはいるものの、「九〇年代不況」進行とともに、各カテゴリーとも極めて顕著に低落過程を驀進していよう。そしてその場合、その内訳構造としては取り分け高学歴範疇においてこそその低下速度が大きいようにも思われるが、それは、相対的に大規模企業ほど労働力需要を削減したことの一表現だ――とも理解できないことはないから、結果的には、基幹的な大企業こそが、「雇用・引き絞り」のまさにその主役だったということもできよう。要するにこの「学歴別新採」状況にも、「九〇年代不況」の、その「過剰資本累積」型特質がよく表われている。

以上のような帰結として、（八）「新卒者就職率」（％）が総体的に低下に向かったのはいうまでもあるまい。実際、中卒＝二・八→一・二→一・〇、高卒＝三五・二→二五・六→一八・六（**第23表**）という軌道上を動くから、他方で、ここ数年の進学率には決定的な上昇は確認できないかぎり、この決定的な下降進行は、「九〇年代不況」過程での、――正規・新卒就職の――「就職困難化」を文字通りあからさまに表現しているように考えられる。まさにこの

「新卒者就職率」のベクトルからも、「九〇年代不況」局面における「労働力需要の緩和化」が明瞭であって、バブル期での「労働力不足」は一転してまさしく「労働力過剰」へと変質を遂げていく。

それでは、このような「雇用動向」はついで③「賃金動向」へとどのように作用していったのだろうか。そこでまず一つ目に（a）「賃金一般動向」が全体の前提をなすが、さらにその大枠としては、最初に（イ）「国民所得分配」（兆円）次元での構成図式がその照準をなす。いま例えばこの「国民所得分配」における「賃金・俸給」部分の推移をざっと追いかけると八五年＝一五一→九〇年＝一九六（一・三倍）→九五年＝二三二（一・六倍）**（第24表）**となって、それは、九〇年代に差し掛かってもなお小さくない伸びを依然として続ける。したがって、「九〇年代不況」に直面しても、その前半局面では、「賃金・俸給」部分に対する、「国民所得分配」レベルでの有利な状況（「バブルの慣性力」）がまだ継続していたと判断でき、その点で、少なくとも「正規労働者」セクターにおける不況のダメージは未だ明瞭とはいえなかった。

しかしその「慣性力」もここまでであって、九〇年代後半へ進むと明瞭な下落へ転換していく。つまり、まず九五年＝二三二は二〇〇〇年＝二二二**（第24表）**となって決定的な停滞に直面する以外にないし、さらに〇五年には二二〇兆円へと絶対的にも縮小に落ち込む。こうして、「九〇年代不況」の賃金へのダメージは、不況の進行とともに、ボディーブローとして作用し続けていく。

そのうえで、この基本枠組を前提にしつつ、次に（ロ）「名目賃金」動向へと移ろう。そこで最初は、最も大まかに「現金給与総額」推移に目を凝らせば、「産業計」（千円）基準でみて、それは以下のようであった。すなわち、八五年＝三一七→九〇年＝三七〇→九五年＝四〇八**（第25表）**という数字が拾えるから、まずバブル期から「九〇年代不況」前半までにかけては、まさしく、現金給与総額の見事な上昇こそが検出可能だといってよい。その点で、何

第25表　賃金と労働日（1月当り）

年次	調査産業計		鉱業	建設業	製造業		卸・小売業	金融及保険業	運輸及通信業	電力・ガス・水道	1月平均労働時間	
	平均	実質賃金指数				実質賃金指数					調査産業計	製造業
	円											
1930	54.23	103.7	44.53		53.05	102.8			48.40	72.88		266.3
35	51.15	100.0	44.30		50.49	100.0			48.42	72.88		272.8
40	61.05	69.7	78.60		61.73	71.4			58.69	82.72	時間	278.0
47	1,950	34.6	2,312		1,756	31.6	1,993		2,247	2,312	185.8	183.4
50	11,076	97.5	10,735	…	10,649	95.0	12,802	14,458	11,514		194.6	195.6
55	18,343	119.4	18,488	14,609	16,717	110.2	17,963	25,132	21,811		194.8	198.0
60	24,375	143.8	26,250	21,213	22,630	135.3	23,139	32,191	28,336	36,178	202.7	207.0
65	39,360	171.9	41,650	39,439	36,106	159.7	36,464	50,486	47,164	59,627	192.9	191.8
70	75,670	253.4	79,209	71,727	71,447	242.4	68,647	85,260	84,825	106,648	187.7	187.4
75	177,213	346.9	197,301	158,045	163,729	324.7	164,958	206,979	198,669	241,039	172.0	167.8
80	263,386	373.8	281,478	251,579	244,571	351.7	239,478	324,108	281,573	337,047	175.7	178.2
85	317,091	388.3	342,339	306,244	299,531	371.6	272,692	408,124	343,923	427,171	175.8	179.7
90	370,169	420.9	379,777	401,560	352,020	405.5	309,218	490,002	413,077	516,820	171.0	176.6
95	408,864	438.2	435,201	450,679	390,600	424.1	336,175	541,200	454,488	584,198	159.1	163.9
2000	398,069	423.7	456,449	455,622	406,707	438.5	307,103	546,375	408,243	605,360	154.9	164.7
05	380,438	412.8	479,117	439,553	419,656	431.5	296,964	555,495	439,366	613,131	152.4	166.8

（資料）　三和・原編『近現代日本経済史要覧』（東大出版会、2007年）15頁。

度も指摘した「バブルの慣性力」がここでも確認可能であるとともに、先の「国民所得分配」次元での傾向がこの「現金給与」の断面にも貫徹していることが分かるが、しかし、この趨勢は「九〇年代不況」後半に入ると直ちに暗転を余儀なくされる。というのも、九五年＝四〇八をピークとしてその後は二〇〇〇年＝三九八へと絶対額でも減少に転じ、ついに〇五年には三八〇千円にまで収縮するに至った（**第25表**）――からに他ならない。いうまでもなく、すでに確認した、「九〇年代不況」局面で進行した「労働市場の緩和化」が、ほぼ数年のタイム・ラグをもって、この「名目賃金の低下」となって発現してきたわけであり、不況浸透化過程が一目瞭然ではないか。

そう考えると、一定の時間的ズレを内包化しつつも最終的には、「名目賃金」に対する「九〇年代不況」のマイナス作用はいずれにしても否定の余地はないが、その判断をさらに（ハ）「実質賃金」（一九三五年＝一〇〇）の側面からも追認しておこう（**第25表**）。

そこで「実質賃金指数」のフォローを試みると、いまチェックした「名目賃金」の構図とほぼ同形の軌跡が浮上するといってよい。つまり、三八八・三→四二〇・九→四三八・二という経過でほぼ九〇年代半ばまでは顕著な上昇を記録した後、「九〇年代不況」の浸透・定着を背景として、それ以降は、二〇〇〇年＝四二三・七→〇五年＝四一一・八という具合にまさに「絵に描いたように」低落基調に陥る。その意味で、「物価水準の停滞化・生活水準の粘着性」などという、「実質賃金」に固有な要因にも規定されて、「実質賃金指数」はいわば個性的な振動をみせるが、それにしても、総体的には、「九〇年代不況」過程において、「実質賃金」が下落傾向を提示した点――は疑い得まい。

それをふまえて、「賃金動向」をもう一歩具体的に理解するために、ついで二つ目として（b）「産業部門別賃金動向」へと視点を転じていこう。その場合、何といってもその基軸は製造業にこそあるから、最初はまず（イ）「製造業」に焦点を合わせる必要があるが、「製造業・名目賃金」（千円）は以下のような数値を刻んだ。すなわち、まずバブル局面で二九九→三五二→三九〇（**第25表**）とハイ・テンポで増加を続けた後、バブル崩壊を契機として四〇六→四一九という安定的推移に移行するという経過だが、ここからは次のような二つの特徴が直ちにみえてくる。まず一つは、「産業計」レベルでは早くも九五年以降から「名目賃金」の絶対額低下が発現してくるのに対して、この「製造業」においては〇五年になってもその絶対額は一貫して増加を続ける点――に他ならない。この点こそ「製造業・名目賃金」動向の顕著な特徴だといってよいが、ヨリ本質的にいえば、このことが、「九〇年代不況」局面・「製造業」における、「過剰投資継続―賃金上昇圧力持続」現象をいわば端的に表現していることは自明であろう。こうして、「九〇年代不況」過程での、「製造業」を中心とした「過剰資本整理の遅滞化」が改めて確認可能だが、しかしそれだけではない。そのうえで、とはいってももう一つとして、この「持続的増加」にあっても特にその「増加分」に着目すると、それはやはり目立った縮小ラインを辿らざるを得ない。というのも、その「増加分」は、五三→三八→一六→

一三と推移して見事な激減基調を提示する以外にはないからであって、「九〇年代不況」の進行とともに、「労働市場の緩和化」を土台として、名目賃金の明瞭な「伸び悩み」が表面化していったのは当然であろう。まさしく、「過剰資本整理」が徐々に進捗し始める。

そこで、この「過剰資本の整理進捗」状況を、ついで（ロ）「製造業・実質賃金」を素材にして検証しておこう。このような意図から「実質賃金指数」（一九三五年＝一〇〇）をフォローしていくと、例えば三七一・六↓四〇五・五↓四二四・一↓四三八・五↓四三一・五（**第25表**）という数字が差し当たり手に入る。したがって、バブル期から顕著な上昇を記録しつつ、しかし「増加分」は縮小させながら、「九〇年代不況」過程を総体的には増加傾向において推移したといえるが、しかしさすがに「九〇年代不況」終末期には四三八・五↓四三一・五となって実質的なマイナスに陥っていよう。まさにその点で、先の「製造業・名目賃金」におけるよりもなお一層明瞭に、「九〇年代不況」局面における、「過剰資本整理の『遅滞性』と『進捗化』」とが映し出されている。

最後に、（ハ）「非製造業」セクターをも一瞥しておくと（**第25表**）、ここではっきりとした「二極分解」が否定できまい。すなわち、まず一面で、「バブル後遺症」をなお引き摺る部門での後退が無視できず、例えば「建設業」（「名目賃金」、三〇六・二↓四〇一・五↓四五〇・六↓四五五・六↓四三九・五）や「卸・小売業」（二七二・六↓三〇九・二↓三三六・一↓三〇七・一↓二九六・九）などがその典型例をなそう。それに対して、他方で「サービス化・ソフト化」の波に乗りつつ、賃金増加を実現した部門も明らかに目立ち、具体的には、「運輸及通信業」（三四三・九↓四一三・〇↓四五四・四↓四〇八・二↓四三九・三）や「電力・ガス・水道」（四二七・一↓五一六・八↓五八四・一↓六〇五・三↓六一三・一）などがこの範疇に入るのは明瞭だと思われる。いずれにしても、「非製造業」内部における「過剰資本整理の進捗度」にも明らかな格差があり、それが「賃金動向」にもまさに的確に反映しているのではないか。

第26表　勤労者世帯の収入と支出（1世帯、年平均1ヵ月当り）

（単位：円）

	実収入		実支出			可処分所得	黒字		平均消費性向（%）	エンゲル係数（%）	世帯人員（人）
	世帯主収入	その他	消費支出	うち食料	非消費支出			貯蓄純増			
1955	24,065	5,105	23,513	10,465	3,273	25,896	2,383	1,454	90.8	44.5	4.71
60	34,051	6,844	32,093	12,440	3,187	37,708	5,615	2,120	85.1	38.8	4.38
65	54,111	11,030	49,335	17,858	5,584	59,557	10,222	6,674	82.8	36.2	4.13
70	94,632	18,317	82,582	26,606	9,315	103,634	21,052	13,480	79.7	32.2	3.90
75	198,316	37,836	166,032	49,828	20,644	215,509	49,477	31,875	77.0	30.0	3.82
80	293,362	56,324	238,126	66,245	44,137	305,549	67,724	39,714	77.9	27.8	3.83
85	367,036	77,810	289,489	74,369	71,153	373,693	82,204	48,181	77.5	25.7	3.79
90	430,670	91,087	331,595	79,993	81,218	440,539	108,944	78,526	75.3	24.1	3.70
95	467,799	103,018	349,663	78,947	88,644	482,174	132,510	86,935	72.5	22.6	3.58
2000	460,436	100,518	340,997	74,889	88,132	472,823	131,846	87,763	72.1	22.0	3.46
05	425,450	97,179	328,649	70,924	82,957	439,672	111,023	72,145	74.7	21.6	3.44

（資料）　総務庁統計局『家計調査年報』（1963、1976年、1985、2001年度版）。総務省統計局HP『家計調査』より作成。
1960年までは人口５万人以上の都市、65年以降は全国。調査対象から除外される世帯は、農林漁家、単身者世帯、外国人世帯、世帯主が長期不在の世帯、料理飲食店・旅館など。

そうであれば、三つ目に、この「九〇年代不況」局面で（c）「消費生活」はどのような構図を描いたのだろうか。そうすれば最初に何よりも（イ）「家計支出」が前提をなそう。そこで例えば「勤労者世帯主収入」（一世帯、年平均一ヵ月当たり、千円）のフォローを試みると、すでに確定した「賃金動向」とほぼ同型に、「九〇年代不況」過程における極めて明瞭な変質進行が確認されざるを得ない。すなわち、まずバブル形成と歩調を合わせて八〇年＝二九三→八五年＝三六七（増加額七四）と目立った増加を呈するものの、ついでバブル崩壊に直面して、九〇年＝四三〇（六三）→九五年＝四六七（三七）という経過でその増加額を継続的に減少させ始める。それでもなお絶対額自体は――「バブルの慣性力」に引き摺られつつ――上向きを続けるが、さすがにそれも、「九〇年代不況」の深刻化に遭遇して、それ以降は九五年＝四六七→二〇〇〇年＝四六〇（△六）→〇五年＝四二五（△三五）と絶対額のマイナスに落ち込んでいく**（第26表）**。こうして、繰り返し注

第27表　個人（家計最終）消費支出

	飲食費	被服・履物	住居・電気・ガス・水道	娯楽・レジャー・文化	その他	合　計
80	33,892（26.1）	11,327（8.7）	32,122（24.8）	18,821（14.5）	33,512（25.8）	129,673（100.0）
85	41,321（23.8）	13,737（7.9）	45,531（26.2）	26,692（15.4）	46,282（26.7）	173,563（100.0）
90	45,967（20.1）	17,542（7.7）	59,276（26.0）	41,004（18.0）	64,499（28.3）	228,287（100.0）
95	52,357（19.4）	18,880（7.0）	76,907（28.6）	46,570（17.3）	74,566（27.7）	269,280（100.0）
2000	53,093（19.3）	12,487（4.5）	64,573（23.5）	51,392（18.7）	93,762（34.1）	275,305（100.0）
05	49,630（17.8）	9,899（3.5）	68,619（24.6）	51,931（18.6）	98,802（35.4）	278,880（100.0）

（資料）　前掲、三和・原編『要覧』10頁。

意を喚起した「タイムラグ」を介在させてではあるが、「九〇年代不況」はやはり最終的には「家計収入の縮小」にまで到達したのであって、不況浸透の、労働者末端までの波及作用にはいまや何らの疑念もない。念のため、この点を「消費支出」に即しても確認しておくと、それは二八九→三三一→三四九→三四〇→三二八（**第26表**）という数値を刻むから、まずバブル期で顕著に増加した後、ついでバブル崩壊に直面して増加額を減らしつつ、最後には「九〇年代不況」局面でマイナスに移る――という基本図式が、ここでも明瞭に検出可能だと思われる。

そのうえで次に、「九〇年代不況」の局面で、（ロ）「消費支出内訳」（**第27表**）はどのような影響を受けたのだろうか。そこで、いま個人消費支出の「構成比」（％）に特に焦点を合わせると、取り分け以下の三側面に注意することがまず必要ではないか。すなわち、まず第一に（A）「九〇年代不況」の中核期に当たる九五年の断面図を採用するケースでは、「住居・電気・ガス・水道」（二八・六％）、「飲食費」（一九・四％）、「娯楽・レジャー・文化」（一七・三％）、「被服・履物」（七・〇％）の順をなし、何よりも「住宅関連」が群を抜く。ついで第二として、（B）この順位をバブル期の九〇年と比較すると、一面での、「住居・電気・ガス・水道」（一八・〇％）の増加と、他面での、「飲食費」（二〇・一％）および「娯楽・レジャー・文化」（一八・〇％）の減少とが目立とう。決定的な変質とはいえないものの、「九〇年代不況」に制約を受けた、「娯楽型余裕の低下―固定型必需経費の上昇」という一定の基調が、ここには確認できるかもしれない。そして最後に第三に、(C)これら四経費の「中期的な構成比推移」(八五年→九〇年→九五年、%)をもチェックしておけば概略として以下のようであった。すなわち、それぞれ二六・二→二六・〇→二八・六、一五・四→一八・〇→一七・三、一三・八→二〇・一→一九・四、七・九→七・七→七・〇という軌跡を描くかぎり、このようないわば「中期的トレンド」から判断しても、「九〇年代不況」に影響を受けた、「娯楽・レジャー関連」の停滞化はどうしても無視できまい。したがってこのアングルからしても、消費に対する「九〇年代不況」の深く静かな浸透は一目瞭然なわけである。

以上を前提として、これらの諸側面を、(ハ)「消費内容」といういわば質的な断面からも整理しておきたい。そこで最初に第一は(A)「可処分所得―家計黒字」(千円)が前提となるが、その変動を具体的に追うと以下のような経過を辿る。すなわち、まずバブル形成・崩壊の渦中で、八五年＝三七三－八二→九〇年＝四四〇－一〇八→九五年＝四八二－一三二(**第26表**)と動いて文字通り凄まじい膨張を遂げるから、バブルが家計に対してもそれなりに拡張作用を与えた点が分かるが、しかしその「家計余裕拡大」が安定的に持続するはずもなく、「九〇年代不況」の浸透とともに直ちに「暗転」に直面していく。というのも、それ以降は、二〇〇〇年に四七二－一三一となって絶対額で始めてマイナスを記録しただけでなく、さらに〇五年には実に四三九－一一一というレベルにまで下落しつつそれぞれ三・三万円および二・〇万円もの削減に至った――からに他ならない。そうであれば、この動向がついで第二に(B)「貯蓄純増」へと直ちに反映していくのも当然であろう。事実、ここまで八五年＝四八→九〇年＝七八→九五年＝八六という推移で堅調な増大を継続させてきたこの「貯蓄純増」も、「九〇年代不況」の深刻化に深く飲み込まれて、まさに一挙に頓挫を余儀なくされるといってよい。具体的には、まず二〇〇〇年＝八七となって目立った停滞を経験した後、ついに〇五年には七二へと絶対的なマイナスに陥り(**第26表**)、したがって一・五万円もの実質的な削減に結果していく。まさしく、「九〇年代不況」の、家計への直接的打撃だとみる以外にないが、以上のような動向を、最後に第三として（C）「平均消費性向―エンゲル係数」（％）の方向からも傍証しておきたい。そこでこの両者の数字を拾っていくと、七七・五－二五・七↓七五・三－二四・一↓七二・五－二二・六↓七二・一－二二・〇（**第26表**）という具合であって、極めて分かり易い図式が姿を現す。いうまでもなく、「九〇年代不況」期を中心として、両者とも見事な低下傾向を継続的に辿っているわけであり、――他方での「賃金伸び悩み」基調をも勘案すれば――ここからは、「消費水準・内容」の「足踏み状態」こそが大まかには類推可能ではないか。まさに「九〇年代不況」の消費生活への「悪影響」がやはり想像されよう。

最後に重要なのは、いうまでもなく③「失業率動向」に他ならない。なぜなら、すでに検出した通り、「九〇年代不況」の過程で「求人倍率の低下」が顕著に進行した以上、この「労働市場の緩和化」がついで「失業率動向」へとどのように反射したか――が次の論理環に浮上してくるからであって、その「失業率・押し上げ」力学こそが焦点になってこよう。そこでこのようなアングルから「完全失業率」（％）の軌跡を点検すれば（**第6表**）、具体的には以下のようであった。すなわち、「バブル崩壊」を経て九〇年代に入ってからも、いわゆる「バブルの慣性力」が働いて、まず数年は九〇年＝二・一↓九一年＝二・一↓九二年＝二・二とむしろ安定的に推移したものの、ついで九三年に入ると変調が表面化し九三年＝二・五↓九四年＝二・九と上方転換が始まる。まさしく失業率悪化が火を噴くのであって、それ以後は九五年＝三・二↓九七年＝三・四↓九九年＝四・七という一貫した増加ラインに乗り、その極点として、ついに〇一年には五・〇％という高い水準にまで到達していく。こうして、「九〇年代不況」の過程で「完全失業率」は実に二・五倍に膨張しているのであり、その悪化速度には目を見張らされよう。

しかし、「九〇年代不況」期・「投資―生産―雇用」の基本動向を踏まえて考えると、このような「失業率高位性」

には何らの不思議もあり得ない。というのも、これは、「バブル崩壊→不況深化→資本過剰累積→投資停滞→労働力需要抑制」という論理の、まさにその「必然的帰結」以外ではないからであって、そのロジックの極点に、「失業率上昇」が出現してくるのはむしろ自明ではないか。まさしく「過剰資本整理・遅滞化」の決定的副産物であろう。

Ⅱ　国家政策――景気政策体系の前進と後退

［1］国際収支　続いて国家政策へと視点を転回させていくが、まず第一として、国家政策展開の総合的枠組条件をなす（一）「国際収支」動向[5]が前提をなそう。そこで最初は①「貿易動向」が注目されてよいが、まず一つ目に（a）「輸出入一般推移」（千億円）は以下のような軌跡を描いた。具体的には、八六年＝輸出三五二－輸入二一五→八八年＝三三九－二四〇→九〇年＝四一四－三三八→九二年＝四三〇－二九五→九四年＝四〇四－二八一→九六年＝四四七－三七九→九八年＝五〇六－三六六→二〇〇〇年＝五一六－四〇九

第28表　貿易推移

（単位：億円）

年	貿易		(19)国際収支(経常)
	(17) 輸出	(18) 輸入	
80	293,825	319,953	△10,746
81	334,690	314,641	4,770
82	344,325	326,563	6,850
83	349,093	300,148	20,799
84	403,253	323,211	35,003
			十億円
85	419,557	310,849	119,698
86	352,897	215,507	142,437
87	333,152	217,369	121,862
88	339,392	240,063	101,461
89	378,225	289,786	87,113
90	414,569	338,552	64,736
91	423,599	319,002	91,757
92	430,123	295,274	142,349
93	402,024	268,264	146,690
94	404,976	281,043	133,425
95	415,309	315,488	103,862
96	447,313	379,934	71,532
97	509,380	409,562	117,339
98	506,450	366,536	155,278
99	475,476	352,680	130,522
2000	516,542	409,384	128,755
01	489,792	424,155	106,523
02	521,090	422,275	141,397
03	545,484	443,620	157,668
04	611,700	492,166	186,184
05	656,565	569,494	182,591
06	752,462	673,443	198,390

（資料）　前掲、三和・原編『要覧』５頁。

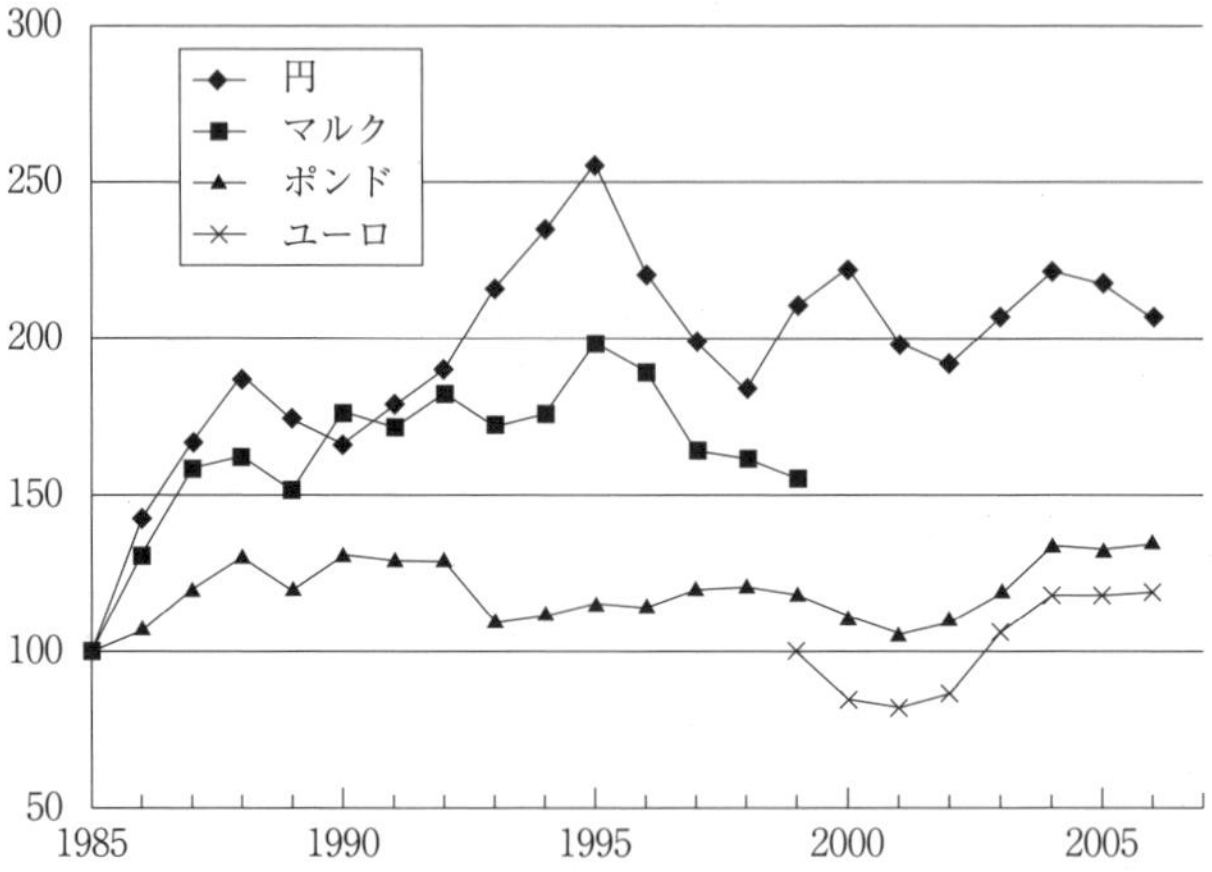

（資料）IMF 統計による年間平均相場の変動率。1985 年 9 月 20 日相場（1 ドル＝240.1 円、2.85 マルク、0.732 ポンド）を各年平均相場で割った値（％）。ユーロは 1999 年相場（1 米ドル＝0.938 ユーロ）＝100。

第 1 図　主要通貨対米ドル変動率（1985. 9 .20 基準）

（第28表）という図式に他ならないから、この動きからは以下のような輪郭が一応は透けてみえる。すなわち、「バブル形成―崩壊―九〇年代不況」という局面変動の中で、一方の「輸出」が大まかには「停滞→再増加」という運動を示すのに対して、他方の「輸入」はむしろ逆に「増加→再停滞」というベクトルを呈する――という輪郭がみえる。したがって、やや図式化に過ぎる恐れはあるものの、「九〇年代不況」局面は、その意味で、「輸出＝再増加」および「輸入＝再停滞」とこそ特徴付け可能なように思われるが、その場合その背後に、「『輸出拡大』による内需縮小の補完」と「購買力低下による『輸入余力削減』」という、まさに「九〇年代不況」に制約された二つの要因が存在する点に関しては、もはや説明の必要はあるまい。

その場合、輸出入動向を大きく左右するその基本的要因として為替相場が重要であることはいうまでもなく自明だから、まず（イ）「為替相場」水準にも一瞥を与えておこう。そうすると、この九〇年代においては極めて鮮明な為替変動傾向が目に飛び込んでくるのであって、九五年を分水嶺とした「円高→円安」という激変が余りにも明瞭だといってよい（**第1図**）。いま「円の対ドル変動率」の概略を追跡すると、まず周知のプラザ合意を契機として八五年以降に急速な円高が進む（一・八倍化）もののそれはほぼ八七年段階で一服し、次に、そこを頂点にしつつ九〇年に向けて概ね三〇％程の円安に向かう。こうして円安基調の下で九〇年代が開始されるが、この九〇年をこそ起点として、ついでここから九五年に至るまでは一気の円高運動が驀進を遂げていく。具体的に数値を示せば、九五年水準は九〇年レベルに比べて一・九倍の円高に相当するし、さらに八五年時点に比較すれば実にその二・五倍もの円高ということになろう。要するに、九〇年代為替相場のまず「前半動向」としては「極めて顕著な円高進行」が何よりも否定し得まい。まさにこの「円高基調」こそが、いま直前に確認したような、九〇年代「前半」における、「輸出＝停滞」・「輸入＝増加」という傾向を惹起させたのは当然であった。しかし、この急速な円高進行は、九五年を踊り場にして見事な円安へと逆転する。

すなわち、この九五年（一ドル＝七九・七五円、戦後最高値）をピークにしつつ九八年までは、今度は一転して、ＩＭＦ通貨措置発動・政府為替対策展開などを条件としながら、一直線での勢いで円安が進行していく。事実、九五年から九八年にかけてほぼ八〇％もの落差で円安が表面化したのであって、九〇年代のいわば「後半」はまさしく「極めて顕著な円安進行」局面だったと整理される以外にはない。みられる通りの「円高→円安」激変であるが、この「円安」という九〇年代「後半」の動向が、ついで九〇年代「後半」にあっては、次に「輸出＝再増加」・「輸入＝停滞」という新たな傾向を発現させた——のもいわば自明であろう。こう考えてくれば、「九〇年代不況」局面における「輸出入動向」の基本的輪郭とその決定要因が一応手に入るが、そこで次に、この総合的構図にもう一歩深く立ち入っていきたい。

第29表　輸出入の金額・価格・数量指数（対世界）

（円ベース、1995年＝100）

年	輸出					輸入					
	金額指数	価格指数	数量指数			金額指数	価格指数	数量指数			
			総合	化学製品	機械機器			総合	化学製品	機械機器	加工商品
1994	97.5	100.7	96.9	91.1	96.9	89.1	99.5	89.5	86.9	73.7	81.9
95	100.0	100.0	100.0	100.0	100.0	100.0	100.0	100.0	100.0	100.0	100.0
96	107.7	106.4	101.2	103.6	100.9	120.4	114.0	105.6	104.1	117.6	108.3
97	122.7	108.4	113.6	115.0	112.6	129.8	120.9	107.4	114.0	124.0	111.6
98	121.9	111.6	109.2	115.5	109.9	116.2	114.3	101.7	107.7	121.3	105.0

（資料）大蔵省『外国貿易概況』。

そのために（ロ）まず「輸出動向」から具体的に入っていこう。そこで最初に、輸出に関する「数量指数」（総合、円ベース、九五年＝一〇〇）から取り上げると、それは例えば九四年＝九六・九→九五年＝一〇〇・〇→九六年＝一〇一・二→九七年＝一一三・六→九八年＝一〇九・二（**第29表**）という数字を刻む。したがって、先に指摘したような九五年からの円安化を条件として、九〇年代前半での輸出「足踏み」状態から脱して、九〇年代後半からは一転輸出増加基調に転じている様子がよく分かる。その点で、九〇年代後半での輸出伸張というすでにチェックした基本推移が改めて確認されてよいが、しかもこの「数量」に加えてさらに「価格」面でも有利な状況が進んだのであって、事実「価格指数」は以下のように動いた。すなわち、一〇〇・七→一〇〇・〇→一〇六・四→一〇八・四→一一一・六（**第29表**）という経過を示したから、九〇年代半ばまでは価格サイドでやや不利な環境を余儀なくされた後、ようやくその後半期に入って長足の上昇に移ったことになろう。そしてまさにその総合的結果としてこそ、最後に「金額指数」（九七・五→一〇〇・〇→一〇七・七→一二二・七→一二一・九）（**第29表**）も極めて堅調な軌跡を辿ったのはいわば当然であった。こうして——景気の転換期たる九八年を除けば——、総体的にみて、「九〇年代不況」局面は「輸出伸張」フェーズであったと整理されてよく、そこに、「不況→輸出ドライブ」作用が予測可能なのは自明ではないか。

ついで（ハ）「輸入動向」はどうか。すでにその一般的趨勢に即して概観した通り、九〇年代後半からは「円安↓輸入停滞」減少が目立ってきたが、その要因の検出が注目される。そこで最初に輸入の「数量指数」からフォローしていくと、差し当たり八九・五↓一〇〇・〇↓一〇四・一↓一一四・〇↓一〇七・七（**第29表**）という数値が拾える以上、事態の焦点はまず以って明白といってよい。というのも、一見して、九〇年代後半を境にして輸入は「増加↓減少」へと転換しているからであって、ここに、「円高↓円安」という為替激変過程が写し出されているのはもはや一目瞭然であろう。しかも、それに追い討ちをかけるような、九〇年代後半からの「価格指数」下落化（九九・五↓一〇〇・〇↓一一四・〇↓一二〇・九↓一一四・三）（**第29表**）も大きな重石として作用したから、その結果として、「九〇年代不況」期はまさに全体的な「輸入停滞」局面である他はなかった。まさしくこの点は、輸入に関する「金額指数」によって示されていくのであるが、事実それは、八九・一↓一〇〇・〇↓一二〇・四↓一二九・八↓一一六・二（**第29表**）という、九〇年代後半を分水嶺にした、「増加↓停滞」という端的な図式によって、まさに一点の疑念もなく表出されている。要するに、「円安」転換を枢軸として、「九〇年代輸入」は「数量・価格・金額」の全面に渡ってその悪化条件を強めたが、まさにそれが、「不況↓輸入余力削減」現象を提示しているのは当然であろう。

続いて、このような輸出入動向を次に二つ目に（b）「貿易黒字」（億ドル）に注目して計測すると、以下のようであった。すなわち、ここでも、九〇年代前半での黒字減少傾向とその後半での再増加傾向が明瞭といってよく、具体的には九五年＝一二三四↓九六年＝九一二↓九七年＝一二三三↓九八年＝一五九九（**第30表**）という数字が残される。一見して、九六年の急減と九七年からの顕著な拡大が確認可能であるが、その動因が、「九〇年代前半＝円高に伴う輸出停滞・輸入増」と「後半＝円安転化による輸出増・輸入停滞」という、九〇年代半ばにおける明確な基調変化にこそある――のはいうまでもなく一目瞭然であろう。しかしそのうえで、以下のような二面的な構造的特質に改めて

第30表　国際収支の状況

（単位：100億円）

	1995	96	97	98
経常収支	1,039	718	1.144	1,586
貿易・サービス収支	695	234	580	959
貿易収支	1,234	912	1,233	1,599
輸出	4,026	4,357	4,952	4,887
輸入	2,792	3,446	3,719	3,287
サービス収支	△539	△678	△653	△646
所得収支	416	582	670	742
経常移転収支	△73	△98	107	△114
資本収支	△628	△322	△1,577	△1,714
投資収支	△606	△287	△1,541	△1,520
直接投資	△212	△253	△275	△284
証券投資	△308	△478	365	△574
その他の投資	△86	444	△1,631	△662
その他資本収支	△21	△35	△35	△193
外貨準備増減	△542	△394	△766	100
誤差脱漏	131	△2	510	28
（参考）貿易外収支＝〔サービス収支＋所得収支〕	△123	△96	18	101

注）98年は速報値。

（資料）日本銀行『国際収支統計月報』および大蔵省発表資料より作成。

注意が必要なこともまた決して否定はできまい。すなわち、その二つは表裏の相互連関関係にあって、まず一面では、この「貿易黒字増大」現象が、何よりも「国内過剰資本累積からの決死の『脱出策』」を意味している点に他ならない。つまり、バブル崩壊によって表面化した「過剰資本累積とその整理遅滞化」の解消策としてこそ、この「貿易黒字・増加」が進行している――というロジックであって、この「黒字増大化」の「原因」にはまさに「過剰資本整理の不徹底性」こそが厳存している。しかも、この「原因」連関に加えて、次のような「帰結」連関もまた無視できまい。というのも、このような「原因」で増加をみる「貿易黒字」がまた一層再び国内的な「資本過剰累積」をさなきだに増大させざるを得ないからであって、結果的には、この「貿易黒字増大」現象が「過剰資本累積とその整理遅滞化」をさらに加速するのは自明であろう。したがって、この「黒字増大化」は、その「帰結」として「過剰資本整理の不徹底性」をヨリ深く浸透させていく。その意味で「貿易黒字増大」は「九〇年代不況」のまさにその端的な表象なのである。

最後に、この貿易動向を基盤としつつもう一歩その範囲を拡大して、三つ目に（c）「国際収支」（一〇〇億円）というアングルからも集約しておきたい。そこでまず（イ）「経常収支」が前提となるが、それは一〇三九↓七一八↓一一四四↓一五八六（**第30表**）と推移したから、先の貿易黒字動向とほぼ同型で、やはり九六年を分岐点として「減少↓増大」へと大きくブレながらも、その全体としてはきわめて顕著な増加を実現している。そしてその場合、そのうちの「サービス収支」は、実に△五三九↓△六七八↓△六五三↓△六四六（**第30表**）という具合で連年小さくない赤字を記録していた以上、この「経常黒字」の大宗部分がまさしく「貿易黒字」の伸張にこそ求められてよい――ことも直ちに明瞭になろう。まさにその点で、「貿易黒字」増加のもつ意味は大きい。

では、このような「経常黒字増大」は対外投資余力へとどのように連動したのだろうか。そこで（ロ）「海外投資」が注目されるが、取り敢えず「資本収支」（一〇〇億円）に焦点を当てて海外投資の基本趨勢を探ると、いまチェックした「経常黒字増大」を反映して特に九七年からはその伸びが大きい。つまり、具体的には△六二八↓△三三二↓△一五七七↓△一七一四（**第30表**）というステップを踏むから、九〇年代半ばに一旦は収縮するもののその後半からは一挙の急上昇へと移る。したがって、すでに確認した「経常黒字増大」に立脚した「対外投資余力」によって、「九〇年代不況」局面が、まず何よりも、「資本輸出」全体に関するその拡張過程に当たっていることについては疑問の余地はない。こうして、九〇年代での「資本輸出の拡張」は、「九〇年代不況」局面における「過剰資本の累積」をいわば別の断面から改めて鮮明に表現しているといえるが、しかし、ヨリ本質的な問題はさらにその奥にこそ存在していよう。

第31表　対外直接投資の動向

（単位：億円）

	対外直接投資届出実績[1]	内、製造業の割合（％）	国際収支表による対外直接投資[3]
1993年	41,514	30.8	16,057
94年	42,808	33.7	18,521
95年	49,568	36.8	21,286
96年	54,094	42.2	25,485
97年	66,229	35.8	31,449
98年[2]	23,139	39.5	31,624

注）１）年度の数値、２）1998年度上半期（４～９月）、３）暦年。
（資料）日本銀行『国際収支統計月報』、日本輸出入銀行『海外投資研究所報』、および大蔵省発表資料、より作成。

そこで、焦点をもう一歩狭めて、（ハ）「対外直接投資」にまでその具体化を試みよう。いま例えば（A）「対外直接投資届出実績」（百億円、％）の推移を追っていくと、四九五（内、製造業の割合三六・八）→五四〇（四二・二）→六六二（三五・八）→二三一（三九・五）（**第31表**）という数値が記録されるから、すでにみた「資本輸出総額」の目立った拡張に比較すると、この「直接投資」はむしろ「意外にも」「足踏み＝停滞化」過程にあると判定する以外にはない。その点で、「資本輸出」の全般的拡大に反した「直接投資」の伸び悩み状況こそが手に取るように浮上してくるが、しかもそれとの関連で、ここで十分に注目すべきは何よりも（B）「製造業比率の後退」ではないか。言い方を換えれば、まさしくこの「製造業・直接投資の停滞」こそが「直接投資全体の伸び率鈍化」の元凶だとさえいうべきであって、これら両者のもつ深い因果関係には特別に強く注意を払っておきたい。こうして総合的には、「九〇年代不況」にあっては、「①資本輸出の拡張②直接投資の停滞③製造業直接投資の鈍化」というトリアーデ図式こそが検出されてよいが、その場合、その共通土台に、「九〇年代不況型・過剰資本整理の遅滞性」要因がある——のはすでに明瞭であろう。すなわち、第一に「過剰資本整理の非進捗化」が資本過剰状況を強めて「資本輸出の拡張」（①）を全体的には促進するものの、第二として、「過剰資本の残存」に制約されて国内生産との実体的連

第32表　主要商品別輸出構成の動向

（単位：%）

	1995	96	97	98
繊維・同製品	2.0	2.1	2.0	1.9
化学製品	6.8	7.0	7.1	7.0
金属・同製品	6.5	6.2	6.4	6.3
〔鉄鋼〕	4.0	3.7	3.8	3.8
機械機器	74.7	73.7	73.8	73.6
〔一般機械〕	24.1	24.1	23.8	23.2
（原動機）	3.5	3.5	3.1	3.3
（事務用機器）	6.9	6.9	7.5	7.2
（金属加工機）	1.8	2.0	1.9	1.8
〔電気機械〕	25.6	24.4	23.7	23.2
（重電機器）	1.4	1.3	1.3	1.3
（映像機器）	2.3	2.2	2.1	2.5
（半導体等電子部品）	9.2	8.8	8.0	7.3
〔輸送機器〕	20.3	20.5	21.5	23.2
（自動車）	12.0	12.3	14.0	15.4
（船舶）	2.4	2.7	2.2	2.5
〔精密機械〕	4.7	4.3	4.8	2.6
（科学・光学機器）	4.2	4.2	4.3	4.2

（資料）　前掲『外国貿易概況』および大蔵省発表資料より作成。

動が弱化するために、一方では「直接投資の停滞」（②）を必然化させるとともに、他方で同時に、「製造業直接投資の鈍化」（③）を帰結させずにはおかない――という、まさに「トリアーデ型の相互連関」において。

そのうえで、国際収支の内部構造をヨリ深く知るために、次に②「製品別輸出入構成」にまで立ち入ってみたい。最初に一つ目は（a）「輸出製品別動向」（%）に他ならないが、まず大枠で判断して顕著に目立つのは、「機械機器」（**第32表**）を中心としたいわゆる先端技術商品の伸び悩みである。例えば（イ）具体的推移を辿ると、九五年＝七四・七→九五年＝七三・七→九七年＝七三・八→九八年＝七三・六という数字が拾えるから、「九〇年代不況」の中で、これらのハイテク関連輸出はいわば確実にその比率を減じつつあろう。その場合、この「機械機器」は、バブル崩壊直後にはむしろ一旦そのウエイト上昇に転じていたから、この「九〇年代不況」での構成比

第33表　主要商品別輸入構成の動向

（単位：%）

	1995	96	97	98
食料品	15.2	14.6	13.6	14.7
原料品	9.8	8.8	8.4	7.8
鉱物性燃料	15.9	16.8	18.4	15.3
〔石油〕	8.9	9.3	10.3	8.0
化学製品	7.3	6.7	6.9	7.4
機械機器	25.3	27.5	28.0	30.5
〔一般機械〕	8.2	9.3	9.7	10.5
（事務用機器）	4.7	5.3	5.5	5.8
〔電気機械〕	10.3	11.3	11.4	12.3
（半導体等電子部品）	3.6	3.8	3.8	3.8
〔輸送機器〕	4.6	4.5	4.3	4.8
（自動車）	3.0	2.5	2.4	2.0
〔科学・光学機器〕	1.6	1.9	2.1	2.3
その他製品	n.a.	n.a.	n.a.	n.a.
（鉄鋼）	1.7	1.3	1.3	1.1
（繊維製品）	7.3	7.5	6.6	6.8

（資料）　前掲『外国貿易概況』および大蔵省発表資料より作成。

減はトレンドの再逆転ともいえるが、その減少要因としては、九七年アジア通貨危機による「対アジア向けハイテク関連輸出の急減」と、「九〇年代不況」浸透に伴う「国内製造業設備投資停滞」に起因した「国内関連部門弱体化＝競争力低下」とが大きい。その点で、「九〇年代不況」に連結した「過剰資本残存」化が機械部門の脆弱化を進めているわけである。

しかし、この「機械機器」比率停滞のなかで一定の伸びを実現しているのは（ロ）「輸送機械」なかんずく「自動車」に他ならない。まず総体的にみて「輸送機械」が二〇・三→二〇・五→二一・五→二三・二と着実な構成比拡大をみているのに加えて、さらに特に「自動車」に注目すると、一二・〇→一二・三→一四・〇→一五・四という高いテンポでの上昇が検出可能となる。まさしく、長期不況に呻吟する中で、その脱出路のエースとしてはやはり「お馴染みの自動車」が登場せざるを得ない——という「お家の事情」が透けてみえるが、「機械機器」のケースとやや異なる点としては（ハ）以下の要因にも注意しておきたい。すなわち、「アジア通貨危機」のダメージに関しては、この「自動車」についてもほぼ同様ではあるが、「機械機器」の場合には、その性格上アジア地域が決定的な輸出対象エリアでありそこから欧米への転換には大きな制約があったのに比較して、「自動車」に関しては、その欧米への転換が相対的にスムーズであった――という事情、これである。いま若干の関連数字のみを指摘すれば、九七-九八年において、対ASEAN＝七五％減（金額）・対アジアNIEs＝二五％であったのに対して、対米＝二〇％増・対EU＝二桁増を記録した他、中南米・中東への自動車輸出も大幅に増えている。こうして「製品別輸出」は「九〇年代不況」を反映してまさに一定の変容をみていく。

続いて二つ目として（b）「輸入製品動向」**（第33表）**はどうか。そこで「主要商品別輸入構成」（％）に目を転じると、そこからは、「九〇年代不況」に色濃く規定された以下の三論点が直ちに浮上してくる。すなわち、まず第一は（イ）「原材料関連商品の縮小」であって、具体的には「原料品」（九・八→八・八→八・四→七・八）・「鉱物性燃料」（一五・九→一六・八→一八・四→一五・三）・「石油」（八・九→九・三→一〇・三→八・〇）の三つがその典型をなす。いうまでもなくこれは「想定内」を越えず、「九〇年代不況」の渦中における「投資停滞→生産縮小」が「原材料輸入」をそれだけ削減に導いたのは当然であった。ついで第二に、丁度その裏面として（ロ）「製品輸入の増大」が進むのはいうまでもあるまい。例えばこの側面は、「機械機器」（二五・三→二七・五→二八・〇→三〇・五）・「化学製品」（七・三→六・七→六・九→七・四）などの顕著な比率向上となって発現してくるが、この背景に、海外関連工場からの逆輸入増加という一般的事情や、「九〇年代不況」深化によって惹起された「国内生産の空洞化」という特殊事情が存在する――のはいわば自明ではないか。そのうえで最後に第三として（ハ）「食料品輸入の停滞」も無視できない。というのも、これまでは「バブル景気」進展とともに、取り分け「高級嗜好品」を中心にその構成比を高めつつあったが、「バブル崩壊―九〇年代不況」に制約されて、それ以降は明らかに停滞色を強めたからである。すなわち、例えば九三年に

第34表　地域別・主要国別輸出構成の動向

（単位：%）

	輸出			
	1995	96	97	98
アジア	43.5	44.0	42.0	34.5
中国	5.0	5.3	5.2	5.1
アジアNIEs	25.0	24.7	24.2	20.1
ASEAN	17.4	17.8	16.6	12.0
大洋州	2.4	2.4	2.4	2.5
北米	28.6	28.5	29.3	32.4
アメリカ	27.3	27.2	27.8	30.7
西欧	16.9	16.4	16.9	19.8
EU	15.9	14.9	15,6	18.3
中南米	4.4	4.4	5.0	5.5
中東	2.0	2.4	2.5	3.2
アフリカ	1.7	1.4	1.3	1.5
中東欧・ロシア	0.5	0.5	0.6	0.6

（資料）　前掲『外国貿易概況』および大蔵省発表資料より作成。

は一六・二%をも占めていたものが、「九〇年代不況」に直面して一五・二→一四・六→一三・六→一四・七へと伸び悩みに移行するのであるから、そこから、「不況→所得停滞→消費余力削減→食料品輸入鈍化」という一連のロジックが貫徹するのも当然であろう。まさに「九〇年代不況」浸透のその決定的断面なのである。

したがって、三つ目に（c）「製品別輸出入動向」については以下のように「総括」可能だと思われる。すなわち、総合的にいって、「製品構成」における「九〇年代不況型」特質以外ではないが、まず（イ）「輸出」サイドでは、「九〇年代不況＝資本過剰累積」が招来させた設備投資鈍化によって生産性停滞＝産業空洞化が表面化し、それが、特にハイテク製品を中心とする「機械機器」のウエイトを目立って低下させた。ついで（ロ）「輸入」次元においては、同じこの「九〇年代不況」に伴う国内生産の伸び悩みが、一方で石油を中軸とする「原材料輸入」比率を押し下げたとともに、他方ではむしろ逆に「製品輸入」構成比の上昇につながっていった。まさにそうであるかぎり、（ハ）「総合的」には、貿易の「製品構成」の中に、「九〇年代不況型特質が何よりも如実に反映している——とこそ結論できよう。

続いて③「地域別輸出入構成」へと移ろう。そこでまず一つ目に（a）「地域別輸出動向」（%）（**第34表**）から入ると、ここからは、極めて明瞭で分かり易い以下の三特徴が疑問なく発現してくる。すなわち、最初に第一は（イ）「アジアの激減」であって、具体的には九五年＝四三・五→九六年＝四四・〇→九七年＝四二・〇→九八年＝三四・五という激しいテンポでの縮小が一貫して継続する。まさに顕著な下落という以外にはなく、しかも、バブル崩壊直後まではこの「アジア」こそがむしろ上昇の主役であったことをも想起すれば、質的な基調変化の進行が推測可能だが、いずれにしてもその背景に、九七年の通貨危機を中核とした「アジア経済の大混乱」があるのは当然であろう。しかしその場合に注意すべきは、第二に、(ロ)この「アジアの下落」の主因はあくまでも「アジアＮＩＥｓ・ＡＳＥＡＮ」にこそ求められるという点である。というのも、「アジアＮＩＥｓ」(二五・〇→二四・七→二四・二→二〇・一)と「ＡＳＥＡＮ」(一七・四→一七・八→一六・六→一二・〇)とが目立ってそのウエイトを落としている中で、「中国」は五・〇→五・三→五・二→五・一というペースでなお堅調性を保持しているから――であって、「アジア下落」の主犯は、アジアＮＩＥｓ・ＡＳＥＡＮという「非中国地域」にこそ還元されてよい。その意味で、中国に関する、その「発展の持続性」と「通貨危機打撃の相対的軽微性」とが、そこからは垣間みられよう。

第35表　地域別・主要国別輸入構成の動向

(単位：%)

	輸入			
	1995	96	97	98
アジア	36.7	37.4	37.0	36.9
中国	10.7	11.6	12,4	13.2
アジアNIEs	12.3	11.7	10.4	10.2
ASEAN	14.1	15.0	14.8	14.1
大洋州	5.5	5.1	5.3	5.6
北米	25.7	25.6	25.3	26.9
アメリカ	24.6	22.7	22.3	24.1
西欧	16.2	15.6	14.8	15.5
EU	14.5	14.1	13.3	13.9
中南米	3.5	3.3	3.4	3.3
中東	9.4	10.1	11.3	9.0
アフリカ	1.4	1.5	1.4	1.4
中東欧・ロシア	1.7	1.4	1.5	1.3

(資料)　前掲『外国貿易概況』および大蔵省発表資料より作成。

これに対して、第三として(ハ)「対先進地域の増加」が著しい。いうまでもなく「北米(アメリカ)」と「西欧(ＥＵ)」の比率上昇に他ならないが、まず前者が二八・六(二七・六)→二八・五(二七・二)→二九・三(二七・八)→三二・四(三〇・七)と安定的増加基調で動いたのに加えて、後者もこの「九〇年代不況」局面では、一六・九(一五・九)→一六・四(一四・九)→一六・九(一五・六)→一九・八(一八・三)と推移して、その着実な構成比アップが取り分け目立つ。その原因としては、先にも触れた如く、対アジア向け「機械機器」の大幅な下落を、特に「自動車」を主力としたアメリカ・ＥＵへの輸出拡大によって十分に補完し得た――という要因が重要だと思われるが、「九〇年代不況」の渦中で、主要輸出先に関して一定の変質が進行しつつある点には十分な注意が必要であろう。

そのうえで二つ目として（ｂ）「地域別輸入動向」（％）へと視角を転じよう（**第35表**）。そうすれば、結論的には、いま直前にチェックした「製品別」との内容的連関が特徴的だと思われるが、それは具体的には以下の三側面に即して特に明瞭だといってよい。つまり、まず第一は（イ）「アジア地域の微減」であって、その構成比は三六・七→三七・四→三七・〇→三六・九と動いた。みられる通り激しい減少ではないが、「九〇年代不況」過程において、アジアの輸入ウエイトは「停滞」というよりはやはり「微減」というのが相応しい。もっとも、アジアの中でも「中国」に注目すれば一〇・七→一一・六→一二・四→一三・二となって依然として一定の伸張をみているから、むしろアジア内部の格差こそが目立ち、「アジアＮＩＥｓ」（一二・三→一一・七→一〇・四→一〇・二）と「ＡＳＥＡＮ」（一四・一→一五・〇→一四・八→一四・一）との減少が、結果的にアジア全体の比率削減を引き起こしているのであろう。そしてこの理由もすでに明白であって、すでに確認したような、「九〇年代不況」が惹起した、「原材料輸入・減少」および「製品輸入・増大」という総体的傾向が、一方で「非・中国地域」からの「原材料輸入」を減らしたとともに、他方で「中国地域」からの「製品輸入」を増大させた――のに違いない。それに対して第二に、（ロ）「先進地域の微増」こそが逆に印象的だといってよい。やや具体的にいえば「アメリカ」（二四・六→二二・七→二二・三→二四・一）と「ＥＵ」（一四・五→一四・一→一三・三→一三・九）の「微増」に他ならないが、これも、――先に「製品別」に即してチェックしたように――「九〇年代不況→国内産業弱体化」に起因する「機械・機器類」の輸入増大が呼び起こした、いわばその当然の帰結ではないか。こうして「アジア減退―先進地域拡大」という表裏型基調が一目瞭然というべきであろう。

そのうえで、「製品→地域」のこの連動性は、最後に第三に（ハ）「中東の停滞」に関しても疑いなく傍証し得る。いうまでもなく、「九〇年代不況→石油輸入削減」という連関が「中東」の比率低下となって表面化しているわけであって、それは具体的には九・四→一〇・一→一一・三→九・〇という数字を刻む。しかしこの点についてはこれ以上の贅言は必要あるまい。

以上を前提として、三つ目に（c）「地域別輸出入動向」の全体的な「総括」を試みると、以下のように整理可能ではないか。すなわち、まず（イ）「輸出」サイドに即しては、「機械・機器類輸出減少」に制約された「アジアの伸び悩み」と、「輸送機械・自動車輸出増加」に規定された「アメリカ・EUの拡大」とが、それぞれ目立った傾向として発現をみた。そのうえで（ロ）「輸入」次元に移ると、まさにその逆対応という形で、「原材料輸入減少」に対応した「アジアの微減」と、「製品輸入増加」に見合った「アメリカ・EUの微増」とが進行した――と一応は集約されていく。したがってこう考えると、（ハ）「総合的」には結局以下のように結論されてよい。つまり、「製品別動向」と「地域的動向」とはまさに明らかな相互連関関係に立ちながら、しかも、それら両者が、「九〇年代不況」がもたらした構造的特質から深い規定的制約を受けつつ、まさにその特徴的な動向を発揮したのだ――と。

［2］財政政策　続いて、第二に「財政政策」[6]へと視角を転回させていこう。まず①「経費支出」動向が前提となるが、最初に一つ目として（a）「一般的動向推移」はどうか。そこで（イ）「中央財政一般会計歳出総額」（千億円）からみていくと、この「九〇年代不況」局面の過程で政府経費支出は、概ね以下のような三つのフェーズを経過したと考えてよい。すなわち、まず第一フェーズとしてバブル崩壊期にも経費支出はなお膨張を持続し、具体的には八九年＝六五八→九〇年＝六九二→九一年＝七〇五（**第36表**）という高い増加レベルが保たれた。したがって「バブルの

第36表　財政規模

（単位：十億円）

年度	中央財政一般会計歳出(1)	中央財政特別会計歳出(2)	財政投融資運用実績(3)	政府関係機関支出(4)	国債発行額(5)	地方財政普通会計歳出純計(6)	地方債発行額(7)	中央地方一般会計歳出純計(8)	公債依存度(9)=(5)/(1)	一般会計歳出/国内総生産(10)
1985	53,005	111,775	20,858	13,952	12,308	56,235	4,499	88,905	23.2	16.5
86	53,640	129,789	22,155	13,568	11,255	58,641	5,263	92,174	21.0	16.0
87	57,731	145,205	27,081	5,008	9,418	63,154	5,966	99,013	16.3	16.5
88	61,471	147,492	29,614	5,062	7,152	66,333	5,626	104,263	11.6	16.4
89	65,859	152,802	32,271	5,042	6,639	72,655	5,615	111,916	10.1	16.5
90	69,269	168,584	34,572	5,165	7,312	78,386	6,258	120,107	10.6	16.1
91	70,547	177,879	36,806	5,790	6,730	83,730	7,259	126,274	9.5	15.4
92	70,497	188,798	40,802	6,379	9,536	89,500	10,200	132,718	13.5	15.0
93	75,102	202,241	45,771	6,778	16,174	92,989	13,370	140,394	21.5	15.8
94	73,614	214,245	47,858	7,192	16,490	93,756	14,295	141,472	22.4	15.1
95	75,939	232,466	48,190	7,536	21,247	98,850	16,978	147,398	28.0	15.4
96	78,848	245,210	49,125	7,385	21,748	98,956	15,615	149,358	27.6	15.6
97	78,470	247,036	51,357	7,256	18,458	97,674	14,079	145,931	23.5	15.2
98	84,392	272,579	49,959	7,215	34,000	100,198	15,136	154,422	40.3	16.7
99	89,037	279.369	52,899	6,920	37,514	101,629	13,073	160,891	42.1	17.9
2000	89,321	305,776	43,676	6,988	33,004	97,616	11,116	157,118	36.9	17.8
01	84,811	363,337	32,547	6,628	30,000	97,432	11,816	150,390	35.4	17.0
02	83,674	373,898	26,792	5,997	34,968	94,839	13,319	148,802	41.8	17.0
03	82,416	357,691	23,412	5,206	35,345	92,581	13,789	144,395	42.9	16.8
04	84,897	376,033	20,489	4,563	35,490	91,248	12,375	147,110	41.8	17.0
05	85,520	401,184	17,152	4,103	31,269			137,587	36.6	17.1
06	85,368	460,458	15,005	4,284	29,973			136,743	35.1	16.3

（資料）　前掲、三和・原編『要覧』34頁。

慣性力」が強く作用した点がうかがえるが、しかしバブル崩壊のダメージが浸透するにつれて第二フェーズに移り、九二年を画期にして、それ以降は九二年＝七〇四→九三年＝七五一→九四年＝七三六という停滞・動揺プロセスが進行する。いうまでもなく、「九〇年代不況」打撃による財政支出への制約作用が「まず」発現したといわねばなるまい。しかし場面はもう一度転換するといわざるを得なく、「九〇年代不況」の深化が、今度は、経費支出を媒介とした「景気回復策」発動を要請したから、その結果、九〇年代後半からの経費支出は、九五年＝七五六→

第37表　一般会計歳出（決算）の目的別構成比

（単位：％、実数は十億円）

年度	国家機関費	地方財政費	防衛関係費	対外処理費	国土保全及開発費	産業経済費	教育文化費	社会保障関係費	恩給費	国債費	その他	合計（実数）
80	5.0	18.1	5.2	0.0	13.8	9.2	10.7	21.3	3.8	12.7	0.2	43,405
85	4.8	18.4	6.0	−	11.0	6.7	9.3	21.0	3.5	19.2	0.1	53,005
90	6.8	23.0	6.2	−	8.5	5.9	7.8	18.4	2.6	20.7	0.1	69,269
95	5.5	16.2	6.2	−	14.4	6.7	8.7	22.3	2.2	16.9	0.9	75,939
2000	5.4	17.7	5.5	−	11.5	4.6	7.5	22.0	1.6	24.0	0.1	89,321
05	6.2	20.4	5.7	−	11.1	2.6	6.7	24.1	1.3	21.9	−	85,520

（資料）　総理府『日本統計年鑑』、大蔵省・財務省『財政統計』より作成。

九七年＝七八四↓九九年＝八九〇**（第36表）**という明瞭な拡張路線に乗っていく。こうして、「増加↓停滞↓拡張」という色彩で、「九〇年代不況」は「経費支出」動向を規定していった。その点で、「景気政策体系の前進と後退」図式に予め注意しておこう。

そのうえで念のため、その機能的性格上、経費支出とほぼ同形の機能を果たす（ロ）「財政投融資運用実績」（千億円）**（第36表）**をも押さえておこう。その場合のポイントは、経費支出側面では一定の停滞を記録した「第二フェーズ」の実態にこそあるが、この財投にあっては、その数年こそむしろ増加テンポが一層大きい。つまり、財投の数値を実際に拾えば九〇年＝三四五↓九二年＝四〇八↓九四年＝四七八↓九六年＝四九一↓九八年＝四九九と動くから、焦点の「第二フェーズ」でも顕著な伸びを示しつつ、九九年には実に五二八千億円という大台をも越えていよう。そうであれば事態は明瞭というべきであって、「九〇年代不況」期全体としては、一方では、「財投」が「一般歳出」を「補完」しながら、しかし他方では、その両者が互いに相まって、「過剰資本整理＝不況脱出」に向けてその役割が追求された――と整理可能である。

最後に、このような「経費の一般動向」を、（ハ）「一般会計／GNP」（％）のサイドから「総括」しておきたい。そこでこの「対GNP比」の推移を追ってみると、緩やかではあれ「九〇年代不況」局面での傾向的な上昇はやはり目に付く。例えばそれは、バブル崩壊を契機として八九年＝一六・五→九〇年＝一六・一→九一年＝一五・四→九二年＝一五・〇と一旦は低下に向かうものの、不況深化に直面して、それ以降は、九四年＝一五・一→九六年＝一五・六→九八年＝一六・七→二〇〇〇年＝一七・八（**第36表**）と着実な増大傾向を呈するに至る。したがって、「九〇年代不況」期は、対ＧＮＰという「相対的」基準からしても「経費増大」局面に相当している点が一目瞭然だが、そうであれば、先に確認した「経費の『絶対的』増加」と並んで、その「『相対的』増加」もが明瞭である以上、全体として、「九〇年代不況期＝経費増大基調」という結論にはもはや何の疑念もあるまい。そして、その増加要因の基軸が「不況対策」にある点にも十分な予測が立とう。

こう把握してよければ、二つ目として（ｂ）「経費の目的別分類」動向が当然次のポイントとなってくる。そこで最初に（イ）「一般会計・目的別構成比」（％）（**第37表**）に焦点を合わせると、そのウエイトの重要性からして、「地方財政費」・「社会保障費」・「国債費」三者の動向がそのキー・ポイントをなそう。そこでまず（Ａ）「地方財政費」だが、ここでは、「九〇年代不況」を境界としたその前後での、極めて大きな傾向転換が何よりも目立つ。事実、八五年＝一八・四→九〇年＝二三・〇→九五年＝一六・二→二〇〇〇年＝一七・七という軌跡が描かれるから、バブル期での急上昇と「九〇年代不況」局面での大きな圧縮とが、まさに色鮮やかに映し出されているというべきであろう。そしてその背景については明瞭であって、前者では、バブル進行に伴う地方団体間の格差拡大解消を目指した、地方交付税交付金・各種補助金の増加が「地方財政費」を嵩上げしたのに対して、後者においては、そのような財政余力が大きく阻害されるに至った——という事情が決定的だといってよい。まさに「九〇年代不況」の影である。

ついで、これとはむしろ「逆の転換」を現出させたのが（Ｂ）「社会保障費」ではないか。というのも、それは二一・〇→一八・四→二二・三→二二・〇（〇五年＝二四・一）という数値を刻んで、明らかにバブル期での縮小と「九〇

第38表　1999年度財政投融資計画・使途別分類表

（単位：億円）

区　分	産業投資特別会計		融　資		政府保証債・政府保証借入金		合　計	
	99年度	98年度	99年度	98年度	99年度	98年度	99年度	98年度
(1)住　宅	−	−	128,300	129,369	561	997	128,861	130,366
(2)住宅環境整備	68	36	53,050	50,015	14,307	14,077	67,425	64,128
(3)厚生福祉	24	23	14,864	14,725	−	−	14,888	14,748
(4)文　教	−	−	8,316	7,514	86	86	8,402	7,600
(5)中小企業	46	46	57,996	59,261	5,200	2,100	63,242	61,407
(6)農林漁業	32	32	8,456	8,808	−	−	8,497	8,840
(1)〜(6)　小計	170	137	270,991	269,692	20,154	17,260	291,315	287,089
(7)国土保全・災害復旧	5	5	6,421	5,232	237	247	6,663	5,484
(8)道　路	−	−	32,915	31,321	1,064	1,951	33,979	33,272
(9)運輸通信	30	20	6,977	5,669	340	648	7,347	6,337
(10)地域開発	391	88	11,706	7,520	1,521	2,907	13,618	10,515
(7)〜(10)　小計	426	113	58,019	49,742	3,162	5,753	61,607	55,608
(11)産業・技術	440	385	11,881	6,483	1,684	1,987	14,005	8,855
(12)貿易・経済協力	−	−	26,565	15,040	−	−	26,565	15,040
(1)〜(12)　計	1,036	635	367,456	340,957	25,000	25,000	393,492	366,592
(13)資金運用	−	−	135,500	133,000	−	−	135,500	133,000
合　計	1,036	635	502,956	473,957	25,000	25,000	528,992	499,592

注）「融資」とは、資金運用部資金および簡保資金。計数整理の結果、異同することがある。

（資料）大蔵省資料。

年代不況」局面での再増加とが手に取るように分かるからに他ならない。いうまでもなく、バブル期が、「相対的な生活状態向上」をもたらして社会保障費支出をある程度は削減させたのに較べて、「九〇年代不況」が、リストラ・賃金低下などを惹起させて社会保障費支出拡大を招いたのは周知のことであろう。したがって、「地方財政費」とはまさに「逆の関連」においてではあるが、「九〇年代不況」の作用はやはり大きい。

そのうえで、「九〇年代不況」局面でほぼ一貫して上昇を持続させたものこそ（C）「国債費」以外ではない。いまその推移を具体的に辿ると、バブル以前の八〇年にはまだ一二・七%に止まっていたものが、その後は、一九・二→二〇・七→一六・九と高い伸びに移った後、二〇〇〇年には実に二四・〇%という高水準にまで到達している。したがって、低成長脱却を課題とした七〇年代後半から八〇年代半ばまでの国債発行増大が、バブル期までは国債利払い増加を通じて国債費を嵩上げしてきたが、その増加傾向が、バブル崩壊での一時低下を挟んで、さらに「九〇年代不況」にも接続している図式――が見事にみて取れよう。そして、この「九〇年代不況」期における国債費上昇の要因が、その不況対策の原資調達にこそある点も決して疑い得ない以上、この国債費動向にも「九〇年代不況」の色彩は色濃く及んでいるという以外にない。

続いて、「経費分類」を（ロ）「財投・使途別分類」（百億円）に即しても一瞥しておきたい。というのも、先にみた通り、「九〇年代不況」局面においては、この財投が一般経費支出の一時的停滞を補いつつ独自な増加基調を辿ったとみてよく、したがってその点で、財投の使途別構成が一般経費支出の性格をさらに補完的に表現することになる――からであるが、その内容を、いま「九九年度財投計画・使途別分類表」を素材にしてみておこう（**第38表**）。そこで、財投項目中における増加の目立つ項目（九八‐九九年度、百億円）の摘出を試みると、例えば、「文教」（七六→八四）・「住宅環境整備」（六四一→六七四）・「国土保全」（五四→六六）・「運輸通信」（六三→七三）・「地域開発」（一〇五→一三六）・「産業技術」（八八→一四〇）・「貿易」（一五〇→二六五）、などが直ちに目に飛び込んでくる。みられる通り、一般経費支出とはその「括り方」が明らかに異なるから単純な比較はもちろんできないが、あえて両者の質的同質性を基準にして整理すれば、これらの諸項目はおおよそ以下のようにグルーピングが可能ではないか。すなわち、まず（A）「文教」と「住宅」が「社会保障費」にそのまま入る点に異存はないし、次に（B）「地域開発」を「地方財政費」に帰属させてもそれ程の無理は起こり得まい。問題はそれ以外の特殊項目だが、一方で、（C）「国土保全」と「運輸通信」および「産業技術」をやや広く取っていわゆる「公共事業」と把握することができるし、他方で（D）「貿易」については、それ自体で「貿易・経済協力」として独立化させることにも妥当性が大きかろう。

第39表　1999年度一般会計予算案

（単位：億円、％）

区　分	99年度政府案	98年度当初予算額	伸び率
【歳　入】			
租税および印紙収入	471,190	585,220	△19.5
その他収入	36,911	35,902	2.8
公債金	310,500	155,570	99.6
合　計	818,601	776,692	5.4
【歳　出】			
社会保障関係費	160,950	148,431	8.4
文教及び科学振興費	64,731	63,457	2.0
国債費	198,319	172,628	14.9
恩給関係費	14,783	15,310	△3.4
地方交付税交付金	128,831	158,702	△18.8
地方特例交付金	6,399	−	−
防衛関係費	49,322	49,397	△0.2
公共事業関係費	94,307	89,853	5.0
経済協力費	9,877	9,803	0.8
中小企業対策費	1,923	1,858	3.5
エネルギー対策費	6,531	6,662	△2.3
主要食糧関係費	2,687	2,691	△0.1
産業投資特別会計へ繰り入れ	1,595	1,595	0.0
その他の事項経費	53,671	52,785	1.7
公共事業等予備費	5,000	−	−
予備費	3,500	3,500	0.0
1997年度決算不足補てん繰り戻し	16,174	−	−
合　計	818,601	779,692	5.4

（資料）大蔵省資料。

したがって、財投項目を以上のように分類してみると、「九〇年代不況」における財投の基本構造は、一般経費支出とも関連させて、結局以下のように図式化可能だと思われる。つまり、まず一面では、一般経費でも重きをなした、「地方財政費」と「社会保障費」とがこの財投でも重要性を発揮して、「一般経費—財投」間の相互促進的な連携作用が強く働いた。しかしそれだけに止まらない。それに加えて他面では、一般経費では必ずしも十分でなかった「公共事業費」と「貿易促進関連費」とがこの財投に効果的に盛り込まれることによって、「公共事業・輸出」が景気回復策のまさに前線に配置されるに至った――のだと。

最後に、「経費分類」の現況を（ハ）「九九年度予算」に即して具体的にトレースしておきたい（**第39表**）。そこで、上記の三経費の「現況」（金額・伸び率・構成比）を、「九〇年代不況」のいわば総括局面に当たる「九九年度一般会計」をモデルにして解析すると、以下のような見取り図が現れてくる。いま「伸び率」の順に個別的に問題にしていけば、まず（A）第一位には何といっても「国債費」がきて、「予算額」＝一九八千億円・「伸び率」＝一四・九％・「構成比」＝二四・二％という内容を示す。したがって、先に構成比推移に関してチェックされた「国債費の首尾一貫した上昇」トレンドが、この「九九年度予算」という「瞬間風速」レベルでも明確に検出できるといってよく、ここには、バブル以前からすでに積み上がってきた既存の累積国債と、さらに「九〇年代不況」期に新たに増加した新規国債との、その両方に対する元利支払の巨大性が――顔を覗かせている。いずれにしても、この「国債費」は、「伸び率」だけでなく「金額・構成比」においても首位であるかぎり、その基軸性に関しては一切の疑問はない。そのうえでついで（B）二番目には「社会保障関係費」がくる。具体的には、一六〇千億円・八・四％・一九・五％という姿をみせるが、「九〇年代前半＝停滞」から「後半＝拡張」へというすでに確認した構成比変化を裏付けにして、この「九九年度予算」では、「伸び率」に加えて「金額・構成比」とも、「国債費」に次ぐ大きなウエイトを占めるに至っていよう。まさにこのベクトルからしても、「九〇年代不況・深化→社会保障費・再増加」という内的ロジックが、いわば明瞭に検証できるといってよい。「九〇年代不況」のその色濃い反映である。

そのうえで（C）三番手として「地方交付税交付金」がランクされ、一二八千億円・△一八・八％・一五・六％という図式を示す。一見して極めて印象的なのは、いうまでもなく二〇％にも迫る「伸び率」のマイナス転化に他ならず、その点で「九〇年代不況」局面における「地方財政費の落ち込み」が目を引くが、この背景に、不況深化にともなう

「国家財政の余裕度削減」が存在するのはもはや自明であろう。すでに検討したように、この傾向は、「バブル崩壊」にこそ起因していたが、「九〇年代不況」浸透とともに一層その色彩を強めながら、いわば「財政の『地方調整機能』低下」をヨリ一段と深く帰結させつつある――ように思われる。

つづめていえば、全体的には、先にチェックした「九〇年代不況」局面の経費動向が、この「九九年度予算」の具体像においてヨリ鮮明に貫徹している、と結論可能ではないか。

しかし重要な点がなお一つ残されている。すなわち三つ目として、不況対策との関連で、（c）「公共事業費動向」の「九〇年代不況型特質」に関する解明が、いうまでもなく不可欠であろう。そこで最初に（イ）「目的別構成比」が問題になるが、例えば「国土保全及び開発費」に代表させてその比率（一般会計、％）を追えば次のように動いた。すなわち、八五年＝一一・〇→九〇年＝八・五→九五年＝一四・四→二〇〇〇年＝一一・五**（第37表）**という数字が拾えるから、一方では、バブル局面での、景気上昇による、「公共事業・必要度の低下」がみて取れると同時に、他方で、「九〇年代不況」過程における、景気回復を意図した、「その必要度の再増加」も否定できまい。したがって、その基本性格上、「九〇年代不況」期は「公共事業費」のいわば増大局面に相当している点が明瞭だが、これはむしろ想定内であって驚くには当たらないから、もう一歩その内実にまで迫ってみよう。そのために、（ロ）「公的固定資本形成」に着目して「公共事業費」の重要化を探ってみると、まず、「国内総支出」に占めるその「構成比」（％）は例えば以下のように推移した。すなわち、九〇年＝六・六→九二年＝七・四→九四年＝八・三→九六年＝八・四→九八年＝七・四→二〇〇〇年＝六・八という軌跡が描かれる以上、ここからは、「九〇年代不況」進行とともに構成比のはっきりとした上昇が検出できること、そしてしかもその高位性がいわば高原状態で持続性を発揮したこと――が一目瞭然なように思われる。こうして、「公共事業費」ウエイトの上昇が「公的固定資本形成」に連動していく図式が明瞭だが、この点をさらに、「政府固定資本形成『絶対額』」（千億円）方向からも傍証しておくと、ややラフな数字だが次のように記録されていく。つまり、八〇年＝二二八→八五年＝二二六→九〇年＝二八一→九五年＝四〇一→二〇〇〇年＝三四四と動くから、ここから読み取れるその基本線は余りにも鮮明だという以外にはなく、「バブル期」での目立った減少と「バブル崩壊期」におけるその増大転化、そして「九〇年代不況期」に入ってからの極めて顕著な拡張基調化——という三段階型展開が浮上してこよう。要するに、「九〇年代不況」局面での、まさに「不況対策型・政府固定資本形成」に立脚した「公共事業の進展」が如実に検出されるべきであろう。

そのうえで最後に、（ハ）「九九年度予算」における「公共事業」の現況をも念のため確認しておきたい**（第39表）**。そこで「公共事業関係費」の実態解析を試みると、その概算額＝九四千億円（構成比一一・五％）は対前年比で五千億円増となり、それは五・〇％もの伸び率に相当しよう。先にチェックした通り、この増加テンポは、「国債費・社会保障費」にはさすがに及ばないものの、マイナスに落ち込んだ「地方交付税交付金」を押さえて全体中の三位に上がっているし、また構成比に関しても、地方財政費に次ぐ四番目を占めるに至っている。そうであれば、「九〇年代不況」期「公共事業」の重要化はこの「九九年度予算」に即しても明瞭なわけであって、まさにこの側面にこそ、「九〇年代財政」のその一基本特質が確認されてよい。

続いて、取り急ぎ②「租税動向」へと向かう必要があろう。そこで最初に一つ目は（ａ）「租税収入総額動向」が前提をなすが、まず（イ）「総額一般推移」（租税印紙収入、兆円）からみていくと、以下のような極端に目立った推移を辿った。つまり、まずバブル期で八五年＝三八二→九〇年＝六〇一と膨張した後、バブル崩壊に直面して九五年＝五一九と激減に陥るが、ついで「九〇年代不況」本格化の渦中でも、九六年＝五二一→九七年＝五三九→九八年＝四九四→九九年＝四七二→二〇〇〇年＝五〇七**（第40表）**というラインで「見事な」絶対的収縮過程を驀進する。ま

第40表　主要財政指標

（単位：兆円、％）

年度	一般会計歳出総額	租税印紙収入	基礎的財政収支	国債発行額	国債依存度（％）	政府債務残高	政府債務残高/GDP（％）	財政赤字/GDP（％）
1975	209	138	−42	53	25.3	23	15.0	−6.1
80	434	269	−87	142	32.6	95	38.6	−9.7
85	530	382	−21	123	23.2	164	50.0	−3.9
90	693	601	70	73	10.6	217	48.2	0.0
95	759	519	−84	212	28.0	326	65.3	−6.8
96	788	521	−57	217	27.6	355	69.1	−6.4
97	785	539	−25	185	23.5	388	74.6	−5.6
98	844	494	−163	340	40.3	438	85.4	−12.6
99	890	472	−172	375	42.1	489	96.3	−8.6
2000	893	507	−116	330	36.9	536	104.4	−7.0
01	848	479	−142	300	35.4	607	121.2	−6.6
02	837	438	−194	350	41.8	669	134.4	−8.0
03	819	418	−204	364	44.5	703	141.2	−7.7
04	821	417	−190	366	44.6	782	156.1	−6.9

（注）　1．基礎的財政収支（プライマリー・バランス）＝（「歳入総額」−「公債金」）−（「歳出総額」−「国債費」）＝「国債費」−「公債金」。
2．国債依存度は、国債発行額/一般会計歳出総額。
3．「政府債務残高」は、「国債」「短期証券」「借入金」の各残高の合計。
4．「財政赤字」は、国民経済計算における中央政府と地方政府の貯蓄投資差額の合計。
5．政府債務残高以外について、2003年度は補正後、2004年度は当初予算。
6．1980年度以降のGDPは93SNAベース。

（資料）　東洋経済新報社『経済統計年鑑』。原資料は、財務省「予算の説明」「決算の説明」、内閣府「国民経済計算年報」等。

さしく、「九〇年代不況」局面での税収減少が一点の曇りもなく実証されているが、その土台に、「不況深化→国民所得停滞→減収」というロジックが想定可能なことは多言を要しまい。そのうえで、この点をヨリ鮮明にするために、次に（ロ）その「増減額」に注目すれば以下のように進行するといってよく、例えばバブル末期に二一九兆円増を記録した後、それ以降は九〇年代に入って凄まじい減額を繰り広げ、△八二→二→一八→△四五→△二二（**第40表**）となって深刻度を深めつつ、ようやく二〇〇〇年になって三五兆円の増額に漕ぎ着けていく。こうして、バブル期から「九〇年代不況」期に移行する中で、税収が極めて極端な段

第41表　租税収入内訳（決算）

（単位：百万円、1950年以降十億円）

年度	総額	地租	所得税	法人税	営業収益税	相続税	酒税	砂糖消費税	揮発油税	物品税	関税
		自動車重量税									
75	13,273	220	5,482	4,128		310	914	43	824	683	373
80	26,028	395	10,800	8,923		441	1,424	43	1,547	1,038	647
					石油税			たばこ税			
85	36,786	452	15,435	12.021	400	1,061	1,932	884	1,557	1,528	637
										消費税	
90	58,212	661	25,996	18,384	487	1,918	1,935	996	1,506	4,623	825
95	49,989	784	19,515	13,735	513	2,690	2,061	1,042	1,865	5,790	950
2000	49,181	851	18,789	11,747	489	1,782	1,816	876	2,075	9,822	821
05	47,897	757	15,586	13,274	493	1,566	1,585	887	2,168	10,583	886

（資料）　前掲、三和・原編『要覧』21頁。

差を伴いながら「増収↓減収」へ転じた姿が一目瞭然であって、「九〇年代不況」局面における税収の激減程度の大きさが分かる。

そのうえでさらに、念のため（ハ）「税収伸び率」（％）にまで立ち入っても事態は同様であって、具体的には以下のような数字が拾えよう。すなわち、五五・二↓△一四・七↓〇・三↓三・四↓△八・四↓△四・五↓七・四（**第40表**）というラインで進行したから、まずバブル末期での高い伸び率と、ついでその後、「九〇年代不況」全体に貫徹していく、「税収伸び率」におけるその明確な下落基調とが、疑いもなく検出可能である。まさに「九〇年代不況」型推移だという以外にはない。

では、このような税収減はいかなる内訳から生じているのであろうか。そこでこの点を理解するためには、二つ目として（b）「租税収入内訳」（千億円）にまで立ち入る必要があるが（**第41表**）、まず最初に、何よりも注目される（イ）「所得税」は次のように動いた。すなわち、バブル景気に乗じて八五年＝一五四から九〇年＝二五九へとまず約一・六倍増を遂げたが、しかしその頂点はそこまでであって、「バブル崩壊」を分水嶺として暗転へと転じ、そこからは九五年＝一九五↓二〇〇〇年＝一八七と坂道を転げ落ちる。その結果、〇五年には一五五千億円という低いレベルで呻吟するのであって、この水準はピーク時からすると実に一〇兆円もの減収に当たる。したがってここから、『九〇年代不況』→国民所得縮小→所得税減少」という論理が明瞭に貫徹し、それが「所得税減少」を必然化させた点が――いわば手に取るように理解できよう。

そのうえで、焦点をもう一歩絞って、(ロ)特に「法人税」に照明を当てて追跡すると、その色彩はヨリ一段と鮮明となる。すなわち、この「法人税」動向は八五年＝一二〇→九〇年＝一八三→九五年＝一三七→二〇〇〇年＝一一七という軌跡を描いて、「所得税」と同様に、やはりバブル期での膨張と「九〇年代不況」期での急収縮とが目立つが、その減少レベルを比較すると「法人税」のほうがヨリ一層著しい。というのも、例えば「八五→〇〇年」を基準に取れば、「所得税」ではそれでも三兆円の超過になるのに対して、「法人税」の場合にはなお減額からは脱していない――からに他ならず、その点で、「九〇年代不況」が惹起させた、「資本過剰累積→過剰整理の遅滞化→利潤率下落→企業・課税所得低下」という論理系がいわば明瞭に導出されてよい。要するに、この「法人税」減収が、「九〇年代不況」の「過剰資本整理・未達成」という現実を、「所得税」ケースよりもなお一段と明白に提示しているわけである。

これらと比較して、同じく景気動向に敏感に反応する、もう一つの(ハ)「消費税」はどう経過したろうか。その場合、いうまでもなく「消費税」については九〇年以降しか記録がなくしたがって不十分な数字で我慢する以外にないが、具体的には九〇年＝四六→九五年＝五七→二〇〇〇年＝九八という数値が残る。みられる通り、堅調な増加というべきであり、その意味では、「所得税・法人税」両税とはその性格をやや異にして、この「消費税」の場合には、「九〇年代不況」局面に立ち至ってもなお一定の増加基調にあることが分かろう。そしてその原因については必ずしも理解困難ではなく、「消費税」には生活必需品が含まれるために「消費慣性力」が強く働くという一般的理由の他、――

先に詳述した通り――名目賃金・実質賃金とも、「九〇年代不況」にあっても少なくとも二〇〇〇年段階までは多少の増加傾向を示したから、それが「消費の底堅さ→消費税増加」をむしろ帰結させたのは当然であった。

要するに、こう整理されるべきであろう。つまり、「不況深化→企業収益悪化」という「九〇年代不況」構造に規定されつつ、「消費税」ではなく、主要には「所得税・法人税」の落ち込みに制約されてこそ、「租税収入全体の減少」が進行した――のに違いないと。

ここまでの「九〇年代不況型租税構造」を前提として、その延長線上に、三つ目として（c）「九九年度歳入状況」（千億円、％）を全体的に位置づけておきたい（**第39表**）。そこでこの方向から「歳入の大分類」構成を追うと、まず（イ）「租税および印紙収入」が圧倒的ウエイトを占めるのはいうまでもないが、例えば次のような実態を示した。つまり、「絶対額」＝四七一千億円となり全体の五七・五％という「構成比」を占めるが、一見して明白な通り、この五〇％台というウエイトは著しく小さい。というのも、税収比率は通常ほぼ六〇－七〇％台は下回らないからであって、この「九〇年代不況」にあっては税収鈍化が凄まじい勢いで進行している点にあらためて驚かされる。事実、それは増減動向からも明瞭というしかなく、「伸び率」にして実に△一九・五％というレベルに落ち込んでいる他、「増減額」自体も一一兆円もの巨大な減額に達しているのである。したがって、先に検出した、九〇年代局面・税収低落の基本傾向がこの「九九年度予算」にも如実に貫徹していることが否定できないが、そうであれば、（ロ）「その他収入」が三六千億円（構成比＝四・四％、伸び率＝二一・八％）と微々たるものに過ぎない以上、その欠落分が、もっぱら国家債務を通して調達される以外にないのは当然であろう。

いうまでもなく（ハ）「公債金」以外ではあり得まい。この「国債動向」の詳細に関しては以下でチェックするが、いま取り敢えず「九九年度予算」にのみ限定して「公債金」の輪郭線を追えば、例えば次のようになる。すなわち、まずその「絶対額」は三一〇千億円に上り「構成比」にして全体の実に三七・八％にも相当するから、何よりも「国債依存度」の高さが直ちに目に飛び込んでこよう。しかしそれだけではない。そのうえでさらに一層極端なのは、九九・六％にも至るその「伸び率」の「異常さ」であって前年度からまさに倍増を遂げたといってよい。こうして、「九〇年代不況」の中で、「税収不足」はこの「公債金」によって辛うじて支えられたとみる以外にはなく、その点で、「国債増加」の背景が一目瞭然ではないか。

最後に、「九〇年代不況」局面の財政構造を③「赤字国債」動向の側面から集約しておきたい。その場合その着眼点が、「九〇年代不況→税収減少→国債発行増加」というロジックにこそ求められるのは自明だが、まず一つ目に、この図式の前提として（a）「財政赤字規模」（％）の実状把握を試みよう。そこでいま「財政収支／GDP」の推移を洗い出せば、例えば以下のような数値が刻まれる。すなわち、八五年＝△三・九→九〇年＝〇・〇→九五年＝△六・八→九六年＝△六・四→九八年＝△一一・六→二〇〇〇年＝△七・〇**（第40表）**として経過するから、まさにその意味で、「財政赤字の実質的規模」は、バブル期にやや縮小を実現した後、「九〇年代不況」の全過程に亙って、持続的かつ極めて大きなレベルで進行を続けた——と理解される以外にはない。したがって、「九〇年代不況」局面における「財政赤字の累積化」が明瞭であるが、これが直ちに公債発行増に連結するのも自明であって、ここにこそ「国債増加」の実体的土台がある。

そこで二つ目として、（b）「国債発行額」（千億円）を具体的にフォローすれば以下の通りである。つまり、バブル景気の渦中で一旦は八五年＝一二三→八六年＝一一二→八七年＝九四→八八年＝七一→八九年＝六六**（第36表）**と着実な減少に向かったが、そこを極限値にして、「九〇年代不況」に入ると今度は一転して顕著な膨張路線を歩みだす。具体的な数字を示すと、九〇年＝七三→九二年＝九五→九四年→一六四→九六年＝二一七→九八年＝三四〇→

第42表　貸出金

（億円）

	全国銀行	
	⒂預　金	⒃貸出金
1985	2,306,019	2,371,700
86	2,936,055	3,001,653
87	3,510,500	3,377,842
88	3,947,843	3,721,757
89	4,598,039	4,124,079
90	4,954,026	4,433,042
91	4,779,069	4,626,442
92	4,530,473	4,739,132
93	4,560,668	4,799,773
94	4,623,480	4,802,675
95	4,787,705	4,863,560
96	4,775,812	4,882,907
97	4,816,539	4,930,232
98	4,833,759	4,888,201
99	4,900,339	4,688,104
2000	4,861,908	4,639,163
01	4,897,859	4,482,233
02	5,044,469	4,316,425
03	5,141,813	4,138,534
04	5,206,184	4,040,009
05	5,281,472	4,085,480
06	5,308,017	4,155,770

（資料）　前掲、三和・原編『要覧』5頁。

二〇〇〇年＝三三〇（**第36表**）となるから、その膨張規模の巨大さには瞠目する以外にない。したがって、この「九〇年代不況」局面が「国債発行の膨張期」に当たっている点には何の疑いもなく、すでに検出した「税収不足↓赤字拡大」のツケがこの国債累増となって帰結していることが手に取るように分かる。もちろんこの数字だけでも事態の深刻性は明瞭だが、念のため――「国債」に「短期証券・借入金」を合算した――「政府債務残高」をも視野に入れて「政府債務残高／GDP」（%）に目を向けると、次のような数値が刻まれる。すなわち、九〇年＝四八・二（政府債務残高二一七兆円）↓九六年＝六九・一（三五五）↓九八年＝八五・四（四三八）↓二〇〇〇年＝一〇四・四（五三六）（**第40表**）と推移するから、単に政府債務の絶対額が著増しているのみならず、GDPを基準にしたその相対比においてもまさに凄まじい伸張を遂げ続けていよう。したがって、あらゆる面からして「公債膨張」の現実は否定のしようがあるまい。

　そうであれば最後に三つ目に、このような債務構造が最終的に（c）「国債依存度」（国債発行額／一般会計歳出総額、%）の上昇となって表面化してくるのは自明であろう。実際、この「依存度」は一〇・六↓二七・六↓四〇・三↓三六・九（**第40表**）と動いたから、この「九〇年代不況」局面における「国債依存度の急上昇」が一点の曇りもなく浮上してくるのであり、事態のその典型性は一目瞭然といってよい。したがって、いまや以下のように総括可能ではないか。すなわち、「九〇年代不況→税収減→財政赤字増加→国債発行膨張→国債依存度上昇」というロジックが貫徹しており、まさにここにこそ、「九〇年代不況」期財政のその帰着点が検出可能である――と。要するに、「過剰資本整理・遅滞性」の、その財政的到達点だと思われる。

［3］金融政策　最後に第三は（三）「金融政策」[7]に他ならない。そこで全体の基礎的土台としてまず①「民間信用」動向がその前提を構成するが、この点を、最初に一つ目に（a）「資金運用＝資産」構造から概観していこう。その場合、「資産」の圧倒的ウエイトはいうまでもなく「貸出金」で占められるから、いま近似的趨勢をまずこの（イ）「貸出金総額」（全国銀行、兆円）に即して把握しておくと、以下のようであった。すなわち、バブル崩壊後も八九年＝四一二→九〇年＝四四三→九一年＝四六二と比較的順調な拡大を継続した後、九〇年代に入ってやがて微増＝停滞に移り、ついで九二年＝四七三→九四年＝四八〇→九六年＝四八八という低水準に落ち込んでいく。一見して明瞭な通り、「九〇年代不況」の浸透に伴う「貸出金」の目立った減少が否定できないが、それだけでは済まない。というのも、それ以降は、「増加額の縮小」のみには止まらない「絶対額自体の低下」さえもが進行し出すからであって、具体的には、九七年＝四九三→九八年＝四八八→九九年＝四六八→二〇〇〇年＝四六三**（第42表）**という単調な減少軌跡が見事に発現してくる。こうして「九〇年代不況」の影が明白に検出可能なのであり、その点で、この「貸出金」動向は、「九〇年代不況」期・民間信用の総体的図式をまず的確に表現していよう。

そうすると、次に問題になるのはいうまでもなく――この「貸出金」をも含む――（ロ）「資金運用内訳」（都市銀行、％）に他なるまい。そこでいま「都市銀行」レベルにおける「資産構成比」に着目すると、例えば以下のような構図が検出可能となってくる。すなわち、まず第一は（A）「貸出金ウエイトの低落」であって、具体的には、八五年＝六三・七→九〇年＝五六・七→九五年＝六三・〇→二〇〇〇年＝五七・七→〇一年＝五五・七**（第43表）**という減少

第43表　都市銀行の資産、負債構成比

（％）

	年末	1955	60	65	70	75	80	85	90	95	2000	2001.8
資産	預金・預け金	12.3	11.2	10.3	9.0	8.7	8.9	8.0	13.1	6.7	4.1	3.9
	コールローン・買入手形	0.3	0.0	0.0	0.0	0.2	1.7	3.8	2.0	1.2	0.8	1.4
	有価証券	9.2	11.4	12.4	10.7	10.8	13.6	11.4	12.9	14.8	21.6	20.6
	貸出金	58.2	59.3	57.5	58.9	59.0	58.1	63.7	56.7	63.0	57.7	55.7
	外国為替	4.4	4.6	5.4	7.0	5.7	4.8	2.6	2.2	0.8	0.6	0.6
	動・不動産	1.9	1.2	1.3	1.7	1.5	1.3	0.8	0.6	0.8	1.2	1.1
	その他	13.7	12.3	13.0	12.7	14.2	11.5	9.7	12.4	12.7	14.0	16.7
負債	預金	75.3	70.3	66.3	65.9	65.4	69.5	64.8	68.3	64.2	56.8	57.0
	CD						0.9	2.5	3.2	5.6	8.5	9.6
	債券	0.0	0.0	0.2	0.3	0.9	1.1	1.3	1.2	1.8	1.0	0.8
	コールマネー・売渡手形	2.3	3.0	4.9	5.5	7.9	7.5	10.0	7.8	11.1	6.4	6.6
	借用金	2.6	7.2	8.3	7.3	2.2	1.7	1.8	1.9	3.1	2.7	2.5
	支払承諾	10.6	8.5	10.2	10.7	12.7	9.4	6.8	6.9	5.3	4.6	5.1
	外国為替	1.2	3.3	3.5	2.8	1.3	1.0	0.5	0.2	0.2	0.2	0.3
	その他	7.1	6.4	5.4	6.3	8.8	8.2	11.6	9.6	7.5	17.8	16.3
	資本金	0.9	1.4	1.2	1.1	0.8	0.7	0.6	1.0	1.1	1.9	1.8

（資料）日本銀行『経済統計年報』、『金融経済統計月報』。

型の数値が拾える。したがって、「九〇年代不況」におけるその絶対額での縮小傾向をすでに指摘したが、そのような低落的な性格は、この「構成比」面に即してもまた明瞭だというべきであろう。そして、その原因が「九〇年代不況」の影響にあるのは当然であって、「九〇年代不況→過剰資本整理の遅滞性→企業資金需要の低下→貸出減少」という論理が、そこには明確に貫徹している。

ついで第二に逆に（B）「有価証券比率の上昇」が指摘されてよい。いまその経過をざっと追えば、一一・四→一二・九→一四・八→二一・六→二〇・六（**第43表**）というラインで進むから、「九〇年代不況」深化と歩調を合わせて「有価証券」投資の構成拡大が手に取るように浮かび上がってくる。まさに、「貸出金」のウエイト低下を補完するかたちでこの「有価証券」比率が向上したわけだが、その背景に、先に確認した、「財政赤字増大→赤字国債発行増加」という現実過程がある点は明白であろう。したがって、「有価証券」の内容こそが問題といってよく、例えば八〇年にも一三・六％という高い構成比

第44表　都市銀行の外部負債比率、預貸率、預貸証率

（%）

年末	外部負債比率	預貸率	預貸証率
1955	6.8	90.7	10.5
60	14.4	97.8	116.7
65	18.6	99.2	120.6
70	17.6	98.6	116.5
75	14.1	98.3	116.3
80	10.2	88.6	109.3
85	11.2	99.3	117.1
88	10.3	97.7	116.2
90	10.1	83.7	102.8
95	15.7	90.1	102.8
2000	11.3	88.0	121.0
2001.8	10.3	83.4	114.3

注）外部負債比率＝（借用金＋短資市場純借入）／（実質預金＋CD＋債券発行高＋借用金＋短資市場純借入）×100、預貸率＝貸出金/（実質預金＋CD＋債券発行高）×100、預貸証率＝（貸出金＋有価証券）／（実質預金＋CD＋債券発行高）×100
（資料）日本銀行『経済統計年報』、『金融経済統計月報』。

が示されたが、その時の「有価証券」がバブルとの絡みで「株・社債」中心であったのに対し、当面の、「バブル崩壊後九〇年代」のそれが、財政赤字との関連でまさに「国債」以外でないこと――は余りにも当然なように思われる。

そのうえで最後に第三は（C）「現金・預け金の凋落」も軽視できまい。その場合、これは「金融自由化関連・自由金利型預金」がその典型をなすが、「バブル崩壊―九〇年代不況」の渦中でいわゆる「エクイティ・ファイナンス」が目立って衰弱化した結果、この「現金・預け金」も以下のような軌跡で必然的に縮小を余儀なくされた。すなわち、八・〇↓一三・一↓六・七↓四・一↓三・九（**第43表**）という推移であるから、持続的なその凋落基調が一目瞭然といってよい。その点で、「現金・預け金」動向も「九〇年代不況」からの制約に、色濃く潤色されている。

次に、以上のような「資産構成」動向は、では（ハ）「預貸率」（都銀、%）へとどのように作用したのであろうか。その場合、預金動向は次に立ち入ることにして、ここでは差し当たり、「貸出金」および「有価証券」の伸張バランスをそれぞれ表現する、「預貸率」と「預貸証率」の動きに注目すると、例えば以下のような数値が拾い出せる。すなわち、八八年＝九七・七－一一六・二→九〇年＝八三・七－一〇二・八→九五年＝九〇・一－一〇二・八→二〇〇〇年＝八八・〇－一二一・〇→〇一年八月＝八三・四－一一四・三（**第44表**）という経過に他ならず、必ずしも鮮明な傾向とはいえないものの、それでもここからは、次のような基本像が一応は検出可能ではないか。つまり、「預貸率の『穏やかな』低下」と「預貸証率の『緩やかな』上昇」という「逆相関関係」以外ではなく、したがってまさにこの中にも、すでに確認した、「九〇年代不況」局面における、「貸出金の低落─有価証券増大」という対抗関係が、如実に貫かれていく。要するに、「預貸率・預貸証率」という具体的指標も、「九〇年代不況」の特質を極めて的確に反映しているわけである。

続いて三つ目として、このような「資産動向」に対応した（b）「負債」状況へと視点を移そう。そこで最初に（イ）「負債構成」（都銀、％）推移からみていけば、以下のように動いた。つまり、何といってもまず最大のウエイトを占めるのはやはり（A）「預金」とみてよく、具体的には六四・八→六八・三→六四・二→五六・八→五七・〇（**第43表**）という数値を刻む。したがって、総合的には一見して高水準を持続的に維持しているものの、一面での、バブル期での、バブルに関連した「自由金利預金中軸型の預金拡張」と、他面での、「九〇年代不況」に制約された、「流動性危機対処型の預金縮小」とだけは──、それでも否定はなお困難であろう。その意味で、「負債」面に対する「九〇年代不況」の質的影響は、何よりもまずこの「預金」サイドに表出されていく。そのうえで、次に高い重要性をもつのは（B）「コールマネー・売渡手形」に他ならないが、例えばそれは一〇・〇→七・八→一一・一→六・四→六・六（**第43表**）という水準を維持するから、一定の継続的な重みを維持したことが分かる。取り分け九五年の一一％台というのはバブル期をさえ上回る空前絶後のレベルである以上、その点から判断すれば、この「九〇年代不況」局面における、個別金融機関を巡る、「資金保有状況悪化」とそれに立脚した「流動性危機発生の懸念」との深刻さが――垣間みられよう。いずれにしても、「九〇年代不況」と連関した「金融不安」の実状が、この「コール比率高位性」動向に的確に反映している。

最後に（C）「借用金」だが、この側面からも、「九〇年代不況」の特徴がその素顔をはっきりと覗かせる。というのも、「借用金」ウエイトは一・八↓一・九↓三・一↓二・七↓二・五（**第43表**）という拡張型軌跡を描くからに他ならず、したがってここからは、「九〇年代不況」全般を通した、「借用金への依存傾向」がまさしく明瞭に読み取れよう。この点については次に「借用金・絶対額」に即しても再述するが、いずれにしても、この「借用金依存傾向」が、いま直前に検出した「コール比率の上昇」基調と同様に、「九〇年代不況」に起因した「銀行・流動性資金余裕度の低下」を総合的に表現していること――については、もはや疑問はあり得まい。

そこで次に、焦点をもう一歩絞って、「預金」と「借用金」を中心に、（ロ）「負債絶対額」（全国銀行、千億円）にまで立ち入っていきたい。最初にまず「実質預金」から入ると、先にチェックした「預金構成比の低下」現象が、この「絶対額」アングルからもいわば明瞭に傍証されていく。事実、「実質預金」は、まずバブル期に八五年＝二一七四↓九〇年＝四六八一と激増して二・二倍に膨張するものの、バブル崩壊から「九〇年代不況」の過程では、九五年＝四七〇〇↓二〇〇〇年＝四八二一（**第45表**）という極端な停滞へと落ち込んでしまう。したがって、すでにその「構成比」のベクトルから確定した「預金の停滞基調」は、この絶対額動向からも疑いなく証明可能なのであって、「九〇年代不況―預金停滞」という基本線は明確に貫徹されていよう。

しかし、さらに注目に値するのはむしろ他方の「借用金」の動きにこそある。なぜなら、先に点検した通り、「借用金」の「構成比」自体はかならずしも極端な高位水準ではなく、したがって実態判断はむしろその「絶対額」にこ

第45表　日銀および全国銀行主要勘定

（単位：億円）

年末	日本銀行勘定					全国銀行勘定			
	発行銀行券	貸出金	買入手形	国債	外国為替	実質預金	借用金	日銀借入金	貸出金
1955	6,738	446	12	5,536	1,848	32,940	859	297	31,958
60	12,341	5,001	−	5,691	3,087	78,991	6,108	4,542	81,826
65	25,638	16,276	−	9,300	3,713	183,754	16,405	11,904	192,179
70	55,560	23,533	−	23,813	11,232	380,095	28,157	22,296	394,793
75	126,171	17,772	23,237	73,945	35,060	855,129	20,060	16,076	887,672
80	193,472	23,289	32,000	158,351	21,893	1,418,840	24,793	18,462	1,364,746
85	254,743	44,567	52,932	172,786	34,280	2,174,055	43,494	35,366	2,371,700
90	397,978	63,032	69,056	315,421	29,960	4,681,751	98,575	56,290	4,433,042
95	462,440	23,904	104,338	375,358	25,309	4,700,223	176,106	10,652	4,863,560
2000	633,972	8,274	75,836	562,943	36,856	4,821,756	166,220	3,665	4,639,163
05	792,705	0	440,899	989,175	47,278	5,264,102	112,457	0	4,085,480

（資料）日本銀行『経済統計年報』、日銀HP「時系列データ」により作成。
日本銀行勘定の貸出金は、貸付金・割引手形の合計で、2000年には預金保険機構貸付金を含む。
全国銀行勘定は、全国（国内）銀行の銀行勘定で信託勘定は含まない。実質預金は預金から資産項目の小切手・手形を控除した金額。

そ委ねられていた――からであるが、いまその絶対額推移を追えば以下のような数値が刻まれる。つまり、四三→九八→一七六→一六六（**第45表**）という軌跡であるから、確かに二〇〇〇年には一服状態に回帰したにしても、「九〇年代不況」の本格局面に当たる「九〇-九五年フェーズ」での、その凄まじい膨張には言葉を失う。実際、実に「八五-九〇年＝二・三倍」および「九〇-九五年＝一・八倍」という増加テンポが算出できるのであり、したがってその点で、「借用金」は、――その「構成比」基準をヨリ一層上回るハイ・レベルにおいて――この「九〇年代不況」期に極めて顕著な拡張を遂げたことが実証される。そして、その理由に関してはもはや自明であって、「九〇年代不況」の浸透にともなう「資金流動化の困難性増大」が、それだけ金融機関の「資金必要性」を強めたのに違いない。

この点を前提にしつつ、この「借用金」の基本部分を構成する（ハ）「日銀借入金」にも一瞥を加えておきたい。そこで「日銀借入金」の推移に着目すると、直ちに、以下のようなやや意外な光景に出くわすという他はない。すなわち具体的には、八〇年＝一八をスタート台にしてまず八五年＝三五↓九〇年＝五六と高い伸び率を示すが、ついで九〇年代に入ったその後は、九五年＝一〇↓二〇〇〇年＝三（**第45表**）と極端な収縮に移り、最終的に〇五年には実にゼロ実績にまで帰着しているのである。したがって、いま直前にチェックした「借用金の激増」状況をふまえると、この「日銀借入金」の極めて目立った減少ぶりには目を見張らされざるを得まい。その場合、この原因解明にはさらに詳細な手続きが不可欠だが、ここまでの「九〇年代不況」分析ストーリーを前提にしただけでも、少なくとも以下のようなロジック構成だけは差し当たり提示可能ではないか。すなわち、「九〇年代不況」がまだ本格的には始動していないまず（A）「八五－九〇年段階」では、企業レベルにおける「資本過剰化↓過剰資金累増」＝「預金増大」がなお顕著ではないため、「バブル崩壊↓不況開始」に対する対応資金不足に規定された、「企業↓銀行」関係での「借用金」増加が、「銀行↓日銀」関係における「日銀借入金」の拡大といわば「連動＝並行」して進行したといえる。まさにその結果こそ、八五－九〇年局面での「日銀借入金の増加」であったが、しかしついで（B）「九五－〇〇年段階」に到達すると、「九〇年代不況」の浸透によって、今度は、企業レベルで「資本過剰化↓過剰資金累増」が本格化してむしろ「預金増大」こそが帰結してこよう。そうなれば、不況深化は、一方で、――不況対応型資金不足に起因して――「企業↓銀行」水準で「借用金需要」を一層強めるものの、他方で、この「預金増大」を根拠として、「銀行↓日銀」水準での「借入金需要」を著しく削減させる――に違いない。したがって、（C）「九〇年代不況」を巡るこのような構造こそが、一面での「借用金増大」にもかかわらず、他面で「日銀借入金減少」という、表面的にはやや「意外な」現象を惹起させた、まさしくその本質的原因であったことは、いまや自明であろう。つづめていえば、「九〇年代不況」局面における、「民間銀行―日銀」という重層的信用機関レベル間での、「過剰資金の増加・不足」の立体的図式が、極めて一目瞭然なよう

第46表　銀行業種別貸出残高

（単位：十億円）

年末	総貸出	製造業	非製造業	建設業	電気・ガス・熱供給・水道業	運輸・通信業	卸売・小売業、飲食店	金融・保険業	不動産業	地方公共団体	個人	海外円借款、国内店名義現地貸
1950	984	535	429	25	11	45	246	17	2	8	12	…
55	3,176	1,493	1,582	66	117	159	970	54	14	67	34	…
60	8,117	4,035	3,930	223	282	395	2,347	125	68	39	113	…
65	19,076	9,210	9,284	826	343	811	5,283	402	435	208	357	17
70	39,173	17,492	19,621	1,848	553	1,550	11,298	465	1,469	325	1,650	86
75	87,995	33,269	45,425	5,174	1,538	3,314	22,633	1,278	5,439	988	6,909	1,404
80	134,617	43,024	72,617	7,254	3,517	4,529	34,395	4,482	7,565	1,432	15,191	2,353
85	222,752	58,182	134,839	12,675	5,541	7,609	49,183	16,787	17,174	2,075	20,598	7,058
90	376,005	59,188	244,535	19,978	5,133	12,837	65,588	37,700	42,427	1,936	61,177	9,171
95	484,512	72,592	317,563	31,128	6,148	16,943	78,141	49,616	57,359	6,880	80,892	6,586
2000	458,369	67,125	285,470	28,836	5,345	18,774	69,868	39,764	56,956	8,417	92,717	4,640
05	393,089	48,867	218,636	16,668	3,538	19,533	49,428	32,441	50,095	12,463	110,736	3,387

（資料）　日本銀行『経済統計年報』、『金融経済統計月報』による。
国内銀行、銀行勘定の貸出金年末残高。

に思われる。

以上のような土台構造を前提としつつ、最後に三つ目として、（c）「業種別貸出動向」にまで立ち入っていこう。そこで何よりも「業種別貸出残高」（全国銀行、千億円）が基本となるが、まず第一に（イ）「総貸出残高」は概略として以下のように推移した。すなわち、まずバブル期から九〇年代半ばまでは――すでに確認した通り――八五年＝二二二七↓九〇年＝三七六〇↓九五年＝四八四五という図式で目覚しい伸張をみたものの、「九〇年代不況」の深化に対応して、ついでそれ以降は二〇〇〇年＝四五八三↓〇五年＝三九三〇（**第46表**）というラインで絶対的な減少にさえ向かっていく。もっとも、この動向自体はすでに指摘した通りの「想定内」現象に止まるから、次に第二に、これを（ロ）「製造業―非製造業」（兆円）別に括り直すと以下のような図式が浮上してこよう。具体的には、それぞれ五八－一三四↓五九－二四四↓七二－三一七↓六七－二八五↓四七－二一八（**第46表**）という軌跡を描くから、少々立ち入った整理を加えると、ここからは大まかに三つの特徴点が導出可能なように思われる。つまり、まず第一に（Ａ）最も大枠的にいえば、両セクターとも九五年を分水嶺として「増加↓減少」というパターンを踏んでいる。その意味で、「九〇年代不況」が貸出削減に連結している「内的論理」は、「製造業―非製造業」両セクターに対して共通のマイナス作用を及ぼしていること――にはまず否定の余地はあり得まい。しかし第二として、（Ｂ）両者の「ダメージ負担度」に一定の格差がある点も明白といってよく、総体的には「製造業・減少程度」の方が明らかに鮮明であろう。なぜなら、一つには、「八五－九五年」での拡大ペースでは「製造業」のケースがヨリ小さいことに加えて、二つとして、逆に「九五－〇五年」における縮小テンポにおいては「製造業」の場合が明らかに大きい――からに他ならない。そうであれば第三は結論として、（Ｃ）このような「貸出縮小」の根源に「資本過剰の未整理」がある点も明瞭になってくる。いうまでもなく、「製造業」においてこそ「過剰資本累積」の規模が大きく、したがってその「整理遅滞化」がヨリ顕著だからであるが、まさにこの事情こそが、「製造業・ダメージ大きさ」の原因をなしているのに違いない。

そのうえで第三に（ハ）「個別業種」（兆円）の趨勢はどうか（**第46表**）。そうすると「バブル関連業種」での落ち込みがやはり一目瞭然であって、その下落が特に目立つ業種としては、次の「四業種」が想定通りに指摘されてよい。すなわち、「建設業」（一二↓一九↓三一↓二八↓一六）、「卸売・小売業、飲食店」（四九↓六五↓七八↓六九↓四九）、「金融・保険業」（一六↓三七↓四九↓三九↓三二）、「不動産業」（一七↓四二↓五七↓五六↓五〇）という具合であって、いわゆる「バブル業種」での明瞭な貸出減少が手に取るように分かる。その場合、特に「建設・不動産」などでは、「バブル崩壊↓九五年」局面には一旦の立ち直りさえみせたが、それが本格的な回復には至らずに、むしろ「九〇年代不況」の深化とともに再び縮小過程へと落ち込んだ点――にこそ取り分け関心が引かれよう。まさに、「九〇年代不況」過程における、「過剰資本整理に関する、『進捗』と『遅滞』との、いわば『ストップ・アンド・ゴー』」図式こそが、明瞭ではないか。

こうして、「業種別貸出動向」の断面からしても、「九〇年代不況」の諸作用がそれぞれの方向から明確に析出可能であるかぎり、その総合的影響は決して軽視されてはなるまい。

それでは次に、以上のような「民間信用」を外枠から規定した②「日銀信用」はどのような運動を展開したのだろうか。そこで最初に一つ目として（a）「日銀勘定」（千億円）から入るが、まず全体の基礎的土台を構成するその「負債」動向はどうか。その場合、その基本部分は「発券銀行券」からなり、したがってこの発券が「日銀信用・負債」全体の趨勢をほぼ決定するとみてよい（**第3表**）が、それは以下のように動いた。すなわち、八五年＝二五四➘九〇年＝三九七➘九五年＝四六二➘二〇〇〇年＝六三三➘〇五年＝七九二（**第45表**）という経過を刻むから、「九〇年代不況」の全体を通じて、日銀券発行の一定の増加が続いたことが分かる。その点では、「九〇年代不況」局面における、この発券量拡大を手段とした、一般的な「日銀信用の積極姿勢」がまず否定できないが、しかしそれだけではない。というのも、そのうえでその「増加テンポ」にまで立ち入ると、「九〇年代不況」に対応した発券量の目立った伸張が浮かび上がるからであって、その増加レベルは、「八五－九〇年」＝一四三千億円➘「九〇－九五年」＝六五千億円へと一旦は縮小をみたものの、「九〇年代不況」の深化に規定されて、「九五－〇〇年」には実に一七一千億円にまで再び膨張を遂げているのである。こうして、「九〇年代不況」の進展が発券量拡大を要請し、その土台上で日銀信用拡大が発現をみた――という図式が明瞭ではないか。

この基本図式を前提にして、次に「資産内訳」にまで立ち入ると、まず何よりも（イ）「国債」の激増ぶりに驚かされる。つまり、まず九〇年代前半では九〇年＝三一五➘九五年＝三七五とまだ比較的マイルドな増加に止まっていたものの、後半からはギャロップ型増大に移り、その結果二〇〇〇年＝五六二（五〇％増）→〇五年＝九八九（七六％増）（**第45表**）という凄まじいレベルにまで達した。まさしく、日銀による巨大な「国債買入れ」状況というしかないが、このような「国債買上げルート」拡張を媒介にした日銀信用供給増加を通してこそ、日銀は、「九〇年代不況」への現実的対応を強化したわけであろう。まさに「九〇年代不況」からの要請に他なるまい。

ついで（ロ）「貸出金」に目を転じるとまさに「見事な」縮小過程が進む。具体的には、六三→二三→八→〇（**第45表**）という推移に他ならないが、この経過は、先にチェックした、「民間銀行の対日銀借入金縮小」現象をまさに裏側から再把握したものに相当する。したがって、この現象自体は驚くには値しないが、ただ、その原因として次の二点が指摘可能なことだけには多少の注意を要する。すなわち、ここには、「企業投資→民間銀行貸出→日銀貸出」というルートを通した、資本蓄積機能の基本型運動が反映されているが、この連動関係において、「九〇年代不況」に制約を受けて、まず一つには、「資本過剰化→企業投資停滞」の結果、そもそも「企業の銀行借入」減少が進行したこと、そしてもう一つには、「余剰資金累積→銀行預金余裕化」の結果、ついで「銀行の日銀借入」縮小が発現したこと——、まさしくこの二論点に他ならない。明らかに「九〇年代不況」の根底的な規定性が明瞭であろう。そのうえでもう一つのポイントこそ（ハ）「買入手形」（六九→一〇四→七五→四四〇）（**第45表**）であって、極めて「個性的」な変動をみせた。みられる如く著しい乱高下を経験するのであり、不況開始とともに九〇年を画期にしてまず激増を始めるが、その後二〇〇〇年時点で一旦は縮小に移る。しかしそれは〇五年に至って再膨張に転じ、結局は九五年ピークの実に四倍以上にも駆け上っていく。そうであれば、このような乱高下の理由が興味深いが、そのポイントが何よりも、「不況深化の程度」とそれに対する「日銀の政策スタンス」との相互関係にこそあるのはいうまでもない。その場合、ここでの「買入手形」の主要部分は「手形買オペ」に相違ないが、（A）不況「勃発」とともに「九〇

第47表　公定歩合推移

（%）

改定年月日	公定歩合	改定年月日	公定歩合
65.4.3	5.84	81.3.18	6.25
6.26	5.48	12.11	5.50
67.9.1	5.84	83.10.22	5.00
68.1.6	6.21	86.1.30	4.50
8.7	5.84	3.10	4.00
69.9.1	6.25	4.21	3.50
70.10.28	6.00	11.1	3.00
71.1.20	5.75	87.2.23	2.50
5.8	5.50	89.5.31	3.25
7.28	5.25	10.11	3.75
12.29	4.75	12.25	4.25
72.6.24	4.25	90.3.20	5.25
73.4.2	5.00	8.30	6.00
5.30	5.50	91.7.1	5.50
7.2	6.00	11.14	5.00
8.29	7.00	12.30	4.50
12.22	9.00	92.4.1	3.75
75.4.16	8.50	7.27	3.25
6.7	8.00	93.2.4	2.50
8.13	7.50	9.21	1.75
10.24	6.50	95.4.14	1.00
77.3.12	6.00	9.8	0.50
4.19	5.00	2001.1.4	0.50
9.5	4.25	2.13	0.35
78.3.16	3.50	3.1	0.25
79.4.17	4.25	9.19	0.10
7.24	5.25	2006.7.14	0.40
11.2	6.25	07.2.21	0.75
80.2.19	7.25		
3.19	9.00		
8.20	8.25		
11.6	7.25		

（資料）　前掲、三和・原『要覧』23頁。

一九五年段階」では、民間への資金撒布増を意図してこの「手形買オペ」＝「買入手形」がまず増加するが、ついで、（B）不況「浸透」にともなって「手形減少＝国債増加」基調が定着すると、それに対応して、今度は「二〇〇〇年段階」になって、「買入手形縮小」と（先に確認した）「国債拡張」とがむしろ勢いを強める。しかしそれだけでは終わらなかった。というのも、その後（C）さらなる不況「深化」に直面すると、日銀は、一層の資金供給に迫られて、「手形買オペ」・「国債オペ」の両ルートをも全開するに至ったからであり、その結果、「〇五年段階」では、「国債膨張」と同時並行でこそ、この「買入手形」もが再び「急上昇」に転じた――のだと思われる。その意味で、「買入手形」のこの「乱高下」動向にも、「九〇年代不況」の特質がまさに色濃く反映していよう。

要するに日銀は、「九〇年代不況」局面で、「不況対応型性格」を明瞭に発現させながら、主要には「国債・手形オペ」を通じて、その独自の機能を発揮したのだと集約できる。まさしく「景気政策体系の前進と後退」以外ではない。

続いて二つ目に、以上のような日銀信用の下で展開した（b）「金利動向」へと視点を転回させていこう。そこで最初は、金利体系全体のアンカーを形成する（イ）「公定歩合」（%）推移が当然の前提となるが**（第47表）**、「九〇年代不況」過程では、周知のように顕著な低落傾向が進行していった。すなわち、「バブル退治」を意図して、（A）八七年二月から九〇年八月までの二年半の間に実に「二・五〇%→六・〇〇%」という急上昇をみたが、その後「バブル崩壊→九〇年代不況」の局面に移ると、今度は一転して、以下のような低落基調で進行していく。つまり、九一年から〇一年にかけて合計一三回もの小刻みな公定歩合の引き下げが実施されるが、そのプロセスで、まずは（B）「第一ステージ」として、九一年七月＝五・五〇→九二年四月＝三・七五→九三年二月＝二・五〇→九五年三月＝一・〇〇と動いた。いうまでもなく、「九〇年代不況」に対する、金利政策型景気対策が始動をみたわけだが、その結果、公定歩合は「一・〇〇%」といういうまさに象徴的低水準にまで到達するに至る。しかしそれだけでは済まなかった。ついで（C）「第二ステージ」が九五年九月から始まり、具体的には、九五年九月＝〇・五〇→〇一年一月＝〇・五〇→同二月＝〇・三五→同三月＝〇・二五→同九月＝〇・一〇と進んだといってよい。周知のいわゆる「ゼロ金利」以外ではないが、こうして「九〇年代不況」は、公定歩合に対して、最終的には「ゼロ金利」の出現をも強制していったわけであり、その極端性には息を飲まざるを得ない。

つづめていえば、「九〇年代不況」期の公定歩合は「六%台からゼロ水準」へと急降下をみたのであり、まさにそこから、「過剰資本整理の遅滞性」脱却こそが意図されたのだといえる。

そのうえで、このような公定歩合の超低位基調は、次に（ロ）「市中金利」（%）へとどのように反映したのだろうか。そこで、その代表的指標として「プライムレート（短期）」と「貸出約定平均金利（国内銀行）」**（第48表）**とを取り上げると、以下のようであった。すなわち、まず前者は、九〇年＝八・二一→九二年＝四・五→九四年＝三・〇→

九六年＝一・六→九八年＝一・五→二〇〇〇年＝一・五と推移したし、また後者についても、七・六→五・六→四・一→二・七→二・三→二・二という数字が拾える。したがって、その金利の性格上両者間に絶対的な水準差があるのは当然だが、しかしその推移的図式には一見して明瞭な同型性が否定できまい。なぜなら、両者とも、バブル崩壊直後の高位レベルが「九〇年代不況」勃発を契機にして数年の間にまず半減水準にまで急墜落し、ついでその後九〇年代半ばからは、その半減水準が、再上昇の気配すらみせぬままに九〇年代末まで持続していく——からに他ならず、そこにはまさしく相似型図式が展開する。

その意味で、いま直前に確認した「公定歩合の超低位性」の、市中金利への反射がいうまでもなく自明だが、その理由が以下のように整理可能な点についても、もはや多言は要しまい。すなわち、「九〇年代不況」の深化が、まず一方の企業サイドで「投資停滞→資金需要低下」を惹起させたとともに、次に他方の銀行サイドで「過剰資金累積→資金供給増加」を招来させたため、その総合的バランスとしては、当然のこととして「市中金利の低落化」が帰結したのだ——と。「九〇年代不況」の「過剰資本未整理性」がよく分かろう。

こう理解して大過なければ、「金利動向」の（ハ）「意義」は結局以下のように集約されてよいのではないか。すなわち、「九〇年代不況」局面の金利体系は、「公定歩合・プライムレート・約定金利」の三側面にわたって、共通に、しかも極めて激しい勢いで激落を遂げたのであり、そしてまさにそのような「体制的な利子率低下作用」を通してこそ、懸案の、「過剰資本整理の遅滞性脱却」＝「過剰資本整理の体制的促進」が試みられた——のだと。

続いて三つ目として、この「金利動向」と連動して変化する（c）「通貨量」にも目を向けておきたい。まず最初は（イ）「発行銀行券」量（千億円）がいうまでもなく全体の土台をなす。その場合、その数字は別の箇所ですでに示したが、議論の前提上再掲すると、八五年＝二五四→九〇年＝三九七→九五年＝四六二→二〇〇〇年＝六三三→

第48表　金利推移

暦年	マネーサプライ		金　利	
	M_1	M_2/M_2+CD	プライムレート（短期）	貸出約定平均金利（国内銀行）
	(1)	(2)	(3)	(4)
	十億円	十億円	%	%
1986	98,214	343,887	3.750	5.626
87	102,972	380,867	3.375	5.048
88	111,844	419,732	3.375	5.035
89	114,473	470,020	5.750	5.828
90	119,628	504,972	8.250	7.664
91	131,044	516,346	6.625	6.984
92	136,138	515,484	4.500	5.648
93	145,614	526,839	3.000	4.553
94	151,665	541,419	3.000	4.193
95	171,544	558,804	1.625	2.982
96	188,146	575,298	1.625	2.717
97	204,283	597,493	1.625	2.527
98	214,403	621,493	1.500	2.388
99	239,538	638,010	1.375	2.244
2000	247,859	649,863	1.500	2.221
01	281,800	671,263	1.375	1.998
02	347,977	683,594	1.375	1.919
03	363,493	694,709	1.375	1.860
04	377,979	707,553	1.375	1.792
05	399,200	721,787	1.375	1.684
06	398,635	728,327	1.625	1.827

（資料）　前掲、三和・原編『要覧』35頁。

〇五年＝七九二（**第45表**）と推移したから、「九〇年代不況」期には、発券量がバブル最盛期さえ上回るテンポで拡張した点が読み取れる。そしてその原因についてはすでに関説した通りなのでここでは再述を避けるが、「ハイパワード機能」を果たしながら市中通貨供給量の基盤を形成する、「マネタリー・ベース」としてのこの発券量がこのように高い伸びを示すとすれば、それに対応して、マネーサプライが全体として活発な増大基調を辿っていくのは当然といってよい。そこでまず（ロ）「M_1」（兆円）から入ると、例えば九〇年＝一一九↓九二年＝一三六↓九四年＝一五一↓九六年＝一八八↓九八年

＝二一四→二〇〇〇年＝二四七（**第48表**）という極めて堅調な数字が刻まれる。事実、五年間隔でほぼ二〇兆円ずつ増加を記録しながら、その結果、九〇年代全体では約二倍以上の膨張にも至っていよう。その点で、バブル崩壊局面では一旦は足踏み状態に止まったこのM_1は、「九〇年代不況」期に移ると一転して「拡張傾向」へと転じるのであり、一面では発券量増大に条件付けられつつ、そして他面では不況脱出策の発動基盤を担って、このM_1ははっきりと拡大傾向に乗った――のだと整理できる。要するに、その「政策的意図」がここではまず鮮明に確認されてよい。

しかし視界をもう一歩拡大させて（ハ）「M_2＋ＣＤ」にまで移ると、実態の一定の変容が直ちに目に付く。結論的にいえば、M_1に比較しての、この「M_2＋ＣＤ」の伸び悩み以外ではないが、その推移は例えば五〇四→五一五→五四二→五七五→六二一→六四九（**第48表**）という図式を描く。一見してその増加テンポはかなり小さく、事実、五年間隔の伸び率は二‐四％に止まる他、一〇年間をとっても高々三〇％増が記録されるに過ぎない。その場合、周知の通り、この「M_2＋ＣＤ」には、銀行の現実的預金操作が加味される各種の「預金関係」もが含有される点にその特徴がある――その意味で市中の通貨量をM_1よりもヨリ一層現実的に反映する――と判断してよいが、そうであれば、ここからは次の二論点が差し当たりは導出可能ではないか。つまり、まず第一点は、（Ａ）バブル崩壊後における各種「新型・自由金利預金」の停滞化の作用であって、そのようなエクイティ・ファイナンスの低調さが「M_2＋ＣＤ」の低空飛行現象を帰結させていよう。ついで第二点としては、（Ｂ）「九〇年代不況」から制約をうけた投資の停滞性が無視できず、その企業投資の非活発性が銀行貸出を押し止めた結果、「預金設定＝マネーサプライ供給」をそれだけ削減したのだと思われる。したがって最後に第三に、（Ｃ）こうして、「市中・通貨量」状況をヨリ適切に判断し得る――M_1ではなく――まさに「M_2＋ＣＤ」こそが足踏み状態を継続した以上、「九〇年代不況期・通貨量」のヨリ現実的な実相としては、何よりも「マネーサプライの鈍化基調」こそが検出可能だ――と結論されねばなるまい。換言すれば、「M_1拡大」を通す「通貨量拡張」という政策意図は、「M_2＋CD拡大」として発現すべき、現実的な「マネーサプライ拡張」には必ずしも円滑に連動しなかったわけであり、そこにも、「九〇年代不況」型「過剰資本整理の遅滞性」が如実に現れている。

このような通貨動向を前提にして、さらに最後に③「物価動向」へと進みたい。最初に全体の前提として、まず一つ目に（a）「卸売物価」（二〇〇〇年＝一〇〇）から入ると、その「総平均」は以下のように推移した。すなわち、まずバブル崩壊までは、バブルの後産的色彩を引き摺りながら八八年＝一〇四・七→八九年＝一〇六・七→九〇年＝一〇八・三→九一年＝一〇九・四となお上昇を続けたが、しかしそこが頂点であって、その後は、「九〇年代不況」の進行とともに極めて明瞭な持続的低下傾向を歩む。やや具体的に数字を拾えば、九二年＝一〇八・四→九四年＝一〇四・九→九六年＝一〇二・四→九八年＝一〇一・五→二〇〇〇年＝一〇〇（〇一年＝九七・七→〇二年＝九五・七）（**第49表**）となるから、「九〇年代不況」局面が、ほぼ一〇年にも亙る、まさしく長期・持続的な「物価低落過程」に当たっていることはもはや否定の仕様があり得ない。少なくとも戦後段階では空前絶後の「異常な現象」であって、ここにも、「九〇年代不況」の、その「過剰生産・未整理性」特質が端的に表出していよう。しかしそれだけではない。そのうえで、この「卸売物価」をもう一段掘り下げて「生産財―消費財」区分にまで具体化すると、この「過剰生産型構造」はさらにヨリ一層鮮明化してくる。というのも、この両者は、生産財＝一〇八・二（消費財＝一〇六・八）→一〇四・六（一一二・三）→一〇二・一（一一〇・四）→一〇一・三（一〇八・三）→一〇〇・〇（一〇〇・〇）（**第49表**）という連関において変動する以上、明らかにここでは、「生産財＝低落の明瞭性」に対する「消費税＝継続的な安定性」という基調対比が無視できないから――に他ならない。そう考えると、「過剰資本累積→整理の遅滞性→過剰生産持続化→生産財価格低下のウエイト大」というロジックの貫徹が確認されてよいから、「物価動向」に対する「九〇年

第49表　物価指数

（2000年＝100）

年	卸売物価指数				消費者物価	市街地価格指数（６大都市）３月末
	総平均	生産財	資本財	消費財	総合	
1985	114.0	112.9	121.5	93.7	86.1	92.9
86	108.6	107.6	119.9	92.1	86.7	106.2
87	105.2	104.5	114.9	91.2	86.7	133.7
88	104.7	104.1	114.4	93.8	87.3	171.0
89	106.7	106.4	116.7	97.1	89.3	212.8
90	108.3	108.0	118.2	98.7	92.1	276.4
91	109.4	109.2	118.1	103.1	95.1	285.3
92	108.4	108.2	117.3	106.8	96.7	241.0
93	106.7	106.5	115.4	106.4	98.0	197.7
94	104.9	104.6	114.5	112.3	98.6	174.9
95	104.1	103.8	105.6	115.1	98.5	151.4
96	102.4	102.1	106.1	110.4	98.6	134.5
97	103.0	102.7	105.3	110.3	100.4	124.4
98	101.5	101.3	101.4	108.3	101.0	117.9
99	100.0	99.9	102.7	103.4	100.7	109.2
2000	100.0	100.0	100.0	100.0	100.0	100.0
01	97.7	97.7	98.7	97.6	99.3	91.7
02	95.7	95.6	96.7	95.8	98.4	84.1

（資料）　前掲、三和・原編『要覧』36頁。

代不況」の影響度がまさしく一目瞭然ではないか。

そのうえで二つ目として（b）「消費者物価」はどうか。そこでここでも「総合」指数に着目すれば、いまチェックした「卸売物価」とはやや異質な軌跡上を進んだ。すなわち、全体的には「安定ライン」を描くが、しかし「卸売物価」とはやはり異なって、低下するどころか微小な程度ではあれ「継続的上昇」にある点はなお否定できない。事実、九六・七→九八・六→九八・六→一〇一・〇→一〇〇・〇（**第49表**）という図式で推移したとみてよく、したがってその意味で、「九〇年代不況」にあっても、「消費者物価」はいぜんとして堅調性を確保したと判断せざるを得ない。そしてその理由に関してはすでに指摘した通りであって、「国民所得上の賃金・俸給分配」・「最終消費者支出」・「勤労者世帯収入」・「名目賃金」・「実質賃金」のいずれにおいても、――少なくとも二〇〇〇年直前までの「九〇年代」全般においては――増加・安定基調であった以上、それが消費支出堅持につながって「消費者物価」水準を支えたのは当然であろう。まさにこのような含意にこそ、「九〇年代不況」の「一つの特質」が垣間みられてよいが、しかし、「九〇年代不況」の爪痕はこの後にこそ表面化するともいえ、例えばこの「消費者物価」は、「九〇年代を抜けた後」にこそ、〇一年＝九九・三↓〇二年＝九八・四（**第49表**）という顕著な低落をいわば初めて始動させていくのである。極めて興味深い動向だというべきであろう。

そのうえで念のため最後に三つ目として、（c）「地価」動向にも一瞥を加えておきたい。周知のように、「地価」に関しては、「バブル期＝暴騰↓バブル崩壊期＝暴落」という経過がいうまでもなく印象的だが、その後「九〇年代不況」過程ではどのような基調を辿ったのだろうか。そこでいま「市街地価格指数」（六大都市、三月末、二〇〇〇年＝一〇〇）の数値を拾っていけば、例えば二七六・四↓二四一・〇↓一七四・九↓一三四・五↓一一七・九↓一〇〇・〇（**第49表**）という経過を記録し、最終的には〇二年＝八四・一という水準にまで至る。まさしく、「地価暴落」のスパイラル型進行に目を奪われざるを得ないが、その点で、「九〇年代不況」における、「物価下落の軽微性」に対比される、「地価下落の激発性」というコントラストが一目瞭然ではないか。そしてその根拠ももはや明瞭であって、地価見通しへの決定的絶望性とともに、すでにみた、「九〇年代不況」局面における「マネーサプライの停滞性」こそが、土地取引需要に対するその圧倒的制約となっている点――が明白であろう。したがってその意味で、この「地価下落の長期持続性」も、「九〇年代不況」が発現させた、まさにその典型的な一表現に他ならない。

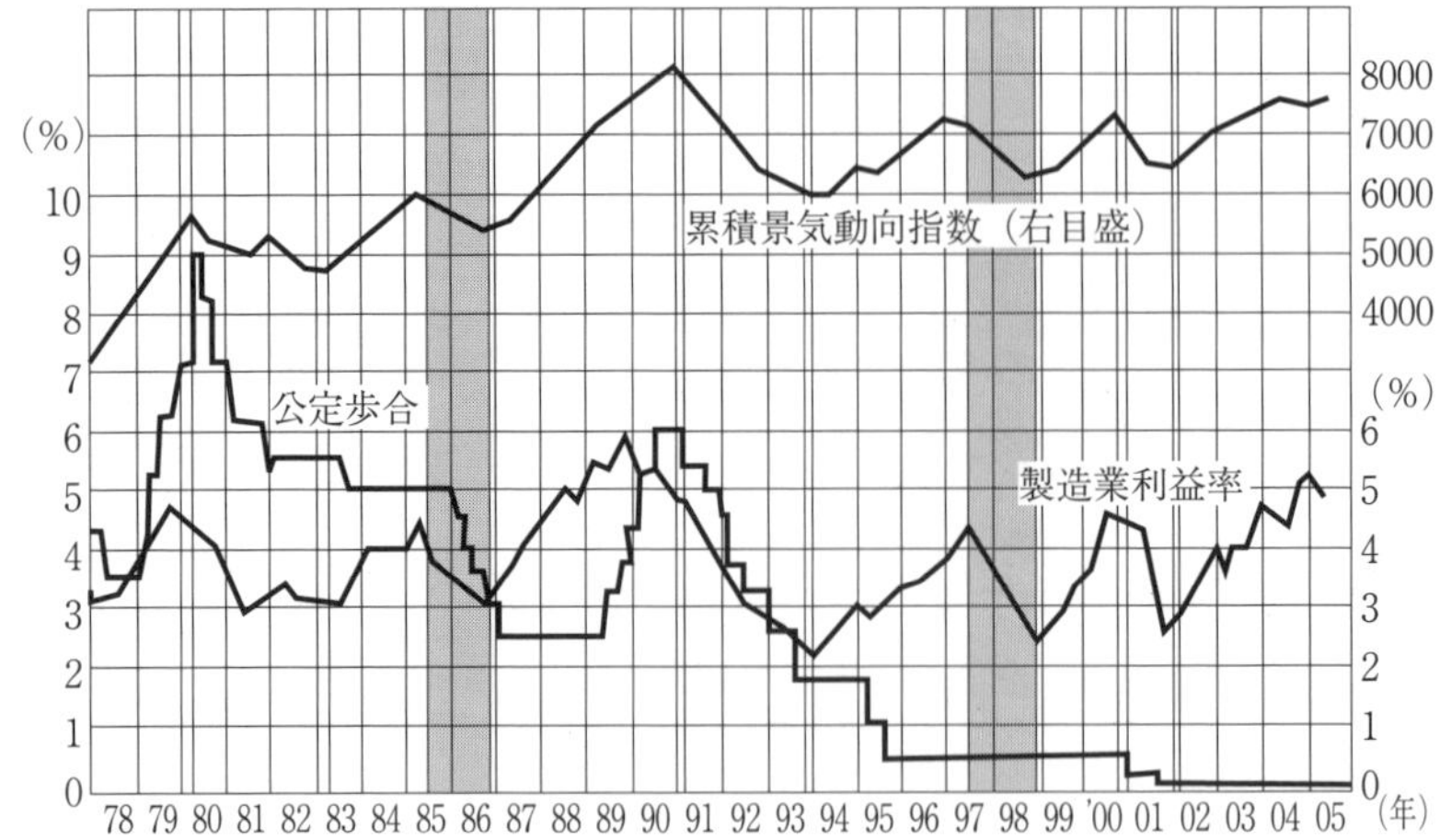

（資料）　前掲、三和・原『要覧』182頁。

第2図　景気循環指標

Ⅲ　景気変動――長期停滞過程の景気局面展開

〔1〕バブル崩壊からの回復（九三〜九七年）　さて、資本蓄積の個別的側面に即してここまで具体的に考察してきた、「九〇年代不況」のこの全体的構造を、最後に、「景気変動過程」[8]を焦点にして、ヨリ現実的・動態的に解明していくことにしたい。その場合、「バブル崩壊とその直後期」としての「九〇〜九二年」フェーズは、すでに「バブル崩壊」局面として前章で検討したので、ここではそれを前提として、崩壊からの「一応の回復期」から始めよう。

そこで第一は（一）「崩壊からの一応の回復局面」（九三〜九七年）に他ならない。最初に、やや大きな①「基本指標」からの点検が前提となるが、まず一つ目に（a）「累積景気動向指数」（**第2図**）はどのように動いたろうか。周知の通りこの指数は、「景気レベル」のいわば「絶対的水準」をおおまかに表示するものだといえるが、この「動向指数」の動きを追うと、「バブル崩壊」にともなって、まず九〇年半ばの八〇〇〇超をピークとしつつ九三年央＝六〇〇〇へと

第50表　国内（国民）総支出の構成比と経済成長率

（単位：％）

年次	民間最終消費支出	政府最終消費支出	総固定資本形成			在庫品増加	財貨・サービスの純輸出		経済成長率（実質）	完全失業率
			民間		公的		輸出	（控除）輸入		
			住宅	企業設備						
1979	58.7	9.7	6.9	14.9	9.9	0.8	11.6	12.5	5.6	2.1
80	58.8	9.8	6.4	15.7	9.5	0.7	13.7	14.6	−	2.0
81	58.1	9.9	5.8	15.4	9.4	0.6	14.7	13.9	2.8	2.2
82	59.4	9.9	5.6	15.0	8.9	0.4	14.6	13.8	3.1	2.4
83	60.2	9.9	5.0	14.6	8.4	0.1	13.9	12.2	1.9	2.6
84	59.4	9.8	4.7	15.3	7.7	0.3	15.0	12.3	3.3	2.7
85	58.9	9.6	4.6	16.2	6.8	0.7	14.5	11.1	5.6	2.6
86	58.6	9.7	4.7	16.0	6.6	0.5	11.4	7.4	4.7	2.8
87	58.9	9.4	5.6	16.0	6.8	0.2	10.4	7.2	4.3	2.8
88	58.3	9.1	5.9	17.0	6.7	0.7	10.0	7.8	6.9	2.5
89	58.2	9.1	5.8	18.3	6.5	0.7	10.6	9.2	5.2	2.3
90	58.0	9.0	5.9	19.3	6.6	0.6	10.7	10.0	4.7	2.1
91	52.9	13.0	5.1	20.1	6.6	0.7	10.0	8.4	3.6	2.1
92	53.7	13.4	4.8	18.4	7.4	0.2	9.8	7.7	1.3	2.2
93	54.5	13.8	4.9	16.2	8.2	0.1	9.1	6.9	0.4	2.5
94	54.9	14.7	5.2	15.0	8.3	−0.1	9.1	7.1	1.1	2.9
95	55.0	15.1	4.9	15.0	8.1	0.5	9.2	7.8	1.9	3.2
96	55.2	15.3	5.4	14.6	8.4	0.6	9.8	9.3	2.5	3.4
97	55.2	15.3	4.7	15.4	7.6	0.6	10.9	9.8	1.2	3.4
98	56.0	15.9	4.0	14.5	7.4	0.4	10.9	9.0	−1.4	4.1
99	57.0	16.5	4.1	13.7	7.7	−0.6	10.3	8.7	−0.3	4.7
2000	56.2	16.9	4.0	14.3	6.8	0.3	11.0	9.5	2.4	4.7
01	57.1	17.5	3.8	14.3	6.6	0.1	10.6	9.9	0.8	5.0
02	57.7	18.0	3.7	13.3	6.3	−0.2	11.4	10.1	0.1	5.4
03	57.5	18.1	3.6	13.6	5.6	0.0	12.0	10.4	1.6	5.3
04	57.1	18.0	3.7	14.0	5.1	0.3	13.3	11.4	2.0	4.7
05	57.2	18.1	3.6	14.7	4.8	0.2	14.3	13.0	2.2	4.4

（資料）　前掲、三和・原編『要覧』32頁。

急降下を遂げる。いうまでもなく「バブル崩壊」に起因した急速な景気悪化以外ではないが、しかし今度は、そこを「底」にして九六年までは、九四年段階での軽微な後退を含みつつも、一転して上昇経路に転じた。事実、九六年後半には再び七〇〇〇レベルをも超えたから、したがってその点で、この「九三～九七年」局面を「一応の回復局面」と命名することが可能であろう。

ついで二つ目に、それは（b）「経済成長率」（実質、％）側面からどう確かめられるだろうか。そこで「成長率」のフォローを試みると、例えば以下のようなプロセスを刻んだ。すなわち、バブル崩壊に直面して、まず、九〇年＝四・七→九一年＝三・六→九二年＝一・三→九三年＝〇・四（**第50表**）といわば「絵に描いた」ような下落を続けた後、しかし、やはり「景気動向指数」とまさに同型で、九三年をボトムにしながら、その後は、九四年＝一・一→九五年＝一・九→九六年＝二・五→九七年＝一・二（**第50表**）という上昇コースを見事に駆け上っていく。もちろん、バブル期・成長率の五～六％には比較すべくもないが、それでも、上昇軌跡を辿りつつ九六年には成長率二・五％をも確保した点は、先にチェックした「九三～九七年」期における「景気動向指数」上昇をまさに傍証するものだといえ、そこからも、「九三～九七年＝一応の『回復期』」という結論が導出できる。

そのうえで三つ目として（c）「企業利益率」（％）はどうか（**第2図**）。いまそれを例えば「製造業利益率」ベクトルから検証していくと、この方向からも極めて明瞭な図柄が浮上してこよう。すなわち、この利益率も、バブル崩壊とともに、八九年の五％というバブル期頂点から九三年の二％へと急墜落を余儀なくされるが、しかし、そこをボトムにして九三年からは九七年に向けて一挙の上昇気流に乗る。その結果、九七年には、バブル期・ピークには及ばないものの四％を超える水準に到達するから、先にチェックした「景気動向指数」や「成長率」との相似形において、この「利益率」視角からも、「九三－九七年」期が「一応の回復期」に相当していることがはっきりと分かろう。こうして、「景気動向指数―成長率―利益率」の各側面においてほぼ同形の動向パターンが検出可能だと結論してよく、まさにここからこそ、「九三－九七年＝一応の『回復期』」という局面判断が明確に導出されてよいように思われる。

そこで、以上のような「一応の回復」という構造をもう一歩内容的に知るために、次に、この局面における②「国民総支出構成比」（%）にまでメスを入れてみよう。そこで各項目の現況検出を試みると、大まかな図式として、取り敢えず以下の三グループに分類しても大過あるまい。まず一つ目に、（a）「増加グループ」としては何よりも「民間最終消費支出」と「輸出」の増加が目立つ。まず「民間消費」だが、バブル期には五八%を上回っていたものが九一年には五二・九%にまで落ち込んで、この「民間消費」停滞がバブル崩壊後における景気下落を加速させていた。まさにこの「民間消費」が九三年以降には回復に転じるのであり、その後は九三年＝五四・五→九四年＝五四・九→九五年＝五五・〇→九六年＝五五・二（**第50表**）と連年上昇を続け、九七年には五五・二%にまで達している。したがって、「九三－九七年」における「一応の回復」のまず一つの主因が「民間消費」であることが自明だが、さらにもう一つの促進要因として顕著なのは取り分け「輸出」に他なるまい。すでに確認した通り、「九〇年代不況」の過程で「円安→輸出増加」が進んだが、それが「輸出」構成比の拡大となって表面化しているのは当然であって、事実、その構成比は九・一→九・一→九・二→九・八→一〇・九（**第50表**）という明瞭な拡大軌跡を描いた。したがってそうであれば、「九三－九七年」での「一応の回復」を担ったファクターが差し当たり「民間消費・輸出」に求められてよい点が確認できるが、その意味で、バブル景気を彩った「設備投資・政府固定資本形成」がここでは消極化しつつある図式――がいわばはっきりと浮上してきていよう。こうして景気回復図式の明らかな変容性が興味深い。

しかし二つ目に、（b）「『下げ止まり』グループ」の特殊動向にも注意が必要である（**第50表**）。すなわちその代表例こそ「企業設備」に他ならず、例えば一六・二→一五・〇→一五・〇→一四・六と停滞を続けた後、とうとう九七年には一五・四という高いレベルにまで戻している。すなわち、バブル期においては大きなウエイトを占め例えば九一年＝二〇・一%→九二年＝一八・四%という実績を残したこの「企業設備」が、九七年段階で、バブル崩壊での後退過程を脱していわば「下げ止まり」に入り、しかもわずかではあれ上昇に転じた点――こそが注目に値しよう。したがっ

第51表　国内総支出の増減寄与度

暦年	国内総支出	民間最終消費支出	民間住宅	民間企業設備	政府最終消費支出	公的固定資本形成	在庫品増加	輸出	[控除]輸入	国内需要	民間需要	公的需要
1985	5.1	2.2	0.2	2.2	0.1	−0.4	0.3	0.6	−0.1	4.6	4.8	−0.2
86	3.0	1.8	0.3	0.9	0.5	0.1	−0.2	−0.6	−0.1	3.6	2.9	0.7
87	3.8	2.3	1.0	0.6	0.5	0.4	−0.3	−0.1	−0.7	4.6	3.7	0.9
88	6.8	2.7	0.7	2.6	0.5	0.3	0.5	0.4	−1.0	7.4	6.6	0.8
89	5.3	2.6	−0.1	2.6	0.4	0.0	0.1	0.7	−1.0	5.6	5.2	0.4
90	5.2	2.5	0.3	1.8	0.4	0.3	−0.2	0.6	−0.5	5.2	4.4	0.8
91	3.4	1.5	−0.3	0.8	0.5	0.2	0.2	0.3	0.1	2.9	2.2	0.7
92	1.0	1.4	−0.3	−1.4	0.3	0.9	−0.4	0.3	0.0	0.6	−0.7	1.3
93	0.2	0.7	0.1	−1.8	0.4	0.9	−0.2	0.0	0.1	0.2	−1.2	1.4
94	1.1	1.5	0.4	−0.9	0.5	0.1	−0.1	0.3	−0.5	1.3	0.7	0.6
95	1.4	0.9	−0.2	0.3	0.6	0.0	0.5	0.3	−0.9	2.0	1.5	0.5
96	2.1	1.1	0.6	0.1	0.4	0.4	0.0	0.5	−1.0	2.5	1.7	0.8
97	1.1	0.2	−0.7	0.9	0.1	−0.6	0.1	1.0	0.0	0.1	0.6	−0.5
98	−1.8	−0.5	−0.7	−0.8	0.3	−0.3	−0.2	−0.3	0.6	−2.2	−2.1	−0.1
99	−0.3	0.5	0.0	−0.7	0.7	0.4	−1.1	0.1	−0.3	−0.2	−1.2	1.1
2000	2.8	0.6	0.0	1.1	0.7	−0.8	0,8	1.2	−0.7	2.3	2.4	0.0
01	0.4	0.8	−0.2	0.2	0.5	−0.2	0.2	−0.7	−0.1	1.2	1.0	0.3
02	0.1	0.6	−0.2	−0.8	0.4	−0.3	−0.4	0.8	−0.1	−0.6	−0.7	0.1
03	2.1	0.5	0.0	0.9	0.4	−0.7	0.4	1.0	−0.5	1.5	1.7	−0.2
04	2.8	1.3	0.1	0.8	0.4	−0.4	−0.2	1.7	−0.9	2.0	2.0	−0.1
05	3.1	1.6	0.0	1.3	0.3	−0.2	0.1	0.9	−0.8	3.0	2.9	0.1

（資料）　前掲、三和・原編『要覧』132頁。

て、「企業設備の『下げ止まり』」も「一応の回復」実現の促進条件だったと推定可能だが、これとほぼ同じ性格が「政府最終消費支出」に関しても同様に指摘されてよい。実際、この「政府支出」は例えば一三・八→一四・七→一五・一→一五・三→一五・三と動いた以上、必ずしも目立った割合を占めたとはいえないが、大きく崩れることなく全体を「下支え」したという意味では、「政府支出」も「一応の回復」の基本的支持要因であったことは明白なのである。

　そのうえで三つ目は、（c）「増加から減少へ」という「変動グループ」として、やはり「公的資本形成」を指摘しないわけにはいかない。というのも、この「公的資本形成」の推移はやや個性的であって、「一応の回復」の前半局面では九一年＝六・六↓九二年＝七・四↓九三年＝八・二↓九四年＝八・三と増加基調を辿ったものの、その後半局面になると九五年＝八・一↓九六年＝八・四↓九七年＝七・六と目立って下降傾向に転じたからに他ならない（**第50表**）。その点で、大掴みに整理すれば、一面では、「一応の回復」への「上り坂」ではその重要な「実現条件」となりつつも、他面では、やがてこの「一応の回復」に限界が生じて下方転換に移行する際にはその不可欠の「強制条件」をなしていく――という役割をこそ担った。要するに、「一応の回復」局面においては、「民間消費」と「輸出」とを「回復」実現の強力な両輪としつつ、「企業設備」の「下げ止まり」がそれを補完したという図式こそが析出可能ではないか。

そのうえで、この「一応の回復」局面を景気変動プロセスとしてさらに現実化するために、続いて③「国内総支出の増減寄与度」（％）にまで踏み込んでみたい（**第51表**）。このようにアングルを設定すると、この「寄与度」方向からは以下の三論点が直ちに浮上してくる。すなわち、まず一つ目に、（a）その「促進要因」としては何よりも「民間最終消費支出」と「輸出」とが群を抜く。具体的に数値を拾うと、まず前者は、九三年＝〇・七（国内総支出増加率〇・二）↓九四年＝一・五（一・一）↓九五年＝〇・九（一・四）↓九六年＝一・一（二・一）↓九七年＝〇・二（一・一）と推移して、多少のバラツキを含みながらも、総合的には、「国内総支出」増加率におけるかなり高い「寄与度」を示し続ける。したがって、まずこの「民間消費」こそが「九三〜九七年」における「一応の回復」に対する第一の「牽引車」だったといえるが、そのうえでもう一つの促進要因として「輸出」も軽視できない。事実それは、〇・〇↓〇・三↓〇・三↓〇・五↓一・〇として変化したから、「民間消費」には及ばないものの、ヨリ着実な数字を確保しつつしかも九七年に接近すればする程その水準を加速する――といういわば力強い作用を発揮したともみられよう。こうして、「民間消費」と「輸出」とが「一応の回復」の「促進要因」であった点が摘出可能だが、それが、先にみた「国内総支出」動向と同型であることもすでにいうまでもない。

それに比較して二つ目は、(b)「復活要因」という側面からは「民間企業設備」の動向が興味を引く。というのも、この設備投資は、九三年＝△一・八→九四年＝△〇・九と景気の足をまず大きく引っ張ったが、その後はプラスに転化して、九五年＝〇・三→九六年＝〇・一→九七年＝〇・九となったからに他ならない。特に九六－九七年での貢献度の大きさが顕著だといってよく、この期間では、「国内総支出」増加率一・二のうち、この「企業設備」だけで実に〇・九をも占めた。いうまでもなくこの動きは、すでに検出した、「国民総支出・構成比」における「企業設備の『下げ止まり』」傾向を色濃く反映したものだと理解可能だが、バブル崩壊後に進行した「設備投資の景気抑制作用」に対して、その歯止めが掛かったように一応はみえる。

そのうえで最後に三つ目こそ、(c)いわば「停滞要因」に他ならない。その際、その代表例としては「民間住宅」(〇・一→〇・四→△〇・二→〇・六→△〇・七)と「公的固定資本形成」(〇・九→〇・一→〇・〇→〇・四→△〇・六)とが指摘されてよいが、この二つは、実は互いに密接に連関していよう。つまり、「『公的資本形成』に立脚した『民間住宅』」というセット関係においてこそ、「住宅―政府資本形成」の両者は、景気回復上でその有効な機能を発揮していくように思われるが、財政困難に制約されて、公共事業展開がなお本格化し得ないこの局面では、その「景気刺激的役割」には基本的な限界が無視できなかった――とみるべきではないか。

以上を受けて、このような現況を全体的な「需要構造」サイドから総括しておくことにしたい。まず第一に(A)「需要構造図式」自体の整理から試みると、「国内需要」と「民間需要」との変化に特徴がみえてくる。つまり、先に検出した通り、今回の「一応の回復」における何よりもの牽引車は「民間消費」であり、それが、――「輸出」に刺激された――「設備投資の『下げ止まり』」と結合することによって、景気回復に大きく寄与したといえるが、その点が、まず〇・二→一・三→二・〇→二・五→〇・一(**第51表**)という「国内需要」の着実な拡大として現実化した。しかしそれだけではない。なぜなら、この「民間消費・設備投資」の堅調性は他面では「民間需要」の拡張をもちろん意味するからであり、したがって「民間需要」区分も以下のように上向く。具体的には、△一・二↓〇・七↓一・五↓一・七↓〇・六（**第51表**）という数字が刻まれるから、その好調性は明瞭であろう。それに対して「公的需要」は活発とはいえず、いぜんとして、一・四↓〇・六↓〇・五↓〇・八↓△〇・五（**第51表**）という動揺路線を続けた。そうであれば次に、この「一応の回復」局面の（B）「回復指標」は結局以下のように集約されてよかろう。すなわち、（Ⅰ）「消費回復」（Ⅱ）「設備投資プラス転化」（Ⅲ）「資産価格下落歯止め」の三論点であって、「バブル崩壊の『一段落化』」に立脚した、いわば「過剰資本整理における『一定の進捗化』」こそが検出し得る。そのうえでさらに「一応の回復」に帰結した（C）その「回復原因」を具体的に探ると、差し当たり次のような事情は見過ごせない。例えば、（Ⅰ）「ストック調整の進行」（Ⅱ）「九四年所得税・住民税減税」（Ⅲ）「九五年震災復興経済対策」などが取り分け目に付き、財政政策発動にもとづく、「過剰資本整理・消費・投資促進」措置がその効果を発揮した。その結果、成長率三・五％＝OECD諸国第二位の水準にまで到達していく。

要するにこう結論できよう。すなわち、一方で「円安加速化＝輸出増」を基盤としながら、他方で「民間所得増＝実質消費増」が始動しつつあったのだから、その二条件からして、この「九七年」こそは、まさに「自律的拡大＝景気安定化の可能性」を秘めていた——のだと。

［2］挫折（九七〜九九年）　しかしこの「一応の回復」運動は持続することなく、九七年を分水嶺にして直ちに「挫折」へと暗転する。そこで、取り急ぎ第二に（二）九七‐九九年のいわば「挫折」局面へと移ろう。最初はやや大きなアングルから①「基本指標」に着目しておくが、まず一つ目に（a）「累積景気動向指数」（**第2図**）の動きはどうか。先にも確認したように、この「動向指数」は九三年を底にして九七年まではほぼ順調に上昇を続け、その結果、

指数七〇〇〇をも超えた。しかしこの九六－九七年がその頂点であって、その後、今度はそこから九八年後半へ向けて、それこそ「つるべ落とし」の勢いで一気に墜落を遂げる。事実、九九年直前には指数六〇〇〇台の半ばをも下回るに至るから、それは、前回のボトムである九三年レベルに接近するし、またバブル以前の水準に戻ったともいってよい。こうして「九七年挫折」が始まる。

ついで二つ目として、それに対応して（二）「経済成長率」（％）はどのような軌跡を描いたろうか。いうまでもなく「成長率」と「景気動向指数」とは一体化したものだから、「成長率」の下落が当然想定されるが、しかしその下落状況は予想をも大きく上回る。すなわち、九六年には二・五％あった成長率は、その後は九七年＝一・二→九八年＝△一・四→九九年＝△〇・三（**第50表**）とマイナス成長にまで落ち込む。いうまでもなく、このような「マイナス成長」は少なくても石油危機以降では空前絶後のことであって、バブル崩壊後にも経験のない特異な水準であった。したがって、九三－九七年の「一応の回復」が九七年を境として一気に失墜を遂げたことが一目瞭然であり、まさにその点で「九三－九七年の回復」は「一応」の域を出なかった。

そのうえで三つ目として（c）「企業利益率」（**第2図**）に目を向けると、その「挫折」ぶりは一層目を引く。先に指摘した如く、「一応の回復」の結果、利益率は四％超を実現していわばバブル直前期レベルまで盛り返したが、九七年を頂点にして、今度はそこから一直線の墜落に移る。その結果、ボトムの九八－九九年には二％半ばをさえ下回って再度九三年レベルにまで下落するが、特に目立つのは、その絶対水準の低さもさることながら、「低下基調のその『一直線性』」だといわざるを得ない。つまり、この数年間は、全くの「中断・一服」もなしに「ひたすら」下落が持続したわけであり、そこに、「企業利益率・低下」の、その深刻性が覆い難く発現している。換言すれば、「一応の回復」局面で遅まきながら始動した「過剰資本整理の進捗化」が、この九七年を契機にして再び後退に転じたのだともいえよう。まさに「挫折」以外ではないが、その過程で「過剰資本整理の『進捗と遅滞』」とが交錯していく。

こうして、「景気動向指数─成長率─利益率」の全側面にわたって、「九七年景気下落」＝「挫折」が明瞭だといってよいが、以上の事態を念頭に置いた上で、この動向を次に②「国民総支出構成比」（％）からも確証しておこう（**第50表**）。そこで、この「構成比」動向の大まかなグループ分けを試みると、まず一つ目に、（a）「増加グループ」としては何よりも「民間最終消費支出」と「政府最終消費支出」との堅調が目立つ。すなわち、まず前者が九七年＝五五・二→九八年＝五六・〇→九九年＝五七・〇と推移して着実なウエイト向上を記録した他、また後者も一五・三→一五・九→一六・五という数字を刻みつつ、同様な上向きラインを進んだ。したがって、「民間および政府の『消費支出』」というこの両者は、「持続的な微増傾向」と集約可能な共通の性格を発揮したとみてよく、その点で、九七‐九九年局面での激しい景気下落の中で「辛うじて」全体を「下支え」する──その役割を担ったわけであろう。しかし、これら「二つの消費」のみに依存した点にこそこの九七‐九九年局面の弱体化理由もあるわけであって、それが激しい景気下落を惹起した事情ももはや明白ではないか。ついで二つ目に、（b）「安定化グループ」には「公的固定資本形成」と「輸出」とが含まれる。この場合、「安定化」という意味合いは、積極的に上昇はしないものの一定のウエイトを占めて全体の安定化に寄与する──というニュアンスに近いが、まず「公的資本形成」は具体的には以下のようであった。すなわち、七・六→七・四→七・七という経過であって、もちろん顕著な構成比増ではないにしても、激しい景気の落ち込みの渦中で、ほぼ一定した安定路線を確保していよう。いうまでもなく、財政再建基調の制約下で、目立った公的資本形成に対しては基本的な「足かせ」が無視できないにしても、阪神大震災への復興救済対策などを中心にした、公的資本形成の一定の進行が、全体として公的資本形成ウエイトを押し上げている──という要因がここには読み取れる。ついでもう一つの「輸出」の数字を拾えば、九六年の九・八％は、その後は一〇・九→一〇・九→

一〇・三と推移して安定的な構成比を占めるし、二〇〇〇年になっても一一・〇%という高い水準をクリアしていく。したがって、大きく伸張するというのではないが比較的高位レベルを持続させ、まさにそれを通して全体を支えたというその役割だけは、明らかに検出可能であろう。その場合、この背景に九五年から九九年にかけての劇的な「円安進行」があるのは当然であって、それが「輸出構成比上昇」に帰結したのはいうまでもない。

そのうえで三つ目は（c）「低落グループ」だが、その代表例としては「民間住宅」（四・七↓四・〇↓四・二）と「企業設備」（一五・四↓一四・五↓一三・七）とが目立つ。いわば「個人部門」並びに「企業部門」における「資本形成」作用の低下ともいうべき現象だが、そのうちでも「企業設備」の収縮が一層顕著である以上、ここにも、この「九七~九九年・挫折期」における、「過剰資本整理の一頓挫＝遅滞化」が極めて濃厚にあぶり出されている——のではないか。いずれにしても、広義の「資本形成」のうち、辛うじて「歯止め」的機能をまだ発揮しているのはすでにみた「公的資本形成」のみであって、この「挫折」の深刻さが際立っている。

要するに、「九七~九九年・挫折」における需要形成収縮の「主犯」は何よりも「民間設備投資」だったと整理されてよく、「民間消費」と「輸出」とがその補完を試みたがなお十分には補償できなかった——という図式が手に入る。まさしく「過剰資本整理遅滞化」の所以であろう。

以上のような図式を前提にしつつ、この「挫折」局面を一層動態的に把握するために、③「国内総支出の増減寄与度」（%）**（第51表）**にまで進んでみよう。そこで、ここでも性格上から三つに区分しながらメスを入れていくと、まず一つ目は（a）「増加グループ」に他ならないが、ここには「民間最終消費支出」と「政府最終消費支出」という二つの「最終消費支出」が帰属させられてよい。しかし両者のニュアンスにはやや差があり、まず後者は〇・一↓〇・三↓〇・七と動いて「文字通りの増加」を実現したのに対して、前者は〇・二↓△〇・五↓〇・五という軌跡を描いた以上、それは純然たる増加ではなく、一旦縮小したうえでの顕著な「再増加」という意味をもった。その点で、これら二つの「最終消費」が景気を辛うじて「支えた」図式がみえるが、しかしその内部にまで立ち入ると、例えば「増税・医療費負担増」などによる国民生活への打撃によって、一方の「民間消費」はなお伸縮が大きく、したがってその「支え」の力点は、他方の「政府消費」にもっぱら依存したこと――も否定し得まい。

ついで二つ目に（b）「低落グループ」としては、何よりも「民間住宅」（△〇・七→△〇・七→〇・〇）と「民間企業設備」（〇・九→△〇・八→△〇・七）との激落が決定的だといってよい。というのも、例えば九八年の「国内総支出」実績は総合で△一・八だったがそのうちこの二項目で合計△一・五を構成していたし、さらに九九年では、総合△〇・三の中でこの両者だけで実に△〇・七をも占めたから――に他ならない。したがって事態は明白であって、この「九七年・挫折」は、二つの「民間資本形成」なかんずく「企業設備投資」の極度の下落によって引き起こされたと改めて結論できる。そしてこの点は、すでに実証した「国内総支出」構造ともまさに正確に符合しているのであるが、そうであれば、その土台に「過剰資本整理における『再遅滞化』」があるのももはや一目瞭然なのである。そのうえで、最後に三つ目として（c）「安定化グループ」としては「公的固定資本形成」（△〇・六→△〇・三→〇・四）と「輸出」（一・〇→△〇・三→〇・一）とが指摘可能だが、その景気支持能力は大きく減殺されていた。換言すれば、これら両者は、この「挫折」局面でそれぞれ突発的・断片的には比較的大きな伸びを実現したにもかかわらず、それがまとまって景気をサポートするまでには至らず、全体としては景気の急激な下落を食い止めることができなかった。総じて、「資本過剰再発→設備投資低落→景気下落」という、「挫折」局面の基本動向に押し流されたと整理する以外にない。

以上のような検討を前提として、この「九七～九九年・挫折」局面を総体的な「需要構造」サイドからも集約しておきたい。そこで最初に（A）「需要構造図式」**（第51表）**から始めると、すでにいくつかの方向から確認した通り、この「挫折」の基本要因が「住宅・設備投資」に求められてよい以上、それを反映してまず「民間需要」の寄与度暴落が取り分け大きい。すなわち、〇・六↓△二・一↓△一・二という凄まじい下落が進行するのであって、「住宅・設備投資」の顕著な減少が何よりも第一に「民間需要」の目立った縮小となって表面化したのは当然であろう。しかしそれだけではない。この「住宅・設備投資」減は見方を変えれば「国内需要」の低下以外ではないから、次に「国内需要」という分類においても、〇・一↓△二・二↓△〇・二という経路でやはり大きく落ち込んでいく。しかしそのうえで、これら二つの相互関係に関しては、「民間消費・政府消費」のある程度の伸びが加味されて、この「国内需要」の方が、先の「民間需要」という括りの場合よりもそのダメージが若干は小さい点――も一応みて取れる。これらに比較して、もう一歩ウエイトが大きいのが「公的需要」に他ならず、「政府最終消費の増加」と「政府固定資本形成の安定化」とを根拠にして、この「公的需要」は△〇・五↓△〇・一↓一・一と急速な上昇へ転じる。もっとも、すでに指摘した通り、この「公的資本形成」は、その出動がなお「散発的＝非体系的」で景気支持力としてはいぜんとして力強さに欠けていた点も事実だが、「九〇年代不況」深化の中で、「公的需要」が不況対策として一定の意味を担っていく、その兆しが窺われることにも注意しておきたい。

そうであれば、「挫折」局面の（B）「基本契機」は次のように整理されていこう。すなわち、その「基盤」は九七年四月の消費税五％への引き上げであって、まさにそれを基本的土台にしつつ、それ以後に、春から夏にかけての、「医療費上昇」・「特別減税停止」と、秋から冬にかけての、「アジア通貨危機」・「山一と拓銀の破綻」とが、さらなる追い討ちを掛けたといってよい。その結果、急激な景気下落が発現してまさに「九七年・挫折」に到達するが、これら一連のプロセスを集約すれば、結局、この「九七年・挫折」の（C）「帰結」は最終的にこう総括可能ではないか。つまり、「バブル崩壊」を「根底条件」としつつ、その「加重要因」に「消費税引上げ・医療費負担増・減税廃止」

をもったうえで、さらに「加速条件」という方向から「アジア通貨危機」に見舞われながら、最終的な「根本基盤」としては何よりも国民からの「政治不信」に直撃された――と。まさしくこのような「複合的要素」の総合化に立脚してこそ、「九七年・挫折」は深刻な不況として勃発したのだ。

【3】回復と「三たび下降」（九九〜〇二年）　しかし「九〇年代不況」はもう一回の景気変動を経験せざるを得ない。つまり第三に、（三）「九九〜〇〇年の『再度の』回復」―「〇〇〜〇二年の『三たびの』下降」局面に他ならないが、最初に①「基本指標」の点検から始めよう。そこでまず一つ目に（a）「累積景気動向指数」**（第2図）**から入ると、極めて典型的な乱高下が目に飛び込んでくるのであり、二〇〇〇年を頂点にして、「九九‐〇〇年の急騰」と「〇〇‐〇二年の急落」とが極端に交錯する。もう一歩具体的にみれば、前局面での「挫折」によって六〇〇〇レベルにまで下降した「動向指数」は、九八年を底にしながら、そこから〇〇年＝七〇〇〇超へとまず回復を遂げていく。その点で「九九‐〇〇年」にかけては「一定の立ち直り」が検出されてよいが、しかし動揺がそこで停止したわけではもちろんなく、そこから「三たび下降」が始まり〇二年には最終的に六〇〇〇台半ばのボトムにまで沈む。したがって、「〇〇‐〇二年」には一転して「三回目の下落」に陥ったわけであり、図式化していえば、「九〇年代不況」の「第三ステージ」（九九〜〇二年）としては「回復と三たび下降」が目まぐるしく発現したといってよい。

ついで二つ目に（b）「経済成長率」はどう動いただろうか。そこで「成長率」（％）をフォローすると、「回復と三たび下降」図式は疑いなく明瞭であって、まず「九九‐〇〇年」レベルでは、九八年＝△一・四→九九年＝△〇・三→〇〇年＝二・四となって顕著な上昇を実現する。まさに「回復」がはっきりと証明されるが、しかしついで「〇〇‐〇二年」に向かうと、今度は〇一年＝〇・八→〇二年＝〇・一**（第50表）**という数値が刻まれるから、その点で明らかな「下降」基調へと転落していく。したがって、ここからは以下のような構造が直ちに浮上してくるといわざるを得まい。すなわち、「九九‐〇〇年」局面においては、「過剰資本整理の一定の『進捗化』」に立脚して成長率の上昇を一旦は確保したものの、その後「〇〇‐〇二年」局面に入ると、「過剰資本整理の再『遅滞化』」に直面して成長率は再び下落へと転じる以外になかった——のだと。こうして、この成長率方向からも、「回復と三たび下降」現象が一目瞭然なように思われる。

そのうえで三つ目として、(c)「企業利益率」(%)**(第2図)**にも注目しておかねばならない。そこで、例えば「製造業利益率」に即してその数字を拾っていくと、極めて興味深い動きに目が奪われよう。すなわち、直前の「挫折」局面の結果、九八‐九九年において二%台半ばの最小値を記録するに至るが、そこから上昇に転換してまず〇〇年冒頭には四%台後半にまで向上を遂げる。まさにその点で、「九九‐〇〇年」ステージにおける利益率回復が確認可能だが、しかしそれだけでは終わらなかった。なぜなら、この四%台後半をピークにしつつ、数回の踊り場を経験しながら、結局は、〇二年に向けて再び急角度での墜落が進行した——からに他ならない。しかも、この「利益率」における「乱高下格差」は、「景気動向指数」および「成長率」のそれと比較して一層シャープな点が目立ち、したがってその意味で、「九九‐〇二年」での景気動向は、それが「過剰資本整理の『進捗と遅滞』速度」にヨリ強く立脚しているが故に、「企業利益率」という「ミクロ次元」に対してこそ、取り分け増幅されて反映しているのだと思われる。まさしく「過剰資本整理」型本質のいわば端的な表現であろう。

こう考えて大過なければ、「景気動向指数—成長率—利益率」の各側面において、「九九‐〇二年局面」が「回復と三たび下降」のフェーズに相当していることが明瞭だが、それを念頭に置いたうえで、この動向をついで②「国民総支出構成比」(%)のサイドから実証していこう**(第50表)**。そこで、各項目をその性格を基準にグルーピングすれば、短期間の推移だとしても差し当たり以下の三つに区分が可能ではないか。つまり、最初に一つ目に(a)「持続化グループ」としては何よりも「輸出」と「公的資本形成」とが目立つ。そのうち、まず一つとして「持続的『増加』」を辿ったのが「輸出」であって、具体的には、九九年＝一〇・三→二〇〇〇年＝一一・〇→〇一年＝一〇・六→〇二年＝一一・四と経過した以上、「回復と三たび下降」という乱高下の中にあってもほぼ一貫して拡大を続けた――と整理されてよい。その点で、二〇〇〇年から〇二年まで継続的に進行した、かなり明瞭な「円安化」を条件として「輸出増加」が進み、まさにそれに立脚してこそ、輸出構成比の安定的な向上がもたらされたのに違いない。他方、もう一つ逆に「持続的『減少』」に陥っているのが「公的資本形成」に他ならず、例えば七・七→六・八→六・六→六・三という具合に単調な減少ラインを脱し得なかった。したがって、これに先立つ「挫折」局面から引き続いて、この「政府資本形成」は依然として停滞に呻吟し続けていると判断する以外にはなく、ここにこそ景気低迷の一つの根拠が隠されていよう。

ついで二つ目として、「回復と三たび下降」という逆転図式において、その方向性を転換した（b）いわば「逆転化グループ」の典型例としては「企業設備」こそが指摘されてよい。というのも、この「企業設備」は一三・七→一四・三→一四・三→一三・三という軌跡を描いて、前半の「回復」ステージでは目立った「上昇」を示したとともに、一転して後半の「三たび下降」ステージでは逆に顕著に低下に転じているから――に他ならない。まさにこの意味で、この「設備投資」動向こそが、この局面における「回復→下落」の帰趨を左右していると評価しても誤りないわけであり、したがってそうであれば、そこから、このような運動過程推移の土台に、「九九～〇〇年回復＝過剰資本整理の『進捗化』」→「〇〇～〇二年下落＝過剰資本整理の『遅滞化』」という、まさしく「基礎構造型展開図式」が読み取られるべきことも、それこそ白日の下に明らかになってくるのではないか。この枢軸点こそを確認しておきたい。

これらに対して、三つ目が（c）「沈滞グループ」であり、それらは、多少の変動はあっても目立った性格付けが困難な範疇に属する。具体的に指摘すれば、例えば「民間最終消費支出」（五七・〇↓五六・二↓五七・一↓五七・七）・「政府最終消費支出」（一六・五↓一六・九↓一七・五↓一八・〇）・「民間住宅」（四・一↓四・〇↓三・八↓三・七）、などであるが、それぞれに沈滞気味であって、景気に対するその牽引力をすでに大きく喪失させていよう。したがって、押しなべていえば、「輸出」の推進性は否定できないものの、その他要因が沈滞する中で、「設備投資」動向が、「過剰資本整理の『進捗から遅滞へ』」という転換を鋭敏に反映して、まさに「上昇↓下落」へと変動した結果、それが景気全体の、「回復から三たび下降」を惹起させたのだといえよう。

そのうえで、この「回復と三たび下降」局面を、さらに③「国内総支出の増減寄与度」（**第51表**）のベクトルからもヨリ機構的に実証しておこう。そこでこの点に関しても、いくつかの性格グループに区分可能だが、最初は一つ目は（ａ）「持続化グループ」であり、そのうちのまず第一は「持続的増加」を示した「民間最終消費支出」に他なるまい。つまり、それは〇・五↓〇・六↓〇・八↓〇・六と経過したから、前半の「回復」フェーズとともに後半の「三たび下降」のスパンにおいても一応の増加基調を辿ったことがみて取れる。その点で、この「個人消費」こそ、「回復」の起動力となりつつしかもその後の「下落」をこの程度で食い止めた、まさにその主要ポイントだったと考えてよい。しかも、先にチェックした「構成比」においても、この「個人消費」は「沈滞グループ」ではありつつも「微増傾向」を失ってはいなかった以上、それが、景気動向に対するそれなりの「底堅い」役割を発揮したのは当然であった。それに比較して第二に、むしろ「減少」という点で「持続性」を現わしたのは「公的固定資本形成」であった。具体的には、〇・四↓△〇・八↓△〇・二↓△〇・三と推移したから、「回復―下落」という局面推移をまさに貫いて、それが減少傾向を持続させたことは一目瞭然という以外にない。そして、「政府資本形成」に関するこの性格は、すでに確認した「構成比」変化の場合とも同形である以上、これこそ、「〇〇－〇二年」での「下落」を促進したのはもちろんのこと、「九九－二〇〇〇年」における「回復」をも微弱レベルに押し止めた、まさにその決定的な原因ではないか。まずこの側面の重要性をしっかりと見定めておきたい。

ついで二つ目として（b）「対応変動グループ」が注目に値しよう。これは、「回復―下落」の局面推移と対応的に連動した項目、換言すればこの局面推移をむしろ牽引した項目を指すが、ここには、「民間住宅」（〇・〇↓〇・〇↓△〇・二↓△〇・二）・「民間企業設備」（△〇・七↓一・一↓〇・二↓△〇・八）・「輸出」（〇・一↓一・二↓△〇・七↓〇・八）の三項目が帰属しよう。みられる通り、前半の「回復」期にはその数値を高め、逆に後半の「下落」期にはそれを低下させた図式が手に取るように分かるが、まさにこのような「対応変動」作用を通じて、これら項目が景気変動を主導した関係が鮮やかに浮上してくる。しかも、この三項目の中で、その「対応変動」が最も明確なのが何よりも「設備投資」であるかぎり、景気の牽引車が「設備投資」にこそ求められるのはまず自明であるし、そしてそうであれば、このような景気変動の土台に、「過剰資本整理の『進捗―遅滞』」運動がある点にも、もはや疑問はあり得ない。

最後に三つ目に、（c）「不変グループ」としては「政府最終消費支出」（〇・七↓〇・七↓〇・五↓〇・四）が残るが、全体的大勢にはほとんど影響はあるまい。いうまでもなく、財政赤字に基本的な制約を受けて「政府固定資本形成」が窒息する中で、「政府消費支出・安定化」が辛うじて一定の役割を行使した――という構図が、改めて確認される以上のことはない。

そうであれば、この「寄与度」のベクトルからも、結局、以下のような図式が浮かび上がってこざるを得ない。すなわち、「個人消費」と「輸出」とを総体的な景気支持力としながらも、特に「設備投資」の増減運動に主導されて、――「過剰資本整理動向」に規定されつつ――「九九－〇二年」における、「回復と三たび下降」という景気局面が発現したのだと。

このような考察を踏まえて、全体を総合的な「需要構造」側面から総括しておきたい。そこで最初は（A）「需要構造図式」**（第51表）**が前提になるが、この点に対して、「国内―民間―公的」という需要区分を基準にしてメスを入れていくと、そこからは、いまチェックした――設備投資の規定性という――景気動向図式に対応したアングルが、まさに見事に現出してくる。すなわち、繰り返し指摘した如く、この「回復―三たび下降」という変動過程の主動因は何よりも「設備投資の増減」にこそあったが、それはいうまでもなくまず一面で「国内需要」軌跡に色濃く反映してくる。具体的に数字を拾えば、△〇・二→二・三→一・二→△〇・六と推移したから、一つには、まず前半の「回復」期には激増して回復の起動力となりつつ、もう一つとして、後半の「下落」期では逆に顕著な縮小によってその「下落」を主導した――構図がまさに一目瞭然だといってよい。したがって、まず一方からは、この「国内需要」動向が、「回復―下落」局面における、その「設備投資・規定型」性格を曇りなく表現していると考えられるが、それだけではない。ついで、他面でこのことをいい換えれば、それは「民間需要」との関連性の高さをも意味しているはずであるが、それはこう動いた。つまり、△一・二→二・四→一・〇→△〇・七という具合に他ならないから、その含意には何の疑念もあり得まい。いうまでもなく、直前の「国内需要」プロセスと全く同形であって、一つには「回復の主牽引力」になったとともに、もう一つとしては「下落の加速要因」として機能した――というその作用内容が、ここからは、手に取るように理解できよう。この二つに対して、「公的需要」（一・一→〇・〇→〇・三→〇・一）はいぜんとして停滞水準を脱し得てはおらず、景気悪化の中でも、財政赤字に制約された「公的需要」発動のその消極化がなお否定できない。

まさに「過剰資本整理過程」に対応した「設備投資の主導性」が明瞭に再確認できよう。

ついで、（B）「九九－〇〇年回復の指標・要因」は何に求められるのだろうか。まずその「指標」だが、これまで具体的にフォローしてきた点を集約すると、それは一応以下の三点に集約可能ではないか。すなわち、（Ⅰ）「九九－〇〇年に亙る生産の連続増加」（Ⅱ）「成長率のプラス水準転化」（Ⅲ）「企業における、売上高・収益増加の判断」、などであって、要するに、実体過程の改善と経営判断の好転が進んだと考えられる。そのうえで、この「回復」を実現したその「要因」が重要だが、そのエッセンスとしては次の三点が取り分け注目に値しよう。具体的には、（Ⅰ）「小渕内閣による景気浮揚策への転換とそれに立脚した公共投資の拡大」（Ⅱ）「『金融・財政構造改革』路線の修正とそれによる公的資金の投入」（Ⅲ）「企業リストラの本格的な開始」、などが指摘可能だが、――「消費回復」にはまだ危うさを抱えつつも――金融・財政方向からの「購買力注入」とそれを呼び水にした「過剰資本整理の進捗化」とを土台にして、この時点で、「景気自律回復」のまさに「一歩手前」にまで到達していたと判断されてよい。その点で、まさしく「過剰資本整理の進捗化」こそがそのキーポイントをなす。

そこで最後の「帰結」として、（C）「〇〇－〇二年『三たびの下降』」を惹起させたその「背景」こそが問題となろう。言葉を極端に惜しんで表現すれば、「アメリカＩＴ不況の直撃」ということになろうが、やや立ち入って示せば、（Ⅰ）「鉱工業生産低下、ＤＩ水準悪化、デフレ進行などを指標とした『アメリカ経済の失速』」（Ⅱ）「アメリカＩＴ株下落→アメリカＩＴ不況による、対米輸出の減少」（Ⅲ）「『小泉改革』およびリストラに対する国民の不安に起因した消費低迷」、などが直ちに浮上してくる。まとめていえば、一転した「購買力削減＝有効需要縮小」に掣肘を受けた、「過剰資本整理の遅滞化」が、「またぞろ」水面上に出現してきたといわざるを得ない。結局、「過剰資本整理の遅滞化」の「またぞろ化」こそが、「〇〇－〇二年『三たび下降』」の「主犯」に他ならない――と結論する以外にはなかろう。

おわりに

全体の最後に、「九〇年代長期不況」のその総合的輪郭をごく手短に描いておきたい。そこで、その「総合的特質」としては差し当たり以下の三論点が導出可能なように思われる。

まず第一論点は［一］「変動図式」であって、この「九〇年代不況」が、基本図式的には、次の三局面構成において運動展開した点を意味しよう。すなわち、①「一応の回復」期（九三～九七年）、②「挫折」期（九七～九九年）、③「回復と三たびの下降」期（九九～〇二年）、という三フェーズ構成に他ならず、「九〇年代不況」と称される「一〇年間」が、景気変動的内容からすれば、実は、このような個性的かつ具体的内実をもつ三つの景気局面から組み上げられていた点が軽視されてはなるまい。「失われた一〇年」などという粗雑な規定は通用し得ない。

そうであれば第二論点として、［二］「変動要因」こそがいうまでもなく重要だが、以上のような「三景気局面展開」を推進させたその基軸的動因としては、何よりも「企業設備投資」の役割こそが大きかった。つまり、「個人消費・輸出の堅調性」も無視はできないものの、財政危機に起因した「公的資本形成の低調性」下においては、もっぱらこの「設備投資の増減」が「景気騰落」の主たる牽引力となる以外にはなかった。そして、この「設備投資増減」のさらなる基礎土台に、「過剰資本整理の『進捗―遅滞』化」動向自体が存在したのも自明である以上、結局、「九〇年代不況」を全体的に規定したその「本質要因」が、まさにこの「過剰資本整理の『進捗』状況」[9]にこそあった（**第6表**）――のはもはや当然といってよい。

したがって、最後に第三論点が［三］「変動構造」として集約可能になろう。すなわち、景気変動の「大づかみ」的な構造としては、以上のような「区分・要因・本質」を具現したこの「九〇年代不況」の発現を以って、「『バブル形成―崩壊』型景気変動」[10]は、自らそのサイクルを一応完了させたように思われる。逆からいえば、景気変動に対する「バブルの特有な作用」がようやくその「終幕」に至ったわけであり、まさにここからこそ、「『ポスト・バブル』型景気変動」が改めてそのスタートを開始する——というべきではないか。[11]

この到達点にこそ、これ以降の分析のためには別著を準備する以外にはない点がまさに如実に表明されていよう。

（1）拙稿「バブル経済の崩壊と景気変動過程」（『金沢大学経済論集』第二九巻第二号、二〇〇九年）。

（2）「九〇年代不況」の全体的概観・位置づけに関しては、橋本・長谷川・宮島『現代日本経済』（有斐閣、二〇〇六年）、吉川洋『転換期の日本経済』（岩波書店、一九九九年）、森・浅井・西成田・春日・伊藤『現代日本経済史』（有斐閣、二〇〇二年）、田中隆之『現代日本経済』（日本評論社、二〇〇二年）、などが優れている。その多面的かつ体系的な展開・叙述が参考になろう。

（3）投資行動を含めた「九〇年代企業構造」については、例えば、伊藤秀史編『日本の企業システム』（東大出版会、一九九六年）、藤本隆宏『生産システムの進化論』（有斐閣、一九九七年）、上井・野村編『日本企業』（ミネルヴァ書房、二〇〇一年）、ＳＧＣＩＭＥ編『グローバル資本主義と企業システムの変容』（御茶の水書房、二〇〇六年）、などを取り敢えず参照のこと。

（4）この局面の「雇用動向」については以下を参照されたい。熊沢誠『能力主義と企業社会』（岩波書店、一九九七年）、樋口美雄『雇用と失業の経済学』（日本経済新聞社、二〇〇一年）、仁田道夫『変化の中の雇用システム』（東大出版会、二〇〇三年）、が個性的切り口を提起している。

（5）「九〇年代対外関係」の詳細に関しては、例えば、中村雅秀『アジアの新工業化と日本』（青木書店、一九九七年）、近藤・中島・林編『アジア通貨危機の経済学』（東洋経済新報社、一九九八年）、深尾・天野『対日直接投資と日本経済』（日本経済新聞社、二〇〇四年）、などをみよ。

（6）この段階における「財政構造」については、神野直彦『システム改革の政治経済学』（岩波書店、一九九八年）、富田俊基『日本国債の研究』（東洋経済新報社、二〇〇一年）、青木昌彦編『日本の財政改革』（東洋経済新報社、二〇〇五年）、などがある。その問題提起が興味深い。

（7）「九〇年代不況」局面の「金融システム」を対象にしたものとしては、堀内昭義『日本経済と金融危機』（岩波書店、一九九九年）、宇沢・花崎編『金融システムの経済学』（東大出版会、二〇〇〇年）、桜川昌也『金融危機の経済分析』（東大出版会、二〇〇二年）、小宮隆太郎編『金融政策論議の争点』（日本経済新聞社、二〇〇二年）、など数多い。特に政策論争展開が目を引く。

（8）「九〇年代不況における景気変動の位置づけ」に関しては、例えば、小川・北坂『資産市場と景気変動』（日本経済新聞社、一九九八年）、橋本寿朗『デフレの進行をどう読むか』（岩波書店、二〇〇二年）、岩田・宮川編『失われた一〇年の真因は何か』（東洋経済新報社、二〇〇四年）、ＳＧＣＩＭＥ編『グローバル資本主義と景気循環』（御茶の水書房、二〇〇八年）、を参照のこと。

（9）「過剰資本整理の『進捗―遅滞』」に関するその「原理的本質」については、例えば拙著『景気循環論の構成』（御茶の水書房、二〇〇二年）においてすでに立ち入った考察を加えた。

（10）「バブル形成―崩壊」については、すでにその具体的分析を完了している。したがって、本章では、「バブル形成―崩壊」の「背景・構造・本質・帰結」を前提にしたうえで、それと「九〇年代不況」との「内的関連分析」にこそ、その主眼が設定されている――といってよい。差し当たり、拙稿「バブル経済の形成と景気変動過程」（『金沢大学経済学部論集』第二九巻第一号、二〇〇八年）および前掲、拙稿「バブル経済の崩壊と景気変動過程」、を参照されたい。その点で、「九〇年代不況」は「バブル型景気変動」のまさに「後産」以外ではない。

（11）したがって、本章から接続して考察されていくべきテーマとしては、以下の課題が必然的に導出されてこざるを得まい。すなわち、「バブル景気―崩壊―九〇年代不況」をワンセットの「『バブル型』景気構造」として括ったうえで、それを、「復興期型」・「高度成長期型」・「低成長期型」という、これまでの「大づかみ」な「景気構造」と比較検証すること――これである。まさにその作業を通してこそ、「日本型・現代資本主義の景気変動」が、始めて体系的に解明可能になるように思われる。いずれにしても、残された次章の課題であろう。

終　章　現代日本資本主義の景気変動機構

はじめに

前章までで、戦後日本資本主義における景気変動展開の基本線分析を差し当たり完了し終えた。すなわち、「戦後再建期」をスタートラインにしつつ、「第一・二次高度成長期」および「低成長期」を経ながら「バブル形成・崩壊期」に至り、そのうえで最後に、「九〇年代長期停滞期」をもその考察領域に捉えたといってよい。そして、この作業を通してこそ、「資本蓄積構造―国家政策体系」の総体に立脚した、「景気変動局面」の総合的運動がいわば立体的に明らかとなり、まさにそれを土台として、最終的には、日本型・現代資本主義自体の、その「再編→確立→変質→変容」過程もが解明可能になった――ように思われる。要するに、日本型・現代資本主義体系化の「基礎基盤」が手に入ったことになろう。

このように考えてよければ、それを前提にして、本章の位置付けが以下のように設定されていくのは自明であろう。つまり、まず第一に①その「課題」明瞭化がいうまでもなく不可欠だが、戦後日本経済の景気変動分析がすでに現実的に終了している以上、そこから、本章の分析焦点が、このような具体的考察成果を土台とした、戦後日本型景気変動のいわば「体系的総括化」に絞られてくるのは当然といってよい。換言すれば、戦後日本型景気変動過程をいくつかの段階局面に即してまずその「パターン化」を試みつつ、ついでそのうえで、そのような景気変動パターン図式化に立脚してこそ、この「パターン変遷過程」の特質と意義とを解明すること――これである。まさしく「体系的総括化」以外ではあり得まい。

そうであれば第二に②その「局面区分」が直ちに問題となるが、これまでに積み上げてきた個別分析の成果からして、以下のような「段階局面区分」が前提となるのは明らかであろう。すなわち、(「戦後再建期」をその序章に組み込みつつ「第一・二次」という二フェーズからなる)「高度成長期」を出発点としつつ、次に、それに対する一定の「変質」が進行する「低成長期」を設定したうえで、最終的には、戦後景気変動過程のいわば総決算たる意味をもつ、(その末期に「後産過程」としての「九〇年代不況」をも含んだ)、「変容」局面たる「バブル期」こそが位置づこう。まさにこのような「三局面編成」、これである。

以上をふまえてこそ、最後に第三として③その「論理構成」が重視されてよい。いうまでもなく「分析視角」に他ならないが、取り敢えず、以下の「三側面」にその基本的な比重が置かれるべきだと思われる。つまり、各段階局面に即して、景気変動の「基礎構造」としての「資本蓄積タイプ」をまず明瞭にしたうえで(第一側面)、次にそれに基づきつつ、この「資本蓄積タイプ」の運動展開が必然的に帰結させる、その「過剰資本形成・処理機構」の特殊性解明(第二側面)に進む。そしてまさにこれらの成果を条件にしてこそ、最後に、戦後日本型景気変動の全体的局面展開が体系的に「構造化」可能になる(第三側面)――のであって、すでに前章までで現実的に解明してきた個別的成果はここで初めてその最終的焦点を結ぼう。

したがってそうであれば、本終章の射程が以下のような次元にまでつながっているのもまた自明ではないか。すなわち、――別稿で検討しているように――このような景気変動機構の「確立→変質→変容」こそが、「日本型・現代資本主義の段階的展開」に関するその一つの主要指標以外ではないかぎり、この終章における到達点は、「日本型・

現代資本主義分析への『基盤提供』」たる課題そのものを最終的に担っているのだ——と。この点に特に留意したい。

I　資本蓄積パターンの構造展開

【1】高度成長期

最初に（一）「資本蓄積パターン展開」から追っていくが、まず第一に①「高度成長期」[1]から入ろう。そこで、まず一つ目に「高度成長期・資本蓄積」の（a）「前提要因」が問題となるが、始めは何よりも（イ）「設備投資」に他ならない。周知の通り、この高度成長期には設備投資の顕著な膨張が続くといってよいから、その点を差し当たり（A）設備投資「水準」からみていこう。さて戦後再建期において、五一年以降、「設備合理化投資」という形である程度明確な進行をみせてきた設備投資は、五三年に終息した朝鮮戦争ブームを画期として一旦は下降に転じ、その後五四－五五年にかけてむしろ低迷を余儀なくされたが、この停滞動向は、五五－五六年段階からの「近代化投資」の爆発的増加を画期として決定的に打破される。そしてここから高度成長型・設備投資の盛り上がりがスタートするといってよいが、まず「第一次成長期」には、設備投資額（一〇億円）は五一年＝六一〇（対前年度比増加率五六・四％）↓五五年＝七七七（二・三％）↓五九年＝二一七〇（三一・六％）↓六三年＝四一四九（八・四％）という数字が刻まれる。その結果、転型期までに至る約一〇年の間に設備投資は実に七倍にも迫る膨張を遂げているのであるから、この「第一次成長期」における、「設備投資の驚異的な爆発」に関しては否定の余地は一切あり得まい。その点で、設備投資の膨張が明瞭であろう。

ついで「第二次成長期」に移ると、ここでも、「第一次期」と比較して「膨張テンポの『落ち着き化』」が一応は確認できるものの、設備投資の「持続的拡大基調」そのものは依然として明瞭である。例えば、設備投資額（千億円）は五八年＝一七↓六一年＝四二↓六五年＝五〇↓六八年＝九九↓六九年＝一二九と動いたのであり、したがって、「転型期―六五年不況」で一時停滞した後は七〇年代に至るまで首尾一貫して増大を続けたといってよい。まさにそれを通して、六九年の一二・九兆円は六一年の実に三倍にも到達したが、しかし、「第一次成長期」と比べてその増大テンポが落ちている――点にはやはり注意が不可欠であって、この側面にこそ、資本蓄積パターンにおける、「第一次―第二次成長期」間での質的相違が垣間みられよう。

そのうえで、(B)設備投資「構成」にまで分析メスを深めるとどうか。そこでまず「産業部門的構成」から入ると、最初に「第一次成長期」では、その基軸は、何よりも一つは「新産業＝新製品生産分野」でありそしてもう一つは「技術革新促進分野」に他ならなかった。すなわち、前者の代表は、家庭電機・乗用自動車などの「耐久消費財産業」や「電子産業」、さらには合成繊維・合成樹脂などの「石油化学関連産業」であるし、また後者には、戦後に急速な技術革新の洗礼を受けることによって顕著な発展と生産拡大を実現した、例えば「鉄鋼・造船」などが含まれよう。まさにこのような主導部門を基軸としてこそ、「第一次成長期」には、その巨大な設備投資拡張が誘導されていったわけである。それに対して、ついで「第二次成長期」へ移ると、その主導部門に微妙な変化が進行していく。すなわち、以上のような「自動車・石油化学・家電」という「新産業・新製品生産部門」の基本性格は、転型期以降には、「急増加から安定化」へと変質するとみてよく、それに代わって、「労働力需給の逼迫化」に対応した、むしろ「省力化投資型設備投資」こそが目立ち始める。

その点で、設備投資額における増大基調持続化の中での、その構成変化が進行していく。

この側面を前提にして、(C)設備投資「作用」にまで進むと、最初に「第一次成長期」では、以下のような典型的な「二経路型・波及効果」が検出されてよい。すなわち、まず一つ目としては、「重化学工業拡大→石油・電力＝エネルギー産業拡大→鉄鋼・造船＝基礎部門拡大→金属・機械＝関連産業拡大→重化学工業の一層の拡大」という連関に立脚した、「投資が投資を呼ぶ」ような、「重化学工業―基礎部門」間での、設備投資拡張に関した「相互連関的波及連鎖」が何よりも特徴的である。しかしそれだけではない。それに加えて次に二つ目に、「設備投資拡大↓国内生産拡大↓国民所得増加↓消費需要拡張↓新産業型消費財部門拡大↓新産業部門設備投資拡大」、という連関構図に他ならず、ここからは、「消費―生産」の好循環連鎖を通じた、「国民所得増大―新産業部門」間の相互関連図式こそが浮上してこよう。まさに「見事な」設備投資「作用プロセス」の発現以外ではあり得まい。

ついで「第二次成長期」ではどうか。すでに確認した通り、「第二次成長期」では「新産業の主導性」に一定の弱まりがみて取れたが、その場合、それを帰結させた「原因」としては、以下のような「基本変化」が無視できない。すなわち、「企業収益性の低下」・「独占メカニズムの整備」・「国際競争力の強化」などであって、これらの変化こそが、設備投資拡張に「落ち着き化」をもたらしつつ新産業部門・設備投資の牽引力をそれだけ弱体化させるに至った――と考えられよう。要するに設備投資「作用」にその重大な変質が進んだ。

では、このような「設備投資」はどのような（ロ）「資金調達」によって可能になったのであろうか。そこで最初に（A）その「水準」から入ると、まず「第一次成長期」では、主要五〇〇社の資金需要動向（百億円）に注目すると、例えば五七年＝一四七↓五九年＝一九八↓六一年＝三六八という軌跡が描かれるから、このわずか五年間の間に一兆五千億円から三兆七千億円へと実に二・五倍にも膨らんでいることが分かる。その意味で、先に検出した、「民間設備投資」に牽引された、日本の「異常な」高度成長が、何よりも、特に大企業による「巨大な資金需要」に立脚してこそ実現したこと――が一目瞭然であろう。そのうえで視点を「第二次成長期」へと向けると、この局面での「資金調達総額」（億円）は五七‐六一年＝二四一〇八↓六二‐六五年＝四六五四七↓六六‐六九年＝六五三三五七と動く。したがって、転型期にも減少することなく、「第一次成長期↓転型期↓第二次成長期」という経過の中で実に二兆円規模での持続的増加を遂げつつ、その結果、当面の「第二次成長期」には、その資金調達規模はとうとう六兆円規模にまで達している。その点で、この「第二次成長期」には、設備投資の性格をやや変えながらも、それを実現した資金需要としては依然として大型投資の継続が否定し得まい。

そのうえで次に、(B)資金調達の「構成」にまで立ち入っていこう。いうまでもなく「資金調達内訳構成」の特質に他ならないが、まず「第一次成長期」においては、周知の如く「民間金融機関借入」の圧倒的な大きさに目が奪われる。例えばその比率(%)は、五六年=七六・八(うち全国銀行五七・八)→五八年=七二・四(四六・七)→六〇年=七〇・三(四四・七)→六三年=七九・八(四九・一)となるのであって、資金供給総額における「民間金融機関(特に全国銀行)借入金」の構成比比重は七〇%をも優に超過していよう。その点で、「第一次成長期・資金需要」における、「借入金優先主義=間接金融の典型性」については疑問の余地はあり得まい。しかし「第二次成長期」に入るとやや微妙な新動向が浮上してくる。すなわち、特に「設備投資資金における『自己資本比率の上昇化』」に他ならず、例えば以下のような新たな傾向に着目せざるを得ない。いま、「第一次成長期」に当たる五六-六〇年平均では、「設備投資額」(A)=八三九〇億円、「内部資金」(B)=四〇二四億円、B/A=四七・九%であったのに対して、六七-七〇年というこの「第二次成長期」に入ると、それぞれ三二五七〇億円、二三五五九億円、七二・三%となるから、「自己金融力の強化」は一見して明瞭といってよい。そしてその場合、その秘密が「内部留保の増大」にこそあるのは当然だが、そうであれば、それが、この「第二次成長期」における、「利潤の再投資困難化」=「設備投資増加エネルギーの相対的停滞化」の端的な表現である点もいまや明白ではないか。まさにここにも、パターン変化の兆候がみて取れる。

以上を前提として、(C)資金調達の「作用」にも目を向けてみたい。そこでまず「第一次成長期」だが、この「第一次成長期」に典型的な「間接金融の優位性」はその機能的特質としては「オーバー・ローンの支配化」としてこそ現出しよう。いまその点を、「貸出＋有価証券／実質預金」と「日銀借入／実質預金」という二つの指標（％）に即して追うと、五七年＝一二三・八（一八・三）→五九年＝一一七・二（七・二）→六一年＝一二四・九（二三・七）→六二年＝一二六・七（一九・四）という数値が刻まれる。したがって、高度成長にともなった、まさに見事な「貸出超過」＝オーバー・ローン現象が確認されてよいが、そうであれば、都市銀行は、高度成長が惹起させた巨大な資金需要を、あくまでも――日銀借入を主軸とする――「外部負債」に依存して始めて供給可能だったことが分かろう。要するに、「管理通貨制→日銀→都銀→企業」というチャンネルが体系的に作用したわけであり、まさにこの資金供給ルートを通じてこそ、高度成長に不可欠な、潤沢な設備投資資金が「安定的かつ機構的」に供給可能になっていった。

そのうえで「第二次成長期」に移ると、やや異なる新動向が浮かび上がってくる。すなわち、従来の貸出中心の「日銀信用供給方式」に代えて「債券オペレーション」を重視するという――「新金融調節方式」の採用であるが、その結果、日銀による「無条件債券オペ」（億円）は以下のように激増を遂げた。つまり、六五年＝一一七一→六六年＝三二七八→六七年＝九〇一九→六八年＝五一五九→六九年＝八九九という数字が拾えるから、まさにその点で、――オーバー・ローン方式の一定の進展とも並行しつつ――「第二次成長期」における、この新たな「債券オペ方式」の、「成長通貨供給ルートへの基本的組み込み」化が明瞭に検出されてよい。

このような「資金調達」状況を念頭におきつつ、最後に、それに影響を与えた（ハ）「利子率水準」にも目を向けておきたい。そこでまず（A）「第一次成長期」からみると、総体的にいって顕著な「低金利状態」が持続・安定的に続く。例えば、五七年五月に八・四％のピークを打った後、その後は五八‐五九年をほぼ七％レベルで推移しつつ、六〇年代に入っても、最終的に六五年段階に至るまでは概ね六％台での固定化を辿った。要するに、明瞭な「低金利政策」が採られたわけであり、それを通して潤沢な成長通貨の供給が確保されたといってよい。それに比較して（B）「第二次成長期」に進むと、この「低金利環境」にいわば「下げ止まり」傾向の影が忍び寄る。事実、「全国銀行貸出約定平均金利」（％）に目を凝らすと、六五年＝七・〇八↓六六年＝七・四八↓六七年＝七・三二↓六八年＝七・四六↓六九年＝七・四一と動くから、総体的には、「安定的金利水準の継続」が貫徹しつつも、その「下げ止まり」感はやはり否定できない。したがって、「成長支持的低金利」体系に一定の翳りが発生しつつあるといえよう。

そうであれば、（C）高度成長期・金利水準は結局こう集約されてよい。すなわち、――「第二次成長期」へ向かって一定のペースダウンが無視できないとはしても――、この「低金利体系」が、「質・量両面」からする、潤沢な資金供給を可能にしたと判断してよく、まさにこの「低金利↓資金供給」によってこそ高度成長が現実的に可能になった――のだと。

続いて二つ目に（b）「内部要因」へと視角を転回させていこう。そこで最初に（イ）「雇用動向」が重要だが、その（A）「水準」から入ると、まず「第一次成長期」の「労働力人口」（一〇万人）は以下のように推移した。すなわち、五六年＝四一九↓五八年＝四三二↓六〇年＝四五一↓六二年＝四五七という数字が手に入るから、多少の驚きを禁じ得ない。なぜなら、すでに検出した投資膨張に比較するとその伸び率は意外な程小さいからであって、まずこの「第一次成長期」にあっては、その労働力吸収状態は極めて安定していたことが容易に理解できよう。まさにこのような良好な労働力状況こそがこの局面での投資・蓄積・生産の急拡大を強力にサポートしたこと――はいわば当然である。この点を確認して次に「第二次成長期」に移ると、この「労働力人口」はこの期間に六〇年＝四四〇↓六五年＝四八二↓七〇年＝五二七と推移した以上、「第二次成長期」にも豊富な労働力供給が進んだ点自体には何の疑問もあり得まい。しかし問題はむしろその先にこそあって、例えば「雇用者数」に即してその増加幅を「第一次期」と比べると、「第一次期」に当たる五五－六五年には一〇九八万人になって一・七倍に拡大したのに対して、六〇－七〇年という「第二次期」には九三六万人の一・四倍に止まっている。まさに労働力吸収規模は「第一次期」と比較して明らかに減速しているのであって、「投資拡大の『落ち着き化』」は否定し難く、したがって「第二次期」での「投資の相対的『停滞化』」こそがみて取れよう。

ついで（B）「雇用構成」に目を転じると、まず「第一次成長期」においては、「第一次産業の衰退」・「第二次産業の飛躍」・「第三次産業の持続」といういわば常識的な傾向が何よりも最初に目に付く。しかしそれだけではなく、ついで「六三年／五四年増加率」を基準にすると、「総数」＝五四・五％であるのに対して、「建設業」＝八五・〇％と「製造業」＝六九・三％との突出が顕著だから、その点で、「民間設備投資主導」型「重化学工業」のその中軸性が改めて確認できる。そのうえで「第二次成長期」へ進むと、「第一次期」と比較して、以下の二点に無視し得ない質的変化が進行していく。すなわち、まず一つは「第二次―第三次産業間での増加率逆転」であって、「第二次期」には、「第二次産業計」＝二七四四千人増（増加率二二・三％）に対して「第三次産業」＝四二五四千人増（三〇・七％）と逆転する。ついで二つ目は「重化学工業による労働力吸収の鈍化」に他ならず、「重化学工業・雇用者数」は、例えば五六－六二年には二二〇六千人増（増加率八八・八％、寄与度三四・八％）であったのに対して、「第二次期」に相当する六五－七一年にはそれぞれ一四一五千人増（二七・三％、二〇・二％）へと縮小していく。こうして、この面からも、「第二次期」資本投資における「停滞基調」の、その一端が検出されてよい。

これをふまえて最後に、（C）この雇用動向の「作用」はどうか。そこでいま「求人倍率」に着目してまず「第一次成長期」から入ると、例えば五六年＝〇・三八→五八年＝〇・三九→六〇年＝〇・七四→六二年＝一・三七と動くから、その結果、六二年にはとうとう一倍を超えて「労働力需要超過」が発現するに至る。まさしくその点で、高度成長にともなう企業の強蓄積過程の、その明瞭な帰結だというべきであろう。そしてこの「労働力不足」状況は「第二次期」に入ると一層加速化するといってよく、実際、「求人倍率」はこの局面で六五年＝〇・六→六七年＝一・〇→六九年＝一・三→七〇年＝一・四という軌跡を描く。したがって、この「第二次期」には、この時期プロパーでは「労働力吸収スピードの弱まり」が出現しつつも「第一次期」以来の労働力吸収の「累積化」が作用した結果、「第一次期」をさらに上回る「労働力不足」が進行したと判断する以外にはなく、まさにこのような「雇用状況」からこそ、「第二次期」・企業投資における、「横への拡張」から「縦への深化」要請が強まり、企業の「合理化投資＝大規模化」が進展したのは当然であった。

以上のような「雇用動向」が、第二の「内部要因」たる（ロ）「賃金水準」へと直ちに連結していくのはいうまでもない。そこでまず（A）その「水準」が注目に値するが、最初に「第一次成長期」に関しては以下のような数字が拾える。すなわち、取りあえず「平均賃金額」（千円）と「（実質）現金給与額指数」（六〇年＝一〇〇）との推移をフォローすると、五五年＝一八・三（指数八二・一）→五八年＝二二・二（九二・四）→六一年＝二六・六（一〇五・七）→六四年＝三五・八（一一九・〇）と動いた。したがって、この一〇年間において、賃金額で一万七千円、指数にして三七ポイントの上昇を実現しているから、この「第一次成長期」における持続的な賃金上昇が一応は確認されてよい。その点はなお想定の範囲だが、その後「第二次成長期」へ向かうとどうか。そこで、この局面の数値を同様に拾い出せば、六五年＝三九・四（一二二・一）→六七年＝四八・七（一三七・三）→六九年＝六四・三（一六二・七）→七〇年＝七四・四（一七六・二）となる以上、一見して「第一次期」を上回る賃金上昇が浮上してくる。実際六五－七〇年の六年間を取ると、「現金給与総額」で約一・九倍（六〇－六五年間＝一・六倍）、また「実質賃金」では一・四倍（一・二倍）に伸びているから、すでにチェックした「労働力不足」の顕在化を背景にした、「第二次期」における——「第一次期」

をさらに上回る――賃金上昇の明瞭化が明白に検出されてよい。まずこの基調に疑問の余地はなかろう。

ついで（B）その「構成」にまで立ち入ると、いうまでもなく、高度成長を牽引した「製造業・賃金」が注目に値する。そこでまず「第一次成長期」をみると、「賃金額」と「実質賃金指数」とは次のような推移を遂げた。すなわち、一六・七（八〇・四）→一九・二（九〇・三）→二四・八（一〇五・九）→三三・一（一一八・六）という軌跡を歩んだから、もちろん着実な上昇傾向は当然だとはしても、やや細かく立ち入ると、先に検討した「産業計・水準」からは確実に一－二ポイントは下回っていよう。その点で、高度成長の基幹部門たる「製造業」においてこそ、賃金上昇は一定の「遅れ」を随伴させていたという以外にないが、この「遅れ」こそが「製造業部門利潤率」にむしろ「有利」に作用しつつ、高度成長をそれだけ加速させた――ように思われる。

では「第二次成長期」にはどうか。このような着眼点で「第二次期」に目を凝らすと、今度は興味深い事実が目に飛び込んでくる。というのも、「賃金額」自体は依然として「産業計」をやはり下回るものの、その「増加率」と「実質賃金指数」とに関しては、一転した逆転現象が生じて「製造業」が上位に立つからに他ならない。そのうち例えば「製造業・実質賃金指数」は、一一九・八（「産業計」一二一・二）→一三八・四（一三七・三）→一六七・一（一六二・七）→一八一・六（一七六・二）という経過を辿ったから、「製造業」は、この「第二次期」では、平均水準を超過するスピードで賃金レベルを上昇させた――様子がよく分かる。明らかな基調転換だといってよい。

最後に（C）賃金動向の「作用」にもふれておきたい。その場合、この「作用」については何よりも「消費拡大」への連関こそが重要だと思われるが、まず「第一次成長期」から入ると、「個人消費支出・指数」（五五年＝一〇〇）は以下のようであった。つまり、五五年＝一〇〇→五七年＝一一三→五九年＝一二八→六一年＝一五一→六三年＝一七八という数字が刻まれるから、消費水準はこの一〇年足らずの間に実に一・八倍もの拡張を示していく。まさに、

「賃金上昇↓消費拡大」という波及連鎖が検出可能だといってよいが、この好循環は次の「第二次期」にも基本的には貫徹する。事実、例えば「全国消費水準指数」（七〇年＝一〇〇、都市）に関しては、六五年＝七六・二↓六七年＝八六・四↓六九年＝九五・五↓七〇年＝一〇〇・〇という数値が拾えるかぎり、「第二次期」にも「第一次期」に連続して、「消費水準の全般的向上」はまさに一目瞭然という以外にはない。要するに、「労働力需要拡大↓実質賃金上昇↓消費支出増加↓生活水準向上」という「好循環サイクル」が作動したわけであり、それが成長持続を構造的にサポートした――のは当然であろう。この作用過程にこそ、「成長継続の秘密」に関する一端がみて取れる。

続いて、「内部要因」の第三ポイントこそ（ハ）「労働生産性」に他なるまい。そこでまず（A）その「水準」を「第一次成長期」について検討するとどうか。すでにフォローしたようにこの局面では設備近代化の拡張が進行したが、それが「労働生産性」の顕著な上昇を惹起させたことはいうまでもなく、その点を例えば「所要労働時間指数」（五五年＝一〇〇）を基準にして追えば以下の通りである。すなわち、五五年＝一〇〇↓五九年＝七四・三↓六一年＝六〇・九↓六三年＝五三・三という軌跡を描くのであって、設備投資進展が、生産規模拡張・原材料素材高度化・製法転換などを通じて技術進歩を可能にし、そこからまさに「労働生産性の大幅向上」が帰結したといってよい。そしてこの基調はついで「第二次成長期」に入っても維持され、「労働生産性指数」（六〇年＝一〇〇）は六六年＝一六二・六↓六七年＝一八九・四↓六八年＝二二六・五↓六九年＝二四五・九↓七〇年＝二七一・三という伸張を遂げる。したがってその点で、この「第二次期」（二・一倍）にも「第一次期」（一・九倍）同様の「労働生産性上昇」が進行したことが分かろう。

そのうえで（B）「労働生産性」の「構成」にまで踏み込んでみよう。そこでまず「第一次期」だが、この「労働生産性向上」を業種別にまで立ち入っていくと、例えば五五‐六三年間に関して、「鉄精錬業」（四九・二）・「鉄圧延業」

（五四・五）・「化学繊維業」（五三・二）・「硫安製造業」（三七・〇）・「自動車製造業」（二五・一）・「電動機製造業」（四七・三）などという動向が手に入る。こうして、これら「重化学工業」の典型的部門にあっては、その所要労働時間数は押しなべてほぼ半減を呈した。要するに「重化学工業」業種での「労働生産性・急上昇」こそが確認されてよい。もっともこの点は十分に想定の範囲だから、次に、特に「賃金コスト指数」を使ってやや別の角度から「第二次期」の新動向検出を試みると、ここでは、一一一・一↓一〇八・〇↓一〇八・四↓一〇九・八↓一一八・五という推移が目に止まる。すなわち、先にチェックした通り「労働生産性」自体はこの「第二次期」にも顕著に増大していたが、それと「賃金指数」との相対バランスである「賃金コスト指数」に即して計量すると、資本サイドからの効率性はむしろ悪化に転じている。まさに、「第二次期」における「基調転換」が否定し得まい。

最後に（C）その「作用」はどう把握可能であろうか。まずこの点を「第一次成長期」に即してみると、この「労働生産性向上」は次の二方向へと作用を及ぼした。つまり、まず一つは「労働分配率の低下」であって、具体的には五〇年＝六五・六↓五五年＝五四・四↓五九年＝四九・六↓六一年＝四六・三と顕著な下落基調で推移したから、他方での「賃金の実質的上昇」はこの「労働生産性向上」によって打ち消されつつ、その結果「利潤率の削減」には至らなかったのだ——と判定されてよい。ついで二つ目は「製品価格低下」への連動に他ならず、例えば「工業品・卸売物価」は六四年には九〇・九（五五－五七年＝一〇〇）にまで下がっているなど、特に「新製品・耐久消費財価格」に関しては目立った低落が実現された。こうして、「労働生産性向上↓価格低下↓国際競争力強化」というラインが進行したわけであり、まさにこれが高度成長を最終的に支えたことは明白であろう。しかしその後「第二次期」へ移ると、このような「好連鎖」にも一定の「翳り」が浮かんでくる。すなわち、「大型投資—合理化—独占強化」を通して「労働生産性」は大幅に上昇するものの、他方で賃金上昇がそれ以上に加速するため、「賃金コスト指数」は六七年＝一〇八・〇↓六八年＝一〇八・四↓六九年＝一〇九・八↓七〇年＝一一八・五↓七一年＝一二九・三と著しい高騰を示す。したがって、資本利潤率への負荷作用が進むわけであり、その意味で、「第二次期」における資本蓄積の構造的変化がみて取れよう。

以上を前提にして取り急ぎ三つ目として、「高度成長期・資本蓄積パターン」の（c）「帰結要因」へと視点を転換しよう。そこで最初は（イ）「生産」動向だが、まず「第一次成長期」における（A）その「水準」からスタートすると、例えば「実質国民総生産」（千億円）と「工業生産指数」（六〇年＝一〇〇）とは以下のようであった。すなわち、五五年＝八二（四七・七）↓六一年＝一七七（一二四・六）↓六三年＝二二五（一五一・二）というライン上を経過したから、この期間に前者は二・七倍にまた後者は三・一倍にそれぞれ激増を遂げている。その点で、繰り返し確認してきたこの局面での設備投資の拡張がまさに「生産拡張」へと帰結しているのは――いうまでもなく自明のことであろう。それを念頭に置いて次に「第二次成長期」へ目を転じると、ここでも「生産拡大」の基調に変化はみられない。というのも、「鉱工業生産指数」（六五年＝一〇〇）を基準として生産動向をフォローすれば、六五年＝一〇〇・〇↓六六年＝一一三・一↓六七年＝一三四・八↓六八年＝一五八・三↓六九年＝一八四・七という持続的な増大傾向が同様に検出可能だからに他ならない。にもかかわらず、その増加テンポが「第一次期」より明瞭に後退している点も否定はできず、したがって、何度もふれた、「第二次期」における「設備投資『落ち着き化』」の影響はやはりここにも色濃く反映していよう。まさに「基調変化」の出現というべきではないか。

そのうえで（B）その「構成」へ入ると、まず「第一次期」における「部門別年増加率」では、以下のような動きに注目が集まらざるを得ない。つまり、五五－六一年間の年増加率（％）に関して、例えば「鉄鋼」＝二三・六、「非鉄金属」＝二三・二、「機械」＝三五・三、「石油製品」＝二四・九という、「重化学工業部門」の飛躍性に目が奪われるのであって、このベクトルからも「重化学工業の主導性」は疑問なく実証されよう。この点をふまえて「第二次期」に移ると、「第一次期」と同様に「重化学工業部門」の主導性が直ちに浮上してくる。事実、「鉄鋼業」(六六年＝一一五・六↓六八年＝一六八・四↓六九年＝二〇二・九)・「機械工業」(一一六・一↓一九三・一↓二三七・四)・「化学工業」(一一三・〇↓一五三・三↓一七九・五)などの拡張速度が顕著だからであって、これら「重化学工業」三種の拡大牽引力はまさに一目瞭然だといってよい。まさしく重化学工業化の持続的進行であろう。

最後に(C)生産拡大の「作用」にも手短に関説しておきたい。そこでその軸点は何よりも「成長率」にこそ求められるが、最初に「第一次期」では、その「名目成長率」(%)は、五九年＝一一・二(実質九・二)↓六〇年＝一九・九(一四・一)↓六一年＝二三・四(一五・六)↓六二年＝一〇・八(六・四)↓六三年＝一五・四(一〇・六)↓六四年＝一七・九(一三・三)という、連年一〇-二〇%台の凄まじい高成長が驀進していく。その意味で、「生産拡大↓高成長率」という連関が当然みて取れるが、この「高成長」は次の「第二次期」でも継続されるといってよく、「転型期」で一旦は落ち込むものの、その後は再度上昇気流に乗り、例えば六六年＝一五・三(一〇・二)↓六八年＝一八・六(一四・二)↓六九年＝一六・七(一二・一)↓七〇年＝一七・八(一〇・三)という軌跡を描く。まさに高成長の持続化という以外になく、したがって、「設備投資増加↓生産拡大」が最終的にはこの「高・成長率」にこそ帰結していよう。

次に、「帰結要因」の第二要因たる(ロ)「輸出」動向はどうか。まず始めに「第一次成長期」に即して(A)その「水準」から押さえていくと、「輸出動向」(一九三八年＝一〇〇、数量ベース)は五一年＝三五↓五八年＝九四↓六三年＝一八六という図式を描く。つまり、五八年段階でほぼ戦前水準に回復した後、五一-六三年平均で毎年一五・六%もの増加を実現した結果、高度成長期には五一年の実に五倍をも超えるに至った。その点で、「設備投資拡張→量産化→生産性上昇→製品価格下落」という論理が働いて、何よりも「輸出激増」こそが出現したとみてよい。

ついで「第二次成長期」へ移ると、この「輸出激増」基調は一層加速されていく。特に「転型期」以降の膨張が凄まじいが、まず「輸出額」（億ドル）が六六年＝九六→六七年＝一〇二→六八年＝一二七→六九年＝一五九→七〇年＝一八九と増加したことに加えて、その増加率（％）も六七年＝六・八→六八年＝二四・二→六九年＝二三・三→七〇年＝二〇・八という驚異的レベルを辿った。要するに、この局面での、「第一次期」をも凌駕する「異常な」輸出増加が一目瞭然ではないか。

この点を前提として、次に（B）輸出「構成」にまで立ち入るが、まず「第一次成長期」はどうか。そこで「輸出商品構成」に着目すると、いうまでもなく「重化学工業品」の伸張が目立つのであって、その構成比（％）は五三年＝三七・五（うち「機械類」一四・九）→六一年＝四四・三（二六・一）→六四年＝五七・八（三四・〇）と推移した。したがって、輸出増加の中軸を担ったのが「重化学工業品」（取り分け「機械類」）であった点が明白だが、ここにも「重化学工業の基軸性」が濃厚に反映していよう。そしてこの動向は、次の「第二次期」にも顕著に継続しており、「重化学工業品」は、例えば六六－六九年平均では金額にして八二億ドルに上る他、構成比でも実に六七・〇％にも達している。したがって、「第二次期」には、「第一次期」での「重化学工業品・中軸化」が一層進展したことが分かる。まさに「輸出の重化学工業化」に他なるまい。

最後に（C）その「作用」が集約されねばならない。そこでまず「第一次期」から入ると、以上のような「輸出拡大」は取り分け「国際収支図式」へと反映していく。いうまでもなく「貿易収支の黒字化」であって、具体的には「五一－五四年局面」ではまだ四億八千万ドルの大幅赤字であったものが、次に「五五－五八年局面」に入ると赤字額はまず五五〇〇万ドルにまで減少するし、さらに「五九－六二年局面」に至るととうとう一億一八〇〇万ドルの黒字にまで転化する――のである。こうして、ほぼこの「第一次期」末期において、戦後長きに亘って宿願とされてきた「貿易収支の均衡化」が達成されたと判断してよく、それが、これ以後「国際収支の天井―景気変動パターン」に大きく作用していくのは周知のことであろう。

まさにこの作用が顕著に表面化するのが次の「第二次期」に他ならない。すなわち、「輸出効果」の、「対景気変動作用」の強化だが、その点は、例えば「最終需要に対する輸出比率」（一〇－一一％）・「最終需要増加寄与率」（一六％）・「実質貿易依存度」（二〇－二二％）それぞれの、「第一次期」からの有意な上昇――などとして明瞭に検出可能だといえよう。そして、それが最終的には、「国際収支の天井」を基軸にした「景気変動と国際収支との内的関係」に対して一定の修正を与えたことは自明であって、まさにそれこそが銘記されねばなるまい。

以上をうけて、「帰結要因」の最後として（ハ）「利潤率動向」が注目されてよい。最初に（A）その「水準」だがまず「第一次成長期」はどうか。そこで「製造業利益率」（総資本利益率、％）の推移フォローを試みると、例えば五五年＝四・〇→五六年＝六・二→五七年＝八・〇→五九年＝六・二→六〇年＝八・一→六一年＝七・三という数字が拾える。したがって、傾向的趨勢としては明らかに上昇基調を示しているし、また国際比較的にも、この局面でのアメリカとドイツのそれが、それぞれ五五年＝一二・三、一一・五→五八年＝八・三、三・六→六一年＝八・七、五・四となる以上、日本の水準はドイツよりは明瞭に高く、アメリカとはほぼ同レベルだと判断してよい。こうして「第一次期」は、企業収益に高い比重を傾けてこそ始動した点が確認できよう。しかしこの傾向は「第二次期」に入ると明瞭に後退していく。すなわち、「第一次期」の高水準が「転型期」において一旦低下した後、「第二次期」を迎えて確かに回復に転じはするが、その水準は決して高くはなく、六六年＝三・八→六八年＝二・七→七〇年＝四・二となってむしろ「停滞状況」をこそ余儀なくされる。その点で、この「第二次期」の「企業収益」は「第一次期」と比較して明らかに低位に止まった——と結論でき、したがってそこには明確な「転調」が出現してくる。

そのうえで（B）利潤率の「構成」にまで立ち入ると、まず「第一次成長期」の「主要企業利益率」（総資本利益率、％）では、先の「製造業ベース」よりも一層顕著な「利益率の高位性」が浮かび上がってこよう。というのも、それは五五年＝六・〇八→五六年＝八・三五→五七年＝九・八五→五八年＝六・〇五→五九年＝八・六四→六〇年＝一〇・三八→六一年＝九・六七という推移を刻むからであり、したがって、このようにさらにその「構成」にまで目を凝らせば、この「第一次期」における、「利潤率水準」一般を一段と凌駕するような、その「利潤率高レベル化」こそが手に入ろう。

これに対して「第二次期」では、以下の二論点がヨリ立ち入った基調として発現するに至る。つまりまず第一基調は「利潤率変動サイクルの『長期化』」であって、「第一次期」の「収益率上昇および低落期間」が概ね「二－三年」であったのに比較して、「第二次期」ではそれが「四年」にまで延びているとみてよい。まさに「利潤率変動周期」の「長期化」であって、一定の変容プロセスの進行が予測できよう。そのうえで第二基調こそ「利潤率の趨勢的低下傾向」に他ならず、事実、利益率は「第一次期」の「五－六％台」から「第二次期」での「三－四％台」へと明確に落ちてきている。要するに「低下基調的長期趨勢」が否定できまい。

最後に、（C）この利潤率動向の「作用」が集約される必要がある。そこでまず「第一次成長期」からみると、この局面での「利潤率高位性」はいうまでもなく「企業利潤量の拡張」をもたらした。そしてそれがさらに「高投資」を誘導したのは当然であったが、例えば「主要製造業企業」（三四〇－六一社）の「税引後利益額」は、五五－六一年の間に一一六〇億円から三八八〇億円へと実に三倍以上にも激増したとされている。まさに「高利潤率→高投資」という好循環の進行が一目瞭然ではないか。それに較べると、「第二次期」ではやや色彩の異なる「作用」こそが一見して目に付こう。すなわち、「第二次期」の利潤率「作用」は、「第一次期」での「短期的・激発的な高水準実現」とは異なって、むしろ「持続的・安定的な一定水準確保」という点にその特徴をもち、何よりもそこにこそ「第二次期」のその固有性がある――のだと。

〔2〕 低成長期　ついで第二に②「低成長期」[2]の「資本蓄積パターン」へと視角を転じていこう。そこで最初に一つ目として（a）その「前提要因」から入るが、（イ）「設備投資」こそがまず全体的前提をなす。そこで（A）その「水準」を「設備投資額」（一〇〇億円）に即して辿れば、例えば、「六一－六五年」（「第一次成長期」）＝七四六→「六六－七〇年」（「第二次成長期」）＝一四二三→「七一－七五年」＝二五七六→「七六－八〇年」＝三八一八となるから、「低成長期」としての七〇年代に入っても設備投資の活発な持続はなお否定できない。その点で、低成長への転換が特徴的な七〇年代にも設備投資が増大した点――には注意が必要だが、しかし「増加率」にまで注目すれば、その増加テンポの落ち込みはやはり目立ってくる。というのも、「第一次期」から「第二次期」への増加率が約二倍なのに対して、「第二次期」→「七〇年代前半」は一・八倍、さらにそこから「七〇年代後半」へは一・五倍の増加に止まっているからに他ならない。こうして、低成長化移行の基盤に「設備投資の停滞化」があるのは当然であろう。

そうであれば、ついで（B）その「構成」が興味深いが、そこからは、「高度成長期」をリードした「重化学工業」部門における明白な停滞化こそが浮上してくる。すなわち、「産業別設備投資」（一〇億円）に関して、例えば、「石油」（「七一－七五年」＝一八四一→「七六－八〇年」＝一五二八）・「非鉄金属」（七九二→五三二）・「化学」（二九七二→二四五二）・「鉄鋼」（四〇四〇→三七五四）などで顕著な縮小が進行するのであって、一見して、「大型装置産業」を中心とした「重化学工業・設備投資」の趨勢的下落が無視できまい。まさに七〇年代型設備投資の基調変化であろう。

したがって、（C）その「作用」はいわば自明だと思われる。つまり、設備投資軸心の、「重化学工業部門」から「サービス・ソフト部門」および「公害防止部門」への移動に起因して、「国民総支出における企業設備投資構成比」（％）が持続的に低落したことであって、その数値は、具体的には、七〇年＝二一・〇→七三年＝一八・五→七六年＝一五・一→七九年＝一四・九→八三年＝一四・六という「見事な」低落傾向を進んだ。まさしく設備投資の「景気主導力」衰弱化である。

この点をふまえて、次に「前提要因」の第二は（ロ）「資金調達」動向だといってよい。そこでまず（A）その「水準」が問題となるが、「企業資金調達額」（一〇億円）推移は以下のようであった。すなわち、六二－六四年が三六六一だったのに対して六五－七〇年には六四四〇と増加し、その後さらに七〇年代に入っても七一－七四年＝一二五二七と多額の水準が続いた。したがってこの低成長期を迎えても、資金調達額は決してその増加を停止したわけではないが、しかしその増加率にまで視点を狭めると、企業資金調達額の増加は明らかに停滞・微減基調へと転じていよう。まさに、「七〇年代停滞現象」の資金調達面への明確な反映だといってよい。

ついで（B）資金調達の「構成」はどうか。そこで、高度成長期において企業資金需要の圧倒的中軸を占めた「金融機関借入」に即して低成長期の動向を追うと、やや二面的な特徴が検出可能となる。すなわち、まず一面では、この「借入金」のウエイトはいうまでもなくなお高く、例えば六八年＝三九・六％→七〇年＝四三・三％→七三年＝五一・一％→七五年＝五八・八％という数値が刻まれる。その意味で、高度成長期からこの低成長期に移っても、「外部資金」なかんずく「借入金」の比重が依然として増加し続けている傾向がみて取れるが、しかしそれだけではない。というのも、次に他面で、この動きを逆方向から銀行の「貸出金の対前年増加率」（都市銀行、％）として計測すると、やや異なる図柄が浮かび上がってくる――からであって、それは以下のように動いた。すなわち、例えば七五年＝一〇・九→七六年＝一〇・五→七七年＝八・五→七八年＝九・七→七九年＝六・一という軌跡が描かれるから、低成長期における、貸出金・増加率の傾向的低落に疑問の余地はあり得まい。こうして、低成長期に入ると、銀行借入は絶対的にはその基軸性をなお維持するものの、その比重には一定の後退化が発生しつつあった。まさにその背景に、低成長化に起因した資金需要の停滞があるのは当然であろう。

そうであれば、ここから、「自己資本比率の上昇」という（C）新たな「作用」が派生してこざるを得ない。その場合、この現象は取り分け「設備資金・自己資本比率」においてこそ顕著であって、それを「内部資金／設備資金調達額」（％）を基準にしてフォローすると次のようになろう。つまり、五六‐六〇年平均が四七・九％だったのに対して、例えば六七‐七〇年平均＝七二・三→七一‐七四年平均＝七八・八と経過したから、「低成長期」におけるこの「自己資本比率」の継続的上昇に関してはまさしく明瞭ではないか。そしてその基本理由が「資本過剰化」に立脚した「内部留保増加」にこそある以上、構造転換の進行が明らかに無視できない。

続いて第三の「内部要因」こそ（ハ）「利子率」動向に他ならない。そこで最初にまず（A）「公定歩合」（％）に目を凝らすと、七〇年一〇月＝六・〇→七二年六月＝四・二→七五年四月＝八・五→七七年三月＝六・〇→七九年四月＝四・二→八〇年二月＝七・二と動く。したがって、高度成長期での持続的な「五‐六％レベル維持」という基調は決定的に崩れ、その結果、特に物価動向との兼ね合いによって、いわば「上昇含み」で大きな乱高下を余儀なくされた。そしてこの変質は、ついで（B）「貸出約定金利」（国内銀行、％）に即しても同型だといってよく、その水準を実際に追えば以下のような経過を辿る。すなわち、七〇年＝七・七→七二年＝六・九→七四年＝九・二→七六年＝八・三→七八年＝六・二→八〇年＝八・二となるから、「ドル・ショック」と「石油危機」とを織り込みながら、上昇傾向を示しながら激しい上下運動を経験したと理解されてよい。

したがって、低成長期の「利子率」動向は結局（C）こう「集約」可能ではないか。すなわち、高度成長期の「人為的な低金利体制」はその役割を終えたのであり、それに代わって、物価および景気状況に対応した「弾力的な金利運動」が一定の進行を開始した――のだと。

そのうえで、続いて二つ目に「低成長期」の（b）「内部要因」へ進むが、最初は（イ）「雇用」動向に他ならない。そこでまず（A）その「水準」が全体の前提をなそう。いま例えばこの点を「製造業常用雇用指数」（七五年＝一〇〇）を使ってフォローすると、以下のような極めて特徴的な動きが浮上してくる。すなわち、転型期終了後には六八年＝九九・四→六九年＝一〇三・一→七〇年＝一〇七・〇となって顕著な上昇に向かうものの、「ドル・ショック→石油危機」を契機として下降に転じ、それ以降は、七三年＝一〇六・〇→七五年＝一〇〇・〇→七七年＝九七・一→七九年＝九四・一という決定的な減少傾向を継続した。したがってその意味で、七〇年代低成長期に入って、企業が明確な「労働力吸収の削減」に転じたことが明白であり、そこから雇用基調の変容が進んだ。

ではその「変容」は、どのような（B）「構成」によって現実化したのであろうか。そこで、「産業別常用雇用構成」にまで立ち入ると、以下の二点が特に目立つが、まず一つは「第二次産業の停滞」に他なるまい。というのも、「第二次―第三次産業」の構成比（％）に関して、例えば六〇年代にはまだ「三七－二九」と「第二次優位」だったものが、七〇年代には「三五－四六」となりつつその後八〇年代にはとうとう「三五－五四」と逆転にまで至っている。いわゆる「産業のサービス化・ソフト化」傾向だが、しかしそれだけではない。そのうえでもう一つは「部門別構成比」（七三年＝一〇〇、％）の推移であって、具体的には、「鉱業」（七四年＝八五・三→七五年＝七八・九→七六年＝七三・六）・「建設業」（一〇〇・一→九四・四→九三・三）・「製造業」（九九・五→九四・二→九一・六）などでの落ち込みが大きいことに加えて、さらに「製造業」の内部でも、例えば七六年時点を取ると、「化学」＝九五・五・「鉄鋼」＝九四・七・「金属製品」＝八六・一となるから、取り分け「重化学工業」部門での閉塞感が無視できない。まさに「重厚長大」部門の縮小であろう。

そうであれば、（C）雇用動向の「作用」は結局こう集約可能だといってよい。すなわち、七〇年代には「見事な雇用削減」が発現したが、その雇用削減の本質は、それが、二度の石油危機に起因した単なる「緊急避難」的現象ではなく、むしろそのショックを引き金とした、生産・経営システムの、「雇用節約型」への構造的転換の結果であること――これである。要するに、七〇年代でのなお活発な企業投資は、何よりもこのような「正規雇用削減」体制の下でのみ展開されたわけであり、まさしく「減量経営」の構造的定着に他なるまい。

続いて「内部要因」の第二は（ロ）「賃金水準」であるが、最初に（A）その「水準」を確かめておこう。そこで「平均給与額」（千円）と「実質賃金指数」（一九三五年＝一〇〇）の変化を追うと、例えば以下のような軌跡が描かれる。すなわち、六五年＝三九三（一七一・九）→七〇年＝七五六（二五三・四）→七五年＝一七七二（三四六・九）→八〇年＝二六三三（三七三・八）となるから、もちろん、まず一面で、七〇年代にも給与額・実質賃金とも増加基調にあること自体は否定できない。しかしそのうえで、その伸張度にまで目を凝らせば、七五年以降では明瞭な停滞が検出されざるを得なく、したがって、この低成長期には、「雇用減少→給与停滞」が「実質賃金停滞」となって帰結する。

それを確認しつつ、その原因を知るために（B）その「構成」にまで立ち入ろう。そこでいま「産業部門別賃金上昇率」（％）に注目すると、「産業計」のそれが六六－七〇年平均＝一三・八→七一－七五年平均＝一八・六であるのに対して、主要重化学工業部門では例えば以下のような数値が拾える。つまり、化学＝一四・六→一八・三、鉄鋼＝一五・二→一七・〇、金属機械＝一五・三→一八・五、電気機器＝一五・〇→一九・〇、輸送機器＝一三・七→一七・三、精密機器＝一四・八→一七・六という具合であって、まさにここからは、好調な家電を中心とした「電気機器」以外の重化学工業セクターは、押しなべて平均上昇率にも届かなくなっている――という図式が一目瞭然であろう。その意味で、七〇年代の「賃金伸び悩み」の主因がこの重化学工業部門にこそあるのは明瞭である。

以上を前提として、最後に（C）賃金動向「作用」を「労働市場」側面から整理しておきたい。そうすると、「一般求人倍率」（倍）が取り分け注目に値するが、それは以下のように推移した。すなわち、七〇年＝一・四→七二年＝一・二→七四年＝一・二→七四年＝〇・六という動向を辿った以上、そこには明らかな低下基調こそが発現してくるから、いま検出した、労働力需要の傾向的低落がこの求人倍率の低下となってはっきりと反映されていく。まさにその点で、「減量経営→雇用削減→求人倍率低下」という論理の、その明確な貫徹が実証されてよい。

そのうえで、「内部要因」の第三ポイントは（ハ）「労働生産性」（%）レベルだが、いまその最も端的な反映指標たる「労働分配率」に即してその計測を試みると、それは、この低成長局面ではやや特異なライン上を動いた。というのは、一方では、いま確認した通り「賃金伸び悩み」傾向が無視できないから、それは「労働分配率『低下』」への作用を発揮するはずだが、他方で、「ドル・ショック→石油危機」という七〇年代過程で、——後にみるように——企業収益も決して好調ではないかぎり、それは逆に「労働分配率『上昇』」をこそ誘導する——という錯綜運動を帰結させざるを得ない、からに他ならない。要するに、「労働分配率」決定に関わる「逆方向要因」が進行したと考える以外にないが、まさにそれこそが、六九年＝三四・六→七一年＝三七・八→七三年＝三六・二→七五年＝四四・二→七七年＝四一・七→七八年＝四〇・五という、「労働分配率」の「拡散過程」に現実化されているのは当然であろう。その意味で、この七〇年代「低成長期」こそ、「新たな資本—賃労働関係」構築への、その「模索過程」だったと判断すべきなのであり、そこに、七〇年代の「時代的意義」がみて取れる。

こうして、三つ目に「低成長期」の（c）「帰結要因」へと連結していく。そこで最初に（イ）「生産」動向が問題になるが、まず（A）その「水準」はどうか。そうすれば、七〇年代に経験された二度の「石油危機」を巡ってかなり異なった生産動向が進んだ点が明瞭であり、最初に「第一次石油危機」に際しては、「鉱工業生産指数」（八〇年＝一〇〇）が七〇年＝六六・九↓七三年＝八四・六↓七四年＝八二・二↓七五年＝七二・三と推移した以上、そのダメージの大きさは明瞭であった。それに対して「第二次石油危機」に直面しては様相を異にし、例えば七九年＝九五・五↓八一年＝一〇一・〇↓八三年＝一〇四・九という経過で急速な回復が実現されていった。こうして、「第二次石油危機」の生産への悪影響ははるかに小規模なままで克服可能だったと考えてよい。

ついで（B）その「構成」へと目を向けると、「部門別・鉱工業生産指数」を基準とした明確な「二極分解」こそが浮上してこよう。すなわち、まず一方では、「輸入型原材料依存生産部門」での後退が目立ち、例えば「金属製品」（七〇年＝七一・七↓七五年＝七三・四↓八〇年＝一〇〇・〇↓八五年＝九七・〇）や「石油石炭製品」（七八・八↓九八・七↓一〇〇・〇↓八五・二）などがこれに該当する。それに対して他方で、「輸出型・組み立て型産業部門」での大きな拡大が顕著であって、「機械一般」（五二・八↓六〇・二↓一〇〇・〇↓一二二・二）・「化学」（六〇・九↓七〇・一〇〇・〇↓一二二・〇）・「輸送機械」（五六・三↓七六・九↓一〇〇・〇↓一〇八・六）などがその代表例だと整理されてよい。まさにその点で、七〇年代の「原料資源制約」が発揮した、その極めて色濃い「二面的」影響作用が一目瞭然だと思われる。

以上を受けて、最後に（C）生産動向「作用」を「経済成長率」（％）側面からも総括しておきたい。そこでざっとその軌跡を辿ると以下のようになろう。すなわち、まず「ドル・ショック」の中で一旦七〇年＝一〇・三↓七二年＝八・六と下降した後、さらに「第一次石油危機」に飲み込まれる過程で七四年＝△一・四とマイナス成長にまで落ち込むが、ついでその後も、七六年＝四・〇↓七八年＝五・四↓七九年＝五・六↓八一年＝二・八↓八三年＝一・九となって極めて低いレベルで呻吟する以外にはなかった。その結果、「石油危機」を境として、日本資本主義が「低成長体制」

へと転型したことについては疑問の余地はなく、その経済構造は基盤上の質的変容を遂げた。

取り急ぎ、第二の「帰結要因」たる（ロ）「輸出」動向へと視点を移そう。そこでまず（A）その「水準」が前提となるが、「輸出額」（百億円）と「貿易黒字額」（同）とは以下のような推移を遂げた。具体的には、七〇年＝輸出六九五（黒字二五）↓七二年＝八八〇（一五八）↓七四年＝一六二〇（△一八七）↓七六年＝一九九三（七一）↓七八年＝二〇五五（三八三）↓八〇年＝二九三八（△二六一）↓八二年＝三四四三（一七八）という数値が拾えるのであり、したがって特にその黒字額基調としては、次の三点が直ちに検出可能になってくる。すなわち、まず、「二度の石油危機」にともなって「七四・八〇年期」には見事な大幅赤字に転落している点、ついで、しかしその赤字転落はほぼ二年で急速に修復が終了している点、さらに、この赤字転落脱却後はむしろそれ以前を凌駕する黒字額を実現している点――、まさしくこれら三点に他ならない。こうして、ここからは、石油危機をむしろ跳躍台にして企業合理化がさらに推進された過程こそが浮上してくるわけであり、要するに、石油危機を乗り切る中で、貿易黒字累積はその一層の昂進を続けていく。

ついで（B）その「構成」へ進むと、まず「輸出品構成」（一〇億円、％）に関しては「機械」の質・量的な激増が目立つ。もう一歩具体的に指摘すれば、「六〇－六九年平均」と「七〇－七九年平均」との両スパンの間で、「化学工業品」（六・一％↓六・〇％）が横ばいである以外は軒並み低落している状況にあって、唯一この「機械」だけが九九二（三三・二％）↓七七六五（五一・二％）と推移しているから、その大幅な拡張実現が明瞭だといってよい。その場合、この「機械」の中には、高度成長期以来日本が得意にする「電気機械・輸送機械・精密機械」などが含まれるのは当然であるが、この低成長期にも、まさにこれら部門によって輸出増加の大宗が担われた。

そのうえで、もう一つ「輸出地域構成」（一〇億円、％）にも重要な特徴が進行していく。いうまでもなく「アメリカ」ウエイトの伸張であって、従来の首位であった「アジア」が停滞・低下する一方で、「北米」が六〇―六九年＝一〇八四（三五・一％）→七〇―七九年＝四七二三（三一・二％）→八〇―八九年＝一三三八九（三七・七％）と拡張して、八〇年代にはトップに躍り出るに至った。まさにその点で、「集中豪雨型・対米輸出激増」という以外にはないが、日本による、「石油危機」からの「早期脱出」が何よりもこれを踏み台にしてのみ可能だったことは、もはや自明の事実ではないか。

これをふまえて（C）その「作用」を探ると、それが「日米貿易摩擦」に帰結するのは周知のことではないか。事実、まず「対日輸入」（億ドル）は七一―七五年＝五〇五→七六―八〇年＝一二四九→八一―八五年＝二五六三という具合で「倍々ゲーム」の超スピードで激増するが、まさにその結果として、次に「対日収支」は△一三〇→△五三〇→△一四五四という凄まじい赤字膨張を辿り続けたといってよい。つまり、アメリカ貿易赤字の実にほぼ三分の一がまさに対日赤字に起因している――という勘定にもなる以上、ここにこそ「日米貿易摩擦」の原点があるともいえよう。

そのうえで「帰結要因」の第三は（ハ）「利潤率」動向だといってよい。そうであれば最初に（A）その「水準」が前提をなすが、取り敢えず「経常利益率」（経常利益／売上高、％）の推移を追えば以下のようであった。つまり、七〇年＝四・七四→七二年＝三・九七→七四年＝三・五九→七六年＝二・五〇→七八年＝三・〇五という数字が刻まれるから、一見して低い水準での低空飛行が続くといわざるを得ないし、その中でも特に七五年には、石油危機の打撃を受けて瞬間風速的には一・二一％にまで落ち込んだ。いずれにしても、高度成長期には概ね「四―五％」水準が確保されていた以上、この局面での「利潤率の全般的低位性」は如何せん否定し得まい。

この点を前提としてさらに（B）その「構成」にまで立ち入ると、以下の三点が取り分け注目に値しよう。つまり、

「人件費／売上高比率（％）」（一四・〇五↓一五・四五↓一五・三五↓一五・七二↓一六・一五）、「金融費／売上高比率（％）」（四・二一↓四・三七↓四・五四↓四・六一↓四・一二）、「材料費／売上高比率（％）」（五二・六↓四八・六六↓五五・一三↓五二・六五↓五一・五二）という三指標の「上昇」ないし「高止まり」に他ならず、その結果、企業利潤率に作用する「人件費・金融費・材料費」が軒並み実質上昇している点が分かる。まさにこれらの「コスト上昇要因」が企業収益を圧迫せざるを得ないのは当然であり、それが、過剰蓄積の一要因として作用して「利益率の低下」を帰結させたのであろう。こうして、「コスト上昇↓過剰蓄積↓企業収益悪化」というロジックが発現をみた。

そうであれば、ここからは次のような（C）「作用」が導出されざるを得まい。すなわち、「生産実体レベル」での「過剰蓄積」以外ではなく、その主要指標たる「賃金コスト指数」（％）は以下のような上昇ラインを駆け上がった。実際その具体的数値を摘出すると、例えば、七〇年＝五七・〇↓七五年＝一〇〇・〇↓八〇年＝九六・一↓八五年＝九七・一という図式になる以上、「第一次石油危機」に直面してまず急上昇を強制され、その後一旦は下落して改善をみたものの、八〇年代以降には再度上昇に転じて資本効率は低下を余儀なくされ続けている。要するに、七〇年代「利益率低落傾向」の基礎には、まさに明確な「過剰蓄積現象」が存在していよう。

［3］バブル期　最後に第三こそ③「バブル期」[3]の「資本蓄積パターン」に他ならないが、最初に一つ目として（a）その「前提要因」から始めよう。そこでまず（イ）「設備投資」が前提をなすが、（A）その「水準」をフォローしていくと、七〇年代低成長期に「伸び悩み」に直面した設備投資は、八〇年代を迎えて再度その活発性を強める。すなわち、いま「産業計・設備投資額」（千億円）に着目すると、七一－七五年＝二五七↓七六－八〇年＝三八一と足踏みをみせた後、八〇年代から増大テンポを上げ、その後は八一－八五年＝五七七↓八六－九〇年＝七七八という顕著な拡張局面に移った。その意味で、八〇年代・バブル期は、株価・地価だけに止まらず何よりも「設備投資・拡張局面」だっ

たことが重要だが、その点は、設備投資・増加率（％）に即して検証しても明白であって、例えば、「円高不況」下で八六年＝一・九↓八七年＝△〇・一と低迷したものの、その後は八八年＝一八・九↓八九年＝一五・〇という二桁レベルの目立った増加をさえ記録していくのである。もちろん、この基調はバブル崩壊とともに暗転し、九〇年＝五・九へと下落しただけでなくそれ以降もさらに九三年＝△三・五↓九四年＝△〇・一と落ち込みを継続するから、まさにその「循環性」が注意されるべきだが、しかしそれらを通して総合的には、「バブル形成期＝設備投資急増」対「バブル崩壊期＝設備投資収縮」という「対照図式の貫徹」――こそが検出可能だといえよう。その意味で、景気転換の軸は何よりも「設備投資」にこそあった。

ついで（B）その「構成」にまで目を向けるが、そうすると、バブル期・設備投資のこのような「乱高下」現象を惹起させたその基軸原因はまさしく「製造業・加工組立部門」にこそ求められる点――が興味深い。というのも、例えばこの加工組立部門のチャンピオンといえる「電子機械」と「自動車」との設備投資・増加率（％）をフォローしてみると、それぞれ、八四年＝六七・四↓八五年＝△一〇・九↓八六年＝△二九・七↓八七年＝一〇・七↓八八年＝四七・四↓八九年＝三〇・三および一一・九↓三七・三↓△六・九↓△一六・七↓二四・七↓二五・七という数字が刻まれるからであって、事態の基本的輪郭はもはや明瞭であろう。すなわち、この両部門動向において、設備投資レベルの「高水準↓激落↓急回復」という「典型的上下運動」が、それこそ「絵に描いた」ように発現しているといってよく、その点に、八〇年代景気動向の性格が端的に反映している。

最後に（C）設備投資の「作用」はどうか。そこでまず、設備投資拡張局面での「設備投資動機構成比」（％）推移を追っていくと、何よりも顕著なのは「能力増強」動機の旺盛さであって、例えば以下のような数字が手に入る。つまり、八四年＝三三・九↓八五年＝三三・〇↓八六年＝二二・八と一旦は下落するものの、バブル進行に対応して再度上向きに転じ、それ以降は八七年＝二五・一↓八八年＝三一・三↓八九年＝三三・〇と急テンポでの上昇を示していく。その点で、バブル局面における設備投資拡張の基本動機が、取り分けこの「能力増強」にこそあった点にはまず疑問の余地はあり得まい。そして、このような「能力増強」型設備投資の破綻としてこそ「バブル崩壊」が位置づく以上、この「バブル崩壊」局面が、まさに「バブルの後始末」プロセスとしてこそ理解されてよいのも当然であろう。換言すれば、それは「バブル過剰蓄積の整理過程」以外ではなく、設備投資運動にそれが典型的に表現されている。

そのうえで（ロ）「資金調達」へと視点をつなげると、まず（A）その「水準」が前提をなそう。そこでいま「資金調達合計」（兆円）の動きに目を向けると、七三－七九年の低成長期に一旦は二三・六兆円へと減少して停滞を示した後、八〇年代に入ると凄まじい増加へと転じ、まず八〇－八五年局面で三八・〇兆円にも達する。しかしそれだけには止まらず、ついでバブル期に当たる八六－八九年期を迎えると実に八一・二兆円にまで膨張を遂げるから、この八〇年代において資金調達実績は優に二倍を超過する勢いだとこそいってよい。こうして、法人企業部門における資金不足激化傾向を端的に反映して、このバブル期には、企業による資金調達が大きく伸張をみたが、しかしその場合に重要なのは、その後の「バブル崩壊」に直面すると今度は一転して資金調達が減少に舵を切る（九〇－九七年＝六三・二兆円）こと――であって、ここからは、「景気上昇↓下落」と「資金調達膨張↓縮小」との「相似形」が色濃く浮上してくる。

こう考えると、次に（B）その「構成」が直ちに問題となるが、資金調達の「部門別・規模別」基本動向としては以下のような断面図を描き得る。すなわち、まず一面で、この局面で「非製造業・大企業」（二・八倍）が最大の伸び率を示すから、「不動産・流通・サービス・金融業」などを中心とするいわゆる「バブル関連」部門での資金調達増大が確かに目立つが、しかし他面で、「製造業・大企業」（一・七倍）の資金調達拡張も「意外に」巨大だった以上、そこからすると、「バブル景気」を、「経済実体から『遊離した』いわば『流通過程的』な膨張過程」と単純には規定できまい。そうではなく、これらの事実からは、この「バブル景気」は、「流通過程的膨張」と並行して進行した、「経済実体に『立脚した』いわば『生産過程的』な膨張過程」でもあった――という図式こそが、むしろ導出可能なのではないか。しかも、バブル崩壊後での資金調達減少に際しても、――バブルにおいて資金調達拡張を牽引した――「製造業」および「大企業」でこそその減少率が目立って大きいから、この側面からしても、「バブル崩壊」を契機とした「過剰資本整理過程」の進行は明白であろう。

以上を受けて（C）その「作用」へ進むと、バブル期における「自己資本比率」（%）の顕著な上昇こそが目に入ってこよう。すなわち、具体的には八二年＝一六・〇→八四年＝一六・九→八六年＝一八・三→八八年＝一八・三→九〇年＝一九・一という軌道上を進んだから、一見して、「自己資本比率」の堅実な上昇が手に取るように理解できる。したがって、日本企業の伝統的特質であった「自己資本比率の低位性」が、このバブル期に一つの転型を経験したことは確かに否定はできないものの、しかし、その主原因が、一面での、株価上昇を「隠れ蓑」とした「配当率引下げ＝内部留保増加」と、他面での、株価上昇を誘因にした「エクイティ・ファイナンス膨張」とにある点――が自明であるかぎり、その「バブル型現象性」は当然だといってよい。事実、「バブル崩壊」後には明確な「足踏み状態」に落ち込む以外になかったのである。

次に「前提要因」の第三は（ハ）「利子率」水準に他ならないが、最初に（A）その「水準」から入ろう。そこでまず「公定歩合」（%）の変動を追うと、周知の通り、「プラザ合意→円高→不況」を懸念した「金融緩和」が打ち出された結果、八〇年代後半以降、公定歩合の持続的引下げが進行し続けた。すなわち、八六年から本格的な低落基調が開始され、まずこの八六年に一月＝四・五〇→三月＝四・〇〇→四月＝三・五〇→一一月＝三・〇〇という四度の矢継ぎ早な下落が実施された他、さらにそれだけではなく、八七年二月にはとうとう二・五〇％という超低水準にまで達したのである。まさに凄まじい公定歩合の大幅引下げというしかないが、バブル景気の上昇にもかかわらず、景気維持・対ドル支援などが重なって、結局はバブル崩壊までこの異常な低・公定歩合レベルが継続されたから、そこから、「低金利→バブル形成」という明瞭な論理を検出し得るのは当然といってよい。まさに「六％→二％」の急降下である。

しかし、このロジックは直ちに暗転していく。いうまでもなく、公定歩合は、先の二・五〇％をボトムにして再びその「鎌首」をもたげ始めるからであり、八九年五月＝三・二五％を嚆矢としつつ、その後は、一〇月＝三・七五→一二月＝四・二五→九〇年三月＝五・二五というプロセスを踏んだ。こうして、ごく短い間に数次の連続的引上げが進行していったとみてよく、その結果、同八月にはついに六・〇〇％という高レベルにまで到達したわけである。したがって、二年半という短期間に「二％→六％」という波乱万丈を経験したことを意味する以上、それが、「バブル崩壊」の主要契機となり得た背景もいわば十分に納得可能ではないか。要するに、バブル期の公定歩合運動はまさに「過剰資本累積―整理」過程自体を濃厚に反映していよう。

そのうえで（B）その「構成」にまで進むと、「市中金利」（％）への連結こそが焦点をなそう。そこで、この点をいま「短期プライムレート」と「国内銀行・約定金利」とに即してフォローしていくと、それぞれ、例えば以下のような数値が手に入る。すなわち、まず前者は八五年＝五・五〇→八六年＝三・七五→八七年＝三・三七→八八年＝三・三七→八九年＝五・七五→九〇年＝八・二五という軌跡を辿るし、また後者は六・五七→五・六二→五・〇四→五・〇三→五・八二→七・六六という軌道を進む。したがって、両者ともほぼ同形の図式を表出させているといってよく、バブル前半期での金利低下傾向と、八九年以降での顕著な水準騰貴傾向とが直ちに目に飛び込んでこよう。その点で公定歩合推移とも相似形だといえるが、しかしその場合に一つだけ注意すべきなのは、これら二つの市中金利は、公定歩合引上げを契機にしたバブル崩壊以前に、目立った上昇をすでに開始していた――という点であって、まさにそこに、「バブル進展過程」が「過剰資本の累積過程」に他ならなかったというその本質が、いわば端的に滲み出ている。

以上を前提として、最後に（C）金利動向の「作用」が総括されねばならない。そうであれば、「政策金利」としての「公定歩合」と、「市場金利」としての「民間金利」とのその「微妙な乖離」こそが焦点になるとみてよく、この両者の齟齬は、結局以下のような関連を表現していることが分かる。すなわち、バブル展開の帰結である「投資過剰―資金逼迫」が、市中金利上昇という形で早くも八九年から発現し始めてきたにもかかわらず、政策金利である公定歩合が、――結果的には――それを隠蔽するという作用を果たしながら、低水準をさらに持続させてしまった――という構図をみせた。まさに「過剰生産」の政策的促進以外ではない。

次に取り急ぎ二つ目に、バブル期の（b）「内部要因」へと進みたい。そこで最初は（イ）「雇用動向」が重要だが、まず（A）その「水準」はどうか。いま例えば「常用雇用」（全産業計、八五年＝一〇〇）に即してその推移を追えば、八六年＝一〇一・四→八七年＝一〇二・〇→八八年＝一〇三・五→八九年＝一〇六・二と動いたから、何よりも八八－八九年局面での急上昇が注目に値する。したがって、バブル進行にともなう「資本蓄積拡大→雇用増大」に立脚して、常用雇用者が極めて顕著に増加した点がまず明瞭だが、しかし意外なことには、「バブル崩壊」に至ってもこの拡大傾向はむしろ持続していく。つまり、八九年＝一〇六・二の後も、九〇年第Ⅰ四半期＝一〇六・六→第Ⅱ四半期＝一〇九・九→第Ⅲ四半期＝一〇九・七となる以上、不況が本格化する九三年以降はともかく、「バブル崩壊」の直接的時期に当たるこの九〇年代冒頭に焦点を合わせれば、雇用はむしろ逆に増大基調をこそ示した。換言すれば、バブルが崩壊しても、バブル期での雇用拡大がいわば「慣性力」として機能した結果だと判断可能だが、そうであるが故に、九〇年代不況過程で、この雇用維持こそが「資本過剰要因」として企業収益に圧迫を加えていった――のもいわば当然であろう。その点で、「過剰資本形成―雇用」間の、その相互関係が的確に検出できる。

そのうえで、(B) その「構成」はどうか。そうすると焦点は二つに絞られるが、まず一つは「製造業・雇用動向」に他なるまい。そこで「製造業」に限定した数字を掲げると、一〇一・二→九九・七→一〇〇・三→一〇二・一となって、八六‐八七年での、「プラザ合意→円高→輸出停滞」に起因した一時的減少を除けば、バブル期・雇用労働者のその堅実な増加こそがまず目立つ。まさにその意味で、このバブル過程が、一面で何よりも「生産実体面での実質的拡張」であったことが実証されてよい。しかも、この性格はバブル崩壊局面での傾向にも如実に反映しているといってよく、「全産業」ベースでは、バブル崩壊以後にも雇用増加が持続したのに比較して、この「製造業」ベースではむしろその減少こそが目に付く。実際、「バブル崩壊」に直面して八九年＝一〇二・一という低レベルに停滞するし、それ以降も引き続き、九〇年第Ⅰ四半期＝一〇二・二→第Ⅱ四半期＝一〇五・二→第Ⅲ四半期＝一〇四・七という低水準で動く――からに他ならない。こうして、「製造業」では――「全産業」基準とは違って――バブル崩壊期での雇用縮小が明瞭に現出してくるのであって、ここからもその「資本過剰型特質」がはっきりと導出し得よう。しかしそのうえでもう一つは、いうまでもなく「バブル関連三業種」での従業員拡張以外ではなく、その具体像は以下のようであった。すなわち、「八〇‐九〇年」スパンにおいて、「金融・保険業」(約五〇万人増、一・三倍)、「不動産業」(約三〇万人増、一・四倍)、「サービス業」(約三〇〇万人増、一・三倍)、という図式になるから、バブル関連セクターにおける雇用拡大には一点の曇りもあり得まい。要するに、「バブル形成―崩壊」過程における、「製造業―バブル関連部門」のまさに「個性的雇用動向」こそが印象的であろう。

最後に、(C) 雇用動向「作用」が集約される必要があるが、それはいうまでもなく「労働市場」連関に総括されていく。そこで、その焦点たる「有効求人倍率」に目を凝らすと、概略的には例えば七五年＝〇・六→八〇年＝〇・八

↓八五年＝〇・七↓九〇年＝一・四という動きを示す。したがって、「プラザ合意＝円高」局面を一時的な例外として、その持続的な倍率上昇がまず確認されてよいが、取り分けバブル頂点の九〇年には、実に一・四倍という飛び抜けた高水準にまで至っているのである。その点で、バブル期における「労働力不足現象」の進行には何の疑問もなく、そこにも、バブル局面での、「資本蓄積進展↓労働力需要拡大↓求人倍率上昇」という「実体基盤的拡張過程」が表現されているが、しかしそうだからこそ、逆からいえば、「バブル崩壊」後には一転してその低下こそが表面化していく。事実、バブル崩壊後には、九一年＝一・〇四↓九二年＝一・〇八↓九三年＝〇・七六↓九四年＝〇・六四↓九五年＝〇・六三という軌跡が描かれる以上、バブル崩壊とともに労働力需要が見事に収縮した図式が明瞭に手に入ろう。こうして、「バブル形成―崩壊」過程は「求人倍率」へと相似形で反射している。

ついで、「内部要因」の第二としてはいうまでもなく（ロ）「賃金水準」が重要であろう。そこで最初に（A）その「水準」から始めると、何よりも、バブル期における「実質賃金の停滞性」こそに気が付く。というのも、「実質賃金指数」（産業計、一九三五年＝一〇〇）でみると、七〇年＝二五三・四↓七五年＝三四六・九（一・三倍）↓八〇年＝三七三・八（一・一倍）↓八五年＝三八八・三（一・〇倍）↓九〇年＝四二〇・九（一・一倍）と経過したから、七〇－七五年を最後に「実質賃金」はほとんど上昇しなくなる――からに他ならない。したがって、――あれだけ景気上昇が進んだにもかかわらず――バブルを含む一〇年間の実質賃金の伸びは高々一・一倍程度に止まったと結論せざるを得ないかぎり、バブル期での「実質賃金＝停滞化」こそが帰結するというべきではないか。その意味では、「バブル景気＝消費景気」という周知の通説には重大な錯誤が否定し得まい。

こうして、バブル「崩壊」局面（九五年＝四三八・二、一・〇四倍）はもちろんのこと、それ以前の「バブル『形成期』」においてさえ「実質賃金」の「足踏み化」が検出されてよいが、では、（B）賃金動向「構成」はどうなのか。そこで、

「製造業」と「金融・保険業」という二つの特徴的業種を取り上げてその賃金推移を辿ると、以下のようであった。つまり、まず前者が、八〇年＝「名目賃金」二四四（一・五倍）－「実質賃金」三五一・七（一・一倍）↓八五年＝二九九（一・二倍）－三七一・六（一・〇倍）↓九〇年＝三五二（一・二倍）－四〇五・五（一・〇倍）と進行するのに対して、次に後者では、「名目賃金」で、三三四↓四〇八（一・二倍）↓四九〇（一・二倍）という数値が刻まれる。したがって、事態はあまりにも明白であって、「製造業」はいうに及ばず、バブルの典型的な業種たる「金融・保険業」においてさえ、「賃金停滞」の現実は如何ともし難いというべきであろう。しかもこれ以後の「バブル崩壊」以降にはその「停滞基調」が当然一層強まるから、もはや詳述は避けるが、「バブル形成―崩壊」の全局面を貫徹して、「賃金停滞」が極めて強く支配した。

最後にこの点を（C）その「作用」として総括したい。そうであれば、この「賃金作用」が「消費生活レベル」において現実化してくるのは自明であろう。そこでいま「家計収支」軌跡のフォローを試みると、「勤労者世帯の収入・支出」（一世帯、年平均一ヵ月当たり、千円）について、七五年＝「世帯主収入」一九八－「消費支出」一六六↓八〇年＝二九三－二三八↓八五年＝三六七－二八九↓九〇年＝四三〇－三三二という数字が得られる。したがって、両者ともまず順調に増加している点は否定し得ないが、しかし問題はその伸び率であって、その増加率（倍数）を摘出すると、それはそれぞれ一・五↓一・三↓一・二および一・四↓一・二↓一・二となる以上、バブルを含む八〇年代には明瞭な継続的低下が記録されていく。これはかなり「意外な」結果だといってよく、あれだけの景気拡大としてのバブル局面では、勤労者家計は収入・支出とも明らかにその増加スピードをむしろ鈍化させているのである。先に検出した「バブル期・賃金の停滞化」が家計収支に明確に反映されていよう。そして、この「停滞化」が「バブル崩壊」を契機として、さらに「純減」へと落ち込むのは当然であり、事実、それ以降は九五年＝四六七（増加額三七）－

三四九（一八）→二〇〇〇年＝四六〇（△七）－三四〇（△九）→〇五年＝四二五（△三五）－三二八（△一二）と動いて、絶対額レベルでもとうとうマイナスへと転じる。まさにその暗転が明瞭ではないか。

こうして、バブル崩壊後での家計純減は自明としても、加えてバブル期にあっても、家計収支伸び悩みという環境下で、家計は、消費をある意味で「抑制」することによって貯蓄を伸ばし、まさにそれを条件にして「バブル行動」に参加した――のだと整理できよう。

そのうえで第三の「内部要因」としては（ハ）「労働生産性レベル」が位置づく。そこでまず（A）その「水準」だが、一見して、「バブル形成→崩壊」を貫く一貫した傾向として「労働生産性の上昇」こそが目立つ。というのも、この「労働生産性指数」（七〇年＝一〇〇）は八〇年＝一五六・〇となってまず一〇年間で一・五倍へ激増した後、バブル期に入っても八五年＝一九三・三→九〇年＝二五七・一と上昇を持続させたからに他ならず、その結果、各五年毎におおよそ四〇－六〇ポイントもの拡張が実現されている。その意味で、このバブル局面が、単に金融・証券次元の表面的膨張過程に止まらずまさに「労働＝生産過程」レベルの「実体的膨張プロセス」でもあったことが改めて明瞭だが、しかしそれだけではない。ついでその後バブル崩壊期を迎えても、「労働生産性指数」は、なお九五年＝二六四・八→二〇〇〇年＝三〇〇・〇という上昇基調を走る――のであり、したがって、「バブル形成―崩壊」過程の全体が、やや中期的なスパンで体系的に把握すると、「労働生産性の向上」局面であったことが一目瞭然であろう。

そのうえで、「労働生産性」に関する、この上昇傾向の内実を知るために、（B）その「構成」にまで立ち入るとどうか。その場合、その焦点は、この「労働生産性」を内的に規定する、「産出量指数」と「労働投入量指数」との相対関係（七五年＝一〇〇）にこそあるが、その両者はそれぞれ以下のような軌跡を描いた。すなわち、八〇年＝一四二・九→八五年＝一七四・五→九〇年＝二一九・一→九五年＝二〇八・四→二〇〇〇年＝二一九・五および九一・七→

八九・一↓八四・三↓七八・一↓七二・四として経過した以上、その特徴はいまや明白であろう。明らかに、「産出量」の増加基調に比較して、「労働投入量」の明瞭な縮小が進行しているわけであり、「ヨリ拡大する生産」が「ヨリ少量の労働量」によって実現可能になっていくという図式が曇りなく発現していよう。まさに「労働生産性の上昇」以外ではなく、その点に関する「内的根拠」に疑問の余地はあり得まい。

こう考えてよければ、(C)その「作用」は結局こう総括可能ではないか。すなわち、――後に詳述する通り「バブル崩壊」による九〇年代以降はやや特殊だとはしても――バブル期ではすでにみた如くむしろ「賃金の伸び悩み」こそが進行したが、それに加えて、このようにして「労働生産性・向上」が進展するとすれば、それは、「企業利潤率」の上昇に帰結する以外にはなかったのだ――と。その点で、極めて明瞭なロジックこそが発現しよう。

続いて三つ目として、「バブル期」の(c)「帰結要因」へと視角を転じよう。そこで最初は(イ)「生産」動向が前提をなすが、まず(A)その「水準」から入るとバブル期の「鉱工業生産指数」(八五年=一〇〇)は以下のようであった。すなわち、八七年以降のバブル局面での急上昇が目立つといってよく、具体的には八七年=一〇三・二↓八八年=一一三・〇↓八九年一–三月=一一九・四↓同四–六月=一一九・六↓同七–九月=一一九・六という数字が拾えるから、この三年足らずの間に実に一五%以上もの拡大をみせたこと――八七／八六年=三・四%増↓八八／八七年=九・五%増↓八九／八八年=五・二%増――が分かる。したがってその点で、経済実体面での「実質的拡充」が明らかに確認されざるを得ない以上、バブルの、「資産価格膨張偏重型」理解には一定の修正が余儀なくされよう。

そしてこの側面は、その裏側から、「バブル崩壊」による「鉱工業生産指数」(二〇〇〇年=一〇〇)の激落としても証明され得る。事実、九〇年=九九・九↓九一年=一〇一・六↓九二年=九五・四↓九三年=九一・七という「絶対的低落」こそが進行していくから、そこからは、「バブル形成↓崩壊過程」がまさに「生産実体」そのものの「拡張↓

収縮過程」だった点が確認されてよい。

ついで（B）その「構成」が興味を引くが、バブル局面での部門別拡大基調の検出を試みると、まず一つとして「大区分」レベルでは、「投資財」（八七年＝一〇三・二→八八年＝一一五・三→八九年＝一二五・四）と「生産財」（一〇三・一→一一三・九→一二〇・九）との伸び率が大きい。その意味で、バブル期での生産拡大基盤が、経済実体そのものを支える土台としての「投資財・生産財」にこそあった事実が明白といってよいが、その傾向は、次に「業種別区分」次元にも反映していよう。というのも、この「業種別」において増加テンポが大きいのは、取り分け「非鉄金属」（増加率％、七・六→六・一→六・〇）・「機械工業」（三・七→一三・九→七・八）・「化学工業」（七・七→八・四→三・〇）であるからであって、それらこそ、「大区分」における「投資財・生産財」のまさに中核に他なるまい。したがって、この面からしても、バブル期・生産拡大が何よりも「設備投資主導型」であった点――がここにも明瞭に反射していよう。そしてそうだからこそ、逆に位置づければ、「バブル崩壊」に際してはこれら部門の下落がそれだけ大きくなったわけであり、実際、「鉄鋼」（一・八→一・八→〇・八）・「金属製品」（四・六→三・八→△一・〇）・「一般機械」（一〇・八→四・八→△〇・六）・「化学」（六・九→四・四→△〇・九）などが顕著な落ち込みを辿った。要するに、この「バブル崩壊後生産低落」の、「バブル後始末」的性格が濃厚だというべきではないか。

最後に、（C）生産動向「作用」を「成長率」（％）ベクトルから集約しておきたい。そうすれば、まず「バブル期」における「成長率高位性」が当然であって、例えば八八年＝六・九→八九年＝五・二→九〇年＝四・七という数値が刻まれていくから、高い水準での「成長率」進行が一見して手に入る。そしてその理由はもはや明白であって、「設備投資拡張→鉱工業生産拡大」という、バブル局面での「経済の実体的拡充」こそが、経済成長率の、まさにその内実的基盤を形成していた――のは当然であろう。しかし、そうであるが故に、「バブル崩壊」を分水嶺として逆にその低落傾向に入ったことも容易に理解でき、成長率は、九一年＝三・六を「踊り場」としつつ、その後は九二年＝一・三↓九三年＝〇・四↓九四年＝一・一という、「ゼロ成長」にも接近する「超低空飛行」を余儀なくされていく。要するに「バブル形成─崩壊」が明瞭な「成長率運動」を惹起させたが、まさしく「生産動向」の端的な「作用」ではないか。

そのうえで、「帰結要因」の第二には（ロ）「輸出」動向が位置づけられてよい。そこで最初は（A）その「水準」だが、「輸出額」（千億円）は以下のような軌跡を辿った。すなわち、まずバブル局面では、八〇年＝二九三↓八二年＝三四四↓八四年＝四〇三↓八六年＝三五二↓八八年＝三三九↓九〇年＝四一四という推移をみせて、基調的にはある程度の落ち込みがむしろ否定できない。そしてそれも道理であって、一方での、八〇年代後半での顕著な「円高」と、他方での、バブル景気にともなう「内需増大」とが合成的に作用して、輸出拡大への、まさにその抑制圧力として機能したのはいうまでもなかろう。そしてこの傾向は、やや「円安」気味へ転換した、「バブル崩壊」局面の九〇年代初頭にも基本的には持ち越され、その結果そこでも、九一年＝四二三↓九三年＝四〇二という停滞路線の継続をみる。こうして、「バブル形成─崩壊」のほぼ全過程を通じて、「輸出停滞＝内需型」という特殊な経済パターンの進行が経験された。

これを前提にして、次に（B）その「構成」へ目を向けるとどうか。その場合、「構成」の内容としては、差し当たり「品目面」と「地域面」が焦点をなすが、まず「品目」サイドでは、「バブルの内需的性格」による「ハイテク製品の内需向比率増大」傾向に規定されて、「ハイテク製品」輸出構成比の停滞化が目立とう。その点は以下の品目における輸出比率（％）の減少となって表面化しており、例えば「金属・同製品」（八六年＝八・七↓八八年＝八・二↓九〇年＝六・八）を始めとして、「電気機械」（二二・四↓二三・四↓二三・〇）・「自動車」（二〇・四↓一八・四↓

一七・八）・「精密機械」（五・九↓五・〇↓四・八）などでのウエイト低下が確認されてよい。まさにこの方向からも、バブル景気のその「内需主導性」が明白だが、しかしそうであればこそ、バブルが崩壊するや否や、従来の「ハイテク依存型」が再び表面化してくるのも自明であった。換言すれば、バブル崩壊のピンチはやはり「従来型＝ハイテク依存型」で克服する以外にはない――という「苦しい台所事情」が発現してくるわけであって、事実、「機械機器」の輸出比率は、バブル崩壊以降は八九年＝七四・八↓九〇年＝七五・〇↓九一年＝七五・二↓九二年＝七五・六↓九三年＝七六・二と動いて顕著な上昇基調を描く。まさに「ハイテク製品」の「再」主軸性ではないか。

そのうえで「地域」サイドに目を移すと、以下の三点が直ちに目に飛び込んでくる。すなわち、「アメリカ景気の停滞・ハイテク製品の後退」などに起因した「対米輸出の減少」（三八・五↓三三・八↓三一・五）、「欧州統合への期待・対EC資本輸出増大」に立脚した「対EC輸出の堅調性」（一四・七↓一七・七↓一八・七）、「現地通貨の対円上昇・対アジア資本輸出の拡大」などにもとづく「対アジア輸出の激増」（二〇・〇↓二五・三↓二八・八）、に他ならず、その意味で、明確な輸出地図が姿を整えてくるといってよい。しかも、この基本基調は、――「対EC輸出比率伸び悩み化」という新動向以外は――「バブル崩壊」後も概略としては維持されていくから、総合的にいえば、バブル局面を分水嶺とする、「先進地域減少―アジア増大」という「輸出地域特質」定着はほぼ明確だと考えられよう。まさに新しい輸出図式の発現である。

最後に、（C）この輸出動向「作用」を「貿易黒字」ベクトルから総括しておきたい。そのためにいま「貿易黒字」（億ドル）の推移に目を凝らすと、極めて対照的な絵柄が浮かび上がってくる。つまり、まず一面で、バブル期には八六年＝九二八↓八七年＝九六四↓八八年＝九四八↓八九年＝七七一↓九〇年＝六三九と動いて、貿易黒字の明瞭な縮小過程が何よりも否定できない。したがって、何度も確認してきた、バブル局面における、「外需ウエイト」の消極化がここでもはっきりと検出可能であり、その点に立ち入った問題点の余地はなかろう。むしろ興味深いのは「バブル崩壊」以後の貿易黒字動向であって、ここでは実に顕著な黒字増大こそが記録されていく。具体的に数字を挙げれば、九〇年＝六三九だったのに対して、その後は九一年＝一〇三三→九二年＝一三二六→九三年（一－一一月）＝一一四九という勢いでまさに激増路線を驀進する。その点で、国内景気の停滞に起因した「輸入減少」が、他方での「輸出停滞」以上に強く作用した結果が一応推測可能だが、この「貿易黒字増加」が、国内投資伸び悩みの下では、また「資本過剰」をさらに一層促進せざるを得ない――のもやはり自明ではないか。

要するに、「バブル形成―崩壊」という運動過程が、まさに「見事に」、貿易黒字の「減少―増加」転換過程に反射しているのであり、したがって両者の内的関連は明確であろう。

以上を受けて、「帰結要因」の最後には（ハ）「利潤率」動向が設定されてよい。そこでまず（A）その「水準」から入ると、「総資本経常利益率」（全産業、％）は八六年＝二・九→八七年＝三・四→八八年＝三・九→八九年＝三・九と経過した。したがって、かならずしも非常に顕著な上昇とはいえないものの、バブル期における企業収益上昇傾向がいうまでもなく確認可能であろう。その場合、この利潤率上昇の基盤には「経常利益」自体の大幅増加があるのは当然であって、例えば全産業・経常利益の対前年比増加率は、実に八七年＝三一・七％→八八年＝二九・六％という大幅な伸びを記録しているのである。その点で、バブル期の企業利益状況は、「タテへの効率深化」というよりはまさしく「横への量的拡張」こそが明白だ――というべきではないか。しかしだからこそ、バブル崩壊に直面すると、この「横への収益膨張」は直ちに暗転を迫られる。すなわち、バブル崩壊以降の「売上高経常利益率」（全産業、％）は九〇年＝三・一→九一年＝二・七→九二年＝二・〇→九三年＝一・八と一挙に坂道を転げ落ちていく。一見して見事な、バブル崩壊を分水嶺とした、利潤率の、「急上昇から急下落へ」という典型的現象に他ならないが、これこそ、「過剰資本の形成→整理」プロセスにおけるその反映そのものではないか。

そのうえで（B）その「構成」はどうか。そこで、産業別・利潤率の摘出を試みると、まずバブル期では、「素材型セクター」を中心とした「重化学工業」部門の「再拡大」が一面では目立ち、例えば、「建設業」（八八年＝四・一→八九年＝四・六→九〇年＝四・六）・「鉱業」（三・〇→五・六→五・八）・「製造業」（五・七→五・七→五・二）などという高水準が確保された。もちろん、他面で「自動車・家電」関連業種でも高い利潤率が記録されてはいるが、しかし「バブル期・利潤率動向の特質」は何よりもこの「素材型セクター」の好調さにこそ求められてよく、重化学工業が成長をリードした高度成長期があたかも再燃した――かの様相さえもが発現したといってよい。

しかしこのことが、「バブル崩壊」における「素材型セクター」の落ち込みを一層激しくしたのはいわば当然であろう。取り分け「生産財・投資財」業種の収益悪化は――「銀行・不動産・その他金融」などのいわゆる「バブル業種」と並んで――顕著であって、例えば九三年九月と九四年三月との「経常利益」下落率（％）を検出すると、「化学」（△四四・七／△三二・三）・「鉄鋼」（△一三二・五／△一二〇・六）・「機械」（△五六・八／△四六・二）という凄まじい下落状況が目に飛び込んでくる。まさしくここにも、「バブル形成＝資本の過剰蓄積過程→バブル崩壊＝過剰資本の整理過程」という現実展開が明瞭といってよく、「資本蓄積図式」のその立体化が手に入ろう。

以上をふまえて、（C）その「作用」を総括しておきたい。そこで「賃金コスト指数」の動向こそがその焦点をなすが、最初にバブル形成局面では、それは以下のようであった。すなわち、いま「労働生産性指数―賃金指数―賃金コスト指数」三者間の相対的推移を取り出してみると、例えば八〇年＝一五六・〇－一四九・九－九六・一→八五年＝一九三・三－一八七・五－九七・一→九〇年＝二五七・一－二二五・〇－八七・五と経過したから、一方で、「賃金指数」の目立った上昇が否定できないものの、他方で「労働生産性指数」がそれを凌駕する勢いで顕著な伸張を実現したため、それの相互バランスとしての「賃金コスト指数」は明瞭な低下にこそ帰結した。こうして、バブルをも包含してこの八〇年代には、明らかに「実質的」な「人件費コストの低落」過程が進行した――のだと判断されてよく、まさにそれこそが、すでに確認した「利潤率上昇」をもたらした点は当然であろう。いうまでもなく「設備投資・拡張」の帰結である。

ついでその後、バブル崩壊に至るとどうか。この点から、バブル崩壊局面での先の三数値を引き続きフォローしていくと、具体的には以下のような数値が手に入る。すなわち、既述の通り、九〇年＝一二五七・一－一二二五・〇－八七・五となってバブル期に顕著な低下をみせた「賃金コスト指数」は、その後バブル崩壊に直面して、今度は、例えば九五年＝一二六四・八－一二四八・〇－九三・七と上昇に転じた。見られる通り、六ポイントを上回る「賃金コスト指数」の騰貴に際会しているのであり、その結果、利潤率の目立った低落を余儀なくされていく。その場合、「賃金コスト指数」のこのような上昇の主因が、――「賃金指数」上昇の一服化という状況においては――明らかに、設備投資停滞を土台とする「労働生産性の顕著な伸び悩み」にこそ求められてよい以上、ここからは、「バブルの形成と崩壊」とはまさに「設備投資『循環』」以外ではなかったという総体的結論こそが、それこそ自明のように改めて導出可能だといってよい。

II 過剰資本処理の機構展開

［1］資本蓄積パターンの機構的特質　以上のような、戦後日本における「資本蓄積パターンの構造展開」分析を土台にしつつ、次に、その各局面における、(二)「過剰資本処理の機構展開」(4)へとその考察範囲を広げていこう。そこで最初に第一に、まずその基本前提として、――すでに前項で詳述した――「資本蓄積タイプ」における、①その

「機構的特質」をあらかじめまず図式化しておかねばなるまい。このようにその視点を設定すると、まず一つ目として（a）「高度成長期」が問題となるが、まず（イ）その「前提ファクター」に関しては例えば以下のような構図がチェックされてよい。すなわち、この局面での全体的主動因をなしたのは何よりも民間設備投資の激増であり、なかんずく、「新製品部門」型重化学工業を軸とした、「投資が投資を呼ぶ」ような、「設備投資拡大→国内市場拡大→国民所得増加→消費需要拡張→新産業型消費財部門拡大→新産業部門設備投資拡大」、という連鎖構図が決定的な意味をもった。そしてその場合、この「好循環」図式が、「管理通貨制→日銀→都銀」というオーバー・ローン体制に立脚しつつ、しかも「低金利・『間接金融優位型』資金調達ルート」に支えられてこそ始めて可能だった――点もいわば当然であった。

そうすれば次に（ロ）その「内部ファクター」が焦点となってくるが、このような「好循環的連関」が、まず、特に「第二次産業部門」を中心にして「雇用拡大」を招来させ、その結果として、「労働力不足」を惹起させたのはいうまでもない。まさにこの「労働力需給逼迫」こそが「賃金レベル上昇」を帰結させたが、しかし注意が必要なのは、他面で、それを超過する水準で「労働生産性の上昇」（製品価格の下落）が実現したことであって、したがってその総合的作用としては、むしろ「労働分配率の低下」こそが進行していった。

まさにこれらの到達点としてこそ（ハ）「帰結ファクター」が発現をみる。すなわち、以上のような「資本蓄積構造」が、一面で、「重化学工業品」を中軸とした「輸出激増―貿易収支均衡化」をもたらすとともに、他面で、「国際収支の天井」動向の変質化をも引き起こしたから、そこから、「貿易―景気変動」関係における図式変容がその輪郭を現し始める。その結果、利潤率は一定の高水準をなお確保するが、しかし趨勢としては、利潤率における、「短期的・激発的な高水準実現」から「持続的・安定的な一定水準確保」への基調変化もやはり否定はできず、まさにこの方向こそが、高度成長の終末を端的に提示していた。

ついで二つ目は（b）「低成長期」に他ならない。そこで最初は（イ）「前提ファクター」だが、この局面では、石油危機にともなう資源制約に起因して「設備投資の停滞化」こそが表面化する。取り分け重化学工業セクターでの落ち込みが目立ち、その結果「設備投資の景気主動力衰弱化」が進行するが、まさにそのような基本動向こそが、一面で「資金調達」面では、「銀行借入ウエイトの低下＝自己資本比率の上昇」という新動向を生み出すとともに、他面で「利子率」面においては、――企業資金需要の落ち着きにもかかわらず――むしろ「インフレ対策」という方向からする、「人為的低金利体制の終焉＝弾力的な変動」こそを帰結させていく。要するに「高度成長型基本骨格」の変質が現れ始めるといってよい。

そのうえで（ロ）「内部ファクター」へ目を転じると、最初に「雇用」については、まず何よりも、重化学工業部門を中心とした、「労働力吸収の顕著な削減」が目に付く。しかしその場合に注意すべきは、その原因が、直接的には、「ドル・ショック→二度の石油危機」に由来する「低成長化」にあるとはしても、しかしヨリ本質的には、企業によるむしろ意識的な「雇用節約型・経営パターン」構築にこそ求められるべきだ――という点に他ならず、まさしく「減量経営」の構造的定着に他なるまい。そうであれば、この新動向が、まず一方で、「雇用減少→給与停滞」を経由して「実質賃金停滞」に連結するのは当然であるとともに、ついで他方では、「減量経営→雇用削減」というルートを通じて「求人倍率低下型労働市場の修正」へと帰結していった。まさしく、低成長に伴う地殻変動ではないか。

そこで最後に（ハ）「帰結ファクター」がくるが、まず「生産」動向が注目に値しよう。すなわち、「原料資源制約」に規定されて「輸入原材料依存部門」での下落が大きく、まさにそこを土台として、「マイナス成長」にさえ達する「成長率の下落」もが経験された。要するに、七〇年代を画期とした、明白な「低成長体制」への体制移行だというべきであろう。そして、以上のような国内経済収縮が輸出依存を強めたのはいわば当然であって、特に「機械輸出」を武器とした「対アメリカ輸出の激増」こそが明瞭に表面化していかざるを得ない。したがって、そこから、景気動向パターンの、「民間設備投資主導」から「輸出主導」への重要な転換が検出されてよいが、それだけではない。しかもその転換が、「利潤率の全般的低位性」をも招来させた点が軽視し得ず、まさに「過剰蓄積現象」の明確な発現であった。

以上を前提として、取り急ぎ三つ目として（c）「バブル期」へと向かおう。そこで最初に（イ）「前提ファクター」から入ると、低成長期に「伸び悩み」に直面した設備投資は、バブル期を迎えると、その「形成↓崩壊」過程に対応して、取り分け「製造業・加工組立部門」を震源地にしながら「極端な乱高下」軌跡を描く。したがってその点で、バブル期における「景気転換の主軸」は、――通説とはやや異なって――何よりも「設備投資・増減」過程に連動した、「過剰蓄積累積とその強制的整理」運動にこそ求められてよいことが分かる。そしてそうだからこそ、この局面での「資金調達」動向が、「バブル形成↓崩壊」と「資金調達膨張↓縮小」との「相似形」において進行したと同時に、まさにその到達点としてこそ、「自己資本比率」における「上昇↓低下」変動が出現していったのも当然であった。

しかもそのうえで、このような「上下過程」がついで「利子率水準」にも反映していくのは自明であって、そのプロセス内部から、「低金利↓バブル形成」および「高金利↓バブル崩壊」という明瞭な対応関係――がはっきりと導出可能となろう。その点で、「バブル形成↓崩壊」こそ、「過剰資本累積↓強制的整理」の、まさにその進行過程だったわけである。

それを受けて、次にバブル期の（ロ）「内部ファクター」はどうか。そこで最初は「雇用動向」に目が向くが、特に「製造業」に着目すると、「バブル形成↓崩壊」プロセスに連動して、雇用水準は「増大から収縮」へと大きな振幅で振れていく。その点で、このバブル期が総体として「実体基盤的運動過程」であったことが実証されるが、そのプロセスが、さらに他面で、この局面における「求人倍率」軌跡と相似形であることも極めて興味深い。しかし、その場合に注意が必要なのは、バブル崩壊期はもちろんのことその形成期にあっても「実質賃金」はほとんど「足踏み状態」を続けた――という事実であって、「バブル期＝消費景気」という通説とはその距離が大きい。そしてこの基調は「消費生活レベル」に即しても実証可能といってよく、バブル形成局面をも含めて、――通説からすれば意外なことに――例えば「世帯収入―消費支出」両者の伸びは明らかに低下そのものにこそ向かっている。

そして最後こそ（ハ）「帰結ファクター」に他ならない。最初の前提としては「生産」がいうまでもなく重要だが、その点では、何よりも「生産実体」側面における、「投資財・生産財」を中軸とする、「バブル形成↓崩壊」に連動した、その「実質的拡充↓絶対的低落」推移が手に取るように分かる。そしてそうだからこそ、そこから、「経済の実体的運動」に対応した「成長率の上下運動」も現実化したわけであり、両者の密接性は否定し得まい。こうしてバブル期は総体として「内需主導型」基調で推移したから、それは他面では「輸出ウエイトの停滞」として発現しつつ、その結果そこからは、「輸出品構成」における「従来型＝ハイテク依存型」と、「輸出地域」面での「先進地域減少―アジア増大」とが表面化する以外にはなかった。そのうえで「利潤率」動向が注目されるが、いうまでもなく、「バブル形成―崩壊」に対応した、「素材型セクター」を軸とする、その「急上昇―急下落パターン」が明確に検出されてよい。したがってこのベクトルからも、「バブル形成＝資本の過剰蓄積過程↓崩壊＝過剰資本の整理過程」という「資本蓄積図式」が浮上してくる以上、バブル期とはまさに「設備投資『循環』」以外ではなかった点が――改めて確認できるように思われる。

［2］過剰資本累積の発現形態　以上のような「資本蓄積パターンの機構的特質」をふまえて、次に、その機構展

開から結果的に発生する、各局面に特徴的な、②「過剰資本累積の発現形態」を析出していきたい。そこで最初に一つ目に（a）「高度成長期」に焦点を合わせると、まず（イ）その「出発点」としては、いわゆる「新製品」と呼称される「家電」を中心とした消費財製品の「需要―市場」拡張が設定されてよい。その場合、このような「新製品主導の市場拡大」を支えた条件として、「技術革新→生産性向上→製品価格低下」と「雇用増大→賃金上昇→購買力増加」という要因があった――したがってロジックはループを描かざるを得ないが――のは自明だが、以上のような連鎖が、企業に対して販売増大・利潤率拡張をまずもたらしたのはいうまでもない。そして、この利潤率上昇予測が、この局面での「賃金・利子率・資金量・労働力」における「安定水準・維持」という好条件にも補完されつつ、「設備投資増大→生産拡大→成長率上昇」基調を継続的に押し上げ続けることを可能にした。こうして、「高度成長」開始のスタートラインがまず敷かれるが、しかし同時に、そこからこそ、「投資拡大→過剰投資」運動の「出発点」が画されていく。

そこで続いて（ロ）「展開」に入ると、このようにして開始された「生産拡大」は、いうまでもなく、一面では「設備投資・拡張」の「結果」であるとともに、他面ではそれをさらに「誘発」することにもなる。まさにその相互関係を土台にしてこそ、以下のような極めて固有性の高い連関図式の進行をみた。すなわち、「重化学工業の投資・生産拡大→石油・電力というエネルギー産業の投資・生産・刺激拡大→鉄鋼・造船という基礎部門の投資・生産・刺激拡大→建設・機械・金属・電機など関連部門の投資・生産・刺激拡大→重化学工業の投資・生産の一層の拡大」、という連関図式に他ならず、その点で、まさしくそれは、「投資が投資を呼ぶ」という「相互連関的波及連鎖」の継続化――とこそ命名されるのが適当であろう。

要するに、「内的加速度」に突き動かされた、「自己増殖型投資・生産」の衝動的拡張以外ではなく、換言すれば、それを通して「過剰蓄積」の拡大こそが驀進したと意義付け可能ではないか。

まさに以上の極点にこそ、（ハ）その「集約点」が帰結してくる。いうまでもなく、周知の「国際収支の天井」型メカニズムの現実化であるが、それは概略として以下のような軌跡を描いた。具体的には、「好況進行→原料・資源輸入増加→国際収支赤字→外貨準備急減」というロジックを辿るが、このようなプロセス展開を必然化させた日本型・特殊要因としては差し当たり以下の三点が特に重要だと思われる。すなわち、①いわゆる「加工貿易」的構造が強いため、国内生産拡大が極めて敏感に「原料・資源輸入急増」に直結してしまうこと、②他方、高度成長期には国内需要中軸体質だったため、増大した供給分は国内需要に吸収されつつ「輸出激増」には直結しなかったこと、③ＩＭＦ規定遵守に制約されて、固定相場制維持のために外貨準備調節が厳密化されたこと、これに他ならない。まさしくこのような条件のもとでこそ、高度成長進行を実現した投資・生産の急増は、やがて基本的なその「転換点＝限界点」へと収斂する以外にはなかった。したがってそうであれば、このような意味において、何よりもこの「国際収支の天井」メカニズムが、高度成長期に特有な「過剰資本蓄積の発現形態」そのものであった点――に、もはや何の疑問の余地もあり得まい。

そして、このようなメカニズムが、現実的には例えば「神武景気・岩戸景気・オリンピック景気」などの帰結においてその典型的な発現をみたのは、すでに周知のことであろう。

ついで二つ目は（b）「低成長期」に他ならない。そこでまず（イ）その「出発点」だが、この「低成長期」を巡る総体的な経済環境としては、大きく括って「インフレ昂進」・「賃金高位性」・「資源制約」・「為替上昇」の四点が目立ち、まさにそれらの複合化こそが、この局面での「過剰資本蓄積」を促進していった。すなわち、まず一方で、「労働市場の逼迫」が、――インフレ進展にも条件付けられつつ――生産性を上回る「賃金上昇＝労務費上昇」を惹起させたが、他方で、投資拡大が、石油危機にともなう「資源制約」とも相まって、「過剰生産力発生＝稼働率低下」を必然化させた。その結果、まず前者から帰結する「労務費上昇」によって「利潤量・利潤率下落」が直接的に帰結すると同時に、後者が惹起させる「稼働率低下」を通して、「売上高伸び悩み」もが表面化するに至る。まさにまずこのような生産点次元でこそ「過剰蓄積の進行」が生成していったのは、何よりも一目瞭然であった。

しかしそれだけではない。そのうえに、この低成長期には、これらをさらに加速するものとして「為替問題」が軽視し得まい。いうまでもなく「IMF体制崩壊に起因する輸出停滞」以外ではなく、具体的には、「ドル・ショック＝円切り上げ」にともなって、輸出停滞が発現したのは自明であった。こうして低成長期には、「累積的過剰蓄積」という「構造的要因」と、「IMF崩壊」という「戦後世界枠組要因」との、まさに「体系的複合性」に立脚してこそ、資本蓄積運動の進行とその「過剰蓄積化」とが発現をみた――と整理されてよい。

ついで（ロ）その「展開」へ入ると、このような「複合性」の内実こそ、まさに「スタグフレーション」過程自体だというべきであろう。すなわち、「スタグフレーション」を通じた「過剰蓄積化」の根底には、その第一ファクターとしてはまず何よりも政府による「総需要抑制策」こそがあった。やや立ち入って指摘すれば、いうまでもなく「金融引き締め政策」（公定歩合および預金準備率の引上げ）と「財政緊縮化」（緊縮予算および「契約・執行の繰り延べ」）とがその柱となるが、これら両者がまさに「総合的」に実施されることを通して、「過剰蓄積」の発現が始まった。ついでそのうえで、このスタグフレーションを現実化させた第二ファクターとしてはついで「石油危機」自体が大きい。というのも、この「石油危機」が、まず一面で、企業の便乗値上げを刺激しつつ物価全体を強力に押し上げたとともに、次に他面で、それが派生させた、産油国への急激な「所得移転」が企業と家計に対して大きな所得削減効果をもたらしたのは当然だった――からに他ならない。こうして、「石油危機」がスタグフレーションの加速要因を形成しつつ、その過程で「過剰蓄積」の累積化自体に対して極めて決定的な役割を果たしていった。その点で「石油危機」の影響もいうまでもなく巨大だ。

しかしそれだけではない。最後に第三ファクターとして「インフレ景気の矛盾的反作用」そのものが指摘されてよい。すなわち、「インフレ的好況」の渦中で、企業は過剰流動性を主として「土地・株式・商品投機・対外投資」などで運用したが、これは、生産実体過程で新たな資金を形成するものではなかったため、一方で「物価上昇の加速化」をもたらすこのような企業行動が、他方では、「生産投資―実体的資本蓄積の拡大」には決して連動しなかった。したがってその結果、「物価騰貴」と「不況発現」とが合成されて表面化してくる以外にはなく、しかもそのプロセスで「過剰蓄積」のみがまさに一方的に昂進されていくわけであろう。

そうだとすれば、「低成長期」における「過剰蓄積・発現」は、最終的には結局以下のような「企業行動」に即してこそ（ハ）「集約点」が示されよう。そしてその焦点がいわゆる「減量経営」にこそあるのは自明であって、それは、次のような論理で「過剰蓄積」を一層深化させざるを得なかった。すなわち、この低成長局面で、雇用拡大を図りつつ自ら生産力を高めて「実体的」に資本蓄積を展開していく能力と意思とを喪失していたから、景気刺激策としての、「財政支出拡大」および「輸出増大」という外的需要が一定程度は進行したとしても、「減量経営」スタンスに制約されて、ごく短期間のうちに、むしろ過剰在庫を抱え込むに至る。その結果、直ちにまた減産に追い込まれざるを得なかった以上、その点で、この「減量経営」遂行の過程で、企業は繰り返し「過剰蓄積」に直面する以外になかったわけである。要するに、低成長期型「過剰資本発現」の特殊性だといってよい。

そのうえで最後に三つ目に、（c）「バブル期」における「資本過剰の発現形態」へと進もう。最初にまず（イ）その「出発点」から押さえていくと、以下の三側面が取り分け重要だと思われる。換言すれば、「バブル形成」を促進した要因に他ならないが、それこそバブル期過剰蓄積の「前提条件」を構成しよう。そこでまず第一は（A）「超金融緩和を出現させた日銀金融政策」以外ではない。具体的には、「金融自由化進展と資金調達・運用ルートの拡張」、「公定歩合の長期・低位水準持続化」、「財テクの横行と企業・金融収支の膨張」、などが特に注目に値しよう。これらがまず、「超・金融緩和」という方向から過剰投資を促進した。ついで第二側面が（B）「規制緩和・民間活力などの財政面からする内需拡大策」であって、例えば、「中曽根内閣の財政的内需拡大策」、「八七年緊急経済対策による公的需要の膨張」、「都市開発・リゾート開発・四全総を通じた民間活力導入策」、などが取り分け目に付く。まさしく、財政側から資本投資が人為的に刺激され、その結果として過剰投資への路線が敷かれた。

しかし「過剰資本累積の発現」を決定的にしたものこそ、第三側面としての（C）「企業投資のバブル型膨張」であって、この側面こそが過剰投資の本流を形成する。すなわち、「主要企業による円高への適応完了」を基礎土台としつつ、それが直ちに「内需向け設備投資の拡大着火」となって波及連鎖していく。そしてそこからこそバブル型・設備投資拡張が驀進するのであって、最終的には、「設備投資の対GNP成長率寄与度の大幅拡張」が進行し続けた。まさに「過剰投資」発現としての、製造業企業における旺盛な設備投資膨張であろう。

ついで（ロ）その「展開」はどうか。そこでバブル型「過剰資本累積」の内容析出を試みると、概略として以下のような基本ロジックの貫徹こそが浮上してくる。つまり「資産価格騰貴との同時進行性」という論理であって、この設備投資の膨張が、まさに地価・株価騰貴と並行して同時進行した点が特徴的である。周知の通り、このバブル景気の中で凄まじい「地価・株価上昇」が爆発したが、設備投資主導の景気拡大は、このような地価・株価騰貴と合い並んでこそ同時に展開を続けた。やや立ち入っていえば、一方で、「地価・株価騰貴」と結びついて獲得された豊富な資金が「企業設備投資」を拡張させたとともに、他方で、「企業設備投資」と連関して進められた財テク行動が「地価・株価」を一層押し上げた——からに他ならない。要するに、この「二本のライン」が相互に刺激し合って螺旋状に膨張を遂げたということに他ならず、したがってその点で、「資産価格騰貴と設備投資拡張」とが、相互促進的に爆発した点が明白であろう。まさしく「バブル」以外ではあるまい。

そう考えてよければ、このような、「バブル型」の「螺旋型・自己膨張」過程を通して、過剰な設備投資膨張が「過剰資本形成」を累積化せしめた——のは一目瞭然ではないか。

こうして最終的に（ハ）その「集約点」に到達する。すなわち、以上のような経過で、バブル景気の過程において、「資産価格騰貴」と併進した設備投資の螺旋的膨張が驀進した以上、それが、「過剰投資の『準備過程』」たる性格を担ったのは当然であった。それが、まさしく「バブル型」特有の「過剰投資の準備・累積プロセス」である点にはもはや何の疑いもあり得ないが、それは、例えば次のような明白な形を取って現出してきた。つまり、この「過剰投資」実証過程の「証明」としては、「九〇年局面」において、「『下降しつつある』製造業利益率と『上昇しつつある』公定歩合」とが、まさに「見事に『交差』する」点にこそ、実に鮮やかに表現されているといってよく、そこには、いわば「古典的」な「利潤率と利子率の衝突」が発現してきている——のであった。その本質が鮮明という以外にはない。

［3］過剰資本の現実的処理形態　以上を前提として第三として、各局面における③「過剰資本の現実的処理形態」の図式的・集約的解明へと移ろう。そこでまず一つ目は（a）「高度成長期」だが、すでに確認した通り、そこでの「過剰資本の累積」パターンは、「過剰投資進行➡国際収支悪化➡外貨準備不足」という連鎖であった。そこで、この高度成長期の「過剰資本処理」はそれに規定されて、以下のような「金融・財政引き締め」の発動という形態を強制され、具体的には次のような操作が繰り出されていく。すなわち、まず「金融サイド」では、「公定歩合引き上げ・預金準備率引き上げ・窓口規制強化・輸入担保率引き上げ・高率適用強化」などが発動されたし、さらに「財政サイド」においては、「財投執行繰り延べ・緊縮予算策定・公共事業契約遅延化」などの手が打たれた。まさに政府による「総

需要抑制」の実行に他ならず、それによって資本蓄積の抑制化が図られたといえる。

こうして、有効需要削減を通した資本蓄積の抑止が目指されたが、当然それは景気調整＝不況転化を余儀なくさせる。しかし、このような経路を経由して「企業利潤率低下→設備投資削減→生産低下」が強制されたから、それを通して、結果的には「過剰資本処理」が現実的には実現をみる。俗に「金本位制・型」システムとも呼称される「過剰資本処理の特殊形態」だが、まさにここにこそ、高度成長期スタイルのその本質が内在化していよう。

ついで二つ目は（b）「低成長期」だが、ここでの「資本過剰形態」パターンはまず「スタグフレーション」型として整理できた。したがって、この局面での「過剰資本処理」のタイプも当然それに規定される以外にはないが、それは例えば以下のような形態を取っていく。すなわち、この低成長期過程で、例えば「輸出拡大」や「財政金融緩和策」を条件として何度か景気回復の兆候が現れてくるが、しかしこの「わずかな」回復とともに物価が直ちに上昇に転じてこざるを得ない。まさしく「スタグフレーション」の表面化だが、事実、景気下落フェーズそのものである七四年にも二桁上昇（消費者物価上昇率二四・五％、卸売物価上昇率三一・四％）が継続しつつ、むしろ七三年（一一・七％、一五・八％）さえをも大幅に上回った。

まさにこの「不況下の物価高」に制約されてこそ、それ以上の景気対策は抑制を余儀なくされたから、結局、景気回復も足踏みを続けて「景気停滞」に陥る以外にはなかった。そして、その端的な帰結こそが「在庫の過剰」であって、いくつかの外生的需要の増大によって生産の一定の回復は確かに進むものの、それが物価上昇を伴ったものであるかぎり、むしろ短期間のうちに「過剰在庫」を発生させる他なかった——わけであろう。こうして、景気は再度低迷に落ち込み、生産増加がごく短期の内に過剰在庫をもたらして企業は減産に追い込まれた以上、まさにその直接的帰結としてこそ、「過剰資本の処理」が強制されていった。

要するに、「スタグフレーション」対応型の「過剰資本処理」タイプ――だと位置付け可能であり、高度成長期型・「過剰資本処理」パターンは――何よりも「過剰蓄積」パターン自体の変容にこそ規定されて――その決定的な変質を経験せざるを得まい。そして、この過程を通して、何よりも「企業利潤率低下➘設備投資削減➘生産低下」が進行したかぎり、低成長期では、まさしくこのような特殊な「過剰資本処理」図式こそが実行されていった。

以上を前提として、最後に三つ目は（c）「バブル期・過剰資本処理形態」である。さてこのバブル期における「過剰資本累積」様式は、すでに指摘した通り、何よりも「資産価格騰貴連動型」という点にこそその特質をもっていた。したがって、このバブル期の「過剰資本処理」スタイルも、その点に規定されて、「資産価格・下落」という側面にこそその典型性を有している――のは自明だが、事実、周知の如く、バブル崩壊を現実化させた直接的契機としては、「公定歩合引き上げ・不動産貸付総量規制・土地税制強化」などによる「資産価格下落」がその「引き金」を引いた。したがって、「資産価格連動型」性格がもちろん重視されてよいが、しかし、バブル期「過剰資本累積」に対してその本質的な「処理作用」を強制したのは、いうまでもなく、その背後で進行した、「利潤率と利子率との逆転運動」(5)であった。

すなわち、この両者は、八九年央を分岐点にして極めて「きれいに」「交差」しているのであって、「八九年央以前」＝「金利＜利潤率」が、「八九年央以後」＝「金利＞利潤率」へと構造的に転換した――と図式化されてよい。そうであれば、バブルの進行過程で蓄積された「過剰資本累積」が、この「利子率と利潤率の逆転」を通して、いわば「強制的『整理』」に追い込まれたのは当然であった。まさにその意味で、「バブル型・過剰資本の形成」➘「利子率と利潤率の逆転」➘「資本過剰の強制的暴露」➘「バブル崩壊」➘「景気下落への墜落」、というロジックが検出可能であり、何よりもその結果として、「企業利潤率低下・設備投資削減・生産低下・稼働率ギャップ拡大」などが鋭く発生したのもいわば自明ではないか。そしてここからこそ、「九〇年代長期停滞」[6]が出発していくのは周知のことであろう。

したがって、「資産価格暴落・連動」型の「過剰資本処理」タイプが特徴的だが、その場合に注目されるのは、――「資産価格下落」を「引き金」とした――このような「金利と利潤率との『逆転』化」と、それから帰結する、「過剰投資の強制的『整理』」および「不況過程への接続」、という基本図式に着目すれば、この「バブル崩壊型・過剰資本処理形態」の、その「古典的性格」への近似性が極めて強いという点ではないか。その側面からすれば、この「バブル期・過剰資本処理」タイプにおける、「高度成長期」型とのその類似性が特別に興味深い。

Ⅲ　景気変動機構の局面展開

［1］高度成長期　全体の最後に、以上で検出した、「資本蓄積パターン→過剰資本発現形態→過剰資本処理形態」の局面展開を前提にして、(三)「景気変動機構の現実的局面」[7]展開の概略を図式化していこう。そこでまず第一は①「高度成長期」に他ならないが、最初に一つ目は（ａ）「神武景気」（一九五五年 - 五七年六月）である。すなわち、一九五五年からのいわゆる「数量景気」を土台として戦後初の本格的好況を迎えるが、その何よりもの実体的特質は、一つには、「石油化学・合繊・合成樹脂・家電・自動車」などの「新産業・新製品」分野において実現されたこと、そしてもう一つは、鉄鋼や造船におけるような「技術革新―近代化工場」体制確立に立脚して展開したこと――であった。その点で「中軸部門―設備体系」進展の主導性が目立つ。まさに「民間設備投資主導型」景気上昇の典型というべきであろう。

しかし、この好況進行はやがて資本過剰を不可避にし、周知の「国際収支の天井」メカニズム作動によって「金融・

財政引締め」を帰結させ、それを通して景気調整局面に到達する以外にはなかった。その結果、「在庫投資の圧縮」と「設備投資の減退」こそが進行したから、この中で「過剰投資の処理」がいうまでもなく強制されたのも自明ではないか。

ついで二つ目は（b）「岩戸景気」に他ならない。すなわち、「神武景気」破綻は「なべ底不況」に連結したが、「在庫調整の良好性」と「個人消費の堅調性」とが条件となって、その持続期間は想定外に短く、むしろ「V字型」の景気回復をこそ実現させた。いうまでもなく「岩戸景気」であるが、その性格としては、「神武景気」段階の、技術革新的「近代化投資」に立脚しつつも、さらに、「重化学工業・新産業部門」起点からほぼ全産業部門への波及を実現しながら、それを、「投資が投資を呼ぶ」という「投資の全面的波及・拡大過程」にまで拡大した点――にこそ還元できる。まさに「神武景気」のその極限化というべきであろう。

しかし、それもやがて「帰結」は免れ得ない。つまり、景気拡大による特に企業の資金需要増加によって銀行貸出の増勢が強まったため、「引き締めスタンス」が濃厚となり、進行しつつある「過剰投資」の行き過ぎチェックを意図した「景気調整策」の発動が余儀なくされた。こうして、「岩戸景気」にも終末が到来し、「景気過熱」＝「投資過剰」予防を見越した引き締め作用の出現をみる。まさに「投資過剰」の「強制的整理」に他なるまい。

そのうえで三つ目こそ（c）「いざなぎ景気」であるが、その前提として「転型期―六五年不況」の進行をみる。すなわち、六二年から六五年に至る過程は、それまでの「神武―岩戸」と続いた景気循環過程とはその色彩を異にしており、通常一括して「転型期」と呼ばれるが、その目立った特質は以下の点にあった。ごく絞って表現すれば、その「構造的不況」という側面に他ならず、具体的には、例えば「景気調整策発動における『タイミングと効果のズレ』」・「引き締め政策の国際収支改善への『作動間隔』の変化」・「景気変動に及ぼす政策実施作用の間接化」、などが指摘されてよい。まさにその点で「基調変化」が明瞭だが、したがってそうであれば、この「転型期─六五年不況」こそ、「民間設備投資主導型」の景気循環パターンが、──特に「労働力不足」という制約に直面して──自らの「限界」を暴露しつつ発現させた、「景気変動における、その一つの『踊り場』」だったと集約可能であろう。

まさにこの「六五年不況」からの脱出を前提とした好況過程として「いざなぎ景気」が位置付けられるが、この好況は、七〇年七月に至るまで年率一〇％を超える息の長さを示し、その好況持続期間は実に五七ヶ月にも及んだ。そしてその場合、この好況持続の基本ルートとして重要なのは取り分け以下のような図式であった。すなわち、まず最初に「財政」に補完されて景気回復が実現するが、そうすると、その回復が次に「民間設備投資」拡張を可能にしつつ、そこから今度は「大型・合理化投資」が展開を開始する。その点で、この「民間設備投資」再開・進行が「いざなぎ景気」のやはり「中軸」を担っていくが、しかし無視できないのは、この「大型・合理化・システム化投資」拡大が「生産性向上＝競争力上昇」に帰結して「輸出急増＝国際収支黒字化」をも実現した──という、「民間設備投資」と「輸出」との「相互促進的連関」であった。まさしくその意味で、この「いざなぎ景気」は、『輸出』主導・『民間設備投資』中軸・『財政』補完」型という「複合的」構造をもったのであり、その土台の上でこそ、強力で「持続的な「高成長」が可能になったのであろう。

しかしその結末は「七一年不況」として訪れる。つまり、このような長期好況が「資本費・人件費」両コストの嵩上げを進行させたことは当然であって、取り分け「対売上高人件費比率」はすでに六四‐六五年不況局面をさえ上回っていた。いうまでもなく「過剰蓄積」の出現以外ではないが、それが──「インフレ激化」と「国際収支黒字」で辛うじて隠蔽されてきたものの──ついに六九年の「景気調整作用」によって「強制的整理」を迫られていく。まさに「過剰資本累積の処理」過程以外ではなく、その結果、六九年七月をピークとして景気下降へと転換し、こうして、「いざなぎ景気」は長期間のその幕を下ろした。

［2］低成長期　ついで第二は②「低成長期」だが、まず一つ目は（a）「七一年不況」に他ならない。先に指摘した通り、「いざなぎ景気」は、「六九年九月公定歩合引き上げ」を直接的契機にして「七一年不況」へと転換をみるが、この「七一年不況」の特質としては、以下の三点が直ちに指摘可能であろう。すなわち、「長期持続性」・「深刻性」・「物価上昇率の昂進」などに他ならず、その点で、いくつかの側面において「高度成長期型・景気変動」からの変質が早くも始まっており、「七〇年代型の新しい景気変動過程」がその姿を現わす。しかも、その過程で「過剰資本累積」に「強制的整理処理」が進んだのも自明であって、一方では、労働市場の逼迫が、生産性を上回る賃金上昇を生み出すとともに、他方では、投資拡大が、「資源制約」とも相まって「過剰生産力形成＝稼働率の低下」を必然化させた――のは当然であった。まさにこのような「過剰資本累積―処理」過程が明らかであろう。

そのうえで二つ目として（b）「マイナス成長期」が出現していく。さて「七一年不況」は、いわゆる「調整インフレ」操作によって回復に転じ、この異常な物価上昇を伴った好況過程は七三年第Ⅳ四半期のピークまで続いたが、そこから急角度の景気反転へと暗転をみせる。すなわち、いわゆる「石油危機→総需要抑制策」を契機にした、戦後初の「マイナス成長」へと落ち込んでいくが、この「マイナス成長期」の特徴としては、取り分け以下の三点が注意されてよい。例えば、「屈折度と下落度の激烈性」・「下落期間の持続性」・「物価の持続的上昇」が顕著に目立つから、その特質は「スタグフレーション連動型」としてこそ総括可能だと思われる。したがって、まさしくこの「スタグフレーション構造」に連動してこそ、まず一面では、「過剰資本形成・累積」が堆積されたとともに、次に他面では、「過剰資本累積・処理」が強制されていった――のだと図式化できるのではないか。

それをふまえてこそ三つ目に、（c）「長期不況期」が位置づけ可能だが、その焦点は、いまチェックした「マイナス成長期」からの回復がおよそ明瞭ではなかったという側面にこそ求められる。換言すれば、そこからの「回復」が決して検出されないままに局面的には「不況」が継続しつつ、むしろ「長期不況」化を呈した――点がことさら目立ち、したがって、そこからは以下の三特徴が直ちに浮上してこよう。すなわち、「長期的性格」・「深刻的性格」・「物価上昇の並存性」以外ではないが、そうであれば総合的には、「不況と物価上昇との併進」現象は決して止むことがなかった。そして、まさにこの「スタグフレーション」構造の中でこそ、「景気回復の兆候→物価上昇再開→景気政策抑制→在庫増加→在庫過剰化→企業減産→景気・再度低落→不況長期化」という、「スタグフレーション」型連鎖が繰り返された以上、この連鎖の中で、「資本過剰累積→過剰資本処理」作用が慢性的に進行した――のもいわば当然だといえた。その点で、見事に特有な「過剰資本形成・処理」サイクルではないか。

［3］バブル期　そして最後に第三こそ③「バブル期」だが、まず一つ目に（a）「バブル形成局面」（八七－八八年）から入ると、それは、八五年「プラザ合意」を契機として進行した「円高不況」の克服を通して八七年から本格化するが、「累積景気動向指数」でみると、円高不況の八五－八六年局面で六〇〇〇レベルから五五〇〇水準へと下降して不況色を強めるものの、八七年には景気上向きに転じ、そこから八八年にかけて五五〇〇→七〇〇〇へと一直線の上昇経路に乗った。その結果、この八七－八八年の間に差し引き一五〇〇ポイントの指数向上を果たしたわけであるから、この「八七－八八年局面」をまず「バブル形成期」と命名しても誤りはあるまい。事実、この期間に「経済成長率」は八七年＝四・三％→八八年＝六・九％と顕著な増加を遂げているし、さらに「企業利益率」も八六－八七年段階で反騰をみせ、八七年から八八年の二年間で五％の大台にまで一挙に達している。まさにこうして、「バブル形成」への連結は一目瞭然といってよい。

そのうえで、この「バブル形成局面」の牽引構造だが、何よりも目立つのは「企業設備」の足取りの重さであり、それに代わって、むしろ以下のような「景気連関図式」こそが表面化していく。すなわち、「公的資本形成」に支えられつつ「住宅」が需要構成のまず中核を担い、そしてそれが「民間消費」に補完されながら拡張を実現することによって、最終的には、「輸出」の大幅減少を補償したのだ――と。まさしく「バブルへの着火」であろう。

ついで二つ目に（b）「バブル成熟局面」（八九‐九〇年）が到来する。さて、「バブル形成」はやがて過熱局面を迎える以外にはなく、実際、「累積景気動向指数」は、すでにみた八八年＝七〇〇〇レベルから、バブル景気の驀進の結果、八八‐八九年を経てとうとう八〇〇〇水準を超えるに至る。いうまでもなくこのレベルは過去最大であって、まさにこの八九‐九〇年間で実に一〇〇〇ポイントもの激増を実現したのであるから、八七‐八八年期での「バブル形成」過程に立脚しつつさらにそれを頂点にまで膨張させたという意味で、この「八九‐九〇年局面」こそ「バブル成熟期」として規定されてよいであろう。こうしてバブル景気はそのピークへと登り詰めた。しかし次の点には注意を要する。すなわち、「経済成長率」・「企業利益率」とも、「バブル崩壊」に先立って、まさにこの「八九‐九〇年段階」という「バブル成熟局面」でそのピークを打っていた――という事実であって、景気動向の全体基調としてはなお膨張を継続していたこの段階で、「成長率・利益率」はすでに「穏やかな下降」を始動させていたと判断せざるを得まい。まさしく、「過剰資本累積―強制的処理」への転換点だとみるべきであろう。

そして、その点の端的な証明こそ、この「成熟局面」における「企業設備」の著増に他ならない。つまり、この「バブル成熟局面」になって始めて設備投資拡張が火を噴き、需要形成のリード役が「住宅」から「設備投資」へと手渡しされるが、いまチェックした通り、「成長率・利益率」に一定の「翳り」がすでに出て来ている以上、この設備投資拡大がやがて「過剰資本化」せざるを得ないのはいわば明白ではないか。見事な「過剰投資の進行」そのものである。

以上を経過して三つ目に（c）「バブル崩壊局面」（九一‐九三年）として炸裂しよう。そこでその下落スピードが注目されるが、まず「景気累積動向指数」は九〇年末に八〇〇〇を超過してピークを印したが、そこを最大値として、それ以降は九三年半ばへと向けて一挙の「奈落落ち」を経験していく。つまり、九三年＝六〇〇〇という最低水準へと一直線の下落を遂げるが、この水準は、バブル開始のスタート・ポイントである八七年レベルに相当する。こうして九〇‐九三年の三年間に実に「二〇〇〇ポイント」もの指数暴落が記録されたわけであり、その点で、この「九一‐九三年局面」を「バブル崩壊期」と呼称しても何の誤りもあり得まい。しかも、それに加えて、まず「成長率」が九一年＝三・六％→九二年＝一・三％→九三年＝〇・四％と動いてゼロ成長へ接近するし、さらに「利益率」も、九一‐九三年間で五％水準から二％レベルへ下落しつつ九三年にはそのボトムにまで到達している。まさに絵に描いたような明確な景気下落であろう。

したがってそうであればこそ、「バブル成熟」の牽引力が「設備投資」であったことの丁度「裏返し」として、「バブル崩壊」の「主犯」がこの「設備投資・縮小」以外ではない点も明白になってくる。というのも、この「バブル崩壊」の中で「企業関連」の収縮が取り分け目立つからに他ならず、その意味で、「バブル成熟局面」において、「設備投資」拡張という姿を取って進行した「過剰資本累積」が、この「バブル崩壊局面」に際して、「金利と利潤率との『逆転』」運動によって一挙にその「整理＝処理」を「強制」された――ことになろう。要するに、「バブル崩壊局面＝過剰資本の強制的処理過程」という定式が改めて確認可能だといってよく、まさにその意味で、現代日本の景気変動過程は、ここに至って一応そのサイクルを完了することになっていく。

おわりに

最後に、これまでの、戦後日本の各段階における、「資本蓄積・過剰資本累積・過剰資本処理」パターンの具体的機構分析を前提にして、以下の三点から大まかな全体的総括を提示しておきたい。まさに、「現代日本の景気変動」に関するその総合的位置付けだといってよい。

［A］総体図式化　「高度成長期―低成長期―バブル期」三段階における、「資本蓄積―過剰資本累積―過剰資本処理」の機構的特質は、それぞれ、「国際収支の天井」型・「スタグフレーション」型・「資産価格連動」型として、その基本的なタイプ化が総括可能なこと。

［B］展開根拠　その場合、このような図式的構造を形成せしめたその「根拠」としては、上記の「三段階」移行に対応して現出した、「資本蓄積様式の成熟化」・「日本資本主義の国際化」・「金融経済比重の増大化」・「国家政策発動の錯綜化」、などが指摘可能なこと。

［C］体制的総括　その結果、これらの「資本蓄積」的特質を内在化させた、この「三段階」は、「日本型現代資本主義」の「体制的局面展開」[8]次元からは、まさに、「日本型現代資本主義の、『確立』→『変質』→『変容』」過程としてこそ「総括」されてよいこと。

しかし、「日本型現代資本主義」の「体制変革戦略」へと連結する、この［A］・［B］・［C］に関する立入った考察については、本書の守備範囲をすでに大きく超えている。新たに別の著書を準備しなければならないその所以である。

（1）高度成長期の基本構造については、大内力編著『現代日本経済論』（東大出版会、一九七一年）、拙稿「第一次高度成長と景気変動過程」（『金沢大学経済学部論集』第二八巻第一号、二〇〇七年）、「第二次高度成長と景気変動過程」（同第

二八巻第二号、二〇〇八年）をみよ。なお数値はこの拙稿による。
（2）低成長期の全体的展開に関しては、森武麿他『現代日本経済史』（有斐閣、二〇〇二年）、大島清監修『総説日本経済』（東大出版会、一九七八年）、拙稿「低成長経済への移行と景気変動過程」（『論集』第二八巻第二号、二〇〇八年）などを参照のこと。使用した数字は拙稿によった。
（3）バブル局面の総合的動向については、宮崎義一『複合不況』（中公新書、一九九二年）、田中隆之『現代日本経済』（日本評論社、二〇〇二年）、が優れている。さらに、拙稿「バブル経済の形成と景気変動過程」（『論集』第二九巻第一号、二〇〇八年）および「バブル経済の崩壊と景気変動過程」（『論集』第二九巻第二号、二〇〇九年）もみられたい。いくつかの数字は拙稿によった。
（4）「資本蓄積―過剰資本形成―過剰資本処理」機構連関の「原理的構造」は景気循環論体系の基軸だが、例えば拙著『景気循環論の構成』（御茶の水書房、二〇〇二年）ですでに詳細に検討した。
（5）この「逆転」の意義については、前掲、拙著『景気循環論の構成』第四章・終章をみよ。
（6）拙稿「九〇年代長期停滞と景気変動過程」（『論集』第三〇巻第一号、二〇〇九年）を参照のこと。
（7）戦後日本資本主義における「景気変動機構の局面展開」に関して、例えば以下の作品が参照されてよい。大内力編『現代の景気と恐慌』（有斐閣選書、一九七八年）、鈴木・公文・上山『資本主義と不況』（有斐閣選書、一九八二年）、武井・岡本・石垣編著『景気循環の理論』（時潮社、一九八三年）、ＳＧＣＩＭＥ編『グローバル資本主義と景気循環』（御茶の水書房、二〇〇八年）、をみよ。
（8）例えば、拙稿「戦後再建と日本型現代資本主義の再編」（『論集』第二九巻第一号、二〇〇八年）、「高度経済成長と日本型現代資本主義の確立」（『論集』第二九巻第二号、二〇〇九年）、「低成長経済と日本型現代資本主義の変質」（『論集』第三〇巻第一号、二〇〇九年）、「バブル経済と日本型現代資本主義の変容」（『論集』第三〇巻第二号、二〇一〇年）、を参照のこと。また「現代資本主義」の一般規定については拙著『現代資本主義の史的構造』（御茶の水書房、二〇〇八年）をみよ。

著者紹介

村上和光（むらかみ かずみつ）

1947年　札幌に生まれる。

1970年　早稲田大学政治経済学部政治学科卒業。

1975年　東北大学大学院経済学研究科博士課程修了。

現　在　金沢大学経済学部教授。経済学博士。

主著書　『国家論の系譜』（世界書院、1987年）
『価値法則論体系の研究』（多賀出版、1991年）
『信用創造の理論』（金沢大学経済学部研究叢書9、1997年）
『日本における現代資本主義の成立』（世界書院、1999年）
『景気循環論の構成』（御茶の水書房、2002年）
『転換する資本主義：現状と構想』（編著、御茶の水書房、2005年）
『資本主義国家の理論』（御茶の水書房、2007年）
『現代資本主義の史的構造』（御茶の水書房、2008年）

現代《げんだい》日本《にほん》経済《けいざい》の景気《けいき》変動《へんどう》

2010年10月10日　第１版第１刷発行

著　　者　村上和光
発行者　橋本盛作
発行所　株式会社御茶の水書房
〒113-0033　東京都文京区本郷5-30-20
電話　03-5684-0751

Printed in Japan　　印刷・製本　東洋経済印刷

ISBN978-4-275-00906-7 C3033

SGCIME編　マルクス経済学の現代的課題　全九巻・一〇冊　各巻定価（本体三一〇〇円＋税）

第Ⅰ集　グローバル資本主義

第一巻　グローバル資本主義と世界編成・国民国家システム

Ⅰ　世界経済の構造と動態

Ⅱ　国民国家システムの再編

第二巻　情報技術革命の射程

第三巻　グローバル資本主義と企業システムの変容

第四巻　グローバル資本主義と景気循環

第五巻　金融システムの変容と危機

第六巻　模索する社会の諸相

第Ⅱ集　現代資本主義の変容と経済学

第一巻　資本主義の原理像の再構築

第二巻　現代資本主義の歴史的位相と段階論（**近刊**）

第三巻　現代マルクス経済学のフロンティア